■2025年度中学受験用

サレジオ学院中学校

4年間(＋3年間HP掲載)スーパー過去問

収録内容一覧

入試問題と解説・解答の収録内容

2024年度　A	算数・社会・理科・国語	実物解答用紙DL
2024年度　B	算数・社会・理科・国語	実物解答用紙DL
2023年度　A	算数・社会・理科・国語	実物解答用紙DL
2023年度　B	算数・社会・理科・国語	実物解答用紙DL
2022年度　A	算数・社会・理科・国語	実物解答用紙DL
2022年度　B	算数・社会・理科・国語	実物解答用紙DL
2021年度　A	算数・社会・理科・国語	
2021年度　B	算数・社会・理科・国語	

2020～2018年度（HP掲載）

問題・解答用紙・解説解答DL

「カコ過去問」
（ユーザー名）koe
（パスワード）w8ga5a1o

◇著作権の都合により国語と一部の問題を削除しております。
◇一部解答のみ（解説なし）となります。
◇９月下旬までに全校アップロード予定です。
◇掲載期限以降は予告なく削除される場合があります。

～本書ご利用上の注意～　以下の点について，あらかじめご了承ください。

★別冊解答用紙は巻末にございます。実物解答用紙は，弊社サイトの各校商品情報ページより，一部または全部をダウンロードできます。
★編集の都合上，学校実施のすべての試験を掲載していない場合がございます。
★当問題集のバックナンバーは，弊社には在庫がございません（ネット書店などに一部在庫あり）。

JN008320

合格を勝ち取るための

『スーパー過去問』の使い方

本書に掲載されている過去問をご覧になって，「難しそう」と感じたかもしれません。でも，多くの受験生が同じように感じているはずです。なぜなら，中学入試で出題される問題は，小学校で習う内容よりも高度なものが多く，たくさんの知識や解き方のコツを身につけることも必要だからです。ですから，初めて本書に取り組むさいには，点数を気にしすぎないようにしましょう。本番でしっかり点数を取れることが大事なのです。

過去問で重要なのは「まちがえること」です。自分の弱点を知るために，過去問に取り組むのです。当然，まちがえた問題をそのままにしておいては意味がありません。

本書には，長年にわたって中学入試にたずさわっているスタッフによるていねいな解説がついています。まちがえた問題はしっかりと解説を読み，できるようになるまで何度も解き直しをしてください。理解できていないと感じた分野については，参考書や資料集などを活用し，改めて整理しておきましょう。

このページも参考にしてみましょう！

◆どの年度から解こうかな　「入試問題と解説・解答の収録内容一覧」

本書のはじめには収録内容が掲載されていますので，収録年度や収録されている入試回などを確認できます。

※著作権上の都合によって掲載できない問題が収録されている場合は，最新年度の問題の前に，ピンク色の紙を差しこんでご案内しています。

◆学校の情報を知ろう!!「学校紹介ページ」

このページのあとに，各学校の基本情報などを掲載しています。問題を解くのに疲れたら息ぬきに読んで，志望校合格への気持ちを新たにし，再び過去問に挑戦してみるのもよいでしょう。なお，最新の情報につきましては，学校のホームページなどでご確認ください。

◆入試に向けてどんな対策をしよう？「出題傾向＆対策」

「学校紹介ページ」に続いて，「出題傾向＆対策」ページがあります。過去にどのような分野の問題が出題され，どのように対策すればよいかをアドバイスしていますので，参考にしてください。

◇別冊「入試問題解答用紙編」

本書の巻末には，ぬき取って使える別冊の解答用紙が収録してあります。解答用紙が非公表の場合などを除き，（注）が記載されたページの指定倍率にしたがって拡大コピーをとれば，実際の入試問題とほぼ同じ解答欄の大きさで，何度でも過去問に取り組むことができます。このように，入試本番に近い条件で練習できるのも，本書の強みです。また，データが公表されている学校は別冊の１ページ目に過去の「入試結果表」を掲載しています。合格に必要な得点の目安として活用してください。

本書がみなさんの志望校合格の助けとなることを，心より願っています。

株式会社　声の教育社　編集部

サレジオ学院中学校

所在地	〒224-0029 神奈川県横浜市都筑区南山田3-43-1
電　話	045-591-8222
ホームページ	http://www.salesio-gakuin.ed.jp
交通案内	横浜市営地下鉄グリーンライン「北山田駅」より徒歩5分 東急田園都市線「たまプラーザ駅」「鷺沼駅」「江田駅」よりバス

くわしい情報はホームページへ

トピックス

★サレジオ祭(文化祭)は，例年9月の土・日に開催されています。
★入試の合否は教科の総合点で決定し，各教科の基準点等はありません。

創立年 昭和35年　｜　男子校　｜　高校募集なし

応募状況

年度	募集数	応募数	受験数	合格数	倍率
2024	A 110名	389名	369名	174名	2.1倍
	B 50名	523名	423名	126名	3.4倍
2023	A 110名	359名	350名	167名	2.1倍
	B 50名	487名	409名	116名	3.5倍
2022	A 110名	379名	359名	165名	2.2倍
	B 50名	450名	356名	108名	3.3倍
2021	A 110名	426名	410名	170名	2.4倍
	B 50名	518名	435名	100名	4.4倍

2024年春の主な大学合格実績

＜国公立大学＞
東京大，京都大，東京工業大，一橋大，東北大，北海道大，千葉大，横浜国立大，東京医科歯科大，東京農工大，電気通信大，東京都立大

＜私立大学＞
慶應義塾大，早稲田大，上智大，東京理科大，明治大，青山学院大，立教大，中央大，法政大，学習院大，東京慈恵会医科大，順天堂大

学校説明会等日程（※予定）

【学校説明会】
第１回：９月７日　14：00～
第２回：10月５日　14：00～
※およそ１か月前より予約を受け付けます(HP)。
※第１回，第２回とも同じ内容で，生徒パネルディスカッションを含みます。終了後，ご希望の方には校内案内を行います(参考：過年度)。
※開場は13：30です。開場時間前の待合室はございません(参考：過年度)。

【中学入試説明会】※小６生対象
11月２日　14：00～
※およそ１か月前より予約を受け付けます(HP)。
※前年度の「入試報告会」に基づいた内容となります。パネルディスカッション，校内見学は行いません(参考：過年度)。
※開場は13：30です。開場時間前の待合室はございません(参考：過年度)。

※各種説明会・相談会は社会事情により日程・実施形態が変更される場合がございます。詳しくは学校HPをご確認ください。

入試情報（参考：昨年度）

〔Ａ試験〕2024年２月１日　８：30集合
〔Ｂ試験〕2024年２月４日　８：30集合
試験科目…国，算(各50分，各100点)
　　　　　社，理(各40分，各75点)
合格発表…試験日翌日　10：00(学校HP)

編集部注一本書の内容は2024年5月現在のものであり，変更されている場合があります。正式な情報は，学校のホームページ等で必ずご確認ください。

算数　出題傾向＆対策

◆基本データ（2024年度Ａ）

試験時間／満点	50分／100点
問　題　構　成	・大問数…５題 計算問題１題（２問）／応用小問１題（５問）／応用問題３題 ・小問数…16問
解　答　形　式	必要な単位は印刷されている。また，応用問題では途中の過程を書く設問もある。
実際の問題用紙	Ａ４サイズ，小冊子形式
実際の解答用紙	Ａ３サイズ

◆過去４年間の出題率トップ５

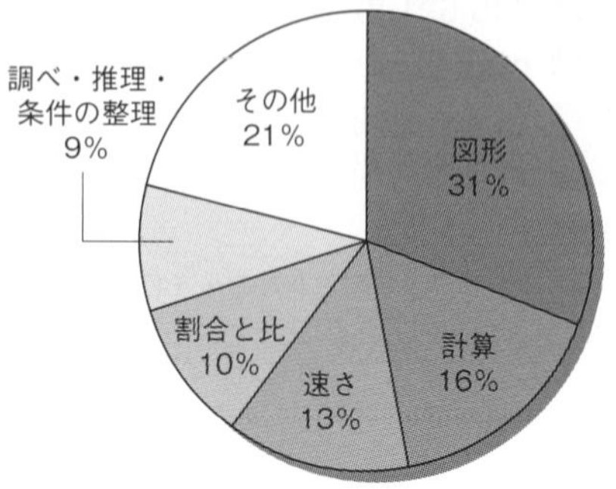

※　配点（推定ふくむ）をもとに算出

◆近年の出題内容

【 2024年度Ａ 】		
大問	1	四則計算，逆算
	2	速さと比，流水算，角度，数列，水の深さと体積，条件の整理
	3	平面図形－構成
	4	整数の性質，場合の数
	5	平面図形－図形上の点の移動，速さ，辺の比と面積の比，旅人算

【 2023年度Ａ 】		
大問	1	四則計算，逆算
	2	展開図，条件の整理，濃度，速さ，比の性質
	3	約束記号，数列
	4	平面図形－構成，相似，面積
	5	グラフ－図形上の点の移動，速さ

◆出題傾向と内容

全体としてやや**高度な問題**が集められており，**新傾向の問題**もよく姿を見せています。

計算問題は２問で，例年やや複雑な四則計算と逆算が１問ずつ出されることが多いようです。

図形問題はほぼ毎年２，３題ずつ出題されています。立体の体積・表面積を求める求積問題もありますが，単純なものではなく，展開図から求めさせるもの，比や図形の移動・回転，立体の切断とからませたものなど，かなり高度なものが見られます。

さらに，図形と並びよく出るものに数の性質の問題があります。これまでの設問例としては，分数・約数の理解をためすものなどが登場しています。

また，特殊算は，仕事算，平均算，通過算，消去算，売買損益，周期算，数列などがよく出題されています。

◆対策～合格点を取るには？～

まず，計算力は算数の基礎力養成の最低条件ですから，反復練習することが大切です。

図形は，面積や体積ばかりでなく，長さ，角度，展開図，縮尺，相似比と面積比，体積比などの考え方や解き方をはば広く身につけ，割合や比を使ってすばやく解けるようになること。また，図形をいろいろな方向から見たり分割してみたりして，図形の性質もおさえておきましょう。

数量分野では，特に数の性質，規則性，場合の数などをマスターしましょう。教科書にある重要事項を整理し，基本的なパターンを身につけてください。

また，特殊算は，参考書などにある「○○算」というものの基本を学習し，問題演習を通じて公式をスムーズに活用できるようになりましょう。

なお，算数では答えを導くまでの考え方や式がもっとも大切なので，**ふだんからノートに自分の考え方，線分図，式をしっかりとかく習慣をつけておきましょう。**

算数 出題分野分析表

分野		2024 A	2024 B	2023 A	2023 B	2022 A	2022 B	2021 A	2021 B
計算	四則計算・逆算	◎	◎	◎	○	◎	○	○	◎
	計算のくふう				○		○	○	
	単位の計算								
和と差	和差算・分配算					○			
	消去算					○	○		
	つるかめ算		○						
	平均とのべ							○	
	過不足算・差集め算								
	集まり								
	年齢算								
割合と比	割合と比								
	正比例と反比例		○			○			
	還元算・相当算				○				○
	比の性質			○				○	
	倍数算								
	売買損益								○
	濃度			○		○			○
	仕事算								
	ニュートン算								
速さ	速さ	○	○	◎		○			○
	旅人算	○	○		○				
	通過算								
	流水算	○							
	時計算						○		
	速さと比	○						○	
図形	角度・面積・長さ	○	◎	○	○	◎	◎	○	○
	辺の比と面積の比・相似	○		○		○		◎	
	体積・表面積		○		◎				○
	水の深さと体積	○				○			
	展開図			○	○				
	構成・分割	○		○	○		○	○	○
	図形・点の移動	○		○					
表とグラフ				○			○	○	
数の性質	約数と倍数								
	N進数								
	約束記号・文字式			○					
	整数・小数・分数の性質	○	○				○	◎	○
規則性	植木算								
	周期算								
	数列	○		○	○				○
	方陣算								
	図形と規則								
場合の数		○	○			○		○	
調べ・推理・条件の整理		○	○	○	◎	○	◎		○
その他									

※ ○印はその分野の問題が１題，◎印は２題，●印は３題以上出題されたことをしめします。

社会 出題傾向＆対策

◆基本データ（2024年度Ａ）

試験時間／満点	40分／75点
問題構成	・大問数…１題 ・小問数…25問
解答形式	記号選択と並びかえ，用語の記入が中心だが，字数指定のない２行程度の短文記述も出題されている。また，用語の記入では漢字指定されているものもある。
実際の問題用紙	Ａ４サイズ，小冊子形式
実際の解答用紙	Ａ３サイズ

◆過去４年間の分野別出題率

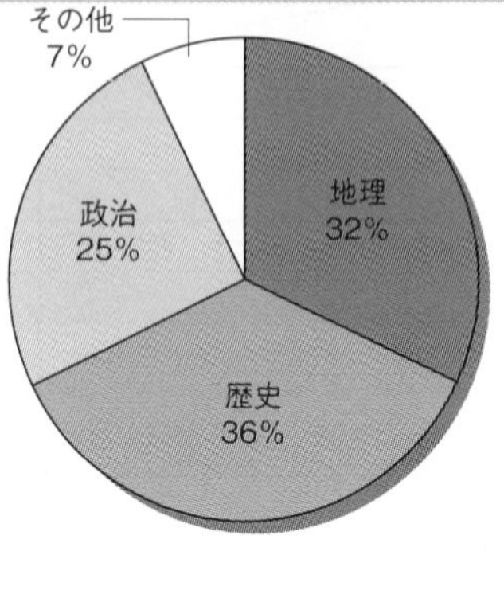

※　配点（推定ふくむ）をもとに算出

◆近年の出題内容

【 2024年度Ａ 】	【 2023年度Ａ 】
〔**総合**〕情報の歴史を題材にした問題	〔**総合**〕物語を題材にした問題

◆出題傾向と内容

近年は，ある１つのテーマを題材とし，すべての分野にわたる総合問題が１題出題される形式となっています。内容も，地理，歴史，政治・経済にとらわれず，生活や現代社会に関するものまで，**広い範囲から細部にわたって出題**されています。現在の産業を題材にその歴史についても問うものや，日本の貿易にはじまって，世界各国の産業や政治的なつながり，さらには時事問題まで問うものなどがこの一例で，総合的かつ正確な知識と，はば広い視野が要求されます。また，解答記入個所が多めで，**かなりいそがしい試験**となることが予想されるため，すばやい判断力も合格のカギとなりそうです。

地理で問われるのは各地方の地勢と産業，各都市の特色，各地の気候とくらしなどで，説明文や地図をもとに自然と国土，農業，工業，交通など，さまざまなことがらが出題されます。

歴史は，説明文，写真，絵画，歴史地図などを豊富に使った問題が多く，政治・文化・外交などについて，流れが理解できているかどうかを問う問題が出されるほか，現代史など短い期間中のできごとを深くほりさげた設問も見られます。

政治からの出題は憲法，三権のしくみとはたらきなどですが，近年は，時事問題（国政選挙や世界的なニュースなど）とからめた問題がめだちます。時事問題はほぼ毎年出題されており，各分野の大問のなかでふれられるほか，独立した大問として出されたこともあります。

◆対策～合格点を取るには？～

社会の学習で大切なことは，歴史，地理，政治経済の学習をそれぞれ別個のものと考えないで，**関連することがらはその結びつきを調べ，整理を試みる**ということです。

地理では，おもな産業都市や貿易港などを白地図にかき入れる練習が，地理の理解を深めてくれます。また，日本と世界の産業・貿易を通しての結びつきなど，時事問題にからんだ出題に対しては，新聞などを読んで日ごろからよく注意しておく必要があります。

歴史では，各テーマ別の歴史・つながりを整理しておくことも忘れずに。教科書の項目をただ丸暗記するのではなく，歴史に関係する本などを読んで肉づけしておくことも重要です。時代ごとの特色を中心にまとめられている教科書とはまたちがう，「歴史感覚」を養う上でも大切なことです。

政治経済の分野では，日本国憲法と時事問題がポイントです。憲法の基本的な条文はよく目を通し，政治・国民生活にどんな役割をはたしているかを整理するとよいでしょう。

社会 出題分野分析表

分野			2024		2023		2022		2021	
		年度	A	B	A	B	A	B	A	B
日本の地理		地図の見方	○	○	○	○	○		○	○
		国土・自然・気候	○	○	○	○	○	○	○	○
		資源						○		
		農林水産業	○	○	○	○	○	○	○	○
		工業	○	○		○			○	
		交通・通信・貿易	○	○		○	○	○	○	○
		人口・生活・文化	○	○	○	○	○	○		
		各地方の特色		○			○			
		地理総合					○			
世界の地理							○	○		○
日本の歴史	時代	原始～古代	○	○	○	○	○	○	○	○
		中世～近世	○	○	○	○	○	○	○	○
		近代～現代	○	○	○	○	○	○	○	○
	テーマ	政治・法律史								
		産業・経済史								
		文化・宗教史								
		外交・戦争史								
		歴史総合								
世界の歴史										
政治		憲法	○	○	○	○		○	○	
		国会・内閣・裁判所	○	○	○		○	○	○	○
		地方自治							○	
		経済	○			○	○	○		○
		生活と福祉	○			○	○	○		
		国際関係・国際政治	○	○	○		○		○	○
		政治総合								
環境問題						○				○
時事問題			○	○	○	○		○	○	
世界遺産				○				○	○	○
複数分野総合			★	★	★	★	★	★	★	★

※ 原始～古代…平安時代以前，中世～近世…鎌倉時代～江戸時代，近代～現代…明治時代以降
※ ★印は大問の中心となる分野をしめします。

理科 出題傾向＆対策

◆基本データ(2024年度Ａ)

試験時間／満点	40分／75点
問題構成	・大問数…４題 ・小問数…24問
解答形式	記号選択や記述問題，数値の記入などバラエティーに富んでいる。記号選択は択一式のものが中心。記述問題は，１行～２行程度で書かせるものが見られる。
実際の問題用紙	Ａ４サイズ，小冊子形式
実際の解答用紙	Ａ３サイズ

◆過去４年間の分野別出題率

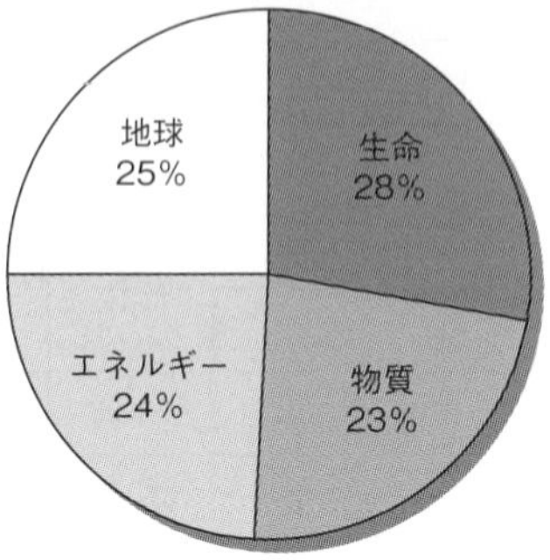

※　配点(推定ふくむ)をもとに算出

◆近年の出題内容

【 2024年度Ａ 】			【 2023年度Ａ 】		
大問	1	〔エネルギー〕浮力と力のつりあい	大問	1	〔エネルギー〕ふりこの運動
	2	〔物質〕酸化鉄の還元		2	〔物質〕水溶液が凍る温度
	3	〔生命〕身近な環境と生物		3	〔生命〕ヒトの誕生，遺伝
	4	〔地球〕地震		4	〔地球〕地球分野総合

◆出題傾向と内容

実験・観察・観測をもとにした問題が多く，丸暗記型の勉強では高得点がとれないようにくふうされています。少し難しい問題がふくまれることがありますが，問題自体は基本的な知識と実験の応用で考えられるようになっています。

「生命」からは，こん虫の育ち方と行動，植物のはたらき(光合成，蒸散)，ヒトのからだのつくり，生物多様性，筋肉と神経，遺伝などが出題されています。

「物質」では，中和反応や物質の変化によって発生する気体，気体の性質，ものの溶け方，状態変化などが出題されています。

「エネルギー」からは，物体の運動，熱量，音の進み方，電熱線と電流，力のつり合いなどが取り上げられており，「物質」とともに計算問題がひんぱんに出ています。

「地球」からは，惑星や星の動き，地層と岩石(地層・地形の観察)，太陽高度と気温・地温・湿度，流水のはたらきと川の流域のようすなどが出されています。

◆対策～合格点を取るには？～

本校の理科は，実験・観察・観測をもとにした問題が中心となって出題されています。したがって，**まず基礎的な知識をはやいうちに身につけ，そのうえで問題集で演習をくり返す**のがよいでしょう。

「生命」は，身につけなければならない基本知識の多い分野です。動物やヒトのからだのつくり，植物のつくりと成長などを中心に，ノートにまとめながら知識を深めましょう。

「物質」は，気体や水溶液，金属などの性質を中心に学習するとよいでしょう。また，中和や濃度，気体の発生など，表やグラフをもとに計算させる問題にも積極的に取り組みましょう。

「エネルギー」では，計算問題としてよく出される力のつり合い(てんびん，てこ，輪軸，ふりこの運動など)に注目しましょう。

「地球」では，太陽・月・地球の動き，季節と星座の動きがもっとも重要なポイントです。また，天気と気温・湿度の変化，地層のでき方などもきちんとおさえておきましょう。

理科 出題分野分析表

分野＼年度		2024 A	2024 B	2023 A	2023 B	2022 A	2022 B	2021 A	2021 B
生命	植物	○	○			★		○	○
	動物	○				○		★	★
	人体		★	★	○		★		
	生物と環境	★			★				
	季節と生物								
	生命総合			○					
物質	物質のすがた			★					
	気体の性質								★
	水溶液の性質	○	★			○			
	ものの溶け方				○		★	★	
	金属の性質	★							
	ものの燃え方								
	物質総合					★			
エネルギー	てこ・滑車・輪軸								★
	ばねののび方								
	ふりこ・物体の運動			★			★		
	浮力と密度・圧力	★			★			★	
	光の進み方				★				
	ものの温まり方					○			
	音の伝わり方		★						
	電気回路					★			
	磁石・電磁石								
	エネルギー総合								
地球	地球・月・太陽系		★		★			★	
	星と星座					★			
	風・雲と天候			○			★		○
	気温・地温・湿度								
	流水のはたらき・地層と岩石			○					○
	火山・地震	★							
	地球総合			★					★
実験器具			○						○
観察									
環境問題									○
時事問題								○	
複数分野総合									

※ ★印は大問の中心となる分野をしめします。

国語　出題傾向＆対策

◆基本データ（2024年度Ａ）

試験時間／満点	50分／100点
問　題　構　成	・大問数…３題 文章読解題２題／知識問題１題 ・小問数…25問
解　答　形　式	記号選択と記述問題で構成されている。記述問題には，字数制限のあるものとないものがある。
実際の問題用紙	Ａ４サイズ，小冊子形式
実際の解答用紙	Ａ３サイズ

◆過去４年間の分野別出題率

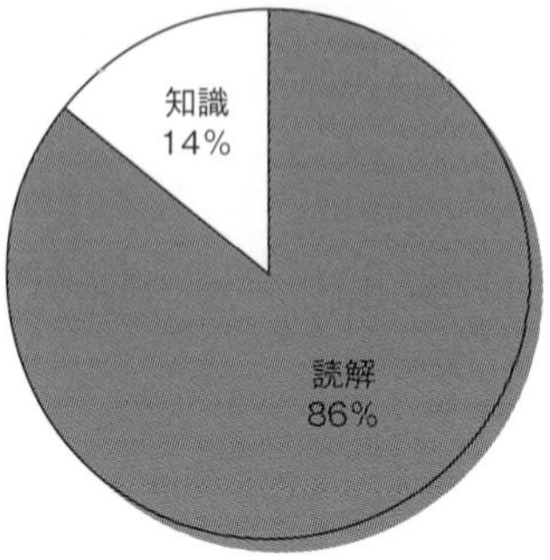

※　配点（推定ふくむ）をもとに算出

◆近年の出題内容

【 2024年度Ａ 】			【 2023年度Ａ 】		
大問	一	〔知識〕漢字の書き取りと読み	大問	一	〔知識〕漢字の書き取りと読み
	二	〔説明文〕幸田正典「魚も鏡の姿を自分とわかる―賢いのはヒトだけじゃない」（『生きものは不思議　最前線に立つ研究者15人の白熱！講義』）所収（約3800字）		二	〔説明文〕古田徹也『いつもの言葉を哲学する』（約2700字）
	三	〔小説〕ブレイディみかこ「汚れた手」（「モンキー Vol.30」所収）（約5400字）		三	〔小説〕大崎善生『将棋の子』（約5000字）

◆出題傾向と内容

長文読解に重点がおかれており，「考える力」と「感じる力」をどれだけ身につけているかがためされます。取り上げられる文章のジャンルは，１題が小説・物語文，もう１題が説明文・論説文や随筆文となっており，この組み合わせは例年ほぼ固定されています。受験生よりも年上の年代を対象に書かれた文章を取り上げることが多く，難しいことばには注釈がついています。

設問は，文脈や内容をはあくさせるものをはじめ，語句の意味と完成，同意表現のぬき出し，接続語の補充，指示語の内容，慣用句・ことわざの完成，全体の要旨など，読解力があらゆる角度からためされます。

漢字の大問では，読みよりも書き取りが多く出題されています。やや難解な訓読みがしばしば出題されます。

◆対策～合格点を取るには？～

まず，読む力をつけるために，物語文，随筆文，説明文など，ジャンルは何でもよいですから精力的に読書をし，**的確な読解力を養いましょう**。過去に入試で出題された著者の別の本を読んでみることも効果的です。

そして，書く力をつけるために，感想文を書いたり，あらすじをまとめたりするとよいと思います。文脈や心情の流れをしっかりつかみ，自分の考えや感想をふまえて全体を整理し，そのうえで文章を書くことが大切です。うまく書く必要はありませんが，自分の頭でまとめたことがらを**文章で正確に表現することを意識しましょう**。

なお，ことばのきまり・知識に関しては，参考書を一冊仕上げるとよいでしょう。また，漢字や熟語については，読み書きはもちろん，その意味についても辞書で調べ，ノートなどにまとめておきましょう。

国語　出題分野分析表

分野 ＼ 年度			2024		2023		2022		2021	
			A	B	A	B	A	B	A	B
読解	文章の種類	説明文・論説文	★	★	★	★	★		★	★
		小説・物語・伝記	★	★	★	★	★	★	★	★
		随筆・紀行・日記						★		
		会話・戯曲								
		詩								
		短歌・俳句								
	内容の分類	主題・要旨	○	○	○	○	○			○
		内容理解	○	○	○	○	○	○	○	○
		文脈・段落構成	○					○	○	
		指示語・接続語	○	○	○	○		○	○	○
		その他	○	○	○	○				○
知識	漢字	漢字の読み	○	○	○	○	★	★	★	★
		漢字の書き取り	○	○	○	○	★	★	★	★
		部首・画数・筆順								
	語句	語句の意味			○					
		かなづかい								
		熟語	○		○	○				
		慣用句・ことわざ			○	○				
	文法	文の組み立て								
		品詞・用法								○
		敬語								
	形式・技法									
	文学作品の知識									
	その他									
	知識総合									
表現	作文									
	短文記述									
	その他									
放送問題										

※ ★印は大問の中心となる分野をしめします。

カコを追いかけ
ミライをつかめ

2024年度 サレジオ学院中学校

【算　数】〈A試験〉(50分)〈満点：100点〉

◎問題にかいてある図形は正確とは限りません。

1　次の□にあてはまる数を答えなさい。

(1)　$\frac{2}{3}+\left(\frac{13}{21}-\frac{2}{7}\right)\times\frac{4}{5}-\left(\frac{2}{5}-\frac{9}{25}\right)\div\frac{3}{4}=\square$

(2)　$9-\left\{5\frac{1}{2}-\left(1\frac{2}{3}-\frac{3}{4}\right)\times\square\right\}=5$

2　次の□にあてはまる数を答えなさい。

(1)　川の上流にあるA町と下流にあるB町を行き来する船があります。いつもは，A町からB町へ行くのに30分，B町からA町に行くのに50分かかります。

ある日，川の流れの速さがいつもの2倍になりました。この日，A町からB町まで行くのに□分かかります。

ただし，A町からB町へ行くときもB町からA町に行くときも，船自体の速さはそれぞれ一定であるものとします。

(2)　サレジオ学院の校章(左下の図)は，右下の図のように，星型の十角形ABCDEFGHIJに，竹をイメージした太線KL，MNを重ねてできています。

右下の図の五角形ACEGIは正五角形です。また，点B，Dは直線AE上，点D，Fは直線CG上，点F，Hは直線EI上，点H，Jは直線AG上，点J，Bは直線CI上の点です。

AGとKLが平行のとき，角㋐の大きさは□度です。

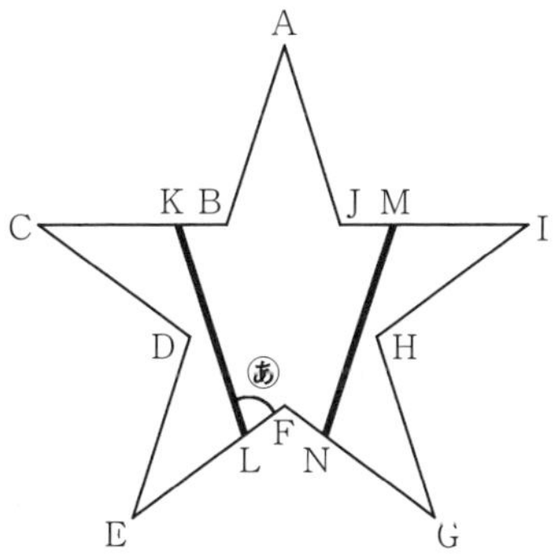

(3)　次のように，0，1，3を使ってできる整数を小さい順に並べます。

0，1，3，10，11，13，30，31，33，100，……

初めから数えて，22番目の数は［①］であり，［②］番目の数は3010です。

(4)　次の図のように，㋐の部分が開いている容器が3点A，B，Cが床に接するように置いてあります。この容器はとなり合っている面がすべて直角に交わっていて，上から1cmのところまで水が入っています。この容器を2点B，Cが床から離れないように動かすことを考えます。

この容器を2点D，Eが床に接するように動かしたとき，こぼれる水の量は[①]cm³です。さらに，この容器を再びもとの状態にもどしたとき，水の深さが一番深いところは[②]cmです。

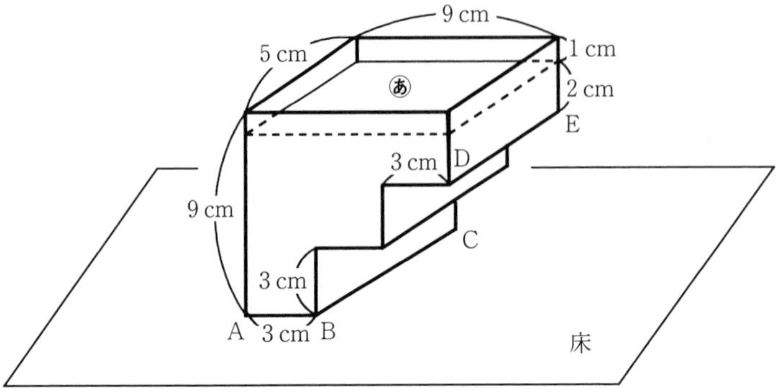

(5) ある中学校の体育祭では，青団，赤団，黄団の3チームで競い合います。1つの種目ごとに，次のように得点が与えられます。ただし，引き分けはありません。

1位7点　　2位5点　　3位2点

何種目か行った後のチームの得点は

青団31点，赤団23点，黄団16点

となりました。このとき，すでに[①]種目行ったことになります。

この後，3種目を行ったところ，赤団，黄団の得点の一の位はそれぞれ7と3になりました。このときの各チームの得点は

青団[②]点，赤団[③]点，黄団[④]点

です。

3 次の各問いに答えなさい。

(1) [図1]のように，同じ大きさの正六角形をすきまなく並べると，6枚でちょうど1周し，それらに囲まれる部分(斜線が引かれた部分)ができ，その図形は正六角形になります。

同じように，同じ大きさの正八角形をすきまなく並べたとき，それらに囲まれる部分はどのような図形になりますか。

最も適切な図形の名前を答えなさい。

[図1]

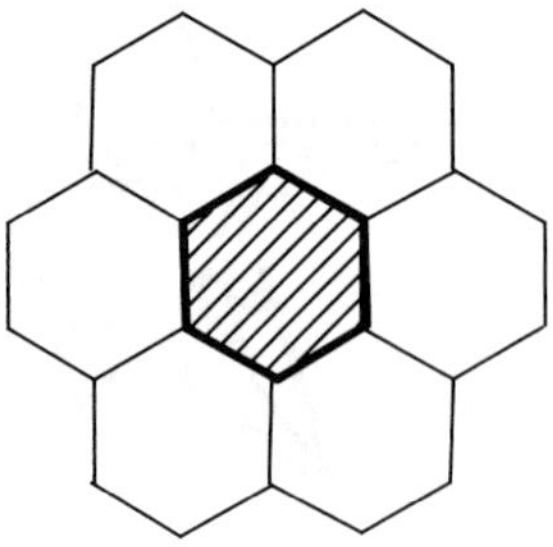

以下，次の文章を読んで答えなさい。

[図2]のように，台形ABCDと台形EBCFがあります。点E，Fはともに辺AD上にあり，辺ADと辺BCは平行で，辺ABと辺DCの長さは等しく，辺AEと辺DFの長さは等しいです。また，角(あ)は70°，角(い)は60°より大きく70°より小さい角です。

(2) 台形ABCDを[図3]のようにすきまなく並べます。何枚でちょうど1周しますか。

(3) 台形EBCFを(2)と同じようにすきまなく並べたら，ちょうど1周しました。何枚の台形

EBCFが必要ですか。考えられる枚数を**すべて**答えなさい。

ただし，解答は途中の考え方もかきなさい。

［図2］

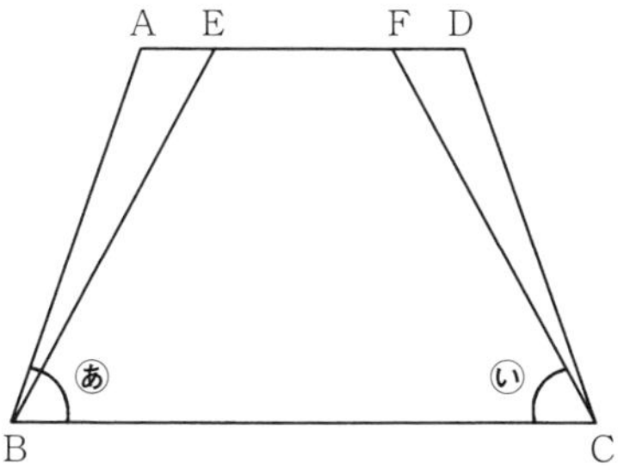

［図3］

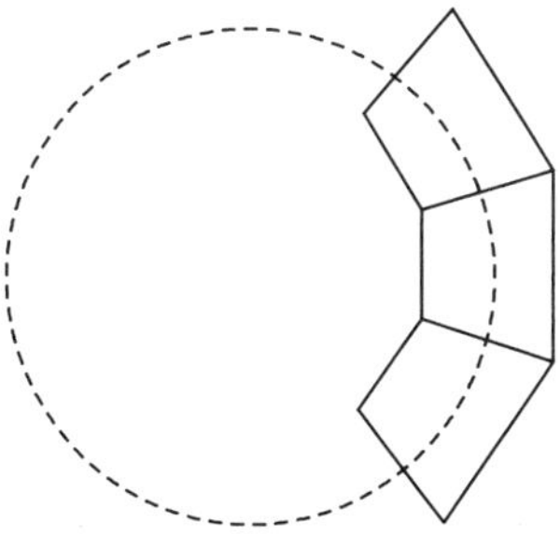

4　次の表のように，数を5で割った余りによって，5種類のグループに分類します。

余りが1	**余りが2**	**余りが3**	**余りが4**	**余りなし**
1	2	3	4	5
6	7	8	9	10
11	12	13	14	15
16	17	18	19	20
21	22	23	24	25
⋮	⋮	⋮	⋮	⋮

この表を参考にして，次の問いに答えなさい。

(1)「**余りが1**」のグループから2つの数を取り出し，その2つの数の積を作ります。この積はどのグループの数になりますか。下の選択肢**ア**～**オ**の中から1つ選び，記号で答えなさい。

【選択肢】

ア「**余りが1**」のグループ　**イ**「**余りが2**」のグループ

ウ「**余りが3**」のグループ　**エ**「**余りが4**」のグループ

オ「**余りなし**」のグループ

(2) 下の選択肢**ア**～**ケ**の中で，2つの数の積が「**余りが1**」のグループになる組み合わせとして適するものを**すべて**選び，記号で答えなさい。

【選択肢】

ア「**余りが1**」のグループと「**余りが2**」のグループから1つずつの数

イ「**余りが1**」のグループと「**余りが3**」のグループから1つずつの数

ウ「**余りが1**」のグループと「**余りが4**」のグループから1つずつの数

エ「**余りが2**」のグループから2つの数

オ「**余りが2**」のグループと「**余りが3**」のグループから1つずつの数

カ「**余りが2**」のグループと「**余りが4**」のグループから1つずつの数

キ「**余りが3**」のグループから2つの数

ク「**余りが3**」のグループと「**余りが4**」のグループから1つずつの数

ケ「**余りが4**」のグループから2つの数

(3) 3つの袋A，B，Cがあります。それぞれの袋には25個の球が入っており，それらの球には1から25までの数が1つずつかかれています。

袋A，B，Cから球を1個ずつ取り出すとき，取り出した3つの球にかかれている数の積が，5で割ると1余る数になる取り出し方は何通りありますか。

ただし，解答は途中の考え方もかきなさい。

5 右の図のように，1辺の長さが7cmの正三角形ABCの各辺を7等分する点を結んでできた点線の上を，Aから出発して，B，C，……と経由して，Iまで進むルートを考えます。

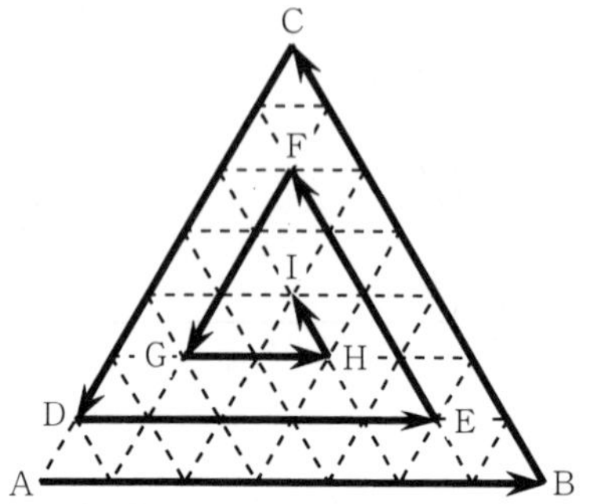

動く2つの点Xと点Yは，このルート上を，同時に点Aを出発して，点Xは毎秒3.5cmの速さで，点Yは毎秒1.5cmの速さで，点Iまで移動します。

このとき，次の問いに答えなさい。

(1) 点Xが点Iに到達するまでに，点Yが移動した距離は何cmですか。

(2) 点Xが点Cに到達したとき，三角形XIYの面積は三角形ABCの面積の何倍ですか。

(3) 三角形AXYが正三角形となるのは何回ありますか。また，それはXとYがAを出発してから，何秒後ですか。

ただし，解答は途中の考え方もかきなさい。

【社　会】〈Ａ試験〉（40分）〈満点：75点〉

次の文章を読んで，あとの問いに答えなさい。

「10年後には人間の仕事の半分はAIに奪《うば》われる。」そんな話を聞いたことはありますか？AIつまり人工知能の発達によって，これまで①人間が行ってきた仕事の多くは，AIがすることになり，人間の②仕事が失われていくかもしれない，という話です。確かにAIなど情報技術の発展は著しく，みなさんのお父さんやお母さんが小学生だったころには存在しなかったスマートフォンの活用が，今では当たり前になっています。そして，みなさんが大人になるころには，今とは全く違《ちが》った情報環境《かんきょう》になっていることも考えられます。

情報とは，人々の間で，何かを伝えあうために使われるものです。そう考えると，人類の歴史はまさに情報の歴史でした。古代の人たちが洞窟《どうくつ》に残した壁画《へきが》は，仲間同士で狩《か》りの情報を共有する手段だったのかもしれませんし，縄文時代や弥生時代の③呪術（まじない）は，未来の情報を知ろうとしたり，自分たちの願いを天に伝えたりするための手段だったのかもしれません。そして，遺跡《いせき》などから発掘《はっくつ》される古代の品々は，昔の人たちがどのような生活をしていたのかを今に伝える，貴重な情報源になっています。

時代が進み，国が大きくなると，広い国土の中で的確に情報を伝え，国のまとまりを保つために，さまざまな方法が考えられるようになりました。例えば煙《けむり》をあげる④「のろし」は山々に囲まれた地域や遠距離でも，比較的早く情報を伝えることができ，戦いの際などに用いられることが多かったようです。⑤律令制度の時代は，馬を使った情報伝達の仕組みが取り入れられました。主要な場所に駅を作って，駅から駅へと馬を乗《の》り継《つ》いで，使者が情報を届けるのです。そのためには道路の整備が必要ですから，道路を作るということは情報伝達においても重要な役割を果たしていたことが分かります。鎌倉時代に「いざ，鎌倉」のために街道が整備されたり，「すべての道はローマに通ず」という言葉が残っていたりすることからも，こうした歴史がうかがえます。⑥室町時代には，禅宗寺院の寺格を整備して，全国に安国寺を建立することで，各国の情報を得たり，幕府の統治を円滑《えんかつ》にすすめたりしようとしました。

⑦江戸時代には本を通じて外国の情報を収集することが増えました。⑧15世紀後半に発明された印刷技術を使った書物は，⑨鎖国をしていた日本にとって，ヨーロッパで起こっていることや，最新の科学技術を知る貴重な手段でした。サレジオ学院とかかわりの深いキリスト教も，教えを聖書という本にしてまとめることで，その考え方を広く伝えることができるようになりました。

この時代の国内の情報伝達についても考えましょう。江戸幕府は⑩高札で，公的な情報を知らせることがありました。一方で，一般庶民《いっぱんしょみん》の間でも，自分たちで情報を得て，それをほかの人たちに知らせる動きがみられるようになりました。代表的なものが⑪かわら版です。しかし，かわら版は多くの人に読んでもらおうとするあまり，⑫表現を大げさにしていたり，時には事実でない内容も盛り込まれていたりしていたようです。

明治時代になると，新政府は高札を使って庶民に向けた五榜《ごぼう》の掲示《けいじ》を出しましたが，この近代とよばれる時代になると，今では一般的となっている情報伝達の手段も数多く登場します。例えば写真の技術が普及《ふきゅう》し始めました。記録をしたり，別の場所で起こっていることをリアルに伝えたりする貴重な手段となりました。また，本格的な新聞社が設立されました。かわら版ではなく，⑬きちんとした情報を集めて，多くの人に知らせていくことを，仕事として行うことになったのです。そして，この時代に登場した情報をやり取りする上での重要な手段が電気です。距離《きょり》が遠く離《はな》れていても，電話を使ったり，信号を送ったりして情報をやり取りできるようになりました。⑭天気を予報したり，⑮標準時が設けられたりと，今の時代に欠かせない，情報の基礎《きそ》となるものが整備された時代でした。

20世紀の前半にラジオ放送が始まりました。同じ情報をみんなで同時に共有することが一般的になりました。広告や出版といった情報伝達の手段は⑯国民の間に広く普及し，かつて一部の人しか手に入れられなかった情報は，多くの市民があっという間に知ることができるようになりました。⑰戦争の時代には，戦果を伝えるラジオ放送に多くの人が聞き入り，戦争の終結が伝えられたのもラジオでした。そして，20世紀中ごろに⑱テレビ放送が始まると，こうした傾向《けいこう》はさらに強まり，テレビをつけていれば自宅にいながらにして⑲世界中で起こっているあらゆることが分かる時代になりました。ニュースや国会中継《ちゅうけい》，スポーツ，ドラマ，グルメや旅行に関する情報番組など，さまざまな分野の情報が世の中にもたらされるようになり，人々の情報との関わり方は，「与えられる多くの情報の中から，必要なものを選ぶ」ようになったといえます。

⑳20世紀の終わりに登場したインターネットは21世紀前半にかけて普及し，取り交わされる情報の量はさらに膨大《ぼうだい》なものになり，ラジオやテレビでは難しかった，「誰《だれ》でも情報を発信すること」ができるようになりました。㉑趣味《しゅみ》や生活に関することも，政治に関することも，好きなように情報を受信したり発信したりして，世界中の人と考え方をやりとりすることができます。

そんな今の時代に，私たちが気を付けなければならないことは何でしょうか。何より大事なことは情報の信頼《しんらい》性を考えることです。情報の取り扱《あつか》いが自由に認められる一方で，㉒時には他者への悪意に満ちた情報や，不確かな情報，そして意図的に世の中を混乱させようとして流されるような情報もあります。㉓確かではない情報に人々が踊《おど》らされることは昔からつきものですが，インターネットが普及し，多くの情報が飛び交う現代では，「フェイクニュース」に惑《まど》わされないよう，私たちはよく考える必要があります。

どれだけ情報の量が増えても，伝える技術が発達しても，それはあくまで㉔人間が使うための道具にすぎません。㉕必要な情報をもとにしながら，より良い判断をし，社会を良くしていくために，新たな技術と適切なかかわり方をしていきたいものです。みなさんが中学・高校の生活でさまざまな価値観にふれたり，経験することを通じて，AI時代の良き担い手となっていってくれることを期待しています。

問1　下線部①について，働くことは日本国憲法で国民の義務の一つとして定められています。国民の権利と義務が書かれた次の憲法の条文について，空らん(**A**)～(**D**)にあてはまるものを，下の**ア**～**エ**からそれぞれ一つずつ選んで，記号で答えなさい。

第26条　すべて国民は，法律の定めるところにより，その能力に応じて，ひとしく(**A**)権利を有する。

(2)　すべて国民は，法律の定めるところにより，(**B**)義務を負ふ。義務教育は，これを無償とする。

第27条　すべて国民は，(**C**)権利を有し，義務を負ふ。

第30条　国民は，法律の定めるところにより，(**D**)義務を負ふ。

ア　勤労の

イ　納税の

ウ　教育を受ける

エ　その保護する子女に普通教育を受けさせる

問２　下線部②について，仕事が失われることは労働者にとって大変深刻な問題であるため，憲法や法律には労働者の権利を守るためのきまりが多く書かれています。こうした権利の考え方から，正当な行為《こうい》として**認められないもの**を，次の**ア**～**エ**から一つ選んで，記号で答えなさい。

ア　労働者が，労働組合を作って使用者(企業《きぎょう》)に対して賃金を上げるよう要望しました。

イ　使用者(企業)が労働条件の見直しに関する要望を聞き入れてくれないため，事前に予告したうえで労働組合がストライキを行いました。

ウ　使用者(企業)は，労働者が賃金を上げる要望をしてきたため，その場でその労働者を解《かい》雇《こ》しました。

エ　使用者(企業)は，同僚の労働者をからかう言動をした労働者に対して，今後そのようなことをしないよう，注意を与《あた》えました。

問３　下線部③について，私たちはいつの時代も人間を超《こ》える力にたよって物事を決定したり，進めたりします。次の文のうち，下線の目的に**あてはまらないもの**を，次の**ア**～**カ**から一つ選んで，記号で答えなさい。

ア　私は朝，家を出る前に，テレビの占《うらな》いで今日の運勢を確認してから出かけます。

イ　藤原道長は出かけたかったが，その日は不吉な日なので一日中家にいることにしました。

ウ　源頼朝は占いに従って，戦いのときに総攻撃《そうこうげき》の日時を決めました。

エ　邪馬台国では女王卑弥呼が占いをして，国の方針を決めました。

オ　室町幕府では将軍が亡くなったので，次の将軍をくじ引きで決めました。

カ　明治政府は廃仏《はいぶつ》毀釈《きしゃく》をすすめ，寺院を壊《こわ》すことに決めました。

問４　下線部④について，次の問い(**1**)～(**3**)に答えなさい。

(**1**)　次の地図で示した珠洲《すず》市には，狼煙《のろし》町があります。この狼煙町について述べた下の文の空らん(**Ａ**)(**Ｂ**)にあてはまる語句を**漢字**で答えなさい。

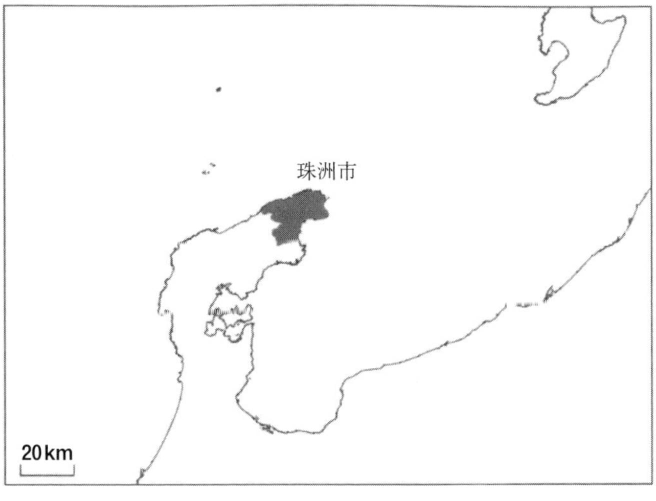

狼煙町は，（ **A** ）半島の先端《せんたん》にある石川県の珠洲市にあります。地名の由来には諸説ありますが，江戸時代，この地から（ **B** ）船とよばれる当時の交易船航行のために「のろし」を上げていたことだといわれています。

(2) 上の文章の「のろし」の役割と同じ目的を持つ施設《しせつ》の地図記号を，次の**ア**～**エ**から一つ選んで，記号で答えなさい。

ア　**イ**　**ウ**　**エ**

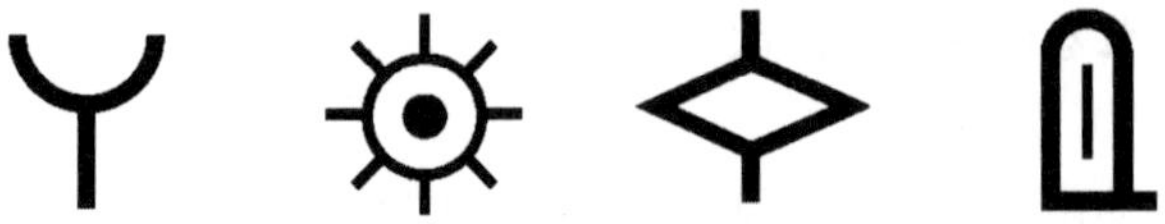

(3) 現在でも，研究調査などのために，「のろし」を再現する試みが行われています。次の地図は，奈良県内のある地点を表示した地形図(電子地図)で，続く文は，地図中の○で囲まれた神社からあげられた「のろし」を離《はな》れた場所から観察する，アスカさんとヤマトさんの会話です。アスカさんとヤマトさんは，地図中の**A**～**C**のいずれかの学校に，二手に分かれて「のろし」を観察しています。地図と会話文をよく読み，アスカさんとヤマトさんがいる場所の正しい組合わせを，下の**ア**～**カ**から一つ選んで，記号で答えなさい。

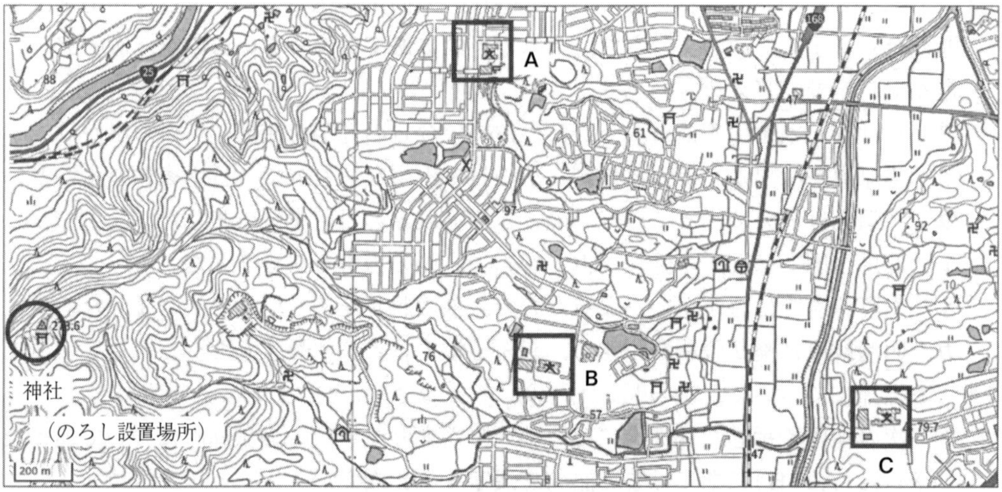

地理院地図により作成。地図中の地名は省略している。

アスカ：わたしのいる学校の校庭から，「のろし」の煙《けむり》があがるのが見えたよ。そちらはどう？

ヤマト：ぼくのいる学校の校庭からは，まだ見えないな。神社は同じ方向にあるはずなのに…

アスカ：わたしのいる学校は，北側に城跡《じょうせき》がある高台だから見晴らしがいいのかもしれないね。

ヤマト：あっ，ようやく煙が見えたよ。針葉樹の森林が，煙を隠《かく》していたみたいだ。

ア　アスカ：**A**　ヤマト：**B**

イ　アスカ：**A**　ヤマト：**C**

ウ　アスカ：**B**　ヤマト：**A**

エ　アスカ：**B**　ヤマト：**C**

オ　アスカ：**C**　ヤマト：**A**

カ　アスカ：**C**　ヤマト：**B**

問5　下線部⑤について，律令制の下で，古代の官道は重要度に応じて大路・中路・小路の3つに区別されていました。これについて，次の問い(**1**)(**2**)に答えなさい。

(**1**)　古代において，最も重要視されていた道はどれですか。最も適当なものを，次の**ア**～**エ**から一つ選んで，記号で答えなさい。

ア　東海道

イ　東山道

ウ　山陽道

エ　南海道

(**2**)　(**1**)で答えた道が重要視されていた理由は，当時，大陸との交易の窓口となった地域を治める(　　)という役所と朝廷との連絡を保つためでした。(　)にあてはまる語句を**漢字**で答えなさい。

問6　下線部⑥について，室町時代に関して述べた文のうち**適当でないもの**を，次の**ア**～**エ**から一つ選んで，記号で答えなさい。

ア　自治的な村落がつくられていき，一揆《いっき》と呼ばれる集団が形成されました。

イ　近畿地方では民衆たちが，借金の帳消しを求める徳政一揆をおこしました。

ウ　国人と呼ばれる地方を支配する武士たちが，一揆を形成して守護と戦いました。

エ　浄土真宗やキリスト教徒などの宗教勢力が，一揆を形成して幕府と戦いました。

問7　下線部⑦について，江戸時代には，特色のある産業が藩《はん》によって保護を受けたり奨励《しょうれい》されたりして，その一部は現代も地場産業としてそれぞれの地域に根付いています。それらの地場産業についての説明として，**適当でないもの**を，次の**ア**～**エ**から一つ選んで，記号で答えなさい。

ア　現在の岩手県では，茶の湯文化が広まったこともきっかけで鉄器の生産が奨励されました。

イ　現在の石川県では，友禅とよばれる染物の技法が確立し，城下町を中心に発展しました。

ウ　現在の島根県では，乾燥した冬に蚕の飼育が行われていたため，麻《あさ》織物の大産地となりました。

エ　現在の佐賀県では，朝鮮半島の技術者によって始められた磁器の生産が保護されていました。

問8　下線部⑧について，15世紀後半から始まる戦国時代には，さまざまなニセ情報を使って敵の勢力を弱体化させることが常道でした。敵を分断させることで，石見銀山を奪《うば》うことに成功した大名は誰ですか。その人物を，次の**ア**～**オ**から一人選んで，記号で答えなさい。

ア　大友宗麟

イ　毛利元就

ウ　長宗我部元親

エ　織田信長

オ　武田信玄

問9　下線部⑨について，当時は長崎がおもな貿易港となっていました。次の**ア**～**エ**は，当時の長崎での輸出品・輸入品，現在の長崎港での輸出品・輸入品のいずれかを示しています。このうち，**A**当時の輸入品と，**B**現在の輸出品を，次の**ア**～**エ**から一つずつ選んで，記号で答えなさい。

ア　船，魚介類，鉄

イ　織物，ガラス，生糸

ウ　金・銀・銅，魚介類，陶器

エ　燃料，果実・野菜，金属製品

問10　下線部⑩について，高札が由来となっている地図記号があります。何を表す地図記号でしょうか。その名称を答えなさい。また，その地図記号を解答用紙に描《か》いて答えなさい。

問11　下線部⑪について，江戸時代の末期には安政の大地震(1850年代)が起こり，被災状況《ひさいじょうきょう》に関するかわら版が数多く出されました。次の**図A**～**D**は大地震の直後から描かれた鯰絵《なまずえ》と呼ばれる浮世絵で，「地下深くには鹿島大明神の『要石《かなめいし》』の力で抑えられた地震鯰がいて，地震鯰が暴れると地震が起こる」という伝説をもとに描かれたものです。内容はさまざまですが，いずれも地震におびえる人々の恐怖を取り除く護符《ごふ》のようなものとして人気を博し，幕府が取り締まるまで約160点以上が描かれました。鯰絵について，下の問い(**1**)(**2**)に答えなさい。

A

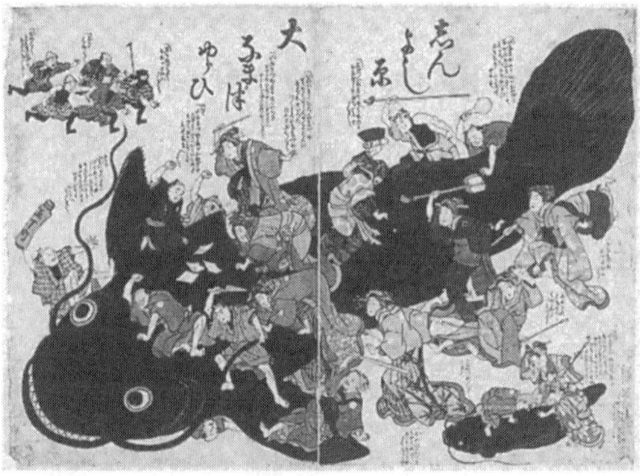

地震を起こす鯰を人々が退治しようとしている。

B

材木屋・大工・とび職が鯰に感謝している。

C

鯰をこらしめる鹿島大明神に，信州・小田原・京都など各地の鯰が謝っている。

D

鯰はお金持ちを助けず，貧しい人々を助ける「世直し」をしている。

(1)　**B**～**D**の鯰絵と時代背景から読み取れること，考えられることで**適当でないもの**を，次の**ア**～**カ**から**三つ**選んで，記号で答えなさい。

ア　**B**は，大地震後の復興景気によって，武士・農民・職人・商人のうちで職人にあたる人々に利益が回ってきたことをあらわしています。

イ　**B**は，材木屋や大工が鯰にわいろを渡していることから，鯰は当時の老中・田沼意次であるとわかります。

ウ　**C**は，鹿島大明神に当時の将軍徳川吉宗を重ね，大地震での町火消の活躍を賛美するために描いたものだと考えられます。

エ　**C**は，鹿島大明神の力が日本全国に及ぶことを再確認し，鹿島神宮から離れた地に住む人々も安心させるために描いたものだと考えられます。

オ　**D**は，大地震とほぼ同時期の黒船来航や尊王攘夷派の活発化に伴い，徳川幕府への批判と世直し意識が高まっていたことをあらわしています。

カ　**D**は，大地震とほぼ同時期の島原の乱やキリスト教徒の弾圧にともない，親孝行や主への忠誠を強調する儒教的な表現がつかわれています。

(2)　鯰絵の描かれた経緯をふまえて，鯰絵と似た経緯・機能をもつと考えられる絵を次の**ア**～**エ**から一つ選んで，記号で答えなさい。

ア

イ

ウ

エ

問12　下線部⑬について，地図のなかには，伝えたい情報を分かりやすくすることを目的として，あえて地図の形を変形させて表現した「カルトグラム」という地図があります。次の**A**～**C**は，都道府県ごとの農業産出額，製造品出荷額，＊小売業年間販売額のいずれかをもとに作成したカルトグラムで，＊＊都道府県の形は，それぞれのデータの金額の値が大きい都道府県ほど大きい形に，小さい都道府県ほど小さい形に変形されています。**A**～**C**とデータとの

正しい組合わせを，下の**ア**～**カ**から一つ選んで，記号で答えなさい。

＊　商品を仕入れ，消費者に販売する仕事のこと。

＊＊　全国平均値に対するそれぞれの都道府県の値の比率をもとに作成している。

A

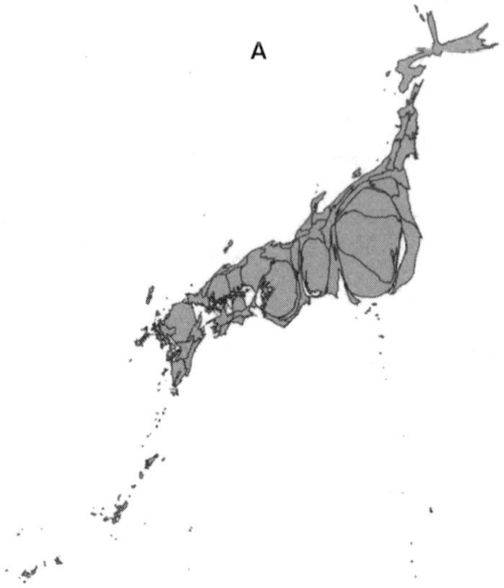

B

C

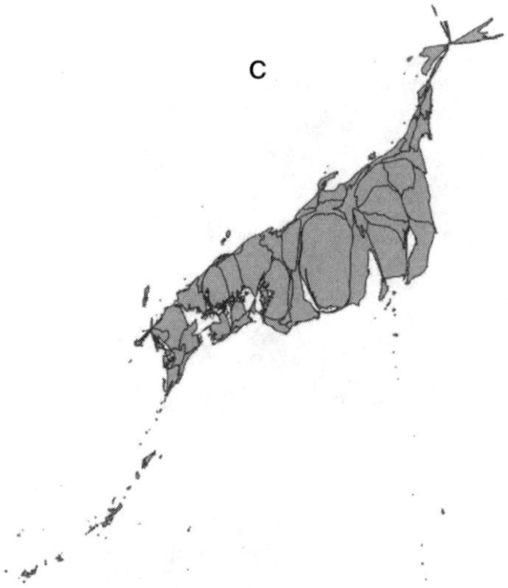

農林水産省，経済産業省，総務省　資料より作成。統計年次は2019年，2020年。

ア　**A**－農業産出額　**B**－製造品出荷額　**C**－小売業年間販売額

イ　**A**－農業産出額　**B**－小売業年間販売額　**C**－製造品出荷額

ウ　**A**－製造品出荷額　**B**－農業産出額　**C**－小売業年間販売額

エ　**A**－製造品出荷額　**B**－小売業年間販売額　**C**－農業産出額

オ　**A**－小売業年間販売額　**B**－農業産出額　**C**－製造品出荷額

カ　**A**－小売業年間販売額　**B**－製造品出荷額　**C**－農業産出額

問13　下線部⑬について，以下の記事のように，重要な情報が国などからマスメディアを通じて国民に知らされることがあります。記事を読んで，下の問い(**1**)(**2**)に答えなさい。

財務省と(　**A**　)は，(　**B**　)の肖像《しょうぞう》をモデルとした一万円札など，３種類の新しい紙幣を，来年７月をめどに発行すると発表しました。新たな紙幣《しへい》では，偽造《ぎぞう》防止の技術も強化していて，世界で初めてとなる最先端のホログラム技術が導入され，紙幣を斜《なな》めに傾《かたむ》けると肖像が立体的に動いて見えるほか，「すかし」は，肖像を映し出すだけではなく，紙の厚みを微細《びさい》に変え高精細な模様を施《ほどこ》しています。

(NHK NEWS WEB 掲載記事(2023年6月28日)をもとに作成)

(1) 文章中の空らん(**A**)にあてはまる機関が行っている業務として最も適当なものを，次の**ア**～**エ**から一つ選んで，記号で答えなさい。

ア 世の中から広く預金を集め，そのお金を企業などに貸し出すことで利益を得ています。

イ 政府のお金の出納を行うとともに，世の中に出回るお金の量を調整して景気に影響《えいきょう》を与えます。

ウ 市民や企業などから税金を集め，必要な使い道を決めます。

エ 外国に対する資金援助《えんじょ》を行うため，国のお金の貸し出しを行います。

(2) 以下は，文章中の空らん(**B**)にあてはまる人物が，行ったことを「私」として説明しています。この人物の説明として最も適当なものを，次の**ア**～**エ**から一つ選んで，記号で答えなさい。

ア

私は，欧米に3度派遣《はけん》された経験などをもとに，欧米文化を国内に向けて紹介《しょうかい》しながら，文明社会における日本のあり方について説きました。大学などの教育機関も作りました。

イ

私は，第一国立銀行の総監《そうかん》役となり，民間人として経済による近代的な国づくりを目指しました。銀行を拠点《きょてん》に企業の創設・育成に力を入れ，企業や社会公共事業・教育機関の設立・支援《しえん》や民間外交に尽力しました。

ウ

私は，医学者として細菌学の分野で多大な功績を上げ，国内外での伝染病予防と治療《ちりょう》に貢献《こうけん》しました。

エ

私は，家族の生活を支えるために小説家になることを志し，貧しい生活をしながら徐々《じょじょ》に雑誌や新聞に小説を発表しました。24歳で短い生涯《しょうがい》を閉じました。

問14 下線部⑭について，次の問い(**1**)(**2**)に答えなさい。

(1) テレビなどの天気予報には，気象衛星からの画像が欠かせないものになりました。日本が打ち上げている気象衛星の名称を，次の**ア**～**エ**から一つ選んで，記号で答えなさい。

ア はやぶさ　**イ** みちびき

ウ ひまわり　**エ** のぞみ

(2) 東北地方では，1993年に起きた深刻な冷害をきっかけに，詳しい地域ごとの天気予報データが作成・共有されるようになりました。冷害とはどのようなものですか。この地域の冷害の原因となる風の名称を明らかにして，説明しなさい。

問15 下線部⑮について，日本の標準時子午線と，その周辺の地域を示した次の地図を見て，下の問い(**1**)～(**3**)に答えなさい。

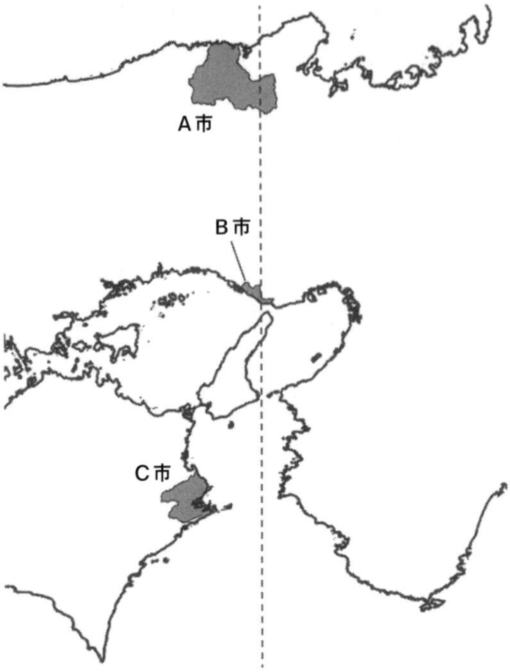

(1) 日本の標準時子午線の経度を，適切な形で答えなさい。

(2) 地図中の**B市**は，日本標準時子午線が通過し，大きな子午線標識が建てられている「時のまち」として知られています。**B市**の都市名を，**漢字**で答えなさい。

(3) 次の雨温図①～③は，地図中の**A**～**C**のいずれかの市にある地点のものです。雨温図①～③と**A**～**C**の正しい組合わせを，下の**ア**～**カ**から一つ選んで，記号で答えなさい。

①

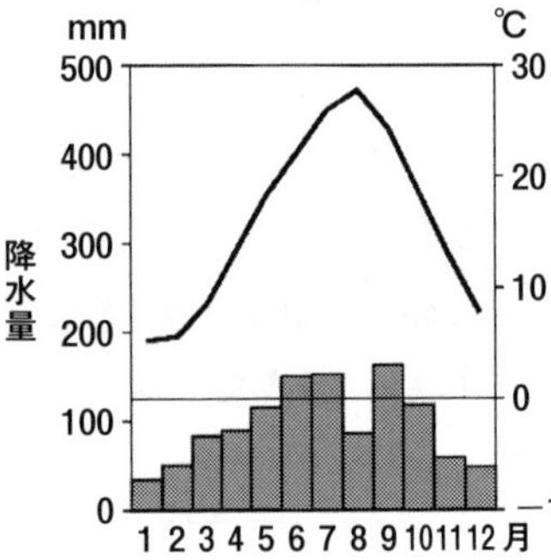

年平均気温：15.8℃
年降水量　：1,151.9mm

②

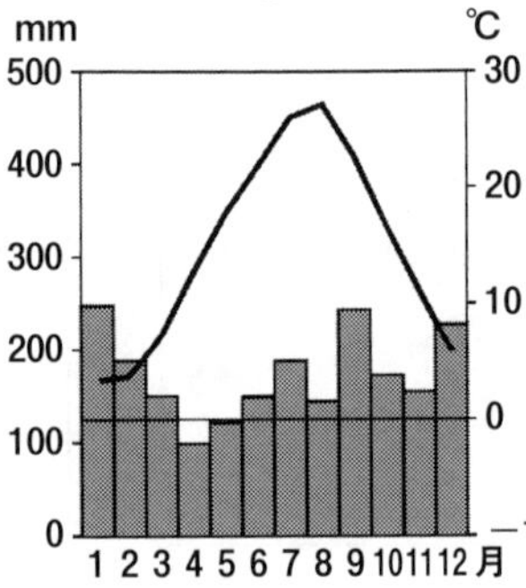

年平均気温：14.6℃
年降水量　：2,088.9mm

③

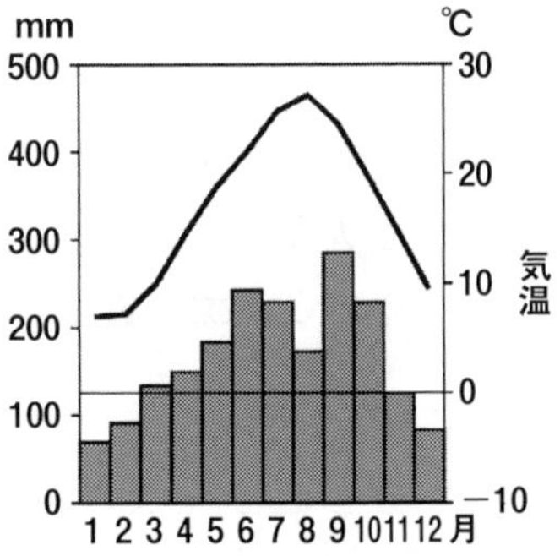

年平均気温：16.7℃
年降水量　：1,991.9mm

ア　①—**A**　②—**B**　③—**C**
イ　①—**A**　②—**C**　③—**B**
ウ　①—**B**　②—**A**　③—**C**
エ　①—**B**　②—**C**　③—**A**
オ　①—**C**　②—**A**　③—**B**
カ　①—**C**　②—**B**　③—**A**

問16　下線部⑯について，今からおよそ35年前の平成元年，のちにバブル景気と呼ばれた時代において，各家庭(２人以上の世帯)の身近な製品の普及率を比べたとき，**60%を超えていない**

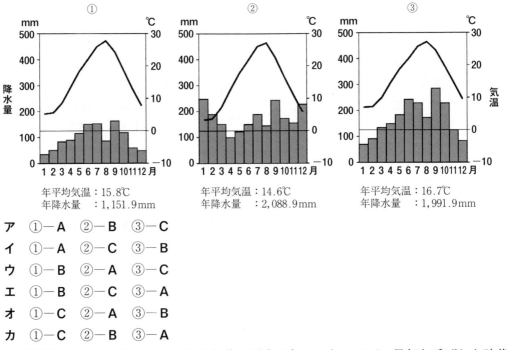

製品は何ですか。適当なものを，次の**ア**～**カ**から**二つ**選んで，記号で答えなさい。

ア　カラーテレビ　　**イ**　クーラー(エアコン)

ウ　自動車　　**エ**　パソコン

オ　電気洗濯機　　**カ**　携帯《けいたい》電話

問17　下線部⑰について，近代の日本の戦争に関する説明①～③の正誤の組み合わせとして，最も適当なものを，下の**ア**～**ク**から一つ選んで，記号で答えなさい。

①　日露戦争中の外国からの借金や戦後も行われた増税により経済が停滞《ていたい》しました。

②　第一次世界大戦後，ヨーロッパ各国の輸出が再開されました。日本のアジアへの輸出も好調で，大戦後も好景気が続きました。

③　満州事変後の12月に，犬養毅内閣は金輸出再禁止を行いました。この影響で円相場が大《おお》幅《はば》に下落したため，諸産業は輸出を大幅に伸ばしていきました。

	①	②	③
ア	正	正	正
イ	正	正	誤
ウ	正	誤	正
エ	正	誤	誤
オ	誤	正	正
カ	誤	正	誤
キ	誤	誤	正
ク	誤	誤	誤

問18　下線部⑱について，かつては，商店街にあるテレビを地域のみんなで視聴《しちょう》することもありました。かつての商店街に多く存在していた①・②のお店と，その説明を組み合わせたものとして，最も適当なものを，下の**ア**～**ク**から一つ選んで，記号で答えなさい。

①　荒物《あらもの》屋　　②　八百屋

＜説明＞

A　カナヅチやハサミなどの工具を扱《あつか》い，家庭用としてはやかんや包丁などを主に扱っています。

B　野菜を主に扱うお店で，季節によって異なる野菜が店頭に並び，果物も扱うこともあります。

C　家庭用の日用雑貨を主に扱うお店で，ほうきやおけ，なわなどを扱っています。

D　コーヒーや紅茶などの飲み物やサンドウィッチなどの軽食を提供するお店です。

ア　①－**A**　②－**B**　　**イ**　①－**A**　②－**D**

ウ　①－**B**　②－**A**　　**エ**　①－**B**　②－**C**

オ　①－**C**　②－**B**　　**カ**　①－**C**　②－**D**

キ　①－**D**　②－**A**　　**ク**　①－**D**　②－**B**

問19　下線部⑲について，世界の国々にかかわる重要な会議の情報も，今では簡単に調べることができます。これについて，下の問い**(1)(2)**に答えなさい。

アスカさんは，国連の安全保障理事会で拒否権が行使された事例について調べてまとめ，その結果を友人のヤマトさんと話しています。

アスカ：国連のホームページのデータを数えてみたら，拒否《きょひ》権を行使している数は国によってずいぶん違うことが分かったよ。

＜拒否権を行使した回数＞

国名	ロシア（ソ連）	アメリカ	イギリス	フランス	中国
回数	123	82	29	17	16

※中国は台湾（中華民国）が行使した事例も含む
※ソビエト連邦とロシア連邦は同じ国として数えた

ヤマト：本当だね。これでも特徴《とくちょう》が分かるけれど，（　　）が起こった年で区切ると，もっと特徴が分かりやすいんじゃないかな。

アスカ：確かにそうだね。やってみよう。

＜拒否権を行使した回数＞

	ロシア（ソ連）	アメリカ	イギリス	フランス	中国
（　　）が起こった年以前	90	65	29	16	0
（　　）が起こった年以降	33	17	0	1	16

アスカ：区切ったことで，拒否権の行使をしなくなった国や，逆に行使が増えた国など，時代による各国の立場の変化が分かりやすくなるね。

(1)　会話文および表中の空らん（　）には，各国の立場が転換するきっかけの年に起こったできごとが入ります。最も適当なものを，次の**ア**～**エ**から一つ選んで，記号で答えなさい。

ア　ベルリンの壁の崩壊《ほうかい》

イ　朝鮮戦争

ウ　キューバ危機

エ　イギリスのEU離脱《りだつ》

(2)　次の**記事1**～**記事3**は，いずれも国連安全保障理事会での決議において，拒否権が行使されたために決議が成立しなかった議題の例です。**記事1**～**記事3**の文章中にある「拒否権を行使した国」のうち，アメリカ合衆国を指しているものを，次の**ア**～**ウ**から一つ選んで，記号で答えなさい。

記事1

日付：1952年9月18日
議題：日本が国際連合に加盟することを認める。
拒否権を行使した国：（ **ア** ）国

記事2

日付：2017年12月18日
議題：（ **イ** ）国がイスラエルの首都をエルサレムとして，大使館を設置することに対し，エルサレムに外交使節団を置くことを慎《つつし》むことを求める。
拒否権を行使した国：（ **イ** ）国

記事3

日付：2022年2月25日
議題：(　**ウ**　)国の隣国《りんごく》への侵攻《しんこう》は，国連憲章違反《いはん》であり，最も強い言葉で遺憾《いかん》の意を表する。
拒否権を行使した国：(　**ウ**　)国

問20　下線部⑳について，20世紀の後半以降に起こった，行政機関に関する次の**ア**～**エ**のできごとを，年代の古い順に並べ替えなさい。

ア　復興庁が発足しました。
イ　防衛庁が防衛省になりました。
ウ　環境庁が環境省になりました。
エ　デジタル庁が発足しました。

問21　下線部㉑について，こうした情報伝達のありかたは，民主主義や人権のありかたを変える可能性があると指摘《してき》されています。民主主義や人権に関する次のできごと**A**・**B**が起こったのは，本文中に述べられているどの時代と最も近いでしょうか。適当なものを，下の**ア**～**エ**からそれぞれ一つずつ選んで，記号で答えなさい。

＜**できごと**＞
A　アメリカの大統領リンカーンは，「人民の人民による人民のための政治」という言葉で，民主主義の考え方を示しました。
B　日本では，日照権や静穏《せいおん》権，知る権利などの「新しい人権」が主張されるようになりました。

ア「馬を使った情報伝達の仕組みが取り入れられました。主要な場所に駅を作って，駅から駅へと馬を乗り継いで，使者が情報を届けるのです。」
イ「明治時代になると，新政府は高札を使って庶民に向けた五榜の掲示を出しました。」
ウ「戦争の時代には，戦果を伝えるラジオ放送に多くの人が聞き入り，戦争の終結が伝えられたのもラジオでした。」
エ「テレビをつけていれば自宅にいながらにして世界中で起こっているあらゆることが分かる時代になりました。」

問22　下線部㉒について，現在，こうした情報を流した際には，法律によって刑罰が与えられることもあります。以下の刑罰に関する＜**記事**＞について，文章中の空らん(**A**)(**B**)にはどのような語が入るでしょうか。それぞれにあてはまる語を答えるとともに，空らん部に引いてある下線の権利に最もかかわりの深い憲法の条文を，下の**ア**～**ウ**からそれぞれ一つずつ選んで，記号で答えなさい。

＜**記事**＞
日本の刑罰が見直されることになりました。明治40(1907)年に現在の制度になって以来の変更です。日本の刑罰には，死刑，懲役《ちょうえき》，禁錮《きんこ》，罰金などがあります。憲法では，国民の自由権を保障していますが，「犯罪による処罰の場合を除いては」という但《ただ》し書きをしているほか，「何人も，法律の定める手続によらなければ，その生命若しくは自由を奪われ，又はその他の刑罰を科せられない。」と定め，犯罪をした人に対して法律にのっとって自由を奪うことを刑罰として採用しています。このうち，死刑については人の生命そのものを奪うという最も重い刑罰となっています。そして，懲役や禁錮は(**A**)の自由を奪うもの，罰金は(**B**)の自由を奪うものです。今回の改正は，このうちの懲役と禁錮の刑罰を「拘禁《こうきん》刑」として一本化するものです。

(2022年６月のニュースをもとに作成)

＜**条文**＞

ア　何人も，いかなる奴隷的拘束も受けない。(第18条)

イ　思想及び良心の自由は，これを侵してはならない。(第19条)

ウ　財産権は，これを侵してはならない。(第29条)

問23　下線部㉓について，この絵は今から100年ほど前に起きたあるできごとをあらわした絵巻物の一部です。この絵の左側では逃げる人々が，制服を着た人だけでなく，一般の人々によって殺害されているところが描かれています。一般の人々はどうしてこれらの人々を殺害したのでしょうか。その理由といきさつを説明しなさい。

問24　下線部㉔について，農水産物や畜産物《ちくさんぶつ》などの移動ルートが把握《はあく》できるように，生産・加工・流通などの情報を記録し，食品事故などの問題があったときに，原因究明や商品回収をスムーズに行えるようにしているしくみのことを何とよびますか。その名称を**カタカナ**で答えなさい。

問25　下線部㉕について，大地震や河川の氾濫《はんらん》など，大規模な災害が発生した際にはよりいっそう，こうした情報への判断や，かかわりかたが重要になるといえます。これについて，下の問い**(1)(2)**に答えなさい。

　大規模な災害が発生した際には，自治体などが開設した避難《ひなん》所などに避難することが考えられます。このような場合に備えて，地方自治体の中には「避難所運営マニュアル」や「避難所設置マニュアル」を設定していることがあります。タケルさんは，このことを知って，さまざまな自治体のマニュアルを比較してみました。ある自治体のマニュアルでは，避難所に次のような掲示板を設置して，避難者に情報を知らせる工夫を示していました。

北山田避難所　掲示板

A	＜お知らせ＞ ・１階トイレ故障中です ２階トイレを使ってください ※移動は必ず体育館横の階段を使ってください	避難所配置図
＜昼食配布予定＞ ・おにぎり ・カップめん ・ペットボトルのお茶 午後１時～　グラウンド	＜注意事項＞ ・エコノミークラス症候群に気を付けましょう ・盗難注意 ・食事の前には必ず手を洗おう	＜伝言板＞ ・Rさんへ、西山田小学校へ移動します（Sより） ・Tは無事です ・Uさん受付に連絡ください

一方で，ある自治体の「避難所設置マニュアル」には，以下のような説明がありました。

> 避難者全員に伝える必要がある情報は，できるかぎり簡潔にまとめ，難しい表現や用語をさけ，漢字にはふりがなをつけたり，絵や図を利用したりしてわかりやすい表現となるよう工夫する。さらに，必要に応じ複数の手段を組み合わせて伝える。

＜配慮《はいりょ》の例＞

配慮が必要な人	方法
(出題の都合上，隠《かく》しています)	・音声による広報　・点字の活用 ・サインペンなどで大きくはっきり書く ・トイレまでの案内用のロープの設置 ・トイレの構造や使い方を音声で案内する　など
	・掲示板，個別配布による広報　・筆談 ・メールやFAXの活用 ・テレビ(文字放送・字幕放送が可能なもの) ・光による伝達(呼び出しの際にランプをつける)　など
	・通訳，翻訳《ほんやく》　・絵や図，やさしい日本語の使用　など

(川崎市「避難所運営マニュアル」資料集より)

(1)「北山田避難所　掲示板」内の空らん［A］の部分には，避難所を円滑に運営するための情報が書かれています。この情報は避難所だけではなく，人々の集団を形成する際には不可欠となるものです。情報の内容として最も適当なものを，次の**ア**～**エ**から一つ選んで，記号で答えなさい。

ア　＜気象情報＞

・今回の災害は，台風19号によるものです

・台風19号は，フィリピン沖で発生し，現在は温帯低気圧になって日本海沖を北上中

・大雨に関する特別警報が出ています

イ　＜避難しているみなさんへ＞

・人生には困難が必ず起こります。しかし，困難はいつまでも続くわけではありません

・日常生活にもどるまで，もうしばらくがんばりましょう

ウ　＜避難所利用のルール＞

・必ず下足と上《うわ》履《ば》きの履き替えをしましょう

・ごみの分別を行ってください

・22時から６時までは消灯時間です

エ　＜救助品提供者＞

・お米10キロ　北山田町２丁目の田中様

・布団５組　北山田町１丁目の高橋様

・ペットボトルの水100本　森商店様

(2)　タケルさんは，「避難所設置マニュアル」の内容をふまえると，「北山田避難所　掲示板」の表現の仕方には不十分なところがいくつかあると思いました。どの部分が，どのような人たちにとって不十分だといえるでしょうか。**二通り**答えなさい。

【理　科】〈**A試験**〉(40分)〈満点：75点〉

◎問題で字数指定のあるものは，句読点・記号も一字に数えます。

1　物体にはたらく浮力《ふりょく》について以下の文章を読んで，あとの問いに答えなさい。ただし，計算結果を答える際，**割り算が必要な場合は，分数ではなく小数で答えなさい**。

わたしたちがプールなどに入ると体が軽く感じられるのは，物体が水などの液体中で浮力といわれる上向きの力を受けるためです。古代ギリシアの(**A**)は「液体中で物体が受ける浮力の大きさは，その物体が押しのけた液体の重さに等しい」ことを見出したといわれます。

(1)　上の文中の空欄《くうらん》(**A**)に入る人物の名前を次の選択肢《せんたくし》**ア**～**エ**から１つ選び，記号で答えなさい。

ア　ソクラテス　　**イ**　プラトン　　**ウ**　アリストテレス　　**エ**　アルキメデス

図１のような底面積 $25\,\mathrm{cm}^2$，高さ４cm で重さ45gの直方体を水中に入れたところ，図２のように底面が水面と平行になるように浮かびました。このとき物体にはたらく浮力を考えましょう。水の $1\,\mathrm{cm}^3$ あたりの重さを１gとすると，直方体が水中で押しのけた水の重さが45g分になるので，このとき水中にある体積は(**a**)cm^3 であり，直方体の上面の水面からの距離《きょり》が(**b**)cm となることがわかります。

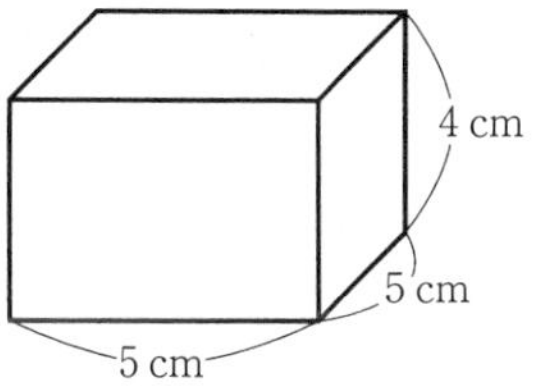

図１

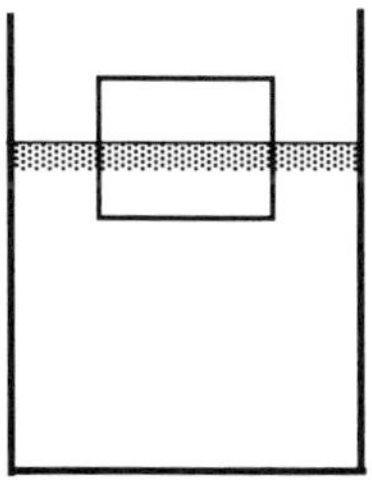

図２

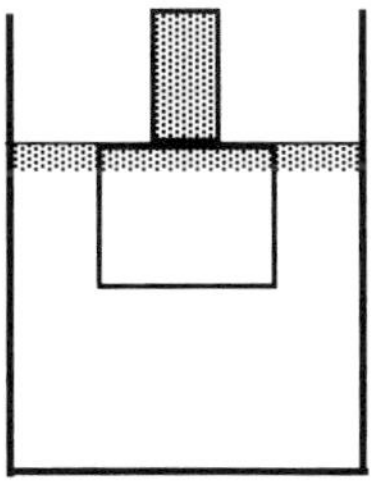

図３

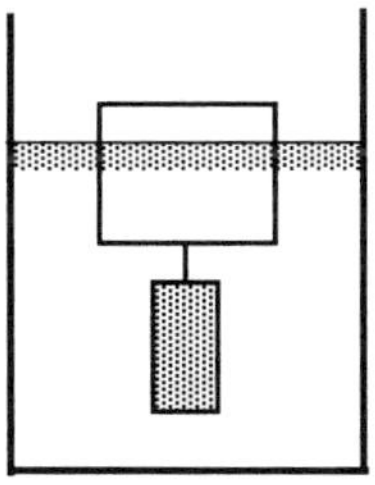

図４

次に図３のように，底面積 $5\,\mathrm{cm}^2$，高さ４cm の円筒形《えんとうけい》のおもりを直方体の上にのせたところ，直方体の上面が水面と平行を保ったまま，水面と同じ高さになりました。このことからのせたおもりの重さは(**c**)gであることがわかります。

つづけて図４のように，同じおもりを直方体の下に糸でつなげて水中に沈《しず》めたところ，直方体の上面が水面と平行を保ったまま，直方体の一部が水面より上にでました。糸の重さと体積を考えないものとすると，直方体の上面の水面からの距離は(**d**)cm になります。

(2)　上の文中の空欄(**a**)～(**d**)にあてはまる値を答えなさい。

(3)　直方体だけを図２のように水でなく $1\,\mathrm{cm}^3$ あたり0.8gの重さのアルコールの中に入れると，直方体の上面の液面からの距離は何 cm になりますか。なお，直方体の上面はつねに液面と平行を保つものとします。

(4)　おもりだけを図５のように糸とばねばかりにつないで，完全に水中にいれました。このとき，ばねばかりは何gを示しますか。なお，糸の重さと体積は考えないものとします。

(5)　おもりの底面を水面につけ，その状態を０cm として図６のようにおもりをゆっくりと水中に沈めていきました。おもりの底面の水面からの距離とばねばかりの示す値のグラフはどのようになりますか。０cm から６cm の間で解答用紙のグラフを記入しなさい。なお，この間おもりの底面は容器の底につかないものとします。

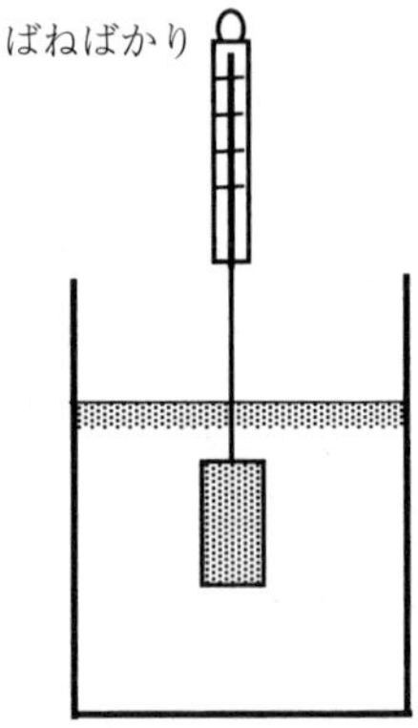

図5

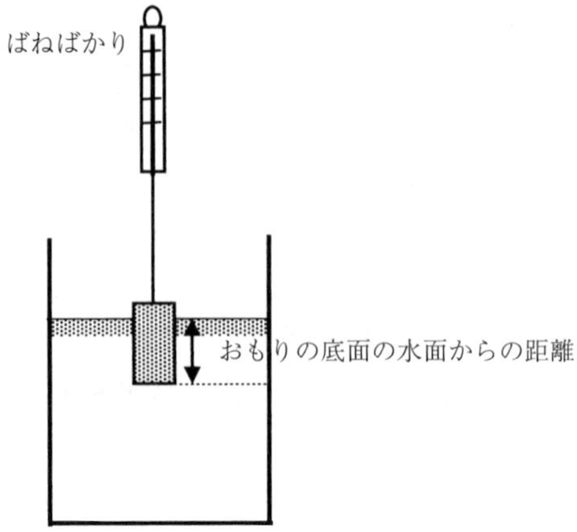

図6

＊図2～図6で水の入った容器は実際には直方体やおもりに対してとても大きいため，直方体やおもりの位置によって水面の高さは変化しないものとします。

＊図2，図4，図6の直方体およびおもりの水面に対する位置は，実際のようすを正確に表しているわけではありません。

2　ボスコさんは，身近なところでたくさん使われている鉄が，鉄と酸素が結びついた酸化鉄が主に含まれている鉄鉱石からどのように取り出されるのか疑問に思いました。そこでボスコさんは鉄について調べ，その後，鉄を取り出す実験を行いました。あとの問いに答えなさい。

【ボスコさんが鉄について調べたこと】

・鉄は金属の一種であり，①さまざまな水溶液に溶ける。

・製鉄で利用される溶鉱炉《ようこうろ》の内部では，②鉄鉱石に多く含まれる酸化鉄から酸素を取り除き鉄が得られる変化と，炭素がその酸素と結びつき二酸化炭素が生じる変化が同時に起きる。

【実験1】

下線部①の性質について調べるため，ボスコさんは，3種類の金属(アルミニウム，鉄，銅)をさまざまな水溶液に入れ，溶けるかどうかを調べたところ，次のようになった。

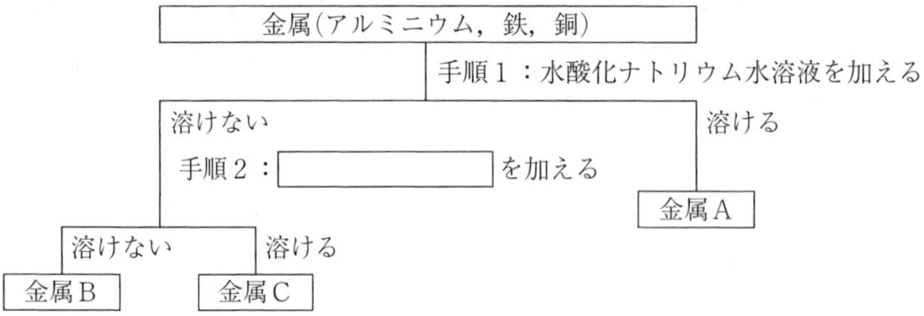

(1)　手順2の空欄にあてはまる水溶液を，次の選択肢**ア**～**エ**のうちから1つ選びなさい。

ア　アンモニア水　　**イ**　さとう水　　**ウ**　食塩水　　**エ**　塩酸

(2)　鉄は，金属A～Cのうち，どれだと考えられますか。次の選択肢**ア**～**ウ**のうちから1つ選びなさい。

ア　金属A　　**イ**　金属B　　**ウ**　金属C

(3)　下線部②の製鉄で得られる鉄の重さについて説明した，次の文中の(**a**)，(**b**)に入る数をそれぞれ求めなさい。**ただし，計算結果が割り切れない場合，小数第二位を四捨五入して小数第一位までで求めなさい。**

製鉄では最終的に，酸化鉄 1 kg から鉄 700 g が取り出されますが，溶鉱炉から最初に取り出されるもののなかには，鉄に加えて，変化しなかった炭素が混じっています。例えば，溶鉱炉に酸化鉄を 9600 kg だけ入れ，炭素と鉄が混じったものが 7000 kg 取り出されたとします。このとき，溶鉱炉のなかでは酸化鉄 9600 kg から鉄（ **a** ）kg が得られる反応が起きたと考えられます。鉄と炭素が混じったものが 7000 kg あったうち，炭素の重さの割合は（ **b** ）％だと考えられます。

【実験 2】

ボスコさんは，次の 1 ～ 4 の順番で実験を行った。

ただし，この実験においては，空気中の酸素は考えなくてよいものとする。

1．酸化鉄 1.6 g と活性炭（炭素）0.06 g をはかりとり，よく混ぜ合わせた後「るつぼ」という耐《たい》熱性の容器に入れ，るつぼにふたをした。

2．るつぼ全体の重さをはかり，記録した。

3．るつぼを十分に加熱した。

4．室温まで冷やしたあと，るつぼ全体の重さをはかり，記録した。

さらに，酸化鉄の重さを変えずに活性炭の重さを変えたものを用意し，それぞれ別のるつぼに入れ，同じ手順で実験をおこないました。表 1 は，その結果を示したものです。

表 1

酸化鉄〔g〕	活性炭〔g〕	加熱前の全体の重さ〔g〕	加熱後の全体の重さ〔g〕
1.6	0.06	42.04	41.82
1.6	0.12	42.95	42.51
1.6	0.18	42.35	41.69
1.6	0.24	42.25	41.59
1.6	0.30	42.78	42.12

【ボスコさんと先生との会話 1】

ボスコさん：加熱をすると重さが減るのですね。減った分は，何の重さですか。

先　　　生：ここで減った重さは，ボスコさんが製鉄で調べた，二酸化炭素の重さです。

ボスコさん：活性炭の重さと発生する二酸化炭素の重さの関係をグラフに表してみます。活性炭が，ある重さを超えると，二酸化炭素の重さが増えないのはなぜですか。

先　　　生：活性炭は，その重さが少ないときには全て変化するけれども，多いときには，酸化鉄が不足して余るのです。

(4)　この実験で，はかりとった活性炭の重さと，発生した二酸化炭素の重さの関係を，解答用紙のグラフに表しなさい。

【ボスコさんと先生との会話 2】

ボスコさん：取り出せた鉄の重さは，どうなっているのでしょうか。

先　　　生：加熱後のるつぼには，反応しなかった活性炭や，酸化鉄が混じっているので，鉄だけの重さかどうかは分かりません。ただ，計算で求めることはできます。

ボスコさん：複雑そうですが，酸化鉄 1 kg から鉄 700 g が得られる関係を使えば計算できそうですね。

先　　　生：活性炭が0.06gのときの重さの関係を図に表して考えてみましょう。

(ボスコさんが考えた図)

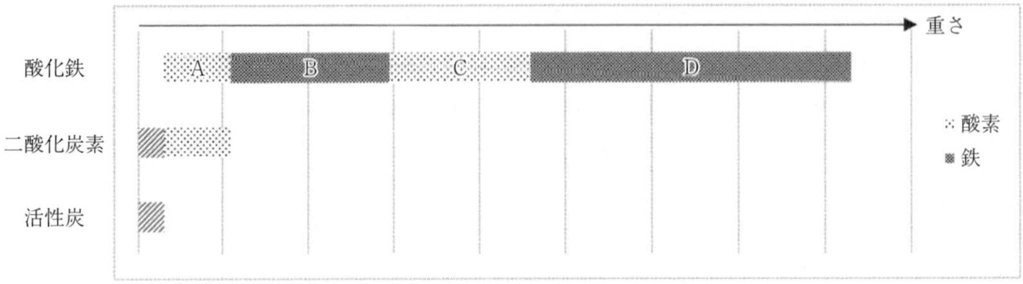

(5)　ボスコさんが考えた図では，それぞれの帯の長さが重さを表しています。A～Dは，次の選択肢**ア～エ**のどれにあてはまるか，それぞれ**1つずつ選び**，記号で答えなさい。

ア　酸化鉄に含まれる鉄のうち，酸化鉄から取り出せたもの

イ　酸化鉄に含まれる鉄のうち，酸化鉄のままで取り出せなかったもの

ウ　酸化鉄に含まれる酸素のうち，酸化鉄から取り出せたもの

エ　酸化鉄に含まれる酸素のうち，酸化鉄のままで取り出せなかったもの

3　去年の夏，生物部で身近な自然環境《しぜんかんきょう》を調べるため図1のような4か所の調査地点(a～d)で川にすむ生物の調査をしました。あとの問いに答えなさい。

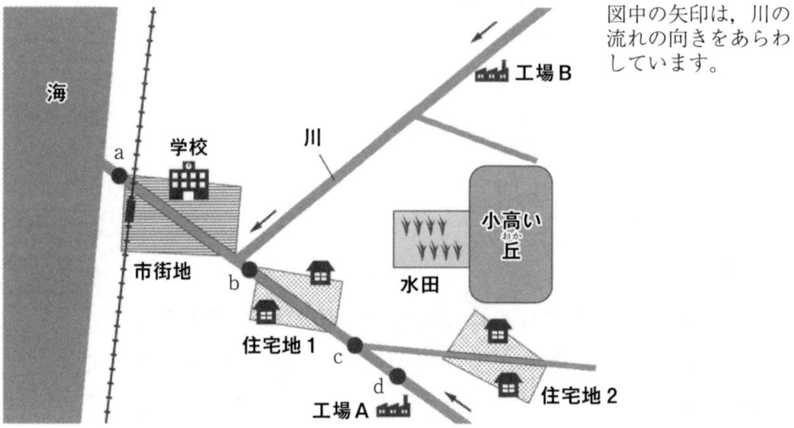

図1

【調査方法】

1．調査地点の川底の石の表面や砂の中にいる水生生物を採集し，種類を調べる。

2．水質階級を「Ⅰ．きれいな水」「Ⅱ．少しきたない水」「Ⅲ．きたない水」「Ⅳ．大変きたない水」として，水質判定のめやすとなる水生生物(指標生物)の個体数をかぞえる。

3．調べた結果，個体数の上位2種類には●印を，それ以下の種類には○印を表1に記録する。

4．次に●を2点，○を1点として水質階級ごとに合計し，合計した点数が最も多かった階級を，その地点の水質階級とする。

5．ある調査地点で2つの水質階級が同じ点数になった場合には，水質階級の数字の小さい方をその地点の水質階級とする(例えば，水質階級のⅢとⅣが同点の場合はⅢとする)。

【調査結果】

水質階級	指標生物	調査地点 a	b	c	d
Ⅰ	サワガニ		○	○	●
	ウズムシ		○		○
	ヒラタカゲロウの幼虫		○	○	●
Ⅱ	カワニナ		●	●	○
	スジエビ	○		●	
	ゲンジボタルの幼虫		●	○	○
Ⅲ	タニシ				
	シマイシビル	●	○	○	
	ミズカマキリ				
Ⅳ	アメリカザリガニ				
	ユスリカの幼虫	●			
	サカマキガイ	○			

表1

(1)　調査の結果を下の表2のように集計してまとめ，水質を判定します。このとき，

①　調査地点aの記入例を参考にして，**解答欄の**調査地点b・c・dの空欄に水質階級ごとの合計した点数をそれぞれ記入して完成させなさい。

②　この結果から調査地点b・c・dの水質の判定をⅠ～Ⅳの記号で答えなさい。

調査地点	a				b				c				d			
水質階級	Ⅰ	Ⅱ	Ⅲ	Ⅳ	Ⅰ	Ⅱ	Ⅲ	Ⅳ	Ⅰ	Ⅱ	Ⅲ	Ⅳ	Ⅰ	Ⅱ	Ⅲ	Ⅳ
合計した点数	0	1	2	3												
水質の判定	Ⅳ															

表2

(2)　調査結果から考えた場合，調査地点bの水質のよごれの原因となった可能性が最も高いと考えられるものはどれですか。次の選択肢**ア**～**エ**から1つ選び，**記号**で答えなさい。また，そのように考えた**理由**を説明しなさい。

ア　市街地　　**イ**　住宅地1　　**ウ**　住宅地2　　**エ**　工場A

(3)　図1の工場Bが川のよごれに影響を与えるかどうかを調べるため調査地点eと調査地点fを決めることにしました。このとき調査地点eと調査地点fの位置として最も適しているのはどれですか。次の選択肢**ア**～**エ**から1つ選び，記号で答えなさい。

ア

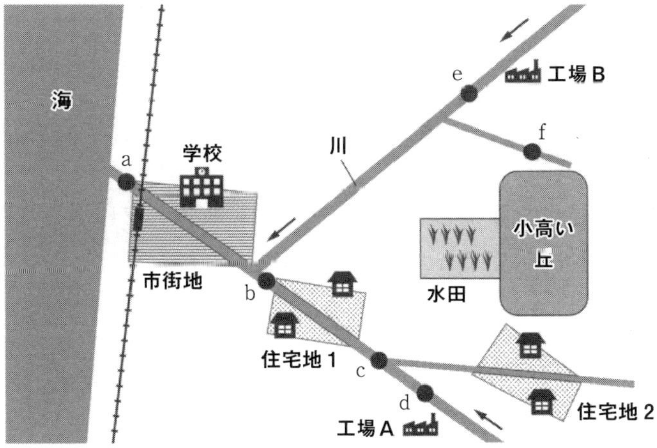

イ

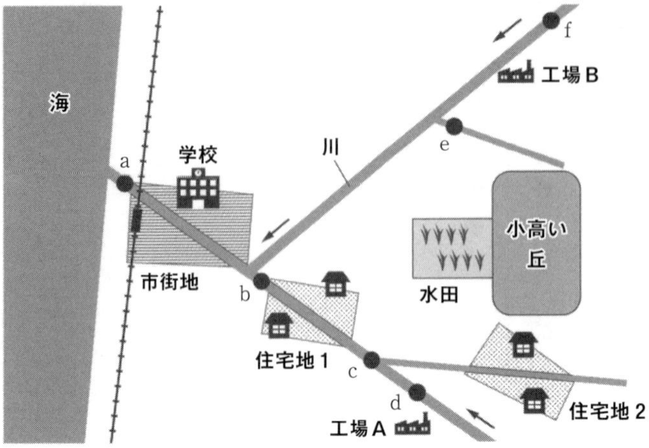

ウ

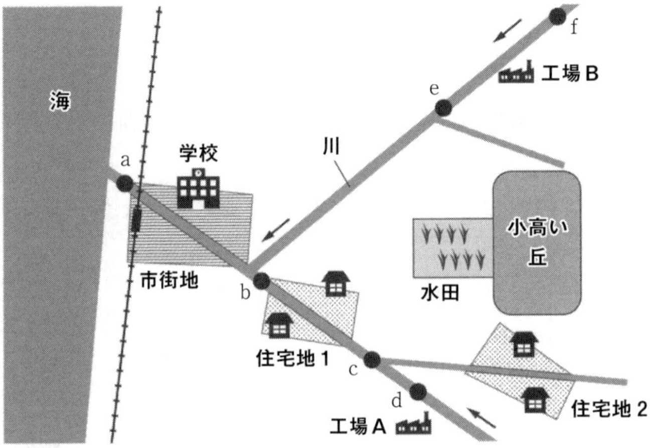

エ

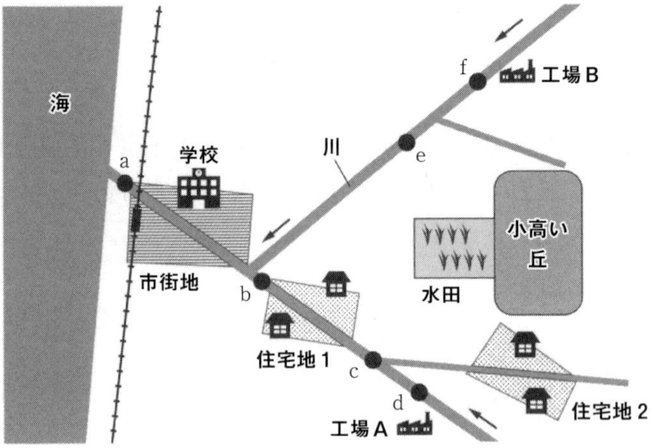

(4) 調査をしているとき，さまざまな昆虫を観察しました。次の選択肢**ア**～**ク**に示された昆虫について，不完全変態のものを**3つ**選び，記号で答えなさい。

ア ハエ　　**イ** バッタ
ウ アブ　　**エ** ハチ
オ カマキリ　　**カ** ガ
キ ホタル　　**ク** トンボ

(5)　調査をしているとき，調査地域内にある水田の水面にはたくさんのウキクサがみられました。ウキクサは，茎と葉が一体となった葉状体と根からできています(図2)。ウキクサを生物室に持ち帰り，そのふえ方を調べることにしました。このとき，小さなものもふくめて葉状体の数を2日ごとにかぞえました。

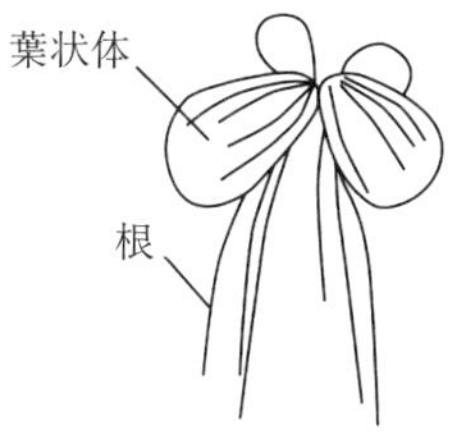

図2

【実験方法】

水田から持ち帰ったウキクサを日当たりのよい生物室の水槽《すいそう》で育てた。実験開始日を0日目とし，2日ごとの葉状体の数をかぞえ，表3を作成した。(葉状体数は，一の位を四捨五入して10個単位とした。)

日数	0日目	2日目	4日目	6日目	8日目	10日目	12日目
葉状体数［個］	50	80	170	300	490	630	640

表3

表3から，葉状体のふえ方(増加数)を表4のようにまとめた。

期間	0～2日目	2～4日目	4～6日目	6～8日目	8～10日目	10～12日目
この期間の増加数	30	90	130	190	140	10

表4

葉状体の増加の割合が最も大きいのはどの期間ですか。次の選択肢**ア**～**カ**から1つ選び，記号で答えなさい。ただし増加の割合は，以下の例のように求めることができます。

例　0～2日目の期間の増加率…(30÷50)×100＝60.0％

ア　0～2日目　　**イ**　2～4日目　　**ウ**　4～6日目

エ　6～8日目　　**オ**　8～10日目　　**カ**　10～12日目

(6)　ウキクサのふえ方と**「温度」「光を当てた時間」「肥料の有無」**の3つの条件との関係を調べるため，表5のような条件(**A**～**F**)をつくることにしました。このとき**「温度」**とウキクサのふえ方の関係を調べるためには，どの条件とどの条件を組み合わせて比較すればよいでしょうか。適する組み合わせを例にならって**すべて**答えなさい。

例　**A**と**B**

項目＼条件	A	B	C	D	E	F
温度[℃]	20	30	30	20	20	30
光を当てた時間[時間]	12	12	8	8	12	8
肥料の有無	有	無	無	無	無	有

表5

4　横浜のボスコさんの家に，海外に住むいとこのサビオさんが遊びに来ているときに，地震《じしん》が起きました。次に示された，地震後の会話文を読んで，あとの問いに答えなさい。

サビオ　あんなに揺《ゆ》れるなんて，本当にこわかったよ，まだひざががくがくするよ。

ボスコ　もうおさまったから，大丈夫《だいじょうぶ》だよ。緊急地震速報《きんきゅうじしんそくほう》がなったわりには，たいしたことなくてよかった。

サビオ　えーっ，あれでたいしたことないの？　ぼくはうまれてはじめて地震を経験したから，すごく驚《おどろ》いたよ。本当に家ごと揺れるんだね。

ボスコ　うまれてはじめて？　サビオの国には地震がないの？

サビオ　ほとんどないんじゃないかな，僕は経験したことがないよ。

ボスコ　そうなんだ，それはびっくりだ。あっ，テレビに情報がでたね。（　**a**　）は横浜が３で，千葉は４だ。地震の規模をあらわす（　**b**　）は5.7だね。

サビオ　地震が来る前に，テレビやスマートフォンでいっせいにアラームがなりだしたのも，びっくりしたよ。強い揺れに注意してくださいっていっていた。日本では，地震の予知もできるんだね。

ボスコ　緊急地震速報は大きな揺れが来る前に，アラームがなって教えてくれるんだ。でもどうして地震が来る前にわかるんだろう。

そこで，ふたりは緊急地震速報について，ボスコさんのお母さんに聞いてみました。

お母さん　緊急地震速報は地震の予知ではないよ。そもそも地震はなぜ起こるか知っている？

ボスコ　地下の深いところで，岩石が破壊《はかい》されて，その衝撃《しょうげき》が伝わってくるんだって習ったよ。

サビオ　どうして岩石が破壊されるの？

お母さん　地球は，プレートといわれる十数枚の巨大な岩石でおおわれているんだ。図１はいまわかっている太平洋周辺のプレートの図だよ。日本はどんなところにある？

ボスコ　いくつものプレートのさかい目になっているね。

お母さん　このプレートたちはそれぞれいろいろな方向に動いていて，衝突《しょうとつ》したり，遠ざかったり，すれちがったりしているんだよ。だからプレートのさかい目では，大きな力がはたらいて岩石が破壊されるんだ。

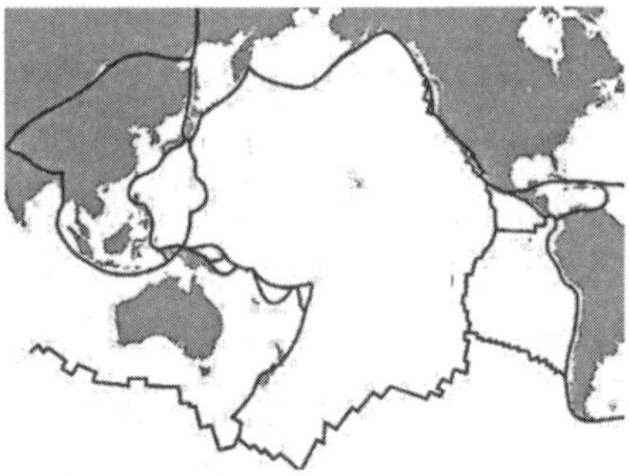

図１

ボスコ　そうか，だから日本には地震が多いし，サビオの国にはほとんど地震がないんだ。

お母さん　地震の時，どんな揺れを感じた？

ボスコ　はじめは縦に小刻みに小さく揺れて，そのあと横に大きく揺れだしたよ。

お母さん　地下で岩石が破壊されると，その衝撃が地表まで伝わってくるんだけど，揺れの方向によって伝わってくる速さが違うので，２種類の揺れとして感じるんだ。

サビオ　小さな揺れのほうが速いんだね。

お母さん　そうだね，でも揺れの大きさは，あとからくるほうが大きいから，この速さの違いを利用してあとからくる大きな揺れに対する注意を知らせるのが緊急地震速報なんだ。岩石が破壊された場所を震源というけど，緊急地震速報は（　**X**　），周囲に大きな揺れが来ることをしらせるしくみだね。

サビオ　でもそれなら緊急地震速報は（　**Y**　）。

お母さん　それが，弱点だね。はじめの小さな揺れも次の大きな揺れもそれぞれ一定の速さで伝わってくるから，震源までの距離もわかるんだ。

サビオ　地震についてよくわかったよ。ところで，明日は，みんなで，箱根という火山に行くんだよね。僕の国には，火山もほとんどないから，とても楽しみだ。温泉や湖があるんだよね。

ボスコ　火山もないの？　日本には今も噴火《ふんか》する可能性のある火山が111あると習ったよ。

サビオ　そんなにあるんだ。じゃあ火山もプレートと関係がありそうだね。

お母さん　そうだね，日本の火山はプレートの衝突によって地下の（ **Z** ）がとけて（ **c** ）ができるというしくみなんだ。プレートの動きによって，（ **c** ）がつくられつづけるので，ときどきガスや（ **c** ）などが地表の岩石をふきとばして噴火がはじまる。噴火の勢いで山が崩れることもあるし，地表にでた（ **c** ）は溶岩となって地形や景色を大きく変えることもある。明日行く芦ノ湖は約3000年前の噴火で川がせきとめられてできた湖だよ。

サビオ　そんなふうに火山が地形をかえるから，日本にはいろいろきれいな景色があるし，（ **c** ）が地下水をあたためたものが温泉なんだね。楽しみだな。

(1)　会話中の（**a**）～（**c**）にあてはまる言葉を答えなさい。

(2)　サビオさんの住んでいる国はどこだと考えられますか。次の選択肢**ア**～**エ**から１つ選び，記号で答えなさい。

ア　フィリピン　　**イ**　アメリカ合衆国

ウ　ニュージーランド　　**エ**　オーストラリア

(3)　会話中の（**X**）にあてはまる文として最も適当なものを次の選択肢**ア**～**エ**から１つ選び，記号で答えなさい。

ア　震源で岩石の破壊を観測して

イ　震源に近いところで小さな揺れを観測して

ウ　すべての場所で小さな揺れを観測して

エ　震源の真上で岩石の破壊を観測して

(4)　会話中の（**Y**）にあてはまる緊急地震速報の弱点を20字以内で答えなさい。

(5)　会話中の下線部について，震源から32kmの場所では，はじめの小さな揺れがはじまってから大きな揺れがはじまるまでの時間が４秒でした。はじめの小さな揺れがはじまってから大きな揺れがはじまるまでの時間が９秒の場所は，震源までの距離は何kmですか。

(6)　地震が起きた時，海のそばにいたときの避難先《ひなんさき》として最も適切なものを次の選択肢**ア**～**エ**から１つ選び，記号で答えなさい。

ア　できるかぎり海から遠いところに逃げる。

イ　できるかぎり高いところに逃げる。

ウ　できるかぎり広いところに逃げる。

エ　できるかぎりかたい地面のところに逃げる。

(7)　（**Z**）にあてはまる言葉として正しいものを次の選択肢**ア**～**エ**から１つ選び，記号で答えなさい。

ア　岩石　　**イ**　土　　**ウ**　鉄　　**エ**　氷

(8)　火山の熱は，発電にも利用されています。この発電方法をなんといいますか。また，この発電方法は火力発電とくらべてどんな利点がありますか。20字以内で答えなさい。

くるエマのことを腹立たしく思っている。

イ　隣の部屋で自分の名前を呼んでくれるエマに対して少しずつ好意を感じ始めており、彼女と一緒にならマスクを外して学校に行ってもかまわないと考えている。

ウ　学校をずっと休んでいる自分と違って、日々を楽しく過ごしているエマに対して嫉妬心《しっとしん》を感じており、できることならば彼女と立場を交換してしまいたいと感じている。

エ　政府にだまされて疫病がなくなったと信じ込み、疫病が流行する前の生活を当然のように送って自分の命を危険にさらしているエマのことをあわれに思っている。

けたいと思うことは当たり前のことだと考えており、マスクを着ける権利を奪おうとするジェイの理不尽《りふじん》さを許すことができずにいる。

ウ　自分もマスクはしなくてよいと考えているが、無理に外させることで何らかの不都合が生じるのではないかと心配し、マスクを外すことを急がせようとするジェイをたしなめようとしている。

エ　ゴールデンの発した「大丈夫」という言葉の意味をわざとすり替え、それならマスクをとっても「大丈夫」じゃないかと伝えてゴールデンをやりこめようとするジェイの大人げなさにあきれている。

問四　――線④「矛盾」と熟語の構成が同じものを次の中から一つ選び、記号で答えなさい。

ア　道路　イ　東西　ウ　美化

エ　国営　オ　消火

問五　――線⑤「自分の目をゴールデンの目の高さと同じにして言った」とありますが、この時のエマの心情の説明として最も適切なものを次の中から一つ選び、記号で答えなさい。

ア　ゴールデンの状況を理解していることを示し、彼に歩み寄ろうとしている。

イ　人と違った行動をとるゴールデンを面白がって、からかおうとしている。

ウ　ゴールデンが夕食を食べないことを不審《ふしん》に思い、理由をさぐろうとしている。

エ　他人の家に来たのに、わがまま放題のゴールデンのことを見下している。

問六　――線⑥「それだけの時間が空白になっている」とありますが、ゴールデンはどのような状態に置かれていたのですか。そうなった原因も含めて、解答欄に収まるように二行以内で説明しなさい。

問七　――線⑦「何もかも、もう手遅れだった」とありますが、どういうことですか。その説明として最も適切なものを次の中から一つ選び、記号で答えなさい。

ア　もう学校でも社会でもマスクをしている人間など一人もおらず、だれも疫病の心配などしなくなっているため、いくら外側の人間に対しモンスターの危険性を訴《うった》えても、耳を傾けてくれる人などだれもいないということ。

イ　すでに外側の人間は疫病に襲われてしまっていて、人口は激減し、世界は終末に向かい始めてしまっているため、自分一人がそれに抵抗しても、世界はもう取り返しのつかないところまで来てしまっているということ。

ウ　もうすでに自分は外側の人間の世界に足を踏み入れてしまっており、いまさらどうあがいても安全基地にいたころのような生活に戻ることはできないため、やがては自分も疫病にかかってしまうかもしれないということ。

エ　自分はすでにヴァルの家に順応し始めており、外側の人間が触れた物をすべて避《さ》けなくてはいけないような生活はすぐにでもやめて、エマたちと一緒に普通の生活を送りたいとまで考えるようになっているということ。

問八　――線⑧「オー、ベイビー、大丈夫だよ、オー、ベイビーとエマはまだ陽気に歌っている」とありますが、この時のゴールデンのエマに対する心情の説明として、最も適切なものを次の中から一つ選び、記号で答えなさい。

ア　疫病にかからないように十分注意を払っている自分に対し、もうそんな心配をする必要がないということをしつこく言ってなくなり、ワクチンの提供もやめる。メディアもまったく疫病のことを報道しなくなった。そうやって、一丸となって疫病はなくなったかのように見せかけているのはなぜなのか。

　人々はその答えを知らない。

　ゴールデンはそれを考えると胸が潰《つぶ》れそうになった。ゴールデンの父親や、彼がいつも見ていたYouTubeの動画を作っていた人だけが、その恐ろしい答えを知っていたからだ。ゴールデンの父親が病院に隔《かく》離《り》されたのもそのせいだ。真実を知っている人間の存在は社会にとって都合が悪いから、いつだって頭がおかしいことにされてしまう。

　ゴールデンは声を殺して*嗚咽《おえつ》していた。どんどん、どどん、どどん、ど、ど、と大地から叩《たた》き出すようなドラムの音に合わせて、⑧オー、ベイビー、大丈夫だよ、オー、ベイビーとエマはまだ陽気に歌っている。

（『モンキー　vol.30』〈スイッチ・パブリッシング〉所収・ブレイディみかこ「汚れた手」による）

*セラピスト…専門的な知識や技術によって心身を治療《ちりょう》する人。
*ソーシャルワーカー…生活相談員。
*嗚咽…むせび泣くこと。

問一　――線①「ここはもう安全基地ではないのだ」とはどういうことですか。その説明として最も適切なものを次の中から一つ選び、記号で答えなさい。

ア　家の中の掃除が行き届いておらず、すべてのものが散らかっていてきたならしく見えるヴァルの家は、精神的な安定を望めそうにない環境であるということ。

イ　父親と離れて一人でやってきたヴァルの家は、すべての人々が自分を歓迎していないかのように思われる孤独な環境であるということ。

ウ　ヴァルの家は自分が極端《きょくたん》なきれい好きであることをまったく理解してくれそうにない人たちばかりで、とうていうまくやっていけそうにない環境であるということ。

エ　これまで住んでいた家とは違って、これから暮らすことになるヴァルの家は、「モンスター」を十分に遮断することができない不安な環境であるということ。

問二　――線②「ほとんど反射的に皿に手を伸ばそうとしたジェイの手を止め、エマが『チッチッ』と舌を鳴らしながら人差し指を立てて振った」とありますが、エマがジェイの手を止めた理由の説明として、最も適切なものを次の中から一つ選び、記号で答えなさい。

ア　健康を気にしているジェイが、普段通りにエクレアやブラウニーを食べようとするのを防ぐため。

イ　ジェイが触れることで、エクレアやブラウニーが汚れたとゴールデンが感じてしまわないようにするため。

ウ　新しく家にやって来たジェイの事を、まだ、父親として認めていないということをそれとなく伝えるため。

エ　自分が独り占《じ》めして食べたいエクレアを、ジェイに先に食べられてしまわないようにするため。

問三　――線③「ヴァルが咎めるような厳しい目つきでジェイを睨んでいた」とありますが、この時のヴァルの心情の説明として最も適切なものを次の中から一つ選び、記号で答えなさい。

ア　無理にゴールデンを自分の隣に座らせようとした上、マスクを外すように促《うなが》す威圧的《いあってき》な態度のジェイに対し嫌気《いやけ》がさしており、そうした性格を娘のエマのためにも早く改めてほしいと考えている。

イ　情勢をかんがみれば、人が他人の家に来た時にマスクをし続の寝室に戻り、またベッドに横になった。

もうマスクなんてしている人間は一人もいない。

学校に行けば全部わかる。

ゴールデンの頭の中にジェイの言葉がこびりついていた。ゴールデンと父親が田舎《いなか》の家に引きこもったときには、世間の人はみんなマスクをしていたし、二メートル以上は互いに近づくことも許されなかった。学校だってずっと休みで、もう二度と校門が開くことはないかもしれないと父親は予想していた。それぐらい今回の疫病は危険で、モンスターのように次々と人間たちを襲《おそ》って世界の人口を減らし、やがていまの世界は終末を迎えると父親はゴールデンに教えた。モンスターを家の中に入れないためには、外側の人々を遮断《しゃだん》するしかないのだと。厄介《やっかい》なことに、あのモンスターはいつも人間と一緒にやってくるからだ。

階段を上って来たジェイが寝室のドアを閉める音を聞いてから、ゴールデンはまたバスルームに行った。そして蛇口をひねり、自分の両手で水をすくって飲んだ。

水を飲む前に手を洗っていなかったことに気づいた。が、もうどうでもいいと思った。ゴールデンは外側の人間たちが洗ったグラスでジュースを飲んだし、ドアやベッドに触れた手でポテトチップスを食べた。いまさら手なんか洗っても意味はない。⑦何もかも、もう手遅れだった。

壁の向こう側からやけに陽気な音楽が聞こえてきた。

エマが音楽を聴きながらベッドを揺《ゆ》さぶっているのだろう、マットレスが軋《きし》む音もする。

水の底から鳴っているようなくぐもった歌声だった。大丈夫だ、オー、ベイビー、大丈夫だよ、オー、ベイビーとか言っている。大丈夫ってのは何だってＯＫってことだ、と言っていたエマの言葉をゴールデンは思い出した。

もっと魚を捕らなくては、もっと米を食べなくては、と、くぐもった男声と一緒になってエマも歌い始めた。ゴールデンの父親もまったく同じことを言っていた。肉食をしたらモンスターの餌食《えじき》になる。だから、魚や野菜や米を食べなければならないのだった。ゴールデンの父親は、一日中コンピューターの前に座って、YouTubeで米の栽培法の動画を見ていた。

「アイ・アム・ゴールデン」

いきなりエマがそう言った。僕が隣の部屋で聞いていると知っていて、そう歌ったんだろうか？　それとも、そういう歌詞なのか？　ゴールデンは壁に耳をつけてその歌を聴いていた。とてもダンサブルな曲だったから、知らず肩が左右に揺れてしまう。ほら、やってくる、ほら、聞こえるだろう、もうそこまで。エマは壁の向こう側で朗《ほが》らかな声で歌い続ける。

じっとそれを聴いていたゴールデンの目に涙がたまってきた。

何も知らずにこんな歌詞を歌っているエマが不憫《ふびん》だった。エマも、ヴァルも、ジェイも、これから自分たちの身に起こることがまったくわかっていない。

ゴールデンはベッドに仰向《あおむ》けになり天井を見つめた。ゴールデンは田舎の家に監禁《かんきん》されていたから、世の中のことなんてまったく知らないと彼らは思っている。でも実は、そうではなかった。ゴールデンは父親と一緒にずっとＢＢＣニュースやｓｋｙニュースを見ていたので、ロックダウンが解除されたことも、人々がマスクを外していることも知っていた。

それらはすべて政府が決めたことだ。疫病がなくなったからではない。ロックダウンが解除されても疫病にかかっている人はたくさんいる。それなのに、政府は人々にマスクを外させ、感染者の数も記録し

「いえ、僕は大丈夫です」

「だから、もうそれが無くても君は大丈夫なんだよ」

ジェイが繰り返すと、③ヴァルが咎《とが》めるような厳しい目つきでジェイを睨《にら》んでいた。

「……いいえ、僕は大丈夫です」

ゴールデンは一人掛けのソファの上で身を固くして答えた。

「大丈夫、大丈夫って、何なのそれ。本当に大丈夫なら何をしようといいじゃない。取っても大丈夫だし、取らなくても大丈夫。どっちでも、何でもOKなのが大丈夫ってことでしょ」

エマがおかしそうに言った。そしておいしそうにエクレアを平らげ、自分の指についた白いクリームをぺろぺろと舌で舐《な》めている。

ゴールデンはその様子を見ていて気分が悪くなり、ティー・テーブルにグラスを置いて、「すみません」と謝り、部屋に戻った。

ローストチキンの夕食は、ゴールデンにとってさらに拷問《ごうもん》のような体験になった。お腹が空いているから食べたいのに、外側の人間の手が肉や野菜に触れたと思うと食べたくなくなり、食べたいのに食べたくないという④矛盾《むじゅん》がゴールデンの胃の中で暴れ、二階のバスルームに走って吐《は》いた。ふらつきながら必死の思いで一階のキッチンに戻ったときには、「ごめんなさい。もう食べられません」と言うことしかできなかった。

ゴールデンは這《は》うようにして階段を上り、倒れ込むようにベッドに横になった。少しすると、またドアをノックする音がする。

「どうぞ」と答えると、エマが入ってきた。小袋に入った菓子パンやポテトチップスをいくつも抱えていた。エマはそれらをベッドの上にばらばらと落とし、ベッドの脇《わき》にしゃがんで、⑤自分の目をゴールデンの目の高さと同じにして言った。

「これなら食べれるんじゃない？　密封《みっぷう》されてるから、誰の手も触ってないし、安全だよ」

エマはそう言って立ち上がり、部屋から出て行った。

「安全」という言葉を彼女が口にしたのがゴールデンには気になった。どうして知っているんだろう。ゴールデンはそう思いながらベッドから起き上がり、ポテトチップスの小袋を次々と開け、中身を貪《むさぼ》るように食べた。

ほんの少しオレンジジュースを飲んだきりだったので喉が渇き、しばらく我慢《がまん》していたけど耐《た》えられなくなってキッチンに降りて行こうと思った。が、ヴァルとジェイが強い口調で何かを言い合っている声が聞こえたので、ゴールデンは階段の途中で立ち止まった。

「あの年ごろの三年間は、私たちにとっての十年ぐらいの長さと言っていい。⑥それだけの時間が空白になっているのだから、もとの生活に戻るのは大変なことだと思う。だから、あんまり強引に彼を急《せ》かすようなことを言わないでくれる？」

「だって、もうマスクなんてしている人間は一人もいないんだから、世の中は変わったんだって教えたほうが本人のためだよ」

「それはあなたに言われなくてもわかってる。でも、一気に教えて混乱させたくないから」

「そんなことを言ったって、学校に行けば全部わかるんだし」

「すぐにあの子を学校にやるのは無理です。時間をかけて、少しずつもとの生活に戻さないと拒否反応が起きるって＊セラピストも＊ソーシャルワーカーも言ってるんだから」

「でも、外に出てきたいまこそ、真実を教えるチャンスじゃないのか？　子どもは大人が思っているより環境に順応する力があると思うよ」

ゴールデンはしばらくそこに座って二人の会話を聞いていた。でも、ジェイがこちらのほうに歩いてくる物音が聞こえたので、急いで自分それもヴァルの車のトランクに転がっていたことを思い出した。ゴールデンは再びバスルームに行き、洗面台の下の戸棚を開けて殺菌《さっきん》スプレーを探した。が、見つからない。バス用クリーナー、漂白剤《ひょうはくざい》、消《しょう》臭《しゅう》スプレー、それら一つ一つのボトルを手に取り、夢中で何であるかを確認しながら、ハッとした。

こうやってこの家のものに触れれば触れるだけ、彼の二つの手は汚れていくのだった。

取り出したボトルをすべて戸棚の中に戻し、ゴールデンはまた蛇口をひねって手を洗い始めた。「ハッピー・バースデー」を頭の中でまた二回歌ってから、よろよろと寝室に戻ってベッドに腰《こし》かけた。そうやって彼が座っているベッドも、部屋のドアも、床も、壁も、窓も、何もかもがすでに汚れていた。①ここはもう安全基地ではないのだ。

ゴールデンがベッドの上で頭を抱《かか》えていると、またドアをノックする音がした。

「下に降りて来ない？　母さんが紅茶を入れたから」

ゴールデンはベッドから腰を上げてドアを開き、エマの後ろについて階下に降りて行った。

居間に入ると、知らない男性がソファに座っていた。車の中でヴァルが話していたジェイだ。ジェイはソファの背をリクライニングさせてふんぞり返って座っていたが、ゴールデンが部屋に入ってきたのを見て、真《ま》っ直《す》ぐに座り直した。

「ようこそ、ゴールデン。さ、座って」

ゴールデンはジェイが指さした彼の隣のスペースではなく、一人掛けのソファのほうに歩いて行って、前方にちょこんと腰を乗せた。

「父さん、砂糖抜きでいいんだよね」

エマがそう言ってジェイに紅茶のマグカップを渡した。

「ああ、サンクス。ちょっと腹が出てきたからね、しばらく糖分を控《ひか》えることにする」

ジェイはそう言って紅茶を受け取った。ゴールデンが最後にこの家に来たのは、小学校の二年生か三年生ぐらいのときで、あの頃、エマは別の男性を「父さん」と呼んでいた。

「ゴールデン、紅茶がいい？　それとも、オレンジジュース？　コーラもあるけど」

居間とひと続きになったキッチンのカウンターの向こうから、ヴァルが聞いた。

「……オレンジジュースをください」

ゴールデンは、本当は何もいらないと言いたかった。でも喉《のど》が渇《かわ》いていたのも事実だったし、疫病《えきびょう》から身を守るには水分をたくさん取るのが必要だと父親が言っていたのを思い出した。

エマがオレンジジュースのグラスをゴールデンに渡した。ヴァルは大きな白い皿にエクレアやブラウニーやらのお菓子を載《の》せてきて、ティー・テーブルの上に載せる。

「好きなものを取って食べてね。近くのベーカリーで売ってるんだけど、エクレアがおいしくてお勧《すす》め。今夜はローストチキンを焼くからね」

ヴァルがそう言ってゴールデンに笑いかける。②ほとんど反射的に皿に手を伸ばそうとしたジェイの手を止め、エマが「チッチッ」と舌を鳴らしながら人差し指を立てて振った。そして自分はエクレアを手に取り、がぶりとかぶりつく。

ゴールデンはマスクを外してオレンジジュースを少し飲み、またマスクで口と鼻をしっかりと覆《おお》った。

「大丈夫なんだよ。もう、それを取っても」

ジェイが言った。ヴァルもエマも、じっとゴールデンのほうを見ている。

ることで、ホンソメが鏡で自分の姿を確認したうえで喉を擦ったのだということを確認するため。

エ　鏡が見える時と見えない時の実験結果を比較することで、ホンソメが体を擦ろうとする中で、鏡は重要な条件ではないということを確認するため。

問六　——線⑤「えらいことになってきた。魚に鏡像自己認知ができるのである」とありますが、「魚に鏡像自己認知ができる」ことを「えらいこと」になったと筆者が考える理由を本文全体を踏まえ七十字以内で答えなさい。

問七　——線⑥「青と緑色の印で実験した」とありますが、筆者はなぜこの実験を行ったのですか。その目的を五十字以内で説明しなさい。

三　ゴールデンは、父親と二人きりの生活を離れ、親戚《しんせき》のおばさんであるヴァルの家で暮らすことになった少年です。ヴァルの車に乗せられて彼女の家に到着すると、同い年の従姉妹《いとこ》であるエマが迎えてくれ、スーツケースをゴールデンの部屋まで運んでくれました。それに続く次の文章を読んで、後の問いに答えなさい。

久しぶりに来たヴァルの家は、全体的に小さくなったようにゴールデンには感じられた。赤い扉《とびら》を開けるとすぐのところにあるホールも、右手にある階段も、奥のキッチンに続く廊下《ろうか》も、もっと広かったように記憶していたが、それは自分がいまの半分ぐらいの体の大きさだったからかもしれない。

エマがスーツケースを持ってどんどん二階に上がっていくので、ゴールデンもそれに続いた。エマは二階の廊下の奥にある部屋のドアを開け、スーツケースを床《ゆか》に下ろした。

「ここがあなたの寝室」

それは窓から家の前の通りが見える、とても明るい部屋だった。シングルベッドにはグレーと黒のチェックのカバーがかけられ、小さなテーブルと背の高いクロゼットもある。

エマが部屋から出て行くのと入れ違いにヴァルが入って来て言った。

「がらんとしているけど、要《い》るものがあれば何でも言ってね。徐々《じょじょ》にそろえていきましょう」

「ありがとうございます」

ゴールデンが礼を言うと、ヴァルはまた鼻の上に皺《しわ》を寄せて笑った。そしてゴールデンの頭の上に手を乗せ、くしゃくしゃっと髪を撫《な》でると下の階に降りていった。

一人になったゴールデンは、自分の部屋の前にあるバスルームに直行した。手を洗うためだ。ポンプ式のハンドソープを洗面台の上に見つけ、手のひらでソープをしっかり泡立てて、「ハッピー・バースデー」を頭の中で二回歌い終わるまで、指の間まできっちりと念入りに洗った。蛇口《じゃぐち》をひねって手をゆすいでいると、ドアの向こうから声がした。

「タオル、ないでしょ。ちょうど洗濯したところだったから」

ゴールデンが濡《ぬ》れた手でドアを開けると、エマがタオルを手にして立っている。

エマはタオルをゴールデンに手渡し、自分の部屋のほうに戻って行った。ゴールデンは手を拭《ふ》いてから、これはエマが素手で持っていたタオルだということに気づいた。それに、さっきドアの取っ手も触ってしまっている。ゴールデンはもう一度ソープで手を洗った。そして、タオルではなく、トイレットペーパーをちぎって手を拭き、便器に落として流した。

ゴールデンは自分の寝室に戻り、スーツケースを開けようとして、

エ　ヒトは言語を持ち自己を振り返ることができるため自己や「こころ」を持つと言えるが、動物は言語を持たず自己を振り返れないため、自己や「こころ」がないとする考え。

問二　以下のア～エを空欄《くうらん》□に当てはまるように並べかえて、その順番を記号で答えなさい。

ア　もし鏡を見た時、はじめて本人が額《ひたい》の印に気付き、鏡の中の自分の額の印ではなく直接自分の額の印を触ったなら、鏡に映った姿は自分だと、正しく認識していることになる。

イ　次に、気付かれないようにして、鏡がないと見えない額などに印をつける。

ウ　そして、鏡がないと本人は印に気付かず触らない、ということを確認した後で鏡を見せるのだ。

エ　というのは、この認識がなければ、鏡を見て自分の額の印を触る行動は取れないからだ。

問三　――線②「三段論法」とは、二つの前提から結論を導き出す方法のことです。次の中から論理的に**明らかに誤っているもの**を一つ選び、記号で答えなさい。

ア　鳥は卵を産む。にわとりは鳥だ。だからにわとりは卵を産む。

イ　A大学の就職率は高い。私はA大学の学生だ。だから私は就職できる。

ウ　十は五より大きい数だ。三は五より小さい数だ。だから十は三より大きい数だ。

エ　私は朝食にご飯かパンを必ず食べる。今日の朝食はパンを食べない。だから今日の朝食はご飯を食べる。

問四　――線③「鏡像自己認知の研究にホンソメを使ったのには理由がある」とありますが、なぜ「ホンソメを使った」のですか。その理由として最も適切なものを次の中から一つ選び、記号で答えなさい。

ア　ホンソメには寄生虫を擦り落とそうとする性質があるので、他の動物と同等の「賢さ」が存在すると推測されるため、鏡像自己認知を確認する実験の成功率が高まると考えたから。

イ　ホンソメには寄生虫のような印に関心をむける性質があるので、鏡を見てそのような印が付いていることに気が付いた際、他の動物のように無関心な状態にはならず、鏡像自己認知を確認しやすいと考えたから。

ウ　ホンソメには寄生虫に似た模様やシミに注意を払う性質があり、意味のある印に対して反応するという行動が確認しやすいので、同様の反応を示す他の動物に行った実験との比較《ひかく》をすることが簡単だと予測されるから。

エ　ホンソメには他の魚に付いている寄生虫を食べる性質があるので、鏡に映った魚を自分ではなく他の魚だと間違えたならば、鏡に映る寄生虫のような印を食べる行動をとると予測されるから。

問五　――線④「鏡がなく喉の印が見えない時はどうするのかも調べてみた」とありますが、筆者はなぜこの実験を行ったのですか。その目的として最も適切なものを次の中から一つ選び、記号で答えなさい。

ア　鏡が見える時と見えない時の実験結果を比較することで、ホンソメの行動が印をつけられた刺激に対する反応であることを確認するため。

イ　条件を一つだけ変えて実験し、変える前と後の結果を比較することで、ホンソメが本能に基づいて喉を擦っているということを確認するため。

ウ　条件を一つだけ変えて実験し、変える前と後の結果を比較すの姿は自分だと認識していたのである。対照実験として、④鏡がなく喉の印が見えない時はどうするのかも調べてみた。印が痒《かゆ》いとか痛いといった刺激《しげき》で擦る可能性も残っているからだ。しかし予想通り、鏡がなく印が見えないとまったく擦らないのだ。つまり、鏡に映る自分の体に寄生虫のような印を目で見た時、初めてそれを擦ったのである。これでホンソメは鏡に映る姿が自分だと認識することがほぼ証明された。さらに擦った後、寄生虫が取れたかどうかを、すぐに鏡を使って確かめるような行動さえ見られたのである。喉の印を擦ることの意味もわかっているようだ。⑤えらいことになってきた。魚に鏡像自己認知ができるのである。

もし、自分の体についた印を寄生虫だと認識し、取り去ろうと擦ったのなら、同じ印でも寄生虫とは思えない印なら擦らないだろう。痛くも痒くもなく、どうでもいい単なるシミならわざわざ擦る必要はないからだ。そこで実験した。茶色い印と同じように印をつけるが色だけが違う。⑥青と緑色の印で実験したが、こんな色の寄生虫はいない。

その結果は、ホンソメは青や緑色の印はまったく擦らなかったのである。もちろん喉の青や緑の印は鏡で見えている。それでも擦らないのは、擦り落とす必要がないと捉えていることを示している。逆にいうと茶色い印を擦ったのは単に痒いからではなく、視覚で認めた寄生虫を擦り落とそうという目的を持ち、意図して行動していた可能性が高いことを示している。ホンソメのマークテストの結果は、この魚が自己意識を持ち鏡像を自分と認識していると結論できる。

魚類に鏡像自己認知ができれば、多くの鳥類や哺乳類《ほにゅうるい》にもそれができてもおかしくはない。しかし、今のところ鏡を見て自分がわかることが確認されているのは、チンパンジー、ゴリラ、オランウータンなどの大型類人猿《るいじんえん》、ゾウ、イルカ、カラスの仲間くらいであり、身近なイヌやネコ、ブタなどの家畜、ニホンザルをはじめ多くのサル類にもできないとされている。魚にできるのに、これら動物にできないのはどうしてだろう?

動物がマークテストに合格するかどうかは、印に関心を向けることが大事である。青や緑色といったホンソメにとって意味のない印を使うと、彼らは印に無関心でありマークテストに合格しない。茶色の印は寄生虫だとみなしたから擦ったのである。実はイヌ・ネコやブタ、サル類はじめ多くの実験では、動物にとって意味のない印が使われていたのだ。それでは、自分についた印を見ても触ろうとしないのも無理はない。つまり、無意味な印を使ったため多くの場合、実験が失敗である可能性が高いのだ。今後、意味のある印を使った実験がなされれば、もっと多くの動物で鏡像自己認知が確認されていくと私は予想している。

(『最前線に立つ研究者15人の白熱!講義 生きものは不思議』
〈河出書房新社〉所収・幸田正典「魚も鏡の姿を自分とわかる：
賢いのはヒトだけじゃない」による)

問一 ――線①「この発見はデカルトの考えの反証になるかもしれず」とありますが、「デカルトの考え」とは、どのような考えですか。最も適切なものを次の中から一つ選び、記号で答えなさい。

ア　ヒトは言語なしでも思考できるため自己や「こころ」を持つと言えるが、動物は本能でしか行動しないため、自己や「こころ」がないとする考え。

イ　ヒトは鏡像自己認知ができるため自己や「こころ」を持つと言えるが、動物は鏡像自己認知ができないため、自己や「こころ」がないとする考え。

ウ　ヒトは社会生活を営むことができるので自己や「こころ」を持つと言えるが、動物は社会を作ることがないため、自己や「こころ」がないとする考え。

かない。また彼らの振る舞いを見て、きっと自分だと思っているようだという推論では話にならない。それは科学ではない。客観的なデータを論理立てて示し、そうしか考えられないという事実を示す必要がある。

　チンパンジーで最初になされた実験はマークテストと呼ばれる方法に基づいている。まずチンパンジーが鏡像を自分だと認識できたと思われるまで、十分に鏡を見せる。

最初にチンパンジーがこの行動をした時、この実験をしたギャラップ教授は飛び上がるほど喜んだそうである。

　私は大学生になった時からサークル活動として南日本の海岸や沖縄のサンゴ礁《しょう》の海に潜《もぐ》り魚の行動や生活を見てきた。卒論や博士論文の研究テーマも魚の行動・生態・社会に関するものである。動物行動学では魚は本能に基づき単純な行動をする、と長い間みなされてきた。しかし、サンゴ礁やアフリカのタンガニイカ湖に潜って魚たちの暮らしぶりを見ていると、彼らは物事をよくわかっているし、様々な感情も持っていることがわかってくる。自分の観察や経験から、これまでの動物行動学が魚の動きは本能に基づいており単純だとする考えはおかしいし、魚はこちらが思っている以上に物事を理解していると確信するようになった。そして2010年頃から、魚の賢さについての研究を始めたのである。

　その頃、魚の様々な「賢い」振る舞いが少しずつわかってきた。例えば、魚も「A＞BかつB＞CならばA＞C」という一種の②三段論法ができる。2016年に我々自身もシクリッドという魚がこの能力を持つことを明らかにした。また、ヒトは互いに親しい相手をその顔で区別する。同じように社会性のある魚類も顔の違いで相手を識別できることがわかってきた。魚が知り合いの個体を顔で素早く正確に識別するのだ。ヒトとよく似ている。この魚の顔認識に基づく個体識別を発見したのは、我々の研究室である。これらの魚の認知能力は20世紀には予想もされていなかった。これらの能力は本能に基づいたものではないし、決して単純ではない。

　このような成果が明らかになってくると、魚は本能で行動するとの従来の捉え方は間違いだろうとの疑問が浮かんできた。ひょっとすると魚も自己意識があるのではないか、つまり鏡像自己認知ができるのではないかと考えた。ただし、この仮説を考えた2014年頃、魚が鏡像自己認知できると考える研究者は世界中で誰もいなかった。

　③鏡像自己認知の研究にホンソメを使ったのには理由がある。掃除《そうじ》魚とも呼ばれるホンソメは、魚の体表についている小さな寄生虫を取って食べるので、寄生虫に似た模様やシミに注意を払うのだ。実際、ホンソメの尾鰭《おびれ》近くにつけた寄生虫のような印を直接見つけると、すぐに水槽《すいそう》の底で擦《こす》り落とそうとした。詳《くわ》しくは後で述べるが、印が気になり擦り落とそうとするこの性質がこの実験で大事なのである。だからホンソメを実験対象とした。

　チンパンジーと同じようにマークテストを行なった。ホンソメに十分に鏡を見せた後、自分では見えない喉《のど》に寄生虫に似た茶色い印をつけた。はじめに印をつけていない実験前には、鏡があっても喉はまったく擦らないことを確認する。そして茶色い印を喉につけた本番の実験である。鏡で喉の印を見たホンソメは、なんと喉を頻繁《ひんぱん》に擦ったのである。私は喉を擦る行動を初めてビデオで見た時、椅子《いす》から転げ落ちそうなほど驚いた。その印を水槽の底に擦りつけるのは、チンパンジーが手で触るのと同じ意味を持つ。現在、実験した28匹中27匹が喉につけた印を底の砂や石で擦っている。つまり、ほとんどの個体は鏡

2024年度 サレジオ学院中学校

【国語】〈**A試験**〉（五〇分）〈満点：一〇〇点〉

◎問題で字数指定のあるものは、句読点・記号も一字に数えます。

一 ――線①～⑦のカタカナを漢字に直しなさい。また、――線⑧～⑩の漢字は、その読みをひらがなで答えなさい。

① ブツギをかもす発言。
② サッコンの物価上昇について考える。
③ 主役が舞台をコウバンする。
④ おおぜいの人が広場にサンシュウする。
⑤ ツウカイなコメディ映画。
⑥ 長年王座にクンリンしている。
⑦ ムゲに断るのも相手に悪い。
⑧ 群がるのを好まない性格。
⑨ 間口の広い研究をする。
⑩ 体裁を気にしすぎるのはよくない。

二 次の文章を読んで、後の問いに答えなさい。

ヒトは自分のことを「自分」と認識《にんしき》しているし、誰もが自分には「こころ」があると実感している。自分が存在しているという自己の実感がないと、たぶん普段の社会生活はできないだろう。では動物はどうだろう。実はこの問いに答えるのはかなり難しい。

近代哲学の父と呼ばれるデカルトは、人間は精神と肉体からなると捉《とら》えた。彼は、ヒトの精神には自己や「こころ」はあるが、動物にはそれらはないと考えた。この考えはその後の近世西洋哲学の基盤《きばん》となり、現在まで続いている。

デカルトがヒトだけが自己やこころを持つと考えた根拠は、言語を持つヒトだけが自己の存在を認識できる「自己意識」を持つとみなしたことにある。逆に言語を持たず本能に基《もと》づく紋切《もんき》り型の行動しか取れない動物は、自己を振り返ることができず、自己意識はないとした。この考えに基づいて、現在でも動物とは異なり自己意識を持つヒトは特別な存在だ、とする考えが主流である。しかし、魚を含めた脊椎《せきつい》動物が、かなり柔軟《じゅうなん》に振る舞うことや本能だけでは到底《とうてい》説明できない行動が、次々と明らかにされている。さらに言語なしには思考ができないとの考えも、最近は疑問視されはじめている。

1970年にまさにこの人間中心主義の考えに異議を挟《はさ》むような大きな発見がなされた。この年にチンパンジーが鏡に映る自分の姿を自分だと認識できること（鏡像自己認知）を証明した論文が出たのである。デカルトの考えでは、自己意識のない動物には鏡像自己認知ができないはずである。①この発見はデカルトの考えの反証になるかもしれず、持つ意味は相当に大きい。とはいえチンパンジーはヒトに一番近い動物であり、この発見は広く受け入れられている。さらに今世紀に入りイルカ・ゾウ・カラスの仲間でも鏡像自己認知が発見されていった。いずれも脳が大きく社会性の発達した「賢い」動物であった。そのため、まだなんとか受け入れられたようだ。そして2019年、我々は魚類の一種ホンソメワケベラ（以降ホンソメ）にも、鏡像自己認知ができることを発見したのである。魚の鏡像自己認知は魚が自己や自己意識を持つ可能性を、さらにほぼ全《すべ》ての脊椎動物にも自己意識や自己がある可能性を意味する。この発見は、従来の西洋哲学やキリスト教などの人間中心主義という西洋的価値観の土台をひっくり返しかねない。

動物が鏡に映る自分の姿を見て自分だとわかるのは、どうすれば示せるだろう。ヒトなら質問して答えてもらえるが、動物ではそうはい

2024年度 サレジオ学院中学校 ▶解説と解答

算　数　＜Ａ試験＞（50分）＜満点：100点＞

解　答

[1] (1) $\frac{22}{25}$　(2) $1\frac{7}{11}$　[2] (1) 25分　(2) 72度　(3) ① 310　② 58番目　(4) ① 157.5cm^3　② 3.75cm　(5) ① 5種目　② 42点　③ 37点　④ 33点　[3] (1) 正方形　(2) 9枚　(3) 7枚，8枚　[4] (1) ア　(2) オ，ケ　(3) 2000通り　[5] (1) 15cm　(2) $\frac{10}{49}$倍　(3) 1回／4.2秒後

解　説

[1] 四則計算，逆算

(1) $\frac{2}{3}+\left(\frac{13}{21}-\frac{2}{7}\right)\times\frac{4}{5}-\left(\frac{2}{5}-\frac{9}{25}\right)\div\frac{3}{4}=\frac{2}{3}+\left(\frac{13}{21}-\frac{6}{21}\right)\times\frac{4}{5}-\left(\frac{10}{25}-\frac{9}{25}\right)\div\frac{3}{4}=\frac{2}{3}+\frac{7}{21}\times\frac{4}{5}-\frac{1}{25}\times\frac{4}{3}=\frac{2}{3}+\frac{4}{15}-\frac{4}{75}=\frac{50}{75}+\frac{20}{75}-\frac{4}{75}=\frac{66}{75}=\frac{22}{25}$

(2) $1\frac{2}{3}-\frac{3}{4}=\frac{5}{3}-\frac{3}{4}=\frac{20}{12}-\frac{9}{12}=\frac{11}{12}$より，$9-\left(5\frac{1}{2}-\frac{11}{12}\times\square\right)=5$，$5\frac{1}{2}-\frac{11}{12}\times\square=9-5=4$，$\frac{11}{12}\times\square=5\frac{1}{2}-4=1\frac{1}{2}$　よって，$\square=1\frac{1}{2}\div\frac{11}{12}=\frac{3}{2}\times\frac{12}{11}=\frac{18}{11}=1\frac{7}{11}$

[2] 速さと比，流水算，角度，数列，水の深さと体積，条件の整理

(1) いつもの下りと上りにかかる時間の比は，30：50＝3：5だから，いつもの下りと上りの速さの比は，$\frac{1}{3}$：$\frac{1}{5}$＝5：3となる。そこで，いつもの下りの速さを毎分5，いつもの上りの速さを毎分3とすると，AB間の距《きょ》離《り》は，5×30＝150となる。また，右上の図1から，船自体の速さは毎分，(3＋5)÷2＝4，いつもの流れの速さは毎分，(5－3)÷2＝1とわかるので，ある日の流れの速さは毎分，1×2＝2となる。すると，ある日の下りの速さは毎分，4＋2＝6になるから，AB間の下りにかかる時間は，150÷6＝25(分)と求められる。

図1
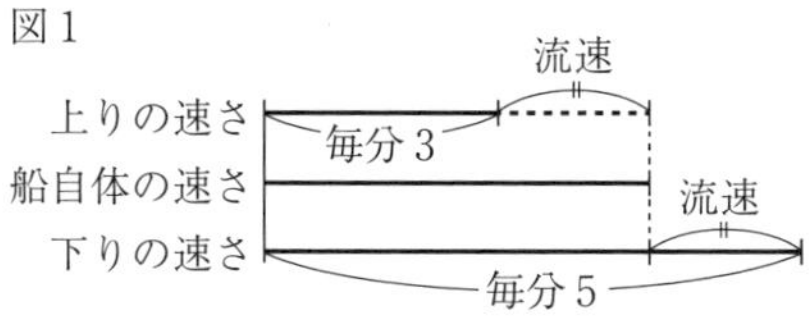

(2) 右の図2で，AG，KL，CEは平行なので，かげをつけた2つの角の大きさは等しい。はじめに，N角形の内角の和は，180×(N－2)で求められるから，五角形の内角の和は，180×(5－2)＝540(度)であり，正五角形の1つの内角は，540÷5＝108(度)とわかる。つまり，角CEGと角EGIの大きさはどちらも108度である。また，三角形GIEは二等辺三角形なので，角GEIの大きさは，(180－108)÷2＝36(度)となり，角CEIの大きさは，108－36＝72(度)と求められる。よって，角㋐の大きさも72度となる。

図2
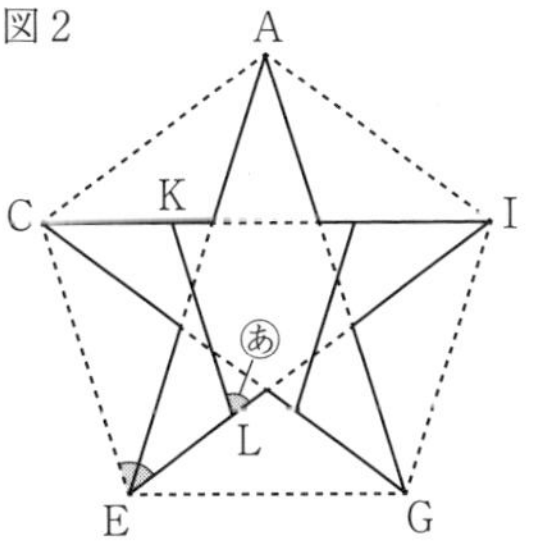

(3) 1けたの整数は{0，1，3}の3個ある。また，2けたの整数は，十の位が{1，3}の2通り，一の位が{0，1，3}の3通りあるから，2×3＝6(個)ある。同様に考えると，3けたの整数は，

百の位が2通り，十の位と一の位が3通りずつあるから，2×3×3＝18(個)になり，333は初めから数えて，3＋6＋18＝27(番目)の数とわかる。ここからもどしていくと，331，330，313，311，310，…となるから，22番目の数は310(…①)である。次に，4けたの整数のうち，千の位が1の数は，百の位，十の位，一の位が3通りずつあるので，3×3×3＝27(個)ある。すると，1333は初めから数えて，27＋27＝54(番目)の数になり，その後は，3000，3001，3003，3010，…となるから，3010は58番目(…②)の数とわかる。

(4) 下の図3で，かげをつけた部分の面積は，3×3＋3×6＋2×9＝45(cm^2)である。また，容器を動かすと下の図4のようになり，かげをつけた部分の面積は，3×3÷2×3＝13.5(cm^2)とわかる。よって，かげをつけた部分の面積は，45－13.5＝31.5(cm^2)少なくなるので，こぼれる水の量は，31.5×5＝157.5(cm^3)(…①)と求められる。さらに，容器をもとの状態にもどすと下の図5のようになる。図5で，かげをつけた部分の面積が13.5cm^{2}だから，★の部分の面積は，13.5－3×3＝4.5(cm^2)となり，★の部分の高さは，4.5÷6＝0.75(cm)とわかる。したがって，このときの水の深さは，3＋0.75＝3.75(cm)(…②)である。

図3

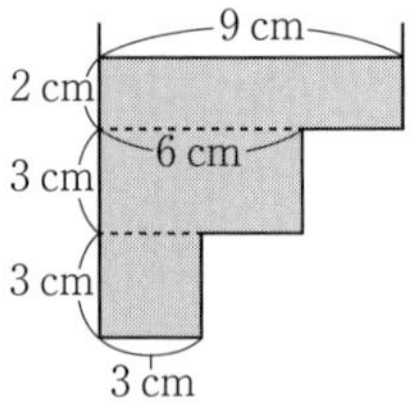

図4

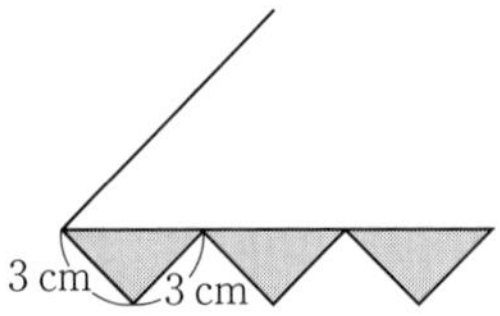

図5

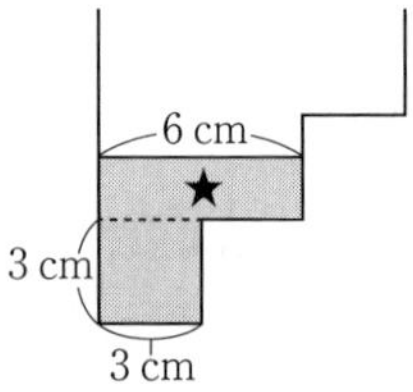

図6

赤団	7点	5点	2点
黄団	5点	7点	5点
青団	2点	2点	7点

(5) はじめに，3チームの得点の合計が，31＋23＋16＝70(点)になるときを考える。1種目行うごとに，3チーム合わせて，7＋5＋2＝14(点)ずつ加算されるので，このときまでに行ったのは，70÷14＝5(種目)(…①)とわかる。次に，3種目で加算される得点は，2×3＝6(点)以上，7×3＝21(点)以下だから，赤団が加算された得点は14点，黄団が加算された得点は17点と決まる(3種目の合計が7点になる組み合わせはない)。3種目の合計が14点になるのは{7点，5点，2点}，17点になるのは{7点，5点，5点}のときなので，赤団→黄団→青団の順に決めると上の図6のようになる。よって，各チームの得点は，青団が，31＋2＋2＋7＝42(点)(…②)，赤団が，23＋14＝37(点)(…③)，黄団が，16＋17＝33(点)(…④)と求められる。

3 平面図形─構成

(1) 下の図①のようになるから，囲まれる部分は正方形になる。

図①

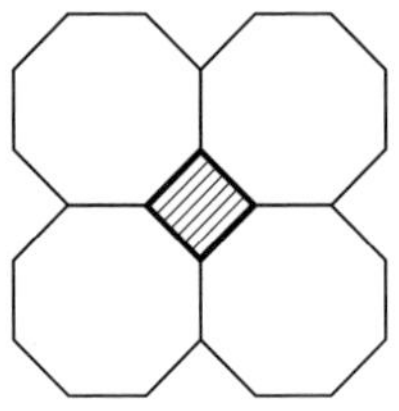

図②

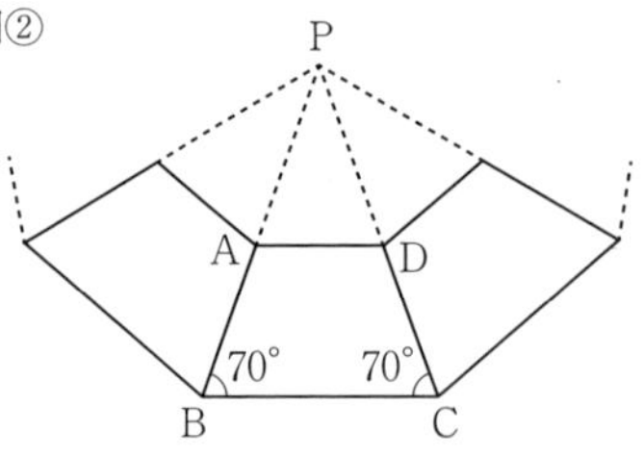

図③

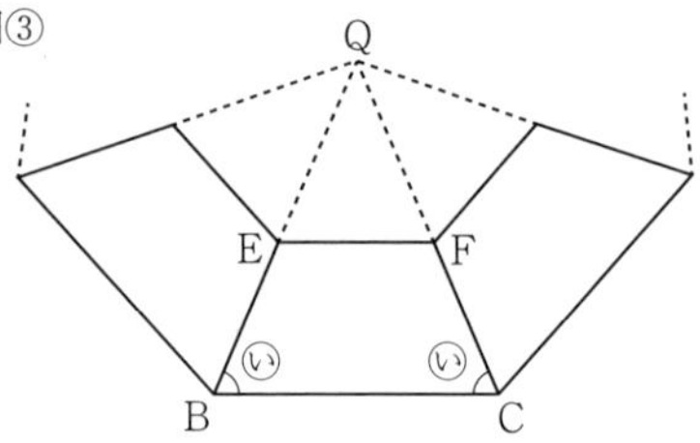

(2) 上の図②のように，台形ABCDの辺BAと辺CDをそれぞれ延長して交わる点をPとすると，三角形PBCは二等辺三角形になる。また，角BPCの大きさは，180－70×2＝40(度)なので，三角形PBCを，360÷40＝9(枚)並べるとちょうど1周することがわかる。このとき，台形ABCDの枚数

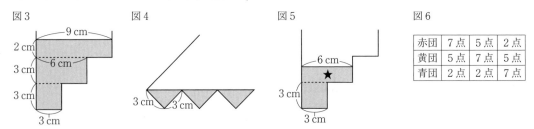

も９枚になる。

⑶　⑵と同様に考える。上の図③のように，台形EBCFの辺BEと辺CFをそれぞれ延長して交わる点をＱとすると，三角形QBCは二等辺三角形になる。また，角ⓘの大きさが60度より大きく70度より小さいとき，角BQCの大きさは，180－70×２＝40(度)より大きく，180－60×２＝60(度)より小さくなる。よって，三角形QBC(および台形EBCF)の枚数は，360÷60＝６(枚)より多く，360÷40＝９(枚)より少ないから，考えられる枚数は７枚と８枚である。

4　整数の性質，場合の数

⑴　たとえば６と11を取り出すと，２つの数の積は，６×11＝66となる。これを５で割ると，66÷５＝13余り１となるから，「余りが１」のグループ(…ア)になることがわかる。なお，５で割った余りがaになる数と５で割った余りがbになる数をかけたときの積は，右の図１の太線で囲んだ長方形の面積で表すことができる。図１で，ア，イ，ウの面積は５で割り切れるので，２つの整数の積を５で割ったときの余りは，(a×b)を５で割った余りと等しくなることがわかる。よって，a＝b＝１の場合は，１×１＝１より，「余りが１」のグループになる。

図１

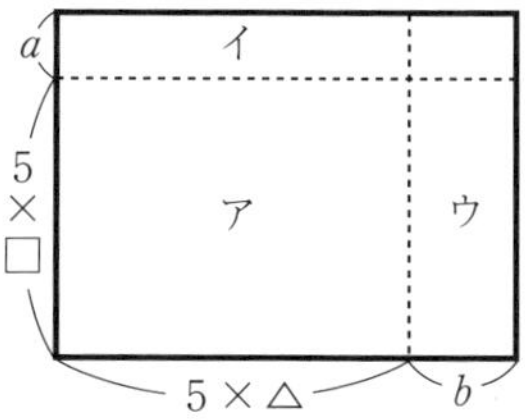

⑵　⑴の考え方から，(a×b)を５で割った余りが１になる組み合わせを探せばよいことがわかる。そこで，aとbの積が１，６，11，16，…となる組み合わせを探すと，オの場合は，２×３＝６，ケの場合は，４×４＝16になるから，あてはまるものはオとケである。

⑶　⑵と同様に考えると，それぞれの袋《ふくろ》から取り出した球の数を５で割った余りどうしをかけたとき，積が１，６，11，16，…になればよい。このとき，５で割った余りがない場合は，どんな数をかけても積が５の倍数になるから，あてはまらない。すると，あてはまる３つの余りの数の組み合わせは，右の図２の５通りある。次に，問題文中の表から，Ａ，Ｂ，Ｃのどの袋にも，「余りが１」，「余りが２」，「余りが３」，「余りが４」の球が５個ずつ入っていることがわかる。よって，㋐の場合，Ａ，Ｂ，Ｃから取り出す方法がそれぞれ５通りあるので，㋐の場合の取り出し方は，５×５×５＝125(通り)となる。また，㋑の場合，たとえばＡからは「余りが１」，Ｂからは「余りが２」，Ｃからは「余りが３」を取り出す方法が125通りあり，袋と余りの数の組み合わせは，３×２×１＝６(通り)あるから，全部で，125×６(通り)になる。さらに，㋒，㋓，㋔の場合は袋と余りの数の組み合わせが３通りずつある。したがって，求める取り出し方は全部で，125×(１＋６＋３＋３＋３)＝2000(通り)とわかる。

図２

㋐	｛1と1と1｝	→積1
㋑	｛1と2と3｝	→積6
㋒	｛1と4と4｝	→積16
㋓	｛2と2と4｝	→積16
㋔	｛3と3と4｝	→積36

5　平面図形―図形上の点の移動，速さ，辺の比と面積の比，旅人算

⑴　点Ｘが点Ｉに到達《とうたつ》するまでに移動した距離は，７＋７＋６＋５＋４＋３＋２＋１＝35(cm)だから，その時間は，35÷3.5＝10(秒)である。よって，その間に点Ｙが移動した距離は，1.5×10＝15(cm)とわかる。

図１

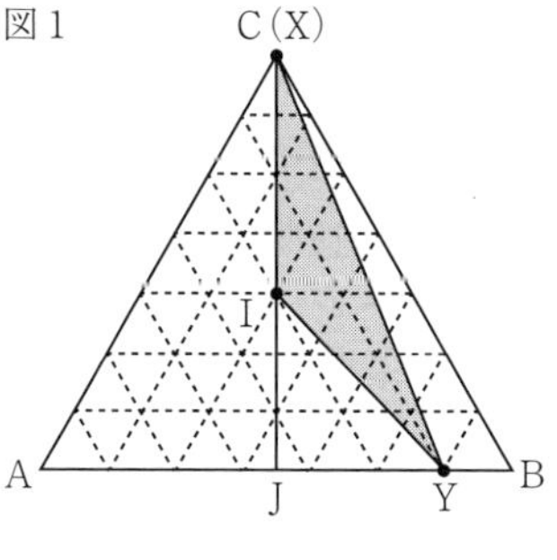

図２

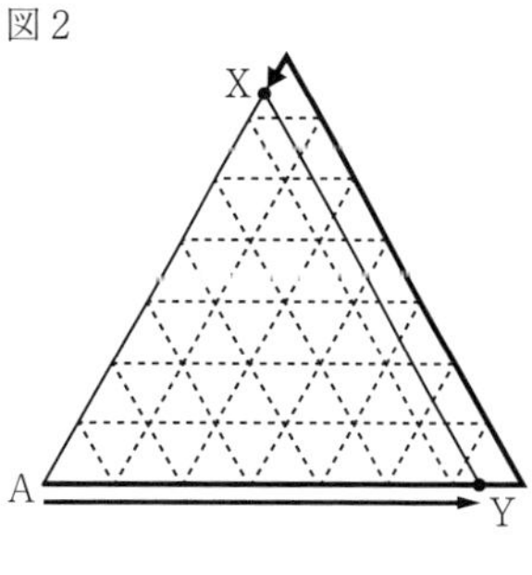

⑵　点Ｘが点Ｃに到達するまでに移動

した距離は，７＋７＝14(cm)なので，その時間は，14÷3.5＝４(秒)であり，その間に点Ｙが移動した距離は，1.5×４＝６(cm)とわかる。よって，そのときの三角形XIYは上の図１のかげをつけた三角形である。三角形ABCの面積を１とすると，三角形CJBの面積は$\frac{1}{2}$，三角形CYBの面積は$\frac{1}{7}$になるから，三角形CJYの面積は，$\frac{1}{2}-\frac{1}{7}=\frac{5}{14}$とわかる。また，CI：IJ＝４：３より，三角形CIYと三角形IJYの面積の比は４：３とわかるので，三角形CIY(XIY)の面積は，$\frac{5}{14}\times\frac{4}{4+3}=\frac{10}{49}$と求められる。したがって，三角形XIYの面積は三角形ABCの面積の，$\frac{10}{49}\div 1=\frac{10}{49}$(倍)である。

(3)　三角形AXYが正三角形になるのは，上の図２の場合の１回だけである。図２で，AYとAXの長さは等しいから，このようになるのは点Ｘと点Ｙが合わせて，７×３＝21(cm)動いたときである。よって，出発してから，21÷(3.5＋1.5)＝4.2(秒後)とわかる。

社　会　＜Ａ試験＞(40分)＜満点：75点＞

解　答

問１　**Ａ**　ウ　**Ｂ**　エ　**Ｃ**　ア　**Ｄ**　イ　**問２**　ウ　**問３**　カ　**問４**　(1)　**Ａ**　能登　**Ｂ**　北前　(2)　イ　(3)　カ　**問５**　(1)　ウ　(2)　大宰府　**問６**　エ　**問７**　ウ　**問８**　イ　**問９**　**Ａ**　イ　**Ｂ**　ア　**問10**　裁判所，⍋　**問11**　(1)　イ，ウ，カ　(2)　イ　**問12**　オ　**問13**　(1)　イ　(2)　イ　**問14**　(1)　ウ　(2)　(例)　冷害とは，夏の異常低温や日照不足が原因で稲などの農作物が受ける被害のことで，東北地方の太平洋側では，６～８月に吹くやませという冷たく湿った北東風により冷害が起こりやすい。　**問15**　(1)　東経135度　(2)　明石　(3)　ウ　**問16**　エ，カ　**問17**　ウ　**問18**　オ　**問19**　(1)　ア　(2)　イ　**問20**　ウ→イ→ア→エ　**問21**　**Ａ**　イ　**Ｂ**　エ　**問22**　**Ａ**　身体，ア　**Ｂ**　経済活動，ウ　**問23**　(例)　1923年に起きた関東大震災の直後，混乱の中で「朝鮮人が暴動を起こした」といった根拠のないうわさが広まり，これを信じた民衆や警察などが多くの朝鮮人を殺害した。　**問24**　トレーサビリティー　**問25**　(1)　ウ　(2)　(例)　音声による案内がないなど，障害のある人への配慮が不十分である。／日本語による表記しかなく，難しい表現が使われているなど，外国人への配慮が不十分である。

解　説

情報の歴史を題材とした総合問題

問１　日本国憲法第26条１項は「教育を受ける権利」，同２項は「保護する子女に普通教育を受けさせる義務」，第27条は「勤労の権利と義務」，第30条は「納税の義務」について，それぞれ規定している。

問２　労働契約《けいやく》法などの法律により，使用者が労働者をその場で解雇《かいこ》できるのは労働者側に重大な過失があった場合などに限られており，長期にわたる無断欠勤が続いた場合などでも30日前の解雇予告が必要とされる。賃上げを要求することは解雇の理由とはならない(ウ…×)。なお，アとイは労働組合法などにより認められた労働者の権利である。エは労働契約法などにより定められた，労働者への安全配慮義務を果たすための使用者の正当な行為《こうい》として認められている。

問３　ア　現代でも星占《うらな》い(西洋占星術)をはじめとするさまざまな占いがあるが，いずれも自分の運勢や未来を知るためのものということができる。　イ　平安時代の貴族たちの間では，陰陽道《おんみょうどう》によって日時や方角，生活全般《ぜんぱん》の吉凶《きっきょう》などを占うことが広まっていた。陰陽道は古代中国で生まれた陰陽五行説をもとに天文学や暦の知識などを加え，日本で独自の発展をとげた占いの技術である。　ウ　平安時代末期以降，武士たちの間で陰陽道に携《たずさ》わる陰陽師の占いにもとづいて行動することが広まった。源頼朝が伊豆で挙兵したさいにも，そうした占いにより決起の日時が決められたといわれる。　エ　中国の歴史書『魏志《ぎし》』倭人《わじん》伝には，邪馬台《やまたい》国の女王卑弥呼《ひみこ》がまじないを使って国を治めていたことが記されている。　オ　室町幕府においては，第４代将軍足利義持の子の義量《よしかず》が第５代将軍となっていたが，義量が若くして急死し将軍職が空位となっていたため，義持の４人の弟の中から次の将軍を選ぶこととなり，石清水《いわしみず》八幡宮(京都府)においてくじ引きが行われ，義教《よしのり》がくじを引き当て第６代将軍の座についた。義教はそのため，「くじ引き将軍」とも呼ばれる。　カ　日本では長い間，社会の中で神道と仏教の一体化をはかった「神仏習合」の考え方が広く受け入れられてきた。しかし，明治政府は天皇の権威を強めるねらいもあり，1868年に神仏分離令を出して神道と仏教を切り離すことを命じ，さらに神道を国教とするための政策もすすめた。これをきっかけに，全国各地で神官や民衆などを中心として寺院や仏像，仏具などを破壊する廃仏毀釈《はいぶつきしゃく》(仏法を廃し，釈迦《しゃか》の教えを捨てること)の動きが広がった。よって，廃仏毀釈は，占いなどの呪術《じゅじゅつ》(まじない)により未来の情報を知ることを目的とするものではないので当てはまらない。

問４　(1)　**Ａ**　珠洲《すず》市があるのは石川県の能登半島である。なお，この地域では2024年1月１日，マグニチュード7.6の大きな地震(能登半島地震)が発生した。輪島市や志賀《しか》町で震度７を観測したのをはじめ，各地で強い揺《ゆ》れが生じ，建物の倒壊《とうかい》などにより200名以上の死者が出るなど，石川県能登地域を中心に甚大《じんだい》な被害が出た。　**Ｂ**　能登半島周辺は江戸時代，西廻《まわ》り航路の中継地点にあたり，蝦夷《えぞ》地(北海道)や東北地方などの産物を大阪まで運ぶ北前船が付近を航行していて，半島西部の志賀町にあった福浦《ふくら》港は，その寄港地でもあった。　(2)　狼煙《のろし》は，焚火《たきび》の煙《けむり》により離れた場所に情報を伝えるものである。交易船のために狼煙を上げる目的は，陸地の位置などを伝えるものであったと考えられるから，狼煙は現代の灯台のような働きをしていたことになる。灯台の地図記号はイである。なお，アは消防署，ウは税務署，エは自然災害伝承碑《ひ》である。　(3)　２人のいる場所は神社に対して同じ方向に位置していること，アスカのいる学校は北側に城跡《じょうせき》(⛫)のある高台に位置し見晴らしがよいこと，ヤマトのいる場所の近くには針葉樹林(Λ)があることなどから，アスカがＣ，ヤマトがＢとわかる。

問５　(1)　山陽道は，古代の律令国家における五畿七道と呼ばれる地方区分の１つであるとともに，都のある近畿地方と中国・九州地方を結ぶ幹線道の名称《めいしょう》でもあった。この場合は後者の意味で，山陽道が重要視されたのは大陸とのつながりが深い九州地方と都を結ぶ経路であり，国司などの役人や外交使節などが利用する道であったためである。　(2)　大陸との交易の窓口となっていたのは大宰《だざい》府である。現在の福岡県太宰府市に置かれていた朝廷の出先機関で，九州の政治や軍事，外交使節の接待などを担当していた。

問６　キリスト教の伝来は室町時代末期の出来事で，その信仰が広がるのは室町幕府の滅亡後である(エ…×)。

問７　島根県は冬の降水量が多い日本海側の気候に属する。また，蚕の飼育が行われるのは春から夏にかけてであり，養蚕で得られる生糸を使ってつくられるのは絹織物である(ウ…×)。なお，アは南部鉄器，イは加賀友禅，エは有田焼・伊万里焼についての説明である。

問８　16世紀，中国地方の石見銀山の領有をめぐっては，戦国大名の大内・尼子《あまご》・毛利の３氏による激しい戦いが繰り広げられたが，最終的には1565～67年の第二次月山富田《がっさんとだ》城の戦いで毛利元就《もとなり》が尼子義久を破ったことにより，毛利氏が中国地方における支配権を確立し，石見銀山も毛利氏が領有した(イ…○)。なお，アの大友宗麟《そうりん》は九州地方北部，ウの長宗我部元親《ちょうそかべもとちか》は四国地方南部，エの織田信長は中部・近畿地方，オの武田信玄は甲斐《かい》(山梨県)・信濃《しなの》(長野県)などを主に支配した戦国大名である。

問９　**Ａ，Ｂ**　鎖国下での長崎港における主な輸入品はイ，主な輸出品はウである。また，現在の長崎港における主な輸入品はエ，主な輸出品はアである。なお，現在の輸出入品については，金額の上位品目の順位を示しているわけではないので注意すること。

問10　高札とは，新しい法や禁止事項などを人々に知らせるため木の札に書き出し，寺社の門前など人通りの多いところに立てたものである。特に江戸時代には，幕府や藩によってさかんに用いられ，明治時代初期にも政府によって立てられた。1868年，「五か条の御誓文《ごせいもん》」の発表と同時期に出された「五榜《ごぼう》の掲示《けいじ》」も，高札によって示されたものである。現在用いられている裁判所の地図記号は，高札の形を図案化したものである。

問11　(1)　アはＢ，エはＣ，オはＤの説明文として，それぞれ正しい。田沼意次《おきつぐ》は18世紀後半に老中を務めた人物である(イ…×)。第８代将軍徳川吉宗が将軍であったのは18世紀前半である(ウ…×)。島原・天草一揆(島原の乱)は1637～38年の出来事である(カ…×)。　(2)　イの絵は「アマビエ」と呼ばれる妖怪《ようかい》を描《えが》いたものである。1846年，肥後(熊本県)の海上で毎晩，光るものが見られ，土地の役人が調べに向かったところ，アマビエと名乗る妖怪が現れ，「今から数年間は諸国で豊作となるが，これと同時に疫病《えきびょう》も流行するから，自分の姿を描いた絵を家の中に貼《は》りなさい」といって海中に消えたという。資料の絵は，江戸時代に描かれた木版画で，2020年に始まったコロナ禍《か》の中，アマビエの話がSNS上で紹介されると，疫病をしずめる妖怪として注目を集めた。なお，アは狩野永徳《かのうえいとく》の『唐《から》獅子図屏風《じしずびょうぶ》』，ウは徳川家康の肖像《しょうぞう》画，エは雪舟の『天橋立《あまのはしだて》図』である。

問12　東京・埼玉・神奈川・愛知・大阪などの人口の多い都府県が大きく描かれているＡは「小売業年間販売額」，中京工業地帯の中心である愛知県が非常に大きく，神奈川・大阪・兵庫などの工業がさかんな府県が大きく描かれているＣは「製造品出荷額」と判断できる。残るＢが「農業産出額」で，茨城・千葉・愛知・宮崎・熊本などの畜産や園芸農業のさかんな県が比較《ひかく》的大きく描かれているのがわかる。

問13　(1)　日本銀行は，日本の中央銀行で，１万円札などの紙幣を発行する発券銀行の役割を持っている。また，政府のお金の出納《すいとう》を扱う「政府の銀行」でもあり，国債《こくさい》の売買によって市場に出回る通貨量を調整したり，一般の銀行へ資金を貸し出すさいの利子率を上下させたりすることで，景気の調整を行っている(イ…○)。なお，アは一般の銀行の業務である。ウは予算にもとづいて進められることがらで，予算は内閣が作成し，国会における審議と議決を経て決定される。エは政府の仕事である。

(2)　2024年７月から発行される１万円札の肖像画に採用されたのは渋沢栄一である。多くの企業や銀行などの設立にかかわり，「日本の資本主義の父」とも呼ばれる(イ…○)。なお，アは福沢諭吉，ウは北里柴三郎《しばさぶろう》，エは樋口一葉《ひぐちいちよう》で，それぞれ，これまでの１万円札，2024年７月発行の新千円札，これまでの５千円札に，肖像画が採用された人物である。

問14 (1)　日本が打ち上げている気象衛星の名称は「ひまわり」である。1977年に初代の衛星が打ち上げられ観測を開始し，2022年12月からは「ひまわり９号」が観測を行っている。地球の自転周期と同じ周期で地球の周りを回っている静止衛星で，地上のある地点とその上空の様子を24時間，観測し続けることができる。なお，アは2003年に打ち上げられ，2010年に地球に帰還した日本の小惑星探査機の名称である。また，東北・北海道新幹線の列車の愛称でもある。イは2010年に初代の衛星が打ち上げられ，地球上の特定地域に位置情報サービスを提供する衛星測位システムのための衛星の名称である。エは東海道・山陽新幹線の列車の愛称である。　(2)　冷害とは，夏の異常低温や日照不足が原因で農作物の生育が遅《おく》れ，収穫《しゅうかく》量が大幅に落ちこむことをいう。日本では特に稲(米)が被害を受けやすい。なかでも東北地方の太平洋側では，梅雨期から盛夏にかけて「やませ」と呼ばれる冷たく湿《しめ》った北東風が吹《ふ》くことがあり，これが長く続くと冷害が発生する。

問15 (1), (2)　日本の標準時子午線は東経135度の経線で，日本海から兵庫県豊岡市(地図中のＡ市)や兵庫県明石《あかし》市(地図中のＢ市)，兵庫県淡路《あわじ》島の北端付近などを通り，和歌山県和歌山市の沖ノ島の西端をかすめた後，太平洋に抜ける。明石市には，東経135度の経線上に明石市立天文科学館が建てられ，日本標準時を刻む時計塔《とう》も設けられている。　(3)　雨温図の①は，年降水量が少ないことから瀬戸内の気候に属するＢ市(明石市)，②は冬の降水量が多いことから，日本海側の気候に属するＡ市(豊岡市)，③は夏の降水量が多いことから，太平洋側の気候に属するＣ市(徳島県阿南市)に，それぞれ当てはまる。

問16　平成元年は1989年であることをまずおさえる。白黒テレビ・電気冷蔵庫とともに「三種の神器」と呼ばれた電気洗濯機は，1960年前後に普及《ふきゅう》が進み，1960年代前半には普及率が60％を超《こ》えた。カラーテレビ・クーラー(エアコン)・自動車は1970年前後に普及が進み，３Ｃと呼ばれた。カラーテレビは1970年代前半，クーラーは1980年代後半，自動車は1980年代前半に普及率が60％を超えている。パソコンと携帯《けいたい》電話の普及が進んだのは1990年代後半以降であり，普及率が60％を超えたのは，いずれも2000年代に入ってからである。

問17　①　日露戦争後，外国からの借金や，増税により日本経済は衰退した。不景気が続く中で，三井や三菱などの財閥《ざいばつ》による企業の集中が進んだ(①…正)。　②　第一次世界大戦中の日本は，戦場となったヨーロッパ諸国の経済が停滞《ていたい》する中で，アジアやアフリカなどへの輸出を伸ばして好景気となったが，大戦後はヨーロッパ諸国の復興とともに輸出が伸び悩んだことなどから，一転して不景気となった(②…誤)。　③　1930年に浜口雄幸《おさち》内閣が実施した金輸出の解禁は，世界恐慌《きょうこう》の影響《えいきょう》もあって，深刻な不景気を招いたことから，1931年12月に成立した犬養毅《いぬかいつよし》内閣は，高橋是清《これきよ》蔵相の下で金輸出再禁止を行った。その結果，円安を背景に輸出が伸び，景気は回復した。なお，満州事変は，1931年９月に日本軍が柳条湖《りゅうじょうこ》事件を引き起こして中国東北部を侵略《しんりゃく》・占領した出来事で，事態を収拾できなかった若槻《わかつき》礼次郎内閣は総辞職し，代わって成立したのが犬養毅内閣である(③…正)。

問18　①　荒物とは，ほうきやちりとり，ざる，おけのような簡単なつくりの日用雑貨のことをいう。そうした品々を扱う店が荒物屋である(①…Ｃ)。　②　八百屋は野菜や果物を専門に扱う商店である(②…Ｂ)。　なお，Ａは金物屋，Ｄは喫茶《きっさ》店である。

問19 (1)　第二次世界大戦後，ドイツは西ドイツ(ドイツ連邦共和国)と東ドイツ(ドイツ民主共和国)に分裂した。さらに，東ドイツに位置する首都ベルリンも東西に分断され，東ベルリンは東ドイツ領，西ベルリンは西ドイツ領となっていたが，東ベルリン市民の西ベルリンへの亡命があいついだことから，東ドイツ政府はこれを防ぐため西ベルリンを囲むように壁を築いた。「ベルリンの壁」と呼ばれるこの建造物は東西冷戦を象徴《しょうちょう》する存在であったが，1989年に米ソ両国首脳が地中海の島国マルタ沖の客船で会談し，冷戦の終結を宣言すると，これをきっかけに，社会主義陣営である東ヨーロッパ諸国の国民の間で体制に対する不満が広がり，ベルリンでは市民たちが壁を破壊した。混乱の中で，翌90年には東ドイツの政権が崩壊《ほうかい》。西ドイツが東ドイツを併合する形で東西ドイツの統一が実現した。さらに，その翌91年にはソ連(ソビエト連邦)が解体し，東西冷戦は完全に終結することとなった。

(2)　記事２にあるエルサレムへの大使館設置は，アメリカのトランプ政権が強行したものである(イ…○)。なお，アはソ連で，日本の国際連合への加盟は，国連発足後，ソ連の反対によりなかなか認められなかったが，1956年10月の日ソ共同宣言による日本とソ連の国交回復にともない，同年12月に日本の国連加盟が実現している。ウはロシアで，2022年２月に同国が開始したウクライナへの侵攻《しんこう》に対し，国連安全保障理事会が採択を目指した議題は，全てロシアが拒否《きょひ》権を行使したことで不成立に終わっている。

問20　アは2012年(東日本大震災が起きた翌年に復興庁が発足)，イは2007年(防衛庁が防衛省となる)，ウは2001年(中央省庁再編にともない環境《かんきょう》庁が環境省となる)，エは2021年(デジタル庁の発足)の出来事であるので，年代の古い順にウ→イ→ア→エとなる。

問21　**A**，**B**　アは駅制が整えられた奈良時代，イは明治時代初め，ウは1930～40年代，エは日本でテレビ放送が始まった1953年以降の出来事である。Ａは1863年，アメリカの第16代大統領リンカーンが南北戦争中にゲティスバーグで行った演説の中の一節であるから，時期はイが最も近い。Ｂで述べられているような新しい人権が主張されるようになったのは1970年代以降のことであるから，時期はエが最も近い。

問22　**A**　懲役《ちょうえき》や禁錮《きんこ》は身体の自由を奪《うば》うものであるから，「何人も，いかなる奴隷《どれい》的拘束《こうそく》も受けない」とした日本国憲法第18条にかかわる。なお，懲役と禁錮は，どちらも刑務所などの刑事施設に収容されるが，懲役は施設内での労働(刑務作業)が義務づけられ，禁錮にはそうした義務がないという違いがある。　**B**　罰金は経済活動の自由を奪うものであるから，個人の財産権を保障した日本国憲法第29条にかかわる。

問23　資料の絵は，1923年の関東大震災のさいに起きた出来事を描いたものである。震災直後の混乱の中で「朝鮮人が暴動を起こした」「朝鮮人が井戸に毒を投げ入れた」といった根拠のないうわさが広まり，これを信じた民衆や警察・軍隊の手によって多くの朝鮮人や中国人が殺された。事件の背景には，人々の意識の中に朝鮮人に対する差別意識や，日本の植民地支配に対する抵抗運動への恐怖《きょうふ》心などがあったとされている。

問24　農水産物や畜産物などの食品について，いつ，どこで生産され，どんなルートをたどって消費者のもとに届いたかを正確に把握《はあく》できるようにした仕組みをトレーサビリティーという。「追跡」を意味するトレースと「能力，可能性」を意味するアビリティーを合わせてできた言葉である。食品事故などが起きた場合にその原因を調べ，食品の回収がスムーズに行えるほか，食品に対する信頼性の強化にもつながることから，多くの業界で取り入れられている。

問25　**(1)**　「避難《ひなん》所を円滑《えんかつ》に運営するための情報」であり，「人々の集団を形成する際には不可欠となるもの」であるから，避難所の利用者どうしでルールを共有することで，トラブルを減らし，避難所運営の円滑化につながる情報であるウが最も適切である。　**(2)**　資料を見ると，ある自治体の「避難所設置マニュアル」の中に「難しい表現や用語をさけ…（中略）わかりやすい表現となるよう工夫する」などとある。また，＜配慮《はいりょ》の例＞を見ると，障害のある人や外国人などに対して配慮すべき点が挙げられている。以上をふまえて，「北山田避難所　掲示《けいじ》板」を見ると，音声による案内がないなど障害のある人に対する配慮が不十分であり，また，日本語による表記しかなく，ふりがなのない漢字や難しい表現が使われているなど，外国人に対する配慮も不十分であるといえる。

理　科　＜Ａ試験＞（40分）＜満点：75点＞

解　答

1 (1) エ　(2) **a** 45　**b** 2.2　**c** 55　**d** 0.8　(3) 1.75cm　(4) 35ｇ　(5) 右下の図①　2 (1) エ　(2) ウ　(3) **a** 6720　**b** 4　(4) 下の図②　(5) **A** ウ　**B** ア　**C** エ　**D** イ　3 (1) 解説の図を参照のこと。　(2) **記号**…ウ　**理由**…（例）調査地点ｂは調査地点ｃと水質がほぼ同じで，調査地点ｄには調査地点ｂと調査地点ｃよりきれいな水が流れている。よって，水質のよごれの原因は調査地点ｂと調査地点ｃの上流で，調査地点ｄを通らない場所にあると考えられるから。　(3) ウ　(4) イ，オ，ク　(5) イ　(6) ＢとＥ，ＣとＤ　4 (1) **a** 震度　**b** マグニチュード　**c** マグマ　(2) エ　(3) イ　(4)（例）震源に近いところでは間に合わない　(5) 72km　(6) イ　(7) ア　(8) **名称**…地熱（発電）　**利点**…（例）発電するときに二酸化炭素が発生しない。

図①

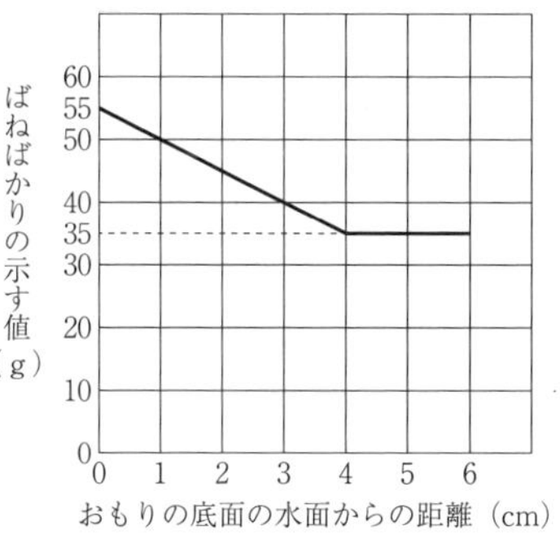

図②

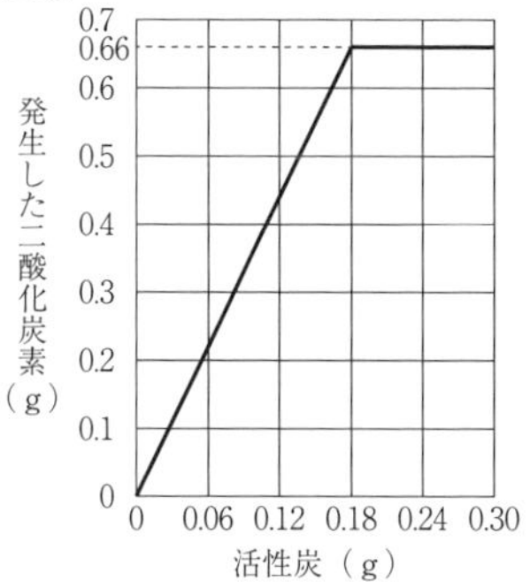

解　説

1 浮力《ふりょく》と力のつり合いについての問題

(1) 浮力の原理を発見したのは，古代ギリシアの数学者，物理学者のアルキメデスである。このことから浮力の原理はアルキメデスの原理とよばれている。

(2) **a** 直方体が水に浮《う》かんでいるときは，直方体の重さと直方体が受ける浮力の大きさがつり合っているから，図２で直方体が受ける浮力の大きさは45ｇになる。このとき，浮力の大きさは物体が押《お》しのけた液体の重さに等しいので，直方体が押しのけた水の重さは45ｇとわかる。よって，直方体が水中で押しのけた水の体積は，45÷１＝45(cm^3)となる。　**b** 図２で直方体の水中に沈《しず》んでいる部分の高さは，45÷25＝1.8(cm)なので，直方体の上面の水面からの距離《きょり》は，４－1.8＝2.2(cm)とわかる。　**c** 図３では，直方体がすべて水中にあるので，押しのけた水の体積は，25×４＝100(cm^3)であり，直方体が受ける浮力の大きさは，100×１＝100(ｇ)である。この浮力により，直方体とおもりの重さが支えられているので，おもりの重さは，100－45＝55(ｇ)となる。

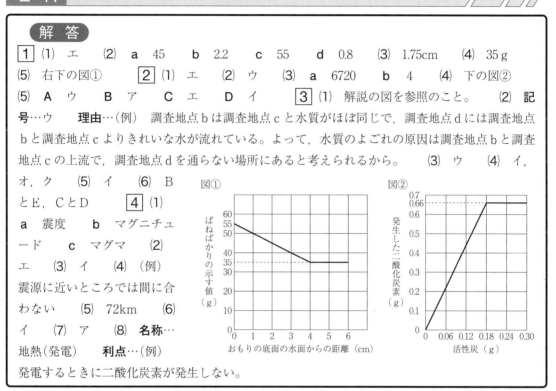

d　図４で２つの物体が受ける浮力の大きさの和は，図３のときと等しく100ｇである。よって，２つの物体が押しのけた水の体積は，100÷１＝100(cm^3)で，おもりの体積は，５×４＝20(cm^3)だから，直方体が押しのけた水の体積は，100－20＝80(cm^3)となる。したがって，このときの直方体の上面の水面からの距離は，４－80÷25＝0.8(cm)と求められる。

⑶　⑵と同様に考えると，直方体が押しのけたアルコールの重さは45ｇだから，その体積は，45÷0.8＝56.25(cm^3)である。よって，直方体の上面の液面からの距離は，４－56.25÷25＝1.75(cm)になる。

⑷　図５でおもりにはたらく浮力の大きさは，おもりが押しのけた水の重さと等しく，１×(５×４)＝20(ｇ)なので，ばねばかりが示す値は，55－20＝35(ｇ)となる。

⑸　おもりの底面を水面につけたときのばねばかりの示す値は，おもりの重さと等しい55ｇである。その後，おもりの底面の水面からの距離が増えるごと，つまり，おもりが水中に沈む体積が増えるごとに，おもりが受ける浮力が増え，ばねばかりの示す値は減っていく。しかし，おもりの底面の水面からの距離が４cmより大きくなると，おもりはすべて沈み，ばねばかりの示す値が35ｇで一定となる。

２　酸化鉄から鉄を取り出す実験についての問題

⑴，⑵　アルミニウム，鉄，銅のうち，水酸化ナトリウム水溶液《すいようえき》に溶《と》けるのはアルミニウムのみなので，金属Ａはアルミニウムとなる。さらに，残った鉄と銅のうち，鉄は塩酸に溶けるが，銅は塩酸に溶けない。よって，手順２では塩酸を加えればよい。また，このとき溶けなかった金属Ｂは銅，溶けた金属Ｃは鉄とわかる。

⑶　**a**　酸化鉄１kg(＝1000ｇ)から鉄が700ｇ取り出されるので，酸化鉄9600kgから取り出される鉄は，$9600\times\frac{700}{1000}$＝6720(kg)となる。　**b**　取り出されたもの7000kgのうち，炭素の重さは，7000－6720＝280(kg)だから，取り出されたもの全体の重さに対する炭素の重さの割合は，280÷7000×100＝４(％)となる。

⑷　酸化鉄から取り除かれた酸素が活性炭(炭素)と結びついて二酸化炭素が発生する。このとき，発生した二酸化炭素は空気中に逃《に》げていくため，発生した二酸化炭素の重さは，(加熱前の全体の重さ)－(加熱後の全体の重さ)で求めることができる。よって，発生した二酸化炭素の重さをまとめると上の図のようになる。したがって，これらの値を点にとり，直線で結び，グラフを作成する。

酸化鉄(ｇ)	活性炭(ｇ)	発生した二酸化炭素の重さ(ｇ)
1.6	0.06	42.04－41.82＝0.22
1.6	0.12	42.95－42.51＝0.44
1.6	0.18	42.35－41.69＝0.66
1.6	0.24	42.25－41.59＝0.66
1.6	0.30	42.78－42.12＝0.66

⑸　**Ａ，Ｂ**　⑷より，酸化鉄1.6ｇとちょうど反応する活性炭の重さは0.18ｇなので，活性炭0.06ｇはすべて反応して二酸化炭素に変わる。よって，Ａの部分の酸素は活性炭と結びついて二酸化炭素となった酸素なので，酸化鉄に含《ふく》まれる酸素のうち酸化鉄から取り出せたものとなる。同様に，Ｂの部分の鉄はＡの部分の酸素と結びついていた鉄なので，酸化鉄から取り出せた鉄となる。　**Ｃ，Ｄ**　酸化鉄から取り出せたのはＡとＢの部分なので，Ｃが取り出せなかった酸素，Ｄが取り出せなかった鉄になる。

３　自然環境《かんきょう》と生物についての問題

⑴　調査方法のやり方にしたがって表を完成させると下の表のようになる。

⑵　調査地点ｂの水質のよごれの原因は調査地点ｂより上流にある。ここで右の表より，調査地点ｃの水質階級は調査地点ｂと同じ「Ⅱ」だが，

①	調査地点	b				c				d			
	水質階級	Ⅰ	Ⅱ	Ⅲ	Ⅳ	Ⅰ	Ⅱ	Ⅲ	Ⅳ	Ⅰ	Ⅱ	Ⅲ	Ⅳ
	合計した点数	3	4	1	0	2	5	1	0	5	2	0	0
②	水質の判定	Ⅱ				Ⅱ				Ⅰ			

調査地点ｄの水質階級は「Ⅰ」となっていて，調査地点ｂや調査地点ｃよりもきれいである。また，図１で調査地点ｃと調査地点ｄの間にはよごれの大きな原因となるような場所はないので，調査地点ｃの水質のよごれの原因は「住宅地２」側の上流にあると考えられる。以上のことから，調査地点ｂの水質のよごれの最も大きな原因は「住宅地２」にあるといえる。

⑶　工場Ｂが川のよごれに影響《えいきょう》を与《あた》えるかどうかを調べるためには，工場Ｂの付近を流れる前の川の水と，流れた後の川の水を比べる必要がある。よって，ウが最も適する。

⑷　不完全変態は，卵→幼虫→成虫とさなぎの時期のない成長をする育ち方で，ここではバッタ，カマキリ，トンボが当てはまる。なお，ハエ，アブ，ハチ，ガ，ホタルは完全変態をする昆虫《こんちゅう》で，卵→幼虫→さなぎ→成虫と変態して成長する。

⑸　葉状体の増加率をそれぞれの期間で求めると，０～２日目が60.0％，２～４日目が，90÷80×100＝112.5（％），４～６日目が，130÷170×100＝76.4…（％），６～８日目が，190÷300×100＝63.3…（％），８～10日目が，140÷490×100＝28.5…（％），10～12日目が，10÷630×100＝1.5…（％）となるので，葉状体の増加の割合が最も大きい期間は２～４日目である。

⑹　温度とウキクサのふえ方の関係を調べるためには，光を当てた時間と肥料の有無の条件は同じで，温度の条件だけが異なっているものどうしを比べる。よって，適する組み合わせは，ＢとＥ，ＣとＤとわかる。

4　地震《じしん》についての問題

⑴　**ａ**　各地の地震の揺《ゆ》れの大きさは，０～４，５弱，５強，６弱，６強，７の10段階の震度であらわされる。　**ｂ**　地震の規模をあらわすものをマグニチュードという。マグニチュードが２大きくなると地震のエネルギーは1000倍大きくなる。　**ｃ**　地下深くで，高温の岩石がどろどろにとけたものをマグマという。なお，マグマが地上に出たものは溶岩とよばれる。

⑵　プレートのさかい目では岩石が破壊《はかい》されるので地震が多いと述べられている。すると，プレートのさかい目に面しているフィリピンやアメリカ合衆国，ニュージーランドでは地震が多いことになる。一方，オーストラリアにはプレートのさかい目がないので，地震はほとんどないと考えられる。よって，サビオさんの住んでいる国はオーストラリアだとわかる。

⑶，⑷　緊急《きんきゅう》地震速報は，地震が発生した場所の近くで検知した小さな揺れの情報から，その後にくる大きな揺れに対する注意をうながすものである。これには小さな揺れを伝える波（Ｐ波）と大きな揺れを伝える波（Ｓ波）の速さの差を利用している。しかし，Ｐ波を検知してから緊急地震速報が発せられるまでには数秒かかるため，震源に近いところでは緊急地震速報が届く前にＳ波が到達《とうたつ》し，大きな揺れがはじまってしまうことがある。

⑸　Ｐ波とＳ波の速さが一定だとすると，小さな揺れがはじまってから大きな揺れがはじまるまでの時間，つまり，Ｐ波が到達してからＳ波が到達するまでの時間は震源からの距離に比例する。よって，求める距離は，$32\times\frac{9}{4}=72$（km）となる。

⑹　地震が海底で発生すると，津波《つなみ》が発生する危険性がある。そのため，地震が起きたときに海の

そばにいる場合は，できるかぎり高いところに逃げるようにする。

⑺　日本付近の，プレートが衝突《しょうとつ》するところの地下深くでは岩石がとけてマグマができている。この火山ガスがとけこんだマグマが地下の浅いところまでくると，まわりの圧力が下がるので，地上に噴《ふ》き出す（噴火《ふんか》する）ことがある。

⑻　火山近くで地中にあるマグマの熱を利用して発電する方法は地熱発電である。この熱であたためられた水蒸気などを使ってタービンを回し発電している。地熱発電には，発電時に温暖化の原因となる二酸化炭素などの温室効果ガスがほとんど発生しない，資源がほとんど枯渇《こかつ》する心配がないなどの利点がある。

国　語　＜A試験＞（50分）＜満点：100点＞

解　答

一　①～⑦　下記を参照のこと。　⑧　むら（がる）　⑨　まぐち　⑩　ていさい

二　**問1**　エ　**問2**　イ→ウ→ア→エ　**問3**　イ　**問4**　イ　**問5**　ウ　**問6**　（例）　鏡像自己認知を魚ができるなら，ほぼ全ての脊椎動物に自己意識や自己がある可能性を意味し，従来の西洋的価値観の土台をひっくり返すことになるから。　**問7**　（例）　茶色い印を寄生虫と認識したからこそ，ホンソメは体についた印を擦り落とそうとしたのだと確認するため。

三　**問1**　エ　**問2**　ア　**問3**　ウ　**問4**　イ　**問5**　ア　**問6**　（例）　今回の疫病は危険で，やがていまの世界は終末を迎えると考えていた父親とともに田舎の家に引きこもり，外側の人々を遮断して生活していた。　**問7**　ウ　**問8**　エ

●漢字の書き取り

一　①　物議　②　昨今　③　降板　④　参集　⑤　痛快　⑥　君臨　⑦　無下

解　説

一　漢字の書き取りと読み

①「物議をかもす」は，世の人々の論議を引き起こすこと。　②　今日このごろ。　③　俳《はい》優《ゆう》や芸能人などが担当していた役割を途中《とちゅう》でやめること。　④　大勢の人が集まってくること。　⑤　胸がすくようで，非常にゆかいであること。　⑥　ここでは，ある分野において強大な力を持って思うままにすること。　⑦　まったく問題にしないこと。　⑧　音読みは「グン」で，「群衆」などの熟語がある。　⑨「間口が広い」は，関係する物事の範囲《はんい》が広いこと。　⑩　外から見た感じ。外見。

二　出典：幸田正典《こうだまさのり》「魚も鏡の姿を自分とわかる―賢《かしこ》いのはヒトだけじゃない」（河出書房《かわでしょぼう》新社編『生きものは不思議　最前線に立つ研究者15人の白熱！講義』所収）。ホンソメという魚を使い，魚にも「鏡像自己認知《にんち》」の能力があることを実証した筆者は，その実験方法と科学的意義について解説している。

問1　三つ目の段落で，言語を有する「ヒトだけが自己の存在を認識できる『自己意識』を持」ち，言語を備えていない動物は「自己を振《ふ》り返ることができず，自己意識」がない，つまりヒトだけが

「自己やこころを持つ」としたデカルトの考えが紹介《しょうかい》されている。しかし，1970年，チンパンジーには「鏡に映る自分の姿を自分だと認識できる」（鏡像自己認知）能力があると「発見」されたことで，「デカルトの考え」の信ぴょう性に疑いが持たれるようになったのだから，エがふさわしい。

問２　「マークテストと呼ばれる方法に基《もと》づいて」なされた「鏡像自己認知」能力の有無《うむ》を調べる実験について，筆者が説明していることをおさえる。まずは「鏡像を自分だと認識できたと思われるまで」チンパンジーに十分鏡を見せてから，本人では「見えない額などに印をつけ」，鏡がなければ「印に気付かず触《さわ》らない」ことを確認したうえで再度，鏡を見せる，というのが自然な手順なので，イ→ウが最初になる。続いて，鏡を見たことで「額の印に気付」いた本人が，「直接自分の額の印を触ったなら」，「鏡像自己認知」ができていることになるとしたアがくる。最後に，実験の結果が「鏡像自己認知」に結びつく理由を述べたエをつなげると文意が通る。なお，傍線《ぼうせん》③の直後の段落で同じ説明がされていることも参考になる。

問３　「Ａ大学の就職率は高い」とは，絶対に就職できるという事実を表すものではないので，「Ａ大学の学生」だから「私は就職できる」としたイは誤り。

問４　同じ段落で，「魚の体表についている小さな寄生虫を取って食べる」ホンソメは「寄生虫に似た模様やシミに注意を払《はら》う」特性を持つため，「寄生虫のような印を直接見つけると，すぐに水《すい》槽《そう》の底で擦《こす》り落とそうと」すると述べられている。「この性質」が，「鏡像自己認知」能力の有無を確かめるために利用できるのだから，イが合う。

問５　チンパンジーと同様に行ったマークテストにおいて，「鏡で喉《のど》の印を見たホンソメ」のほとんど（28匹《ひき》中27匹）が「喉を頻繁《ひんぱん》に擦った」ことを確認した筆者は，続いて鏡がなく印も見えない「対照実験」を行っている。この実験を通じて「まったく擦らない」ことが確認できれば，「印が痒《かゆ》いとか痛いといった刺激《しげき》で擦る可能性」もなかったとわかり，ホンソメは「鏡像自己認知」ができるということの裏づけになるので，ウが選べる。

問６　「鏡像自己認知」のできる動物として「ヒトに一番近い」チンパンジーや，「脳が大きく社会性の発達した『賢《かしこ》い』動物」であるイルカ・ゾウ・カラスの仲間は受け入れられていたものの，「魚は本能に基づき単純な行動をする，と長い間みなされてきた」と筆者は述べている。もし，ホンソメが「鏡像自己認知」ができるとすれば，魚のみならず「ほぼ全ての脊椎《せきつい》動物にも自己意識や自己がある可能性を意味する」ことになり，「従来の西洋哲学《てつがく》やキリスト教などの人間中心主義という西洋的価値観の土台をひっくり返しかねない」ので，これは「えらいこと」（大変なこと）だというのである。

問７　「寄生虫とは思えない」，「青と緑色の印」をつけたところ，鏡で見えていてもホンソメは「まったく擦らなかった」と筆者は述べている。このことを通じて筆者は，ホンソメが「茶色い印を擦ったのは単に痒いからではなく，視覚で認めた寄生虫を擦り落そうという目的を持ち，意図して行動していた可能性が高い」と述べたうえで，「この魚が自己意識を持ち鏡像を自分と認識している」，つまり，「鏡像自己認知」能力があると結論づけている。

三　**出典：ブレイディみかこ「汚《よご》れた手」（「モンキー vol.30」所収）**。世の中で疫病《えきびょう》が流行していた間，田舎《いなか》の家に引きこもり，外側の人々を遮断《しゃだん》して暮らしていた「ゴールデン」は，父親が病院に隔離《かくり》された後，親戚《しんせき》のおばさんであるヴァルの家で暮らすことになる。

問１　ヴァルの家に来た「ゴールデン」は，誰《だれ》かが触《さわ》ったものに手を触《ふ》れた後，入念に手を洗ったり，殺菌《さっきん》スプレーを探したりするなど，「汚れ」に対し神経質になっている。世の中が落ち着いた今も，政府がメディアと一丸となって疫病がなくなったかのように見せかけているだけだと疑っている「ゴールデン」は，これまで父親と「引きこもっ」ていた田舎の家とは違《ちが》い，「モンスター」に無頓着《とんちゃく》なヴァルの家で暮らすことに大きな不安を覚えているのだから，エがふさわしい。

問２　「ちょっと腹が出てきたからね，しばらく糖分を控《ひか》えることにする」と言ったそばから「エクレアやらブラウニーやらのお菓子《かし》」を食べようとしたジェイを，エマは制しているので，アが選べる。

問３　少し後で，ヴァルがジェイに対し，「ゴールデン」を少しずつ「もとの生活に戻《もど》さないと拒《きょ》否《ひ》反応が起きる」から「強引《ごういん》」にマスクを外すよう「急《せ》かす」態度はひかえるべきだと話していることをおさえる。つまり今，マスクを外しても「大丈夫」だとくり返すジェイをヴァルが「咎《とが》めるような厳しい目つき」で睨《にら》んだのは，「ゴールデン」の事情を理解し思いやってのことだから，ウがよい。

問４　「矛盾《むじゅん》」は，どんな盾でも突き破る矛と，どんな矛でも防ぐ盾を売っていた商人が，ある人から“あなたの売る矛でその盾を突いたらどうなるのか”と問われ，返答ができなくなったという故事に由来することばで，反対の意味を重ねた熟語にあたる。よって，イの「東西」が選べる。なお，アの「道路」は，似た意味の漢字を重ねた熟語，ウの「美化」はあることばに意味を加えたりそえたりする接尾《せつび》語のついた組み立て。「性」「然」「的」「化」などがある。エの「国営」は，前後の漢字が主語と述語の関係になっている組み立て。オの「消火」は，前の漢字が動作を表し，後の漢字が動作の対象・目的になっている組み立て。

問５　直後で，「小袋《こぶくろ》に入った菓子パンやポテトチップス」を持ってきたエマが，「ゴールデン」と同じ高さに目線を合わせながら「これなら食べれるんじゃない？　密封《みっぷう》されてるから，誰の手も触ってないし，安全だよ」と言ったことに注目する。これまでいた田舎とはまったくようすの異なる家に来て苦しむ「ゴールデン」の思いを理解していたエマは，彼《かれ》と向き合い，寄り添《そ》おうとしたものと考えられるので，アが選べる。

問６　少し後で，「空白」になっていた「それだけの時間」についてくわしく描《えが》かれている。「モンスターのように次々と人間たちを襲って」人口を減らし，ひいては世界の終末をもたらすほど危険な疫病をおそれた「ゴールデン」と父親は，長い期間「田舎の家に引きこも」り，「外側の人々を遮断する」ことで感染《かんせん》を避《さ》けていたのである。

問７　問１で検討したとおり，「ゴールデン」は疫病に無頓着なヴァルの家のようすをみて，「ここはもう安全基地ではない」と考えている。今，「水を飲む前に手を洗っていなかった」と気づいたものの，すでにこの家で「外側の人間たちが洗ったグラスでジュースを飲んだし，ドアやベッドに触れた手でポテトチップスを食べ」てしまったのだから，ここで手を洗ったところで，自分が疫病にかかってしまうのは時間の問題だろうと考えているのである。よって，ウがふさわしい。

問８　朗《ほが》らかに「大丈夫だ，オー，ベイビー，大丈夫だよ，オー，ベイビー」と歌っているエマを，「ゴールデン」は「不憫《ふびん》」に思っている。政府やマスコミが「一丸となって疫病はなくなったかのように見せかけている」理由を知るゴールデンは，「答え」を知らずに陽気に振る舞《ま》い，その命を自ら危険にさらしているエマやその家族を思うとあわれで「胸が潰《つぶ》れそうになった」のだから，エが選べる。

2024年度 サレジオ学院中学校

【算　数】〈B試験〉(50分)〈満点：100点〉

◎問題にかいてある図形は正確とは限りません。

1 次の□にあてはまる数を答えなさい。

(1) $\left(1\frac{3}{5}\times2\frac{3}{16}-1\frac{2}{3}\div\frac{6}{7}\right)\div1\frac{1}{3}-1\frac{2}{5}\div2\frac{4}{5}=$□

(2) $58-\{18-$□$\times(8-7\div6)\}\times3=45$

2 次の□にあてはまる数を答えなさい。
ただし，円周率は3.14を用いなさい。

(1) 家から図書館まで5kmの道のりです。家から自転車で分速300mで走り，途中6分休憩した後，分速200mで走ったら，家を出発してから27分で図書館に着きました。
このとき，分速300mで走った時間は□分間です。

(2) りくさんとうみさんは何回かジャンケンをします。1回のジャンケンで，勝った人は東へ5歩，負けた人は西へ2歩進み，あいこのときはそのまま動きません。
2人は同じ地点からスタートして，30回ジャンケンをしました。その結果，りくさんはスタート地点から東へ52歩，うみさんはスタート地点から東へ17歩の地点に到着しました。
このとき，りくさんが勝った回数は［①］回，あいこの回数は［②］回です。

(3) 下の図のように，AB＝AC，角ABCの大きさが55°の二等辺三角形ABCがあります。その外側に2つの正三角形ABDとBCEを作ります。
このとき，角㋐の大きさは［①］度，角㋑の大きさは［②］度です。

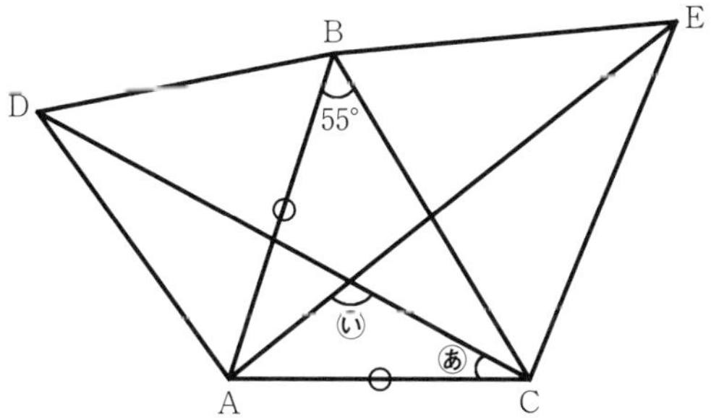

(4) 5桁の整数1□□□8の中で，53の倍数になるのは全部で□個あります。
ただし，□には同じ数が入るとは限りません。

(5) 次のページの図のように，3辺の長さが3cm，4cm，5cmの直角三角形ABCがあります。
三角形ABCを直線BCを軸として1回転させてできる立体の体積は［①］cm^3，三角形ABCを直線ABを軸として1回転させてできる立体の体積は［②］cm^3になります。
ただし，すい体の体積は

(底面積)×(高さ)×$\frac{1}{3}$

で求められます。

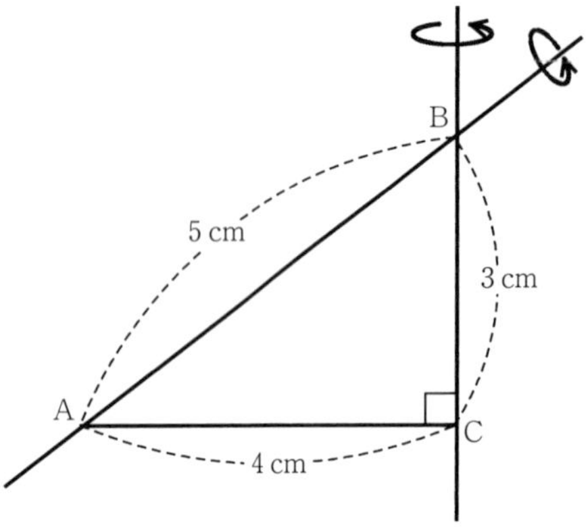

3　2つのタンクA，Bには，水がそれぞれ200L，500L入っています。また，それぞれのタンクには，次のような【仕組み】で動く放水装置がついています。

> 【仕組み】
> ①　放水スイッチを押すと，タンクAでは，30分間の待機時間の後，毎分2.5Lの放水が始まります。
> ②　放水スイッチを押すと，タンクBでは，50分間の待機時間の後，毎分20Lの放水が始まります。

このとき，次の問いに答えなさい。

(1)　放水スイッチを押してからタンクの水が完全に無くなるまでにかかる時間は，タンクA，タンクBそれぞれ何分間ですか。

(2)　2つのタンクの放水スイッチを同時に押します。このとき，2つのタンクの水の量が等しくなるのは，スイッチを押してから何分後になりますか。

(3)　2つのタンクの放水スイッチを同時に押します。

このとき，どちらかのタンクの水が無くなるまでに，2つのタンクの水の量の差が90L以下である時間は何分間になりますか。

また，どちらかのタンクの水が無くなるまでに，2つのタンクの水の量の差が50L以下である時間は何分間になりますか。

ただし，解答は途中の考え方もかきなさい。

4　①，②，③，④の数字がかいてある丸いカードが1枚ずつと，＋，×，÷の計算記号がかいてある四角いカードが1枚ずつと，

> ○　□　○　□　○　□　○　＝

のような計算ボードがあります。

計算ボードの◯の上には丸い数字のカード，□の上には四角い計算記号のカードをおき，そこから出てくる式を計算した結果を得点とするゲームを行います。

ただし，7枚のカードをすべて使うものとします。

このとき，次の問いに答えなさい。

(1) ◯においたカードが左から順に，①，②，④，③であり，□においたカードが左から順に，÷，×，＋であるとき，ゲームの得点は何点ですか。

(2) 最も大きい得点と最も小さい得点はそれぞれ何点ですか。

(3) 得点が整数になるカードの並べ方は，全部で何通りありますか。

ただし，解答は途中の考え方もかきなさい。

5 次の各問いに答えなさい。

(1) [図1]のような，斜辺が10cmの直角二等辺三角形の面積は何cm^{2}ですか。

(2) [図2]のように，正方形1個と，その各辺と頂点に[図1]の三角形の1辺を重ねた図形があります。

[図2]の正方形(斜線が引かれた部分)の面積は何cm^{2}ですか。

[図1]

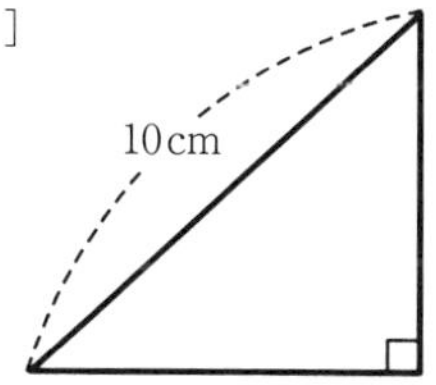

[図2]

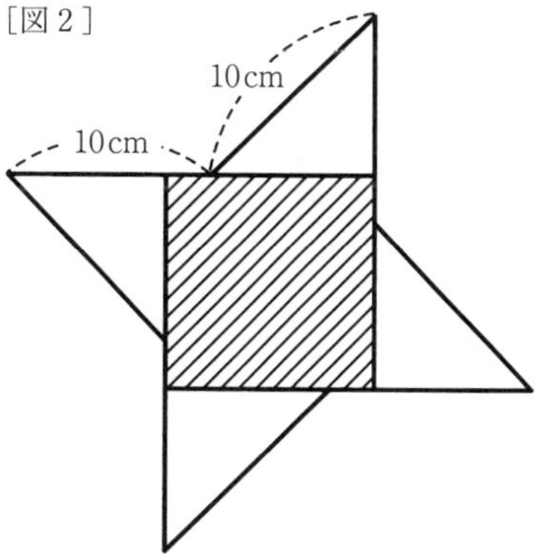

(3) [図3]のように，AC＝BCの直角二等辺三角形があり，角ABCを二等分する直線と角BACを二等分する直線の交わる点をDとした図形があります。この図形を4個使って，[図4]のような図形を作ります。

AD＝BD＝10cmのとき，[図3]の斜線が引かれた部分の面積は何cm^{2}ですか。

ただし，解答は[図4]を利用し，途中の考え方もかきなさい。

[図3]

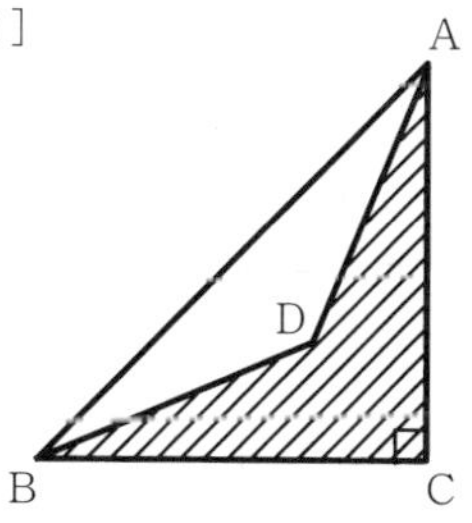

[図4]

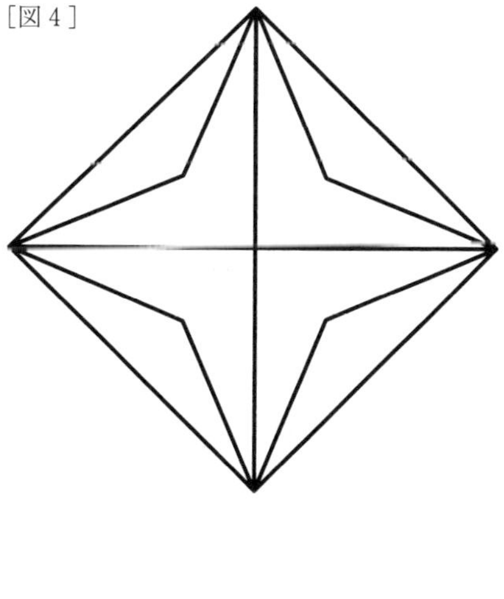

【社　会】〈Ｂ試験〉（40分）〈満点：75点〉

次の文章を読んで，あとの問いに答えなさい。

「芸術は人生にとってパンではないが，ぶどう酒ではある。」ドイツの小説家，ジャン・パウルのことばです。芸術はパンのように必要不可欠なものではないけれど，ぶどう酒のように人生を彩《いろど》り豊かにしてくれるものである，という意味です。またキリスト教においてパンとぶどう酒は，十字《じゅうじ》架《か》にかけられたイエス・キリストの身体と流れる血をあらわします。キリスト教の①ミサでは信者がこのパンを食べ，ぶどう酒を飲む儀式《ぎしき》があり，それによってキリストと一体になるのです。芸術作品もまた，太古の昔から，②人々を一つにする力を持っていました。人々は何のために芸術作品を生み出し，どんな思いで分かち合い，そして受け継《つ》いできたのでしょうか。

先史時代から，人類は絵を描《か》き始めました。例えばスペインのアルタミラ洞窟《どうくつ》，フランスのラスコー洞窟など，生活空間であった洞窟の壁《かべ》に動物や狩りの様子を描きました。日本では，縄文時代に派手な装飾《そうしょく》をほどこした土器や土偶がつくられ，儀式のためにも使われたといわれています。これらはいずれも狩りや採集がうまくいくことを願って，神とつながるためにつくられました。

弥生時代になると③稲作が伝わり各地に国が生まれました。その後，権力者の墓として④古墳がつくられ，まが玉や銅鏡が副葬品としておさめられました。

古来より続く儀式や祈《いの》りのための芸術は，仏教の流入とともに仏像彫刻や寺院建築へと受け継がれました。⑤飛鳥時代には法隆寺，⑥奈良時代には東大寺の大仏，平安時代には平等院鳳凰堂の阿弥陀如来像，奥州藤原氏の中尊寺金色堂，⑦平清盛の厳島神社などが人々からの祈りを受けました。建築や彫刻だけではなく，『万葉集』や『古今和歌集』などの和歌や紫式部の『源氏物語』などの物語も，芸術として多くの人々に親しまれました。源平合戦を伝える⑧『平家物語』や⑨「蒙古襲来絵詞」などの合戦絵巻は，武功をたてた人々の栄光をたたえるだけではなく，戦乱にまきこまれた人々の無念を後世に伝えることで，かなしみを分かち合い，昇華《しょうか》させる役割も担っていました。芸術を通じてこそ，救いを信じられたり，⑩四季の美しさに気づかされたり，過去の苦しみから解放されたり，一人ではないと思えたりするのです。それは今の私たちにもいえることですね。

室町時代には，中国から入ってきた禅宗の影響《えいきょう》を受け，龍安寺の石庭や雪舟の水墨画など，簡素で気品のある文化が発展しました。その後の戦国時代・安土桃山時代には，打って変わって⑪各国の大名が豪華な城や派手な兜《かぶと》で人々にカリスマ性を示しました。ふんだんに⑫金箔《きんぱく》が使われた「南蛮屏風」には，スペイン・ポルトガルとの貿易によって生まれた国際交流が生き生きと描かれており，武士だけでなく商人も活発に活動していることがうかがえます。その一方で，千利休が大成した⑬茶の湯の流行など，戦乱の世の中だからこそ静かさや心の平安を求める動きもありました。

⑭江戸時代になると芸術の担い手は庶民《しょみん》になりました。葛飾北斎や⑮歌川広重らの浮世絵は大量に印刷され，人々に安価で購入《こうにゅう》されました。⑯ヨーロッパでは，日本からの輸入品の包みに浮世絵が使われていたことや，⑰万国博覧会をきっかけに，「ジャポニスム」とよばれる日本ブームが起こり，さまざまな芸術家に⑱国を越《こ》えて影響を与えました。

幕末には，浦賀に来航したペリーの肖像《しょうぞう》画がかわら版で出回り，欧米列強に対するイメージを形作りました。⑲活版印刷が普及《ふきゅう》すると，⑳新聞に描かれた絵は世論を操作する機能も果たすようになりました。㉑憲法の制定が目指された自由民権運動が盛んな時代にはオッペケペー節や，㉒「自由」と書かれた盃《さかずき》やおはじき，羽織などに世論を読み取ることができます。

㉓第二次世界大戦でナチス＝ドイツがヨーロッパを占領したときには，大量の絵画や芸術作品が盗《ぬす》まれました。盗まれた作品は全部で60万点にものぼり，㉔戦後70年以上たった今でも10万点以上が行方不明といわれています。これは資金集めのためだけではなく，占領《せんりょう》した国の国民にとって共通の歴史的な財産を奪うことで，心をくじく目的もあったと考えられています。㉕芸術作品が人々をつなぐ力を持っているからこそ，それを盗んだのですね。

あるときは祈りのために。あるときは権力を見せつけるために。心の平安のために，娯楽《ごらく》のために，扇動《せんどう》のために，かなしみを癒《いや》すために…さまざまな目的で芸術作品は生み出されてきました。㉖何百年も昔の作品であっても，すべては私たちと同じ，喜びやかなしみを感じる人間が，強い思いや願いを込めてつくったものです。そんな作品たちの背景を知り，思いをはせるとき，私たちは時を超《こ》えてつながることができるのです。

問1　下線部①について，ミサはキリスト教の宗教行為です。日本にも古来からの宗教行事や祭事が現在でも残っている部分も多く，その中には国民の祝日として規定されている日も少なくありません。次の日付は2023年の国民の祝日の一部ですが，この祝日の中で，日本の宗教行事や祭事に由来するものとして最も適当なものを，次の**ア**～**エ**から一つ選んで，記号で答えなさい。

ア　5月3日

イ　7月17日

ウ　8月11日

エ　11月23日

問2　下線部②について，世界の人々を一つにする取り組みとして，昨年，日本において第49回主要国首脳会議(サミット)が行われました。これに関する次の問い(**1**)～(**3**)に答えなさい。

(**1**)　開催《かいさい》された日本の都道府県の説明として適当なものを，次の**ア**～**エ**から一つ選んで，記号で答えなさい。

ア　第二次世界大戦末期には原爆が落とされ，甚大《じんだい》な被害がありました。その後臨海部を中心に，自動車や造船などの産業が栄えました。

イ　16世紀に外国船が来航したことから，キリスト教と深い関係を持つようになりました。第二次世界大戦末期には原爆が落とされ，大きな被害がありました。

ウ　日本国民の大御祖《おおみおや》(祖先)とされる神が祀《まつ》られている神社があります。また，世界遺産になった古道などもあり，多くの観光客が訪れています。

エ　第二次世界大戦では激しい地上戦が行われ荒廃しましたが，現在は国内屈指のリゾート地として，多くの観光客が訪れています。

(**2**)　今回のサミットに参加したメンバーは，議長である日本とその他6つの国家と1つの国際機関でした。その国際機関の名称《めいしょう》を答えなさい。

(**3**)　サミットは第1回より基本的には毎年開催されています。第1回のサミットが開かれた要因である，世界全体の経済に大きな影響を与えた出来事を答えなさい。また，過去には唯一《ゆいいつ》，第46回のサミットのみ中止になっています。その主な理由を答えなさい。

問3　下線部③について，日本では稲作が盛んですが，地域の地形などによっては，土地の使われ方が異なっています。稲作について，次の問い(1)(2)に答えなさい。

(1)　次の表中の**ア**～**エ**は，茨城県，新潟県，岐阜県，鹿児島県のいずれかについて，県の面積が日本全国の面積に占《し》める割合，耕地率，耕地のうち田が占める割合を示しています。表のうち，鹿児島県にあてはまるものを，次の**ア**～**エ**から一つ選んで，記号で答えなさい。

県	県の面積が日本全国の面積に占める割合(%)	耕地率(%)	耕地のうち田が占める割合(%)
ア	3.37	13.4	88.8
イ	2.85	5.2	76.6
ウ	2.46	12.3	31.2
エ	1.63	26.6	58.7
全国	−	11.7	54.4

農林水産省資料より作成。統計年次は2021年。

(2)　次の**図1**は，秋田県における稲作の作業時間の推移を示したもので，稲作の作業時間が大幅に短縮されていることがわかります。中でも「稲かり」は大幅に短縮されていることがわかります。このような傾向《けいこう》は，秋田県だけでなく，全国的に見られる傾向です。また，次のページの**図2**は，富山県の新旧地形図で，左は1968(昭和43)年，右は現在のものです。「稲かり」の時間が，全国的に大幅に短縮された理由を，**図2**を参考にしながら説明しなさい。

図1

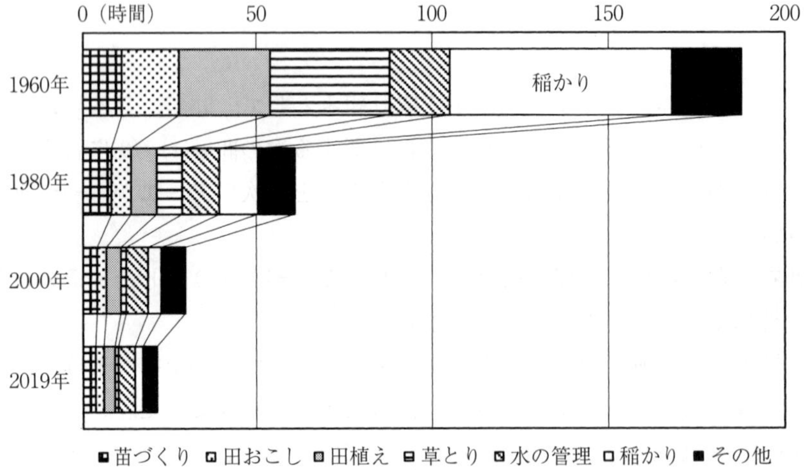

『秋田県農林水産業累年統計表』より作成

図 2

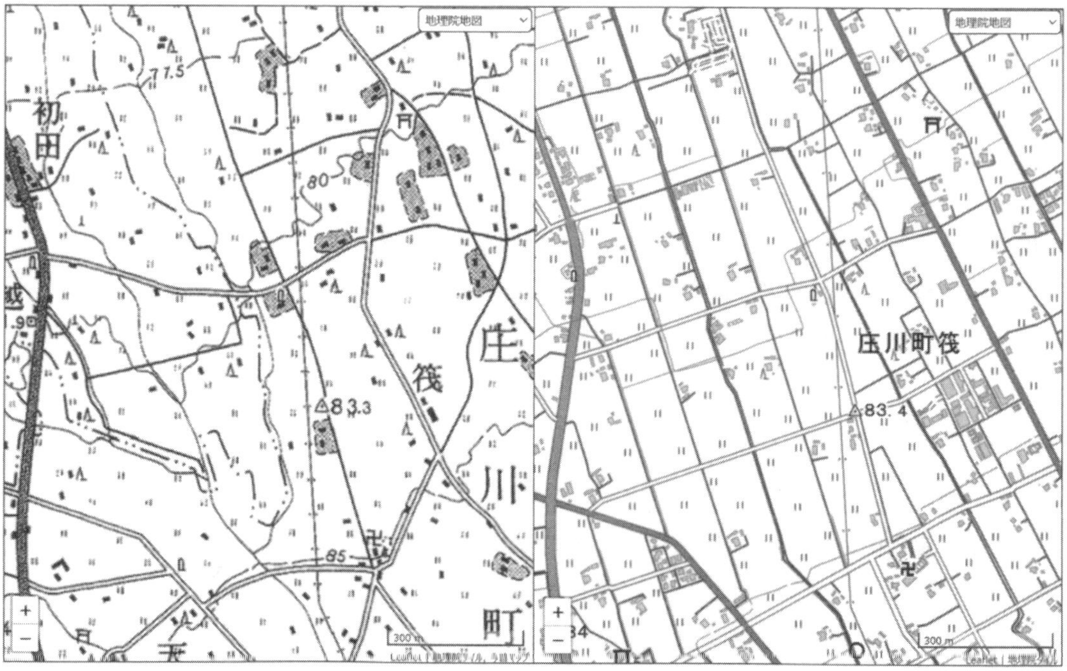

『今昔マップ』により作成

問 4　下線部④について，次の図の遺物**ア～オ**のうち，古墳時代のものと考えられるものを，**すべて**選び，記号で答えなさい。

ア

イ

ウ

エ

オ

問5　下線部⑤について，この時代には厩戸王らによって憲法十七条がつくられました。憲法の説明として**適当でないもの**を，次の**ア～エ**から一つ選んで，記号で答えなさい。

ア　冠位十二階が制定された翌年に定められました。

イ　神道を新しい政治理念として重んじました。

ウ　「和を大切に，争いごとがないようにしなさい。」との条文がありました。

エ　日本の歴史書によると，小野妹子が遣隋使として派遣される数年前に定められました。

問6　下線部⑥について，奈良時代には，平城京が都となりました。平城京の説明として**適当でないもの**を，次の**ア～エ**から一つ選んで，記号で答えなさい。

ア　平城京の北端《ほくたん》の中央部には平城宮(大内裏)が配されました。

イ　平城宮から羅城門に向かってのびる朱雀大路という大通りの左右に，左京・右京が配されました。

ウ　平城京がつくられた後，左京を東にのばし外京とよばれる街区(街路に囲まれた一区画)がつくられました。

エ　羅城門の東西に東寺・西寺が配されました。東寺は後に天皇より空海に与えられました。

問7　下線部⑦について，次の問い(**1**)(**2**)に答えなさい。

(**1**)　次の地図のうち，世界遺産に登録されている厳島神社が含まれるものはどれですか。次の**ア～エ**から一つ選んで，記号で答えなさい。４つの地図は，厳島神社，日光東照宮，伊勢神宮内宮，出雲大社の周辺のいずれかです。

ア

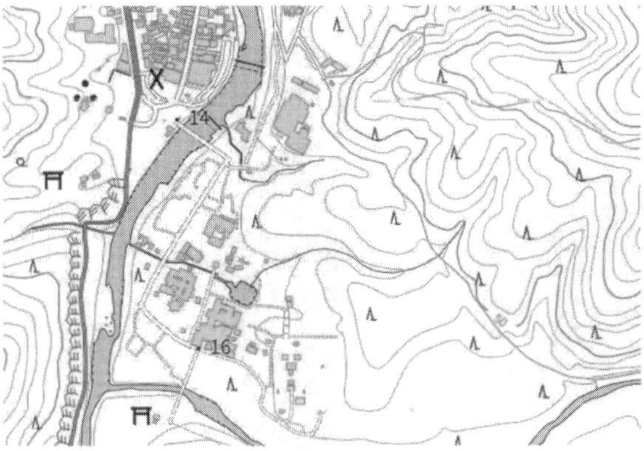

イ

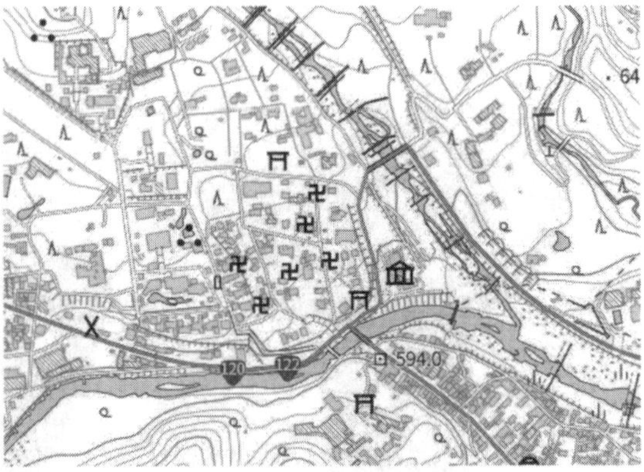

ウ

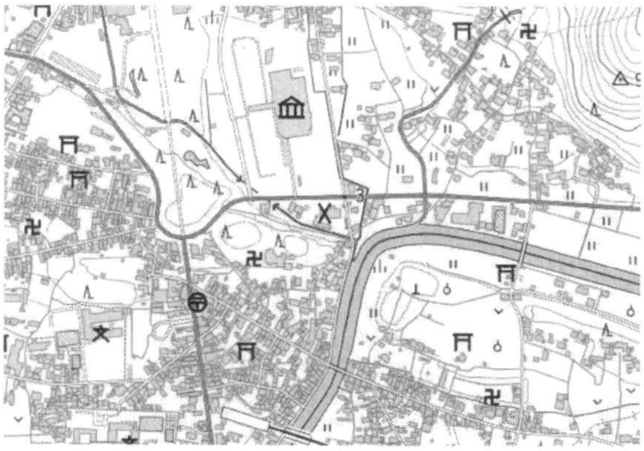

エ

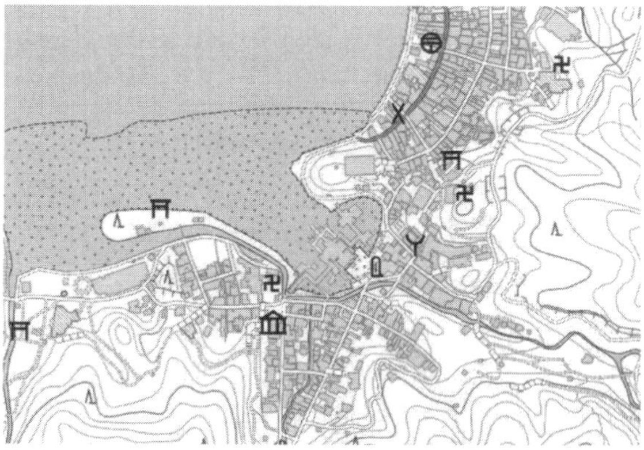

『地理院地図 Vector』より作成

⑵　次の雨温図は，厳島神社，日光東照宮，伊勢神宮内宮，出雲大社付近のいずれかの雨温図です。厳島神社付近の雨温図を，次の**ア**～**エ**から一つ選んで，記号で答えなさい。

ア

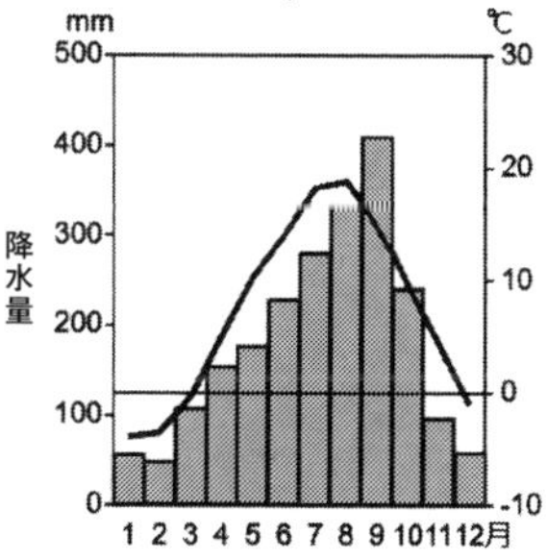

年平均気温：7.2℃
年降水量　：2,193.8mm

イ

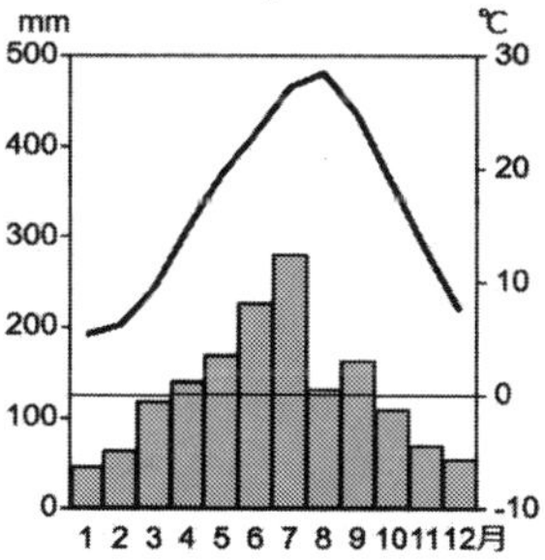

年平均気温：16.5℃
年降水量　：1,572.2mm

ウ

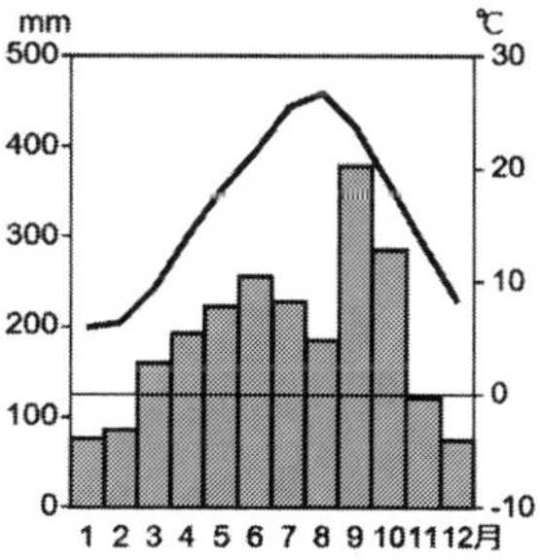

年平均気温：15.9℃
年降水量　：2,273.5mm

エ

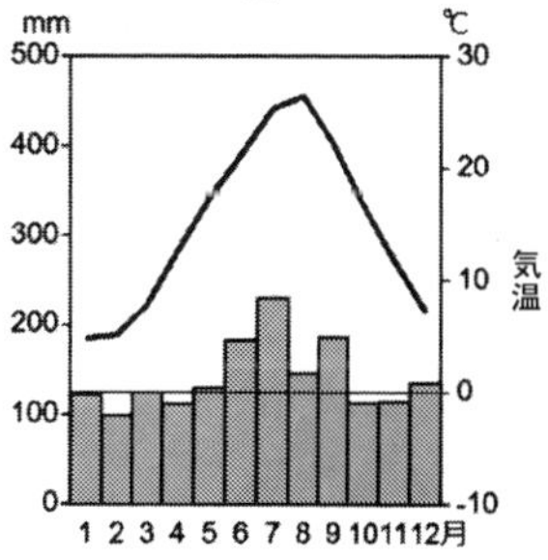

年平均気温：14.9℃
年降水量　：1,675.0mm

問８　下線部⑧について，この物語にはいくつもの戦いが描かれています。平家が滅亡《めつぼう》した壇ノ浦の戦いをあらわした図を，次の**Ａ**～**Ｅ**から一つ選んで，記号で答えなさい。また，この戦いの場所を次のページの地図中の**ア**～**オ**から一つ選んで，記号で答えなさい。

Ａ

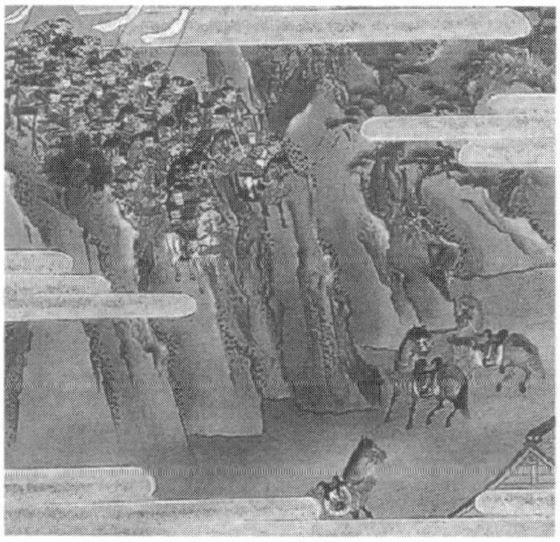

Ｂ

C

D

E

問９　下線部⑨について，次の図**Ａ**～**Ｃ**について，下の問い**(1)(2)**に答えなさい。

A

B

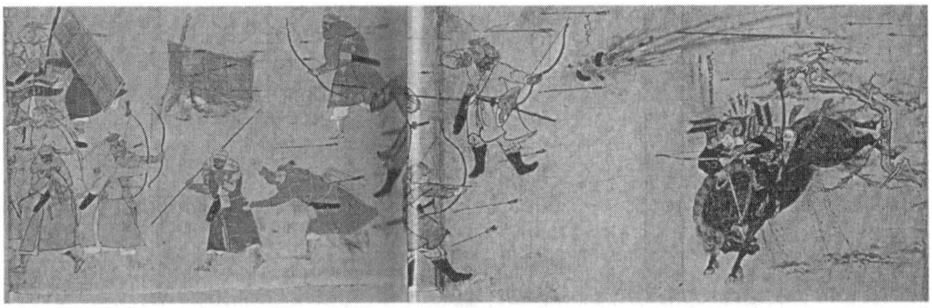

C

(1) 図**C**はどの時期をあらわしたものですか。最も適当なものを，次の**ア**～**エ**から一つ選んで，記号で答えなさい。

ア 1268年にフビライの使者が大宰府に到着《とうちゃく》しました。

イ 1274年に文永の役が起きました。

ウ 1281年に弘安の役が起きました。

エ 1297年に永仁の徳政令が出されました。

(2) 図の中に描かれている肥後国の御家人竹崎季長という武士が，この絵巻物を描かせたと伝えられています。図**A**では，竹崎季長は鎌倉に出向き，幕府の有力者と話し合っています。彼は何のために鎌倉まで行ったのでしょうか。このとき，蒙古と戦った鎌倉幕府の経済状況《じょうきょう》にふれながら，その目的を説明しなさい。

問10 下線部⑩について，右の図は，桜の開花日を示したものです。また，次の文は，この図を見ているケンタさんとメグミさんの会話です。会話文の下線部**A**～**C**の正誤の組み合わせとして正しい組み合わせを，下の**ア**～**ク**から一つ選んで，記号で答えなさい。

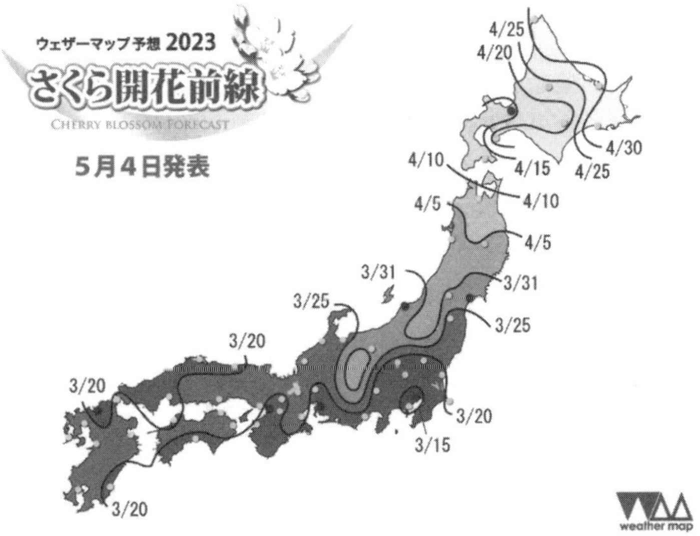

ウェザーマップより(https://sakura.weathermap.jp/jp/)

ケンタ　桜のつぼみがふくらみ始めると，何だかウキウキした気持ちになるね。

メグミ　そうね，つぼみがどんどんふくらんで，花が咲き始めて，満開になると「春が来た！」って気持ちになるね。満開になったと思ったら，すぐに散ってしまうところも桜の美しさを感じるところなのかもね。

ケンタ　昨年の「さくら開花前線」の図を見ると，A最も早く咲いたのは東京周辺だったようだね。

メグミ　昨年は，２月から気温が高い状態が続いて，３月が季節外れの暖かさとなって，つぼみの成長が進んだ影響らしいよ。

ケンタ　B東北地方や北海道は，西日本に比べて緯度が高いので，桜の開花も遅《おそ》くなる傾向にあるね。

メグミ　そうね，桜の開花は気温に大きく左右されるということでしょうね。

ケンタ　図をよく見ると，長野辺りが島のようになっているね。これはどうしてだろう？

メグミ　この地域は，C海抜高度が高く，気温が低いから開花が早くなっているということだろうね。

ケンタ　あぁ，今年も桜が咲くのが待ち遠しいな。

	ア	イ	ウ	エ	オ	カ	キ	ク
A	正	正	正	正	誤	誤	誤	誤
B	正	正	誤	誤	正	正	誤	誤
C	正	誤	正	誤	正	誤	正	誤

問11　下線部⑪について，現在の県庁所在地は，城下町を起源とする都市が多くあります。**城下町が起源でない**県庁所在地を，次の**ア**～**エ**から一つ選んで，記号で答えなさい。

ア　秋田　　**イ**　新潟　　**ウ**　岡山　　**エ**　佐賀

問12　下線部⑫について，仏像や建物など装飾に使う金箔の作り方として正しいものを，次の**ア**～**エ**から一つ選んで，記号で答えなさい。

ア　金をたたいてうすく延ばして作る。

イ　金はうすくはがれる性質をしているので，丁寧《ていねい》にはがして作る。

ウ　薬品を使ってうすい箔状態を作る。

エ　金の折り紙の紙の部分をとかして作る。

問13　下線部⑬について，次の表は，茶の生産量，うなぎの養殖《ようしょく》収穫《しゅうかく》量，輸送用機械器具の出荷額の割合を多い順に示したものです。その正しい組み合わせを，下の**ア**～**カ**から一つ選んで，記号で答えなさい。

A

都道府県	%
愛知	39.2
静岡	6.3
神奈川	5.5
福岡	4.9
群馬	4.9

B

都道府県	%
静岡	40.5
鹿児島	38.4
三重	8.3
宮崎	4.3
京都	3.5

C

都道府県	%
鹿児島	40.2
愛知	19.7
宮崎	17.0
静岡	9.1
徳島	1.4

『データブック オブ・ザ・ワールド 2023』より作成
統計年次は，茶は2021年，うなぎは2020年，輸送用機械器具は2019年

	A	B	C
ア	茶	うなぎ	輸送用機械器具
イ	茶	輸送用機械器具	うなぎ
ウ	うなぎ	茶	輸送用機械器具
エ	うなぎ	輸送用機械器具	茶
オ	輸送用機械器具	茶	うなぎ
カ	輸送用機械器具	うなぎ	茶

問14　下線部⑭について，次の**ア**～**エ**の文章を読み，年代の古い順に並べ替えなさい。

ア　オランダ国王が幕府に手紙を送り，平和維持《いじ》のため諸外国との通商関係を築くようすすめました。

イ　幕府は，日本近海に現れる外国船の船員と住民の衝突《しょうとつ》などを回避《かいひ》するために，外国船に薪《まき》や水・食料を与えて帰国させる方針をとっていましたが，新たな法令を出し撃退するように命じました。

ウ　ロシア使節が根室に来航し，日本人漂流民《ひょうりゅうみん》を届けるとともに通商を求めました。

エ　幕府は大名や豪商に海外渡航許可証を与え，アジアでの交易を許可しました。

問15　下線部⑮について，歌川広重の作品の一つに，東海道五十三次の宿場絵があります。次の**ア**～**エ**の宿場絵(一部加工してあります)のうち，横浜駅付近にあった神奈川宿にあたるものを一つ選んで，記号で答えなさい。なお，その他の宿場は現在の神奈川県内にあった，川崎，戸塚，小田原のものです。

ア

イ

ウ

エ

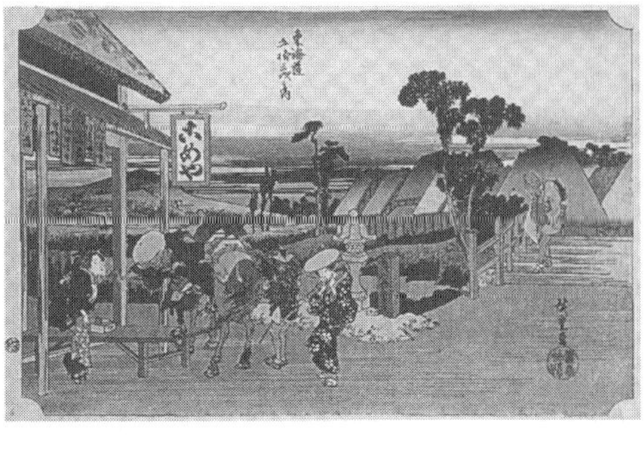

問16　下線部⑯について，ヨーロッパとの交流を通じて生まれた蘭学に関して述べた文のうち，

適当でないものを，次の**ア**～**エ**から一つ選んで，記号で答えなさい。

ア　杉田玄白は『ターヘルアナトミア』を翻訳《ほんやく》して出版しました。

イ　緒方洪庵はエレキテルや寒暖計を発明しました。

ウ　シーボルトは長崎郊外に鳴滝塾をつくって弟子を養成しました。

エ　高野長英は『戊戌夢物語』を著したために処罰《しょばつ》されました。

問17　下線部⑰について，戦後日本の芸術として，大阪で行われた日本万国博覧会の際に建造され，現在では文化財にも登録されている，「太陽の塔《とう》」の制作者を，次の**ア**～**エ**から一人選んで，記号で答えなさい。

ア　岡本太郎　　**イ**　横山大観　　**ウ**　円谷英二　　**エ**　手塚治虫

問18　下線部⑱について，今日では，遠距離の移動には飛行機が用いられることが多くなりました。次の表は，６つの空港における旅客数の多い就航先をまとめたものです。表中の**A**～**D**には，新千歳（札幌），大阪（伊丹），鹿児島，那覇のいずれかの空港があてはまります（記号が同じ場合は，あてはまる空港も同じです）。これらのうち，**C**にあてはまる空港を，下の**ア**～**エ**から一つ選んで，記号で答えなさい。

羽田（東京）		
順位	空港（母都市）	旅客数（人）
1	福岡	4,022,751
2	**A**	3,895,072
3	**B**	2,973,039
4	**C**	2,670,560
5	**D**	980,723
6	広島	785,688

福岡		
順位	空港（母都市）	旅客数（人）
1	羽田（東京）	4,022,751
2	**B**	958,375
3	成田（東京）	612,794
4	中部（名古屋）	463,598
5	**C**	354,799
6	**A**	311,728

A		
順位	空港（母都市）	旅客数（人）
1	羽田（東京）	3,895,072
2	成田（東京）	785,936
3	中部（名古屋）	633,412
4	**C**	578,006
5	関西（大阪）	511,831
6	仙台	381,928

B		
順位	空港（母都市）	旅客数（人）
1	羽田（東京）	2,973,039
2	福岡	958,375
3	宮古	635,022
4	石垣	609,121
5	中部（名古屋）	586,981
6	**C**	569,135

C		
順位	空港（母都市）	旅客数（人）
1	羽田（東京）	2,670,560
2	**A**	578,006
3	**B**	569,135
4	仙台	399,140
5	福岡	354,799
6	**D**	288,963

D		
順位	空港（母都市）	旅客数（人）
1	羽田（東京）	980,723
2	**C**	288,963
3	中部（名古屋）	226,353
4	奄美	220,666
5	関西（大阪）	113,696
6	神戸	103,675

国土交通省　資料より作成。統計年次は2020年。

ア　新千歳（札幌）　　**イ**　大阪（伊丹）　　**ウ**　鹿児島　　**エ**　那覇

問19　下線部⑲について，活版印刷の普及と同じ時期には，いわゆる「お雇《やと》い外国人」が日本で多く活躍しました。土木技術者として来日したオランダ人のデ＝レーケは，次の地図中の河川**ア**～**エ**のうち水源の標高が最も高い河川を視察して，オランダの河川とのちがいの大きさに驚《おどろ》いたそうです。その河川として最も適当なものを，**ア**～**エ**から一つ選んで，記号で答えなさい。

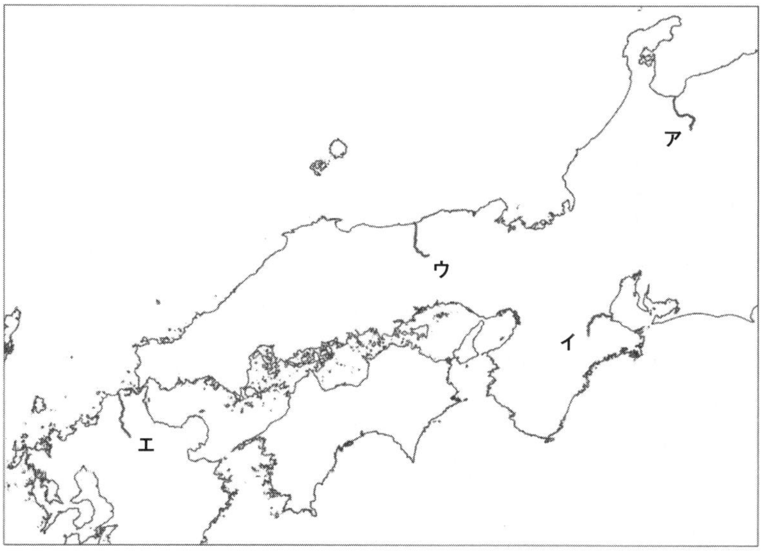

問20　下線部⑳について，当時の新聞や雑誌にはその当時の事件をあらわした絵が描かれました。次の**ア**～**オ**があらわす出来事を，年代の古い順に並べ替えなさい。

ア

イ

ウ

エ

オ

問21　下線部㉑について，現在の日本の国のしくみに関する次の問い(**1**)～(**3**)に答えなさい。

(**1**)　次の**図1**は，国会・内閣・裁判所の間での三権分立の関係を示したものです。このうち，下の図中に記号**X**で示した矢印は，裁判所が国会の行っていることをチェックするはたらきを意味しています。このはたらきのことを何と言いますか。**漢字**で答えなさい。

図1

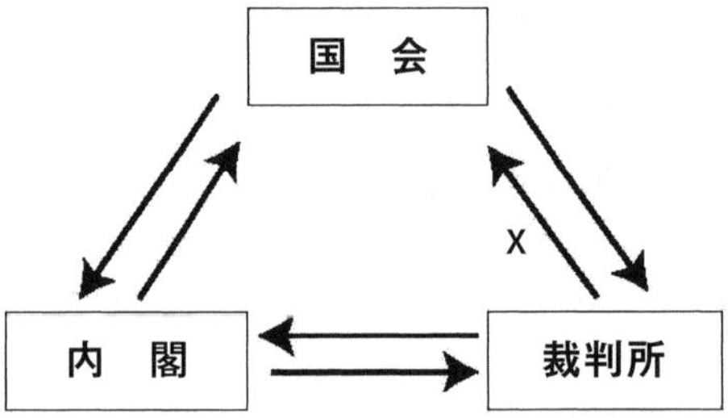

(**2**)　次の**図2**は，国会の中での審議《しんぎ》のしくみについて示したものです。この図のような経過で決められるものは何ですか。答えなさい。

図2

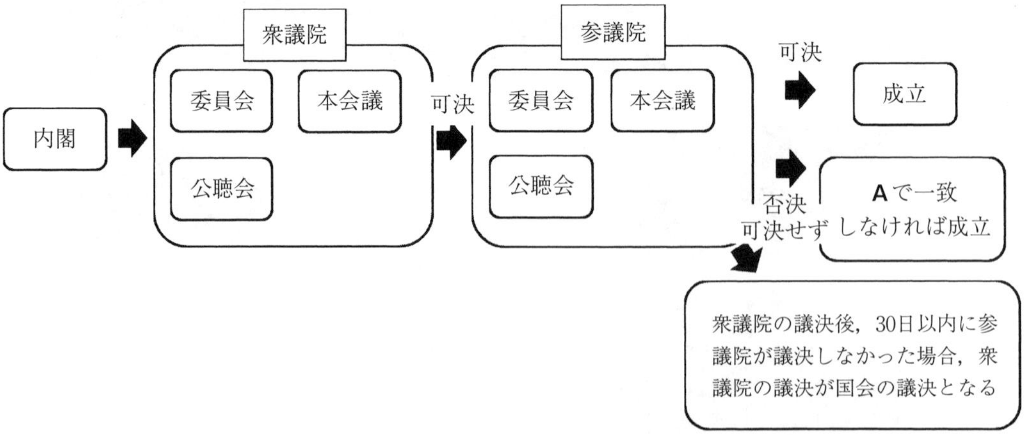

(**3**)　**図2**中の記号**A**にあたるものは何ですか。名称を答えるとともに，その様子を示した写真を下から答えなさい。

ア

イ

ウ

エ

問22　下線部㉒について，自由を求める社会的な運動や取り組みについて，次の問い⑴⑵に答えなさい。

⑴　大正デモクラシーが盛んな時代の出来事である次の**ア**～**オ**を，年代の古い順に並べ替えなさい。

ア　日本が国際連盟に加盟しました。

イ　普通選挙法が制定されました。

ウ　関東大震災が発生しました。

エ　米騒動が起こりました。

オ　日本がドイツと戦い，山東半島の青島を占領しました。

⑵　第二次世界大戦後には，占領していたGHQによって自由が施《ほどこ》されていきます。そのGHQの取り組みとして，**適当でないもの**を，次の**ア**～**エ**から一つ選んで，記号で答えなさい。

ア　経済の自由化として，経済力が一部の財閥《ざいばつ》に集中しないようにするために，財閥解体を行いました。

イ　基本的人権の尊重の中に自由権を組み込んだ憲法の作成を，政府や議会とともに推し進めました。

ウ　思想や言論の自由として，治安維持法を廃止《はいし》し，結党の自由を保障しました。

エ　戦争を招いた日本の指導者を，極東国際軍事裁判で裁き，全員終身刑にしました。

問23　下線部㉓について，第二次世界大戦中も戦闘《せんとう》が継続《けいぞく》した日中戦争に関連して，次の**ア**～**エ**の文章を，年代の古い順に並べ替えなさい。

ア　中国で多数の民間人が殺害される南京事件が起きました。

イ　日本がフランス領インドシナ北部に軍隊を進めました。

ウ　政府が国民や物資のすべてを統制できる国家総動員法が制定されました。

エ　アメリカ，イギリス，中国の３カ国が日本に無条件降伏を求めるポツダム宣言を発表しました。

問24　下線部㉔について，次の各表は，国立社会保障・人口問題研究所から出された将来推計人口をもとに作成したものです。これについて，下の問い(**1**)～(**3**)に答えなさい。なお，それぞれの表は，毎年次ではなく，一部抜粋《ばっすい》になります。

表１
将来推計人口(昭和60年)

年次	人口(単位1,000人)	
	総数	65歳以上
昭和60年	121,049	12,472
65年	124,225	14,819
70年	127,565	18,009
75年	131,192	21,338
80年	134,247	24,195
83年	135,389	26,198
86年	135,946	27,245
89年	136,003	29,970
92年	135,725	31,487
94年	135,450	31,808
96年	135,160	31,855
98年	134,885	31,663
100年	134,642	31,465

表２
将来推計人口(平成９年)

年次	人口(単位1,000人)	
	総数	65歳以上
平成９年	126,156	19,680
14年	127,286	23,293
19年	127,782	26,451
24年	127,292	29,277
27年	126,444	31,864
30年	125,184	33,049
33年	123,551	33,359
35年	122,287	33,262
37年	120,913	33,130
39年	119,454	32,850
41年	117,930	32,785
43年	116,357	32,464
45年	114,748	32,588

表３
将来推計人口(令和５年)

年次	人口(単位1,000人)	
	総数	65歳以上
令和５年	124,408	36,348
12年	120,116	36,962
15年	118,071	37,243
20年	114,391	38,739
25年	110,434	39,529
30年	106,336	39,131
35年	102,195	38,288
40年	97,920	36,939
43年	95,249	36,176
46年	92,509	35,392
49年	89,739	34,575
52年	86,996	33,671
55年	84,289	32,820

(**1**)　**表１**(昭和60年)によると，2023年の人口の総数は何人と推計されていましたか。表中の数値を，そのまま抜《ぬ》き出して答えなさい。

(**2**)　**表２**(平成９年)によると，2023年の老年人口割合(65歳以上の人口が総数に占める割合)は何％と推計されますか。小数第一位を四捨五入し，整数で答えなさい。

(**3**)　**表１**～**表３**を読み取った考察として，最も適当なものを，次の**ア**～**エ**から一つ選んで，記号で答えなさい。

ア　総人口のピークは，昭和60年の推計よりも平成９年の推計の方が，遅《おそ》くなったといえます。

イ　昭和の時代には，現在の社会問題とされている，少子化や高齢《こうれい》化《か》は予測できなかったといえます。

ウ　３つの表を比較すると，昭和から平成，平成から令和へと推計時が遅くなるほど，高齢化の問題は深刻度が高まっているといえます。

エ　３つの表のいずれにおいても，人口総数は減少，老年人口は上昇し続けているといえます。

問25　下線部㉕について，芸術作品には，表現の自由が大きく関わっています。その表現の自由は，憲法の第何条に明記されていますか。適当なものを，下の**ア**～**エ**から一つ選んで，記号で答えなさい。また，基本的人権の尊重を明記した，下の憲法の空らん(　)にあてはまる語句を，**漢字**で答えなさい。

ア　第９条　　**イ**　第21条　　**ウ**　第25条　　**エ**　第26条

> 第11条　国民は，すべての基本的人権の享有を妨げられない。この憲法が国民に保障する基本的人権は，侵すことのできない(　　)の権利として，現在及び将来の国民に与へられる。

問26　下線部㉖について，次の**写真**は，平安時代に建立された平等院鳳凰堂の写真です。**資料**は源信という僧侶《そうりょ》が書いた『往生要集』という仏教書で，当時多くの人々に読まれ，平等院鳳凰堂の建立にも影響を与えたと考えられています。資料中の空らん(　)にあてはまる一文は，平等院鳳凰堂が建立された理由でもあります。写真と資料を読み取り，空らん(　)にあてはまる説明を簡潔に書きなさい。

写真

資料(源信『往生要集』)

・この汚《けが》れた世に生きている私たちは，身分の高い者も低い者もすべて，死後おそろしい地獄《じごく》におちる運命にある。

・地獄で私たちは鬼たちに激しくいたぶられ，途方《とほう》もなく長い時間苦しみ続けることになる。

・しかし念仏をとなえて祈ったり，(　　　　)をしたならば，誰《だれ》でも極楽浄土に生まれ変わることができる。

・極楽浄土は，美しく心地のよい場所である。そこには林も池も山も海もあり，私たちは雲に乗って音楽を奏《かな》でたり，大空を旅できる。大きな池のほとりには阿弥陀如来の立派な宮殿《きゅうでん》があって，生まれ変わった私たちを，阿弥陀如来が優しく迎《むか》えてくださる。

(一部抜粋。わかりやすいように表現を改めたところがあります。)

【理　科】〈**B試験**〉(40分)〈満点：75点〉

1　救急車のサイレンの音は，救急車が近づくときと，遠ざかるときで，観測者に聞こえるサイレンの音の高さが違《ちが》います。この現象をドップラー効果といいます。音は，１秒間に振動《しんどう》する回数(振動数)が多くなるほど，高い音になります。ドップラー効果についてくわしく理解するために，１秒間に680回振動する音を出し，一定の速さで動くブザーを使って，マイクで１秒間に振動する回数を調べる実験をしました。また，ブザーから出た音はどの方向にも毎秒340ｍの速さで進みます。あとの問いに答えなさい。

【実験１】

図１のように，**位置A**で固定したブザーを10秒間だけ鳴らして，1360ｍ離《はな》れた**位置O**にあるマイクで観測した。マイクで初めて音が観測されるのは，ブザーを鳴らし始めてから(**a**)秒後である。また，マイクで最後に音が観測されるのは，ブザーを鳴らし始めてから(**b**)秒後である。

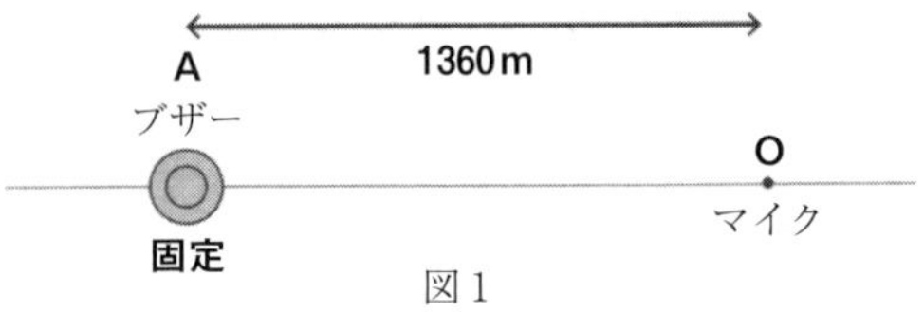

図１

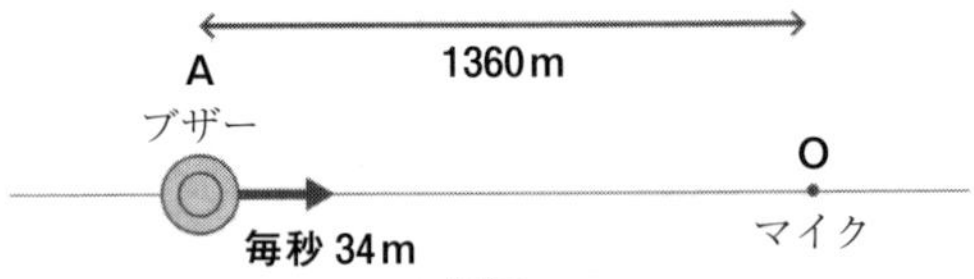

図２

次に，図２では**位置A**から10秒間だけ音を鳴らしながら，毎秒 34ｍの速さで**位置O**に向かってブザーを動かして，**位置A**から 1360ｍ 離れた**位置O**にあるマイクで観測した。マイクで初めて音が観測されるのは，図１と同じで，ブザーを鳴らし始めてから(**a**)秒後である。一方，10秒間でブザーはマイクに(**c**)ｍ近づくので，マイクで最後に音が観測されるのは，ブザーを鳴らし始めてから(**d**)秒後である。

図１，図２ともに10秒間で6800回の振動をブザーは出しているが，図２のようにブザーがマイクに近づくと，マイクで音を観測する時間が(**e**)なり，マイクで観測される音の１秒間に振動する回数が(**f**)なる。このようにして，ドップラー効果が起こる。

(1)　文中の空欄《くうらん》(**a**)～(**d**)に入る数値を答えなさい。

(2)　文中の空欄(**e**)，(**f**)に入る言葉の組み合わせとして最も適当なものを，次の選択肢《せんたくし》**ア**～**エ**の中から１つ選び，記号で答えなさい。

ア　(**e**)　長く　(**f**)　多く
イ　(**e**)　長く　(**f**)　少なく
ウ　(**e**)　短く　(**f**)　多く
エ　(**e**)　短く　(**f**)　少なく

【実験２】

次のページの図３のように，毎秒 10ｍの速さで，常に音を出しながらブザーを**位置A**から1360ｍ離れた**位置O**を経由して，さらに 1360ｍ離れた**位置B**まで動かして，**位置O**にあるマイクで観測した。観測した音の１秒間に振動する回数を縦軸《じく》に，その音をブザーが出した位置を横軸にしてグラフを書いたところグラフ１のようになった。

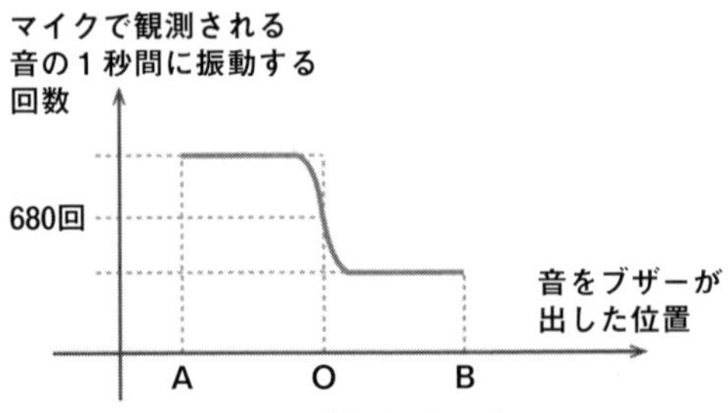

グラフ１　【実験２】の結果

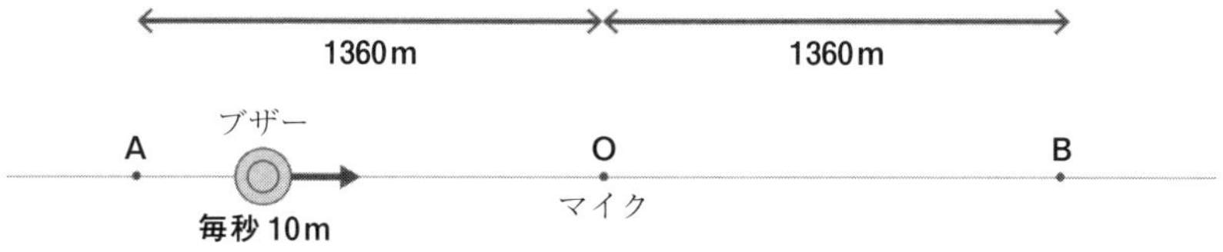

図3

(3)　ブザーの速さを毎秒20mに変えて，【実験2】と同様の実験を行ったときのグラフとして最も適当なものを，選択肢**ア～エ**の中から１つ選び，記号で答えなさい。

ア　（グラフ１と同じになった。）

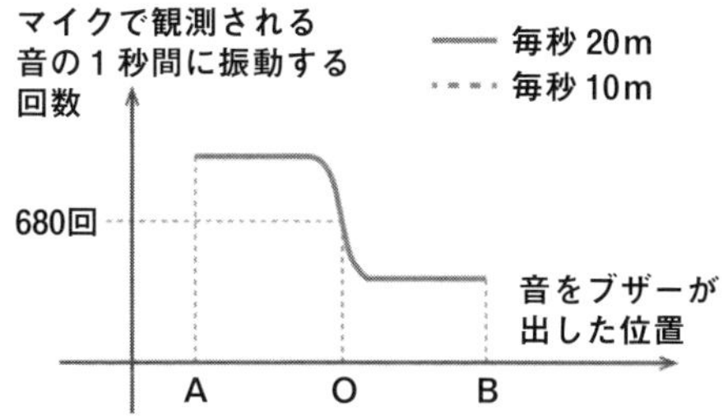

イ

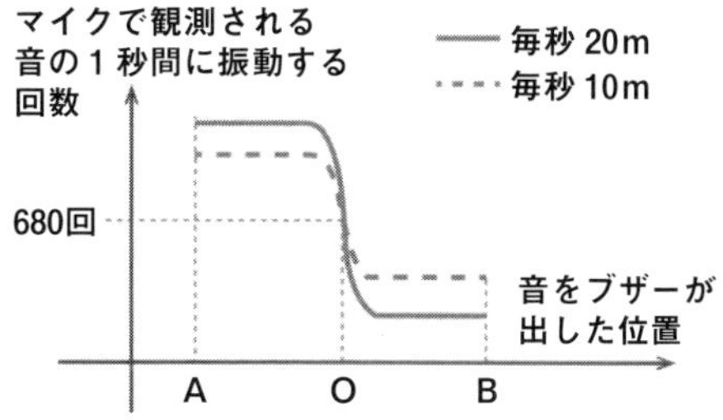

ウ

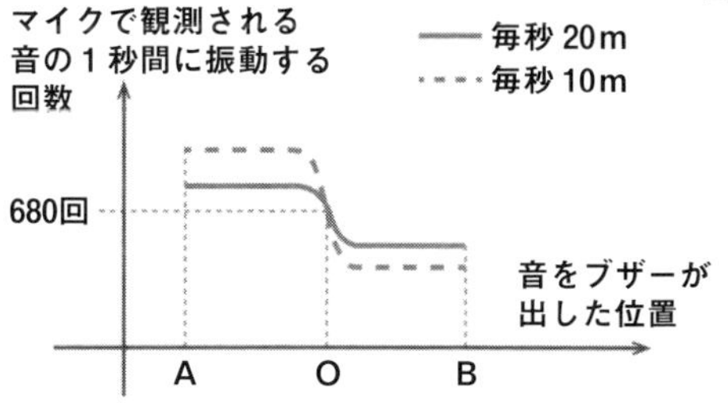

エ

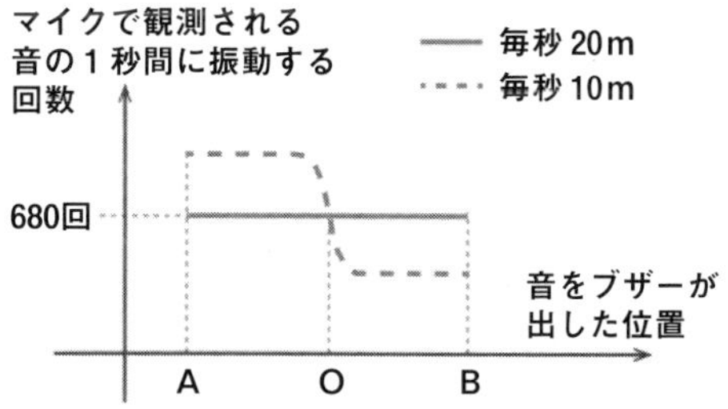

【実験３】

図４のように，ブザーを毎秒10mの速さで，常に音を出しながら**位置A**から1360m離れた**位置O**を経由して，さらに1360m離れた**位置B**まで動かし，**位置O**より下の**位置O′**にあるマイクで観測した。観測した音の１秒間に振動する回数を縦軸に，その音をブザーが出した位置を横軸にしてグラフを書いたところグラフ２のようになった。またグラフ２の点線は【実験２】の結果である。

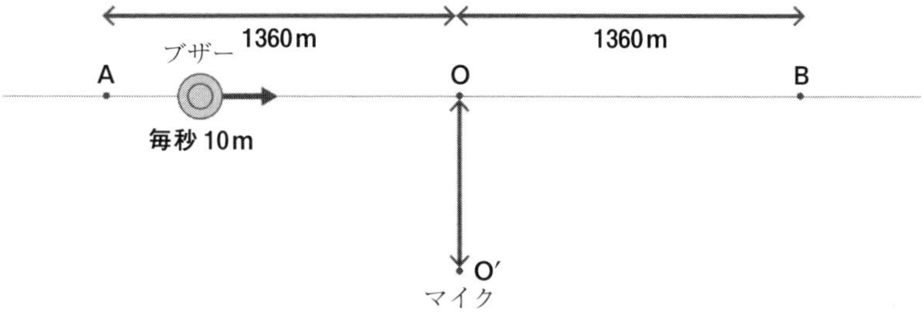

図４

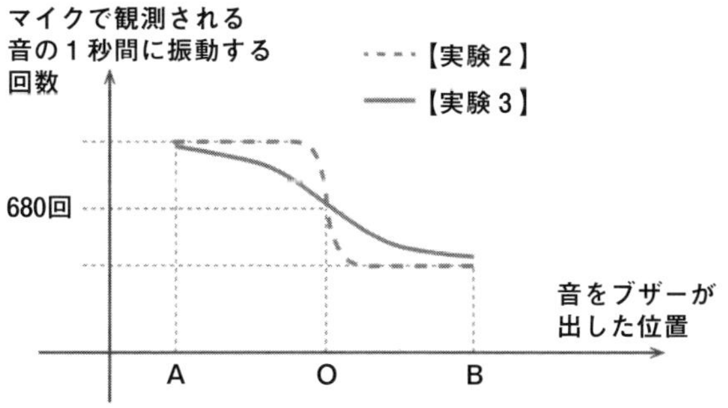

グラフ２　【実験３】の結果

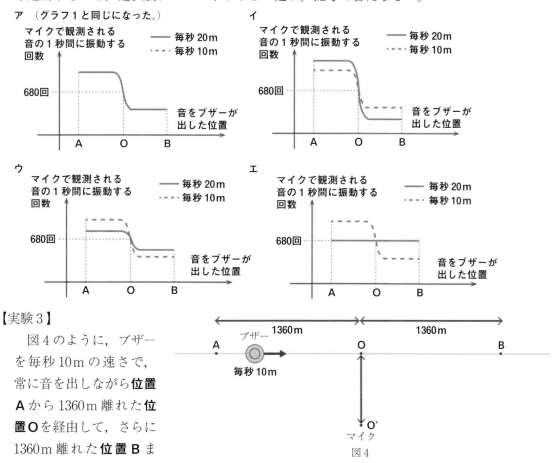

(4) グラフ2のように【実験2】と【実験3】のグラフに違いがある理由をまとめると以下の文のようになります。文中の空欄(**g**)～(**i**)に入る，図6の①～③の組み合わせとして最も適当なものを，下の選択肢**ア**～**カ**の中から1つ選び，記号で答えなさい。

［文］

図5のように【実験2】では**位置A**から**位置O**に到着する寸前までブザーの進む向きと，マイクに向けて音が進む向きが同じである。一方，【実験3】では**位置A**の時点でブザーの進む向きと，マイクに向けて音が進む向きは少しずれがあり，**位置O**に近づくにつれて，このずれは大きくなる。このことが原因で，グラフ2のように【実験2】と【実験3】の音の1秒間に振動する回数の様子が違う。

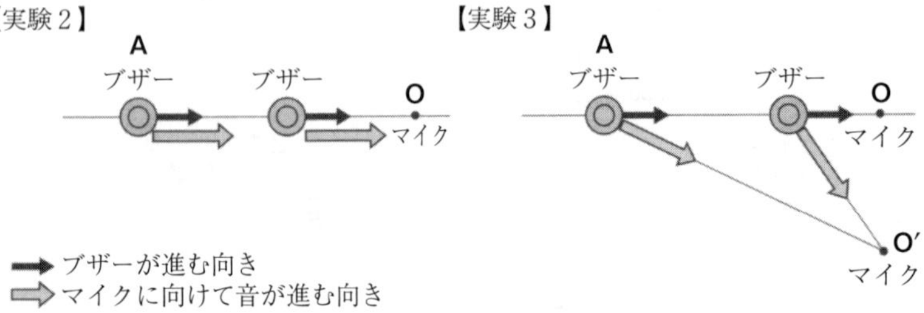

図5

よって，【実験2】，【実験3】でのブザーとマイクの位置関係の中で，マイクで観測される音の1秒間に振動する回数が最も多くなるのは，図6の(**g**)のときにブザーが出した音をマイクで観測したときである。マイクで観測される音の1秒間に振動する回数が最も少なくなるのは，図6の(**h**)のときにブザーが出した音をマイクで観測したときである。また，図6の(**i**)のときブザーが出した音をマイクで観測したとき，マイクで観測される音の1秒間に振動する回数は，ブザーの音の1秒間に振動する回数と等しく，680回になる。

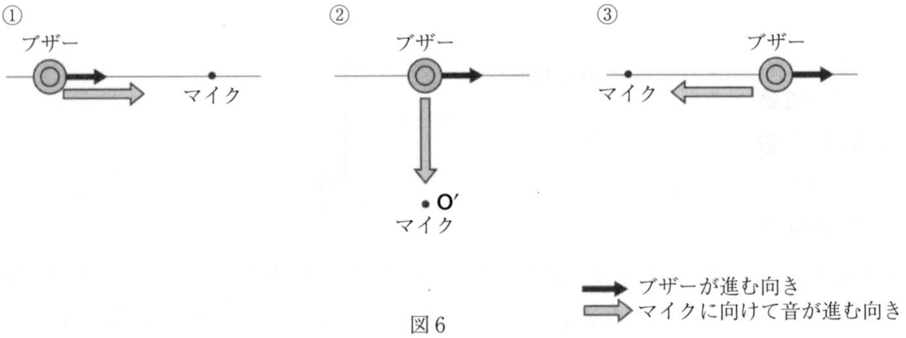

図6

［選択肢］

ア (**g**) ① (**h**) ② (**i**) ③
イ (**g**) ① (**h**) ③ (**i**) ②
ウ (**g**) ② (**h**) ① (**i**) ③
エ (**g**) ② (**h**) ③ (**i**) ①
オ (**g**) ③ (**h**) ① (**i**) ②
カ (**g**) ③ (**h**) ② (**i**) ①

【実験4】

図7のように，**位置O**を中心に一定の半径と速さで反時計回りにブザーを円運動させる。ブザーが**位置A～H**の8か所に来たときに出した音を，**位置I**にあるマイクでそれぞれ観測した。

位置A～Hの中で，**位置**（ **j** ）で出した音を，マイクで観測したとき，音の1秒間に振動する回数が最も多くなった。また，**位置**（ **k** ）でブザーが出した音を，マイクで観測したとき，ブザーの音の1秒間に振動する回数と等しい680回の振動が観測される。

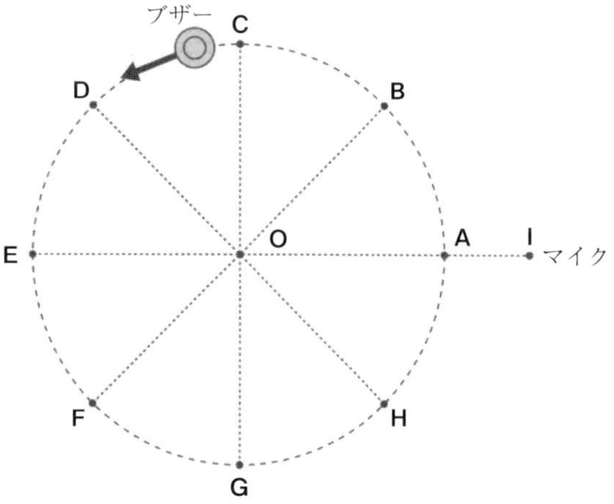

図7

(5) 文中の空欄（**j**），（**k**）にあてはまる適当な位置を，図7の**A～H**から選び，記号で答えなさい。ただし，**答えが複数ある場合はすべて選びなさい**。

2 水溶液《すいようえき》が入った**A～F**の6種類の試験管があります。これらには次の**ア～カ**のどれかが入っています。**A～F**にどの水溶液が入っているかを調べるために，下の実験1～実験4を行いました。あとの問いに答えなさい。

ア うすいアンモニア水　　**イ** うすい塩酸　　**ウ** 食塩水

エ うすい水酸化ナトリウム水溶液　　**オ** 石灰水　　**カ** 炭酸水

実験1 それぞれの試験管に緑色のBTB溶液を加えると，**A**，**B**は黄色に，**C**，**D**，**E**は青色に変化したが，**F**は緑色のままだった。

実験2 それぞれの試験管を観察すると，**B**の試験管内に泡《あわ》がついており，かるくふると，泡は少なくなった。

実験3 **D**の試験管に**B**に入った水溶液を少しずつ混ぜあわせると，水溶液は白くにごった。

実験4 スチールウールとアルミニウムを用意し，**A**と**E**の試験管に入れると，アルミニウムは**A**と**E**の両方から気体を発生して溶《と》けた。スチールウールは**A**からは気体を発生して溶けたが，**E**では変化が見られなかった。

(1) すべての実験が終わったあと実験4において，**E**で溶けなかったスチールウールを取り出すため，ビーカーにうつしてからろ過をしました。右の図1に必要なものを**3つ**つけ加え，正しいろ過の操作となるように解答欄に絵をかきなさい。

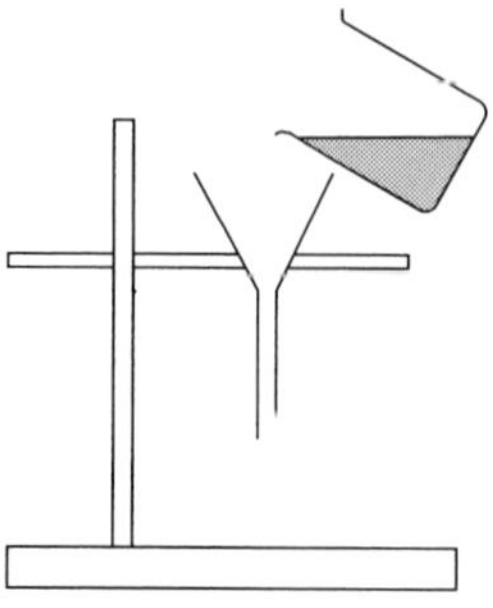
図1

(2) それぞれの試験管を加熱して，水を蒸発させると固体が残るものが**3つ**あります。その試験管はどれですか。**A～F**から**3つ**選び，記号で答えなさい。

(3) それぞれの試験管を，少し温めるとすぐに特有のにおいがするものが**2つ**ありました。その試験管はどれですか。**A～F**から**2つ**選び，記号で答えなさい。

(4) **A**，**C**，**E**の試験管内の水溶液はどれですか。**ア～カ**からそれぞれ1つずつ選び，記号で答えなさい。

(5) 実験４において，**A**に入った水溶液を100cm^3用意し，その中にアルミニウムの重さ(g)を変えて入れたとき，アルミニウムの重さ(g)と発生した気体の体積(cm^3)は下の表１のようになりました。

表１　**A**に入った水溶液100cm^3にアルミニウムを入れたときに発生した気体の体積

アルミニウムの重さ(g)	0.10	0.20	0.30	0.40	0.50	0.60	0.70
発生した気体の体積(cm^3)	144	288	432	576	720	720	720

Aに入った水溶液を250cm^3用意し，これにアルミニウムを2.0g入れました。このとき，

① 溶け残ったアルミニウムの重さ(g)

② 発生した気体の体積(cm^3)

をそれぞれ答えなさい。なお，アルミニウムがすべて溶ける場合はアルミニウムの重さは０と記入しなさい。計算問題において割り切れない場合は，**小数第３位を四捨五入して小数第２位までで答えなさい**。

(6) 実験４では，なぜこのような結果になったのですか。「スチールウール」と「アルミニウム」の言葉を用いて，簡単に説明しなさい。

3 ボスコさんはある料理番組で「下ごしらえとして肉をパイナップル果汁《かじゅう》につけておくと柔《やわ》らかくなる」ということを知りました。それはパイナップルには肉の成分であるタンパク質を分解する酵素《こうそ》が含まれているためでした。そこで，夏休みの自由研究で酵素の性質を調べる実験を行いました。あとの問いに答えなさい。

【実験１】

1．1gのでんぷんを100mLのお湯にとかしてでんぷんのりをつくった。

2．10本の試験管①〜⑩に手順１でつくったでんぷんのりをそれぞれ5mLずつ加えた。

3．次にそれらの試験管に次のページの表１のような液体を加えて，0℃の氷水，40℃に保った水，80℃に保ったお湯につけて一定の温度を保った。

4．10分後，①〜⑩の試験管にヨウ素液を加えて色を観察した。(あ)(**a**)色に変化した試験管には＋，色の変化がほとんどなかった試験管には－を記録した。

5．①②⑤⑥の試験管について，手順４の記録後に40℃に保った水につけて一定の温度を保った。

6．10分後，①②⑤⑥の試験管の色の変化を観察し，(い)(**a**)色であった試験管には＋，(**a**)色ではなかった試験管には－を記録した。

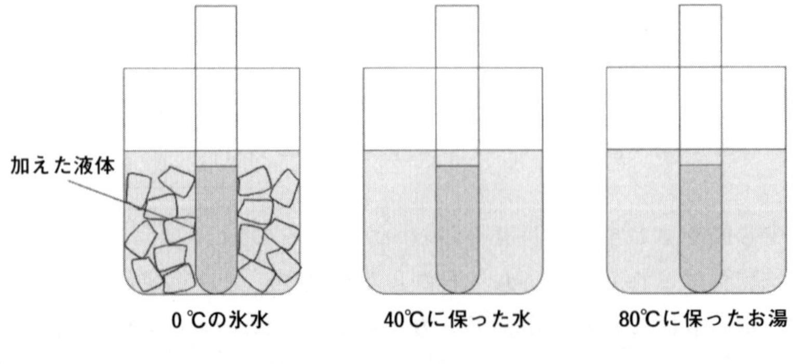

【実験結果１】

表１　【実験１】の結果

試験管	加えた液体	保った温度	手順４の色の変化	手順６の色の変化
①	０℃の水１mL	０℃		＋
②	０℃のだ液１mL	０℃		－
③	40℃の水１mL	40℃		
④	40℃のだ液１mL	40℃		
⑤	80℃の水１mL	80℃		＋
⑥	80℃のだ液１mL	80℃		＋
⑦	40℃の水１mLと0.1%塩酸１mL	40℃	＋	
⑧	40℃のだ液１mLと0.1%塩酸１mL	40℃	＋	
⑨	40℃の水１mLと 0.1%水酸化ナトリウム水溶液１mL	40℃	＋	
⑩	40℃のだ液１mLと 0.1%水酸化ナトリウム水溶液１mL	40℃	＋	

(1)　空欄（ **a** ）にあてはまる語句を答えなさい。

(2)　下線部(あ)について，試験管①～⑥の色の変化がーになるものを①～⑥から**すべて**選び，数字で答えなさい。

(3)　【実験１】について，試験管⑦～⑩では色が変化しました。このことから，酵素がはたらくために最適な水溶液の性質があるのではないかと考えられます。一般的に水溶液の性質はpHというもので表されます。中性の水溶液ではpH＝7，水溶液の酸性が強くなるほどpHは小さくなり，アルカリ性が強くなるほどpHは大きくなります。だ液に含まれる酵素のはたらきの強さと，pHの関係を表したものとして最も適当なものを図１の**ア**～**ウ**から１つ選び，記号で答えなさい。

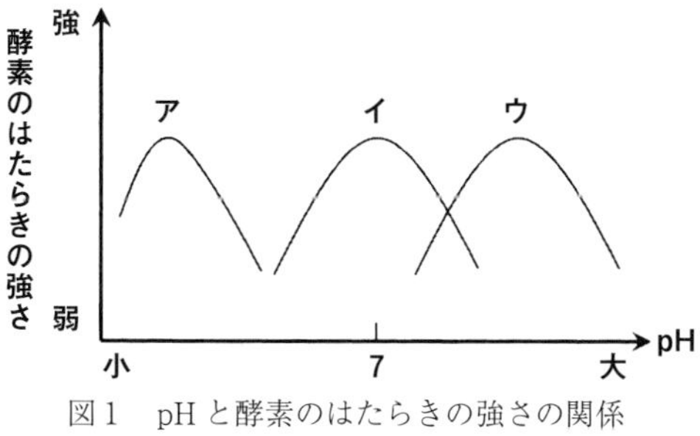

図１　pHと酵素のはたらきの強さの関係

(4)　ヒトの消化を助ける消化酵素の一つにペプシンがあります。ペプシンのpHと酵素のはたらきの強さの関係として最も適当なものを，図１の**ア**～**ウ**から１つ選び，記号で答えなさい。また，そのように考えた理由も答えなさい。

(5)　下線部(い)について，この実験結果から次のように考察しました。空欄（ **b** ）～（ **d** ）にあてはまる語句として最も適当なものを下の選択肢**ア**～**エ**からそれぞれ１つ選び，記号で答えなさい。

試験管②と試験管⑥の結果を比較すると，手順５で試験管温度を40℃に保った時に試験管②では酵素が（ **b** ）こと，試験管⑥では酵素が（ **c** ）ことが分かる。このことから酵素のはたらきの強さは温度によって変わるだけでなく，温度が（ **d** ）なると温度を戻しても酵素としての役割を果たさなくなってしまうと考えられる。

ア　はたらかなかった　　**イ**　はたらいた　　**ウ**　低く　　**エ**　高く

次に，ボスコさんは，実際にパイナップルに含まれる酵素がどのようにはたらくか調べるために，【実験２】を行いました。

【実験２】

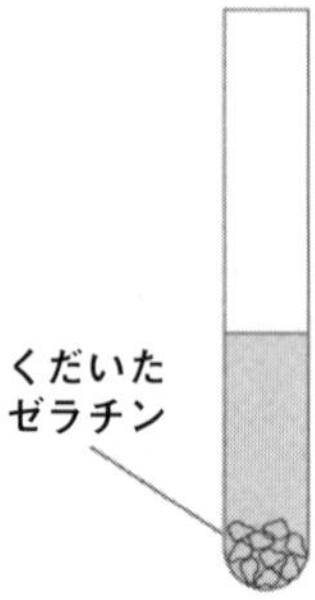

1．生の(う)パイナップルを絞《しぼ》った果汁と缶詰のパイナップルを絞った果汁を用意した。

2．用意した果汁をくだいたゼラチンを入れた試験管に加えて，ゼラチンの様子を観察した。

(6)　下線部(う)について，パイナップルはめしべに子房があって，胚珠《はいしゅ》が子房に包まれている被子植物です。次の選択肢**ア**～**オ**から被子植物を**すべて**選び，記号で答えなさい。

ア　イチョウ　　**イ**　エンドウ　　**ウ**　スギ

エ　アサガオ　　**オ**　サツマイモ

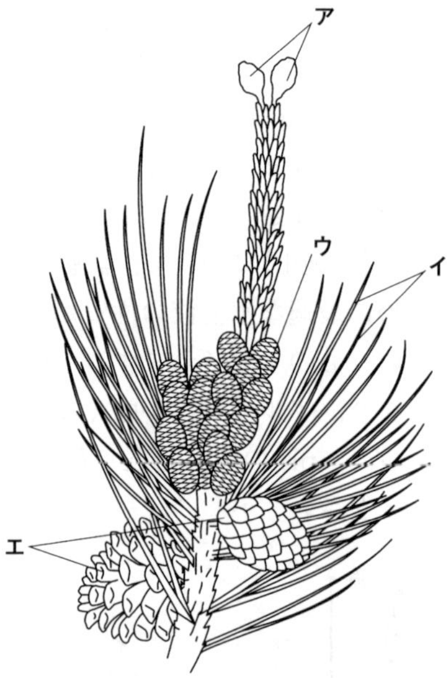

(7)　下線部(う)について，パイナップルの名称は「pine」（マツ）＋「apple」（実），すなわちマツの実である松ぼっくりと形が似ていることが由来です。マツについて，次の問いに答えなさい。

(i)　右図はマツの枝先を模式的に表したものです。今年のめ花を表したものとして最も適当なものを右図の**ア**～**エ**から１つ選び，記号で答えなさい。

(ii)　マツの花はイネの花などのように花びらやがくが存在しませんが，種子をつくることができます。その理由として考えられることをアブラナやタンポポなどの花びらやがくが存在する植物の種子のでき方との違いに着目して説明しなさい。

(8)　パイナップルの缶詰は次のような工程でつくられます。【実験２】において，生のパイナップルを絞った果汁ではゼラチンが分解されましたが，缶詰のパイナップルを絞った果汁ではゼラチンが分解されませんでした。【実験１】の結果をふまえ，その理由として考えられる工程を，**1**～**8**から１つ選び，数字で答えなさい。

1．トラックで工場に運び，きれいに洗って検査する。

2．かたい皮をむいて，芯を抜き取り，つつ状にする。

3．決められた厚さに輪切りにする。

4．缶に詰めたあと，定められた甘さのシロップを入れる。

5．空気が入らないようにふたをする。

6．熱湯に入れ殺菌し，水で冷やす。

7．出来上がった缶詰を箱詰めする。

8．適正な検査を行うため，一週間工場で保管したのち，合格したものだけを出荷する。

4 以下のボスコさんと先生の対話文を読み，あとの問いに答えなさい。ただし，必要であれば次の値を用いて計算しなさい。

太陽の直径：139万2000km，地球の直径：1万2800km，月の直径：3480km

ボスコ：先生。2023年の4月20日の14時半ごろ，(1)太陽が一部欠けて見えました。これは，太陽が月に隠《かく》されてしまったために起こっている現象だと習いました。

先　生：そのとおりです。太陽が月に隠される現象は（ 2 ）のときに起こります。このように太陽が欠けて見える現象を日食といいます。地球上では1年間に日食は少なくとも2回，多くて5回観測されるみたいですよ。

ボスコ：そうなんですね。でも（ 2 ）はだいたい1か月に1回起こるのに，日食が起こる回数はなぜそんなに少ないのでしょうか。

先　生：それは(3)（　　　　　）からです。これは地球上で日食が見られる地点が変化していることからもわかります。

ボスコ：なるほど。同じ日の日食でも，場所によって欠けている部分が違《ちが》って見える理由もそうですか？

先　生：それは少し違います。下の図1を見てみてください。(4)場所により，太陽が月によってどのように隠されて見えるのかがわかると思います。

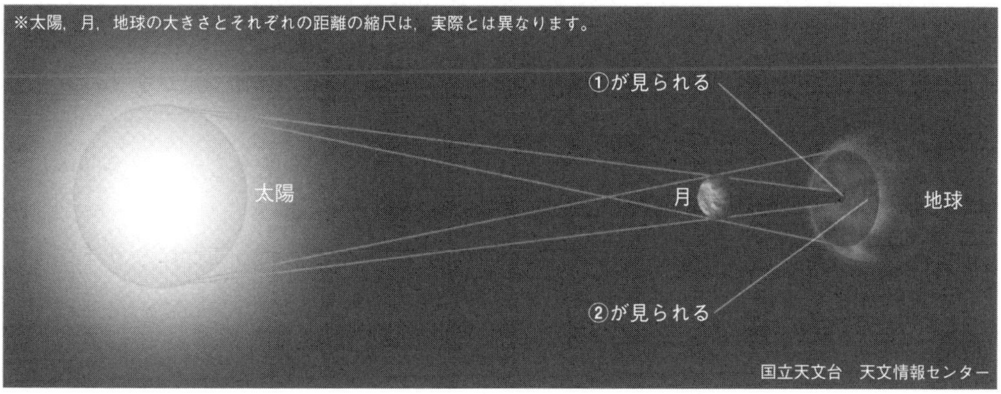

図1　（国立天文台 HP「日食が起こるしくみ」を加工して作成）

ボスコ：わかりました。(5)仮に，月と太陽が完全に同じ大きさで重なっているとき，地球から太陽までの距離がわかっていれば月までの距離を計算できますね。

先　生：そのとおりです。ただ，実際には地球と月の距離は周期的に変化しています。2023年で地球と月が最も近かったのは8月31日，最も遠かったのは2月6日でした。

ボスコ：なるほど。(6)距離によって見え方も変わりますね。一日の中でも見え方に違いがあると聞いたことがあるのですが，南中のときと月の出の直後ではどちらのほうが大きく見えるのでしょうか。

先　生：それについては次回の授業で考えていきましょう。

(1)　文中の下線部(1)の状態を何というか，漢字4文字で答えなさい。

(2)　文中の空欄（ 2 ）には月の見え方の名称《めいしょう》が入ります。最も適当な名称を漢字で答えなさい。

(3)　文中の下線部(3)の空欄に入る文として最も適当なものを下の選択肢**ア**～**エ**から1つ選び，記号で答えなさい。

ア　地球の自転の軌《き》道《どう》が月の自転の軌道とずれている

イ　地球の公転の軌道が月の自転の軌道とずれている

ウ　地球の自転の軌道が月の公転の軌道とずれている

エ　地球の公転の軌道が月の公転の軌道とずれている

(4)　文中の下線部**(4)**に関して，図1中の①と②に当てはまる太陽の見え方として最も適当なものを次の選択肢**ア**～**ウ**からそれぞれ1つずつ選び，記号で答えなさい。

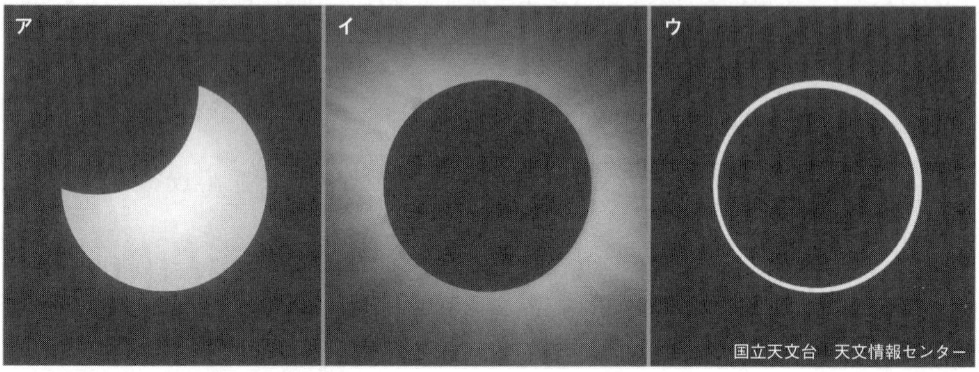

(国立天文台 HP「日食とは」を加工して作成)

(5)　下線部**(5)**について，地球から太陽までの距離を1億5000万 km とすると月までの距離は何 km と考えられるか答えなさい。

(6)　下線部**(6)**について，2023年8月31日の月までの距離は35万 km，2023年2月6日の月までの距離は40万 6000km です。

①　2月6日の月と8月31日の月で，どちらのほうが大きく見えるか，解答欄のいずれかを○で囲みなさい。

②　大きく見える月は小さく見える月の何倍の面積として見えることになりますか。ただし，**小数第3位を四捨五入して小数第2位まででで答えなさい。**

問六 ――線⑥「その時初めて、恭蔵は夢二と心が通じ合った気がした」とありますが、それはなぜですか。その理由として最も適切なものを次の中から一つ選び、記号で答えなさい。

ア 常識とは違う色の太陽を見たことがあると言った夢二の経験と、恭蔵が青い太陽を見た経験とが重なり、自分にも夢二に近い美の感覚があると思えたから。

イ 太陽が青いと言った夢二は、日常では考えられない発想の持ち主だということが恭蔵にもわかり、色の区別ができない自分にとってはまさに親友を得た気がしたから。

ウ 夢二によって生きる希望が持てた恭蔵にとって、青い太陽は自分の中で最も美しい「あお」であり、夢二もまたその青い太陽を見たことに運命を感じたから。

エ 夢二との出会いが、自分の一生を決めたと思っている恭蔵にとって、青い太陽は色の区別がつかない自分と夢二とを結びつける唯一の色だと思えたから。

問七 本文から読み取ることのできる夢二の人物像として最も適切なものを次の中から一つ選び、記号で答えなさい。

ア 名の知れた画家であることを自覚し、他人から自分がどう見られているかを意識している人。

イ 人と議論することを好み、相手の話を聴くよりも、自分が話すことを優先しようとする人。

ウ 決して頭ごなしに相手を否定することはせず、その人の気持ちを推し量ろうとする人。

エ 他人に対して好奇心が旺盛《おうせい》なあまり、強引に話に割り込んで、気持ちを聞き出そうとする人。

問八 本文の内容にあてはまるものを次の中から二つ選び、記号で答えなさい。

ア セノオ楽譜に描かれた世界は、色の区別がつきにくい恭蔵だからこそ、夢二の「あお」の微妙《びみょう》な色使いを発見できたのであり、いわば夢二と二人だけの秘密だった。

イ 恭蔵の母は、恭蔵が自分の言うことをまるで聞いてくれないことに深く悲しんでいたが、一方で恭蔵の父は、世間の目を気にして恥ずかしい思いをしていた。

ウ 色の区別ができない恭蔵は自己嫌悪《けんお》に陥《おちい》り、その上、同級生や父親までも他の人のように色を認識できない恭蔵に対して見下した態度をとるようになった。

エ 色の見えている人が、本当の世界を感じ取れているかどうかは疑わしく、すべての色が見えている人が、何かを見誤っているということもあり得ると夢二は考えている。

オ 恭蔵が夢二に会えたのは、恭蔵の姉が、草画コンテストへの応募をすすめてくれたことがきっかけであり、入賞した後にぜひ会いに行くように言ったからである。

と思われるものを、日常を覆《おお》う常識に照らして美しいと考えることは間違《まちが》っていると思ってるんだ。たとえば、太陽の色だ。霧《きり》の多い春先の太陽は、青磁《せいじ》の花瓶《かびん》より青いことがあるんだ」

恭蔵はさらに大きく目を見張った。

そんな太陽を、たしかに恭蔵も見た覚えがあるのだ。

⑥その時初めて、恭蔵は夢二と心が通じ合った気がした。

（増山　実『百年の藍』〈小学館〉による）

＊コントラスト…対比。明るい部分と暗い部分との差。
＊じゃけんど…でも。ではあるけれど。
＊概念《がいねん》…意味や考え。
＊喧騒《けんそう》…人声や物音がさわがしいこと。
＊ぽっけぇ…とても。
＊こまい…小さい。
＊藤村《とうそん》…島崎藤村。明治から昭和にかけて活躍《かつやく》した文学者。
＊澱《おり》…液体中に沈《しず》んだかす。

問一　――線①「恥ずかしくて逃げ出したくなった」とありますが、この後すぐに恭蔵はどのような気持ちに変化しましたか。次の中から最も適切なものを一つ選び、記号で答えなさい。

ア　もどかしさ　　イ　うれしさ
ウ　まじめさ　　エ　悲しさ

問二　――線②「偽りの絵です」とありますが、恭蔵はなぜ自分の描いた絵を「偽りの絵」と言っているのですか。その理由を四十字以上五十字以内で説明しなさい。

問三　――線③「じゃけんど」とありますが、この時の恭蔵の気持ちはどのようなものですか。その説明として最も適切なものを次の中から一つ選び、記号で答えなさい。

ア　色のない世界に生きているという、絵画の世界では致命《ちめい》的な欠点を自分は克服してみせるという強い気持ちの表れ。
イ　他人と同じように色を見ることはできないが、それでも自分にもわかる色があるということを強く訴《うった》えたい気持ちの表れ。
ウ　色のない世界に生きていることを人に知られたくなかったが、夢二先生にはわかってもらいたいという気持ちの表れ。
エ　他人と同じように色を見ることはできないが、自分にも見える色があり、周囲の偏見《へんけん》を打ち消したいという気持ちの表れ。

問四　――線④「その秘密」とはどのようなことですか。夜空と海の「あお」は、で始まる文で、三十字以上四十字以内で説明しなさい。

問五　――線⑤「わしは、夢二先生の『あお』に救われたんじゃ、」とありますが、どのような救いがあったのですか。その説明として最も適切なものを次の中から一つ選び、記号で答えなさい。

ア　赤や緑などはどのようなものも区別することができなかったが、青の中でも夢二の描く「あお」だけは他の人と同じように認識することができたため、自身のハンディは大したものではないと思えるようになった。
イ　色の区別が満足にできず、絵やその他の様々なことからも逃げていたが、ハンディがあるからこそ夢二の「あお」の秘密に気づいたのだと思い、再び社会に関わろうと思えるようになった。
ウ　色の識別ができないので、絵描きを目指していた自分は絶望したが、「あお」だけは識別できることを、夢二の絵が教えてくれたため、絵描きになる夢を捨てずにすんだ。
エ　夢二の「あお」は、自分の唯一《ゆいいつ》の理解者であった姉をきっかけに知ることができたものであり、その色は自分を苦しみから解放した姉の優しさや姉の美しい歌声そのものだった。

絵です。じゃけんど、どこか、その絵には心が安らぐところがありました。夜の絵じゃけんど、絵の中に切り取られた夜空と海の『あお』には、なんとも言えん不思議な明るさがありました。光を孕《はら》んでいるように見えました。じっと見とると、④その秘密がわかりました。夜空と海を覆《おお》う闇の色が、まったくの闇じゃのうて、その中に、ほんのかすかじゃけんど、藍《あい》を含《ふく》んどるんです。闇の中の藍が、夜空と海の『あお』を、引き立てとるんです。その絵は」

「僕が描いた絵だ」

夢二が答えた。

「はい。わしは、夢二先生が描いたその絵に心を奪《うば》われました。なんて豊かな絵なんじゃと。『あお』だけで、こんな豊かな世界が表現できるなんて。わしは姉に頼《たの》みました。夢二先生が描いたセノオ楽譜の表紙が他にもあったら見せてほしい、と。姉は自分の部屋に戻《もど》って、何冊も抱《かか》えてきました。すべて、夢二先生の絵でした。そして、そこにはやっぱり、『あお』の世界がありました。例えば、シューマンの『月の夜』の楽譜の表紙です。白い月が川の流れの中に溶《と》け込《こ》むさまを、幾《いく》つもの『あお』と白のコントラストだけで表現しとりました。天と地が溶け合っとるさまも、『あお』と白の世界だけで表しとりました。夢二先生の描く『あお』は、どこか哀《かな》しい『あお』です。じゃけんど、決して沈《しず》み込まん、光を孕んだ『あお』です。そして、夢二先生が描く『あお』からは、いっつも、音楽が聞こえてきよるんです」

気がつくと夢二は、目を瞑《つむ》ったまま恭蔵の言葉を聞いている。

恭蔵は話し続けた。

「それまでは、夢二先生の描く絵の中の、赤や緑がわしにゃあわからんちゅうことが恐《おそ》ろしゅうて仕方ねえじゃった。じゃけん、いつしか夢二先生の描く絵からも離《はな》れるようになりました。気がついたら、自分が生きとるこの『世界』そのものからも、わしは逃《に》げとりました。じゃけんど、その日、夢二先生の『あお』に出会うたときに、思うたんです。わしは、赤や緑が見えんけえ、夢二先生の描くこの『あお』の秘密に気づけたんじゃなかろうか。そう気づいたとき、わしの心の中で、＊澱《おり》のように溜《た》まって固まっとった何かが、ゆうくりと溶《と》け出しました。そして、わしは、それまでは怖《こお》うて怖うて出られんかった『世界』に、また出ていけるようになったんです。⑤わしは、夢二先生の『あお』に救われたんじゃ、と。もし先生にお会いできたら、そのことを、一番に伝えたかったんです」

夢二の閉じていた目が開いた。

「君の眼に、世界がどんなふうに見えているのか、僕には正直、よくわからない。けれど」

夢二の大きな眼が恭蔵を捉《とら》えた。

「すべての色が見えている人が、本当の世界を感じ取れているかは、疑問だよ。むしろ、すべての色が見えている人が、何かを見誤っている、ということもあるかもしれない」

恭蔵には夢二の言葉の意味がわからなかった。ただ、今まで自分の中に閉じ込められていた何かがひらかれたような気がした。

「これは、僕の想像だが、たとえば、大昔、君が仲間と狩《か》りに出たとしよう。獲物《えもの》は森の中に隠《かく》れている。あるいは、君たちを襲《おそ》おうとしている獣《けもの》が森の中に隠れている。獲物も敵も、森の色と同じでその姿を見分けることができない。ところが君には、森の色そのものが仲間と同じように見えていない。しかし、見えていないからこそ、君はそこに潜《ひそ》む、獲物や敵の姿を色に惑《まど》わされることなく明暗や輪郭《りんかく》で見つけることができる。そんなことが起こる可能性はないかね」

恭蔵は言葉が出ず、ただ大きく目を見開いた。

「それは、美の感覚についても、言えると思うよ。僕は常々、美しい

「……それで、わしは、夢二先生の描く……あおが好きなんです。他の色がようわからんのじゃけえ、そんなこと、言えんじゃろうと、自分でもわかっとります。じゃけんど、わしは、夢二先生のあおが、好きなんです。わしは、夢二先生の、あおに、救われたんです」

夢二の眼に、これまでにない光が灯《とも》った。

「どういうことだい？　教えてくれないか」

その淡《あわ》い光が竦《すく》みそうになる恭蔵の心を鎮《しず》ませた。

「僕に話そうと考えなくていい。自分の心に話すように、話したらいい」

心がゆっくりとひらかれた。

そこからは一気呵成《かせい》だった。

「わしは、人と会《お》うたり話したりするのが苦手じゃけえ、＊こまい時から、絵ばっかり描いとりました。中学に上がってからは、姉が読んでいた文芸誌の挿絵《さしえ》に興味を持って、＊藤村《とうそん》の『若菜集《わかなしゅう》』や与謝野《よさの》晶子《あきこ》の『みだれ髪《がみ》』なんかに載《の》っている挿絵を、かたっぱしから写して描いて遊んどりました。そんな時に出会うたのが、夢二先生の『草絵募集』です。採用された上に、先生から講評をいただいて、わしは天にも昇《のぼ》る心地じゃったです。もうその頃は、自分には色がちゃんと見えとらんことがわかっとりました。じゃけんど、雑誌の二色刷りの色のない世界は、わしを安心させました。けど、そのうち、雑誌にも色刷りの絵が世の中にいっぱい出るようになって、わしは、どんどん自分が嫌《いや》になりました。中学でも、色がわからんちゅうことで、先生にはふざけて書くな、ちゅうて怒《おこ》られるし、同級生からは、これは何色か言うてみい、言われてからかわれることが多なって……。学校に、行かんようになりました。家の二階の部屋に籠《こも》って……。ただ、ぼうっと、窓から見える風景を眺《なが》めとりました。親父には、この意気地なしが！　と毎日のようになじられました。最初は父に反抗《はんこう》する気持ちもあって、絵を描いてましたが、そのうち、絵も描かんようになりました。姉がそんなわしのことを気づこうてくれまして、時々はわしの部屋にやってきて、勉強を教えてくれたり、楽器を演奏してくれたり、歌を歌うてくれたりしよりました。

気ぃつくと、もう十九になってました。世間じゃ、もう大人じゃけんど、わしは、相変わらず……。そんな時でした。あれは忘れもしません。姉が、いつものように、わしの部屋にやってきて、歌を歌うてくれました。美しい歌じゃったです。今でもその歌詞を、はっきりと覚えとります」

楽の音　わがなやむとき
心をおとずれては
あたたかき　愛を充《あ》てつつ
清らかなる境に
わが身をともないぬ

そこまで歌って恭蔵は顔を赤らめた。

「すみません、こんなところで歌って」

「かまわんよ。店の中で歌うやつなんかこの街にはいくらでもいる。話を続けてくれ」

「わしは、姉の歌うその歌に、心の底から感激しました。ただ、その題名を知りませんでした。わしは姉に訊《き》きました。シューベルトの『楽に寄す』という歌じゃ、と姉は、手に持った楽譜《がくふ》の表紙を見せて教えてくれました。『セノオ楽譜』の、表紙です。

その表紙の絵を見たとき、ついさっき姉が歌ってくれた歌が、わしの耳にまた聞こえてきました。歌で感じた世界が、その絵の中に、そっくりそのままありました。闇《やみ》の海の中を、帆船《はんせん》が走る絵です。昏《くら》い恭蔵は顔を上げた。

「スケッチにこそ画家の最上のものが現れるんだよ。スケッチにこそ、画家の命が宿るんだ。描くということの心の震《ふる》えが筆に乗るんだ」

逃げ出しそうになった気持ちはその場を駆《か》け回りたいほどの気持ちに変わった。しかし駆けようとした足はすぐに心の中で躍動《やくどう》を止めて硬直《こうちょく》した。言わなければならない。あのことを。

「けど……わしは……」

「なんだね？」

「……色が……」

恭蔵は言葉を絞り出した。

「……わからねえんです。人が、見えとるようには……」

夢二の瞳《ひとみ》に昏《くら》い影が差した。

「どういうことだい？」

「赤や、緑が、全部、似たような色に見えます」

「似たような色？」

「区別がつかねえことが多いんです」

そこまで言うと恭蔵の言葉に加速がついた。

「さっき、夢二先生は、故郷の山並みに沈《しず》む真っ赤な夕陽の話をされましたね。それから、白壁《しらかべ》に名残を残す夕陽の話。わしには、その本当の色がわかりません。椿《つばき》の花の赤も、柿《かき》の実の橙《だいだい》もわかりません。草の葉の緑も。なんとなくの、＊コントラストの違《ちが》いは、ようよう見ると、わかります。＊じゃけんど、みんなが見とるような色にはきっと見えとらんのです。ただ、赤は情熱的じゃ、情念の色じゃ、という認識はあります。緑が静かで安らぎの色じゃという認識も。全部、三つ上の姉が教えてくれました。けどそれは、皆《みな》が感じる赤や緑の＊概《がい》念《ねん》を、頭で学習して、その色に当てはめとるだけなんです。草画コンテストに応募《おうぼ》した、あのリンゴの樹《き》の下の男女の絵も、リンゴの実の、赤い色を知らんと描いとるんです。②偽《いつわ》りの絵です」

夢二が訊《き》いた。静かな声だった。

「君はそのことに、いつ気づいたんだね」

「子供の頃《ころ》でした。桃《もも》の絵を画用紙に鉛筆《えんぴつ》で描いたんです。何の気なしに姉が持っとった絵の具を借りて、色を塗《ぬ》りました。そしたら、それを見た母親が、あんた、なんで桃をそんな灰色に塗っとるの、桃色の作り方も知らんの、黒と白を混ぜるんやない、赤と白を混ぜるんやで、ほら、やってみって、言うたんです。その時わしは、戸惑《まど》いました。わしには、桃は灰色みたいな色に見えとったんです。それで、母が気づいて……母は、泣きました」

夢二は沈黙《ちんもく》したまま話を聞いている。浅草の＊喧騒《けんそう》だけが二人の間を横切った。

「色の欠けた世界に、生きているのか」

恭蔵はうなずいた。

「③じゃけんど」

反射的に発した恭蔵の声が大きくて前の席の客が何事かと振り返った。

恭蔵は目をつむった。そして大きく息をひとつ吐《は》いた。ゆっくりと目を開ける。そして、

「……あおは……」

とつぶやいた。

「あお？」

「あおだけは、＊ぼっけぇ、ようわかるんです。それで……それで……」

夢二の眼が自分を見据《す》えている。

また言葉に詰《つ》まる。全身から汗《あせ》が噴《ふ》き出す。

「慌《あわ》てなくてもいいんだ。ゆっくり話せばいい」

ものを次の中から一つ選び、記号で答えなさい。

ア　レフェリーが反則を見逃《みのが》していることに観客が気づかないと、試合全体の盛り上がりを欠いてしまうから。

イ　レフェリーが反則を見逃していることに気づかなかった観客を、結果的にだますことになってしまうから。

ウ　レフェリーが反則する場面を見逃してしまうことで、プロレス団体の信用が失われてしまうから。

エ　レフェリーが反則を見逃さなければ、観客が期待する試合結果にならなくなってしまうから。

問七　――線⑧「このような『闘い』の中で、『最強』を目指したい」とありますが、私設図書館「ルチャ・リブロ」を営む筆者にとってどのようなことを指していますか。その説明として最も適切なものを次の中から一つ選び、記号で答えなさい。

ア　東吉野村に暮らす人々と話し合いをしながら、自然の影響《えいきょう》力《りょく》をいかに受けずに世の中を盛り上げていくかという情報発信をしていこうというライフスタイル。

イ　東吉野村に暮らす人々と話し合いをしながら、自然に寄《よ》り添《そ》って暮らす最適な方法を世界中の人々に配信していこうというライフスタイル。

ウ　東吉野村に暮らす人々と話し合いをしながら、自分の家だけではなく山村全体の生活をより良いものにしていくための提言を継続《けいぞく》していこうというライフスタイル。

エ　東吉野村に暮らす人々と話し合いをしながら、自分たちの生活だけではなく社会全体を良くしようという提案を発信していこうというライフスタイル。

三　次の文章は、大正時代を代表する画家の竹久夢二《たけひさゆめじ》を慕《した》い、住み込みで働かせてもらおうとした恭蔵《きょうぞう》が、喫茶《きっさ》店で直接夢二と話をする場面です。恭蔵には色覚のハンディがあり、そのことが気がかりでなりません。これを読んで後の問いに答えなさい。

「画家に、なりたいのかね？」
助《たす》け舟《ぶね》を出したのは夢二だった。
「いえ」
恭蔵は反射的に首を振《ふ》った。
金縛《かなしば》りにあった身体を全身の力を込めて動かそうとするかのように、恭蔵はやっとのことで言葉を振《ふ》り絞《しぼ》った。
「……画家には……なれっこねえんです」
「どうしてだい？」
恭蔵はまたその先の言葉が出なかった。
「君はさっき、大盛館でスケッチしていただろう」
恭蔵はこくんとうなずいた。
「見せてくれないかね」
弾《はじ》かれたようにしてスケッチブックを夢二に差し出した。
夢二がゆっくりと頁《ぺーじ》を繰《く》る。ふと指が止まる。しばらく眺《なが》めて、また頁を繰る。やがて頁をめくる指の動きが速くなる。夢二の指の動きと呼応するように、恭蔵の胸が早鐘《はやがね》を打った。
人に見せるために描《か》いた絵ではない。心の赴《おもむ》くままに描いた絵だ。そんな、自分の恥部《ちぶ》をさらけ出したような絵を、いま、夢二が見ている。①恥《は》ずかしくて逃《に》げ出したくなった。
パタンとスケッチブックを閉じる音が聞こえた。
金魚売りの物憂《ものう》げな声が硝子《ガラス》窓の向こうから聞こえた。
「なかなか、しっかりしている。いいスケッチだ」

る。と同時に、目の前の相手と命をかけて闘《たたか》う。これがまさに「最強」のプロレスラーです。そしてぼくのいう「土着」は、この考え方にとても近い。社会、人類、地球全体のことを考えつつ、目の前の日常を生きていく。そのためには家庭や学校、職場で、一緒《いっしょ》に生活を送る他者の存在がなければならないし、相手の真意を汲《く》み取《と》り、尊重し、話を聞いた上で、より良い社会を作っていくための提案をしていくような「闘《たたか》い」が必要となる。⑧このような「闘い」の中で、「最強」を目指したい。すべての「闘い」は、この社会を健全に維持《いじ》していくためにあるのです。

（青木真兵『手づくりのアジール』〈晶文社〉による）

＊パブリック…公衆。公的。公共の。プライベートの対義語。
＊ルチャ・リブロ…筆者が運営する、自宅を兼ねた私設図書館の名称《めいしょう》。
＊セミパブリック…パブリックとプライベートの中間の場所。
＊プロレス…プロレスリング。入場料をとって観客に見せるために行われるレスリング。
＊ミル・マスカラス…覆面《ふくめん》を着けたメキシコのプロレスラーの名前。ドス・カラスも同じ。
＊やらせ…事実らしく見せながら、実際には演技されたものであること。
＊二者択一…二つの事柄の、どちらか一方を選ぶこと。

問一　——線①「しかし山村はそうではありません」とありますが、「山村」はどのような空間だと筆者は述べていますか。その説明となるよう、次の空欄《くうらん》にあてはまる語句を本文中の言葉を使って《二文節》で答えなさい。

山村は［　　　　］空間である。

問二　——線②「夏は一番風通しの良いところに布団を敷いて寝れば、冷房は必要ありません」とありますが、これは筆者のどのような考え方と結びついていますか。その説明として最も適切なものを次の中から一つ選び、記号で答えなさい。

ア　人間が自然を制圧するのではなく、想定外のことを積極的に取り入れたいという考え方。
イ　自然の利点を活かしながら生活をすることで、経済的な負担を減らしたいという考え方。
ウ　電気を使う都市型の便利な生活を捨《す》て、自然の影響力《えいきょうりょく》を甘《あま》んじて受けようという考え方。
エ　そこにあるありのままの環境《かんきょう》を受け入れて、自然と共に暮らしていきたいという考え方。

問三　——線③「プライベート／パブリックを分けること自体がナンセンスです」とありますが、それはなぜですか。その説明として最も適切なものを次の中から一つ選び、記号で答えなさい。

ア　「自然」の圧倒的《あっとうてき》な影響力《えいきょうりょく》は人間が制御《せいぎょ》できないものだから。
イ　「自然」はそこに生きる村人たち全体の共有財産であるから。
ウ　「自然」は本来人間が所有することなどできないものだから。
エ　「自然」の中ではいつも想定外のことが起こってしまうから。

問四　——線④「もう一段階視点を上げる」とありますが、これはどういうことですか。本文の内容を踏《ふ》まえて四十字以上五十字以内で説明しなさい。

問五　空欄［⑤］にあてはまる言葉を、ひらがな三字で答えなさい。また、空欄［⑦］にあてはまる言葉として最も適切なものを次の中から一つ選び、記号で答えなさい。

ア　視点　イ　思考　ウ　結果　エ　感覚

問六　——線⑥「むしろ、レフェリーが見ていないことを観客に見せなければ、プロレスとしては成立しません」とありますが、なぜプロレスとして成立しないのですか。その説明として最も適切なる人間としては、自然から間借りしている感覚が強くあるのです。

　このように、プライベートでもありながらパブリックでもある。というか、そもそもプライベートもパブリックも人間主体の考えで、自然主体で考えたらどっちも「人が決めたこと」だという感覚が、＊ルチャ・リブロの底流となっています。この感覚を、ぼくは全体を見るための「なんとなくの視点」と呼んでいます。都市が基盤《きばん》の現代社会は、プライベートとパブリックという二つの空間によって構成されています。でも本当は、都市の周りには田んぼや畑があり、さらに外側には森や海など、人間主体ではコントロールできない自然が広がっています。本来は、その自然という外部も含《ふく》めた上で、社会を構想する必要があり、それにはこの「なんとなくの視点」が不可欠なのです。

　山村で自宅を開くルチャ・リブロはどうでしょう。閉館中はプライベート、開館中はパブリックであるという意味でも＊セミパブリックですが、それだけではなく、背後の山や脇《わき》の川、急に降る大雨なども含めてのルチャ・リブロです。ぼくたち人間の力では、どうしようもないことがあります。このことを社会の要素に含んでおかないと、どうしても想定外のことが起こってきます。人間の力ではどうしようないことを想定の範囲《はんい》に含むこと。この考え方もルチャ・リブロが発信したいことの一つです。

　「なんとなくの視点」を得るには、まずは対象がAでもあり、Bでもあることを認識します。例えば、何か空間をつくった後、その中にプライベートでもあり、パブリックでもある部分を見つけます。その後、でもそれも人間が決めたことだよね、と④もう一段階視点を上げる。「なんとなくの視点」は、この二段階を経て成立します。そのヒントとなるのは、ルチャ・リブロの名称《めいしょう》の由来ともなった「＊プロレス」です。ルチャ・リブロは、メキシコのプロレス「ルチャリブレ」に由来しています。ルチャリブレでは美しい関節技や華麗《かれい》な空中殺法を見せる＊ミル・マスカラスや＊ドス・カラスのような、マスクを被《かぶ》ったルチャドールが多く登場します。もともとルチャドールがマスクを被ったのは、ファイトマネーだけで生活していける人はほんの一《ひと》［⑤］で、多くは日中に仕事をしており、素顔《すがお》がバレないようにするためだったといいます。メキシコでリングに上がっていたのは、昼間はサラリーマン、夜はルチャドールだった人たちなのです。

　そもそも、プロレス自体が「なんとなく」の塊《かたまり》です。スポーツでありながら総合芸術でもあるし、ルールもあるようでなかったりする。一応レフェリーがいて試合を裁いているのですが、決着がつくカウントのスピードも人によって違うし、反則もレフェリーが見ていなければオーケー。⑥むしろ、レフェリーが見ていないことを観客に見せなければ、プロレスとしては成立しません。こういうと、プロレスは＊やらせだと言う人がいます。勝敗が事前に決まっているという意味でそう言っているのかもしれません。しかしプロレスにとって、試合での勝ち負けはその価値を測る一要素でしかありません。ただ単に勝敗を競うだけでなく、相手の技をすべて受け切って、お互《たが》いに力を引き出し合うことで、素晴らしい試合をする。そしてお客さんを熱狂《ねっきょう》させ、その団体を潤《うるお》わせる。プロレスラーにとっての「最強」とは試合において「誰《だれ》にも負けない」ことではなく、勝ち負けも飲《の》み込《こ》んだ上で、団体や業界全体を最大限盛り上げることなのです。

　勝者はAかBのどちらかだけではありません。試合をつくったという意味ではAかもしれないし、最も会場を沸《わ》かせたという意味ではBかもしれない。違うのは［⑦］だけで、お互いが力を出し切って試合をつくり上げるという意味では、どちらも同じものを見ています。この［⑦］を得るためには、AかBかという＊二者択一《にしゃたくいつ》にとどまらず、目の前のことをいったん「なんとなく」でぼやかし、全体を把《は》握《あく》することが必要になります。目の前のことに囚《とら》われず全体を把握す

2024年度 サレジオ学院中学校

【国　語】〈B試験〉（五〇分）〈満点：一〇〇点〉

◎問題で字数指定のあるものは、句読点・記号も一字に数えます。

一　――線①～⑦のカタカナを漢字に直しなさい。また、――線⑧～⑩の漢字の読みをひらがなで答えなさい。

① 約束のコクゲンにおくれる。
② シュウエキを分配する。
③ 著名な作家にシジする。
④ 受賞をジタイする。
⑤ 回復のチョウコウが見える。
⑥ シフクを肥やす。
⑦ 自画ジサン。
⑧ 遠浅の海。
⑨ 部長は分別のないことを言う。
⑩ 会の発起人となる。

二　次の文章は、筆者が奈良県東吉野村《ひがしよしのむら》に移住し、自宅を図書館として開放したことについて述べたものです。これを読んで、後の問いに答えなさい。

　都市で自宅を開くことと、山村で自宅を開くことでは、本質が大きく異なります。山村に住んでみたことで、自宅に対する考え方も大きく変わりました。都市とは、人が住むために自然を切り開いてつくった空間です。①しかし山村はそうではありません。ぼくたちの住んでいる東吉野村は谷あいにあり、川沿いからすぐ斜面《しゃめん》が立ち上がっています。村の家は川と斜面の間の、それほど広くない場所にあるのが一般的《いっぱんてき》です。つまり村民のほとんどは、大雨が降ったら土砂崩《どしゃくず》れが起こる可能性が高い場所に住んでいます。このような事情もあって、自然が優位な環境《かんきょう》に「住まわせてもらっている」感覚を強く持っています。一方、都市は自然を制圧し、人間が優位になるように設計され、つくられています。この図式を単純化すると、都市の自宅は人間主体ですが、山村の自宅は自然が主体なのです。

　山村に住むことで、自宅の主体が周囲の自然環境になったことは、「自宅を開く」ことの意味をぼくたちの中で大きく変えました。今住んでいる木造の家は一九五〇年に建てられたもので、風や虫が気にせず入ってくる隙間《すきま》がたくさんあります。冬は寒いが、夏は涼《すず》しい。冬はふすまやカーテンなどで部屋を区切って暖房《だんぼう》の効率を上げることが必要ですが、②夏は一番風通しの良いところに布団を敷《し》いて寝《ね》れば、冷房《れいぼう》は必要ありません。都市に住んでいたころ、室内の温度調整はすべてエアコンで行っていました。空調が制御《せいぎょ》される空間は、隙間があっては成り立ちません。想定外のものをできるだけ入《はい》り込《こ》ませないような構造が必要なのです。しかし山村の家は違《ちが》います。自然の影響《えいきょう》力《りょく》が圧倒的《あっとうてき》なため、内と外の出入りを制御するのは不可能で、諦《あきら》めざるを得ません。だから山村で自宅を開くとは、余計なものが入り込まないプライベート空間としての自宅を公開するのではなく、そもそもがプライベート空間としては完結し得ない、プライベートでもあり＊パブリックでもあるような、あいまいな空間としての自宅を自然と共有するような感覚なのです。さらに言うと、そもそもプライベートとかパブリックという区分け自体が人間主体なため、山村の自宅には適用できません。本来、自然は誰《だれ》のものでもないので、③プライベート／パブリックを分けること自体がナンセンスです。そこに住んでい

2024年度

サレジオ学院中学校 ▶解説と解答

算 数 ＜Ｂ試験＞（50分）＜満点：100点＞

解 答

1 (1) $\frac{2}{3}$ (2) 2 2 (1) 8分間 (2) ① 14回 ② 7回 (3) ① 25度 ② 120度 (4) 19個 (5) ① 50.24cm^3 ② 30.144cm^3 3 (1) **タンクA**…110分間，**タンクB**…75分間 (2) 70分後 (3) **90 L以下**…$10\frac{1}{7}$分間，**50 L以下**…$5\frac{5}{7}$分間
4 (1) 5点 (2) **最も大きい得点**…14点，**最も小さい得点**…2.5点 (3) 56通り 5 (1) 25cm^2 (2) 100cm^2 (3) 50cm^2

解 説

1 四則計算，逆算

(1) $\left(1\frac{3}{5}\times2\frac{3}{16}-1\frac{2}{3}\div\frac{6}{7}\right)\div1\frac{1}{3}-1\frac{2}{5}\div2\frac{4}{5}=\left(\frac{8}{5}\times\frac{35}{16}-\frac{5}{3}\times\frac{7}{6}\right)\div\frac{4}{3}-\frac{7}{5}\div\frac{14}{5}=\left(\frac{7}{2}-\frac{35}{18}\right)\div\frac{4}{3}-\frac{7}{5}\times\frac{5}{14}=\left(\frac{63}{18}-\frac{35}{18}\right)\div\frac{4}{3}-\frac{1}{2}=\frac{28}{18}\times\frac{3}{4}-\frac{1}{2}=\frac{7}{6}-\frac{3}{6}=\frac{4}{6}=\frac{2}{3}$

(2) $8-7\div6=8-\frac{7}{6}=\frac{48}{6}-\frac{7}{6}=\frac{41}{6}$より，$58-\left(18-\square\times\frac{41}{6}\right)\times3=45$，$\left(18-\square\times\frac{41}{6}\right)\times3=58-45=13$，$18-\square\times\frac{41}{6}=13\div3=\frac{13}{3}$，$\square\times\frac{41}{6}=18-\frac{13}{3}=\frac{54}{3}-\frac{13}{3}=\frac{41}{3}$ よって，$\square=\frac{41}{3}\div\frac{41}{6}=\frac{41}{3}\times\frac{6}{41}=2$

2 速さ，つるかめ算，角度，整数の性質，体積

(1) 走った時間の合計は，27－6＝21(分)である。分速200mで21分走ったとすると，200×21＝4200(m)進むので，実際に進んだ道のりよりも，5000－4200＝800(m)短くなる。分速200mのかわりに分速300mで走ると，進む道のりは1分あたり，300－200＝100(m)長くなるから，分速300mで走った時間は，800÷100＝8(分間)とわかる。

(2) 勝負がついた場合，2人合わせると東へ進んだ歩数が西に進んだ歩数よりも，5－2＝3(歩)多くなる。また，30回ジャンケンをして2人が東へ進んだ歩数の合計は，52＋17＝69(歩)なので，30回のうち勝負がついた回数は，69÷3＝23(回)とわかる。よって，りくさんの進み方をまとめると右上の図1のようになる。りくさんが23回勝ったとすると，りくさんは東に，5×23＝115(歩)進むことになるから，実際よりも，115－52＝63(歩)多く東に進むことになる。りくさんの勝ちを負けにかえると，1回あたり，5＋2＝7(歩)西へ進むことになるので，りくさんが負けた回数は，63÷7＝9(回)と求められる。したがって，りくさんが勝った回数は，23－9＝14(回)(…①)，あいこの回数は，30－23＝7(回)(…②)である。

図1

勝ち(東に5歩)｝合わせて
負け(西に2歩)｝23回で東に52歩

図2

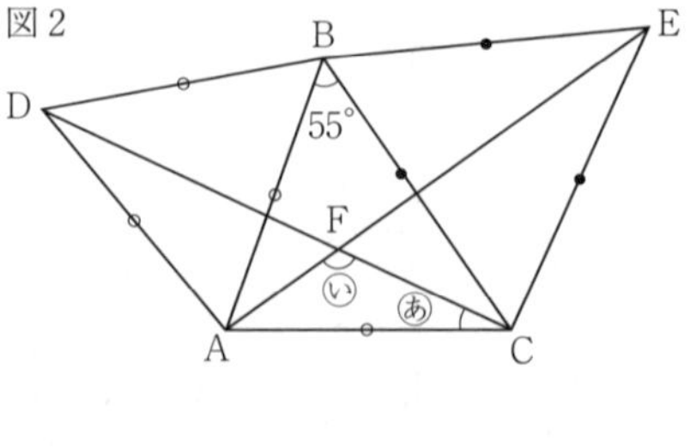

(3) 右の図2で，三角形ABCは二等辺三角形だから，

角BACの大きさは，180－55×２＝70(度)であり，角DACの大きさは，70＋60＝130(度)となる。また，三角形ACDも二等辺三角形なので，角㋐の大きさは，(180－130)÷２＝25(度)(…①)と求められる。次に，三角形ACEと三角形ABEは合同だから，角EACと角EABの大きさは等しく，どちらも，70÷２＝35(度)とわかる。よって，三角形FACに注目すると，角㋑の大きさは，180－(35＋25)＝120(度)(…②)になる。

(4) 53×X＝１□□□８のXにあてはまる整数の個数を求めればよい。このとき，１□□□８は10008以上19998以下なので，10008÷53＝188余り44，19998÷53＝377余り17より，Xにあてはまる整数は189以上377以下とわかる。また，(３×X)の一の位が８になるのはXの一の位が６の場合だから，Xは，196，206，216，…，376になる。よって，上２けたに注目すると，Xにあてはまる整数の個数は，37－19＋１＝19(個)と求められる。

(5) 右の図３で，三角形ABCを直線BCを軸《じく》として１回転させると，底面の円の半径が４cmで高さが３cmの円すいになる。よって，その体積は，４×４×3.14×３×$\frac{1}{3}$＝16×3.14＝50.24(cm^3)(…①)と求められる。また，三角形ABCの面積は，４×３÷２＝６(cm^2)だから，ABを底辺と考えたときの高さ(CDの長さ)は，６×２÷５＝2.4(cm)となる。したがって，三角形ABCを直線ABを軸として１回転させると，底面の円の半径が2.4cmの円すいを２つ組み合わせた形の立体になる。このとき，２つの円すいの高さの和は５cmなので，この立体の体積は，2.4×2.4×3.14×５×$\frac{1}{3}$＝9.6×3.14＝30.144(cm^3)(…②)と求められる。

図３

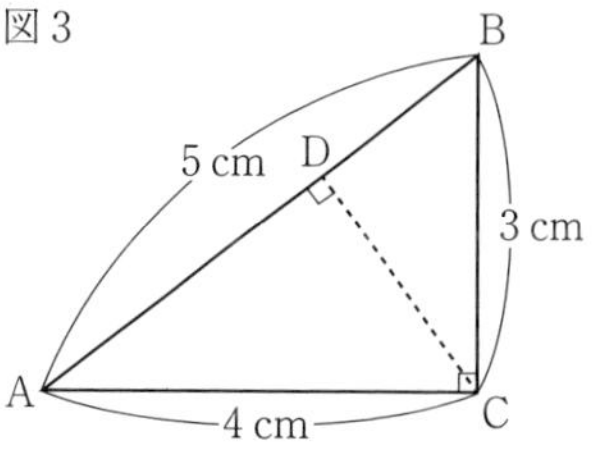

3 正比例と反比例，旅人算

(1) タンクＡでは，放水が始まってから水が無くなるまでの時間は，200÷2.5＝80(分間)だから，スイッチを押《お》してからタンクＡの水が無くなるまでの時間は，30＋80＝110(分間)である。また，タンクＢでは，放水が始まってから水が無くなるまでの時間は，500÷20＝25(分間)なので，スイッチを押してからタンクＢの水が無くなるまでの時間は，50＋25＝75(分間)とわかる。

(2) スイッチを押してからの時間と残りの水量の関係をグラフに表すと右のようになるから，グラフのアの時間を求める。タンクＡの水は，50－30＝20(分間)で，2.5×20＝50(Ｌ)減るので，50分後の水量の差(イ)は，500－200＋50＝350(Ｌ)である。また，かげの部分では１分間に，20－2.5＝17.5(Ｌ)の割合で水量の差が縮まるから，かげの部分の時間は，350÷17.5＝20(分間)と求められる。よって，アの時間は，50＋20＝70(分後)である。

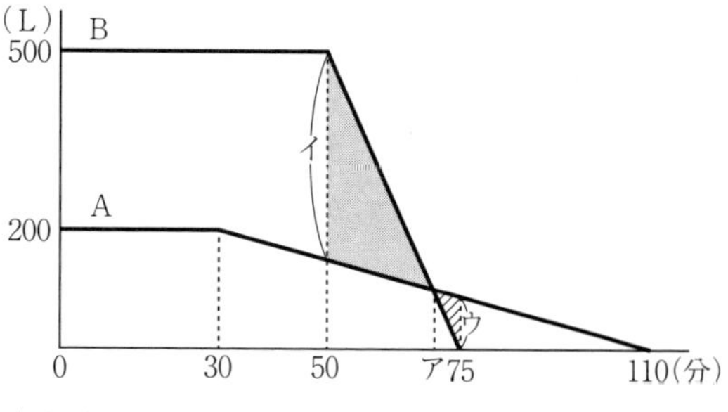

(3) はじめに，かげの部分で水量の差が90Ｌになる時間を求める。これはアの時間の，90÷17.5＝$\frac{36}{7}$＝5$\frac{1}{7}$(分前)だから，70－5$\frac{1}{7}$＝64$\frac{6}{7}$(分後)である。また，斜線《しゃせん》部分の時間は，75－70＝５(分間)なので，75分後の水量の差(ウ)は，17.5×５＝87.5(Ｌ)となる。よって，アの時間から75分後までは常に水量の差が90Ｌ以下になるから，タンクＢの水が無くなるまでに，水量の差が90Ｌ以下である時間は64$\frac{6}{7}$分後から75分後までの，75－64$\frac{6}{7}$＝10$\frac{1}{7}$(分間)と求められる。次に，かげの部分と斜

線部分で水量の差が50Lになる時間を求める。これはアの時間の，50÷17.5＝$\frac{20}{7}$＝$2\frac{6}{7}$(分前)と$2\frac{6}{7}$分後なので，タンクBの水が無くなるまでに，水量の差が50L以下である時間は，$2\frac{6}{7}+2\frac{6}{7}=5\frac{5}{7}$(分間)と求められる。

4 条件の整理，場合の数

(1) 1÷2×4＋3を計算すると，$\frac{1}{2}$×4＋3＝2＋3＝5(点)となる。

(2) 得点を最も大きくするためには，かける数とたす数を大きくし，割る数を小さくすればよい。そこで，考えられる式を調べると，最も大きくなるのは，たとえば，3×4÷1＋2＝14(点)とわかる。また，得点を最も小さくするためには，かける数とたす数を小さくし，割る数を大きくすればよい。よって，たとえば，2×3÷4＋1＝2.5(点)となる。

Ⅰ　㋐×㋑÷1＋㋒　(㋐÷1×㋑＋㋒，㋒＋㋐×㋑÷1，㋒＋㋐÷1×㋑)
Ⅱ　㋐×㋑÷2＋㋒　(㋐÷2×㋑＋㋒，㋒＋㋐×㋑÷2，㋒＋㋐÷2×㋑)
Ⅲ　㋐÷1＋㋑×㋒　(㋑×㋒＋㋐÷1)
Ⅳ　㋐÷2＋㋑×㋒　(㋑×㋒＋㋐÷2)

(3) 得点が整数になるのは上の4つの場合が考えられる。Ⅰの場合，{㋐，㋑，㋒}の並べ方が，3×2×1＝6(通り)ある。さらに，どの場合についても(　)内のように並べかえることができるから，6×4＝24(通り)となる。また，Ⅱの場合，{㋐，㋑，㋒}の並べ方が，{1，4，3}，{4，1，3}，{3，4，1}，{4，3，1}の4通りあり，どの場合も(　)内のように並べかえることができるので，4×4＝16(通り)とわかる。次にⅢの場合，{㋐，㋑，㋒}の並べ方が6通りあり，どの場合も(　)内のように並べかえることができるから，6×2＝12(通り)と求められる。さらにⅣの場合，{㋐，㋑，㋒}の並べ方が，{4，1，3}，{4，3，1}の2通りあり，どちらの場合も(　)内のように並べかえることができるので，2×2＝4(通り)とわかる。よって，全部で，24＋16＋12＋4＝56(通り)と求められる。

5 平面図形―面積

(1) 下の図①で，10cmを底辺と考えたときの高さは，10÷2＝5(cm)だから，この三角形の面積は，10×5÷2＝25(cm^2)である。

(2) 図①の三角形の等しい辺の長さを□cmとすると，下の図②のアの長さは(10－□)cmと表すことができる。すると，正方形の1辺の長さは，10－□＋□＝10(cm)になるので，正方形の面積は，10×10＝100(cm^2)とわかる。

図①

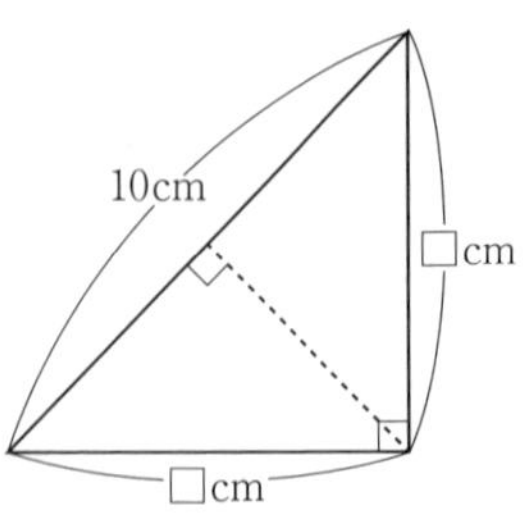

図②

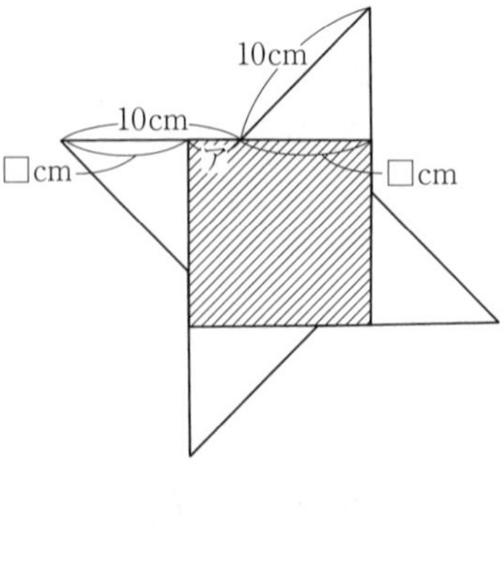

図③

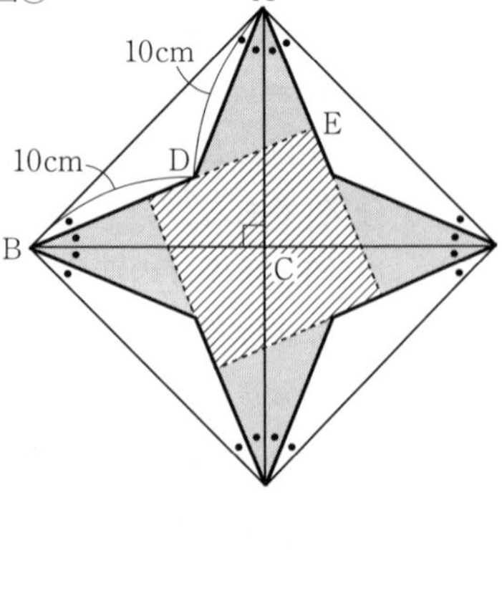

⑶　上の図③のように線を延長すると，●４つ分の角の大きさが90度になるから，三角形ABEは直角三角形である。また，●２つ分の角の大きさは，$90\times\frac{2}{4}=45$(度)なので，三角形ADEは直角二等辺三角形になる。すると，ほかの部分も同様だから，太線で囲んだ図形は図②と合同になり，中央の正方形の面積は$100cm^2$とわかる。さらに，かげをつけた三角形１個の面積は$25cm^2$なので，太線で囲んだ図形の面積は，$100+25\times4=200(cm^2)$となる。これは問題文中の図３の斜線が引かれた図形の面積の４倍にあたるから，求める面積は，$200\div4=50(cm^2)$である。

社　会　＜B試験＞（40分）＜満点：75点＞

解　答

問１　エ　**問２**　⑴　ア　⑵　EU(ヨーロッパ連合)　⑶　**第１回**…第一次石油危機(オイルショック)　**第46回**…(例)　新型コロナウイルス感染症の拡大　**問３**　⑴　ウ　⑵　(例)　水田の区画整理が進んで規則正しい形になり，稲かりなどを行う大型の農業機械が使いやすくなったため。　**問４**　ウ，オ　**問５**　イ　**問６**　エ　**問７**　⑴　エ　⑵　イ　**問８**　**図**…C　**地図**…エ　**問９**　⑴　ウ　⑵　(例)　元寇は国を守るための戦いであり，新たな領地を得たわけではなかったので，幕府の財政は苦しく，御家人に十分な恩賞をあたえることができなかった。そこで季長は，自分の活躍を幕府に直接訴えて恩賞を得ようとした。**問10**　イ　**問11**　イ　**問12**　ア　**問13**　オ　**問14**　エ→ウ→イ→ア　**問15**　ア　**問16**　イ　**問17**　ア　**問18**　イ　**問19**　ア　**問20**　イ→ア→エ→オ→ウ　**問21**　⑴　違憲立法審査権　⑵　予算　⑶　両院協議会，イ　**問22**　⑴　オ→エ→ア→ウ→イ　⑵　エ　**問23**　ア→ウ→イ→エ　**問24**　⑴　134885　⑵　27　⑶　ウ　**問25**　イ，永久　**問26**　(例)　阿弥陀仏による救いを信じ，その姿や極楽浄土の様子を思い描くこと

解　説

各時代の芸術やその作品を題材とした総合問題

問１　アは「憲法記念日」，イは「海の日」，ウは「山の日」，エは「勤労感謝の日」で，このうち日本の宗教行事や祭事に由来するのはエである。「新嘗《にいなめ》祭」という皇室の行事が行われる日であり，明治政府により祭日に指定されていたが，1948年，「国民の祝日に関する法律」の制定にともない，「勤労感謝の日」とされた。

問２　⑴　2023年５月に第49回主要国首脳会議(サミット)が行われたのは広島県である。広島県は，第二次世界大戦末期の1945年８月６日に世界で初めて原爆が落とされ，甚大《じんだい》な被害を受けた。また，輸送用機械器具の製造品出荷額等は，愛知県，静岡県，神奈川県に次いで全国第４位(2021年)である(ア…○)。なお，イは長崎県，ウは三重県，エは沖縄県である。　⑵　2024年２月現在，サミットに参加しているのは，G７と呼ばれる主要７か国(フランス，アメリカ，イギリス，ドイツ，日本，イタリア，カナダ)の首脳と，EU(ヨーロッパ連合)の代表である。　⑶　第１回のサミットは，1973年に起きた第一次石油危機(オイル・ショック)を原因として世界に広がった経済の混乱に対する対策を話し合うため，1975年にフランスのランブイエで開催《かいさい》された。以来，各国の持ち回りで毎年開かれてきたが，2020年の第46回会議は，同年に入り本格化した新型コロナウイルス感染症《かんせんしょう》の世界的

拡大を受け，中止されている。

問３　⑴　耕地のうち田が占《し》める割合が最も低いウは，火山灰などが堆積《たいせき》してできた水持ちの悪いシラス台地において茶などの畑作がさかんな鹿児島県である。なお，県の面積が日本全国の面積に占める割合と，耕地のうち田が占める割合がともに高いアは，新潟県である。耕地率は低いが耕地のうち田が占める割合が高いイは，山地が多いが南部の濃尾《のうび》平野で稲作がさかんな岐阜県である。残るエは茨城県である。　⑵　図２を見ると，1968年と比べて現在は水田の形が規則正しくなっていることがわかる。これは，1970年代以降，水田の区画整理が進められたからであり，その結果，トラクターや田植え機，コンバインなどの農業機械が使いやすくなり，農作業の時間が大幅に短縮された。

問４　ウは埴輪《はにわ》で，古墳の上や周りに並べられていた素焼きの土製品である。オは須恵器《すえき》で，５世紀に朝鮮半島から製作技術が伝わって轆轤《ろくろ》とのぼりがまを用いた大量生産が可能となり，古墳時代から平安時代までつくられた。なお，アの縄文土器とイの土偶は縄文時代，エの銅鐸《どうたく》は弥生時代のものである。

問５　憲法十七条の中では，神道ではなく仏教を重んじることが示されている(イ…×)。なお，憲法十七条が出されたのは604年，冠位十二階が定められたのは603年，遣隋使の派遣は607年の出来事である。

問６　エは平安京に当てはまることがらである。

問７　⑴　厳島《いつくしま》神社は広島県の厳島(宮島)北西部の沿岸に位置しているから，エが当てはまる。地図中のほぼ中央に社殿がある。なお，アは伊勢神宮内宮《ないくう》，イは日光東照宮，ウは出雲《いずも》大社。　⑵　厳島神社付近は瀬戸内の気候に属するから比較《ひかく》的温暖で年降水量の少ないイが当てはまる。なお，日光東照宮付近は太平洋側の気候に属するが，標高が高く，冬は低温となるからア，伊勢神宮内宮付近は太平洋側の気候のうち，特に夏の降水量が多い紀伊半島に属しているからウ，出雲大社は日本海側の気候に属し，冬の降水量が多くなるからエが当てはまる。

問８　『平家物語』は鎌倉時代に成立した軍記物で，源平の合戦を中心として，平家一門の繁栄《はんえい》から滅亡までを描《えが》いている。Ａ～Ｅはいずれもその内容をもとに，後世，描かれた絵画である。このうち源平最後の合戦である1185年の壇ノ浦の戦いに当てはまるのはＣで，地図中のエにあたる下関海峡(関門海峡)で戦う源氏と平氏両軍の船団が描かれている。なお，Ａは1184年の一ノ谷の戦いにおける「鵯越《ひよどりごえ》の逆《さか》落とし」として知られるエピソードを描いたものである(地図中のイ)。源義経は一ノ谷の裏側にあたる鵯越の断崖《だんがい》を数十騎《き》の家来とともに馬に乗ったまま駆《か》け下りて平氏を急襲し，源氏の勝利を決定づけたとされる。Ｂは1185年の屋島の戦いを描いたものである(地図中のウ)。「扇《おうぎ》の的」のエピソードとして知られ，那須与一《なすのよいち》が平家の女官が掲《かか》げた扇に向かって矢を射《い》る場面が描かれている。Ｄは1180年の富士川の戦いの一場面を描いたものである(地図中のア)。平氏の軍勢と源氏の軍勢が富士川(静岡県富士市)をはさんで向かい合っていた夜明け前のこと，いっせいに飛び立った水鳥の羽音を大軍がせめてきたと勘《かん》違いした平氏の軍勢は戦わずして逃げたとされる。Ｅは源義仲《よしなか》の軍が平氏の軍勢を打ち破った1183年の倶利伽羅《くりから》峠の戦いを描いたものである(富山・石川県境)。『源平盛衰《せいすい》記』によれば，義仲はこの戦いで角に松明《たいまつ》をつけた数百頭の牛を突進させ，平氏の軍勢を谷底に転落させたというが，『平家物語』にはそのような記述はなく，古代中国の故事にもとづいた創作と考えられている。

問９　⑴　Ａ～Ｃは，いずれも『蒙古襲来絵詞《もうこしゅうらいえことば》』と呼ばれる絵巻物の中の作品である。元寇《げんこう》(元軍の２度にわたる襲来)のさいに従軍した肥後(熊本県)の御家人竹崎季長《すえなが》が，自身の活躍《かつやく》ぶりを主張するため絵師に描かせたものとされる。Ｃはそのうち，1281年の弘安の役において出陣した幕府軍の様子を描いたもので，背後に石塁《せきるい》(石垣《いしがき》)の上に陣取る武士たちが描かれているが，石塁は文永の役(1274年)の後，再び元軍が襲《おそ》ってくるのに備えて幕府が博多湾沿岸などに築かせたものである。なお，Ｂは文永の役の一場面で，画面の右側に描かれている騎馬《きば》武者が季長である。　(2)　元寇で勝利を収めたものの，新たな領地を獲得《かくとく》したわけではなかったこともあり，幕府は財政難から御家人たちに十分な恩賞をあたえることができなかった。そうした中，季長は直訴《じきそ》するためはるばる鎌倉に向かい，みずからの武功を訴《うった》えた。Ａはその面会の様子を描いたものである。交渉《こうしょう》の結果，季長はその主張を認められて新たに領地をあたえられ，その後，地頭職についている。

問10　東京周辺の桜の開花日は３月15日ごろで，他の地域と比べて最も早い(Ａ…正)。西日本の桜の開花日が３月20～25日ごろであるのに比べて，北海道・東北地方は４月以降と遅くなっている(Ｂ…正)。長野県の大半の地域は開花日が３月25日以降で，周辺地域よりも開花が遅くなっている(Ｃ…誤)。

問11　江戸時代，秋田は秋田藩，岡山は岡山藩，佐賀は佐賀藩の城下町として栄えたが，信濃《しなの》川の河口に位置する新潟は港町として発展した都市である。

問12　金箔《きんぱく》は，金をたたいてうすく延ばしてつくる。金沢市(石川県)は伝統工芸として，金箔の生産がさかんなことで知られる。

問13　愛知県の割合が非常に高いＡは，自動車などの輸送用機械器具の出荷額，静岡県と鹿児島県が第１・２位を占めるＢは茶の生産量である。Ｃはうなぎの養殖収穫量で，鹿児島県と宮崎県は志布志湾，愛知県は三河湾，静岡県は浜名湖がうなぎの生産地として知られる。

問14　アは1844年(アヘン戦争の結果を受け，オランダ国王が幕府に開国を進言)，イは1825年(異国船打払令)，ウは1792年(ロシア使節ラクスマンの根室への来航)，エは17世紀前半(朱印船貿易)の出来事であるので，年代の古い順に，エ→ウ→イ→アとなる。

問15　神奈川宿に当てはまるのはアで，副題は「台之景」である。現在の横浜市神奈川区付近にあたる地域で，海沿いであることに着目する。なお，イは小田原宿で，副題は「酒匂川《さかわ》」である。ウは川崎宿で，副題は「六郷渡舟《ろくごうわたしぶね》」。六郷川とは現在の多摩川下流部のことである。エは戸塚宿で，副題は「元町別道」である。

問16　緒方洪庵《おがたこうあん》は1838年に，大阪で蘭学塾の適塾(適々斎《てきてきさい》塾)を開き，福沢諭吉や大村益次郎らを育てた医者・蘭学者であり，エレキテルや寒暖計などをつくったのは平賀源内である(イ…×)。

問17　『太陽の塔《とう》』は，1970年に大阪府吹田《すいた》市の千里丘陵《きゅうりょう》で開かれた日本万国博覧会(大阪万博)のテーマ館の１つとしてつくられた高さ約70mの建造物で，現在も文化財として万博記念公園に残されている。作者は芸術家の岡本太郎である(ア…○)。なお，イの横山大観は明治～昭和時代前半の日本美術を代表する日本画家で，『生々流転』や『無我』などの作品のほか，富士山を数多く描いたことでも知られる。ウの円谷《つぶらや》英二は特撮(特殊撮影)技術を用いて多くの作品を制作した映画監督で，代表作として『ゴジラ』やテレビ作品の『ウルトラマン』シリーズなどがある。エの手塚治虫《てづかおさむ》は『鉄腕アトム』や『火の鳥』などで知られる昭和時代を代表する漫画家である。

問18　旅客数の多い就航先の上位に宮古空港や石垣空港といった沖縄県に属する南西諸島の空港があるＢは，那覇空港(沖縄県)である。旅客数が少なく，鹿児島県に属する奄美《あまみ》空港が上位にあるＤは鹿児島県である。残るＡとＣのうち，上位に大阪府の関西国際空港が上位にあるＡには，同じ大阪府の大阪国際(伊丹《いたみ》)空港は当てはまらないので，Ａは新千歳《ちとせ》空港(北海道)，Ｃは大阪国際(伊丹)空港である。

問19　デ＝レーケは1873年に「お雇《やと》い外国人」として来日したオランダ人の土木技術者である。30年以上，日本に滞在して各地で土木工事を指導し，たびたび氾濫《はんらん》していた木曽三川《きそさんせん》(木曽川・長良川・揖斐《いび》川)の分流工事を成功させるなどの功績を残した。デ＝レーケが富山県の改修工事のため常願寺川(地図中のア)を訪れたさいに述べたとされていた「これは川ではない，滝だ」という言葉は，日本の地形の険しさを示すものとしてよく知られる。

問20　アは日清戦争(1894～95年)直前の東アジア情勢を描いた風刺《ふうし》画，イは1886年に保安条例が出され，警察が自由民権運動を弾圧《だんあつ》している風刺画，ウは第一次世界大戦(1914～18年)中の好景気を背景に現れた「成金」と呼ばれた人々の風刺画，エは日露戦争(1904～05年)直前の国際情勢を描いた風刺画，オは1905年に日本政府が韓国に統監府を設置したことを，初代統監の伊藤博文を亀《かめ》として描くことで表した風刺画であるので，年代の古い順に，イ→ア→エ→オ→ウとなる。

問21　⑴　図中のＸは違憲《いけん》立法審査《しんさ》権である。全ての裁判所は，国会が制定した法律が憲法に違反していないかどうかを，具体的な裁判を通して判断する権限を持っている。　⑵　衆議院が可決した後，30日以内に参議院が議決しなかった場合，衆議院の議決が国会の議決となるのは「予算の議決」と「条約の承認」。ここでは衆議院が先に審議していることから，予算の議決だと考えられる。

⑶　図２中のＡにあたるのは両院協議会である。予算の議決，条約の承認，内閣総理大臣の指名について衆議院と参議院の議決が異なった場合に必ず開かれるもので，各議院から選出された10名ずつの協議委員で構成される。ここではイの写真が当てはまる。なお，アは本会議，ウは委員会，エは閣議の様子を示したものである。

問22　⑴　アは1920年(日本の国際連盟加盟)，イは1925年(普通選挙法の制定)，ウは1923年(関東大震災の発生)，エは1918年(米騒動の発生)，オは1914年(日本による青島占領《せんりょう》)の出来事なので，年代の古い順に，オ→エ→ア→ウ→イとなる。　⑵　極東国際軍事裁判とは，第二次世界大戦における日本のＡ級戦犯(「平和に対する罪」に問われた戦争犯罪人)28名に対して連合国が行った裁判である。1946年５月から1948年11月にかけて東京で行われ，東条英機《ひでき》ら７名を絞首《こうしゅ》刑，16名を終身禁錮《きんこ》刑，２名を有期禁錮刑とする判決が下された(エ…×)。

問23　アは1937年(南京事件の発生)，イは1940年(日本がフランス領インドシナ北部に進駐)，ウは1938年(国家総動員法の制定)，エは1945年(ポツダム宣言の発表)の出来事なので，年代の古い順に，ア→ウ→イ→エとなる。

問24　⑴　昭和元年は1926年であるから，2023年は表１において昭和98年にあたる。　⑵　平成元年は1989年であるから，2023年は表２において平成35年にあたる。したがって，33262÷122287＝0.2719…より，27％となる。　⑶　３つの表を比較すると，65歳以上の高齢者が総人口に占める割合の増加は，時代が進むほど進行の速度が速く推計されているから，高齢化の深刻度はより高まっているといえる(ウ…○)。なお，総人口のピークは，昭和60年の推計で昭和89年，つまり2014年とされていたが，平成９年の推計では平成19年，つまり2007年とされている(ア…×)。表１を見ると，将来の総人口の減少と65歳以上の人口が総数に占める割合が増えることは推計されているから，昭和の時代でも少子化と高齢化は予測されていたといえる(イ…×)。３つの表とも，総人口はいずれ減少に転ずるとされているが，老年人口そのものは増加したり減少したりしている(エ…×)。

問25　表現の自由について，日本国憲法第21条１項で，「集会，結社及《およ》び言論，出版その他一切の表現の自由は，これを保障する」と規定されている。また，大日本帝国憲法において人権は法律の範囲内で認められるものであったが，日本国憲法第11条においては，基本的人権は「侵《おか》すことのできない永久の権利」として保障されると規定されている。

問26　『往生要集』は10世紀末に僧《そう》の源信が著したもので，浄土《じょうど》信仰の広がりに大きな役割をはたした。源信はその中で，極楽往生する，つまり，人が死後，極楽に生まれ変わるためには「称名念仏」と「観想念仏」が必要であると説いている。「称名念仏」とは念仏を唱えて祈《いの》ることであり，「観想念仏」とは，阿弥陀《あみだ》仏による救いを信じ，その姿や極楽浄土の様子を思い描くことである。藤原頼通が建てた平等院鳳凰《ほうおう》堂は，阿弥陀仏を祀《まつ》るとともに，極楽浄土の様子を表したものとされているから，源信の教えを形にしたものといえる。

理　科　＜Ｂ試験＞（40分）＜満点：75点＞

解　答

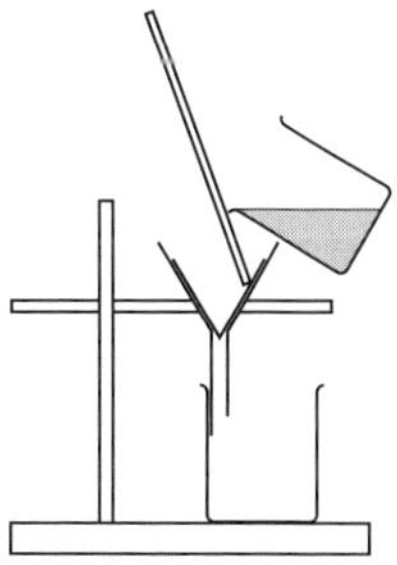

[1] (1)　a　4　　b　14　　c　340　　d　13　　(2)　ウ　　(3)　イ　　(4)　イ　　(5)　j　H　　k　A，E　　[2] (1)　右の図　　(2)　D，E，F　　(3)　A，C　　(4)　A　イ　　C　ア　　E　エ　　(5)　①　0.75 g　　②　1800cm³　　(6)　(例)　アルミニウムは塩酸と水酸化ナトリウム水溶液に反応して溶けるが，スチールウールは塩酸にだけ反応して溶けるから。　　[3] (1)　青むらさき　　(2)　④　　(3)　イ　　(4)　**記号**…ア　　**理由**…(例)　ペプシンは胃液に含まれる酵素で，胃液は酸性だから。　　(5)　b　イ　　c　ア　　d　エ　　(6)　イ，エ，オ　　(7)　(i)　ア　　(ii)　(例)　アブラナやタンポポは昆虫に花粉を運んでもらって受粉するが，マツは風で花粉が飛ばされて受粉するから。　　(8)　6　　[4] (1)　部分日食　　(2)　新月　　(3)　エ　　(4)　①　イ　　②　ア　　(5)　375000km　　(6)　①　８月31日　　②　1.35倍

解　説

[1]　ドップラー効果についての問題

(1)　a　ブザーからマイクまでは1360m離《はな》れているので，マイクで初めて音が観測されるのは，ブザーを鳴らし始めてから，1360÷340＝４(秒後)である。　　b　ブザーを鳴らし始めてから10秒後にブザーの最後の音が鳴り，この音がマイクに届くまで４秒かかるので，マイクで最後に音が観測されるのはブザーを鳴らし始めてから，10＋４＝14(秒後)となる。　　c　ブザーは毎秒34mでマイクに近づくので，10秒間では，34×10＝340(m)近づく。　　d　ブザーで最後に音を鳴らした位置からマイクまでの距離は，1360－340＝1020(m)なので，この位置からマイクまで音が伝わるのにかかる時間は，1020÷340＝３(秒間)となる。よって，マイクで最後に音が観測されるのはブザーを鳴らし始めてから，10＋３＝13(秒後)となる。

(2)　ブザーが秒速34mでマイクに近づくと，マイクで音を観測する時間は，14－13＝１(秒)短くな

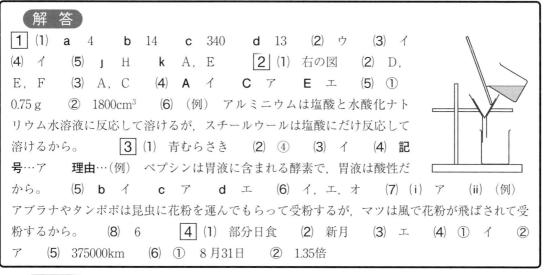

る。このとき，ブザーが発した音の振動《しんどう》の回数の合計は6800回で変わらないから，ブザーがマイクに近づくときにマイクで観測される音の１秒間に振動する回数は，もとの音より多くなる。なお，音は１秒間に振動する回数が多いほど高く聞こえるので，ブザーが近づくときの音は止まっているときの音より高く聞こえる。

⑶　⑵と同様に考える。ブザーの速さを毎秒10ｍから毎秒20ｍに変えると，マイクに近づくときは，マイクで音を観測する時間は短くなり，観測される音の１秒間に振動する回数はもとの音より多くなる。また，ブザーがマイクから遠ざかるときは，マイクで音を観測する時間は長くなり，観測される音の１秒間に振動する回数はもとの音より少なくなる。よって，グラフはイのようになる。

⑷　グラフ２より，音の１秒間に振動する回数が最も多いのは実験２でブザーが位置Ａから位置Ｏに向けて進むとき，つまり，ブザーが①のように進むときである。また，音の１秒間に振動する回数が最も少ないのは実験２でブザーが位置Ｏから位置Ｂに向けて進むとき，つまり，ブザーが③のように進むときである。さらに，実験３でブザーが位置Ｏにあるとき，つまり，②の状態になっているときには音の１秒間に振動する回数がおよそ680回になっている。

⑸　⑷で述べたように，ブザーの音をマイクで観測したときに音の１秒間に振動する回数が最も多くなるのは，ブザーが進む向きとマイクに向けて音が進む向きが同じになるときである。これは右の図より，ブザーが位置Ｈにあるときとなる。また，図６の②のように，ブザーが進む向きとマイクに向けて音が進む向きが垂直になるときに，音の１秒間の振動する回数が680回になる。そのようになるのはブザーが位置Ａと位置Ｅにあるときである。

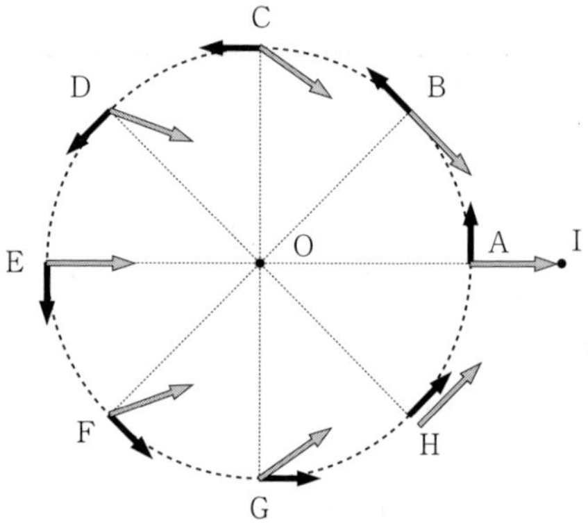

2　水溶液《すいようえき》の性質についての問題

⑴　ろ過の操作には，ろうと，ろうと台，ろ紙，ガラス棒，ビーカーを使う。ろ紙は四つ折りにしたものを開いてろうとに置き，液を注ぐときは，ガラス棒をろ紙の重なった部分につけ，ガラス棒を伝わらせて少しずつ注ぐ。また，ろ液(ろ過したあとの液体)が流れやすくなるように，ろうとの管の先の長いほうをビーカーのかべにつける。

⑵　BTB溶液は，酸性で黄色，中性で緑色，アルカリ性で青色を示す。よって，実験１から，Ａ，Ｂには酸性のうすい塩酸か炭酸水，Ｃ，Ｄ，Ｅにはアルカリ性のうすいアンモニア水，うすい水酸化ナトリウム水溶液，石灰水のいずれか，Ｆには中性の食塩水が入っていたとわかる。実験２から，Ｂの試験管内に泡《あわ》がついていたので，Ｂに入っていたのは炭酸水とわかり，これよりＡに入っていたのはうすい塩酸と決まる。さらに，炭酸水と石灰水を混ぜると白くにごるので，実験３からＤに入っていたのは石灰水となる。また，アルミニウムは水酸化ナトリウム水溶液に溶《と》けるので，実験４からＥに入っていたのはうすい水酸化ナトリウム水溶液である。すると，残ったＣにはうすいアンモニア水が入っていたとわかる。以上より，水を蒸発させたときに固体が残る水溶液は，固体が溶けている水溶液だから，Ｄの石灰水，Ｅのうすい水酸化ナトリウム水溶液，Ｆの食塩水が選べる。

⑶　Ａのうすい塩酸には気体の塩化水素，Ｃのうすいアンモニア水には気体のアンモニアが溶けている。これらの気体は刺激臭《しげきしゅう》がある気体で，水溶液を温めると溶けきれなくなった気体が空気中

に出てくるのでにおいが強くなる。

⑷　⑵で述べたことから，Ａにはうすい塩酸，Ｃにはうすいアンモニア水，Ｅにはうすい水酸化ナトリウム水溶液が入っている。

⑸　①　表１から，アルミニウムが0.50ｇまでは，アルミニウムが0.10ｇ増えるごとに発生した気体の体積は144cm^{3}ずつ増えている。アルミニウムが0.50ｇ以上のときは発生した気体の体積が720cm^{3}で一定となるので，Ａに入った水溶液100cm^{3}にはアルミニウムは0.50ｇまでしか溶けないことがわかる。よって，この水溶液250cm^{3}に溶けるアルミニウムの重さは，$0.50\times\frac{250}{100}=1.25$（ｇ）なので，溶け残るアルミニウムの重さは，2.0－1.25＝0.75（ｇ）となる。　②　アルミニウムが0.10ｇ溶けると気体が144cm^{3}発生するので，1.25ｇのアルミニウムが溶けたときに発生した気体の体積は，$144\times\frac{1.25}{0.10}=1800$（cm^3）となる。

⑹　アルミニウムは塩酸と水酸化ナトリウム水溶液に溶けて水素を発生するが，スチールウール（鉄）は塩酸にだけ溶けて水素を発生する。そのため，実験４のような結果になったと考えられる。

3　酵素《こうそ》のはたらきについての問題

⑴　でんぷんはヨウ素液と反応して青むらさき色に変化する。したがって，青むらさき色に変化した試験管（＋）にはでんぷんがあり，色が変化しなかった試験管（－）にはでんぷんはなかったことがわかる。

⑵　水ではでんぷんは変化しないので，試験管①，③，⑤はヨウ素液で青むらさき色になる。だ液に含《ふく》まれる酵素は，体温に近い温度（約40℃）ででんぷんを麦芽糖に変えるはたらきがあるので，試験管④ではでんぷんがなくなり，ヨウ素液の色が変化しなくなる。しかし，だ液の酵素は，低温（０℃）や高温（80℃）でははたらかないので，試験管②と試験管⑥ではでんぷんはそのまま残り，ヨウ素液は青むらさき色に変化する。

⑶　試験管④，⑧，⑩の結果を比べると，加えた液体が中性の試験管④ではだ液の酵素がはたらいてでんぷんが分解されているが，塩酸を入れて酸性にした試験管⑧や，水酸化ナトリウム水溶液を入れてアルカリ性にした試験管⑩では，だ液がはたらいていないことがわかる。これより，だ液は中性（pH＝７）のときに，最もよくはたらくことがわかる。よって，図１でだ液の酵素のはたらきの強さを表したものとして適当なものはイとなる。

⑷　ペプシンは胃液に含まれる酵素で，タンパク質を分解してペプトンに変えるはたらきがある。また，胃液は塩酸を含んでいるので強い酸性になっている。したがって，ペプシンは酸性の水溶液中でよくはたらくと考えられるから，図１では，pHが７より小さいところでよくはたらくアが選べる。

⑸　試験管②では，手順６でヨウ素液の色が変化しなかったので，酵素がはたらいてでんぷんが分解されたが，試験管⑥ではヨウ素液の色が変化したので酵素がはたらかなかったことになる。このことから，だ液に含まれる酵素は，温度を０℃にしても40℃に戻《もど》せば再びはたらくが，温度を80℃にすると温度を40℃に戻してもはたらかなくなることがわかる。

⑹　花を咲《さ》かせ種子をつくる植物のうち，胚珠《はいしゅ》が子房《しぼう》の中にある植物を被子《ひし》植物，胚珠がむき出しになっている植物を裸子《らし》植物という。ここでは，エンドウ，アサガオ，サツマイモが被子植物，イチョウとスギが裸子植物である。

⑺　(i)　今年のめ花を表したものはアである。なお，イは葉，ウはお花，エは１年以上前に受粉し

ため花でマツカサになっている。　(ii)　アブラナやタンポポは昆虫《こんちゅう》のなかだちによって受粉をする虫ばい花で，目立つ花びらやにおいなどで昆虫を呼び寄せている。いっぽう，花びらのないマツやイネは風によって花粉が運ばれる風ばい花で，花びらがなくなっている。

⑻　缶詰《かんづめ》のパイナップルの果汁《かじゅう》ではゼラチンが分解されなかったのは，だ液の酵素と同様に，パイナップルの酵素は加熱するとそのはたらきを失うからだと考えられる。よって，６の工程で熱湯に入れたことが原因といえる。

4　日食と月についての問題

⑴　太陽の一部分だけが隠《かく》される日食を部分日食という。これに対して，太陽全体が見えなくなる日食を皆既《かいき》日食，太陽のふちだけが環《わ》のように残って見える日食を金環《きんかん》日食という。

⑵　日食は太陽が月によって隠されることによって起こるので，日食が起こるときは，図１のように太陽，月，地球がこの順に一直線に並んでいる。このとき，地球からは，月の太陽光が当たっている部分が見えないので，月は新月になる。

⑶　地球の公転の軌道《きどう》が月の公転の軌道とずれていて，同じ平面にないために，太陽，月，地球が完全に一直線に並ぶことは少なく，新月のたびに日食が見られるわけではない。

⑷　①の部分では月によって太陽の光はすべてさえぎられているので，太陽がすべて月に隠されるイの皆既日食が見られる。いっぽう，②の部分では太陽の光の一部は月にさえぎられるが，それ以外の部分からの光は届くので，アの部分日食になる。

⑸　月と太陽が完全に同じ大きさで重なっているとき，(地球から太陽までの距離《きょり》)：(太陽の直径)＝(地球から月までの距離)：(月の直径)の関係が成り立つ。よって，１億5000万：139万2000＝(地球から月までの距離)：3480より，地球から月までの距離は，15000万×3480÷1392000＝37.5万(km)，つまり375000kmとなる。

⑹　①　地球から月までの距離が小さいほうが月は大きく見える。　②　８月31日の月は，２月６日の月よりも距離が近く，地球から見た直径は，２月６日の月と比べて，40万6000÷35万＝1.16(倍)大きく見える。よって，８月31日の月の面積は，２月６日の月よりも，1.16×1.16＝1.3456より，1.35倍大きく見える。

国　語　＜Ｂ試験＞(50分)＜満点：100点＞

解　答

一　①～⑦　下記を参照のこと。　⑧　とおあさ　⑨　ふんべつ　⑩　ほっきにん

二　**問１**　(山村は)自然が主体の(空間である。)　**問２**　エ　**問３**　ウ　**問４**　(例)　人間主体の視点から，ある対象がＡでもありＢでもあると認識した後，外部の自然を主体にして考え直すこと。　**問５**　⑤　にぎり　⑦　ア　**問６**　ア　**問７**　エ　**三**　**問１**　イ　**問２**　(例)　赤や緑などの本当の色がわからないまま，皆が感じている赤や緑の概念を頭で学習して描いた絵だから。　**問３**　イ　**問４**　(例)　(夜空と海の「あお」は，)闇の色が含む藍が引き立てるので不思議な明るさを見せること。　**問５**　イ　**問６**　ア　**問７**　ウ　**問８**　ウ，エ

●漢字の書き取り

一 ① 刻限　② 収益　③ 師事　④ 辞退　⑤ 兆候(徴候)　⑥ 私腹　⑦ 自賛

解説

一 漢字の書き取りと読み

①　あらかじめ決められた時刻。　②　事業などによって得た利益。　③　相手を師として敬い，教えを受けること。　④　相手からすすめられたことを遠慮して断ること。　⑤　何かが起こる前ぶれ。　⑥　自分の財産。　⑦「自画自賛」は，自分で自分のしたことをほめること。　⑧　海や川の岸から遠くの方まで水が浅いこと。　⑨　道理をよくわきまえ，物事のよしあしや損得などをよく考えること。　⑩　何かを思いたって事を始める人。

二 出典：青木真兵《あおきしんぺい》『手づくりのアジール—「土着の知」が生まれるところ』。自宅を図書館として開放するルチャ・リブロという活動を行っている筆者が，社会と自然とのあり方について考えを述べている。

問1　筆者は，都市を「人が住むために自然を切り開いてつくった空間」であり「人間主体」の場所であると考える一方で，山村は「自然が優位な環境」であり，「自然が主体」である場所と考えている。

問2　筆者は，山村の自宅について，「プライベートでもありパブリックでもあるような，あいまいな空間としての自宅を自然と共有するような感覚」があり，「そこに住んでいる人間としては，自然から間借りしている感覚が強くある」と述べている。山村で「自宅を開く」ということは，自然をありのままに受け入れて暮らしていくということなのである。

問3　「ナンセンス」は，無意味であること。直前に「本来，自然は誰《だれ》のものでもないので」とあるように，「そもそもプライベートもパブリックも人間主体の考えで，自然主体で考えたらどっちも『人が決めたこと』」にすぎないのであるから，「プライベート／パブリック」という区分け自体が無意味なのである。

問4　同じ段落に，第一段階として「まずは対象がＡでもあり，Ｂでもあることを認識」することが述べられている。ここでの認識は，「人間主体」の「視点」による認識である。そして，「でもそれも人間が決めたことだよね」とあるように，そこから自然を主体にして考え直すことが，「もう一段階視点を上げる」ということである。

問5　⑤「一にぎり」は，全体の中でほんとうにわずかな数であること。　⑦　筆者は，プロレスについて考えるときに，「ＡかＢかという二者択一《にしゃたくいつ》」ではなく，「目の前のことをいったん『なんとなく』でぼやかし，全体を把握《はあく》することが必要」だと述べている。それは，「なんとなくの視点」で見るということである。

問6　「レフェリーが見ていない」とは，レスラーの反則をレフェリーが見逃《のが》しているということで，これは「お客さんを熱狂《ねっきょう》させ，その団体を潤《うるお》わせる」要素として，プロレスには必要なのである。プロレスは，「ただ単に勝敗を競うだけでなく，相手の技をすべて受け切って，お互《たが》いに力を引き出し合うことで，素晴《すば》らしい試合」になり，盛り上がるのである。

問7　筆者は，ルチャ・リブロの活動や「土着」の考え方の中心に，「なんとなくの視点」を挙げている。それは，「社会，人類，地球全体のことを考えつつ，目の前の日常を生きていく」ことであり，そのためには，「より良い社会を作っていくための提案をしていくような『闘《たたか》い』」が必要になる。

三　**出典：増山《ますやま》 実《みのる》「百年の藍《あい》」**。恭蔵《きょうぞう》は，色覚のハンディに苦しんでいたが，画家の竹久夢二《たけひさゆめじ》が描《えが》く「あお」の色に心を奪《うば》われたことをきっかけに，立ち直ることができた。恭蔵は，そのことを竹久夢二本人に話す。

問1　恭蔵は，自分のスケッチは「心の赴《おもむ》くままに描いた絵」で，「自分の恥部《ちぶ》をさらけ出したような絵」だと思っていた。しかし，そのスケッチを夢二が「いいスケッチだ」とほめてくれたために，恭蔵はうれしくて「その場を駆《か》け回りたいほどの気持ち」になったのである。

問2　恭蔵は，生まれつき色覚のハンディがあり，「赤や，緑が，全部，似たような色に見え」るのである。「草画コンテストに応募《おうぼ》した，あのリンゴの樹《き》の下の男女の絵も，リンゴの実の，赤い色」が本当はどんな色をしているのかわからないまま，「皆《みな》が感じる赤や緑の概念《がいねん》を，頭で学習して，その色に当てはめ」ただけなので，「偽《いつわ》りの絵」なのである。

問3　続けて恭蔵は，「あおだけは，ぼっけぇ，ようわかる」と話している。「あお」の色がわかるから，夢二の「あお」が好きになり救われたということを，恭蔵は夢二に強く訴《うった》えたかったのである。

問4　すぐ前で恭蔵が話している「絵の中に切り取られた夜空と海の『あお』には，なんとも言えん不思議な明るさ」があったことに対する秘密である。恭蔵は，闇《やみ》の色の中に，ほんのかすかに藍が含まれていて，その「闇の中の藍が，夜空と海の『あお』を，引き立て」ているために「不思議な明るさ」があると気がついた。

問5　恭蔵は，色覚のハンディがあることが原因で，学校にも行けなくなり，社会に出ることもできなくなっていた。しかし，夢二が描いた「闇の海の中を，帆船《はんせん》が走る絵」に出会ったことで，「わしは，赤や緑が見えんけえ，夢二先生の描くこの『あお』の秘密に気づけたんじゃなかろうか」と考えられるようになり，「それまでは怖《こお》うて怖うて出られんかった『世界』に，また出ていけるようになった」と話している。

問6　色覚のハンディがある恭蔵に対して，夢二は「すべての色が見えている人が，本当の世界を感じ取れているかは，疑問だ」と言い，「美の感覚」についても，「日常を覆《おお》う常識に照らして美しいと考えることは間違《まちが》っていると思ってる」と話している。そして，そのように思う根拠《こんきょ》として夢二が示したのが，「霧《きり》の多い春先の太陽は，青磁《せいじ》の花瓶《かびん》より青いことがある」ということであった。「そんな太陽」を「あお」だけははっきりと見える恭蔵も「見た覚え」があったことで，恭蔵は夢二と心が通じ合ったような気持ちになった。

問7　恭蔵には色覚のハンディがあるという話を聞いても，夢二は恭蔵の話をさえぎったりしないで，「沈黙《ちんもく》したまま話を聞いて」いる。また，恭蔵が言葉に詰まったときは，「慌《あわ》てなくてもいいんだ。ゆっくり話せばいい」と声をかけ，恭蔵を落ち着かせようとし，恭蔵の話が一区切りついたときに，色に対する自分の見解を伝えている。よって，ウが合う。

問8　アは，「夢二の『あお』の微妙《びみょう》な色使い」を「二人だけの秘密」としている点が合わない。夢二の藍の使い方の秘密に気がついたのは恭蔵だが，夢二がそのことを秘密にしていたわけではない。イは，「恭蔵の母は，恭蔵が自分のいうことをまるで聞いてくれないことに深く悲しんでいた」

が合わない。母は，恭蔵に色覚のハンディがあることを知り，深く悲しんだのである。オは，「恭蔵の姉が，草画コンテストへの応募をすすめてくれた」や，夢二に「ぜひ会いに行くように言った」が合わない。こうした内容は，本文では述べられていない。

Dr.福井の 入試に勝つ！脳とからだのウルトラ科学

試験場でアガらない秘けつ

キミたちの多くは，今まで何度か模擬試験（たとえば合不合判定テストや首都圏模試）を受けていて，大勢のライバルに囲まれながらテストを受ける雰囲気を味わっているだろう。しかし，模擬試験と本番とでは雰囲気がまったくちがう。そういうところでも緊張しない性格ならば問題ないが，入試独特の雰囲気に飲みこまれてアガってしまうと，実力を出せなくなってしまう。

試験場でアガらないためには，試験を突破するぞという意気ごみを持つこと。つまり，気合いを入れることだ。たとえば，中学の校門前にはあちこちの塾の先生が激励《げきれい》のために立っている。もし，キミが通った塾の先生を見つけたら，「がんばります！」とあいさつをしよう。そうすれば先生は必ずはげましてくれる。これだけでもかなり気合いが入るはずだ。ちなみに，ヤル気が出るのは，TRHホルモンという物質の作用によるもので，十分な睡眠をとる，運動する（特に歩く），ガムをかむことなどで出されやすい。

試験開始の直前になってもアガっているときは，腹式呼吸が効果的だ。目を閉じ，おなかをふくらませるようにしながら，ゆっくりと大きく息を吸う。ここでは「ゆっくり」「大きく」がポイントだ。そして，ゆっくりと息をはく。これをくり返し何回も行うと，ノルアドレナリンという悪いホルモンが減っていくので，アガりを解消することができる。

よく「手のひらに“人”の字を書いて飲みこむことを3回行う」とアガらないというが，そのようなおまじないを信じて実行し，自分に暗示をかけてもいいだろう。要は，入試に対するさまざまな不安な気持ちを消し去って，試験に集中できるようなくふうをこらせばいいのだ。

Dr.福井（福《ふく》井《い》一成《かずしげ》）…医学博士。開成中・高から東大・文Ⅱに入学後，再受験して翌年東大・理Ⅲに合格。同大医学部卒。さまざまな勉強法や脳科学に関する著書多数。

Memo

Memo

2023年度 サレジオ学院中学校

【算　数】〈A試験〉(50分)〈満点：100点〉

◎問題にかいてある図形は正確とは限りません。

1　次の□にあてはまる数を答えなさい。

(1)　$\frac{7}{4}+\frac{249}{125}+\frac{1999}{1000}=$ □

(2)　$\left\{10\frac{3}{7}\times(\square-1.25)-9\frac{1}{10}\right\}\div 1.1=5$

2　(1)　解答らんの図をもとにして，下の図のような直方体の展開図を完成させなさい。
ただし，解答らんをはみださないようにしなさい。

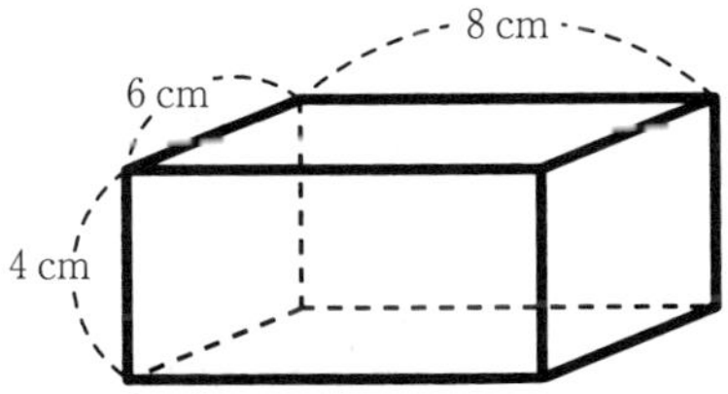

以下，□にあてはまる数を答えなさい。

(2)　48人のクラスで代表者を選ぶ選挙を行います。１票には１人の名前だけを書き，全員が１票の投票をします。

このとき，４人の代表者を選ぶのであれば少なくとも［ア］票，３人の代表者を選ぶのであれば少なくとも［イ］票の票を取れば必ず代表者に選ばれます。

(3)　３％の食塩水 80g と４％の食塩水 240g が入った２つの容器があります。この２つの容器から同じ量の食塩水を同時にくみ出し，それぞれ他方の容器に移したところ，２つの容器の食塩水の濃度は等しくなりました。

このとき，２つの容器からくみ出した食塩水の量は□gです。

(4)　現在工事中のリニア中央新幹線は，東京(品川)から名古屋までの 286km を40分で結ぶ予定とされています。現在新幹線のぞみ号は東京(品川)から名古屋までを80分で結んでいるので所要時間は半分になります。所要時間が半分になる理由は，新幹線のスピードが速くなることはもちろんですが，現在のルートが東京から名古屋まで多少遠回りをしていて，東京(品川)から名古屋まで 360km の距離があるからです。

以上の条件から，平均速度を比べると，リニア中央新幹線はのぞみ号の□倍であることがわかります。

ただし，□には小数第３位を四捨五入して，小数第２位までの数で答えなさい。

(5)　太郎君は夏休みに算数の問題集を１日９問ずつ解き，夏休みの最終日にちょうど解き終える予定を立てていました。しかし，夏休み中に７日間の旅行に行くことがわかったので，夏休みが始まってから旅行前に1日に10問ずつ解いて全体の$\frac{2}{3}$を終わらせ，旅行後に1日15問ずつ解いてちょうど最終日に解き終えました。

このとき，この問題集には全部で[　　]問の問題があります。

3　＋，－，×，÷ 以外に，∧という新しい計算の記号を加えます。この∧という記号は，$a \wedge b$ は a を b 回かけることを表すとします。例えば，$5 \wedge 3 = 5 \times 5 \times 5 = 125$ のことです。

また，この∧という記号は，×，÷と同様に，＋，－よりも優先して計算する記号であるとします。例えば，$1 + 5 \wedge 3 = 1 + 125 = 126$ となり，$1 + 5 \wedge 3 = 6 \wedge 3 = 216$ とはなりません。

このとき，次の問いに答えなさい。

(1)　a，b は異なる整数で a の方が小さい数であるとします。このとき，$a \wedge b = b \wedge a$ となるような a，b が1組だけあります。この a，b をそれぞれ答えなさい。

(2)　$1 \wedge 3 + 2 \wedge 3 + 3 \wedge 3 + 4 \wedge 3 =$ [　　] $\wedge 2$ が成り立つとき，[　　]にあてはまる数を答えなさい。

(3)　$1 \wedge 3 + 2 \wedge 3 + 3 \wedge 3 + \cdots + 100 \wedge 3 =$ [　　] $\wedge 2$ が成り立つとき，(2)を参考に規則を見つけ，[　　]にあてはまる数を答えなさい。ただし，解答らんには途中の過程もかきなさい。

4　うみさんとそらさんは，学校で出された次のような[問題]について考えています。

このとき，以下の問いに答えなさい。

[問題]　右の図のように，点Oを中心とする半径4cmの半円と正方形ABCDがあり，2つの辺ODとAEは点Hで垂直に交わっています。

このとき，正方形ABCDの面積を求めなさい。

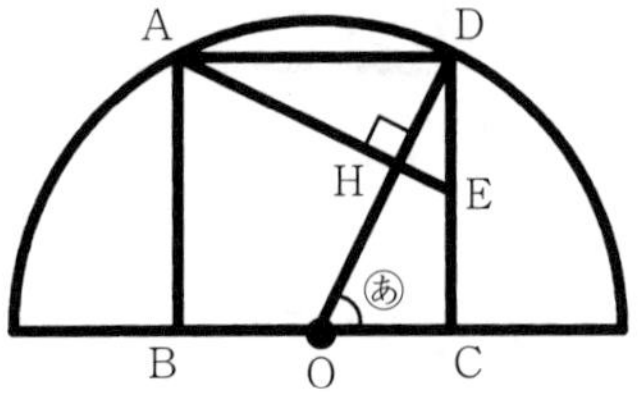

(1)　以下の2人の会話の[　　]にあてはまる最も適切な辺あるいは番号を答えなさい。

ただし，[ウ]は【選択肢ウ】の中から最も適切なものを1つだけ選びなさい。また，[エ]と[オ]は【選択肢エ・オ】の中から適切なものを**すべて**選びなさい。

うみ　図を見ていると，角㋐は60°ぐらいに見えるよ。角㋐＝60°ということで計算してみたらどうかな？

そら　そんなことないよ。右の図のような60°の角を含む直角三角形PQRを考えると，PQ：[ア]＝1：2　一方で，三角形OCDは，OC：[イ]＝1：2だから，右の図とは対応する辺の位置が違っていて，角㋐は60°より[ウ]なるはずだよ。

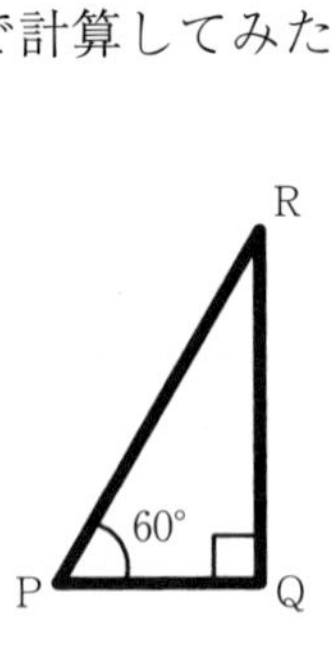

うみ　そうか。だから，角度に注目して考える方法はマズイ…。じゃあ，どうしようか？　この図を見ていると，形が同じ直角三角形がいっぱいある。これをうまく使えないかな？

そら　そうだね。たしかに，三角形OCDと形も大きさも同じ直角三角形が[エ]で，三角形OCDと形は同じで大きさが異なる直角三角形が[オ]になっているね。よし，このことに注目して考えてみよう。

(以下，省略)

【選択肢ウ】　①　大きく　②　小さく

【選択肢エ・オ】　①　三角形 OAD　②　三角形 ABC　③　三角形 DCB

④　三角形 DHA　⑤　三角形 EDA　⑥　三角形 EHD

2人の会話を参考にして，次の問いに答えなさい。

(2)　AH の長さを求めなさい。

(3)　正方形 ABCD の面積を求めなさい。ただし，解答らんには途中の過程もかきなさい。

5　図1のように，中心が点Oの円があります。3点A，B，Cは，円周上の点Pから同時に一定の速さで回り始めます。点Aは反時計回りで，4.5秒で円を1周します。点Bは反時計回りで点Aより遅い速さで回り，点Cは時計回りで点Bより遅い速さで回ります。

図2のグラフは，OA と OB でつくられる角あと，OA と OC でつくられる角いの大きさと時間の関係を表したものです。ただし，角度は180°までの大きさで表すとします。

このとき，次の問いに答えなさい。

(1)　グラフから三角形 OAB が最初に正三角形になるのは3点A，B，Cが動き始めてから2秒後であると読み取れます。次に三角形 OAB が正三角形になるのは，3点A，B，Cが動き始めてから何秒後ですか。

(2)　点Bおよび点Cは，円を一周するのにそれぞれ何秒かかりますか。

(3)　3点A，B，Cが動き始めてから12秒までの間に，三角形 ABC が二等辺三角形となるのは何回ありますか。

ただし，解答らんには途中の過程もかきなさい。また，必要であれば，解答らんの図を用いなさい。

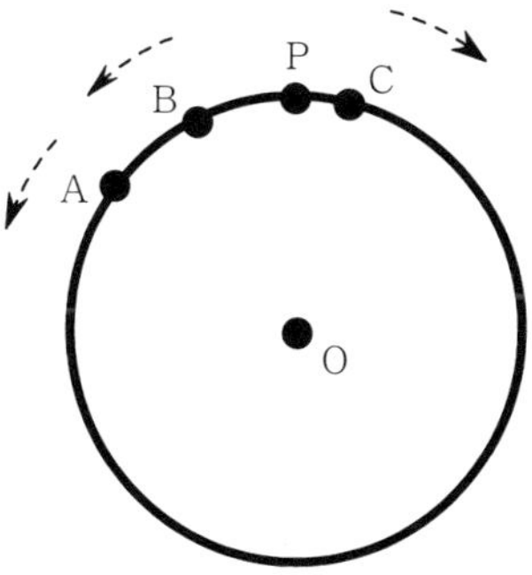

図1

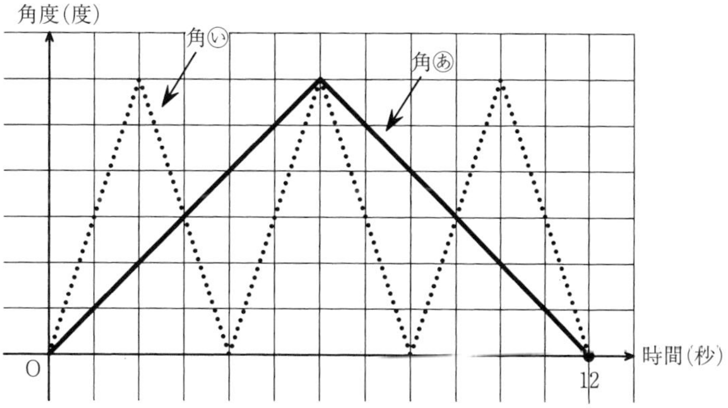

図2

【社　会】〈A試験〉(40分)〈満点：75点〉

次の文章を読んで，あとの問いに答えなさい。

みなさんは小さいときに物語を読んだことがあると思います。その中には①昔話とか神話と呼ばれるものも含《ふく》まれているのではないでしょうか。このような物語はただの作り話というだけではなく，その中には作り手の②さまざまなメッセージが込められています。世界・社会の仕組みを説明したものもあります。

例えば，日本の③古代では，『日本書紀』・④『古事記』という歴史書や『風土記』という地理書，⑤『万葉集』という歌集が８世紀に生まれます。歴史書といっても，なかには神話であったり，本当にあった出来事かどうか疑わしい物語もあります。しかし，この『日本書紀』が作られたのは日本の天皇の血筋《ちすじ》が由緒《ゆいしょ》正しいものであることを示し，「日本」という国の力をアピールするという目的があったからではないかと考えられます。

平安時代には，⑥最古のSF小説(伝奇物語)といわれる(**A**)，女流作家による長編小説である(**B**)，関東地方で起きた反乱の様子を描いた(**C**)なども作られており，それぞれが作られた目的は違《ちが》いますが，古代の人々の豊かな感性が今に至るまで文学作品として伝えられています。⑦鎌倉時代には源平の合戦を描《えが》いた⑧『平家物語』が作られています。

室町時代になると，⑨御伽草子《おとぎぞうし》というジャンルの物語が作られ，これには私たちにもなじみのある『一寸法師』・『物くさ太郎』などの短編作品が含まれます。これらの作品は，庶民《しょみん》が立身出世して貴族になるというストーリーが展開していて，当時の庶民に夢を与《あた》える物語といえます。それに続く⑩戦国から安土桃山時代には，ヴァリニャーニが伝えた活字印刷技術によって，「すっぱい⑪ぶどう」などの物語で知られる『イソップ物語』を翻訳《ほんやく》した『天草版伊曽保物語』が出版されています。

また，⑫江戸時代にもさまざまなジャンルの物語が描かれています。浮世草子の井原西鶴，滑稽《こっけい》本の十返舎一九，読本の曲亭(滝沢)馬琴などが有名です。少し変わった物語としては，『戊戌《ぼじゅつ》夢物語』という作品があります。この作品は1838年に蘭《らん》学者の高野長英が著したものですが，その内容が⑬幕府の政策を批判したものであるとされて，長英は投獄《とうごく》され処罰されてしまいました。

近代に入ると，神話や物語は現実のものではなく，人々は人間の理性や科学に基づいて生活するようになったと考えがちです。しかし，人間は理性によって何でも知ることができるとか，科学によって何でも証明することができるという考え方自体，一種の物語に支配されているといえます。

例えば，明治初期に人間は生まれながらにして⑭自由平等で，⑮幸福に生きる権利をもっているという天賦《てんぷ》人権思想という考え方が欧米《おうべい》からもたらされました。この物語(考え方)は，現在でも⑯日本国憲法にいかされていて，世界中の多くの国々で浸透《しんとう》した考え方になっていますが，⑰世界の中にはこれと違った考え方をしている国や民族もあります。

日本では，この⑱民主主義の考え方について，大正時代には一時期定着する兆しが見えましたが，昭和前半期には軍事力によって⑲周囲の国々を植民地支配していくという考え方が強くなり，そのために民衆を統制する考え方に変わりました。1930年代に作られた子ども向けの漫《まん》画《が》の『のらくろ』・⑳『冒険ダン吉』などはその時代の考え方をよく表しています。

このほか，資本主義とか共産主義のように，政治や経済のあり方についての考え方をイデオロギーといいますが，これも国や民族によって考え方の異なる大きな物語といえるのではないでしょうか。このイデオロギーの対立が戦後は㉑東西冷戦と呼ばれる対立に発展しました。また，経済の面でいうならば，お金を信用し，価値をおく考え方が非常に強く，経済力によって国に序列がついています。

現代社会の中で，私たちはさまざまな物語に翻弄《ほんろう》されてしまっていますが，どの物語が世界の多くの人々を幸せに導くものであるかを見極め，幸せにつながる物語を㉒将来に語り継いでいく必要があるのではないでしょうか。

問１　下線部①について，次の問い(**1**)(**2**)に答えなさい。

(**1**)　右の画像は，ある都道府県庁所在都市の中心駅前にある，ある昔話の主人公たちの像です。次の説明文を参考にして，この駅がある都市名を**漢字で**答えなさい。

この物語の主人公が，お供のイヌ・サル・キジに与えたきびだんごには，きびという作物が入っていますが，この都市が含まれる地域名と同じ音《おん》になっています。

(**2**)　『かちかち山』の物語は，いたずらをしたタヌキをウサギがこらしめるお話で，地域によって話が少し違うようです。タヌキが背負って火をつけられる柴《しば》は里山でとれます。これに関連して，日本での国土面積に対する森林面積の割合（%）として，最も近い数値（2018年）を，次の**ア**～**エ**から一つ選んで，記号で答えなさい。

ア　28　　**イ**　48　　**ウ**　68　　**エ**　88

問２　下線部②について，日本は昔から多くの自然災害に見舞《みま》われてきました。先人たちは，そのときの様子や教訓を石碑《せきひ》やモニュメントに残してきました。一方で，その石碑やモニュメントに刻まれた教訓が活かされず，最近でも大きな被害《ひがい》が出ています。このような状況から，自然災害に関する石碑やモニュメントを，2019年から地図記号として地形図などに掲載《けいさい》されるようになりました。この地図記号を解答用紙に描きなさい。

問３　下線部③について，古墳時代に関して述べた文として，**適当でないもの**を，次の**ア**～**エ**から一つ選んで，記号で答えなさい。

ア　前方後円墳は，関西地方において４世紀後半に初めて出現したと考えられます。

イ　指導者がそなえた資質は，政治，経済，武力などの力量の他に宗教的能力も関係したと考えられます。

ウ　指導者層の順位づけには，大王との血筋が遠いか，近いかが影響《えいきょう》したと考えられます。

エ　古墳の形と大きさには当時の政治的な上下関係が強く影響したと考えられます。

問４　下線部④について，次の問い(**1**)～(**3**)に答えなさい。

(**1**)　『古事記』について，江戸時代にその精神に立ち返ることを主張して，その注釈《ちゅうしゃく》書である『古事記伝』を著した人物名を**漢字で**答えなさい。

(2) 『古事記』や『日本書紀』によると，日本列島を造る神話があり，イザナギノミコトとイザナミノミコトが，天上の世界から矛《ほこ》で海をかき混ぜ，持ち上げた矛のしずくから最初の島ができたとされています。この島は現在ではタマネギの栽培で知られており，瀬戸内海最大の島の一部だといわれています。この島の名前を**漢字で**答えなさい。

(3) 『古事記』には，『いなばのしろうさぎ』という神話が記されています。いなばのしろうさぎが，「おきのしま」からいなばに渡ろうとして，ワニザメを並べてその背中を渡りますが，毛をはぎ取られて泣いているところを，大国主命《おおくにぬしのみこと》に助けられる，という内容になっています。この神話の舞台となっている，「いなば」とは，現在の日本のどのあたりの地域とされているでしょうか。最も適当なものを，地図中の**ア**～**エ**から一つ選んで，記号で答えなさい。

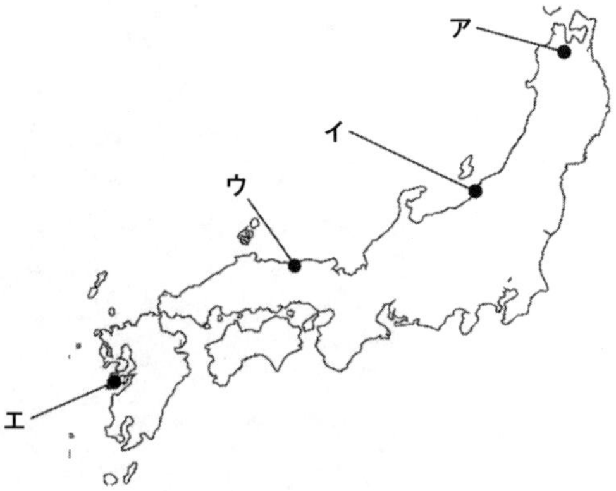

問５　下線部⑤について，次の句は万葉集に掲載《けいさい》されている和歌です。これを読んで，次の問い(1)(2)に答えなさい。

「信濃なる　千曲の川の　さざれ石も　君し踏みてば　玉と拾はむ」

(1) 「千曲の川」とは，「信濃」を流れる千曲川を指しています。「信濃」は，現在の何県でしょうか。都道府県名を**漢字で**答えなさい。

(2) 千曲川は，県をまたいだ下流部は別の名前となります。別の名前になる下流部の県はどこでしょうか。都道府県名を**漢字で**答えなさい。

問６　下線部⑥の空らん(**A**)～(**C**)にあてはまる語句の組み合わせとして，正しいものを次の**ア**～**ク**から一つ選んで，記号で答えなさい。

ア　(**A**)　源氏物語　(**B**)　竹取物語　(**C**)　将門記
イ　(**A**)　竹取物語　(**B**)　源氏物語　(**C**)　将門記
ウ　(**A**)　源氏物語　(**B**)　枕草子　(**C**)　将門記
エ　(**A**)　竹取物語　(**B**)　枕草子　(**C**)　将門記
オ　(**A**)　源氏物語　(**B**)　竹取物語　(**C**)　陸奥話記
カ　(**A**)　竹取物語　(**B**)　源氏物語　(**C**)　陸奥話記
キ　(**A**)　源氏物語　(**B**)　枕草子　(**C**)　陸奥話記
ク　(**A**)　竹取物語　(**B**)　枕草子　(**C**)　陸奥話記

問７　下線部⑦について，鎌倉幕府について述べた文として，**適当でないもの**を，次の**ア**～**エ**から一つ選んで，記号で答えなさい。

ア　幕府では，源氏の将軍は3代で滅《ほろ》びましたが，幕府自体はその後も続きました。

イ　幕府では，執権の役職についた北条氏を中心とした御家人が政権を主導しました。

ウ　後鳥羽上皇が北条義時追討《ついとう》をとなえたため戦いが起こり，幕府の力は衰《おとろ》えました。

エ　モンゴル襲来《しゅうらい》を撃退《げきたい》したものの，恩賞が充分《じゅうぶん》でない御家人たちは幕府に不満をもちました。

問8　下線部⑧について，次の**A**～**C**の雨温図は，源氏と平氏が戦った倶利伽羅峠《くりからとうげ》，屋島，壇ノ《だんの》浦《うら》付近の雨温図です。その正しい組み合わせを，下の**ア**～**カ**から一つ選んで，記号で答えなさい。

A

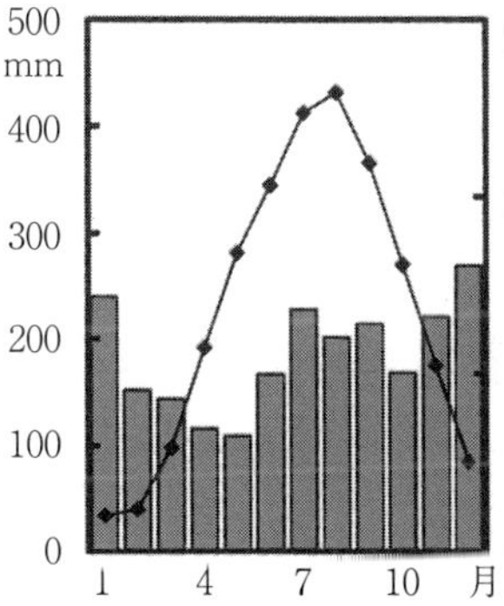

平均気温：13.7℃
年降水量：2228.2mm

B

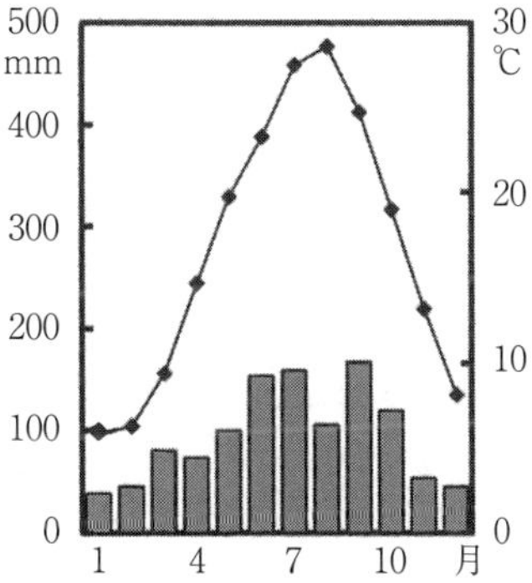

平均気温：16.7℃
年降水量：1150.1mm

C

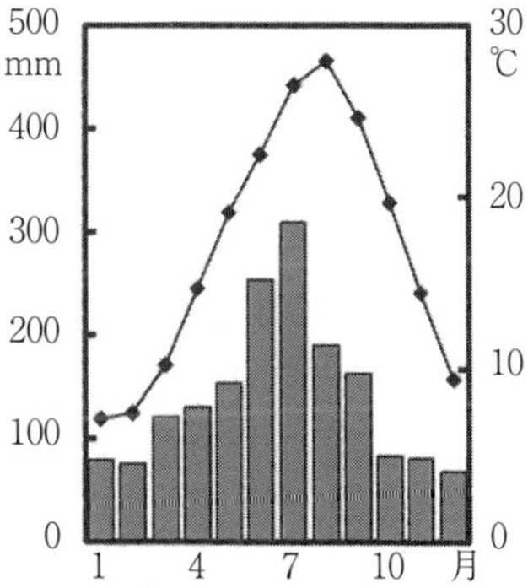

平均気温：17.0℃
年降水量：1712.3mm

	A	**B**	**C**
ア	倶利伽羅峠	屋島	壇ノ浦
イ	倶利伽羅峠	壇ノ浦	屋島
ウ	屋島	倶利伽羅峠	壇ノ浦
エ	屋島	壇ノ浦	倶利伽羅峠
オ	壇ノ浦	倶利伽羅峠	屋島
カ	壇ノ浦	屋島	倶利伽羅峠

問9　下線部⑨について，御伽草子が流行したことからわかる，室町時代の文化の特徴《とくちょう》として正しいものを，次の**ア**～**エ**から一つ選んで，記号で答えなさい。

ア　豪商《ごうしょう》の財力を土台とした豪華で壮大な文化であるとともに，異国文化の影響を受けています。

イ　貴族の阿弥陀如来への信仰がもとになり，阿弥陀如来像が数多くつくられています。

ウ　中国との交流が途絶《とだ》え，日本風の優雅《ゆうが》な文学作品が生み出されています。

エ　文化の担い手が庶民にも広がり，農村の生活に根ざした素朴《そぼく》な要素が含まれています。

問10　下線部⑩について，次の問い(**1**)(**2**)に答えなさい。

(**1**)　この時代に関連する次のできごと**ア**～**エ**を，年代の古い順に並べ替えなさい。

ア　天正遣欧使節がヨーロッパへ派遣《はけん》される

イ　フランシスコ・サビエルが鹿児島に来航する

ウ　長篠の戦いで大量の鉄砲が使用される

エ　豊臣秀吉が朝鮮出兵を行う

(2)　次の地図は，この時代に築城が始まった松本城周辺の地理院地図です。この図について述べた文として，**適当でないもの**を，下の**ア**～**エ**から一つ選んで，記号で答えなさい。

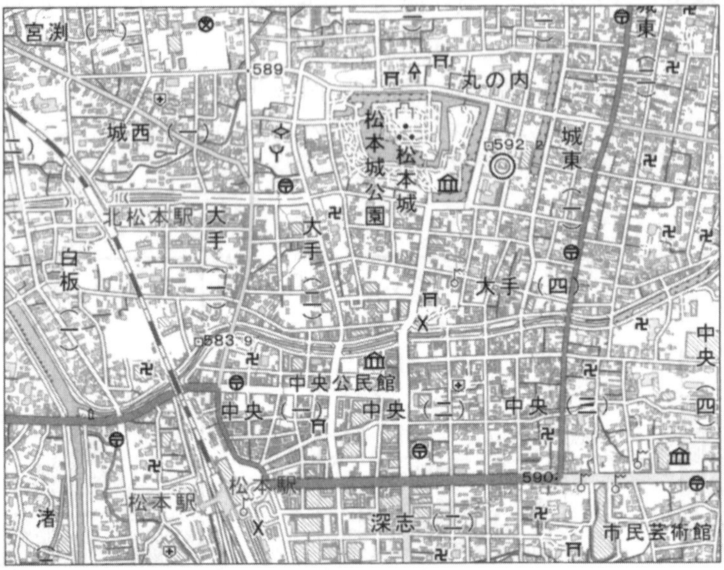

ア　神社と電波塔の数を比べたとき，数が多いのは神社です。

イ　松本城の最寄り駅(最も近い駅)は北松本駅です。

ウ　松本城の東側には市役所，南側には交番があります。

エ　松本城の北側には裁判所，西側には税務署があります。

問11　下線部⑪について，右の地図は，ぶどう，りんご，日本なしの収穫量が多い上位6番目までの都道府県を示しています。地図中の凡例**ア**～**エ**は，「ぶどうだけが上位の都道府県」，「りんごだけが上位の都道府県」，「日本なしだけが上位の都道府県」，「ぶどう，りんご，日本なしのうち複数が上位の都道府県」のいずれかです。これらのうち，「ぶどうだけが上位の都道府県」を示した凡例として最も適当なものを，地図中の**ア**～**エ**から一つ選んで，記号で答えなさい。

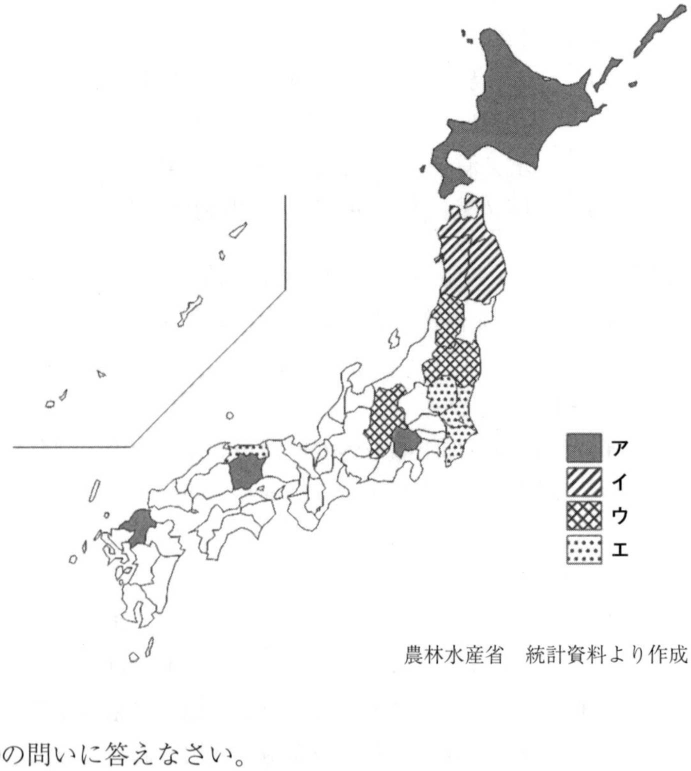

農林水産省　統計資料より作成

問12　下線部⑫について，次の**(1)(2)**の問いに答えなさい。

⑴　江戸時代の通貨制度について述べた文として，**適当でないもの**を次の**ア**～**エ**から一つ選んで，記号で答えなさい。

ア　銀貨は重さをはかって価値を決めて使用されました。

イ　中国から輸入された銅銭が広く普及《ふきゅう》することで利便性が高まりました。

ウ　幕府は三貨の交換《こうかん》比率を定めましたが，金貨，銀貨，銭貨の交換比率は実際の売り買いの中で変動しました。

エ　関東では主に金貨，関西では主に銀貨で取り引きが行われました。

⑵　次の**A**～**C**は江戸時代から明治時代にかけて描かれた，日本の名所の浮世絵《うきよえ》です。**A**～**C**について，**地図**中の正しい位置(**ア**～**カ**)と**説明**(**1**～**6**)を，それぞれ答えなさい。

浮世絵は問題の都合上，一部加工しています。

A

B

C

地図

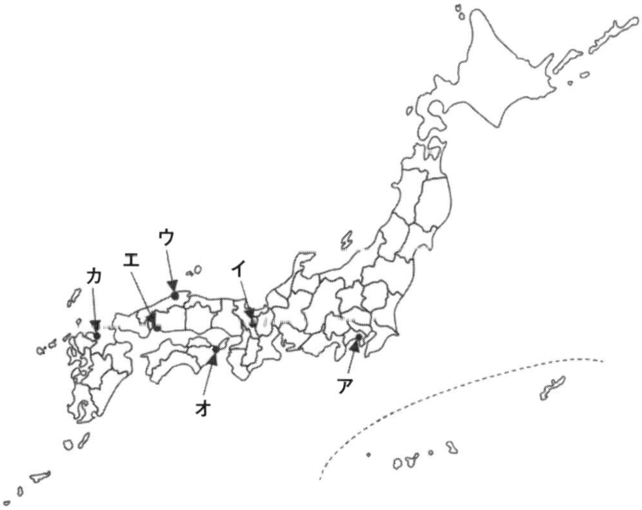

説明

1　多くの道が集まる場所で，大山道や，鎌倉道，八王子道，厚木道などがあり，流通の中心地でした。当時の代表的な名所・旧跡としては，時宗総本山の遊行《ゆぎょう》寺や源義経首洗い井戸，白旗神社などがあります。

2　大阪の天神祭，東京の神田祭とともに「日本三大祭り」の一つに数えられています。平安時代に疫病をしずめるために始まりました。山鉾《やまぼこ》と呼ばれる大型の山車が中心部を練り歩きます。

3　創建は神話の時代にまでさかのぼるという，日本最古の神社の一つです。主神・大国主命は周辺の地を天照大神に献上《けんじょう》したとされ，縁結びの神・農業神として信仰《しんこう》されています。

4　平安時代末期の権力者ゆかりの神社です。色鮮やかな朱塗《しゅぬ》りの社殿は寝殿造で，満潮時には大鳥居とともに海に浮かんでいるように見えます。今日も航海の加護があるとして信仰されています。

5　江戸時代のはじめから塩業が始まり，塩田が増加しました。この地で生産された塩は江戸や大坂をはじめ，全国市場に積み出されました。狭い海峡《かいきょう》に橋がかけられたのは現代に入ってからのことです。

6　古くから中国や朝鮮などとの海外貿易の中心を担ってきた港です。鎌倉時代には，二度にわたる蒙古襲来の舞台《ぶたい》となりました。海岸沿いに築かれた元寇防塁《げんこうぼうるい》の一部は，現在も残っています。

問13　下線部⑬について，高野長英の幕政批判の内容として適当なものを，次の**ア**～**エ**から一つ選んで，記号で答えなさい。

ア　漂流《ひょうりゅう》民返還のためにやってきた船までも砲撃する，異国船打払い令に対する批判。

イ　黒船の圧力に負けて条約を結んで，下田や箱館を開港したことに対する批判。

ウ　朝廷の許可なく，幕府が単独で通商と開港の条約を結んだことに対する批判。

エ　下関海峡を通る欧米の船に対して，砲撃《ほうげき》を加えて損害を与えたことに対する批判。

問14　下線部⑭について，昨今，女性と男性をめぐる性の平等が話題となっています。次の文の空らん(**1**)～(**4**)にあてはまる語句や数字として，最も適当なものを，下の**ア**～**エ**からそれぞれ一つずつ選んで，記号で答えなさい。

2018年に政治分野における(　**1**　)法が施行《しこう》され，選挙の際の候補者数をできるだけ男女均等にするよう求められました。しかし，候補者数の均等化はなかなか実現せず，国会議員に占《し》める女性議員の割合は，世界190余ある国のなかで，(　**2**　)位ほどの順位になっています。日常生活においても，結婚時の姓の問題が取り上げられています。現在は，結婚する夫婦はおよそ(　**3**　)％が夫の名字を選択し，妻が名字を変えています。しかし，25～44歳の女性の就業率(当該年齢《とうがいねんれい》人口に占める就業者の割合で，いわゆる働いている人口の割合とされる)はおよそ(　**4**　)％ほどであり，名字が変わると不便なことも多く出るため，夫婦別姓などが議論されています。

(**1**)　**ア**　労働基準　　**イ**　男女雇用《こよう》機会均等
　　　ウ　公職選挙　　**エ**　男女共同参画推進

(**2**)　**ア**　40　**イ**　80　**ウ**　120　**エ**　160

（**3**）　**ア**　30　　**イ**　60　　**ウ**　75　　**エ**　95

（**4**）　**ア**　30　　**イ**　60　　**ウ**　75　　**エ**　90

問15　下線部⑮について，この権利は，日本国憲法においては，第13条に明記されています。以下の日本国憲法第13条の空らんにあてはまる語句をそれぞれ答えなさい。（**1**）は**漢字2字**，（**2**）は**5字**で答えること。

第13条　すべて国民は，個人として（　**1**　）される。生命，自由及び幸福追求に対する国民の権利については，（　**2**　）に反しない限り，立法その他の国政の上で，最大の（　**1**　）を必要とする。

問16　下線部⑯について，次の問い(**1**)(**2**)に答えなさい。

(**1**)　日本国憲法に関連して，日本で最初に公布された憲法である大日本帝国憲法に関する記述として，**適当でないもの**を，次の**ア**～**エ**から一つ選んで，記号で答えなさい。

ア　大日本帝国憲法は，第一回帝国議会開会の前年に公布されました。

イ　憲法制定の準備のため，伊藤博文がヨーロッパへ派遣されました。

ウ　大日本帝国憲法の草案は，枢密院で審議《しんぎ》され修正されました。

エ　大日本帝国憲法は，明治天皇から時の内閣総理大臣山県有朋に授けられました。

(**2**)　日本国憲法に関する以下の記事を読んで，記事中の空らんにあてはまる数字を答えなさい。

今回の参議院選挙では，与党を中心とした「憲法改正に前向きな政党(以下，改憲勢力と呼びます)」が合計でどの程度議席を確保するかも注目です。

現在，衆議院では改憲勢力の保有する議席の合計は，既に発議に必要な数を超えており，参議院でもこれを超えるかがポイントです。現在，参議院の議席は全体で248ありますが，非改選議席のうち84議席は改憲勢力が確保しています。今回の選挙で，改憲勢力が改選議席のうち［　　　］議席以上を確保すれば，発議に必要な議席数を参議院でも確保することになります。

2022年7月のニュースより作成

問17　下線部⑰について，国家間の争いについては，話し合いによって解決することが望ましいとされており，そのためにつくられたのが国際連合です。国際連合のなかでも，特に平和について話し合うための主要機関について，次の問い(**1**)(**2**)に答えなさい。

(**1**)　この主要機関を何といいますか。名称を**漢字7字**で答えなさい。

(**2**)　この機関のもっている特徴についての説明として，最も適当なものを，次の**ア**～**エ**から一つ選んで，記号で答えなさい。

ア　この機関は5つの大国のみがメンバーとなっており，他の国は会議に参加したり，物事を決めることに参加したりすることはできません。

イ　この機関は5つの大国の意見が一致《いっち》することを原則としており，大国間の意見の違いが大きな戦争になることを防ぐねらいがあります。

ウ　この機関は世界で戦争が起こった際に，国際連合軍の出動を命令することが可能であり，この軍が出動した戦争はすべて短期間で終結して平和が回復しました。

エ　この機関は国同士の争いを解決することを目的としているため，一つの国の中で争いが起こる内戦に対しては，支援《しえん》などの介入《かいにゅう》をしてはいけないことになっています。

問18　下線部⑱について，民主主義を確立するためには，選挙によって民意を反映させる機会は不可欠です。これに関する次の問い(**1**)(**2**)に答えなさい。

(**1**)　現在の選挙制度について述べた文として，適当なものを，次の**ア**～**エ**から一つ選んで，記号で答えなさい。

ア　衆議院選挙は，３年に１回，行われます。

イ　参議院選挙における被選挙権は，30歳以上ですが，政党に所属していないと立候補することができません。

ウ　憲法改正の国民投票は，18歳以上に投票権があります。

エ　都道府県知事の選挙は，都道府県によって，投票できる年齢が変わり，現在では18歳以上に選挙権がある都道府県と20歳以上に選挙権がある都道府県があります。

(**2**)　次の表は，直近３回の衆議院と参議院の年齢別の投票率を表したものです。この表から見られる選挙や政治の問題点に「シルバー民主主義」という言葉があります。「シルバー民主主義」という語句の説明として，最も適当なものを，下の**ア**～**エ**から一つ選んで，記号で答えなさい。

衆議院議員選挙における年代別投票率

年	H.26	H.29	R.3
回	47	48	49
10歳代		40.5	43.2
20歳代	32.6	33.9	36.5
30歳代	42.1	44.8	47.1
40歳代	50.0	53.5	55.6
50歳代	60.1	63.3	62.9
60歳代	68.3	72.0	71.4
70歳代以上	59.5	60.9	62.0

参議院議員選挙における年代別投票率

年	H.28	R.1	R.4
回	24	25	26
10歳代	46.8	33.3	44.1
20歳代	35.6	31.0	37.6
30歳代	44.2	38.8	45.6
40歳代	52.6	46.0	53.3
50歳代	63.3	55.4	59.2
60歳代	70.1	63.6	66.6
70歳代以上	61.0	56.3	59.6

※Hは平成，Rは令和を示す
※年代別の数値は％を表す

総務省資料より作成

ア　国会議員や都道府県議会議員に選出される人の平均年齢が高くなることを指します。

イ　政治家が考える政策の中で，高齢の有権者への政策が優先されることを指します。

ウ　高齢の議員が選出されることが増え，その結果，審議の継続性や結果の考察が出来づらくなることを指します。

エ　有権者が，若い年齢の候補者を避《さ》け，高齢の候補者へ投票することを指します。

問19　下線部⑲について，近代日本では，さまざまな要因から国境線がたびたび変わりました。1900年時点の日本の主権のおよぶ範囲(領土)として正しいものを，次の**ア**～**カ**から一つ選んで，記号で答えなさい。

ア　本州・北海道・四国・九州・諸小島(南西諸島・北方四島を含む)
および台湾・澎湖諸島

イ　本州・北海道・四国・九州・諸小島(南西諸島・北方四島を含む)
および台湾・澎湖諸島・朝鮮半島

ウ　本州・北海道・四国・九州・諸小島(南西諸島・北方四島を含む)
および台湾・澎湖諸島・朝鮮半島・千島列島全島

エ　本州・北海道・四国・九州・諸小島(南西諸島・北方四島を含む)
およひ台湾・澎湖諸島・朝鮮半島・千島列島全島・北緯50度以南の樺太

オ　本州・北海道・四国・九州・諸小島(南西諸島・北方四島を含む)
および台湾・澎湖諸島・千島列島全島

カ　本州・北海道・四国・九州・諸小島(南西諸島・北方四島を含む)
および千島列島全島

問20　下線部⑳について，次の図は下線の漫画『冒険ダン吉』表紙と挿絵《さしえ》です。象に乗っているのが主人公のダン吉で，この漫画のストーリーは以下の通りです。この漫画について話し合っている二人の生徒の会話文中の下線部「違う考え方」とはどのような考え方ですか，説明しなさい。

物語の内容

「熱帯の島の野《や》蛮《ばん》国島に偶然《ぐうぜん》流れ着いた主人公のダン吉は，現地の蛮公(島民)を手なずけて，彼らから尊敬され島の王様となりました。そして，蛮公たちのために良いことをしてやろうと考え，島に学校・病院・郵便・軍事訓練などの制度を教えていきます。しかし，まだ学問がないのでその知識は文明国のこどもにも及《およ》びません。」

会話

Ａ：ダン吉はすごいね。漂流したのにその島の王になったんだね。

Ｂ：でもなんでそんなに簡単に王になれたんだろう。島の人たちは日本人のことをどう思ったんだろうね。

Ａ：島の人たちのために日本の進んだシステムを教えてあげたからじゃないかな？

Ｂ：それって島の人たちに必要なことだったのかな？

Ａ：必要かどうかはわからないけど，便利にしてあげることができたと思うよ。

Ｂ：でも島の人のためというよりも，島の人を日本の国のために利用したようにも見えるけど…

Ａ：確かに，日本にとってはとても都合よく話が進んでるね。

Ｂ：この漫画の作者も含めて，当時の日本人は，南の島の人たちに対して今の私たちとは違う考え方をしていたんじゃないかと思うよ。

問21　下線部㉑について，第二次世界大戦後の東西冷戦下では，大国を中心に核兵器の開発競争が行われ，核兵器は使用されるともちろんのこと，開発や実験段階でも多くの犠牲《ぎせい》者を生み出していることから，世界的に核兵器廃絶が求められています。しかしながら，世界全体を巻き込む大きな戦争が起こらなかったことから，核兵器の存在が平和の手段となる，と考える人もいるのが現状です。そのような人々の意見になるように，空らん(**1**)にあてはまるものを，下の**ア**～**エ**から，(**2**)にあてはまるものを，下の**オ**～**ク**から，それぞれ一つずつ選んで，記号で答えなさい。

(　**1**　)から(　**2**　)と考えられ，核兵器が平和の手段となることが証明される

(**1**)

ア　冷戦時代に核戦争は結果的に起きなかった

イ　核兵器を所持する国は大国である

ウ　テロリストなどに核兵器がわたってしまう可能性がある

エ　核開発時の実験で被害《ひがい》を起こすことがある

(**2**)

オ　核兵器による緊張《きんちょう》感が平和につながる

カ　核兵器を所有しない国への攻撃《こうげき》を行うべき

キ　核兵器の管理を最大限に高める必要がある

ク　核兵器の新たな開発は避けるべき

問22　下線部㉒について，社会科の教科書には，これまでの人たちが生きてきた歴史や築いてきた知見の蓄積《ちくせき》が書かれています。これも人類の物語といえるでしょう。例えば，次のような文章を見てみましょう。

＜自由民権運動が広がる＞

社会のしくみが大きく変わっていく中で，政府の改革に不満をもつ士族が反乱を起こしました。その最大の反乱が西南戦争です。政府は，徴兵令によりつくられた新しい軍隊でこれをおさえました。それ以後，武力による反乱はなくなり，人々は言論で政府に訴《うった》えていくようになりました。

教育出版『小学社会６・上』をもとに作成

このように，あるできごとをきっかけに社会が変わっていき，歴史上の物語として後世に語られていくことがあります。

さて，近年は新型コロナウイルス感染症の世界的な流行という大きなできごとがありました。このできごととそれにともなう社会の変化は，将来，社会科の教科書に書かれる歴史的事象になるのではないでしょうか。もしそうなるとしたら，みなさんが25歳になるころの教科書にどのように書かれていると思いますか。解答らんの書き出しに従う形で，教科書の文章を，具体例を取り入れながら答えなさい。

＜新型コロナウイルスの流行と社会の変化＞

2019年の終わりごろから2022年ごろにかけて，新型コロナウイルス感染症と呼ばれる病気が世界的に流行しました。この時期，日本国内では，……

【理　科】〈**A試験**〉(40分)〈満点：75点〉

1　図1のようにおもりをひもでぶら下げて，ふり子にしてふらせました。おもりにはインクの入った容器がついています。容器の底には小さな穴があいていて，容器の真下に少しずつインクが落ちるようになっています。容器にあいた穴はとても小さいので，容器から出ていくインクの量は少なく，以下の実験のあいだインクを含む容器とおもり全体の重さは変わらないものとします。また，空気による抵抗《ていこう》や摩擦《まさつ》などは考えないものとします。

このふり子をふらせているときに，その真下で細長いグラフ用紙をふり子のふれる方向と直角の方向に動かすと，グラフ用紙には図2のようなグラフが書けます。図2の**O**を通るグラフの横軸《じく》は常に図1の**P**点の真下の位置にあるものとします。

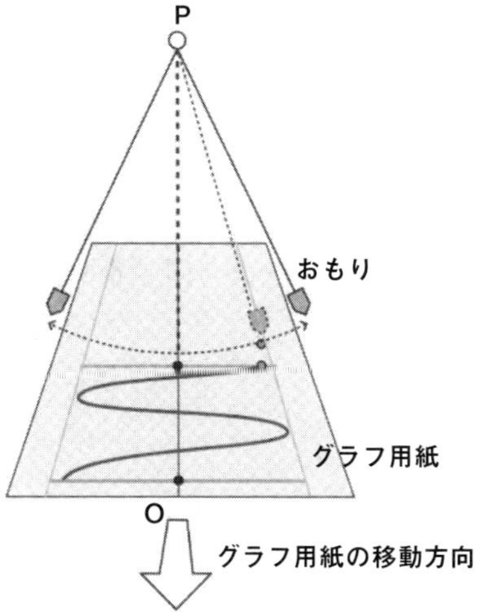

図1　ふり子の運動の記録装置

図2のグラフは，ふり子のひもの長さが1.0m，容器とおもり全体の重さが50g，グラフ用紙の速さが毎秒3.0cmのときのものです。

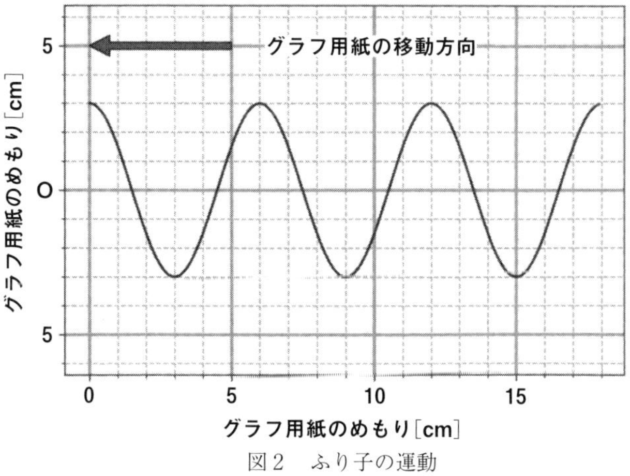

図2　ふり子の運動

以下の問いに答えなさい。

(1)　ふり子は図3のように**A**→**B**→**C**→**B**→**A**という運動をくり返しますが，このふり子が動いた幅《はば》(図3の***L***)は何cmですか。

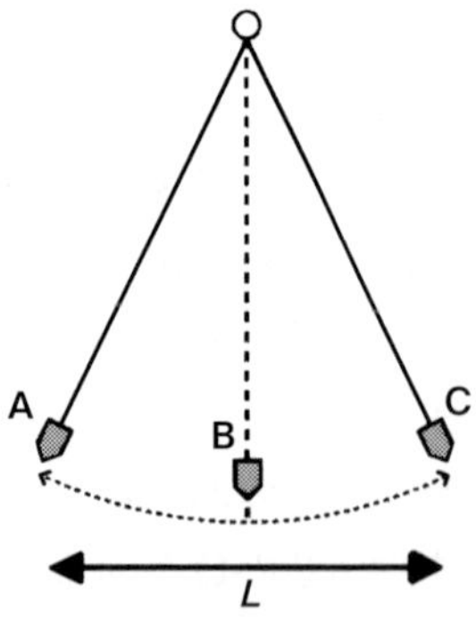

図３　ふり子の動いた幅

(2)　ふり子が図３の**A**から動き始めて再び**A**に戻るまでを１往復とします。１往復するのに何秒かかりましたか。

(3)　ふり子のひもの長さ，おもりの重さ，グラフ用紙の速さをそれぞれ表１のように変えました。それぞれの場合について，表１の(**ア**)～(**ウ**)に入るグラフとして最も適当なものを次のページの図４の①～⑥のなかからそれぞれ一つずつ選び，番号で答えなさい。ただし，ふり子の動いた幅は(1)で答えたものと同じとします。また，(**ア**)～(**ウ**)には①～⑥のうち同じ番号が入る場合もあるものとします。

表１

ひもの長さ[m]	1.0	0.7	1.0	1.0
おもりの重さ[g]	50	50	100	50
グラフ用紙の速さ[毎秒 cm]	3.0	3.0	3.0	5.0
グラフ	①	(**ア**)	(**イ**)	(**ウ**)

(4)　図２の状態からふり子の動いた幅だけを２倍にしました。そのときのグラフとして最も適当なものを次のページの図４の①～⑥のなかから一つ選び，番号で答えなさい。

(5)　この問題では容器から出ていくインクの量は少なく，実験のあいだインクを含む容器とおもりの全体の重さは変化しないと仮定しましたが，実際には全体の重さは時間とともに減っていきます。以下の文章は重さが減っていくことによって見られるふり子の運動の変化を記述したものです。空欄《くうらん》の(**あ**)，(**い**)に入る最も適当な言葉を①～③から一つずつ選び，番号で答えなさい。ただし，空気による抵抗や摩擦などは考えないものとします。また，(**あ**)，(**い**)には同じ番号が入る場合もあるものとします。

「インクを含む容器とおもりの全体の重さが減少するとき，ふり子の動いた幅は(**あ**)。また，ふり子が一往復する時間は(**い**)。」

(**あ**)，(**い**)に入る言葉の候補：

①　大きくなる

②　小さくなる

③　変わらない

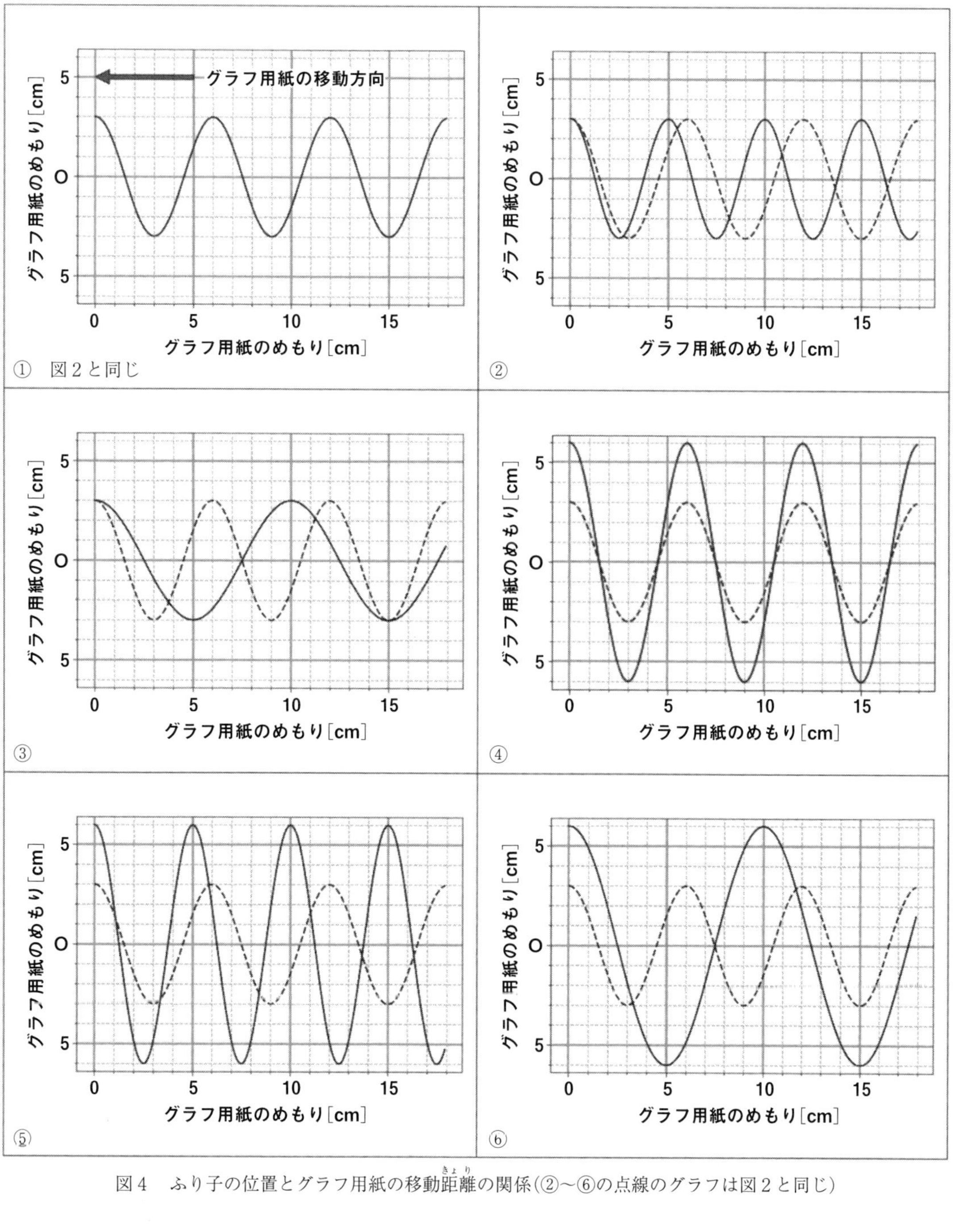

図4　ふり子の位置とグラフ用紙の移動距離《きょり》の関係(②～⑥の点線のグラフは図2と同じ)

2　昨年の夏もたいへん暑かったので，運動しに行くときは，必ずスポーツドリンク(スポドリ)を持って行きました。冷えたスポドリが飲みたいので，ペットボトルに入れて，冷凍《とう》庫で凍《こお》らせて，持って行きました。朝，取り出したとき，ペットボトルは①少しふくらんだ状態でした。のどがかわいたので，飲もうと思ってバッグから取り出すと，②ペットボトルのまわりはビッショリと液体がついており，凍らせたスポドリは少ししかとけていませんでした。

③はじめにとけたスポドリを飲んだところ，とても味が濃《こ》いものでした。運動中に何度か飲

んだのですが，味はだんだんうすくなっていきました。

あとで調べたところ，スポドリは水1000gに他の物質として，食塩を3.4gと砂糖を62gとかした水溶液《すいようえき》であることがわかりました。あとの問いに答えなさい。ただし，水1gの体積は1 cm^3 とし，水に他の物質がとけても，その体積は変わらないものとします。

(1)　文中の下線部①について，水は凍って氷になると，体積が1.1倍になります。スポドリも同じように体積が増える場合，スポドリを凍らせた氷(スポドリ氷)の重さは，1 cm^3 あたり何gになりますか。答えは**小数第3位を四捨五入して小数第2位まで答えなさい。**

(2)　文中の下線部②について，ペットボトルについた液体は次の**ア**～**ウ**のうちのどれですか。最も適当なものを一つ選び，記号で答えなさい。

ア　うすいスポドリ　　**イ**　はじめの濃さのスポドリ

ウ　何もとけていない水(真水)

文中の下線部③について，どうしてこのようなことが起こるのかを調べていたら，図1のような，100gの水にとけている食塩の重さと，凍り始める温度の関係がわかりました。

ただし，−5℃とは，氷点下5℃のことです。

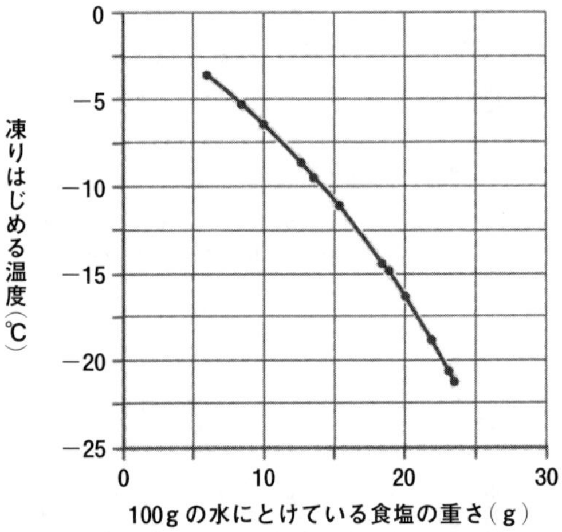

図1　100gの水にとけている食塩の重さと，凍りはじめる温度の関係

以上の調べ学習から考えをまとめた次の文について，あとの問いに答えなさい。

水は他の物質が多く入るほど，凍り(①)くなります。したがって，スポドリが凍る温度は真水に比べて(②)くなります。水溶液が凍るときには，水の部分が凍り始めて，とけている他の物質は氷の外に追い出されていきます。ペットボトルに入れたスポドリが凍るときは，ペットボトル内の外側から水が固まり始めます。とけている他の物質を氷の外に追い出すのですが，ペットボトルの外には追い出せず，他の物質の一部は氷の内側に追いこまれていきます。水は他の物質を閉じこめながら固まっていくので，結果的にはスポドリ氷の内側ほど味が(③)いものとなります。完全に凍ったスポドリ氷がゆっくりととけていくときは，味が(④)い部分から先にとけ始め，氷をとかしながら外にしみ出していきます。あとにとけ出るものほど味が(⑤)くなったのはそれが理由と考えられます。

(3)　文中の(①)～(⑤)に入る言葉は次の**ア**～**カ**のどれですか。最も適当なものをそれぞれ一つずつ選び，記号で答えなさい。ただし，同じ記号を何度使ってもよいものとします。

ア　高　　**イ**　低　　**ウ**　濃　　**エ**　うす　　**オ**　にく　　**カ**　やす

300gの水に60gの食塩をとかした食塩水について，あとの問いに答えなさい。

(4) この食塩水は氷点下約何℃で凍り始めますか。次の**ア**～**ク**のなかから一つ選び，記号で答えなさい。

ア 氷点下7℃　**イ** 氷点下10℃　**ウ** 氷点下13℃
エ 氷点下16℃　**オ** 氷点下19℃　**カ** 氷点下22℃
キ 氷点下25℃　**ク** このグラフからは判断できない。

(5) この食塩水を食塩が外に出ることなく凍らせてつくった氷は，水に浮《う》くのでしょうか，それとも沈《しず》むのでしょうか。この結果を説明した次の**ア**～**エ**のうち，最も適当なものを一つ選び記号で答えなさい。ただし，食塩水も凍ると，水と同じように体積が1.1倍になるものとします。

ア この氷の1 cm^3 あたりの重さを平均すると，水よりも重いので浮いている。
イ この氷の1 cm^3 あたりの重さを平均すると，水よりも重いので沈んでいる。
ウ この氷の1 cm^3 あたりの重さを平均すると，水よりも軽いので浮いている。
エ この氷の1 cm^3 あたりの重さを平均すると，水よりも軽いので沈んでいる。

3 以下の**A**と**B**の各問いに答えなさい。

A ヒトの誕生についての次の文章を読み，あとに続く問いに答えなさい。

ヒトの誕生は，男性がつくる精子と女性がつくる卵が合体(受精)することによってつくられた受精卵が，女性のからだの中の子宮で育つことによって起こっていきます。このとき，子宮の壁《かべ》には(①)と呼ばれるつくりができ，へその緒《お》によっておなかの中の子ども(以下「胎《たい》児」とする)とつながって②必要なものと不要なもののやりとりを行っています。子宮の中で胎児は羊膜《ようまく》という膜に包まれ，③羊水という液体の中にうかんだ状態で成長していきます。受精してから約(④)日がたつと，女性の体内から出て，誕生します。

(1) 文中の空欄(①)に入る言葉を答えなさい。

(2) 文中の空欄(①)をもっている生物を次の**ア**～**エ**から一つ選び，記号で答えなさい。

ア オオスズメバチ
イ オオコノハズク
ウ ヒメトガリネズミ
エ シーラカンス

(3) 文中の下線部②について。

へその緒を通じてやりとりされるもののうち，母親側から胎児側に送られるものを次の**ア**～**エ**から**すべて選び**，記号で答えなさい。

ア 二酸化炭素　**イ** アミノ酸　**ウ** 脂肪《しぼう》　**エ** 酸素

(4) 文中の下線部③について。

ヒトの胎児が羊水にうかんだ状態で成長している利点を説明する文として，最も適当なものを次の**ア**～**エ**から一つ選び，記号で答えなさい。

ア 胎児がつくった尿《にょう》をとかすため。
イ 胎児を外部の衝撃《しょうげき》から守るため。
ウ 胎児がつくった二酸化炭素をとかすため。
エ 胎児が大きくなりすぎないように圧力をかけるため。

(5)　文中の空欄(④)について。

標準的な出産の場合，当てはまる数値として最も適当なものを次の**ア**～**エ**から一つ選び，記号で答えなさい。

ア　137　　**イ**　221　　**ウ**　266　　**エ**　302

B　遺伝についてボスコさんと先生が話をしています。次の対話文を読み，あとに続く問いに答えなさい。

ボスコ：先生，夏休みに長野のおじいちゃんの家に遊びに行ったのですが，ちょうど遺伝についての研究をした人の生誕200周年の展示がされていました。

先　生：(⑤)という人のことですね。彼はエンドウというマメ科植物を用いて，両親のからだの特徴《ちょう》がどのように子に伝わっていくのかを研究していました。

エンドウの種子には丸いもの(以下「まる」とする)としわのあるもの(以下「しわ」とする)の２種類があるのは知っていますか？　それは両親それぞれから受け取った二つの情報によって決まっています。そして，両親から受け取った情報が「まる」と「しわ」の両方である種子は「まる」になるということがわかりました。

ボスコ：なるほど。それでは「まる」の種子から育ったエンドウと「しわ」の種子から育ったエンドウとの間でつくられる種子は絶対に「まる」になるということですね。

先　生：いいえ，「しわ」の種子ができることもあります。以下の表１を見てください。⑥これは「まる」の種子から育った親には(　　　　　)場合があるからです。

表１

両親の種類	つくられる種子の性質
「まる」の種子から育ったエンドウ × 「まる」の種子から育ったエンドウ	・「まる」の種子のみつくられる場合 ・「まる」と「しわ」の種子の両方がつくられる場合 の２通りがある。
「しわ」の種子から育ったエンドウ × 「しわ」の種子から育ったエンドウ	・「しわ」の種子のみつくられる， の１通りのみ。

(6)　文中の空欄(⑤)に入る人名をカタカナで答えなさい。

(7)　会話文中の下線部⑥について。

先生が「しわ」の種子ができることもあると言った理由になるように，下線部⑥の空欄に20字程度の言葉を入れなさい。

ただし，「　」も字数に含みます。(例．「まる」は４字)

ボスコ：理解できました。ヒトの場合にも同じようなことが言えるのですか？

先　生：それを説明するには以下の表を見てもらった方がいいですね。この表２は，サレジオ学院高校の生徒544人のうち100人から得たアンケートの結果です。

表２

	背が高い生徒	背が低い生徒
両親ともに背が高い	20	4
父だけ背が高い	24	6
母だけ背が高い	12	13
両親ともに背が低い	9	12

ボスコ：うーん。同じように遺伝しているような気もするのですが。

先　生：そうですか。それではこれについても少し考えてみましょう。

(8)　表2が正確な結果であるためにはこのアンケートに前提条件が必要となります。どのような条件が必要か説明する次の文**ア**～**エ**で**誤っているもの**を**すべて**選び，記号で答えなさい。

ア　生徒が間違えて回答しないこと。

イ　身長が高いか低いかをそれぞれが独自にしっかり判断すること。

ウ　回答する生徒はくじ引きで選ぶ。

エ　昨年身長が10cm以上伸びた生徒はアンケートに含めない。

(9)　表2が正しい方法で調査した結果であるとすると，ヒトの身長の遺伝のしかたはエンドウの種子の遺伝の場合とは違うと考えられます。この理由を説明する文章の空欄⑦～⑩に当てはまるものを下の**ア**～**カ**から一つずつ選び，記号で答えなさい。**ただし，正解となる組み合わせが二つ以上ある場合，そのうちの一つだけを解答欄に記入しなさい**。

［文章］

（　⑦　）生徒が（　⑧　）グループから生まれることと，（　⑨　）生徒が（　⑩　）グループから生まれることの両方が同時に成り立つことはないから。

ア　「両親ともに背が高い」

イ　「父だけ背が高い」

ウ　「母だけ背が高い」

エ　「両親ともに背が低い」

オ　「背が高い」

カ　「背が低い」

4　以下の文章は中学1年生のサビオさんと先生の会話です。あとに続く問いに答えなさい。

先　生：今年の夏休みで特に思い出に残ったことは何ですか。

サビオ：科学部の夏合宿でさまざまな場所や施設を見学しました。特に思い出に残っているのは，福井県にある東尋坊《とうじんぼう》で見た絶景です。8月8日に新横浜駅に集合して，東海道新幹線で名古屋駅に向かいました。名古屋駅からはバスでの移動でしたが，8月4日から5日にかけて降った大雨の影響で，北陸自動車道が通行止めになってしまい，大きくう回して最初の目的地である，福井県にある東尋坊に到着しました。

先　生：福井県内において(あ)線状降水帯が発生し，(い)大変な被害《ひがい》があったと報道されていましたね。今も不自由な生活をされている方もいることでしょう。早く普段《ふだん》の生活を取り戻されることを願っています。

さて，東尋坊は岩石に見られる規則正しい割れ目，柱《ちゅう》状《じょう》節《せつ》理《り》(図1)が観察できる場所として大変有名です。柱状節理がどのようにしてつくられるか，勉強しましたか。

図1　東尋坊に見られる柱状節理

サビオ：(う)東尋坊をかたちづくる岩石は1300万年

前に，マグマが地表近くまで上昇し，地中で冷え固まってつくられたそうです。冷え固まる過程で岩石に割れ目が生じ，五角形や六角形の規則正しい柱状の構造が形成された，とガイドさんにうかがいました。

先　生：それはよい勉強をしましたね。

サビオ：その後，地殻《かく》変動によって隆起《りゅうき》することで地表に現れ，波により，やわらかい部分がけずりとられ，柱状節理をつくる硬い岩石だけが残り，現在の形となったようです。また，東尋坊から取り出した硬い岩石は約２km 南の九《く》頭竜《ずりゅう》川《がわ》の河口につくられた堤防の土台に利用されたようです。九頭竜川の河口は，上流から運搬《うんぱん》される土砂の堆積《たいせき》に古くから悩まされていたそうで，そこに堤防をつくり，流域をせばめて，(え)流速を上げることで土砂が堆積しないように工夫したそうです。

先　生：来年度も多くの新入部員を迎《むか》えて，また思い出に残る部合宿になるといいですね。

サビオ：科学部の先生が言っていましたが来年度は山や森の生き物をテーマにしたフィールドワークがメインの合宿になるそうです。

先　生：それは楽しみですね。

(1)　下線部(あ)について。気象庁では線状降水帯を以下の□で囲まれた文のように説明しています。

> 次々と発生する発達した(　　)雲が列をなした，組織化した(　　)雲群《ぐん》によって，数時間にわたってほぼ同じ場所を通過または停滞《ていたい》することでつくり出される，線上に伸びる長さ50～300km 程度，幅20～50km 程度の強い降水をともなう雨域。

上の文の(　)には同じ言葉が入ります。(　)の中に入る言葉を，以下の漢字を組み合わせて答えなさい。なお，全ての漢字を使う必要はありません。

漢字：圏《けん》・高・積・層・乱・雨・雷《らい》・風

(2)　下線部(い)について，「自然災害による被害の軽減や防災対策に使用する目的で，被災想定区域などを表示した地図」のことを，一般的に何といいますか。カタカナで答えなさい。

(3)　下線部(う)について，以下の問いに答えなさい。

①　東尋坊をつくる岩石は，デイサイトという白っぽい岩石です。デイサイトのように，地表の近く，もしくは地表に噴出《ふんしゅつ》したマグマが急激に冷やされて固まった岩石を何といいますか。最も適当な用語を漢字で答えなさい。

②　以下に示された岩石のうち，そのつくりや，岩石をつくる物質が最もデイサイトに近いと考えられる岩石を次の**ア**～**ク**から一つ選び，記号で答えなさい。

ア　砂岩　　**イ**　れき岩　　**ウ**　泥岩　　**エ**　花こう岩

オ　流紋《りゅうもん》岩　　**カ**　はんれい岩　　**キ**　玄武《げんぶ》岩　　**ク**　凝灰《ぎょうかい》岩

(4)　下線部(え)について，石英《せきえい》という物質でできたさまざまな大きさの粒《つぶ》を，水深１m の水路に流す実験を行い，粒の大きさ(粒径《りゅうけい》といいます)と，粒が動きだす水の流れの速さ(流速とします)・粒が止まる流速の関係を調べました。その結果，図２のようなグラフを得ることができました。なお，図２中の**曲線A**と**曲線B**の説明は以下の通りです。

曲線A：流速を上げていったときに，止まっている粒が動きだす流速を示しています。

曲線B：流速を下げていったときに，流れている粒が止まる流速を示しています。

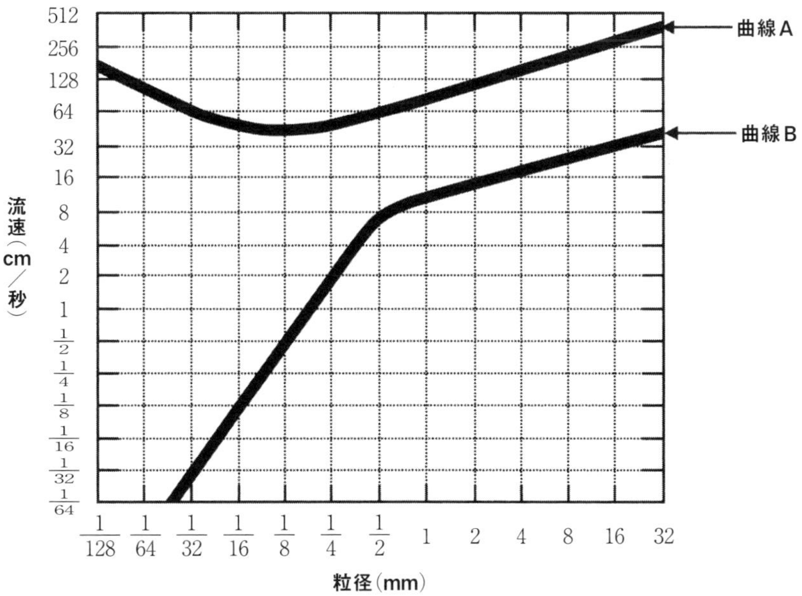

図2　粒径と，粒が動きだす流速・粒が止まる流速の関係

① 流速を0cm/秒から少しずつ大きくしていったとき，次の**ア**～**ウ**の大きさの石英の粒は，どの順番で動き始めますか。最も早く動くものを先頭にして，記号で答えなさい。なお，流速が0cm/秒のとき，全ての石英の粒は水路の底に沈んでいるものとします。

ア　$\frac{1}{32}$mm　　**イ**　$\frac{1}{8}$mm　　**ウ**　8mm

② 流速を512cm/秒から少しずつ小さくしていったとき，次の**ア**～**ウ**の大きさの石英の粒は，どの順番で止まり始めますか。最も早く止まるものを先頭にして，記号で答えなさい。

ア　$\frac{1}{32}$mm　　**イ**　$\frac{1}{8}$mm　　**ウ**　8mm

③ サビオさんが福井県を訪れる前のような大雨や台風などが過ぎていった後は，河口から海にかけての広い範《はん》囲《い》がにごっている様子をしばらくの間観察することができます。しかし，少しの雨ではこのようなにごりは観察されません。**少しの雨ではにごりは発生しないが，一度発生するとしばらく続く理由を，『にごりの原因となる小さな粒は，』という書き出しに続けて**，20字程度で答えなさい。なお，石英の粒だけでなく，河川を流れる粒にも図2のような関係が当てはまるものとして答えなさい。

クラスであこがれの眼差《まなざ》しで見られていた山本君よりもさらに強くなっていたことを自覚し、そこで満足してしまったことが理由だと思うな。「私」は将棋会館に通う以前から意識していた山本君に勝てたことで当初の目標を達成してしまったつもりになっているのかもしれないな。

イ　友人B　将棋会館で出会った天才少年の異様な姿が、小学生の「私」にとってあまりに強烈《きょうれつ》な印象を残したことが理由だと思う。小学生の「私」が常に恐怖に感じていた「ヒグマによって叩き割られた老人の頭部のイメージ」に匹敵《ひってき》するほどの衝撃を覚え、無意識のうちに将棋会館を避《さ》けるようになったんじゃないかな。

ウ　友人C　本文には、「大切にしていた赤い自転車が何者かに盗まれてしまったということもあった。」とあるから、単に将棋会館に行くための手段だった自転車が盗まれてしまったことも理由の一つに挙げられるよね。初めて将棋会館を見つけたのも自転車に乗っているときだったし、少なくとも「私」の家から将棋会館へは、徒歩で気軽に行ける距離ではなかったんだろうね。

エ　友人D　将棋会館に出入りしている小学生は自分だけだと思ったのに、自分以上に皆から可愛《かわい》がられ、実力も認められている少年の存在を知って、嫉妬心《しっとしん》が芽生《めば》えたことが理由だと思う。将棋会館で顔なじみのおじいさんから、「なかなか勝てないと思うよ」なんて言われ、少年へのライバル心がふつふつとわき上がったんじゃないかな。

オ　友人E　将棋会館で出会った天才少年が、その道場で最強であると目されている大人をやりこめる姿を目《ま》の当たりにし、同じ小学生として、自分との実力の差に圧倒《あっとう》され、将棋への熱が冷めてしまったことが理由だと思う。結局は、「私」も山本君も本物の天才の前では明らかに凡人《ぼんじん》だったわけで、それを自覚せざるを得なかったんだろうね。

問七　本文の特徴を説明したものとして**適当でないもの**を二つ選び、記号で答えなさい。

ア　冒頭の「今からは想像もできないほどの田舎町」「舗装されていない道がほとんど」といった当時の札幌の町の描写は、ヒグマが出没し老人が襲われたことも当然のこととして当時の人々が受け入れたことに対する説得力を持たせるものである。

イ　「昭和44年当時の札幌」「藻岩山」「冬季オリンピック」など具体的な数字や地名、史実を入れながら物語を描写していくことで、現実味が増し、物語の中の出来事を実際にあった出来事として感じさせる効果がある。

ウ　現在小学生の「私」が見たものや感じたことを小学生の視点で率直に語ることで、あたかもその現場にいあわせているかのような臨場感が生まれ、それぞれの場面をいきいきと描き出すことに成功している。

エ　「巨大な黒い熊」「ざくろのように叩き割られた老人の頭部」「ろうそくのように真っ白い顔」などのように色彩、あるいは色彩を強くイメージさせる表現を用いることによって、それぞれの特徴を視覚的に際立たせ、読者に印象づける効果がある。

オ　「成田少年」に対し「腹話術の人形のように」や「あやつり人形のような」という人形を用いた比喩で表現しているが、このような表現は彼の人間離れしたただならぬ雰囲気を表すものとなっている。

＊手合い…勝負をすること。
＊こっち…親しい間柄《あいだがら》にある相手などに対し、話し手自身を指す語。
＊飛車角に桂香を落として…「飛車」「角」「桂」「香」とも将棋の駒を指す。ここでは、ハンディキャップをつけること。
＊詰み…将棋で王将が逃げられない状態になること。
＊金…「金将」のこと。将棋の駒の一つ。

問一 ――線①「とても将棋とは思えないような、しかしまぎれもなく将棋の対局をした」とありますが、これはどのようなことですか。その説明として最も適切なものを次の中から一つ選び、記号で答えなさい。

ア　実際の将棋盤や駒を用いず、ノートに書いた将棋盤や消しゴムで作った駒を用いた子供だましのやり方ではあったが、それぞれがルールにのっとり、礼儀《れいぎ》正しく勝負を繰《く》り広《ひろ》げていたということ。

イ　最初は小学生の休み時間の遊びの一環《いっかん》として見よう見まねで将棋を楽しむだけだったが、皆が将棋にのめりこむにつれて、徐々《じょじょ》に本格的な将棋の形に近づいていったということ。

ウ　実際の将棋盤や駒を用いることもなければ、初歩的な戦術を求めることもない、本物の将棋とはかけ離れたものではあったが、皆が勝敗にこだわりそれぞれの対戦に熱中したということ。

エ　将棋といっても、ノートと筆記用具を用いた自己流のもので、小学生の遊びの一種というべきものであったが、戦術や戦略においてはそれぞれが熱心に研究していたということ。

問二 空欄 1 ・ 2 にあてはまる言葉を次の中から選び、それぞれ記号で答えなさい。

ア　理路整然　　イ　一心不乱
ウ　一念発起《いちねんほっき》　　エ　一進一退
オ　茶々《ちゃちゃ》　　カ　横槍《よこやり》
キ　間髪《かんはつ》　　ク　年季《ねんき》

問三 ――線②「なぜか目頭がカッと熱くなった」とありますが、この時の「私」の気持ちを四十字以上五十字以内で説明しなさい。

問四 ――線③「複雑な心境」とはどのようなものですか。その説明として最も適切なものを次の中から一つ選び、記号で答えなさい。

ア　大人との対局でやってみたかった矢倉囲いを用い、見事勝利した誇らしさと、いつも一緒に将棋をやっている学校の友達を誘うことなく一人だけで将棋会館を訪れたことに対する申し訳なさ。

イ　ふらっと立ち寄った将棋会館での体験が予想以上にうまくいったことへの安心感と、本来は支払わなければならない料金を支払わずに将棋会館を利用したことに対する負い目。

ウ　将棋で初めて大人に勝利し、7級の認定を受けたことに対する満足感と、大人以外入ることのない、いかがわしい場所に自分一人で訪れてしまったことに対するやましさ。

エ　戸惑《とまど》いながらも足を踏み入れた将棋会館での出来事が満足のいくものであった充足感と、自分一人の判断で見知らぬ場所を訪れてしまったことに対する後ろめたさ。

問五 ――線④「あっけにとられていた」とありますが、「私」はどのようなことに対しあっけにとられていたのですか。四十字以上五十字以内で説明しなさい。

問六 この文章を読んだハルオさんは、「私」が将棋会館に通わなくなった理由について、クラスの友人に意見を聞いてみることにしました。次のうち、その理由として**適当でないもの**を一つ選び、記号で答えなさい。

ア　友人A　知らず知らずのうちに将棋が上達していた「私」が、

の年下の小さな少年が三段、しかも大人でも相手にならないほどに強いという。
私はその姿をもう一度まじまじと見た。
少年は涼《すず》しげな顔をして扇子をパタパタとあおいでいた。
次に道場に行ったとき、少年は対局をしていた。その周りをギャラリーがぐるりと取り囲んでいた。
少年は25連勝中だという。相手はここで最強と目《もく》されている五段だった。
五段が指すと少年は一秒も考えずにさっと指す。その手を見て相手の手はとまり、じっくりと考えて次の手を指す。すると［ 2 ］を入れずに少年が指す。その繰り返しだった。しかも相手が考えている間、少年は退屈《たいくつ》そうによそ見をしている。
少年が指すたびにギャラリーからどよめきともため息ともつかない声が上がった。その大人たちを少年は、さも不思議そうに眺《なが》めたりしている。
将棋は終盤《しゅうばん》に入り、五段が考える時間がだんだん長くなっていった。その姿を少年は嬉しそうに見つめている。
やがて、五段の手が完全に止まった。ギャラリーがじりっと一歩ずつ詰《つ》めより、その輪が小さくなった。
「負けました」五段が言った。
「いや、すごい＊詰みだ」とギャラリーの誰かがうなった。
「まさか、自分の王様が詰むとは」と絞《しぼ》り出すように言う五段の額には大粒の汗が光っていた。
「いや、それは詰みでしょ。最後はこっちの勝ちになっているでしょう」と少年はこともなげに言う。そして、驚くべき速さで盤面《ばんめん》を戻していった。
「ここで、＊金を受けられていたら全然こっちに勝ち目なかったですね」と少年は言った。
その説明を五段の大人がうなだれて聞き、ギャラリーはまるで自分が勝ったかのように自慢気《じまんげ》にウンウンとうなずいていた。
「成田君はやっぱ強いや。速くて強いんだからいやになっちゃう」とギャラリーの一人が唸《うな》り声《ごえ》を上げた。
その声は私の耳元に鮮明に届いてきた。
大人をうならせる少年に私は目をやった。少年は蠟燭《ろうそく》のように真っ白い顔をしてパタパタとぎこちなく扇子をあおいでいる。私はその忙しく動く腕の先に見えない糸が何本も垂れ下がっているように思えて恐ろしかった。彼は人間ではなく、その糸の先にある目に見えない大きな何かにあやつられて将棋を指している、そんなふうに思えてしかたがなかった。
成田英二。そのあやつり人形のような少年こそが、小学6年生の私がこの目で初めて見た天才の姿だったのかもしれない。
その姿は納骨堂前で巨大な黒い熊によって、ざくろのように叩き割られた老人の頭部のイメージに優るとも劣《おと》らない鮮烈《せんれつ》な印象を私に残したのだった。
それから間もなくして、私はつかの間の道場通いをやめた。
ある日、学校で山本君に初めて勝った。そうしたら山本君はワンワンと泣き出してしまい、「君とはもう二度と将棋をやらない」と言われた。
だから私にはもうそれ以上将棋が強くなる必要がなくなってしまった。それと、ちょうどそのころ、大切にしていた赤い自転車が何者かに盗まれてしまったということもあった。

（大崎善生「将棋の子」〈講談社〉による）

＊定跡…将棋で、昔から研究されてきて最善とされる、きまった指し方。
＊と金…将棋の駒の一つ。

「ボク、強いなあ」とおじさんは誉《ほ》めてくれた。

そして「今度からは7級で指しなさいね」と言った。

おじさんは席を立って、一枚の紙切れを持って戻ってきた。それを私に差し出し、「ここに名前と住所を書いてください」と言った。

「大崎君か。今日はいいけれど今度くるときからは200円持ってくるんだよ。それから次にきたときに7級の認定書を書いてあげるからね」と言っておじさんは頭を撫《な》でてくれた。

「はい」と小さな声で私は答えた。

私は北海道将棋会館を出ると、全速力で自転車を飛ばして家に向かった。嬉しいような気持ちと、怖いところに一人で入ってしまったという罪悪感とがないまぜになって、③複雑な心境だった。どちらにしろ小学生の私にとってはちょっとした冒険だったのだ。

今日のことはとりあえずは誰にも言わないでおこうと、自転車を全力で漕《こ》ぎながら私は考えていた。

それからしばらくの間、時々ではあるが私は北海道将棋会館に通った。7級という認定を一応は受けていたが、実際にはほとんどといっていいほど勝つことができなかった。それでも、知らない大人との対外試合は緊張感があって楽しかったし、たまにでも勝てたときの喜びは大きかった。

何度目かに北海道将棋会館に行ったとき、私は異様な光景に出会った。その日、私は席料を払い椅子席に座って＊手合いがつくのを待っていた。

そのとき、玄関の扉が開き自分よりはるかに背の低い小学生が一人で入ってきた。その少年はつかつかと私の前を通りすぎるとわき目もふらずに奥にある畳《たたみ》の部屋に上がりこんだのだった。

あれっ、と私は思った。

ここで自分と同じ小学生を見たのは初めてだった。それよりも何よりも私が驚《おどろ》いたのは少年が平然と奥の和室に上がりこんだことであった。

道場の奥にある10畳ほどの和室は、老人と有段者しか上がってはいけないのだと私は教えられていた。それにもかかわらず少年は何の躊躇もなくそこに上がると、どっかりと座布団の上にあぐらをかいて、体のサイズとは明らかに不釣り合いな大きな扇子《せんす》をばさっと広げ、パタパタと風をおこしてすましている。

しかも、誰一人としてそれを咎《とが》めようとはしないのだ。

少年は甲高《かんだか》い声で席主に向かって言った。

「今日は＊こっちの相手、誰か強い人きてるっぺかねえ？」

顔の色は真っ白、坊主頭のやせっぽちで小さな少年だった。

私の目にはその少年の姿は人間というよりも、腹話術の人形のように映った。扇子をあおぐ手の動きが、まるで目に見えない何本もの糸にあやつられているかのように不自然だったし、どことなく異様だった。

私は、そのわずか2分間くらいの間に起きた出来事に④あっけにとられていた。

「彼は成田英二君といってね」

私の横で将棋を指していたおじいさんが教えてくれた。

「小学校5年でもう三段だというからすごいよ。この道場でも相手がいないくらいに強くてね。実力は優《ゆう》に四段はあるらしいけれど、天狗《てんぐ》にならないように三段にとめているという話だ。もうすぐ五十嵐《いがらし》八段門下《もんか》でプロ入りするらしいよ。本当に何年に一人の逸材《いつざい》らしい。天才少年さ。いつかチャンスがあったら＊飛車角に桂香を落としてもらって指してごらん、坊やそれでもなかなか勝てないと思うよ」

老人の口からこぼれた三段という言葉に私は雷に打たれたような衝撃を覚えた。自分は7級でそれでもなかなか勝てないでいるのに、あ方とルールを知っているだけで、＊定跡《じょうせき》なんか一つも知らなかった。それでも勝てば嬉《うれ》しかったし、負ければ悔《くや》しかった。

クラスのなかに一人、山本君というちょっとだけ強い子がいた。彼は手間隙《てまひま》をかけて金銀で王様を固め、これは矢倉囲いというんだよと教えてくれた。その囲いは子供の目にも美しく堅固《けんご》に映り、ため息が出た。

でも誰もそれを真似《まね》する者はいなかった。矢倉囲いは山本君のものだと、皆思っていたからである。

そんな少年時代のある日曜日、自転車で町を走り回っていた私の目に、風変わりな建物と看板が飛びこんできた。

慌《あわ》てでブレーキをかけ私は自転車を止めた。

「北海道将棋会館」と看板には書かれてあった。その大きな文字の横にある手足のついた「＊と金」のイラストが印象的だった。

小学生の私には2階建てのこぢんまりとした北海道将棋会館という建物が、何をする場所なのかを正確に把握《はあく》することはできなかった。ただ、名前からして将棋に関わる何かであることは理解できた。

「見学自由」とある。私は躊躇《ちゅうちょ》しながらもその建物の扉《とびら》を開けた。山本君に勝てる秘密がそこにあるように直感したのかもしれないし、あるいはただ単に「と金」のイラストの愛らしさに惹《ひ》かれただけなのかもしれない。

建物の中には20人くらいの人がいて、頭と頭をつき合わせるようにして[1]に将棋を指していた。煙草《たばこ》の煙《けむり》が30畳《じょう》ほどの広さの部屋にもうもうとたちこめていた。こんなに多くの人がいる割に部屋はしんと静まり返り、駒の音だけがパチパチと響《ひび》いていた。

小学6年生の私が初めて目にする将棋道場の光景だった。それまでの人生では触《ふ》れたこともない雰囲気の空間で、これはまずいところに入ったかなという緊張感と面白そうだなという興味が半分半分だった。

「ボク、将棋を指したいのかい？」

入り口で立ち尽くしている私に50歳くらいの小太りのおじさんが優しく声をかけてくれた。

こっくりと私はうなずいた、と同時に②なぜか目頭《めがしら》がカッと熱くなった。

「200円」とおじさんは言った。

お金がかかるとは思っていなかった私は慌てでポケットを探った。そこには数枚の十円玉しか入っていなかった。危なく涙がこぼれそうになり、それを気取られまいと私は必死にこらえていた。

「ボク、お金持っていないの？」

もじもじしている私を見ておじさんはにやにやしながらそう言った。

「うん」と私は答えた。

「まあ、いいさ。ボク初めてだもんなあ。お金はいいから、さあそこに座った座った」

私はおじさんに言われるままに椅子《いす》に腰かけた。

「ボク、将棋のルールは知っているの？」と目の前に座ったおじさんはうまそうに煙草をくゆらしながら言った。

「うん」と私は答えた。

「そう、それは偉《えら》い坊やだ。じゃあおじさんと一局やってみよう」と言っておじさんは駒を並べ始めた。

そうして私にとって生まれて初めての知らない人との、それも大人との対外試合は始まった。

私は緊張に震える指先で駒を進めた。しばらくすると私の陣形《じんけい》は山本君の矢倉囲いに組みあがっていた。

「ほう。矢倉を知っているんだ」とおじさんは感心したようにつぶやいた。

将棋は私が勝った。大人に勝てたことはとても嬉しかった。

もギャンブル的要素に価値を見出そうとし続けるということ。

問八 本文中で述べられていることを説明したものとして、最も適切なものを次の中から一つ選び、記号で答えなさい。

ア 若者たちが用いる「ガチャ」という言葉について、筆者は様々な物事に結びつけて用いることができる便利な言葉であるとしてその着想に感心している。

イ 「ガチャ」という言葉が広く流通する原因について、筆者は世の中の道徳的な建前に反発し、多様な角度から人生をとらえようとする若者の態度表明だととらえている。

ウ 子供のころから努力を強《し》いられてきた若者たちが、「ガチャ」という言葉で運の要素を引き入れようとする態度に、筆者はあわれみを抱《いだ》き同情している。

エ 人生の中から運を排除し、あらゆる行為に責任を負わせようとする考えに対して、筆者は運がもたらす喜びや悲しみも人生を豊かにするものだと考えている。

三 次の文章を読んで、後の問いに答えなさい。

昭和44年の札幌《さっぽろ》は今からは想像もできないほどの田舎町《いなかまち》だった。舗《ほ》装《そう》されていない道がほとんどで、高層ビルやマンションのような建物も見かけることはなかった。私は小学校6年生で、毎日路面電車に乗って藻岩山《もいわやま》の麓《ふもと》に建つ木造の小学校に通っていた。

小学校から歩いて20分ほどの藻岩山の中腹《ちゅうふく》に建つ納骨堂の前で、ある朝散歩中の老人がヒグマに襲《おそ》われて死んだということがあった。そこは冬はスキーをしに、春や夏にはおたまじゃくしや蝸牛《かたつむり》などを採りに、私もよく出かける場所だった。

当時の札幌の藻岩山には数頭の熊が棲息《せいそく》しているといわれていた。それは山のかなり奥深《おくぶか》くのことだろうと思われていた。しかし、実際に人が殺されてみて、これほどの人里近くに熊がうろついていることが証明された。それは札幌で生活する人間にとって小さくない衝撃《しょうげき》だった。

小学生の私には恐怖《きょうふ》そのものだった。夜、一人で布団に入っている間、いつも熊に襲われる恐怖を体のどこかに感じていた。ヒグマは時速50キロで走るという。だとすればあの老人が殺された場所から、自分が寝ているここまで10分もあれば走りつけるはずだ。窓の外の暗闇《くらやみ》に熊が潜《ひそ》んでいる。息を潜めてこちらの様子をじっと窺《うかが》っている、そう思えてしかたがないのだ。私は布団のなかで身を固くし、ざくろのように叩《たた》き割られていたという老人の頭部をイメージするたびに身震《みぶる》いしていた。

当時の札幌はきたるべき冬季オリンピックの準備に沸《わ》き立っていた。北の大地には地下鉄工事の槌音《つちおと》が鳴り響き、町のあらゆる場所でオリンピックのテーマソングである「虹《にじ》と雪のバラード」が流れていた。

そのころ、おそらくはどこでもそうだろうが、私の通う小学校でも突然ふってわいたように将棋《しょうぎ》ブームが巻き起こった。クラスの誰かが父親か祖父から教わってきたのだろう。それを誰かに教え、そしてそれをまた誰かに教えという具合に、インフルエンザのようにあっという間にクラス中に広がっていった。

将棋盤《ばん》はノートにボールペンで書いて作った。そこに鉛筆で駒《こま》を書きこみ、消しゴムで消して駒を動かすのである。いくべき場所に移動させたい駒を書きこみ、移動させた駒をごしごしと消しゴムで消す。何局か指すと将棋盤はぼろぼろになってしまう。そうするとノートの新しいページに定規とボールペンで線を引き、またたく間に新品の将棋盤ができあがってしまうというわけである。

休み時間になると皆で夢中になって、今考えれば①とても将棋とは思えないような、しかしまぎれもなく将棋の対局をした。駒の動かし

ア　私たちが日常的に行っている行動は、自らの意志や努力次第で変えられるものではないが、運でも説明できない矛盾《むじゅん》に満ちたものだということ。

イ　私たちが日常的に行っている行動は、自らの意志によるものか運によるものか、すぐには断定することのできない不可思議なものだということ。

ウ　私たちが日常的に行っている行動は、自らの意志決定と様々な状況による要因とが組み合わさって生じている複合的なものだということ。

エ　私たちが日常的に行っている行動は、いくら慎重に準備をしていても、運によって結果が左右されてしまうほど不安定なものだということ。

問四　本文中には(A)・(B)二つの意見が引用されていますが、これによって筆者はどのようなことを述べようとしているのですか。その説明として、最も適切なものを次の中から一つ選び、記号で答えなさい。

ア　運の存在を否定する(A)のような考えのあることを示す一方で、(B)のような考え方が行きわたっている現状をも示し、事態の複雑さを強調している。

イ　人生には運の要素が否定できないとする(A)の立場を紹介した上で、(B)のような状況が日常的にあることを例に挙げて、自らの主張を補強している。

ウ　人生はほとんど運の要素で決まると考える(A)の立場を根拠《こんきょ》としながら、(B)のような世間の常識は、実態から離れたものであるとして批判している。

エ　人生は運でなく自らの意志で決まるとする(A)の立場に自身の意見を重ね、その具体的なあり方を(B)のような状況の例示によって証明している。

問五　――線③「つれなく」の語の意味として最も適切なものを次の中から一つ選び、記号で答えなさい。

ア　相手の立場を考えて傷つけないように

イ　別段これといった考えもなしに

ウ　相手の気持ちを無視する様子で

エ　ちょっと見下した態度で

問六　――線④「不誠実なきれいごと」とはどのようなものですか。六十字以内で説明しなさい。

問七　――線⑤「過剰な説得力を獲得し続ける」とありますが、どういうことですか。その説明として、最も適切なものを次の中から一つ選び、記号で答えなさい。

ア　世の中には運の要素があるということを大半の人は気づいているにもかかわらず、それを否定する主張が社会に広がれば、人生が運に左右されたものとする「ガチャ」という表現も真理を突いた言葉として人々に受け入れられ続けるということ。

イ　学校や社会の表舞台で、人生のすべては自身の意志の強さや努力によって決まると教え込まれてきた若者たちは、運の要素を重要視する「ガチャ」という言葉に新鮮味を感じ、人生の様々なありようを好意的にとらえるようになるということ。

ウ　人生をすべて運次第だと決めてしまう極端な考えの持ち主には、日ごろから努力を重ね行為の前に入念な準備を試みることは無意味だと思われて、「ガチャ」という言葉こそ人生の本質をとらえたものとして錯覚《さっかく》され続けてしまうということ。

エ　人生は運の要素にあふれていることの比喩にすぎなかった「ガチャ」という言葉が、あたかも人生の真相を暴いたものであるかのように受け取られると、若者たちは道徳的な建前より

「みんなはギャンブルと思ってませんよ」と③つれなくあしらわれている。

両さんの主張は明らかに行き過ぎた極論だが、それを言うなら、麗子や中川の主張も同様だ。むしろ、彼らの主張の方がたちが悪い。なぜなら、人生に多かれ少なかれ賭《か》けの側面が含まれること自体は、大半の人が実際に認めている事実だからだ。それゆえ、「みんなはギャンブルと思っていない」という台詞《せりふ》は端的《たんてき》に嘘《うそ》を言っていることになる。あるいは、自分自身を騙《だま》す＊自己欺瞞《ぎまん》に陥《おちい》っていることになる。

そうした④不誠実なきれいごとが、学校やその他の社会の表舞台で「道徳的に正しい主張」としてまかり通るかぎり、その裏側で、「親ガチャ」や「顔ガチャ」といった表現は人生の比喩として流通を拡大し続けるだろう。いや、むしろ、人生の真実を暴《あば》く表現としてもてはやされ、⑤過剰な説得力を獲得し続けるだろう。

運などそもそも存在しないかのように、「すべては意志や努力次第《しだい》だ」という道徳的建前《たてまえ》を繰り返すのではなく、運が不断に織り込まれたものとしての人生のありようを、多様な角度からあるがままに捉え、語ろうとすること。――「ガチャ」の比喩が行き渡った場所に届くのは、そうした言葉だと思われる。

（古田徹也『いつもの言葉を哲学する』〈朝日新聞出版社〉による）

＊寓意…ある意味をほのめかすこと。
＊諧謔…周囲の雰囲気《ふんいき》をやわらげる気の利《き》いた言葉。
＊諦念…あきらめの気持ち。
＊嘯き…えらそうに大げさなことを言って。
＊自己欺瞞…自己の本心をいつわり、無理に自分を納得させてしまうこと。

問一 ――線①「『親ガチャ』という言葉」とありますが、これはどのようにして生まれた言葉ですか。その説明として最も適切なものを次の中から一つ選び、記号で答えなさい。

ア　一定のお金を払って行うクジ引きのことを総称して「ガチャ」という言葉が生まれ、それが若者の間で人生の様々な場面において金銭がものをいうことを指す言葉として広がり、「親ガチャ」という言葉が生まれた。

イ　「運や道徳」に関する大学の授業の中で学生の中に広まり、それがスマホなどのソーシャルゲームに取り入れられ、自身を形作る物事の重要な要素を指し示す言葉として「親ガチャ」という言葉が生まれた。

ウ　元々は自らが貧しい家庭に生まれついたりした不運をなげく言葉であった「ガチャ」が、その責任を親にぶつける意味合いとして使われるようになり、若者のあいだで「親ガチャ」という言葉が生まれた。

エ　おもちゃやアイテムを引き当てるくじに相当する言葉であった「ガチャ」が、子どもがどのような親の元に生まれるかが運に左右されていることを指し示すものに転用されて「親ガチャ」という言葉が生まれた。

問二 空欄《くうらん》 1 ～ 3 に当てはまる語句の組み合わせとして最も適切なものを次の中から一つ選び、記号で答えなさい。

ア　1　つまり　2　そして　3　だから
イ　1　確かに　2　しかし　3　つまり
ウ　1　しかし　2　だから　3　さらに
エ　1　さらに　2　確かに　3　例えば

問三 ――線②「私たちの日々の行為の大半は、運の要素とそうでないものの網の目として捉えることができる」とありますが、どういうことですか。その説明として最も適切なものを次の中から一つ選び、記号で答えなさい。

彼らの手にはいつもスマホがあって、そのなかで回るガチャが、自分の人生の＊寓意《ぐうい》になっている。これは、一歩引いたところから自分や社会を捉《とら》える＊諧謔《かいぎゃく》であり、皮肉であり、同時に、深い＊諦念《ていねん》でもあるように思われる。

すべては個々人の意志や努力次第であると＊嘯《うそぶ》き、「めぐり合わせ」や「運」の存在を軽視ないし否定する向きに対して、倫理《りんり》学者のバーナード・ウィリアムズ（一九二九―二〇〇三）は大きな疑問符を投げかける者のひとりだ。彼は、運の要素を分かちがたく含む私たちの人生の歩みを次のような言葉で表現している。

(A)　いかなる意志の産物も、意志の産物でないものによって取り囲まれ、支えられ、部分的にはそれらによって構成されており、それらは一個の網《あみ》の目を形成している。人間の行為者としての履歴《りれき》は、そうした網の目にほかならない。

自分の意志が及ばないもの、自分のコントロールを超《こ》え出たものを、人は「運」と呼んできた。あるいは、「運命」、さらには「ガチャ」などと呼んできた。②私たちの日々の行為の大半は、運の要素とそうでないものの網の目として捉えることができる。そして、そのような「網の目」こそが、個々の人生の実質やアイデンティティをかたちづくっている。たとえば、自分があのときこの進路を選び、この職業に就《つ》き、この人と結婚したこと等々は、それぞれ自分の意志によるものだろうか。それとも、めぐり合わせによるものだろうか。そこに明確な線引きを行うことはできないだろう。たとえば、同じく倫理学者の竹内整一さんの著書では次のように指摘されている。

(B)　われわれはしばしば、「今度結婚することになりました」とか「就職することになりました」という言い方をするが、そうした表現には、いかに当人「みずから」の意志や努力で決断・実行したことであっても、それはある「おのずから」の働きでそう〝成ったのだ〟と受けとめるような受けとめ方があることを示しているだろう。

もちろん、行為の前に慎重《しんちょう》に熟慮《じゅくりょ》し、入念に計画を練り、ありうる事態に備えようと準備を試みることはとても大事だ。理不尽《りふじん》な不平等に対処するため、社会制度から運の要素を低減させようと試みることにも大きな意義がある。

しかし、そうした努力には現実問題としてどうしても限界があり、運の要素を完全に排除することはできない。また、そもそも、運の要素は完全に排除すべきものだとも言えない。人であれ、他の事物であれ、思いがけないものや計り知れないものとの出会いは、私たちに悲しみや絶望を与えるだけではなく、ときに喜びや希望を与えもするのである。

いずれにせよ、はっきりと言えるのは、「すべては運次第だ」という主張も、それから、「すべては意志や努力次第だ」という主張も、どちらも間違っているということだ。

漫画『こちら葛飾区亀有公園前派出所』の主人公・両さんは、あるとき、

「入試　就職　結婚　みんなギャンブルみたいなもんだろ　人生すべて博打《ばくち》だぞ！」

と言い放ち、後輩《こうはい》の麗子《れいこ》と中川からすぐに、

「そう思って無計画に生きてるのは両ちゃんだけよ」

2023年度 サレジオ学院中学校

【国　語】〈**A試験**〉（五〇分）〈満点：一〇〇点〉

◎問題で字数指定のあるものは、句読点・記号も一字に数えます。

一　次の①～⑦の――線のカタカナは漢字を、⑧～⑩の――線の漢字は読みをひらがなで書きなさい。

① 言葉をガクメン通りに受け取る。
② チケットの販売をエンキする。
③ 夏の暑さにヘイコウする。
④ 百万円をモトデに事業をおこす。
⑤ 過去のイブツとして博物館に収める。
⑥ 彼の言動など気にもトめない。
⑦ 学級委員としてのツトめをはたす。
⑧ あの人は素行がよくない。
⑨ 生半可な知識では議論できない。
⑩ 除け者をつくらないようにする。

二　次の文章を読んで、後の問いに答えなさい。

私の日々の主要な仕事は、大学で授業を行うことだ。授業の場では、毎回最後に学生たちにコメント（授業の内容に関する質問や意見など）を書いてもらうことにしている。いまから四、五年前、運と道徳の関係を主題とする講義を行っていたとき、学生のコメントのなかに、何度も①「親ガチャ」という言葉が出てきた。

「ガチャ」とは、元々はあの「ガチャガチャ」や「ガチャポン」、つまり、硬貨《こうか》を入れてレバーを回すことでカプセル入りのおもちゃが出てくる装置に由来する言葉だ。（ちなみに、この種の自動販売機、ないしはそこで売られているおもちゃは、「カプセルトイ」と総称されるらしい。）だがいまや、「ガチャ」はスマホなどのソーシャルゲームに組み込まれたクジ引きの類いを指すのが普通だ。たとえば、一定のお金を払ってクジを引く――「ガチャを回す」――ことによって、運よくレアなアイテムを手に入れたり、逆にハズレを引いてお金が無駄《むだ》になったりする、という具合である。

そして、そこからさらに転じて、「親ガチャ」という言葉は、子がどんな両親の下に生まれるかという運を表現しているようだ。たとえば、「親ガチャに外れた」という表現は、自分が貧乏《びんぼう》な家庭に生まれ育ったことや、親が虐待《ぎゃくたい》をする人間であったことなどを意味するというわけだ。

[1]、私たちは自分の生みの親を選べなかった。[2]それを言うなら、いまの自分をかたちづくる物事の大半は「ガチャ」を引いた結果ということにならないだろうか。実際、「顔ガチャ」という表現もネット上などではよく使われている。[3]、「イケメン」に生まれるか「ブサイク」に生まれるか、という運のことだ。ほかにも、「体ガチャ」、「地元ガチャ」、「国ガチャ」、「時代ガチャ」……何でも言えそうだ。

だから、すべては運だなどと考えてはいけない。それは甘《あま》えだ。たとえ裕福な家庭に生まれなくても、必死に頑張《がんば》って成功した者も多い。自分の置かれた場所や条件の下で努力すべきだ。すべては自己責任なんだ。

――この種のお説教を小さい頃から浴び続けてきた学生たちは、「運命」や「定め」といった重苦しい言葉ではなく、「ガチャ」という、これ以上ないほど軽い言葉によって、きれいごとを突き放してみせる。

2023年度

サレジオ学院中学校 ▶解説と解答

算 数 ＜A試験＞（50分）＜満点：100点＞

解 答

1 (1) 5.741 (2) 2.65 **2** (1) (例) 解説の図1を参照のこと。 (2) **ア**…10票, **イ**…13票 (3) 60 g (4) 1.59倍 (5) 315問 **3** (1) ***a***…2, ***b***…4 (2) 10 (3) 5050 **4** (1) **ア**…PR, **イ**…CD, **ウ**…①, **エ**…⑤, **オ**…④, ⑥ (2) 3.2cm (3) 12.8cm^2 **5** (1) 10秒後 (2) **点B**…7.2秒, **点C**…36秒 (3) 6回

解 説

1 四則計算，逆算

(1) $\frac{7}{4}+\frac{249}{125}+\frac{1999}{1000}=\frac{1750}{1000}+\frac{1992}{1000}+\frac{1999}{1000}=\frac{5741}{1000}=5.741$

(2) $\left\{10\frac{3}{7}\times(\square-1.25)-9\frac{1}{10}\right\}\div1.1=5$ より，$10\frac{3}{7}\times(\square-1.25)-9\frac{1}{10}=5\times1.1=5.5$，$10\frac{3}{7}\times(\square-1.25)=5.5+9\frac{1}{10}=5.5+9.1=14.6$，$\square-1.25=14.6\div10\frac{3}{7}=14\frac{3}{5}\div\frac{73}{7}=\frac{73}{5}\times\frac{7}{73}=\frac{7}{5}$ よって，$\square=\frac{7}{5}+1.25=1.4+1.25=2.65$

2 展開図，条件の整理，濃度《のうど》，速さ，比の性質

(1) 解答らんの方眼の1目もりは2cmである。足りないのは，2辺の長さが(4cm，8cm)の長方形と，(6cm，8cm)の長方形だから，たとえば右の図1の斜線《しゃせん》部分に加えればよい。

図1

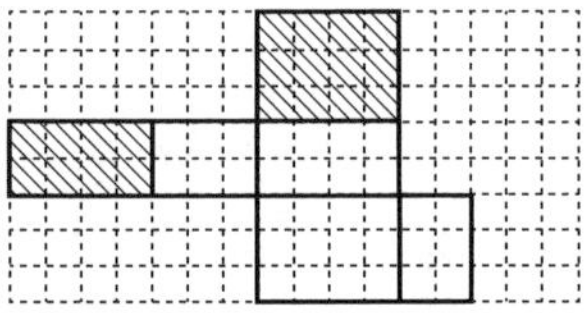

(2) 4人を選ぶときは，48÷(4＋1)＝9余り3より，9＋1＝10(票)(…ア)取れば必ず選ばれる。また，3人を選ぶときは，48÷(3＋1)＝12より，12＋1＝13(票)(…イ)取れば必ず選ばれる。

(3) 2つの容器から同じ量の食塩水を入れかえたので，それぞれの容器の食塩水の量は変わらない。また，3％の食塩水と4％の食塩水の量の比は，80：240＝1：3だから，濃度が等しくなったとき，どちらの容器にも3％と4％の食塩水が1：3の割合でふくまれることになる。よって，はじめに3％の食塩水が80g入っていた容器には，入れかえた後に，4％の食塩水が，$80\times\frac{3}{1+3}=60$(g)ふくまれるので，くみ出した量は60gとわかる。

(4) リニア中央新幹線は286kmの距離《きょり》を40分で走るから，速さは分速，286÷40＝7.15(km)である。一方，のぞみ号は360kmの距離を80分で走るので，速さは分速，360÷80＝4.5(km)である。よって，リニア中央新幹線の速さはのぞみ号の，7.15÷4.5＝1.588…(倍)と求められる。これは，小数第3位を四捨五入すると1.59倍になる。

(5) 旅行前に解いた問題数と旅行後に解いた問題数の比は，$\frac{2}{3}:\left(1-\frac{2}{3}\right)=2:1$だから，旅行前の日数と旅行後の日数の比は，$\frac{2}{10}:\frac{1}{15}=3:1$とわかる。そこで，旅行前の日

図2

9，……………………………，9
10，…，10，0，…，0，15，…，15
③日 7日 ①日

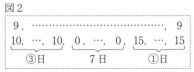

数を③日，旅行後の日数を①日として図に表すと，上の図２のようになる。図２で，問題数の合計は，10×③＋15×①＝㊺なので，夏休みの日数は，㊺÷９＝⑤(日)とわかる。よって，⑤−(③＋①)＝①にあたる日数が７日だから，夏休みの日数は，７×５＝35(日)と求められる。したがって，この問題集の問題数は，９×35＝315(問)である。

3 約束記号，数列

⑴ ２∧４＝２×２×２×２＝16，４∧２＝４×４＝16だから，a＝２，b＝４である。

⑵ １∧３＝１×１×１＝１，２∧３＝２×２×２＝８，３∧３＝３×３×３＝27，４∧３＝４×４×４＝64なので，これらの和は，１＋８＋27＋64＝100とわかる。また，100＝10×10だから，□にあてはまる数は10である。

⑶ N∧３の値と，１∧３からN∧３までの和をまとめると，下の図１のようになる。ここで，それぞれの和は，図１のように同じ数を２回かけた数(平方数)になっている。さらに，その数は，１，１＋２＝３，１＋２＋３＝６，１＋２＋３＋４＝10，…のように，１からNまでの和になっている。よって，ア＝１＋２＋…＋100＝(１＋100)×100÷２＝5050なので，□にあてはまる数は5050である。

図１

N	1	2	3	4	…	100
N∧3	1	8	27	64	…	
和	1	9	36	100	…	
	1×1	3×3	6×6	10×10	…	ア×ア

図２

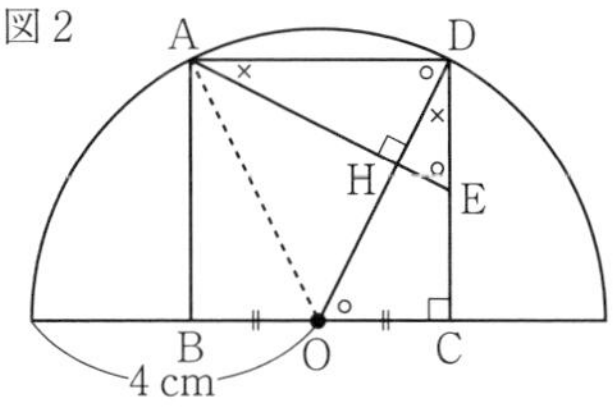

図３

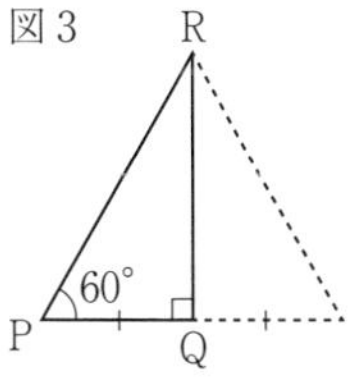

4 平面図形─構成，相似，面積

⑴ 上の図２で，半円と正方形はそれぞれ線対称《せんたいしょう》な図形だから，OBとOCの長さは等しい。また，BCとCDの長さも等しいので，OC：CD＝１：２である。一方，上の図３で，三角形PQRは正三角形を半分にした形の三角形だから，PQ：PR＝１：２となる。このことから，図２の角DOCの大きさは60度ではないことがわかる。さらに，図２のOCと図３のPQの長さをどちらも１とすると，図２のCDの長さは２，図３のQRの長さは２よりも短くなる。このことから，角DOCの大きさは60度よりも大きいことがわかる。次に，同じ大きさの角に○印と×印を書き入れると，図２のようになる。すると，４つの三角形OCD，EDA，DHA，EHDは同じ形になることがわかる。さらに，CDとDAの長さは等しいので，三角形OCDと三角形EDAは大きさも同じになる。以上より，アはPR，イはCD，ウは①，エは⑤，オは④と⑥とわかる。

⑵ ⑴から，EH：DH＝DH：AH＝１：２になることがわかる。よって，EH＝１とすると，DH＝２，AH＝$2\times\frac{2}{1}$＝４となるから，EH：AH＝１：４となる。また，三角形OCDと三角形EDAは合同なので，AEの長さはDOの長さ(つまり半円の半径)と等しく４cmである。したがって，AHの長さは，$4\times\frac{4}{1+4}$＝3.2(cm)と求められる。

⑶ ⑵より，三角形ODAの面積は，DO×AH÷２＝４×3.2÷２＝6.4(cm^2)とわかる。これは正方形ABCDの面積の半分にあたるから，正方形ABCDの面積は，6.4×２＝12.8(cm^2)である。

5 グラフ─図形上の点の移動，速さ

⑴ 問題文中のグラフの横じくの１目もりは１秒，たてじくの１目もりは，180÷６＝30(度)だから，グラフは下の図①のようになる。三角形OABが正三角形になるのは，角AOBの大きさが60度

になるときなので，１回目は２秒後，２回目は10秒後と読み取れる。

(2)　点Ａは4.5秒で１周するから，点Ａが１秒間に回転する角の大きさは，360÷4.5＝80(度)である。また，図①の実線のグラフから，点Ａと点Ｂが１秒間に回転する角の大きさの差は，180÷６＝30(度)とわかるので，点Ｂが１秒間に回転する角の大きさは，80－30＝50(度)と求められる。よって，点Ｂは円を１周するのに，360÷50＝7.2(秒)かかる。次に，図①の点線のグラフから，点Ａと点Ｃが１秒間に回転する角の大きさの和は，180÷２＝90(度)とわかるから，点Ｃが１秒間に回転する角の大きさは，90－80＝10(度)と求められる。したがって，点Ｃは円を１周するのに，360÷10＝36(秒)かかる。

図①

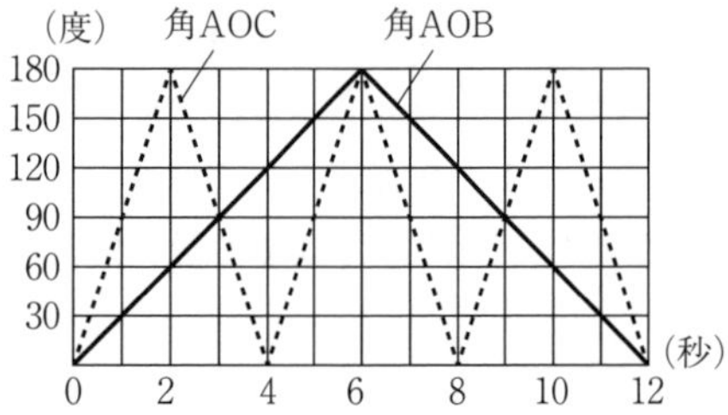

図②

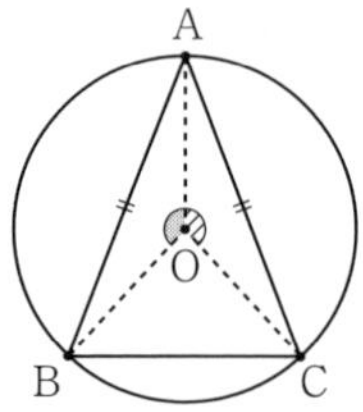

図③

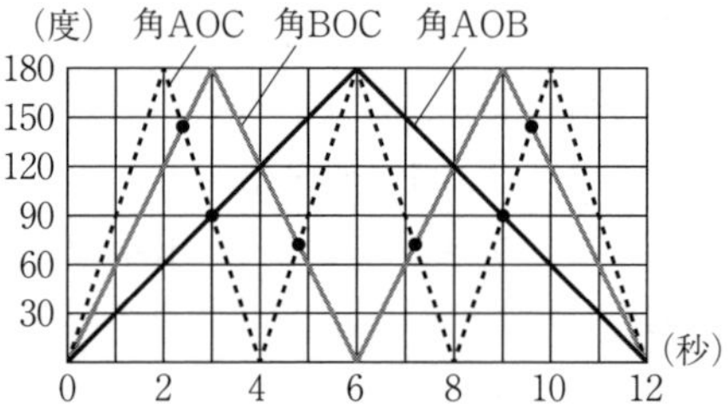

(3)　上の図②のように，三角形ABCが，AB＝ACの二等辺三角形になるとき，角AOBと角AOCの大きさが等しくなる。これは，図①の実線と点線が交わるときを表している。また，点Ｂと点Ｃが１秒間に回転する角の大きさの和は，50＋10＝60(度)なので，角BOCの大きさを表すグラフをかき入れると，上の図③のようになる。三角形ABCが二等辺三角形になるのは３本のグラフのうち２本が交わるときだから，●印をつけた６回あることがわかる。なお，４秒後と８秒後には点Ａと点Ｃ，６秒後には点Ｂと点Ｃがそれぞれ重なるので，三角形にならない。

社　会　＜Ａ試験＞（40分）＜満点：75点＞

解　答

問１　(1)　岡山(市)　(2)　ウ　**問２**　　**問３**　ア　**問４**　(1)　本居宣長　(2)　淡路島　(3)　ウ　**問５**　(1)　長野(県)　(2)　新潟(県)　**問６**　イ　**問７**　ウ　**問８**　ア　**問９**　エ　**問10**　(1)　イ→ウ→ア→エ　(2)　ア　**問11**　ア　**問12**　(1)　イ　(2)　**Ａ**　イ，２　**Ｂ**　エ，４　**Ｃ**　オ，５　**問13**　ア　**問14**　**１**　エ　**２**　エ　**３**　エ　**４**　ウ　**問15**　**１**　尊重　**２**　公共の福祉　**問16**　(1)　エ　(2)　82　**問17**　(1)　安全保障理事会　(2)　イ　**問18**　(1)　ウ　(2)　イ　**問19**　オ　**問20**　(例)　南の島の人たちを劣った人々として見下し，「文明国」の人間である日本人が教え導いてやらなければならないというおごり高ぶった考え方。　**問21**　**１**　ア　**２**　オ　**問22**　(例)　(この時期，日本国内では，)感染の拡大を防ぐため外出が制限され，多くのイベントの開催が中止されました。また，テレワークやオンライン授業も広まり，人との接触を避ける風潮は人間関係の疎遠化も招きました。

解　説

「物語」を題材とした総合問題

問１　(1)　画像は岡山市のJR「岡山」駅の駅前にある「桃太郎」の像。昔話の「桃太郎」は各地で語り伝えられており，内容も少しずつ異なっているが，広く知られているのは現在の岡山県で伝えられてきたもの。また，「きびだんご」は本来，穀物の黍《きび》を使った団子のことで，各地で作られてきたが，現在，岡山の名物菓子となっている「きびだんご」は，もち米粉・砂糖などを使った餅《もち》菓子で，古代の地域名である「吉備」をかけて「吉備団子」として売られている。　(2)　日本の国土の利用割合(2018年)は，森林が約68％となっており，日本の国土面積の約３分の２を森林が占《し》めている。

問２　2019年から使用されている「自然災害伝承碑《でんしょうひ》」の地図記号は()。過去に起きた津波や洪水，土砂災害などの自然災害による被害を後世に伝えるために設けられた石碑やモニュメントを表している。「記念碑」の地図記号である()に碑文を表す縦線を加えたデザインで，大きさも約1.5倍になっている。

問３　前方後円墳がつくられるようになったのは３世紀後半からであるから，アが適当でない。

問４　(1)　18世紀後半に『古事記伝』を著したのは，松阪(三重県)の医者・国学者であった本居宣長。『古事記』や『万葉集』などの古典を研究し，古代の日本人の心や考え方を明らかにしようとする国学を大成した。　(2)　瀬戸内海最大の島で，タマネギの栽培がさかんなことでも知られるのは淡路島(兵庫県)。本文にもあるように，『古事記』や『日本書紀』にある「国造り神話」にも登場する。
(3)　現在の鳥取県の東半分はかつて因幡《いなば》国，西半分は伯耆《ほうき》国とよばれた。

問５　(1)　長野県のほぼ全域は，かつて信濃国とよばれた。　(2)　千曲川は長野県を流れた後北上し，新潟県に入って信濃川と名前を変える。

問６　Ａ　日本最古のSF小説(伝奇物語)ともよばれるのは『竹取物語』。かぐや姫を主人公とする物語で，平安時代前半の成立とされるが，正確な成立時期はわかっておらず，作者も不明である。
Ｂ　平安時代に成立した女流作家による長編小説は紫式部の『源氏物語』で，当時の華《はな》やかな貴族社会の様子が描かれている。　Ｃ　10世紀前半に関東地方で起きた平将門の乱のいきさつを描いているのは『将門《しょうもん》記』。漢文体で書かれた軍記物語であるが，作者は不明。成立時期も諸説あるが，平安時代後期とする説が有力である。『陸奥《むつ》話記』は，前九年の役(1051～62年)について書かれた平安時代中期の軍記物語。

問７　1221年，政治の実権を幕府から朝廷の手に取りもどそうとした後鳥羽上皇は，第２代執権の北条義時をうつ命令を全国の武士に出したが，味方する者は少なく，幕府の大軍の前にわずか１か月で敗れ，上皇は隠岐《おき》(島根県)に流された。承久の乱と呼ばれるこの出来事をきっかけに幕府の支配は西日本にもおよぶようになったから，ウが適当でない。

問８　倶利伽羅《くりから》峠は富山県と石川県の県境，屋島は香川県の瀬戸内海沿岸，壇ノ浦《だんのうら》は山口県下関市に位置している。したがって，冬の降水量が多いＡが倶利伽羅峠，年間降水量が少ないＢが屋島，残るＣが壇ノ浦と判断できる。なお，倶利伽羅峠の戦いは，1183年に源義仲軍が平氏の軍勢を破った戦いである。

問９　御伽草子《おとぎぞうし》は室町時代から江戸時代にかけて数多く生まれた短編の絵入り物語で，昔話に題材を得たものが多い。本文中に「当時の庶民《しょみん》に夢を与《あた》える物語」とあるように，広く庶民の間で好まれたから，室町時代の文化にあてはまるのはエである。アは安土桃山時代，イとウは平安時代にあてはまる。

問10 (1) アは1582年，イは1549年，ウは1575年，エは1592～93年と1597～98年のできごとなので，年代の古い順にイ→ウ→ア→エとなる。　(2) 神社の地図記号は(⛩)，電波塔の地図記号は(♂)で，ともに５つ見られるから，アが適当でない。

問11 2021年におけるそれぞれのくだものの収穫量の上位６番目までの都道府県は，ぶどうが山梨県・長野県・岡山県・山形県・福岡県・北海道，りんごが青森県・長野県・岩手県・山形県・福島県・秋田県，日本なしが千葉県・茨城県・栃木県・長野県・福島県・鳥取県である。したがって，山梨県や岡山県がふくまれるアは「ぶどうだけが上位の都道府県」，青森県や岩手県などがふくまれるイは「りんごだけが上位の都道府県」，千葉県や茨城県などがふくまれるエは「日本なしだけが上位の都道府県」と判断できる。残るウは「ぶどう，りんご，日本なしのうち複数が上位の都道府県」で，山形県はぶどうとりんご，福島県はりんごと日本なしで上位に入っており，長野県はぶどう，りんご，日本なしのいずれにおいても上位に入っている。

問12 (1) 中国から輸入された銅銭が広く普及したのは国内で貨幣が鋳造《ちゅうぞう》されなくなった平安時代後半から室町時代までのことで，江戸時代には幕府が貨幣を鋳造・発行していたから，イが適当でない。　(2) 山鉾《やまぼこ》が描かれているＡは，歌川広重(２代目)が江戸時代末期に描いた「諸国名所百景」のうちの「京都祇園《ぎおん》祭礼」，海上に浮かぶ鳥居などが描かれているＢは明治時代に活躍した浮世絵作家の小林清親《きよちか》が描いた「日本名勝図会」のうちの「厳島」，渦潮《うずしお》が描かれたＣは，歌川広重(初代)が描いた「六十余州名所図会」のうちの「阿波鳴門の風波」である。したがって，位置はＡがイ，Ｂがエ，Ｃがオで，説明文はＡが２，Ｂが４，Ｃが５ということになる。江戸時代，鳴門は塩の産地として知られていた。なお，説明文の１は藤沢(神奈川県)，３は出雲大社(島根県)，６は博多(福岡県)にあてはまる。

問13 1837年，アメリカの商船モリソン号が，通商交渉と布教，マカオで保護した日本人の漂流民７名の送還を目的として日本に来航したが，異国船打払令がしかれるなか，浦賀沖(神奈川県)と鹿児島湾(鹿児島県)で砲撃され，目的を果たせなかった。のちに出島のオランダ商館長が幕府に提出した報告書(『オランダ風説書』)によって幕府はその事情を知ることとなったが，鎖国政策を維持する方針は変えなかった。これに対して，蘭学《らんがく》者の渡辺崋山《かざん》や高野長英は幕府の対応を批判する書物を著したが，これが幕府保守派の反発を招き，崋山らは捕らえられて処罰された。崋山らが属していた洋学者のグループである「蛮社《ばんしゃ》」のメンバーが多く処罰されたことから，これを蛮社の獄《ごく》という。

問14 **1** 2018年，「政治分野における男女共同参画の推進に関する法律」が公布・施行された。この法律は，国会議員や地方議員の選挙において男女の候補者数をできるだけ均等にすることをめざし，政党や政治団体に努力を求めるもので，一般には「候補者男女均等法」とよばれる。　**2** IPU(列国議会同盟)が発表した資料によると，2018年の日本の国会議員(衆議院議員)に占める女性議員の割合は10.1％で，これは世界193か国中158位であるとされている。　**3** 明治時代に定められた旧民法では，結婚は妻が夫の家に入ることであるという考え方にもとづき，妻が夫の氏(姓，名字)を称することとされていたが，第二次世界大戦後，両性の本質的平等を定めた日本国憲法第24条の規定にもとづき民法が改正され，「夫婦は，婚姻《こんいん》の際に定めるところに従い，夫又は妻の氏を称する」(第750条)とされた。しかし，厚生労働省の調査によると，2021年の時点でも結婚する夫婦の約95％が夫の氏を選択している。　**4** 内閣府の発表によると，2021年における25～44歳の女性の就業率は，

78.6%となっている。

問15　日本国憲法第13条は，個人の尊重と，生命，自由および幸福追求に対する国民の権利の保障について規定している。２にあてはまる「公共の福祉」とは，「社会全体の利益」のことである。

問16　(1)　大日本帝国憲法は1989年２月11日に公布された。発布の式典は皇居内の正殿で行われ，明治天皇から内閣総理大臣の黒田清隆《きよたか》に憲法の原本が授けられた。黒田は第２代の首相で，山県有朋《やまがたありとも》は第３代・第９代の首相であるから，エが適当でない。　(2)　第９条の内容など日本国憲法の改正に前向きな自由民主党，公明党，日本維新の会，国民民主党は「改憲勢力」とよばれる。日本国憲法の改正の発議には，衆参両議院でそれぞれ総議員の３分の２以上の賛成が必要であるが，現在，参議院の議員定数は248であり，その３分の２は248×$\frac{2}{3}$＝165.33…となるから，166名以上の賛成が必要。したがって，166－84＝82より，あと82議席以上を獲得すれば，発議に必要な議席数を確保できることになる。

問17　(1)　国際社会の平和について話し合う国際連合の主要機関は安全保障理事会。常任理事国５か国と任期２年の非常任理事国10か国の計15か国で構成されている。　(2)　ア　常任理事国は５大国とよばれるアメリカ・ロシア・イギリス・フランス・中国であるが，非常任理事国は多くの国々が務めており，日本はこれまでに加盟国中最多の12回を務めている(2023年２月現在)。　イ　安全保障理事会で行われる議論の決議には，すべての常任理事国をふくむ９か国以上の賛成が必要となる。　ウ　安全保障理事会は侵略《しんりゃく》を行った国に対して軍事制裁を行うことを決議できるが，常設の国連軍は存在せず，必要に応じて部隊が編成される。1950年に起きた朝鮮戦争では韓国を支援するためアメリカ軍を中心とする国連軍が組織されたが，戦争は３年余り続いた。また，国連軍とは異なるが，1991年に起きた湾岸戦争ではやはりアメリカ軍を中心に多国籍軍が組織され，イラク軍をクウェートから撤退《てったい》させたが，平和が回復したといえる状況にはならなかった。　エ　安全保障理事会は，紛争地域に国連平和維持軍などを派遣して停戦の監視や復興支援などを行う平和維持活動(PKO)の実施を決議できる。これまでにカンボジアや旧ユーゴスラビア，ソマリア，南スーダンなど世界各地で起きた内戦に，PKOの部隊が派遣されてきた。

問18　(1)　ア　３年に１回，行われるのは参議院選挙。衆議院は議員の任期は４年であるが，任期途中での解散があるため，選挙は不定期で行われることが多い。　イ　国会議員や地方議会議員には，無所属でも立候補することができる。　ウ　2014年に改正された国民投票法により，憲法改正を承認するかどうかを問う国民投票では，18歳以上の男女に投票権が認められている。　エ　2015年の公職選挙法などの一部改正により，国会議員，地方議会議員，都道府県知事，市区町村長のすべての選挙について，選挙権の年齢がそれまでの20歳以上から18歳以上に引き下げられた。　(2)　資料の表からは，衆議院議員と参議院議員の直近の３回のすべての選挙で，20歳代の投票率がもっとも低く，30歳代，40歳代，50歳代と年齢が上がるにつれて投票率が上がり，60歳代の投票率が最も高くなっていることがわかる。近年，日本では少子高齢化が進んだため，40歳代以上は人口そのものが多い上に投票率も高いわけであるから，投票する人数に占める割合は非常に高いと推測される。このような状況の下では，選挙の候補者も年金や介護，医療といった高齢者が高い関心をもつ政策を訴《うった》えることが多くなると考えられ，政府もそうした政策を優先するはずである。このように，高齢者の意見が政治に強く反映される状況は「シルバー民主主義」ともよばれるが，雇用《こよう》や教育といった若者や子育て世代に必要な政策が後回しにされがちになるといった弊害《へいがい》も指摘《してき》されている。したがって，ここではイがあてはまる。

問19　まず，1900年は日清戦争と日露戦争の間に位置する時期であることをおさえる。その時点で日本の主権がおよんでいた地域としては，固有の領土である本州・北海道・九州・四国・南西諸島など諸小島のほか，1875年の樺太《からふと》・千島交換条約により日本領となった千島列島や，1895年の下関条約により獲得した台湾・澎湖《ポンフー》諸島がふくまれるから，オが正しい。樺太の北緯50度以南の地を獲得したのは1905年のポーツマス条約調印によるもの。日本が韓国を併合《へいごう》し，朝鮮半島を植民地としたのは1910年のことである。

問20　「野蛮《やばん》国島」「現地の蛮公(島民)を手なずけて」「学問がないのでその知識は文明国のこどもにも及びません」といった表現や漫画の絵などからわかるのは，当時の日本人が南の島の住民を劣《おと》った人々として見下しており，「文明国」である日本出身のダン吉が島の人々を教え導いてやらなければならないというおごり高ぶった考え方をもっていたということである。

問21　「核兵器の存在が平和の手段となる」という考え方を核抑止《よくし》論という。これは，核保有国どうしが対立した場合，どちらかが核攻撃をすれば，相手方も核兵器を使って反撃するから，両方ともに壊滅的な被害を受けることになる。それがわかっているので，核兵器を実際に使用することは難しく，結果的に平和が保たれるとするもの。つまり，核兵器が存在することによる緊張《きんちょう》感が結果的に平和をもたらしたという見方である。したがって，ここではアとオがあてはまる。核抑止論は核軍縮がなかなか進まない最大の理由ともなっている。

問22　いわゆる「コロナ禍《か》」が広まった2020年春以降，感染の拡大を防ぐため政府により緊急事態宣言がたびたび出されるなど，外出の自粛《じしゅく》やマスクの着用が求められた。そして人が集まるイベントも大きく制限され，2021年に延期された東京オリンピック・パラリンピックも無観客で開催されたほか，多くの芝居の公演やコンサートなども中止に追い込まれた。その一方で，出社せずに自宅で仕事をするテレワーク(在宅勤務)や，自宅で授業を受けるオンライン授業が広まるなど，社会のデジタル化をいっそう進める結果ももたらした。しかし，そのような「人との接触《せっしょく》を避ける」風潮の広がりは，人間関係の疎遠《そえん》化を招き，孤独や孤立に悩む人の増加にもつながった。さらに，デジタル化の進行は，それにうまく対応できる人とそうでない人の間に生まれる格差の拡大を招くといった問題も生じている。このように，コロナ禍は社会に非常に大きな影響を与えているわけであるが，字数の制限もあるので，特に重要と思われる点を自分なりに判断し，ポイントをしぼってまとめる。

理　科　＜Ａ試験＞（40分）＜満点：75点＞

解　答

[1]　(1)　6 cm　(2)　2秒　(3)　**ア**　②　**イ**　①　**ウ**　③　(4)　④　(5)　**あ**　③　**い**　①　[2]　(1)　0.97 g　(2)　ウ　(3)　①　オ　②　イ　③　ウ　④　ウ　⑤　エ　(4)　エ　(5)　イ　[3]　(1)　胎ばん　(2)　ウ　(3)　イ，エ　(4)　イ　(5)　ウ　(6)　メンデル　(7)　(例)　「まる」と「しわ」の両方の情報を持っている　(8)　イ，エ　(9)　⑦　オ　⑧　エ　⑨　カ　⑩　ア　[4]　(1)　積乱　(2)　ハザードマップ　(3)　①　火山岩　②　オ　(4)　①　イ→ア→ウ　②　ウ→イ→ア　③　(例)　(にごりの原

因となる小さな粒は，)動きだす流速は大きいが，止まる流速はとても小さいから。

解　説

1　ふり子の運動についての問題

(1)　図２で，ふり子が書いた波は，「山(図で最も高いところ)」がＯから上へ３cmのところ，「谷(図で最も低いところ)」がＯから下へ３cmのところとなっている。「山」はＡの位置，ＯはＢの位置，「谷」はＣの位置にあたるので，ふり子が動いた幅《はば》は，３＋３＝６(cm)とわかる。

(2)　図２で，波の「山」から次の「山」までは６cmグラフ用紙を動かしている。グラフ用紙の速さが毎秒3.0cmなので，ふり子が１往復するのにかかる時間は，６÷3.0＝２(秒)である。

(3)　波の「山」から次の「山」までの長さは，グラフ用紙の速さが速くなるほど，また，ひもの長さ(ふり子が１往復するのにかかる時間)が長くなるほど，長くなる。また，ここではふり子の動いた幅を変えていないので，波の高低差は図２と同じになる。図２のときと比べて，アでは，ひもの長さが短くなっているので，波の「山」から次の「山」までの長さが短くなり，②のグラフになる。イのようにおもりの重さだけを変えても，波の「山」から次の「山」までの長さも波の高低差も変化しないから，グラフは図２と同じまま(つまり①)になる。ウでは，グラフ用紙の速さが速くなっているので，波の「山」から次の「山」までの長さが長くなり，③のグラフとなる。

(4)　ふり子の動いた幅だけを２倍にすると，波の高低差は図２の２倍になるが，波の「山」から次の「山」までの長さは変化しない。したがって，④のグラフのようになる。

(5)　**あ**　実際にはふり子の動いた幅は時間とともに小さくなっていくが，これは空気の抵抗《ていこう》や摩擦《まさつ》などによるもので，インクを含《ふく》む容器とおもりの全体の重さの減少には関係ない。ここでは空気の抵抗や摩擦などは考えないので，インクを含む容器とおもりの全体の重さが減少していっても，ふり子の動いた幅は変わらないと考えられる。　**い**　容器からインクが出ていくと，ふり子の重心の位置が下の方に移り，ふり子の長さがしだいに長くなっていく。よって，ふり子の１往復する時間は大きくなっていく。

2　水溶液《すいようえき》の凍《こお》る温度についての問題

(1)　水1000ｇに食塩3.4ｇと砂糖62ｇがとけているスポドリの場合，その重さは，1000＋3.4＋62＝1065.4(ｇ)で，凍らせたときの体積は，1000×1.1＝1100(cm^3)となる。よって，１cm^3あたりの重さは，1065.4÷1100＝0.968…より，0.97ｇと求められる。

(2)　冷たいペットボトルの表面にまわりの空気がふれて冷やされると，空気中に含まれる水蒸気の一部が水てきとなり，ペットボトルの表面につく。ペットボトルにビッショリとついていた液体は，そのようにしてついた水(真水)である。

(3)　①　図１を見ると，100ｇの水にとけている食塩の重さが大きいほど，凍りはじめる温度が低くなっている。このように，水は他の物質が多く入るほど，凍りにくくなる。　②　スポドリには他の物質(食塩や砂糖)がとけているので，凍る温度は真水に比べて低くなる。　③　ペットボトル内の外側から内側に向かって水が固まっていくので，スポドリ氷は内側ほど追いこまれた他の物質が多くあり，味が濃《こ》くなる。　④　水は他の物質が多く入るほど，凍りはじめる温度が低くなるが，これはとけはじめる温度も低いということである。よって，とけている物質が多く，味が濃い部分から先にとけはじめていく。　⑤　味の濃い部分が先にとけていくので，あとにとけ出るものほど味がうすくなる。

(4)　300 g の水に60 g の食塩をとかした食塩水は，水100 g あたりにとけている食塩の重さが，$60\times\frac{100}{300}=20$(g)なので，図１より，凍りはじめる温度はおよそ氷点下16℃とわかる。よって，エが最もふさわしい。

(5)　この氷は，重さが，300＋60＝360(g)，体積が，300×1.1＝330(cm^3)なので，１ cm^3 あたりの平均の重さは，360÷330＝1.09…(g)である。これは水１ cm^3 あたりの重さ(１ g)より重いので，この氷は水に沈《しず》む。

3　ヒトの誕生，遺伝についての問題

(1)　子宮の中の胎児《たいじ》は，子宮の壁《かべ》についている胎ばんとへその緒《お》を通して母親とつながっている。

(2)　ヒトが属するほ乳類のほとんどは，胎児を子宮の中である程度の大きさになるまで育て，子として産み出す(胎生)。アはハチのなかまのこん虫，イはフクロウのなかまの鳥類で，いずれも卵を産み出す(卵生)。ウはモグラやハリネズミに近い種類のほ乳類で，胎生である。エは大昔から生息していて“生きている化石”ともよばれる魚類で，卵を産むが，その卵を体内でふ化させ，体外には子として産み出す(卵胎生)。

(3)　胎ばんやへその緒を通じて，母親側から胎児側には酸素や養分が送られ，逆に胎児側から母親側には二酸化炭素などの不要物がわたされる。母親側から胎児側に送られる養分は，母親が食べたものを消化して吸収したものなので，ブドウ糖，アミノ酸，脂肪《しぼう》酸などである。なお，ウの脂肪は，脂肪酸とグリセリンが結びついた，消化される前の栄養素のことで，そのままでは大きすぎて胎ばんを通りぬけられないと考えられる。

(4)　胎児がいる子宮内が羊水で満たされていると，外部からの衝撃《しょうげき》があっても，羊水がクッションの役割をするため，衝撃が胎児に伝わりにくくなる。また，温度変化をゆるやかにするはたらきもある。

(5)　ヒトの場合，受精してから誕生するまで約38週かかる。これは，38×７＝266(日)である。

(6)　メンデルは19世紀に活躍《かつやく》した生物学者で，修道院でくらしながらエンドウを使った遺伝の研究を行い，遺伝に関する法則(メンデルの法則)を発見した。

(7)　エンドウの種子には，①「まる」の情報を２つ持つもの，②「まる」の情報と「しわ」の情報の両方を持つもの，③「しわ」の情報を２つ持つものの３種類があり，①と②は「まる」の種子，③は「しわ」の種子となっている。よって，ボスコさんのいう両親の組み合わせには，①と③の場合と，②と③の場合が考えられる。前者の場合は，①から「まる」の情報，③から「しわ」の情報を受け取るので，つくられる種子はすべて②の「まる」の種子になる。ところが，後者の場合，②からも③からも「しわ」の情報を受け取る可能性があり，このとき③の「しわ」の種子がつくられる。

(8)　イについて，背が高いか低いかを判断する基準(数値の境目)は人によって異なる。よって，その基準を全体で統一する必要がある。また，エのようにすると，背が高い生徒をわざと減らすことなどができ，調査の対象がかたよる可能性がある。

(9)　エンドウの種子の遺伝では，両親から「まる」の情報だけを受け取ると必ず「まる」の種子ができ，両親から「しわ」の情報だけを受け取ると必ず「しわ」の種子ができた。この遺伝のしかたと同じであれば，両親ともに背が高い生徒は必ず背が高くなり，両親ともに背が低い生徒は必ず背

が低くなるはずである。ところが，表２ではそのようになっていない。つまり，両親ともに背が低いグループから背が高い生徒が生まれていたり，両親ともに背が高いグループから背が低い生徒が生まれていたりしている。エンドウの種子の遺伝のしかたではこれらのことが同時に成り立つことがないので，ヒトの身長の遺伝のしかたはエンドウの場合とは違《ちが》うと考えられる。

４ 科学部の夏合宿をテーマにした地学分野についての問題

⑴　台風や線状降水帯をつくり，大雨をもたらすのは，強い上昇《じょうしょう》気流によって発生する積乱雲である。

⑵　地震《じしん》や火山の噴火《ふんか》，河川のはんらんや洪水《こうずい》などの自然災害に対して，考えられる被害《ひがい》や避難《ひなん》の方法などを地図にまとめたものをハザードマップという。

⑶　①　マグマが冷え固まってできた岩石を火成岩という。そのうちマグマが地表や地下の浅いところで急激に冷え固まってできたものを火山岩，地下深くでゆっくり冷え固まってできたものを深成岩という。　②　ア～クのうち，火山岩はオの流紋《りゅうもん》岩とキの玄武《げんぶ》岩であるが，流紋岩は白っぽいのに対し，玄武岩は黒っぽい色をしている。したがって，デイサイトに近いのは流紋岩と考えられる。なお，ア，イ，ウ，クはたい積岩，エ，カは深成岩である。

⑷　①　図２の曲線Ａから読み取ると，流速を大きくしていったとき，最初に動きだすのは$\frac{1}{8}$mmの粒《つぶ》で，次に$\frac{1}{32}$mmの粒が動きだすことがわかる。　②　図２の曲線Ｂを見ると，粒径《りゅうけい》が大きいほど，粒が止まる流速も大きくなることがわかる。つまり，粒径が大きいものから止まり始める。

③　図２で，粒径が$\frac{1}{64}$mm以下の粒では，動きだすのに必要な流速が大きく，流速がかなりおそくなっても粒が止まらないことがわかる。このことから，少しの雨では小さな粒が動きだすほどの流速にならないためにごりが発生しないが，一度発生すると流速がおそくなってきても小さな粒がなかなか止まらないためにごりがしばらく続くと考えられる。

国　語　＜Ａ試験＞（50分）＜満点：100点＞

解答

一　①～⑦　下記を参照のこと。　⑧　そこう　⑨　なまはんか　⑩　の(け)　二　**問１**　エ　**問２**　イ　**問３**　ウ　**問４**　イ　**問５**　ウ　**問６**　(例)　人生に多かれ少なかれ賭けの側面がふくまれているという事実を否定して，すべては個々人の意志や努力次第であると主張すること。　**問７**　ア　**問８**　イ　三　**問１**　ウ　**問２**　**１**　イ　**２**　キ　**問３**　(例)　緊張感と好奇心が半々のまま立ち尽くしていたが，優しく声をかけられたので緊張が少しやわらいだ気持ち。　**問４**　ウ　**問５**　(例)　自分と同じ小学生が老人と有段者しか上がってはいけない和室に躊躇なく上がり，強い対戦者を求めたこと。　**問６**　エ　**問７**　ア，ウ

●漢字の書き取り

一　①　額面　②　延期　③　閉口　④　元手　⑤　遺物　⑥　留(めない)　⑦　務(め)

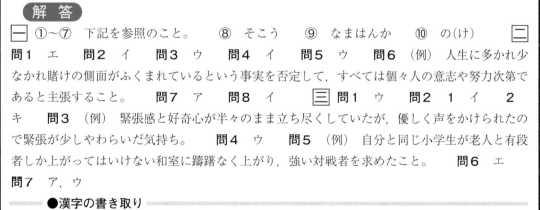

解　説

一　漢字の書き取りと読み

①「額面通り」は，ここでは，言葉が表す意味そのままのこと。　②　期日や期限などを先に延ばすこと。　③　手に負えず，非常に困ること。　④　事業などを始めようとするときに必要なお金。　⑤　今に残されている昔の品物。　⑥　音読みは「リュウ」「ル」で「留意」「留守」などの熟語がある。　⑦　音読みは「ム」で，「事務」などの熟語がある。　⑧　ふだんの行い。　⑨　中途半端《ちゅうとはんぱ》で不十分であること。　⑩　音読みは「ジョ」「ジ」で，「除名」「掃《そう》除《じ》」などの熟語がある。

二　**出典は古田徹也《ふるたてつや》の『いつもの言葉を哲学《てつがく》する』による。**筆者は「親ガチャ」という言葉を手がかりにして，人生とはどのようなものかを考察している。

問１　続く部分で筆者は，「ガチャ」とはもともと，硬貨《こうか》を入れてレバーを回すことでカプセル入りのおもちゃが無作為《さくい》(偶然《ぐうぜん》に任せること。ランダム)に出てくる装置を指していたが，やがて「どんな両親の下に生まれるか」は運次第《しだい》であるという，子どもの置かれた状況《じょうきょう》に転用され，「親ガチャ」という言葉が生まれたと説明している。よって，エがふさわしい。

問２　1　「親ガチャ」の話題を受け，「自分の生みの親を選べ」ないという当然の事実が述べられているので，間違《まちが》いのないことを意味する「確かに」があてはまる。　2　自分がどんな親の下に生まれるかは運次第だというのなら，「いまの自分をかたちづくる物事の大半は『ガチャ』を引いた結果ということにならないだろうか」と筆者は疑問を示している。前に述べられた内容を受け止めず，反論を述べているので，「しかし」が入る。　3　「顔ガチャ」を，「『イケメン』に生まれるか『ブサイク』に生まれるか，という運のことだ」とくわしく説明しているので，“要するに”と言いかえるときに用いる「つまり」がふさわしい。

問３　少し前にある(A)の文章のなかで，倫理《りんり》学者のバーナード・ウィリアムズは「いかなる意志の産物も，意志の産物でないものによって取り囲まれ，支えられ，部分的にはそれらによって構成されており，それらは一個の網《あみ》の目を形成している」と述べている。つまり，人々の日々の行為の大半は，「自分の意志」と，「運」のような自らの意志やコントロールが及《およ》ばないものが複合的に組み合わさっているというのだから，ウが合う。

問４　「すべては個々人の意志や努力次第であると嘯《うそぶ》き，『めぐり合わせ』や『運』の存在を軽視ないし否定する向き」に対し「大きな疑問符《ふ》を投げかけ」た(A)の意見はつまり，人生に運の要素が存在することを肯定《こうてい》するものである。一方(B)の意見は，「今度結婚《けっこん》することになりました」や「就職することになりました」といった，人々がよく耳にする言葉が，自分の意志なのか，めぐり合わせによるものなのか明確に区別できないことを示したものといえる。人生において「運の要素を完全に排除《はいじょ》することはできない」としたうえで，日常のなかで人々がしばしば経験する例をあげ，筆者は自らの主張を強めているので，イが選べる。

問５　『こちら葛飾《かつしか》区亀有《かめあり》公園前派出所』という漫画《まんが》のなかで，「人生すべて博打《ばくち》だぞ！」と語る主人公の両《りょう》さんに対し，後輩《こうはい》の麗子《れいこ》と中川《なかがわ》はすかさず「そう思って無計画に生きてるのは両ちゃんだけよ」「みんなはギャンブルと思ってませんよ」と否定している。つまり，「つれない」とは，冷ややかでそっけない態度をいうので，ウが選べる。

問６　「そうした」とあるので，前の部分に注目する。人生には多かれ少なかれ賭《か》けの側面(運の要素）がふくまれることを認めていながら，あらゆるものが運に支配されているなどと考えるのではなく，「すべては自己責任」という意識を持って，自らの置かれた場所や条件の下で努力すべきだと主張することが，筆者のいう「不誠実なきれいごと」にあたる。これが「学校やその他の社会の表舞台《ぶたい》で『道徳的に正しい主張』としてまかり通るかぎり」，それに反発するように裏側では「親ガチャ」や「顔ガチャ」という言葉が広がるだろうというのである。

問７　これまでみてきたとおり，人生とは「自分の意志」と「運」の複合的な組み合わせによってつむがれる「網の目」のようなものである。そのため，「すべては自己責任」（「運」などではない）という「きれいごとを突《つ》き放してみせる」，「ガチャ」という言葉は，「人生の真実を暴《あば》く表現」として人々にもてはやされ，より強固な説得力を持つだろうと筆者は述べているので，アがよい。

問８　筆者の主張の根幹をなしているのは，「『すべては運次第だ』という主張も，それから，『すべては意志や努力次第だ』という主張も，どちらも間違っているということ」である。そこから，人生には「運の要素を完全に排除することはできない」ことを認めたうえで，「運が不断に織《お》り込《こ》まれたものとしての人生のありようを，多様な角度からあるがままに捉《とら》え，語ろうとすること」が，「『ガチャ』の比喩《ひゆ》が行き渡《わた》った場所」には必要である，と筆者は考えている。よって，イがふさわしい。

三　**出典は大崎善生《おおさきよしお》の『将棋《しょうぎ》の子』による。**小学校六年生の「私」は，通っている小学校で巻き起こった将棋ブームによってその魅力《みりょく》にとりつかれる。

問１　将棋盤《ばん》は「ノートにボールペンで書いて」つくり，駒《こま》とその移動は鉛筆《えんぴつ》と消しゴムを駆使《くし》して表現する，という急ごしらえの道具を用いていたほか，「私」たちは「駒の動かし方とルールを知っているだけで，定跡《じょうせき》なんか一つも知らなかった」ので，やっていることはおよそ将棋とよべるしろものではなかったが，「勝てば嬉《うれ》しかったし，負ければ悔《くや》しかった」という勝負における醍《だい》醐味《ごみ》は味わっていたのである。これがぼう線①の言い表していることにあたるので，ウが合う。

問２　**１**　同じ段落に，「こんなに多くの人がいる割に部屋はしんと静まり返り，駒の音だけがパチパチと響《ひび》いていた」とあることから，「北海道将棋会館」にいる二十人ほどの人たちは，対局に熱中していたものと想像できる。よって，一つのことに心を集中して，気を散らさないようすの「一心不乱」があてはまる。　**２**　「五段が指すと少年は一秒も考えずにさっと」指していたのだから，“間をあけず，すぐに”という意味の「間髪《かんはつ》を入れず」となる。

問３　初めて将棋道場のはりつめた雰囲気《ふんいき》を味わった「私」は，「これはまずいところに入ったかなという緊張《きんちょう》感」と興味の入りまじった気持ちで「入り口で立ち尽《つ》くして」いたが，ふいにおじさんから「ボク，将棋を指したいのかい？」と「優《やさ》しく声をかけ」られたため，緊張が少しゆるんで涙《なみだ》が出そうになったのである。なお，緊迫《きんぱく》した道場の空気を感じていたときの「私」の心情について，ぼう線③の前で「怖《こわ》いところに一人で入ってしまったという罪悪感」と表現されていることも参考になる。

問４　「複雑な心境」とは直前に書かれた「嬉しいような気持ちと，怖いところに一人で入ってしまったという罪悪感」を指す。「私」は，「生まれて初めての知らない人との，それも大人との対外試合」に勝利できたことを嬉しく思う一方で，異様な空気に満ちた「まずいところ」へと足を踏《ふ》み入れてしまったやましさも同時に抱《いだ》いていたのだから，ウがふさわしい。なお，ここでの「罪悪感」とは，「怖いところ」，つまりいかがわしい場所に入ってしまったことに対する心情であって，単に「見知らぬ場所を訪れてしまったこと」に対するものではない。よって，エは正しくない。

問5　「わずか２分間くらいの間に起きた出来事」とは，「自分よりはるかに背の低い小学生」が将棋会館に入ってくるなり，「老人と有段者しか上がってはいけない」と教えられていた「和室」に躊躇《ちゅうちょ》なくあがり，「誰《だれ》か強い人きてる」かと対戦者を求めたことにあたる。この思いがけない出来事を前に，「私」は驚《おどろ》きあきれたのである。

問6　本文の最後のほうに「彼《かれ》は人間ではなく，その糸の先にある目に見えない大きな何かにあやつられて将棋を指している，そんなふうに思えてしかたがなかった」とあるとおり，「私」は彼（成田英二君）を自分とはまったく異なる次元にいる存在のように感じている。また，「私」のなかに「ライバル心」がわき上がったならば，少年のように強くなろうとますます将棋会館に通うはずなので，「嫉妬《しっと》心が芽生えた」や「ライバル心がふつふつとわき上がった」とあるエは合わない。

問7　当時，札幌の藻岩《もいわ》山に数頭の熊が棲息《せいそく》しているとは言われていたものの，山のかなり奥《おく》深くのことだろうと踏んでいた人々は，「人里近く」で老人が襲《おそ》われたことに「衝撃《しょうげき》」を受けたのだから，「ヒグマが出没《しゅつぼつ》し老人が襲われたことも当然のこととして当時の人々が受け入れた」とあるアは合わない。また，本文は「私」が小学六年生だった「昭和44年」当時のことを回想している場面なので，「現在小学生の『私』」とあるウも正しくない。

2023年度 サレジオ学院中学校

【算　数】〈B試験〉(50分)〈満点：100点〉

◎問題にかいてある図形は正確とは限りません。

1　次の［　　］にあてはまる数を答えなさい。

(1)　$1+17\times\left(\dfrac{5}{8}-0.375\div\boxed{}\right)=2\dfrac{1}{16}$

(2)　$\dfrac{15}{2}+\dfrac{37}{6}+\dfrac{61}{12}+\dfrac{81}{20}+\dfrac{91}{30}+\dfrac{85}{42}+\dfrac{57}{56}=\boxed{}$

2　次の［　　］にあてはまる数または語を答えなさい。

(1)　ある日の博物館の入場者数は，男子が全体の62%で，女子より180人多かったです。
　このとき，この日の全体の入場者数は［　ア　］人であり，女子の入場者数は［　イ　］人です。

(2)　3の倍数と5の倍数を除いた整数を小さい順に並べると下のようになります。
　　1，2，4，7，8，11，……
　この列の45番目の数は［　　］です。

(3)　サレジオ学院の体育祭では，赤チーム，青チーム，緑チーム，黄チーム，先生チームでリレーをします。リレーが行われる前に，そらさんとうみさんはリレーの1位から3位の結果の予想を以下のようにしました。

そらさんの予想：	1位　黄チーム	2位　先生チーム	3位　緑チーム
うみさんの予想：	1位　先生チーム	2位　青チーム	3位　緑チーム

　そらさんとうみさんがそれぞれ予想した3チームのうち，1チームだけは予想と結果が同じ順位でしたが，残りの2チームの結果は4位以下でした。
　このとき，結果は1位［　ア　］チーム，2位［　イ　］チーム，3位［　ウ　］チームとなります。
　ただし，同着のチームはないものとします。

(4)　右の図は正方形ABCDの中に，辺ABを半径とするおうぎ形が2つ入っています。
　2つのおうぎ形の交点をEとし，直線DEと辺BCの交点をFとします。
　このとき，角アの大きさは［　　］度です。

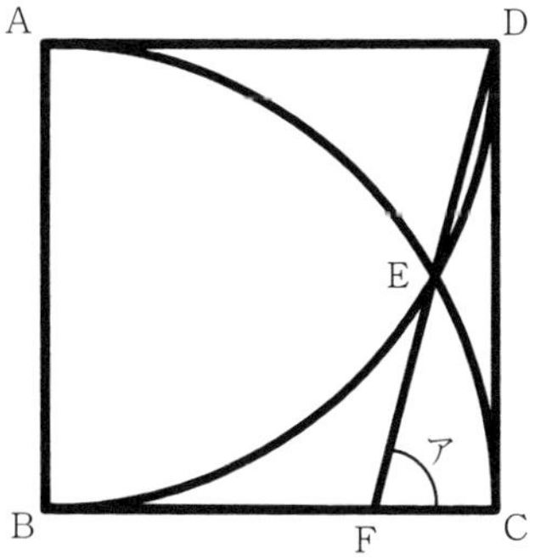

(5)　次のページの図1のように，底面の半径が2cmの円すいがあります。この円すいの表面積は［　ア　］cm^2です。
　また，この円すいを2つ作ることを考えます。そのために，

図2のような，円とおうぎ形がちょうど2つずつ入るような長方形の画用紙を準備しました。

このとき，この長方形の面積は [イ] cm² です。

ただし，円周率は3.14とします。

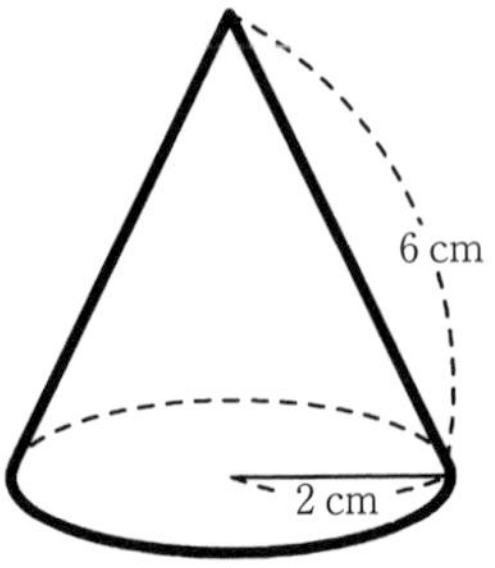

図1

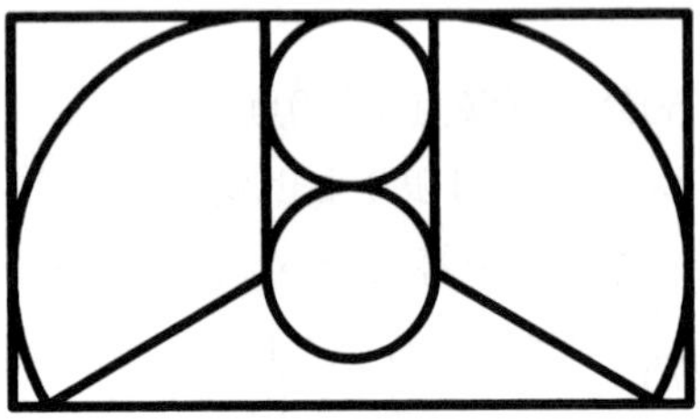

図2

3 そらさんとうみさんが次の [問題] について話し合っています。
このとき，以下の問いに答えなさい。

> [問題]
>
> 太郎さんと花子さんは地点Pから2km離れた地点Qまで同じ道で移動します。
>
> 太郎さんは毎秒1mで，花子さんは毎秒2mの速さで移動します。
>
> 花子さんは太郎さんが出発してから2秒後に出発します。
>
> 花子さんは，太郎さんに追い着いたら，地点Pに戻り，地点Pに着いたら，折り返して同じ道を移動します。花子さんはこの移動をくり返します。
>
> 太郎さんが地点Qに着くまでに，花子さんは太郎さんに何回追い着きますか。

そら 太郎さんが地点Pを出発してから花子さんが太郎さんに追い着くのは，1回目は [ア] 秒後，2回目は [イ] 秒後，3回目は [ウ] 秒後です。

うみ [ア]，[イ]，[ウ] には「[エ] ずつ [オ]」という規則が成り立ちそうですね……。
この規則は4回目以降も成り立つでしょうか？

そら <u>グラフを使ってこの規則が成り立つことを説明できないでしょうか？</u>

うみ もしそれができれば，太郎さんが地点Qに着くまでに，花子さんは太郎さんに [カ] 回追い着くことがわかりますね。

(1) [ア]～[ウ] にあてはまる数を答えなさい。

(2) [エ] にあてはまる数を，[オ] にあてはまる言葉を答えなさい。
ただし，[オ] には[たす，ひく，かける，わる]のいずれかが入ります。

(3) 下線部について，「[エ] ずつ [オ]」という規則を，右のグラフを使って説明しなさい。
ただし，実線のグラフは太郎さんの移動の様子を表していて，点線のグラフは花子さんの移動の様子の一部を表しています。

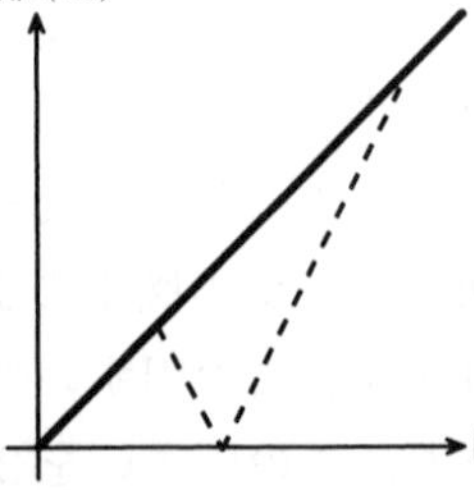

(4) [カ] にあてはまる数を答えなさい。

4　整数を2個以上の0を除く整数の和に分けて，それらの整数の積を最も大きくすることを考えます。例えば，4について調べると，分け方は右の表のようになり，積は1，2，3，4のいずれかになるので，最も大きくなる積は4になります。

和	積
1+1+1+1	1
1+1+2	2
1+3	3
2+2	4

このとき，次の問いに答えなさい。

(1)　5について，最も大きくなる積を求めなさい。

(2)　6について，最も大きくなる積を求めなさい。

(3)　7以上の整数について，積が最も大きくなるためにはどのような分け方をすればよいですか。その考え方を説明しなさい。

5　1辺の長さが6 cmの正方形を5枚と，図1のように1辺の長さが6 cmの正方形ABCDの角から一部を切り取った図形を1枚使って容器を作ります。また，図2のように，その容器を上面が正方形ABCDに，底面が正方形EFGHになるようにします。

このとき，以下の問いに答えなさい。

ただし，すい体の体積は (底面積)×(高さ)÷3 で計算できます。

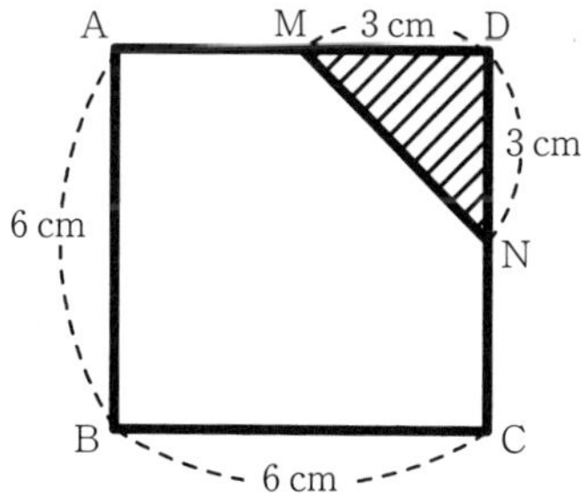

図1

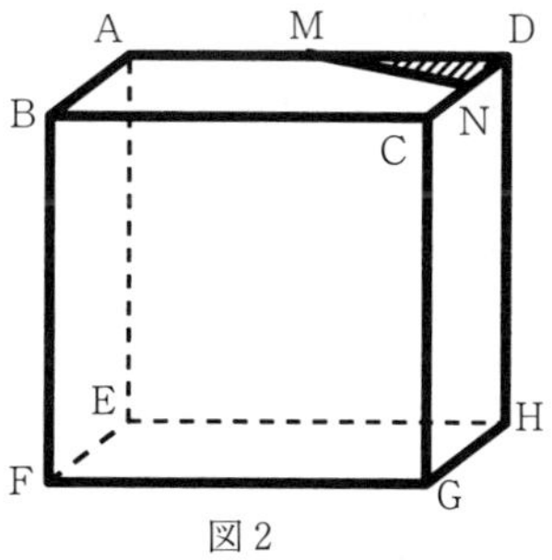

図2

(1)　水を容器に満たしてから，辺EFを固定したまま容器を傾けたところ，水がこぼれ，やがて水面が3点G，H，Mを通るようになりました。

このとき，残った水の体積を答えなさい。

(2)　水を容器に満たしてから，点Hを固定したまま容器を傾けたところ，水がこぼれ，やがて水面が3点D，E，Gを通るようになりました。

このとき，残った水の体積を答えなさい。

(3)　水を容器に満たしてから，点Fを固定したまま容器を傾けたところ，水がこぼれ，やがて水面が3点F，M，Nを通るようになりました。

このとき，残った水の体積を答えなさい。

ただし，解答らんには途中の過程もかきなさい。

【社　会】〈B試験〉(40分)〈満点：75点〉

次の文章を読んで，あとの問いに答えなさい。

みなさんは，「蛍雪《けいせつ》の功」ということばを聞いたことがあるでしょう。①中国の晋《しん》の時代，夜に明かりを灯す油を買うことができなかったほど貧しい家に生まれた二人の青年が，夏は蛍《ほたる》の光，冬は雪明かりによって②学業に励《はげ》み，成果を手にしたことに由来することばです。この物語は平安時代に日本に伝わり，貴族だけでなく僧侶《そうりょ》，武士にまで，時代や身分を超《こ》えて日本の人々に親しまれました。私たちの身近なところでは，卒業式に歌う「蛍の光」の歌詞にも登場していますね。しかし，現代の日本に暮らす私たちにとっては，言葉や意味は知っていても，蛍の光や雪の明かりはなかなか実感しにくいものです。人々は，夜の時間を豊かで安全に過ごすために，③人工の明かりをつくり，利用してきました。私たちが当たり前に過ごす明るい夜は，どのようにつくられてきたのでしょうか。

最も原始的な明かりは，火から発する光を利用したものでした。初めは，調理や暖を取るためのたき火が明かりを兼《か》ねていましたが，たいまつが使われ始め，西洋では早くからオイルランプが用いられるなど，火を明かりとして使うための道具が現れました。ヨーロッパの地中海沿岸では，油を得やすい(　　)が広く栽培《さいばい》されていたので，明かりにも植物油が用いられていましたが，日本では，価格の安い魚の油を用いることが一般《いっぱん》的であったようです。④仏教の伝来とともに，ミツバチの巣から精製した蜜《みつ》ろうが伝わり，ろうそくの利用も始まりましたが，これもやはり高価なもので，⑤政治を行う場所や一部の寺院など限られた立場の人々が用いる貴重品でした。この時代，多くの人々にとって，夜の明かりといえば月や⑥星の光で，月は，今よりもずっと身近な存在でした。月は，⑦和歌の題材に多く選ばれていますし，どの部屋からも月が見える⑧銀閣は，月見のための建物であるといわれています。

⑨江戸時代になると，明かりの道具は大きく進歩し，⑩世界の国々で考えられた方法も伝わってきました。室内用の行灯《あんどん》や携帯《けいたい》用の提灯《ちょうちん》が登場し，天保期には⑪オランダの技術を応用した菜種油ランプが発明されました。⑫19世紀後半には横浜に日本で初めてのガス灯がつくられ，化石燃料を用いた明かりによって家の中や⑬街はとても明るくなりました。ただし，「火から発する光を利用」するという点ではそれまでと変わらず，室内での明かりの利用は火事の危険と隣《とな》り合わせでした。それが変わったのは，エジソンによる実用的な電球の発明によって，⑭電気エネルギーが明かりに利用され始めてからです。20世紀には蛍光灯《けいこうとう》も発売され，⑮日本の経済成長とともに電気エネルギーは急速に普及し，街を明るくするだけでなく，観光地のライトアップのように賑《にぎ》わいを演出するためにも用いられるようになりました。そして，明かりがあることによって，夜の時間の観光や移動，スポーツや⑯工事に至るまで，私たちの活動時間は大きく広がりました。近年，⑰新型コロナウイルス感染症の感染拡大防止のために⑱人々の移動が制限されるとともに飲食店などの夜間営業も制限され，店舗《てんぽ》などの⑲照明が消されたことは記憶に新しいと思います。街が暗くなったことは，現代の私たちの生活が多くの明かりに照らされて初めて成り立っていることを，改めて意識するきっかけになりました。

その一方で，今日では，まぶしすぎる明かりが地域の生態系や⑳私たちの健康に良くない影響を与えることが注目されたり，㉑蛍光灯に代わってエネルギー効率の良いLED照明の利用が進められたりするなど，明かりのあり方にも変化が生まれています。まぶしい明るさよりも，その場に適した明るさを選ぶことや，持続可能な明かりを選ぶことなど，調和のとれた明かりが求められているのです。

サレジオ学院の校歌は，「人の心の灯火たらん(灯火となろう)」ということばから始まります。これから本校で学ぼうとしているみなさんにも，周囲を明るく，そして㉒日本や世界を暖かく照らす存在となることを期待しています。

問1　下線部①について，中国と日本(倭国《わこく》)は古代から現代に至るまで外交上の関係があります。1970年代の日中関係の一つである日中共同声明について述べた文として，**適当でないもの**を，次の**ア**～**エ**から一つ選んで，記号で答えなさい。

ア　この声明では，中華人民共和国政府は，日本国に対する戦争賠償《ばいしょう》の請求《せいきゅう》を放棄《ほうき》することを宣言しました。

イ　この声明で，日本国政府は中華人民共和国政府が中国の唯一の合法政府であることを承認しました。

ウ　この声明では，日本国と中華人民共和国との間のこれまでの正常な状態は，共同声明が発表される日に終了するとされました。

エ　この声明は，アメリカ大統領ニクソンが，1972年初頭に中国を訪問した数か月後に発表されました。

問2　下線部②について，次の表は，都道府県ごとの小学校の数，小学校に通う児童の数，一校あたりの児童数の平均値を，小学校の数が多い10都道府県について示したものです。表中の空らん(**A**)と(**B**)にあてはまる都道府県を正しく示しているものを，下の**ア**～**エ**から一つ選んで，記号で答えなさい。

都道府県	小学校数	児童数(千人)	一校あたりの児童数の平均値
東京	1328	619	466.3
(**A**)	999	236	236.6
大阪	996	428	429.6
愛知	969	410	423.6
神奈川	887	455	512.7
埼玉	814	366	450.2
千葉	777	310	398.4
兵庫	754	283	375.0
(**B**)	729	281	385.4
静岡	509	187	367.9

文部科学省　統計資料より作成

ア　(**A**)－北海道　(**B**)－福岡

イ　(**A**)－宮城　(**B**)－長崎

ウ　(**A**)－茨城　(**B**)－広島

エ　(**A**)－京都　(**B**)－熊本

問3　下線部③について，人工の明かりをつけて開花時期を調整して栽培する花として「きく」があります。次の図は，きく，みかん，じゃがいも，ピーマンの栽培が多い上位5都道府県を示したものです。このうち「きく」の図を，次のページの**ア**～**エ**から一つ選んで，記号で答えなさい。

ア

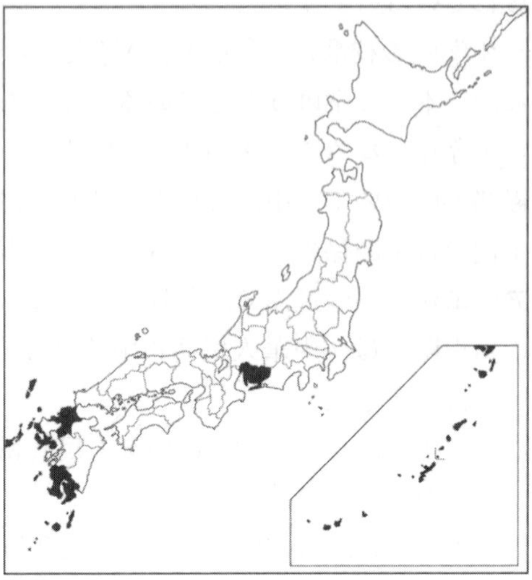

イ

ウ

エ

農林水産省統計(2019年)より作成

問4　文章中の空らん(　)には，日本国内においては，香川県の小豆島が有数の産地である農作物があてはまります。作物名を答えなさい。

問5　下線部④について，これ以降の日本の仏教について述べた次の文**ア**～**エ**を，年代の古い順に並べ替えなさい。

ア　比叡山延暦寺や高野山金剛峰寺など山奥に修行場としての寺が造られました。

イ　国を安らかに治めることを願い，東大寺に大仏が造られました。

ウ　皇族や蘇我氏が一族のための寺を造り，金銅の仏像がまつられました。

エ　臨済宗や曹洞宗など新しい宗派が開かれ，庶民《しょみん》にも広まっていきました。

問6　下線部⑤について，国の政治において重要な以下**A**～**D**のことがらは，日本国憲法で一定期間内に行うよう定められています。ことがらと期間の組み合わせとして，最も適当なものを下の**ア**～**カ**から一つ選んで，記号で答えなさい。

A　衆議院が解散された後，総選挙を行うまでの期間

B　衆議院議員の総選挙が行われた後，国会が召集《しょうしゅう》されるまでの期間

C　衆議院が条約の締結《ていけつ》に関する承認をした後，参議院が承認しなくても成立する期間

D　衆議院が内閣総理大臣を指名した後，参議院が指名の議決をしなくても衆議院の議決が国会の議決とされるまでの期間

ア　**A**―10日以内　**B**―30日以内　**C**―30日以内　**D**―40日以内
イ　**A**―10日以内　**B**―10日以内　**C**―40日以内　**D**―30日以内
ウ　**A**―30日以内　**B**―40日以内　**C**―10日以内　**D**―10日以内
エ　**A**―30日以内　**B**―10日以内　**C**―30日以内　**D**―30日以内
オ　**A**―40日以内　**B**―30日以内　**C**―30日以内　**D**―10日以内
カ　**A**―40日以内　**B**―40日以内　**C**―40日以内　**D**―40日以内

問7　下線部⑥について，次の史料と錦絵《にしきえ》を見て，史料の空らん(　)にあてはまる人物を説明した文として，適当なものを下の**ア**～**オ**から一つ選んで，記号で答えなさい。

史料

> ときは明治10年，8月はじめの夜，江戸の空に突然《とつぜん》，赤く光る星が出現した。いにしえより世が変わるときは必ず大変が起こるという。そして今，政府は鹿児島の賊《ぞく》をしずめられずにいる。人々は，この星を見上げて(　　)星と呼んだ。
>
> 望遠鏡でよく見ると，陸軍大将の制服を着た(　　)が，赤い星の中心で腰《こし》を下ろしているというのだ。

野尻抱影『日本星名辞典』東京堂出版(1973年)より引用

錦絵

(問題の都合上，錦絵と文章は一部改変しています。)

ア　徴兵令を定めて陸軍の基礎《きそ》をつくり，内閣総理大臣にも2回就任しました。

イ　政府の官職を辞任した後，自由党を結成して自由民権運動をすすめました。

ウ　幕府側の代表として江戸城の無血開城をはたし，明治政府でも役職につきました。

エ　征韓論をとなえましたが，政府内で意見が対立し，官職を辞任しました。

オ　連合艦隊《かんたい》の司令長官として戦い，日露戦争を勝利に導きました。

問8　下線部⑥について，地球から見える星は，緯度によって異なります。次の地図は，日本で最も南に位置する天文台「竹富町波照間島星空観測タワー」(★)と，その近くを通る北回帰線を示したものです。地図に関連する下の問い(1)～(3)に答えなさい。

(1)　地図中の★で示された天文台の緯度として，最も適当なものを，次の**ア**～**エ**から一つ選んで，記号で答えなさい。

ア　北緯12度
イ　北緯18度
ウ　北緯24度
エ　北緯30度

(2)　北回帰線の説明として正しい文を，次の**ア**～**エ**から一つ選んで，記号で答えなさい。

ア　春分の日に，月の軌《き》道《どう》が太陽の軌道と重なる地点を結んだ線。
イ　夏至の日に，太陽が南中したときの高度が90度になる地点を結んだ線。
ウ　秋分の日に，月が最も地球に接近する地点を結んだ線。
エ　冬至の日に，太陽が一日中沈まない「白夜」が起きる地点を結んだ線。

(3)　次の表中の**ア**～**エ**は，地図中の国**A**～**D**のいずれかについて，日本とそれぞれの国との貿易における日本の輸入額と，日本が輸入している品目のうち上位５品目を示したものです。**A**国にあてはまるものを，表中の**ア**～**エ**から一つ選んで，記号で答えなさい。

	日本の輸入額(億円)	日本が輸入している品目のうち,上位5品目(多い順)
ア	174931	電気機器,一般機械,衣類,織物用糸と繊維製品,金属製品
イ	28398	電気機器,一般機械,石油製品,鉄鋼,プラスチック
ウ	11455	液化天然ガス,石炭,原油,パラジウム,魚介類
エ	9977	電気機器,金属鉱と金属くず,一般機械,木製品,バナナ

二宮書店『データブック オブ・ザ・ワールド 2022』より作成

問9 下線部⑦について,日本では,現在でも中秋の名月という風習があります。月を題材にした和歌1・和歌2と,その和歌がよまれた歴史的背景**A**~**F**の組み合わせとして,適当なものを,下の**ア**~**ク**から一つ選んで,記号で答えなさい。

和歌1

この世をば　わが世とぞ思う　望月の　かけたることも　なしと思えば
訳:この世は私のためにあるように思う。今宵《こよい》の満月のように,私に欠ける部分は何一つないと思うので

和歌2

あまの原　ふりさけ見れば　春日なる　三笠の山に　出でし月かも
訳:大空をふり仰《あお》いで遥《はる》か遠くを眺《なが》めると,今見ている月は,かつて奈良の春日にある三笠山の上に出ていた月と同じ月なのだなあ

歴史的背景

A 和歌の作者は退位後,上皇となって院政を開始しました。

B 和歌の作者と息子の基経が初めて摂政・関白の位について政治の実権を握《にぎ》りました。

C 和歌の作者は遣唐使に任じられましたが,これを廃止《はいし》し,のちに都から遠く離《はな》れた地に流され,没《ぼっ》しました。

D 和歌の作者は遣唐使に任じられ,玄宗皇帝に重用されました。帰国するための船が難破し,唐の地で没しました。

E 和歌の作者は蝦夷の地を征服《せいふく》し,征夷大将軍となりました。

F 和歌の作者と息子の頼通が政治の実権を握り,全盛期を迎《むか》えました。

選択肢

ア 和歌1－**A**　和歌2－**C**　　**イ** 和歌1－**F**　和歌2－**D**
ウ 和歌1－**B**　和歌2－**E**　　**エ** 和歌1－**A**　和歌2－**D**
オ 和歌1－**F**　和歌2－**C**　　**カ** 和歌1－**B**　和歌2－**C**
キ 和歌1－**A**　和歌2－**E**　　**ク** 和歌1－**F**　和歌2－**E**

問10 下線部⑧について,次の問い**(1)(2)**に答えなさい。

(1) これを建立した将軍の人物名を**漢字で**答えなさい。

(2) 次のページの地図は,近畿地方の一部について,海岸線,等高線(250mごと),湖沼を

示しています。銀閣の位置を正しく示している地点を，地図中の**ア〜エ**から一つ選んで，記号で答えなさい。

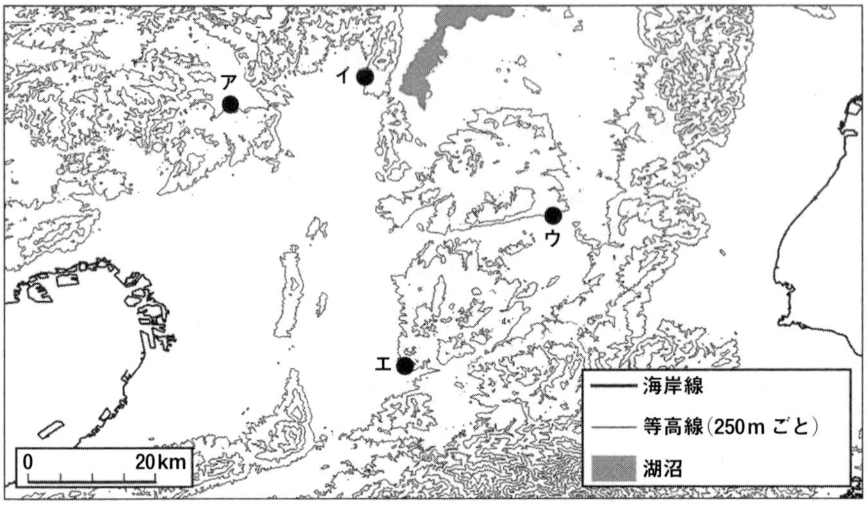

国土交通省　オープンデータより作成

問11　下線部⑨について，江戸時代に海運が盛んになると，各地の港に灯明台(現在の灯台に相当)が設置されました。全国の物資は船で大坂に運び込まれ，市が立ち値段が決まってから江戸などに送られました。このことから，当時の大坂は何と呼ばれましたか。答えなさい。

問12　下線部⑩について，次の**A**・**B**は，世界の国で起こった政治に関する記事です。下の表は，それぞれの国と日本の地理的特徴をまとめたものです。**A**・**B**の文で説明されている国は，表の**あ〜う**のいずれにあたるかを答えるとともに，それぞれの国の名前を答えなさい。なお，国名は通称で構いません。

A　この国では2022年９月に70年ぶりに国王が交代しました。この国の王は，自国だけでなく，カナダやオーストラリアなど，かつて植民地であったいくつもの国の王も務めています。前国王は，亡くなる数日前に，この国の新たな首相の任命を行っていました。

B　この国では2022年５月に第20代大統領が就任しました。この国の大統領は再選ができないため，前大統領は５年の任期をもって退任し，選挙で選ばれた新たな大統領が就任しました。さまざまな政治的問題が指摘されている日本との関係を，どのように改善していくかが注目されています。

記号	面積(万 km^2)	人口(万人)	訪日外客数(万人)
日本	37.8	12580	
あ	1709.8	14680	12.0
い	24.3	6708	42.4
う	10.0	5163	558.5

訪日外客数とは，それぞれの外国から一年間に日本に訪れた人の数を数えたもの

日本政府観光局の統計(2019年)より作成

問13　下線部⑪について，このころオランダなど西洋の影響を受け，その技術を応用したものとして**適当でないもの**を，次の**ア〜エ**から一つ選んで，記号で答えなさい。

ア　医学　　**イ**　力織機　　**ウ**　絵画(銅版画)　　**エ**　暦

問14　下線部⑫について，19世紀後半の出来事である次の**ア**～**オ**を，年代の古い順に並べ替えなさい。

ア　領事裁判権の撤廃《てっぱい》に成功しました。

イ　千島列島全島が日本の領土となりました。

ウ　第一回帝国議会が開催《かいさい》されました。

エ　伊藤博文が初代内閣総理大臣となりました。

オ　徴兵令が施行されました。

問15　下線部⑬について，次の地図**A**～**C**は，夜景観光コンベンション・ビューローが選んだ「日本新三大夜景都市」の札幌，北九州，長崎の中心地のものです。地図と地名の組み合わせとして，最も適当なものを下の**ア**～**カ**から一つ選んで，記号で答えなさい。

A

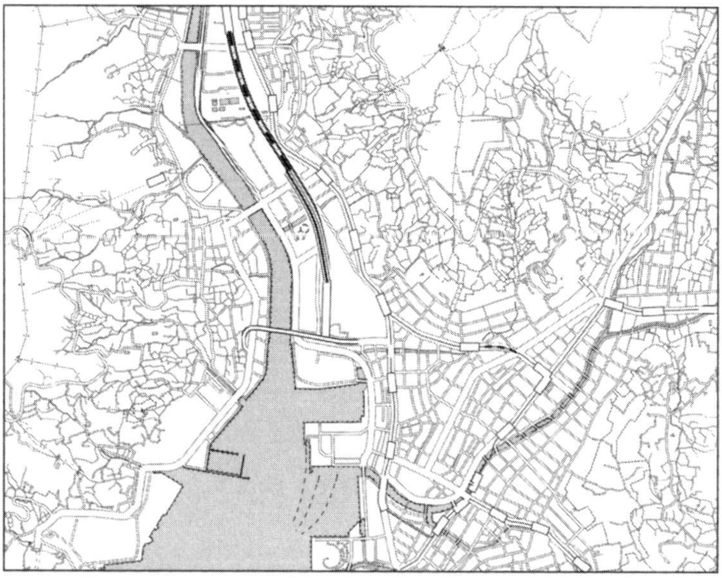

B

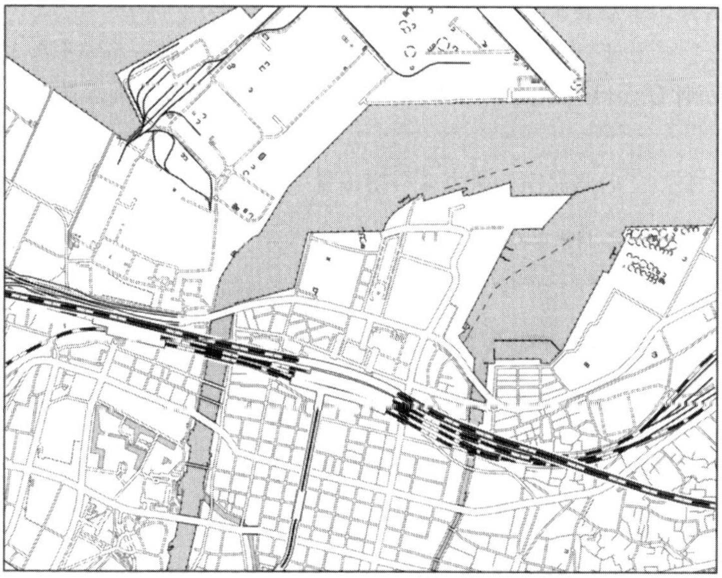

C

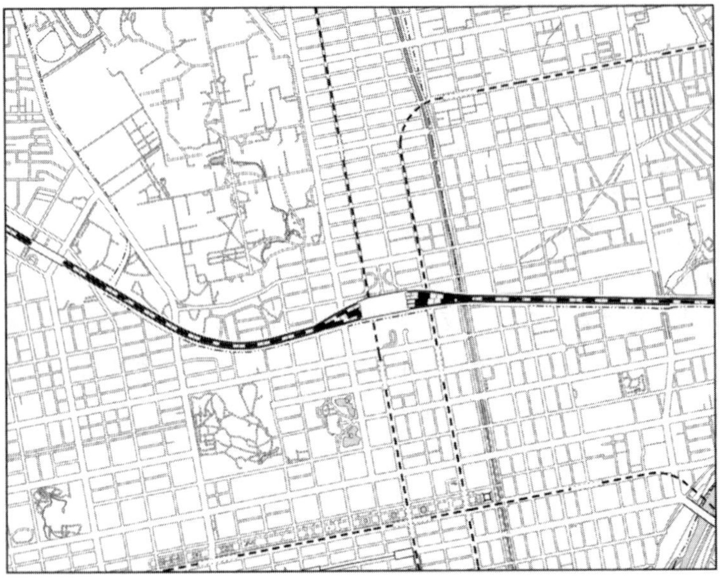

鉄道・道路を示している

地理院地図 Vector(2022年４月)より作成

	A	B	C
ア	札幌	北九州	長崎
イ	札幌	長崎	北九州
ウ	北九州	札幌	長崎
エ	北九州	長崎	札幌
オ	長崎	札幌	北九州
カ	長崎	北九州	札幌

問16　下線部⑭について，以下の生徒**A**・**B**と**先生**の会話文を読んで，下の問い(**1**)～(**3**)に答えなさい。

A　「去年の夏は，とても暑い日が多かったね。」

B　「地球温暖化の影響による異常気象だともいわれているよね。」

A　「これ以上暑くなってしまったら，本当に大変だね。でも最近はいろいろなところで省エネなどの対策が呼びかけられているよね。日本では温暖化の対策は進んでいるのかな。」

先生「温暖化の原因となっている温室効果ガスの排出量の変化を調べてみましょう。」

温室効果ガス総排出量（CO_2 換算）

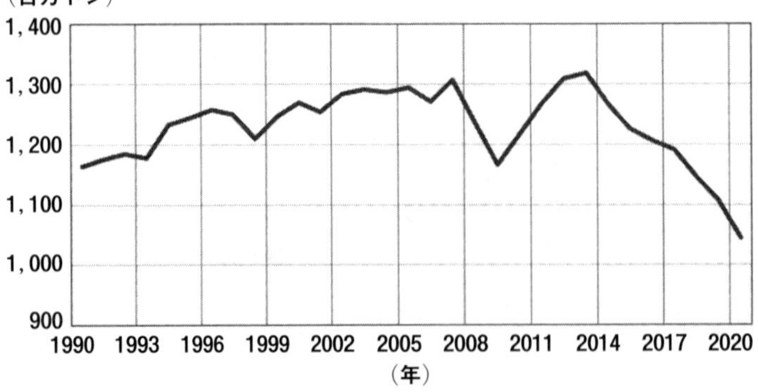

日本国温室効果ガスインベントリ報告書(2022年)より作成

A　「温室効果ガスの排出量は，近年は減少傾向にあるんだね。でも，2010年ころにかけて一度減少傾向があったのに，その後，排出量が増えているのはなぜなんだろう？」

B　「僕はこんな資料を見つけたよ。」

電力用天然ガスの消費量の推移

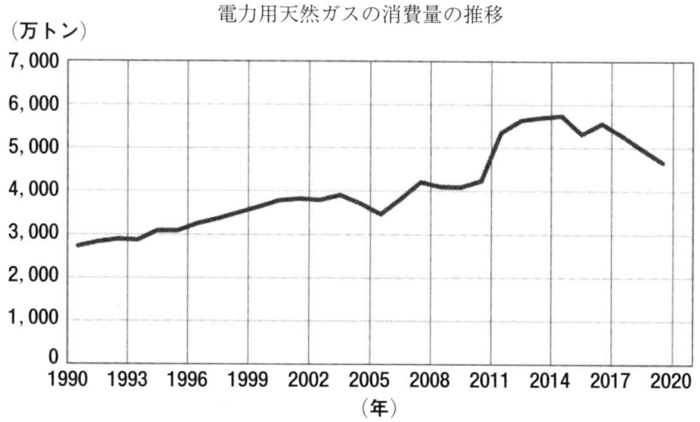

資源エネルギー庁のHP
より作成

B　「電力用の天然ガスの消費量が，この時期に増えているんだね。」

A　「なぜ天然ガスの消費量が増えたんだろう？」

先生「このグラフを見て，考えてみましょう。」

発電方式の内訳

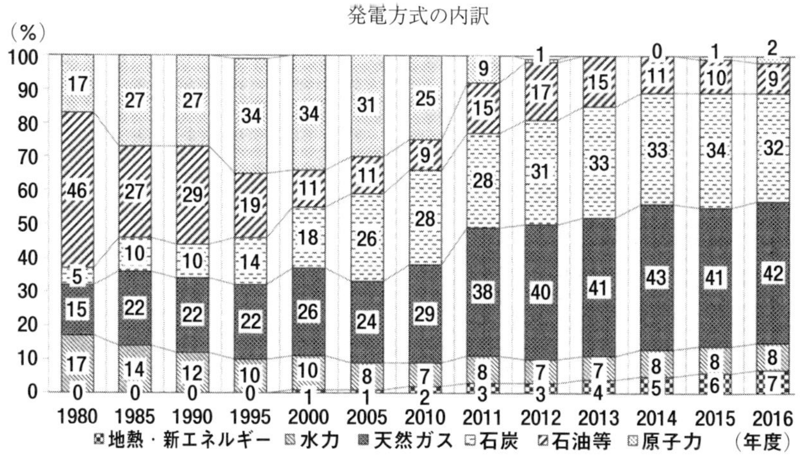

四捨五入の関係で合計値が合わないことがあります

原子力エネルギー図面集2018より作成

B　「そうか，［　　　　　　］から，2011年以降の天然ガスの消費量が増えたんだね。」

A　「なるほど。でもこの傾向《けいこう》は今後どうなるんだろう？」

先生「温暖化を心配して，火力発電を減らし，それ以外の方法による発電方法を増やそうとする動きは，ヨーロッパなどでも見られます。日本もそのような形になっていくのでしょうね。」

A　「僕らが大人になるころには火力発電がなくなり，地熱発電や風力発電などの発電方法が主流になっていくのかな。」

先生「どの発電方法にも長所と短所があります。日本はさまざまな発電方法のバランスを取っていくことになるのではないでしょうか。」

(1)　空らんにあてはまる内容を**30字程度**で答えなさい。

(2)　下線部のようなエネルギーのことを総称《そうしょう》して何と呼びますか。**9字**で答えなさい。

(3) **(2)**で解答したエネルギーの短所を説明している文を一つ選んで，**ア**～**エ**の記号で答えなさい。

ア　発電所を建設するにあたり，自然環境や景観を損なう恐《おそ》れがあります。

イ　発電によって発生した有毒な廃棄《はいき》物を，長期間管理し続けることが困難です。

ウ　安い値段で発電できるため，発電する電力会社の儲《もう》けが大きく減ってしまいます。

エ　発電に必要な資源の大半を，外国から輸入しなければなりません。

問17　下線部⑮について，20世紀後半の日本の社会・経済についての説明として，**適当でないもの**を，次の**ア**～**エ**から一つ選んで，記号で答えなさい。

ア　1950年代半ばには，「いざなぎ景気」と呼ばれる大型の好景気が現れ，経済産業省の『経済白書』で「もはや戦後ではない」と記されました。

イ　国民の８割から９割が，自らの生活を日本社会の中間層であると考える意識が広まりました。

ウ　終身雇用・年功序列賃金を特徴とする日本的経営が確立しました。

エ　1973年，為替に関する制度は，固定相場制から変動相場制に移行しました。

問18　下線部⑯について，次の問いに答えなさい。

右の写真は，道路の建設をめぐり，道路の建設予定地にある個人の家を，県が強制的に解体・撤去しようとしている場面の写真です。基本的に国民は，土地に対して所有する権利を持っていますが，場合によってはこのように行政が強制的に動かすことも可能とされています。この根拠となる憲法の条文を，次の**ア**～**オ**から一つ選んで，記号で答えなさい。

※編集部注…ここには，県によって強制的に解体・撤去《てっきょ》されようとしている個人の家の写真がありましたが，著作権上の都合により掲《けい》載《さい》できません。

神奈川新聞(2020年11月28日)より

ア　何人も，公共の福祉《ふくし》に反しない限り，居住，移転，及《およ》び職業選択《せんたく》の自由を有する。

イ　私有財産は，正当な補償《ほしょう》の下に，これを公共のために用いることができる。

ウ　思想及び良心の自由は，これを侵《おか》してはならない。

エ　公務員による拷問《ごうもん》及び残虐《ざんぎゃく》な刑罰は，絶対にこれを禁ずる。

オ　すべて国民は，個人として尊重される。生命，自由及び幸福追求に対する国民の権利については，公共の福祉に反しない限り，立法その他の国政の上で，最大の尊重を必要とする。

問19　下線部⑰について，このような感染症は，古代には疫病《えきびょう》と呼ばれました。８世紀の疫病に関する記述として適当なものを，次の**ア**～**エ**から一つ選んで，記号で答えなさい。

ア　この時代に権力を握っていた藤原の四兄弟が疫病で亡くなりました。

イ　疫病が大流行したため，飛鳥から藤原京に遷都《せんと》しました。

ウ　疫病がはやり災難も起こったので，天皇は天台宗や真言宗にたよりました。

エ　天武天皇が皇后の追悼《ついとう》のために正倉院を創建しました。

問20　下線部⑱について，**A**と**B**は，JR東日本が発表した，2021年度のJR東日本管内の駅別に示した乗車人数のデータを見て，話をしています。これを読んで，下の問い**(1)(2)**に答えなさい。

順位	駅名	1日平均(人)		
		定期外	定期	合計
1	新宿	231,486	290,692	522,178
2	池袋	165,061	242,428	407,490
3	横浜	117,163	186,595	303,759
4	東京	124,888	157,750	282,638
5	渋谷	119,472	129,033	248,505
6	品川	91,923	120,579	212,502
7	大宮	73,577	129,583	203,160
8	北千住	47,082	121,483	168,566
9	新橋	61,405	106,001	167,406
10	川崎	66,899	95,812	162,712

JR東日本「各駅の乗車人数(2021年度)」のデータより作成

A「トップ10に名前のある駅は，どれも大きな駅だね。」

B「『定期外』と『定期』って，どういうこと？」

A「定期券を利用して乗車した人の数が『定期』だよ。逆に定期券を利用せずに乗車した人の数が『定期外』だね。だから『定期』の数字は，主に通勤や通学でその駅を利用した人の数を示しているってことだよ。」

B「どの駅も，『定期外』よりも『定期』の人の数が多いね。」

A「そうだね。じゃあ，『定期』より『定期外』の人の数が多い駅はあるのかな？　調べてみよう。」

B「あまり多くないけれど，こんな駅があったよ。」

順位	駅名	1日平均		
		定期外	定期	合計
11	秋葉原	81,488	80,040	161,529
77	舞浜	25,024	21,790	46,815
78	原宿	29,967	16,488	46,455
100	新大久保	21,333	14,388	35,722

A「ふうん。これらの駅に共通することはなんだろう？」

B「どの駅も，［　**あ**　］ということじゃないかな。」

A「なるほど。それじゃあ，トップ100に入らなかった駅で，他にこういう特徴を持っている駅があるかなあ。」

B「うーん，たとえば［　**い**　］はどうだろう？」

A「たしかにそうだね。調べてみよう。」

(1)　会話文中の空らん［**あ**］にあてはまる語として，最も適当なものを，次の**ア**～**エ**から一つ選んで，記号で答えなさい。

ア　何社もの鉄道が乗り入れている

イ　人気のある観光スポットに近い

ウ　近くに大規模な工業地帯がある

エ　埋《う》め立てによる開発が行われ，高層マンションがたち並んでいる

(2)　会話文中の空らん［ **い** ］にあてはまる駅名として，最も適当なものを，次の**ア～エ**から一つ選んで，記号で答えなさい。

ア　武蔵小杉

イ　平塚

ウ　鎌倉

エ　橋本

問21　下線部⑲について，夜を照らす照明はわれわれの生活にとって欠かせないものですが，東日本大震災のときに計画停電を行ったように，照明を消さざるを得ない状況《じょうきょう》が存在します。今から約80年前にも政府の命令で照明に制限が加えられました。電力不足以外の理由を説明しなさい。

問22　下線部⑳について，私たちが「健康で文化的な最低限度の生活」を営むために，国は社会保障政策を行っています。この政策の説明について説明した文章を読み，下の**(1)(2)**の問いに答えなさい。

少子高齢《こうれい》化によって国の中の働き手が［ **あ** ］と予想されます。すると，税や経済活動の仕組みが大きく変わらないのであれば，国に納められる税金は［ **い** ］と考えられます。

一方，高齢化によって社会保障に関する国の支出は，［ **う** ］と考えられます。そのため国は，他の税金よりも景気の変化などに関わらず，安定的な税収を期待できると考えられる（ **A** ）の税率を［ **え** ］とともに，高齢者一人あたりに支払《しはら》う年金の額を変更するなどしてこれに対応しようとしています。

(1)　文章中の空らん［ **あ** ］～［ **え** ］にあてはまるものを，それぞれ一つ選んで，**ア～エ**の記号で答えなさい。**同じ記号を２回以上使うこともあります**。

ア　増える

イ　減る

ウ　引き上げる

エ　引き下げる

(2)　文章中の空らん（**A**）にあてはまる税金の種類として最も適当なものを一つ選び，**ア～エ**の記号で答えなさい。

ア　消費税

イ　所得税

ウ　環境税

エ　地方税

問23　下線部㉑について，蛍光灯の利用が控えられるようになったのは，下線部の内容のほかにも，蛍光灯に含まれる水銀の使用を制限するために2017年に次の国際条約が発効されたことが背景にあります。条約名の空らんには，かつて水銀を不適切に廃棄していたことによって，大きな社会問題が生じた日本の都市名があてはまります。その名称を，**漢字２字**で答えなさい。

水銀に関する(　　)条約

問24　下線部㉒に関連して，次の図は，人工衛星の写真から作成した「夜の日本列島」の画像です。図に関する，下の**(1)**～**(3)**に答えなさい。

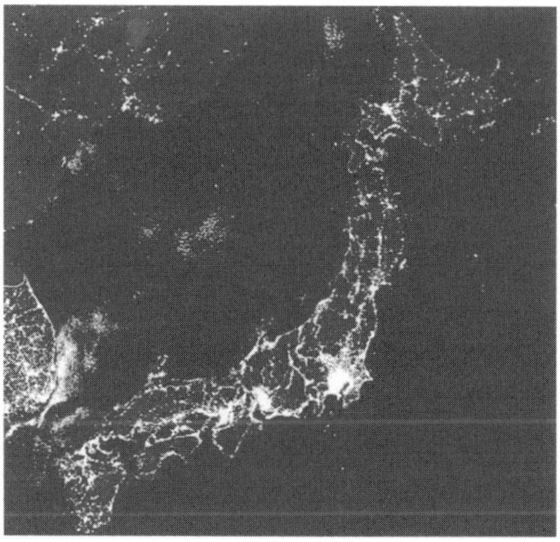

NASA(アメリカ航空宇宙局)の衛星写真より作成

(1)　図の明るい部分の多くは，夜間の人々の生活のようすを表す都市の明かりですが，それ以外にも人間のさまざまな産業活動が明かりに反映されています。次のうち，地図に反映されている明かりとして**適当でないもの**を，次の**ア**～**エ**から一つ選んで，記号で答えなさい。

ア　石油化学コンビナートの明かり

イ　道路の明かり

ウ　水力発電所の明かり

エ　漁船の明かり

(2)　日本の大都市は，夜の間も大きな光を放っていますが，次の新聞記事の見出しに示されているような変化が起きています。

「小売業の3割が営業短縮を実施《じっし》・検討」―2019年6月25日　日本経済新聞

新型コロナウイルス感染症の感染拡大以前から，都市部の百貨店や商業施設が営業時間を短くして閉店を早めたり，一部のコンビニエンスストアでは24時間営業を取りやめたりする動きがありました。その背景について述べた文として，最も適当なものを次の**ア**～**エ**から一つ選んで，記号で答えなさい。

ア　法人税率の引き上げによって，消費者が実店舗で買い物をする機会が減っているため。

イ　デリバリーサービスの提供が拡大したことで，消費者の節約志向が高まったため。

ウ　最低賃金の増額や労働者不足を背景に人件費が増加し，経営の負担となったため。

エ　都心の人口が増え，就寝する人に配慮して店舗を消灯することが経営者に義務づけられたため。

(3) 首都圏の夜の明かりは，日本列島の中でもひときわ明るく輝いていますが，そこには“影”もあるようです。

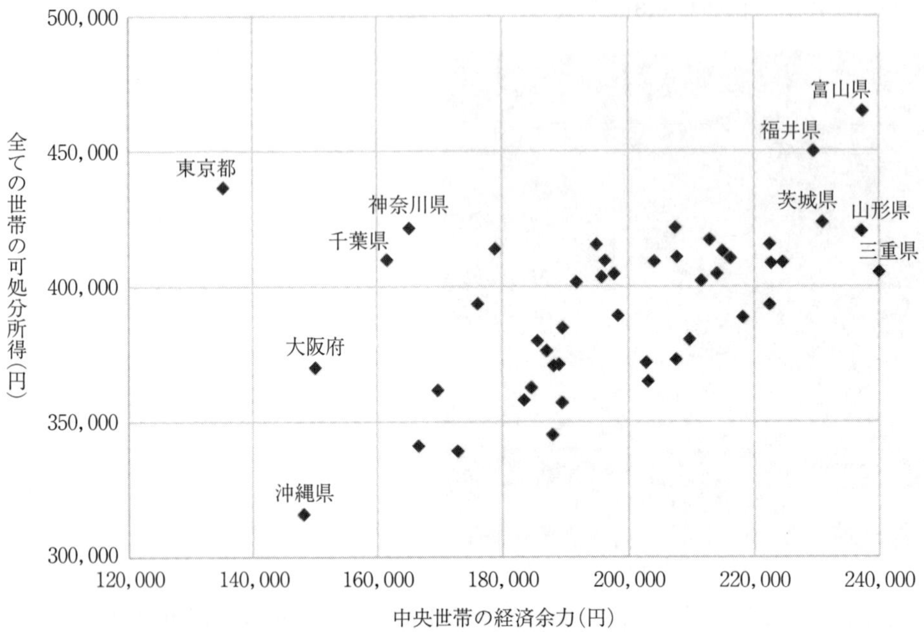

国土交通省『企業等の東京一極集中に関する懇談会 とりまとめ 参考資料』(2021年１月)より作成

上の図は，国土交通省の資料『都道府県別の経済的豊かさ』中の２つの指標をグラフ化したものです。縦軸は「全ての＊世帯の可処分所得」，横軸は「中央世帯(可処分所得の上位40%～60%の世帯)の経済余力」の指標であり，両者の関係が都道府県ごとに示されています。

縦軸の「可処分所得」とは，個人の収入から，税金や社会保険料を除いた金額で，個人が自由に使うことができる一か月の金額のことです。横軸の「経済余力」とは，「可処分所得」から，日常の生活や，職場に通勤するために必要な費用を引いて算出されたもので，上の図中では，この値が上位・下位となるそれぞれ５つの都道府県名が示されています。

上の図から，東京都や神奈川県はどのような社会の状況であるかがわかりますか。図を読み取った結果と，自分の考えとを，それぞれ説明しなさい。

＊世帯はすべて２人以上の勤労者世帯(単身又は経営者等は含まない)。

【理　科】〈B試験〉（40分）〈満点：75点〉

1　次の文を読み，あとの問いに答えなさい。

　ボスコ君は夏休みに(あ)野尻湖林間学校に参加しました。長野県の空は横浜よりもきれいで，夜にはきれいな星空，特に天の川も見ることができました。その夜空に感動したボスコ君は，横浜でも天体を観察したいと思い，自分で望遠鏡を作って観察してみることにしました。望遠鏡の材料は(い)虫眼鏡や老眼鏡，おかしの容器の筒《つつ》など身近で用意することができるものばかりだったため，１時間ほどの工作で作成することができました。

◎ボスコ君が作った望遠鏡の作成手順

【材料】・虫眼鏡（老眼鏡）　・工作用紙　・黒い紙　・ルーペ

【道具】・セロハンテープ　・はさみ　・定規

【手順】

①　(う)太陽の光などを利用して，定規を使って虫眼鏡とルーペの焦点距離《しょうてんきょり》を測る。

②　工作用紙を使って外づつと内づつを作る。

③　外づつと内づつの内側を黒い紙で覆《おお》う。

④　内づつの外側に工作用紙を巻いて，外づつにはまるように太くする。

⑤　外づつに虫眼鏡，内づつの目元にルーペを取り付ける。

⑥　(え)見たい方向に向け，内づつをぬきさししてピントを調節する。

(1)　文中の下線部(あ)について，野尻湖遺跡《いせき》から見つかった氷河期の化石として最も適当なものを次の**ア**～**エ**から一つ選び，記号で答えなさい。

ア　ヤマトサウルス　　**イ**　アンモナイト

ウ　サンヨウチュウ　　**エ**　ナウマンゾウ

(2)　文中の下線部(い)について，虫眼鏡や老眼鏡，ルーペには凸《とつ》レンズが利用されています。凸レンズを利用することで観察する対象を拡大して見ることができます。図１のような焦点を持つレンズを用いて，図の位置にある矢印を観察したとき，見える像は矢印の何倍の大きさになりますか，整数で答えなさい。

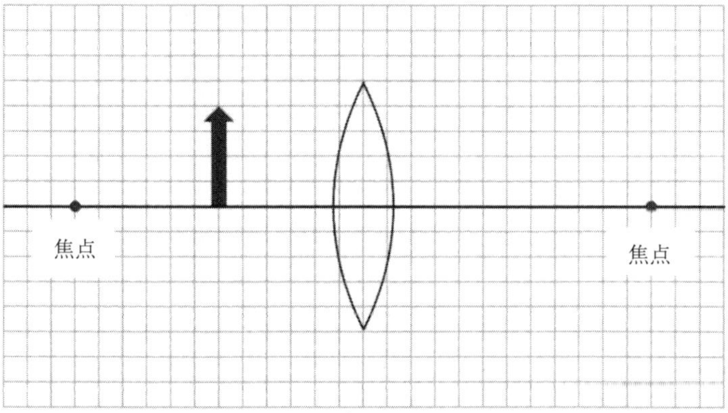

図１　凸レンズによる矢印の拡大

(3)　凸レンズが光を集める性質をもつのは，光の屈折《くっせつ》によるものです。ガラスでできた三角プリズムに入った光の屈折の様子について表したものとして，最も適当なものを図２の**ア**～**エ**から一つ選び，記号で答えなさい。

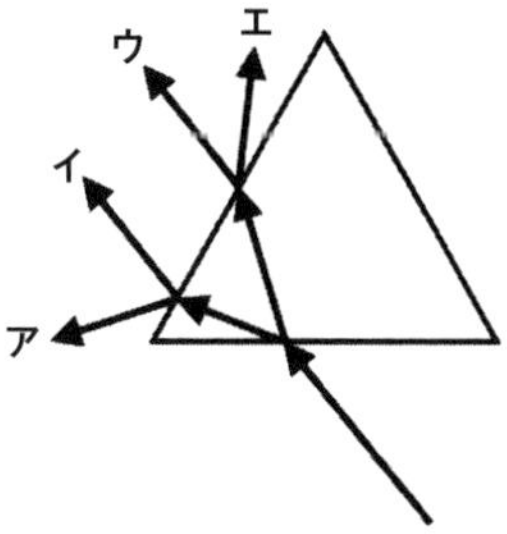

図２　三角プリズムに入った光の屈折

(4) 物体から出た光は屈折しますが，人間が目で見たときにはその光があたかもまっすぐ進んできた場所に物体があるかのように見えます。図3のように，分厚い直方体のガラス板の反対側にあるえんぴつを見たときに，えんぴつはどのように見えますか。えんぴつから出た光が，どのような道筋をたどって人間の目に入るかを考え，最も適当なものを図4の**ア**～**ク**から一つ選び，記号で答えなさい。

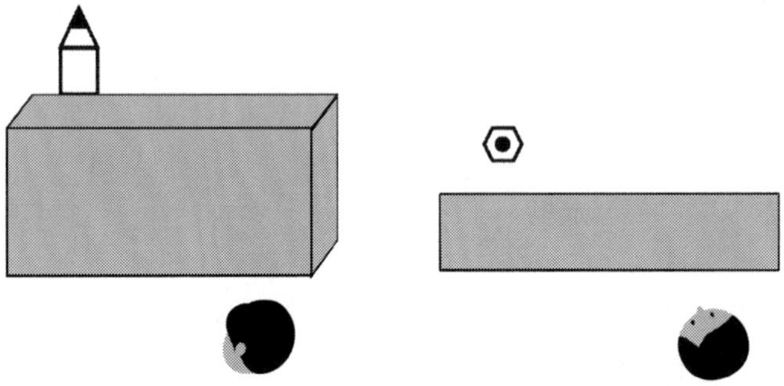

図3　ガラス板越しにえんぴつを見ている様子(右図は上から見たもの)

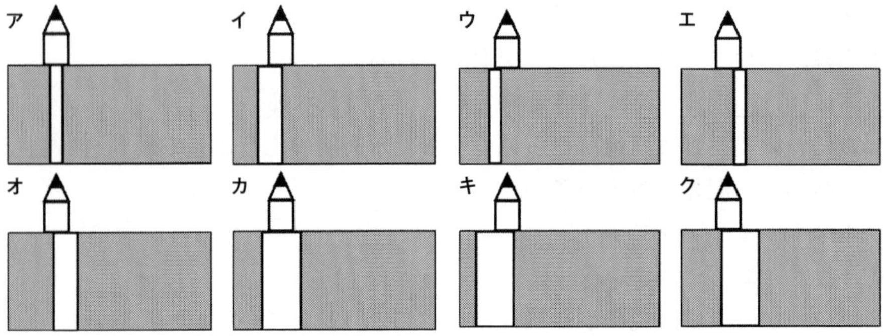

図4　ガラス板の反対側にあるえんぴつの見え方

(5) 下線部**(う)**について，虫眼鏡の焦点距離を求める方法を簡単に説明しなさい。

(6) 次の文は下線部**(え)**について，内つづをぬきさししたとき，どのような筒の長さの組み合わせであれば，ピントを合わすことができるかについて考察したものです。空欄《らん》①，②に当てはまる適当な語句を【語群《ごぐん》】の**ア**～**オ**からそれぞれ一つずつ選び，記号で答えなさい。

図5はボスコ君が作成した望遠鏡の断面図です。凸レンズでは焦点距離よりも近い位置にある物体の像(きょ像)を拡大して見ることができますが，遠くの物体を観察する場合に一枚の凸レンズでは拡大して観察することができません。ボスコ君が作った望遠鏡では，二枚の凸レンズを用い，対物レンズによる像(実像)を接眼レンズで拡大することで物体を大きくして見ることができます。

望遠鏡では遠くの物体を見るので，物体は対物レンズの焦点距離の2倍よりも遠くにあると仮定できます。その結果，対物レンズによる像(実像)は(　①　)にできます。その像(実像)を接眼レンズで拡大して観察するためには，その像が(　②　)にある必要があります。

ボスコ君が使用した対物レンズの焦点距離は50cm，接眼レンズの焦点距離は10cmでした。したがって，この望遠鏡で物体を観察するときにピントを合わせるためには，少なくとも外づつと内づつを合わせた長さが50cm以上110cm未満である必要があります。

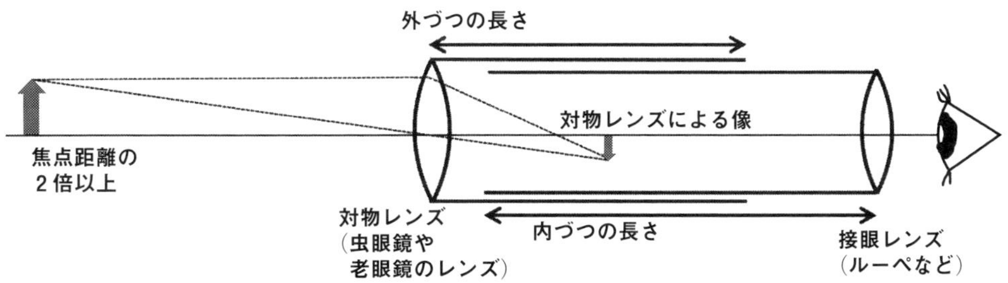

図5　望遠鏡の断面図

【語群】

① **ア**　対物レンズの焦点よりも近い位置
イ　対物レンズの焦点の位置
ウ　対物レンズの焦点と焦点距離の2倍の位置の間
エ　対物レンズの焦点距離の2倍の位置
オ　対物レンズの焦点距離の2倍よりも遠い位置

② **ア**　接眼レンズの焦点よりも近い位置
イ　接眼レンズの焦点の位置
ウ　接眼レンズの焦点と焦点距離の2倍の位置の間
エ　接眼レンズの焦点距離の2倍の位置
オ　接眼レンズの焦点距離の2倍よりも遠い位置

2　物質の密度について調べるため，二つの実験を行いました。それぞれの実験の説明を読み，あとの問いに答えなさい。

ものの浮《う》き沈《しず》みは液体の「密度」の大小で決まります。密度とは，1 cm^3 あたりの物質の重さ(g)を表しています。密度の単位は，g/cm^3 です。密度は物質の種類によって決まっていて，次の式で求められます。

$$密度(g/cm^3)=\frac{重さ(g)}{体積(cm^3)}$$

このとき，水よりも密度が大きいものは水に沈み，水よりも密度が小さいものは水に浮きます。

実験1

4種類の液体(水，エタノール，サラダ油，食塩の飽《ほう》和《わ》水溶液《すいようえき》)から2種類ずつ選び，まざり合わずに2つの層ができるように液体が入ったビーカーを，図1と図2の①〜③まで3つ用意しました。ビーカー①・②の，それぞれ上の層の液体の中に，4種類のプラスチックのかけら**A**〜**D**を入れ，その浮き沈みを調べました。その結果を模式的に示したものが，図1です。また，表1は，ビーカーに入れた液体とその密度を示したものです。

なお，図1で，4種類のプラスチックのかけら**A**〜**D**は，プラスチック**A**(□)，プラスチック**B**(■)，プラスチック**C**(◎)，プラスチック**D**(●)で示しています。

表1

ビーカーに入れた液体	密度(g/cm³)
エタノール	0.79
サラダ油	0.90
水	1.00
食塩の飽和水溶液	1.20

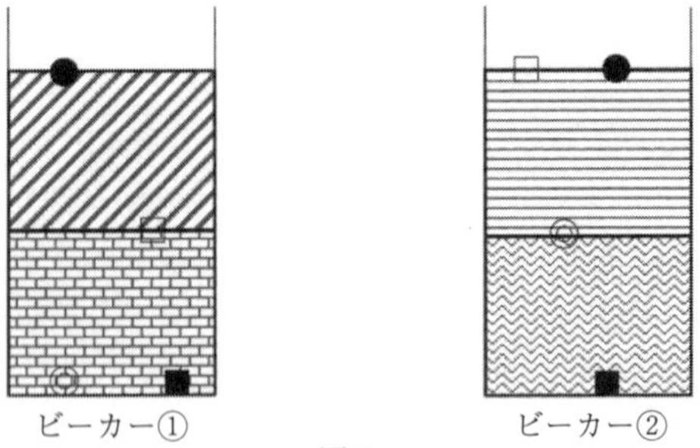

図1

(1)　プラスチックを燃やしたときに出てくる気体を石灰水に通すと，石灰水は白くにごります。このことから，プラスチックには何が含《ふく》まれていることが分かりますか。漢字で答えなさい。

(2)　図1から，プラスチック**A**～**D**の密度を比べ，密度が大きい順に並べて，**A**～**D**の記号で答えなさい。

(3)　図2のビーカー③の上の層の液体に4種類のプラスチックを入れて，その浮き沈みを調べると，どのようになりますか。図1にならって，□，■，◎，●の記号を解答欄の図にかき入れなさい。

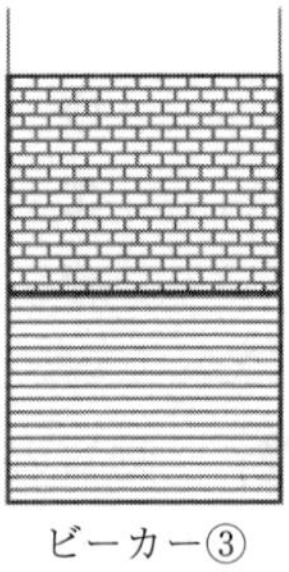

図2

実験2

大きさや形が異なる6つの固体**K**～**P**のうち，同じ物質の固体が含まれているかどうかを調べるため，それぞれの重さと体積を調べたところ，結果は図3のようになりました。

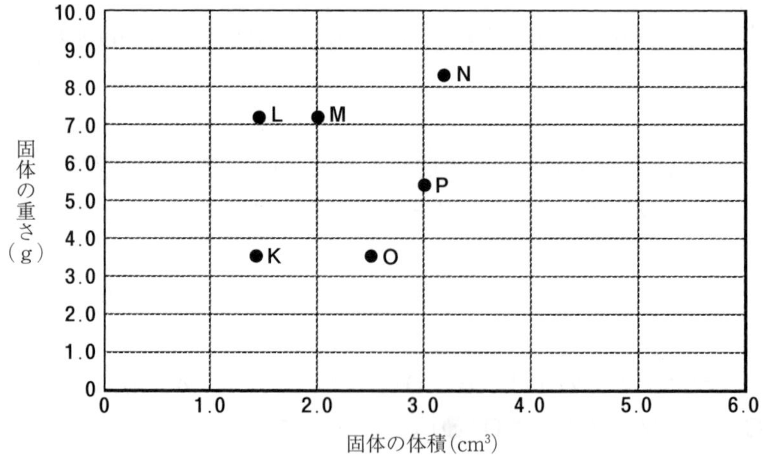

図3

(4)　図3から，6つの固体**K**～**P**の中には，密度が3.6g/cm³の固体が含まれていることが分かります。この固体はどれですか，**K**～**P**の記号で一つ答えなさい。

(5) 密度が2.0g/cm^{3}以下の固体は，どれですか。当てはまるものを**K**～**P**から全て選び，記号で答えなさい。

(6) 図3から，6つの固体**K**～**P**のうち，同じ物質の固体が二つ含まれていることが分かります。2つの固体とは，どれとどれですか。**K**～**P**の記号で二つ答えなさい。

固体の体積を調べるときは，メスシリンダーという実験器具を用います。あらかじめ適量の液体を入れておいたメスシリンダーに固体を沈めて，固体を入れる前後の液体の体積の変化を調べることで，固体の体積を調べることができます。

(7) 食塩の結晶の体積を調べるときは，水ではなく，食塩の飽和水溶液を用います。この理由を35字以上45字以内で説明しなさい。

3 次のⅠとⅡの問題に答えなさい。

Ⅰ．ヒトの心臓は四つの部屋に大きく分けることができます。次に続く問いに答えなさい。

(1) 大動脈がつながっている部屋を何といいますか。

(2) 肺静脈がつながっている部屋を何といいますか。

(3) 動脈血が流れる部屋を全て答えなさい。二つ以上答えがある場合は，その順番は問いません。

(4) 次の**ア**～**オ**の血管のうち，静脈血が流れる血管はどれですか。次の**ア**～**オ**から全て選び，記号で答えなさい。

ア 大動脈　**イ** 肺動脈　**ウ** 肝《かん》動脈

エ 肝静脈　**オ** 肝門脈

Ⅱ．次の会話文は中学生のサビオさんと担任の先生の会話です。あとに続く問いに答えなさい。

先　生：先週の日曜日，部活動で興味深い活動をしたそうですね。

サビオ：はい。科学部の活動で，ムラサキウニの駆除《くじょ》活動のボランティアに参加しました。

先　生：ムラサキウニは水深の浅いゴツゴツした岩場で生活していますね。

サビオ：はい。(あ)ムラサキウニはそのような岩場に生えるワカメやコンブなどの海藻《そう》を食べて生活しています。ムラサキウニの数が増えすぎると海藻を大量に食べてしまい，磯《いそ》焼けという状態を引き起こすと学びました。

先　生：その磯焼けを少しでも改善するための活動だったのですね。

サビオ：ただ，活動の最中に少し気になったことがあります。それは一辺が1mくらいの正方形の枠《わく》を持った人がいました。

先　生：それは，(い)その正方形の枠を使って，調査している場所に生息しているムラサキウニの全ての数(生息数)を推定しようとしていたのだと思います。調査する場所の生息数を実際に数えるのはとても大変なことなので，ムラサキウニに限らず，その(う)生き物の特徴《ちょう》にあわせた生息数を推定する方法があります。

サビオ：そうだったのですね。ありがとうございます。

(5) 会話文中の下線部(あ)について，次の文を読み，①と②の問いに答えなさい。

ラッコは，北米大陸などの沿岸部で生活している動物です。20世紀の初め頃，北米大陸のある沿岸部では，毛皮を利用するためにラッコが乱獲《らんかく》され，絶滅《ぜつめつ》寸前までに追い込まれました。それと同時にラッコの生息域に生えていたコンブも大量に減ってしまいました。その後，国際的な取り組みによって1970年代にはラッコの生息数は回復しましたが，2000年代に入り再び急激に減ってしまいました。また，20世紀の初め頃と同じようにコンブも大量に減ってしまったことが確認されています。この原因は，近年活発になった沖合での漁業の影響《えいきょう》によるものであると考えられています。次の図は，ラッコの数が減っている海における，食べる一食べられるの関係を矢印で表したものです。なお矢印は「**食べられる側→食べる側**」の向きを示しています。

① 図の中の**A**～**E**にあたる生物を，下の**ア**～**オ**からそれぞれ一つずつ選び，記号で答えなさい。

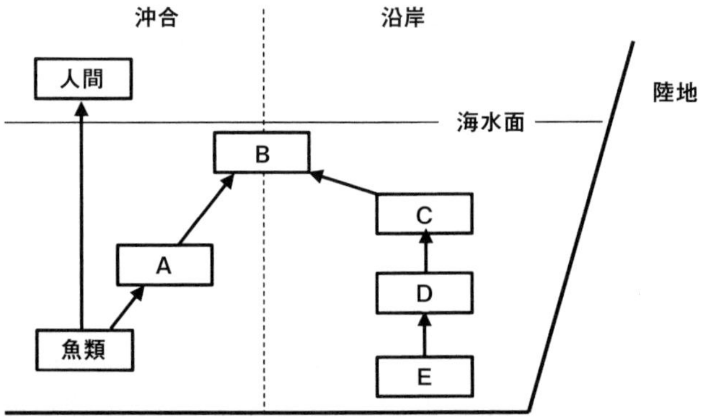

ア アザラシ　**イ** ウニ　**ウ** コンブ
エ シャチ　**オ** ラッコ

② 2000年代以降のコンブの減少の原因が，沖合での漁業が活発になったことと考えられる理由は何ですか。上の図を参考にして，答えなさい。生物の名前は①で示された記号ではなく，実際の生物の名前を用いなさい。

(6) 下線部**(い)**について，1 m^2 の枠を用いて，次の表は①～⑩の地点でそれぞれ採集されたウニの数を示しています。

調査した場所	①	②	③	④	⑤	⑥	⑦	⑧	⑨	⑩
ウニの数(匹)	16	17	24	20	28	23	15	16	22	24

調査している場所が2000 m^2 のとき，この場所全体ではおよそ何匹のウニが生息していますか。計算して推定しなさい。

(7) 下線部**(う)**について，次の文はある池にすむフナの数を推定する方法を示しています。下の①と②の問いに答えなさい。

池から捕まえたフナ全てに目印をつけて，池に戻します。一定の時間をおいて同じようにフナを捕まえて，その中から目印がついたフナの割合を求めて，池全体のフナの数を推定することができます。「一度目に捕まえて目印をつけたフナ」が16匹，「二度目に捕まえたフナ」が15匹，「二度目に捕まえたフナのうち，目印がついていたフナ」が3匹でした。

① この地域全体に生息しているフナの数を計算して推定しなさい。

② フナにつける目印には，どのような工夫が必要でしょうか。簡単に答えなさい。

4　地球の身近な天体について，以下の各問いに答えてください。

(1)　日本で観察した月について，次の①・②の場合，月の形は図１の**ア**～**キ**のどれになるでしょうか。また，そのときの月の位置は図２の**a**～**h**のどれになるでしょうか。それぞれ適当なものを一つずつ選び，記号で答えなさい。ただし，日の出は午前６時，日の入りは午後６時とします。

①　午前９時に南西に見える月

②　午後９時に真南に見える月

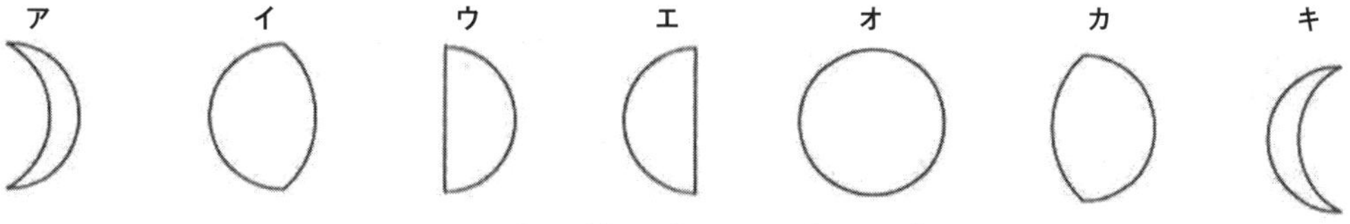

図１　月の形(月の光っている部分の形)

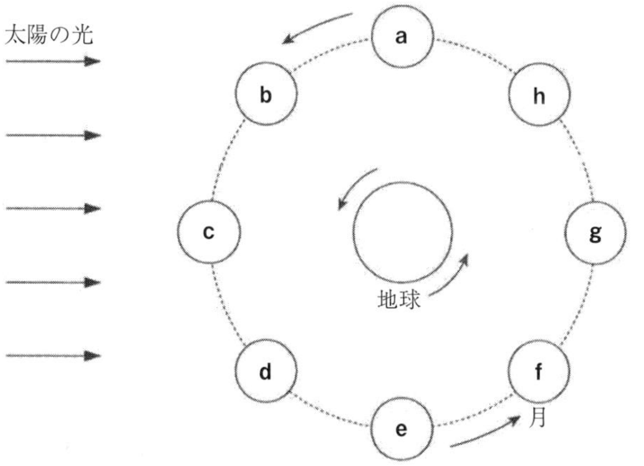

図２　月の位置(地球の北半球の真上から見た図)

(2)　図３は，太陽のまわりを金星と地球がまわっている様子を示しています。地球は太陽のまわりを365日で一周し，金星は225日で太陽のまわりを一周します。日本で，ある日の明け方に東の空に金星が見えました。この日の地球の位置は図３の**X**～**Z**のどれでしょうか。また，この日から１年後には，金星はいつごろ，どの方位の空に見えるでしょうか。次の**ア**～**カ**から最も適当なものを一つ選び，記号で答えなさい。

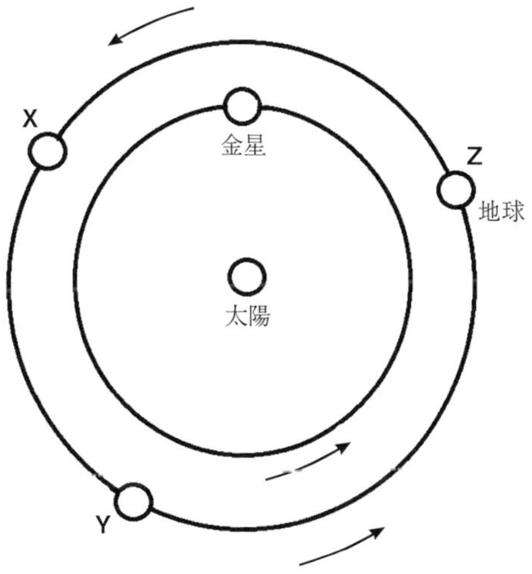

図３　地球の北半球の真上から見た図

ア　この日の地球の位置は**X**である。また１年後には金星は夕方，西の空に見える。

イ　この日の地球の位置は**X**である。また１年後には金星は明け方，東の空に見える。

ウ　この日の地球の位置は**Y**である。また１年後には金星は夕方，西の空に見える。

エ　この日の地球の位置は**Y**である。また１年後には金星は明け方，東の空に見える。

オ　この日の地球の位置は**Z**である。また１年後には金星は夕方，西の空に見える。

カ　この日の地球の位置は**Z**である。また１年後には金星は明け方，東の空に見える。

(3)　月食は地球の影に月が入ってしまう現象です。一方，日食は地球から見て月が太陽の前にあって太陽を隠《かく》すために起こる現象です。ある年に起きた日食では，図４のように，見かけ上，月の大きさが太陽の大きさよりわずかに小さいため太陽の周辺部がリング状に月の影よりはみ出して見える金環《きんかん》日食という現象が観測されました。

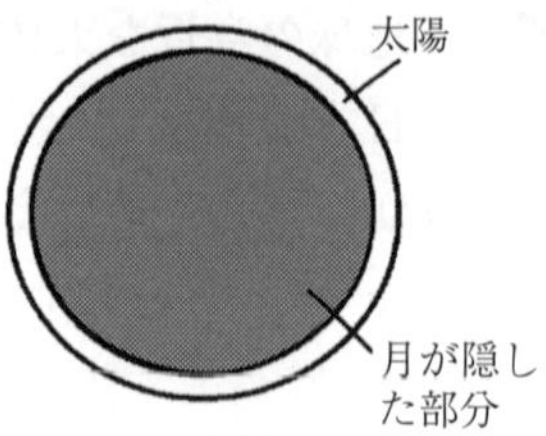

図４

①　太陽や月が南の空にあるとき，日食や月食が起こったとした場合，それぞれどのように始まりどのように終わると考えられますか。下の図**A**・**B**をもとにして，適当なものを**ア**～**エ**から一つ選び，記号で答えなさい。ただし，図は左が東，右が西になるように太陽または月を見たものとします。

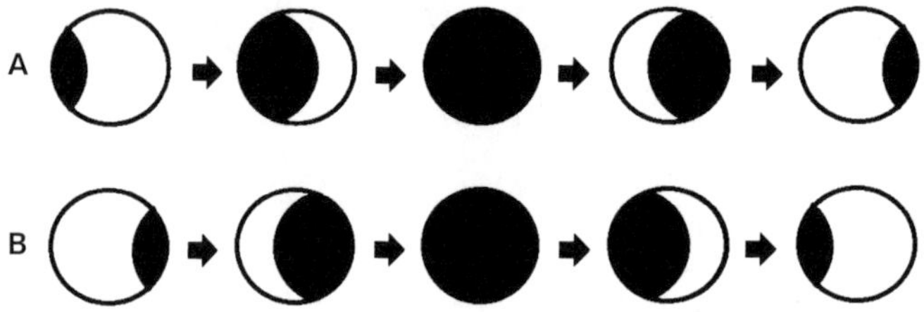

ア　日食も月食もどちらも**A**のようになる。
イ　日食も月食もどちらも**B**のようになる。
ウ　日食は**A**のようになり，月食は**B**のようになる。
エ　日食は**B**のようになり，月食は**A**のようになる。

②　月の直径は地球の直径の0.25倍とします。また図４において，金環日食が観察されたとき，見かけ上，月の直径は太陽の直径の0.95倍でした。そして，金環日食が観測されたとき，地球から太陽までの距離は，地球から月までの距離の400倍でした。これらをもとにして考えると，太陽の直径は地球の直径の何倍ですか。**小数第２位を四捨五入して小数第１位まで答えなさい**。

(4)　次の①～③に答えなさい。

①　1969年７月，アポロ計画ではじめて人類は月面に降り立ちました。このとき「ひとりの人間にとっては小さな一歩だが，人類にとっては大きな飛躍《やく》だ。」という有名な言葉をのべた人物の名前を答えなさい。

②　それから50年以上がたち，現在，ふたたび人類を月に送り，月面基地を建設し，さらに月を火星への探査の足がかりとする計画が進められています。この計画はアポロ計画と対をなす計画として名づけられました。この計画を何計画といいますか。

③　地球で皆既《かいき》日食や皆既月食が起きているとき，月面から地球を見ると，それぞれどのように見えるでしょうか。次の**ア**～**オ**から最も適当なものを一つずつ選び，記号で答えなさい。

ア　月の影が地球を完全に覆い隠す様子が見える。
イ　地球が太陽を完全に覆い隠す様子が見える。
ウ　太陽が地球を完全に覆い隠す様子が見える。
エ　地球が太陽の前を黒い丸として横切る様子が見える。
オ　地球の上を月の影が黒い丸として横切る様子が見える。

る存在がいたことを思い出させるものとして表現されている。

イ　「あたし」が二度目に「おとーさん」と口に出したことは、父という存在はもうそばにはいないということを認識させるものとして表現されている。

ウ　「あたし」が「おとーさん」と二度口に出すことが、苦難がありながらもかつて父が成し遂げたことを「あたし」も達成しようとする決意として表現されている。

エ　やまんば山でシオデを探すことが、いなくなってしまった父のかつての行いと今の「あたし」の行いの重なりとして表現されている。

問五　――線③「よゆうで四時すぎのバスにまにあってしまった」とありますが、なぜ「まにあってしまった」のですか。その理由として最も適切なものを次の中から一つ選び、記号で答えなさい。

ア　つかれは感じていたが、バスの時間に間に合わないと思って焦《あせ》ったから。

イ　知らず知らずのうちに、家に帰りたい気持ちが出てきていたから。

ウ　やまんば山の看板が光ったのを見て、恐ろしさを感じたから。

エ　周囲の人もいなくなり、早く帰らないと怒られると感じたから。

問六　――線④「じゃぐちから流れでる水が傷口にしみた」とありますが、この箇所の表現はどのようなことを暗示していますか。最も適切なものを一つ選び、記号で答えなさい。

ア　「あたし」が自身の努力の証《あかし》である傷口を洗うことは、楽な道に逃げずに難しい目標に向かおうとすることであるが、それにはやはり孤独《こどく》や困難がともなうということ。

イ　「あたし」はシオデを見つけることの困難さに心が折れそうになっているが、傷口を水で洗うことによってその孤独や身体のつかれが癒《いや》されていっているということ。

ウ　「あたし」は傷口を洗うことによって痛みを感じるが、今の「あたし」にはそういった痛みや今後の困難をものともせずに目標を達成する強い意志があるということ。

エ　「あたし」はシオデ探しを諦《あきら》めまいと思って傷口を洗うが、妹たちに対して意地になってしまい楽しい時間を得る機会を逃したことを本当は後悔しているということ。

問七　〰〰線A「おにいだけのおにい」、〰〰線B「あたしだけのあたし」、〰〰線C「雪乃ちゃんだけの雪乃ちゃん」とありますが、本文中で「～だけの～」という表現が用いられたとき、それはどのような人を指していますか。三十字以内で説明しなさい。

問八　この文章の表現についての説明として最も適切なものを次の中から一つ選び、記号で答えなさい。

ア　「あたし」が読者にとって身近になるよう、地の文に話し言葉を多く用いて「あたし」が読者に対して語りかける形式をとっている。

イ　「あたし」がやや難しい言葉も背伸びして使おうとしていることを、本来漢字で書ける一部の言葉をカタカナで記すことによって表現している。

ウ　「あたし」やおにいが食べ物を扱う描写を多くすることによって、親の愛情を得られない子どもたちの寂しさが表現されている。

エ　「あたし」の家族の様子がいきいきと描かれ、家族のそれぞれの心情と「あたし」の心情が対比されて物語の進行を分かりやすくしている。

いのに、あたしはいそいでバスに乗りこんだ。だってサプライズがどこからもれるか、わかったもんじゃないもん。

　バスが動きだすと、高校のステッカーのはってある銀色の自転車が遠ざかっていった。雪乃ちゃんは、おにいのおさななじみ。おとなりに住んでいる。去年、ものすごくソフトボールの強い高校にはいって、毎朝一時間半もかけて通っているらしい。近所の土手ぞいの道をひとりで走っているのをよく見かけるし、きっとやまんば山にも自主トレにきたのだ。

　かたむき始めた夕日に、自転車の銀色がキラッとかがやく。迷いのない雪乃ちゃんも、C雪乃ちゃんだけの雪乃ちゃんになれているのだ、きっと。銀色のきらめきはあたしにはまぶしすぎて目を細めた。

　ようやく家に帰りつくと、リビングに蛍と渉がそろっていた。手にハガキのようなものを持っている。

「あたしたちねえ、きょう、お皿をつくってきたのよ」

「文化センターのね、中山さんが通ってる陶芸《とうげい》教室にね、つれてってもらったの」

　中山さんは、雪乃ちゃんとは反対側のおとなりに住んでる、やさしいおばあちゃん。幼稚園のころからの仲良しさん。

「たくさんのお茶わんから好きなのえらんで、絵をかいて、＊ユウヤクをかけたの」

「母の日のお皿だよ。あしたもやってるって。まだ母の日までに焼きあがるって」

「透《とおる》もつれてってもらったら？」

　ふたりが手に持っている紙は、そのお皿の引きかえ券らしかった。あたしはちょっとだけ、ほんとにちょっぴりだけ、グラッときた。でも右手の甲の赤さが目に入った。

「……いい、あたしは、いい」

迷いをたちきるように、あたしは洗面所に入った。④じゃぐちから流れでる水が傷口にしみた。

（白石睦月『母さんは料理がへたすぎる』〈ポプラ社〉による）

＊JA…農業協同組合。

＊うちには父の日がないから…「あたし」の父親は三年ほど前に事故で亡くなっている。

＊蛍…「あたし(透)」の三つ子の妹。この後の「渉」も、三つ子の妹。

＊魔法びん…保温や保冷にすぐれた水筒。

＊結果オーライ…最終的にはよい結果になったということ。

＊ユウヤク…釉薬《ゆうやく》のこと。陶器などを作る際にかける液体で、陶器の表面のガラス質の膜《まく》をつくる。

問一　――線①「あたしは、ドアのすきまから見たのだ」とありますが、このとき「あたし」が「見た」内容は本文のどこまでですか。終わりの十字をぬき出しなさい。

問二　――線②「あたしは手のひらに残った、水滴だらけのラップを、くしゃっと丸めた」とありますが、このときの「あたし」の気持ちを四十字以内で説明しなさい。

問三　空欄 X Y にあてはまる言葉として適切なものをそれぞれ一つ選び、記号で答えなさい。

X　ア　コシタンタン　イ　イキヨウヨウ
　ウ　ユウユウジテキ　エ　セイセイドウドウ

Y　ア　ゲン　イ　カタボウ
　ウ　ミコシ　エ　エンギ

問四　本文中の四角で囲まれた箇所の説明として**適切でないもの**を次の中から一つ選び、記号で答えなさい。

ア　「あたし」が一度目に「おとーさん」と口に出したことは、気恥《きは》ずかしさを感じさせながらも、父という甘《あま》えることができごとゲットできたら、サプライズは、ほんとうに最高のサプライズになる。

「おじょうちゃん、ひとり?」

やまんば山の草むらで、顔を上げると、おばあさんがそばに立っていた。手ぬぐいを頭にまき、軍手をはめ、山菜採りの編みカゴをしょってる。きた、とあたしは思った。

「ううん、おとうさんといっしょです」

あたしはのぼってきた遊歩道をふりかえり、いもしないおとうさんを指さした。すんごくドキドキしてるくせに、なんでもないふうによそおって、用意していたセリフを口にする。指先にはちょうどよく、四十才ぐらいの男の人がおさまってくれる。ぽかぽかとあったかい土曜日、やまんば山はお花がどんどんさきはじめて、けっこうにぎわっているのだ。

「学校の課題です。春の草花を探してます」

「あら、そうなのねえ。がんばってねえ」

見知らぬおじさんをちらりと見て、おばあさんは納得《なっとく》したようだった。あたしからはなれていく。子どもがひとりでいたら、話しかけてくる人がいるだろうとは、ソウテイナイだった。だからあたしは、「おとうさん」というワードを使おうと決めてきたのだ。

「おとーさん」

小さく、もう一回口に出してみる。めったに言わないから、のどを通りぬけるとき、なんとなく、ほんのりあまい。

「おとーさん」

さらにもう一回、だれにも聞こえない声で言ってみる。すると今度は、ハッカのあめをなめたみたいに、のどがスーッとして、なんとなく、もうそれ以上は言えなくなった。

気を取りなおし、シオデ探しを再開する。でも探しても探しても見つからない。でもでもおにいの記憶がほんとなら、おとうさんはここでシオデを見つけてるのだ。

ウソつきの Y をかつがせてるみたいで、さすがにもうしわけない気持ちがあったので、あたしは遊歩道わきのベンチで手早くお昼を食べたあと、さらに山の上に行ってみた。草むらの中に注意深く目玉をはわせて、いっしょうけんめい探しまわった。それでも、きょうも収穫はゼロ。

あたしはつかれきって、大きな切りかぶに腰《こし》をおろした。いつケガしたのか、右手の甲《こう》がかすり傷で赤くなっていた。

魔法びんの残りのお茶を飲みほし、まわりを見わたしてみた。山菜採りのおじさんもおばさんも、ハイキングの家族づれも、だいたい帰ったあとだ。やまんば山はしずけさを取りもどそうとしていた。やまんばみたいな絵のかんばんが、うすぐらい木々のあいだで、ポッと白く光ったような気がした。そんなわけないのに、あたしはあわてて立ちあがり、どこにそんな元気が残っていたのか、遊歩道をかけおり、③よゆうで四時すぎのバスにまにあってしまった。

停留所のベンチでバスを待っていると、こんな時間からやってくる自転車があった。ものすごいいきおいで、アスファルトの道をのぼってくる。

白のTシャツに紺色《こんいろ》のジャージを着て、その人は駐車場わきに自転車をとめた。ものすごく髪が短いので、男の人だとばかり思っていた。でも女の子だった。と、ハンシャテキに、あたしは停留所の案内板のウラにかくれた。なぜって雪乃《ゆきの》ちゃんだったから。

雪乃ちゃんは、あたしに気づかなかったみたいで、すぐ遊歩道のおくに走りさっていった。ちょうどバスがやってきて、いそがなくてい母の日のプレゼントは山菜の女王にしよう！　こんなにピッタリくるものなんて、そうそうあるもんじゃない。肩《かた》たたき券も似顔絵も色紙でつくったカーネーションも、そんなのもう子どもっぽい。ぜんっぜんコセイテキじゃない。でもシオデだったら？　きっと日本じゅうであたしだけだ。おかあさんはびっくりして、よろこんで、ほめてくれて、きっとあたしは B あたしだけのあたしになれる！

「ずるいー、ふたりでどこ行くのー？」

ふいに＊蛍《ほたる》の声がとびこんできた。リビングのドアが開いて、目をこすりながら、渉《わたる》もそばに立っていた。ちょうどお弁当もできあがって、朝ごはんも完成したところだった。まったくなんていい鼻してるんだろう。

やまんば山には、けっきょく四人で出かけることになった。お弁当をリュックにつめて、市内ジュンカンバスに乗って、虫よけスプレーをふきかけて。でもそう簡単にお宝が見つかるはずもなかった。ワラビとかゼンマイとか、あたしたちはビニール袋いっぱいに持ち帰れたけど、女王さまには、半日歩きまわってもお目にかかれなかった。

蛍と渉はくたくたになって、帰りのバスの中でねむりこけていた。あたしはじっと、まどの外のうすぼんやりした、しずんでいくけしきを見つめていた。お日さまとさよならするのが、ずいぶんとおそくなってきてる。

バスが大きくカーブを曲がって、空のはしっこにあらわれた三日月を見つけて思った。だいじょうぶ。まだ時間はある。ぜったい、見つけてみせる。

【シオデ・牛尾菜《しおで》】

別名、山のアスパラガス。すがたや食感がアスパラににているため。

群生しないので、めったに見つけることができない。しかしワラビやウドといっしょに生えていることが多い。草むらや林の中。

採取時期は春。五月から六月にかけて。新芽がおいしく、大きくなるとかたくなる。根もとから折ると簡単にとれる。

ゆでておひたしにしたり、マヨネーズであえたり、てんぷらにしてもよい。

グーグルで出てきた内容は、こんな感じだった。

あたしは先週にひきつづき、今週末も早起きして、＊魔法《まほう》びんのお茶やら、昨晩の残りのポテトサラダを食パンでぎゅうぎゅうにしてサンドイッチにしたのやらを、こっそりリュックにつめた。そして蛍や渉が起きだす前に、音をたてないよう、玄関のドアを開けた。

バスの時刻はきのうのうちに調べておいた。おにいからハイシャクしたバスカードにまだお金は残ってるけど、足りなくなったら、きちょうなお年玉の残りを使うつもり。

ツンとつめたい、しめった朝の空気をすいこんだ。きょうもいいお天気。休日七時のバスは空いている。ひとりでバスに乗るのははじめてだ。オトナって感じ。また一歩、あたしだけになれたって感じ。

おにいは学校の用事がいそがしくて、しばらくやまんば山には行けないみたいだ。なぜか文芸部というのに入ってて、たぶんヒマそうとかラクそうとか、そういう理由で入部したんだろうけど、高二になってセンパイになったため、新入部員をあつめなきゃいけないみたい。だからきょうも土曜なのに学校。新入生の歓迎会の準備。きっとお茶がしづくりをたのまれちゃうのだ。それで　X　とつくっちゃうのだ。

いいなあ。たよられるって、いいなあ。あたしも早くそんなふうになりたい。一気に百歩ぐらいすすみたい。ぜったい、シオデを見つけなきゃ。

おにいといっしょじゃなくって、＊結果オーライな気もしてる。だれもあたしがひとりでシオデを探しつづけてるとは知らないから、み

「山菜はそんなにガツガツしてないと思う」

「あらぁ、自然界ほど、ここぞってときはがっついてるものよ。おおいにギラついてもらわなくっちゃ。おいしいものが食べられなくなっちゃうもの」

おかあさんはウフフと笑って、山菜うどんをすすってた。まだグレーのストライプのブラウスを着ていた。ストッキングとお仕事用のスカートは床にぬぎすててあって、黒いジャージをはいていた。ふうふうしながらおうどんを食べて、夕飯の筑前煮《ちくぜんに》をつまみながら、ちょっとだけ、グラスでお酒を飲んでいた。ふうむ、とおにいはうでをくんでいた。

「俺、きょう山に行ってくるから」

ぼんやり思い出しながら、おにぎりをかじってたら、また四角いフライパンを火にかけていたおにいが言ってきた。やま？

「って、やまんば山？」

「そ。直売所のばあちゃんに教えてもらったんだけど、やまんば山は、けっこういい山菜スポットらしいんだ。シーズンになると、地元の人も山菜採りに入るんだって。だから俺も行ってみようかと」

リビングのゆかには青いナイロンリュックが用意してある。軍手とかカマとか、いろいろつめこまれているのだろう。

やまんば山は、うちからいちばん近い山。車で三十分ほどで行ける。ほんとうの名前はべつにあるけど、ポイ捨て禁止とか山火事注意とか、かんばんに描《えが》かれたおばあさんの絵がみょうにこわいから、やまんば山ってよばれてる。春にサクラを見にいくか、秋にモミジを見にいくか、それぐらいしか行かないところなのだけど。

「弁当つくっとくから、昼はそれ食え。日がくれる前には帰ってくるから」

おにいはフライパンを火からおろすと、お弁当箱を四つならべた。玉子焼き、とりのてり焼き、昨晩の残りのおからの煮物とレンコンのきんぴら、カットしたポンカンを手ぎわよくつめていく。もちろん山菜おにぎりも。そして同時に魚焼きグリルでおみそをぬった紅《べに》ジャケを焼いて、おなべで冷蔵庫のあまりものを寄せあつめたスープをつくって、朝ごはんの準備もすすめているのだ。

おにいは、すっかりＡおにいだけのおにいになれている。くやしくなるからあんまり見たくないのに、やっぱりその手の動きにうっとりしてしまう。②あたしは手のひらに残った、水滴《すいてき》だらけのラップを、くしゃっと丸めた。

かべのカレンダーに目がいく。学習教材のふろくでついてきた、カラフルな年間カレンダー。ところどころの日付が赤丸でかこんである。五月は母の日に大きな〇。＊うちには父の日がないから、そのぶん母の日はトクベツ。

「山菜の女王ってよばれてる、シオデを見つけたいんだよなあ」

スープの煮込み具合をたしかめつつ、おにいは洗いものも始めている。

「女王？」

「うん。よくおぼえてないんだけど、小学生のころ、父さんと一度見つけたことがあるらしいんだよなあ。やまんば山で。父さんのレシピノートに、リュウと山菜採りにいってゲットって書きそえてあった」

「ふ、う、ん……」

あたしは返事をしながら、みるみるうちに、脳みそのすみっこから、グッドアイディアがムクムク生まれてくるのがわかった。そしてさけんでいた。

「おにい！」

「ど、ど、どうした？　きゅうに……」

「あたしもいっしょに行きたい！」

ら一つ選び、記号で答えなさい。

ア　合理的　イ　感情的
ウ　野心的　エ　楽観的

問五　――線④「社会的に厳しい立場にいる人が、つながりから外れている（外されている）」とありますが、この一文と同様の意味を持つ箇所《かしょ》を、**これより前の本文中**から三十字以上三十五字以内でぬき出し、最初の五字を答えなさい。

問六　――線⑤「このような社会」とありますが、これはどのような社会のことですか。八十字以内で説明しなさい。

問七　――線⑥「不平等を見過ごす冷たい社会」とありますが、これはどのような社会のことですか。その説明として最も適切なものを次の中から一つ選び、記号で答えなさい。

ア　人間関係において誰しもがコストとして切り離される不安を持っているという点で同じであるので、不平等が見過ごされる社会。

イ　結婚することが良いことだという前提を自覚しているにもかかわらず、その前提を皆が隠すことで不平等が見過ごされる社会。

ウ　つながりを自己調達することが可能なはずなのに、一人でいることを好む人の存在が当たり前となっているために、不平等が見過ごされる社会。

エ　孤立することや結婚しないことが本人の望んだものでなくとも、すべての責任はその本人に存在すると考えることで、不平等が見過ごされる社会。

問八　この文章の表現・構成の工夫として**適当でないもの**を次の中から一つ選び、記号で答えなさい。

ア　一つ目の形式段落で問題を示し、その答えを最終段落に書くことで論理的な一貫性を持たせている。

イ　「　」（カギカッコ）を付けることで文中のキーワードに独自の意味があることを読者に示している。

ウ　多くの段落の冒頭で接続語を用いることによって、段落同士のつながりが見えるよう工夫している。

エ　筆者の言いたいこととは違う意見を一部認めつつ、自分の意見を述べることで説得力を増している。

三　次の文章を読んで、後の問いに答えなさい。

おにいは最近山菜にハマってる。春休みにみんなでドライブして遠出したとき、道の駅に立ち寄って、採れたての山菜をどっさりゲットしてからというもの、すっかりとりつかれてしまったのだ。スーパーやら＊ＪＡやらちっちゃな農産物直売所やら、自転車で回っては、めずらしいものは手に入らないかとがんばってる。

世界のチンミとか、おいしいチョコレートとか、高級なお肉とかじゃなく、山菜ってところがおにいらしい。正直あたしはチョコレートにハマってくれたほうがよかった。でもおかあさんはよろこんでる。おとなになったら、山菜のソボクさというか、味わい深さみたいなものがわかるようになるのだろうか。

おかあさんは、最近、帰りがとてもおそい日がある。そういう夜は、山菜のぞうすいとか、おうどんとかを食べてるみたい。

「はあー、やっぱり旬《しゅん》のものって元気をもらえるわあ」

①あたしは、ドアのすきまから見たのだ。真夜中にトイレに起きてきて、おかあさんとおにいが、テーブルで向かいあっているところを。テーブルの上のオレンジ色のあかりだけが、ぼんやりついていた。

「ついに春がきやがったぞー、いっちょやったるかぁーって、山がざわついてるのが伝わってくる」

支払うコストに見合うほどのパフォーマンスを発揮できない人とみなされる可能性もあります。さきほどのコスパの原理の話です。

「人それぞれの社会」は、「人それぞれ」に選択した結果として生じる格差には、あまり目を向けません。むしろ、引き起こされた結果の責任を、当事者の選択に帰することで、格差を正当化する性質があります。

しかしながら、現在起きている現象を、「人それぞれ」に選んだ結果だ、と見なす考え方には、そうとうの無理があります。生まれた家によって、それぞれの人が到達する学歴や職業的な地位が違うことは、学歴や職業の達成を射程にした研究（社会階層研究などと言われています）の成果からも明らかです。

そもそも、人びとがそれぞれの局面で本当に選択をしているのかどうかすら疑わしいですし、選択そのものも環境にそうとう左右されます。私の学生の話ばかりで恐縮《きょうしゅく》ですが、地方から出てきた学生さんは「中学受験という選択肢はなかった」とよく話しています。そのように考えると、「人それぞれ」に平等に選べる状況は、かなり限られていると言えるでしょう。

私たちは、「人それぞれ」と言いながらも、心のどこかで「望ましい結果」は共有しています。また、社会は序列に溢《あふ》れており、人びとの決定にはさまざまな要素が影響しています。⑤このような社会で「人それぞれ」に選んだ結果は、けっして、平等にはなりません。にもかかわらず、私たちは、さまざまな決定に対して、「人それぞれ」に選んだものとして処理し、あまり関与しようとしません。一見、寛《かん》容《よう》な「人それぞれの社会」は、結果としての⑥不平等を見過ごす冷たい社会でもあるのです。

（石田光規『「人それぞれ」がさみしい』〈筑摩書房〉による）

＊言説…意見を言うこと。また、その意見。

＊先ほどの結婚のデータ…経済力等で結婚できるかどうかが決まるというデータ。

問一 ――線①「孤立や孤独を問題視してもいました」とありますが、筆者がこの文章で問題視している「孤立」の内容を詳《くわ》しく説明している部分を、三十字以内で本文中からぬき出し、最初の五字を答えなさい。

問二 ――線②「孤独・孤立を推奨する言説を発信する方」とは、どのような人のことですか。その説明として最も適切なものを次の中から一つ選び、記号で答えなさい。

ア　科学的進歩を実現するためのさまざまな気づきを得ることで、一人になる自由を手にした人。

イ　社会とのつながりを断ち、一人静かな環境で仕事をすることで、卓越した業績を残してきた人。

ウ　さみしさに向き合わない現代社会に反発し、一人でいることの意義を発見しようと努める人。

エ　「人それぞれ」の価値観を重んじて、本人の希望による一人での生活を楽しむことができる人。

問三 ――線③「自らの友人関係を『コスパで選ぶ』」とありますが、これはどういうことですか。その説明として最も適切なものを次の中から一つ選び、記号で答えなさい。

ア　自分の身《み》の丈《たけ》に合った人とのみ友人関係を持つということ。

イ　自分が日ごろ親しくしている人とのみ友人関係を持つということ。

ウ　自分に見返りをもたらす人とのみ友人関係を持つということ。

エ　自分からつながりを切ることができる人とのみ友人関係を持つということ。

問四 空欄《くうらん》 X にあてはまる言葉として最も適切なものを次の中か

人もうらやむような業績を達成した人ばかりです。上野さんも東京大学の名誉教授です。

　このような人びとが語る孤立・孤独は、誰も頼りにするひとがおらず、社会にぽつねんと放り込まれた状態の孤立や、誰もが自らに目を向けてくれないと思うことにより生じる孤独感とは違います。上野さんも最近はその点を意識しているようで、二〇二一年に出版された書籍では「ほんとうに問題なのは、（略）生きているあいだの孤立」（『在宅ひとり死のススメ』一〇一ページ）と指摘しています。では、いったい、何が問題なのでしょうか。

　誰かと付き合うのも自由、付き合わないのも自由で「人それぞれ」といっても、多くの人はつながりを望んでいます。裏返すと、孤独・孤立を望んでいる人はあまりいないのです。認知科学の研究では、仲間はずれの痛みは、身体的な痛みと同じ反応を脳に引き起こす可能性があると言われています。

　その一方で、つながりから退くことを「人それぞれ」として受け入れられる社会では、あらかじめ、つながることを保障された関係性はわずかです。孤立が嫌な人は、つながりを自己調達しなければなりません。

　しかし、誰もが意中の相手をつなぎ止められるわけではありません。意中の相手をつなぎ止めることができるのは、つなぎ止めるに足るだけの魅力や資源を備えた人にかぎられているのです。この仕組みを簡単に説明しましょう。

　人間関係を「人それぞれ」に選べる社会とは、同じように「人それぞれ」の選択肢をもつ相手から、自らを選んでもらわなければならない社会とも言えます。このような社会では、相手の気持ちを満たすことのできる資源に恵まれた人ほど、豊富な関係を手にするようになります。逆に言えば、相手を満足させる資源をもたない人は、あまり目を向けられないということです。

　最近の大学生のなかには、③自らの友人関係を「コスパで選ぶ」と堂々と話す人もいます。つまり、コストに見合ったパフォーマンスを発揮できる人とのみ付き合うということです。とても［　X　］な考え方です。

　「自らにとってよい要素をもつ人を選択する」という原理を徹底させれば、「コスパ」という言葉に行き着くのもうなずけます。しかし、人間関係のコスパ化が進んだ社会では、自らもコストと見なされてしまうリスクを絶えず背負うこと、誰かがコストとして切り離されていることを忘れてほしくないものです。

　私は、東京近郊に住む人を対象に、二〇一六年に実施された『首都圏住民の仕事・生活と地域社会に関する調査』（代表：早稲田大学橋本健二）のデータを使って、孤立しやすい人の特性を探ったことがあります。具体的には、「日ごろ親しくし、または頼りにしている家族・親族」「友人・知人」が0人の人を孤立者と定義し、どのような属性で孤立との関連が深いのか分析しました。

　すると、経済力のない人、学歴の低い人、結婚していない人、健康ではない人といった、いわゆる、世間的に「よい」要素をもたない人が孤立しやすいことがわかりました。その他の調査研究でも、だいたい同じような結果が得られています。＊先ほどの結婚のデータと合わせて考えると、④社会的に厳しい立場にいる人が、つながりから外れている（外されている）と言えそうです。

　その一方で、孤立することすらも「人それぞれ」として受け入れる社会で、実際に孤立している人に注がれる視線は、優しいものではありません。というのも、孤立することも、結婚しないことも、「人それぞれ」の選択の結果ゆえ気にかける必要はない、と見なされてしまうからです。あるいは、孤立している人や結婚できない人は、相手の

2023年度 サレジオ学院中学校

【国　語】〈B試験〉（五〇分）〈満点：一〇〇点〉

◎問題で字数指定のあるものは、句読点・記号も一字に数えます。

一　次の①～⑦の――線のカタカナは漢字を、⑧～⑩の――線の漢字は読みをひらがなで書きなさい。

① ホンリョウを発揮《き》する。
② キボの大きな工事。
③ 国土をボウエイする。
④ 少年をコウセイさせる。
⑤ テッコウ石が採れる。
⑥ フルスのチームにもどる。
⑦ 組織のカナメとなる。
⑧ 歩合制で働く。
⑨ 長丁場の試験。
⑩ 全体の意向に背く。

二　次の文章を読んで、後の問いに答えなさい。

　誰かとつき合うのもつき合わないのも自由な「人それぞれ」の社会では、つながりから外れていく人や、誰かとつながっていても寂しさを感じる人が一定数います。第二章では、日本社会には孤立する人や孤独感を感じる人が多いという事実をみてきました。さらに、日本社会では、孤独・孤立対策担当大臣が任命されたように、①孤立や孤独を問題視してもいました。

　このような話をすると、「誰かと付き合う・付き合わないは『人それぞれ』なのだから、政府のやっていることは余計なお世話だ」という反応や、「孤独・孤立にも良い面があるのだから、それらを過剰《かじょう》に問題視するのはよくない」という反応がかえってきます。上野千鶴子さんは、ベストセラーになった著書『おひとりさまの老後』で、ひとり暮らしをしている人に「おさみしいでしょう」という言葉をかけるのは「大きなお世話」とはっきり言っています。

　たしかに、自ら準備して一人暮らしを満喫《まんきつ》している人に、「おさみしいでしょう」と声をかけるのは「大きなお世話」以外のなにものでもありません。それこそ「人それぞれ」の流儀《りゅうぎ》に反します。

　また、一人になる自由を手にしたことで、私たちが得たものも少なくありません。私たちは、集団から離れて一人になることで、自らのことを見つめ直したり、一人静かに本を読むことで、さまざまな気づきを得たりしました。一人になる自由がなければ、ここまでの科学的進歩はなかったかもしれません。

　しかし、そこには注意すべき点があります。それは、上野さんの話も、孤独や孤立を推奨《すいしょう》する人の話も、社会との接点を確保したうえで、一人の生活も楽しんでいる人を想定している、ということです。

　上野さんが「おさみしいでしょう」と声をかけるのを「大きなお世話」としている人は、あくまで、自ら準備しつつ選択《せんたく》して「一人暮らし」になった人を想定しています。しかも、こうした人は「一人」なのかというとそうではありません。上野さんは、自著のなかで、「ひとりでいることだけでなく、ほかの人とつながることにおいても達人だ」（『おひとりさまの老後』一〇三ページ）と言っています。

　②孤独・孤立を推奨する＊言説《げんせつ》を発信する方は、そもそも、仕事の自由度が高く、また、業績という点で卓越《たくえつ》したものを達成している点で共通しています。名前をあげると、五木寛之さん（作家）、伊集院静さん（作家）、下重暁子さん（キャスター）など、

2023年度

サレジオ学院中学校　▶解説と解答

算　数　＜Ｂ試験＞（50分）＜満点：100点＞

解　答

1 (1) $\frac{2}{3}$　(2) $28\frac{7}{8}$　**2** (1) **ア**…750，**イ**…285　(2) 83　(3) **ア**…黄，**イ**…青，**ウ**…赤　(4) 75度　(5) **ア**…50.24cm²，**イ**…144cm²　**3** (1) **ア**…４，**イ**…12，**ウ**…36　(2) **エ**…３，**オ**…かける　(3)（例）解説を参照のこと。　(4) 6　**4** (1) 6　(2) 9　(3)（例）できるだけ３が多くなるように，２と３の和に分ける。　**5** (1) 162cm³　(2) 36cm³　(3) 75cm³

解　説

1 **逆算，計算のくふう**

(1)　$1+17\times\left(\frac{5}{8}-0.375\div\square\right)=2\frac{1}{16}$より，$17\times\left(\frac{5}{8}-0.375\div\square\right)=2\frac{1}{16}-1=1\frac{1}{16}$，$\frac{5}{8}-0.375\div\square=1\frac{1}{16}\div17=\frac{17}{16}\times\frac{1}{17}=\frac{1}{16}$，$0.375\div\square=\frac{5}{8}-\frac{1}{16}=\frac{10}{16}-\frac{1}{16}=\frac{9}{16}$　よって，$\square=0.375\div\frac{9}{16}=\frac{3}{8}\times\frac{16}{9}=\frac{2}{3}$

(2)　$\frac{15}{2}+\frac{37}{6}+\frac{61}{12}+\frac{81}{20}+\frac{91}{30}+\frac{85}{42}+\frac{57}{56}=7\frac{1}{2}+6\frac{1}{6}+5\frac{1}{12}+4\frac{1}{20}+3\frac{1}{30}+2\frac{1}{42}+1\frac{1}{56}=28+\frac{1}{2}+\frac{1}{6}+\frac{1}{12}+\frac{1}{20}+\frac{1}{30}+\frac{1}{42}+\frac{1}{56}$となる。ここで，$\frac{1}{N\times(N+1)}=\frac{1}{N}-\frac{1}{N+1}$となることを利用すると，$\frac{1}{2}+\frac{1}{6}+\frac{1}{12}+\frac{1}{20}+\frac{1}{30}+\frac{1}{42}+\frac{1}{56}=\frac{1}{1\times2}+\frac{1}{2\times3}+\frac{1}{3\times4}+\frac{1}{4\times5}+\frac{1}{5\times6}+\frac{1}{6\times7}+\frac{1}{7\times8}=\frac{1}{1}-\frac{1}{2}+\frac{1}{2}-\frac{1}{3}+\frac{1}{3}-\frac{1}{4}+\frac{1}{4}-\frac{1}{5}+\frac{1}{5}-\frac{1}{6}+\frac{1}{6}-\frac{1}{7}+\frac{1}{7}-\frac{1}{8}=\frac{1}{1}-\frac{1}{8}=\frac{7}{8}$と求められる。よって，$28+\frac{7}{8}=28\frac{7}{8}$となる。

2 **相当算，数列，推理，角度，表面積，展開図**

(1)　女子は全体の，100－62＝38(%)だから，男子と女子の差は全体の，62－38＝24(%)にあたる。これが180人なので，全体の入場者数は，180÷0.24＝750(人)(…ア)と求められる。また，女子の入場者数は，750×0.38＝285(人)(…イ)である。

(2)　３と５の最小公倍数の15ごとに組に分けると，右の図①のようになる。各組には８個の数が並ぶから，45÷８＝５余り５より，45番目の数は６組の５番目の数とわかる。また，各組の５番目には15で割ると８余る数が並ぶので，６組の５番目の数は，15×５＋８＝83と求められる。

図①

（１組）1，2，4，7，8，11，13，14
（２組）16，17，19，22，23，26，28，29
⋮

(3)　そらさんの予想の「２位は先生」が当たりだとすると，うみさんの予想の「１位は先生」ははずれたことになる。ところが，はずれたチームの順位は４位以下だから，条件に合わない。また，２人が同じ予想をした「３位は緑」が当たりだとすると，黄，先生，青の３チームが４位以下になってしまう。これも条件に合わないので，そらさんの予想した「１位は黄」とうみさんの予想した「２位は青」が当たりとわかる。このとき，先生と緑が４位以下になるから，３位は残りの赤と決まる。よって，１位は黄チーム，２位は青チーム，３位は赤チームである。

⑷　右の図②で，印をつけた部分の長さはすべて等しいので，三角形EABは正三角形，三角形AEDは二等辺三角形である。よって，角EABの大きさは60度だから，角DAEの大きさは，90－60＝30(度)となり，角ADEの大きさは，(180－30)÷２＝75(度)とわかる。また，ADとBCは平行なので，角アの大きさは角ADEの大きさと等しく75度になる。

図②

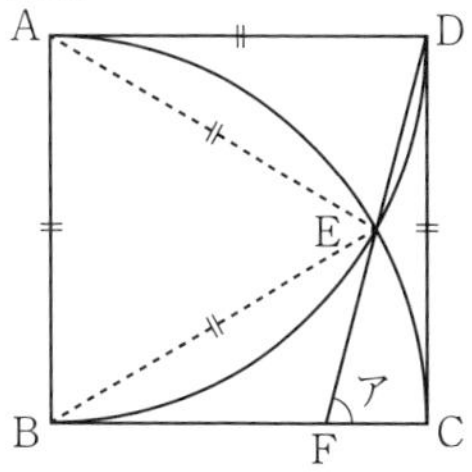

⑸　底面積は，２×２×3.14＝４×3.14(cm^2)である。また，円すいの側面積は，(母線)×(底面の円の半径)×(円周率)で求めることができるから，この円すいの側面積は，６×２×3.14＝12×3.14(cm^2)となる。したがって，表面積は，４×3.14＋12×3.14＝(４＋12)×3.14＝16×3.14＝50.24(cm^2)(…ア)と求められる。次に，円すいの側面を展開図に表したとき，(母線)×(中心角)＝(底面の円の半径)×360という関係があるから，側面を表すおうぎ形の中心角を□度とすると，６×□＝２×360となり，□＝720÷６＝120(度)と求められる。よって，上の図③のようになる。図③で，角xの大きさは，180－120＝60(度)なので，かげをつけた三角形は１辺６cmの正三角形を半分にしたものであり，yの長さは，６÷２＝３(cm)とわかる。したがって，この長方形は，たての長さが，６＋３＝９(cm)，横の長さが，(６＋２)×２＝16(cm)だから，面積は，９×16＝144(cm^2)(…イ)と求められる。

図③

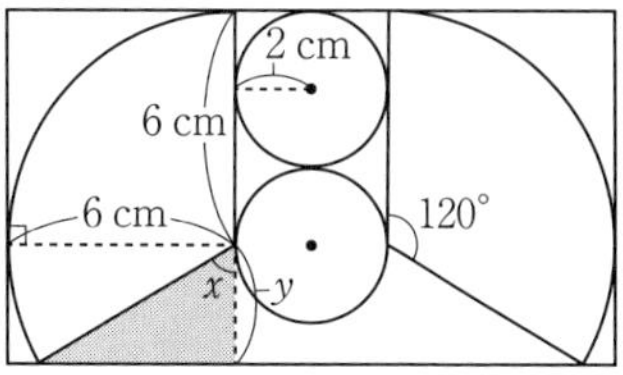

3　旅人算

⑴　下の図１で，太郎さんが２秒で移動する道のり(x)は，１×２＝２(m)である。また，かげの部分では２人の間の道のりは毎秒，２－１＝１(m)の割合で縮まるから，かげの部分の時間は，２÷１＝２(秒)となり，ⓐ＝２＋２＝４(秒)と求められる。また，花子さんが太郎さんに追い着いてからＰに着くまでの時間も２秒なので，ⓑ＝４＋２＝６(秒)とわかる。よって，y＝１×６＝６(m)だから，斜線《しゃせん》部分の時間は，６÷１＝６(秒)となり，ⓒ＝６＋６＝12(秒)，ⓓ＝12＋６＝18(秒)となる。同様に考えると，z＝１×18＝18(m)なので，18÷１＝18(秒)より，ⓔ＝18＋18＝36(秒)と求められる。したがって，１回目は４秒後，２回目は12秒後，３回目は36秒後である。

⑵　４×３＝12，12×３＝36より，「３ずつかける」という規則が成り立つと考えられる。

図１

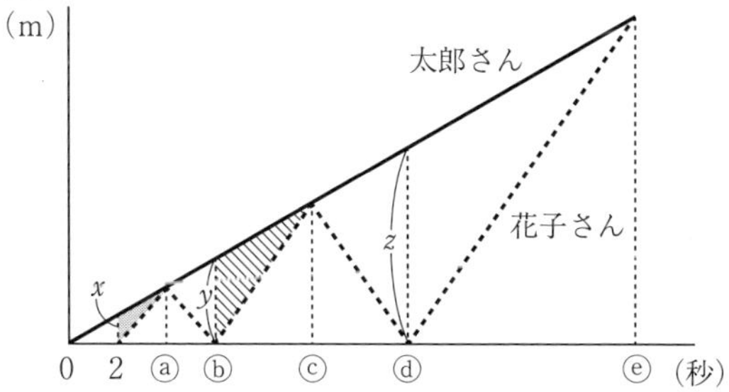

図２

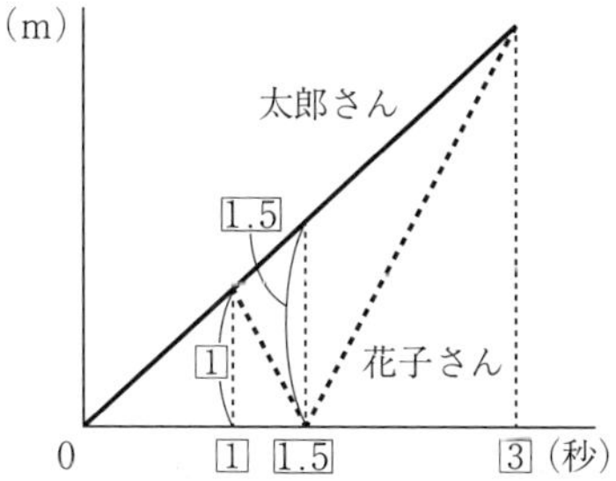

⑶　上の図２のように，$\boxed{1}$秒後に花子さんが太郎さんに追い着いたとする(何回目でもよい)。このときまでに太郎さんが移動した道のりは，１×$\boxed{1}$＝$\boxed{1}$だから，花子さんがＰにもどるまでの時間は，$\boxed{1}$÷２＝$\boxed{0.5}$(秒)となり，花子さんがＰに着くのは，$\boxed{1}$＋$\boxed{0.5}$＝$\boxed{1.5}$(秒後)とわかる。すると，このときまでに太郎さんが移動する道のりは，１×$\boxed{1.5}$＝$\boxed{1.5}$なので，花子さんが次に太郎さんに追い着

くまでの時間は，[1.5]÷（２－１）＝[1.5](秒)と求められる。すると，次に追い着くのは，[1.5]＋[1.5]＝[3](秒後)だから，追い着いてから次に追い着くまでの時間には，「３ずつかける」という規則が成り立つことがわかる。

⑷　太郎さんがＱに着くのは，2000÷１＝2000(秒後)である。また，追い着く時間は次々と３倍になるので，４回目は，36×３＝108(秒後)，５回目は，108×３＝324(秒後)，６回目は，324×３＝972(秒後)と求められる。よって，７回目の前に太郎さんがＱに着くから，花子さんは太郎さんに６回追い着くことがわかる。

4　条件の整理

⑴　５を２個以上の整数の和に分けると右の図１のようになるから，最も大きい積は６である。

⑵　６を２個以上の整数の和に分けると右の図２のようになるので，最も大きい積は９となる。

図１

和	積
１＋１＋１＋１＋１	1
１＋１＋１＋２	2
１＋１＋３	3
１＋２＋２	4
１＋４	4
２＋３	6

図２

和	積
１＋１＋１＋１＋１＋１	1
１＋１＋１＋１＋２	2
１＋１＋１＋３	3
１＋１＋２＋２	4
１＋１＋４	4
１＋２＋３	6
２＋２＋２	8
１＋５	5
２＋４	8
３＋３	9

⑶　４は「１＋３」より「２＋２」に分けた方が積が大きい。６は「２＋２＋２」より「３＋３」に分けた方が積が大きい。７は「１＋３＋３」より「２＋２＋３」に分けた方が積が大きい。８は「２＋２＋２＋２」より「２＋３＋３」に分けた方が積が大きい。これらのことから，積が最も大きくなるためには，できるだけ３が多くなるように，２と３の和に分ければよいことがわかる。

5　立体図形―分割，体積

⑴　３点Ｇ，Ｈ，Ｍを通る平面は下の図①の太線で囲んだ長方形だから，残った水はかげをつけた四角柱になる。図①で，台形AEHMの面積は，（３＋６）×６÷２＝27(cm^2)なので，この四角柱の体積は，27×６＝162(cm^3)となる。

⑵　３点Ｄ，Ｅ，Ｇを通る平面は下の図②の太線で囲んだ正三角形だから，残った水はかげをつけた三角すいになる。この三角すいの体積は，６×６÷２×６÷３＝36(cm^3)と求められる。

図①

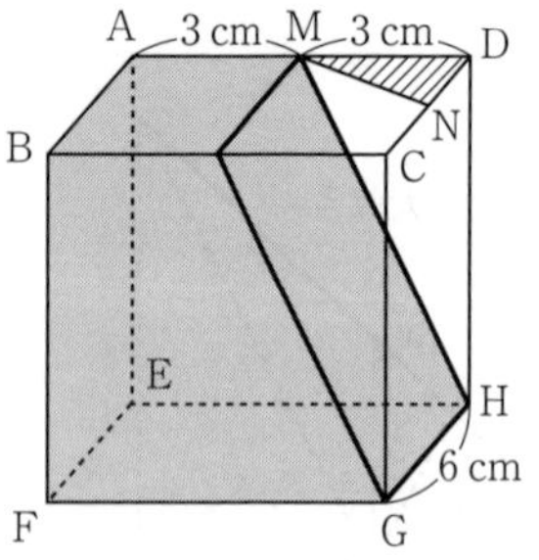

図②

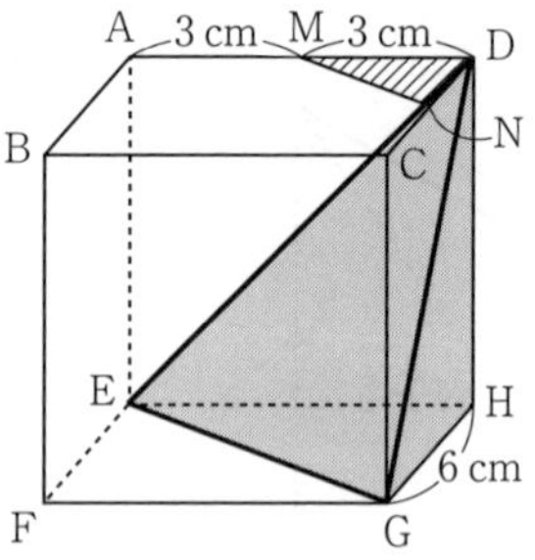

図③

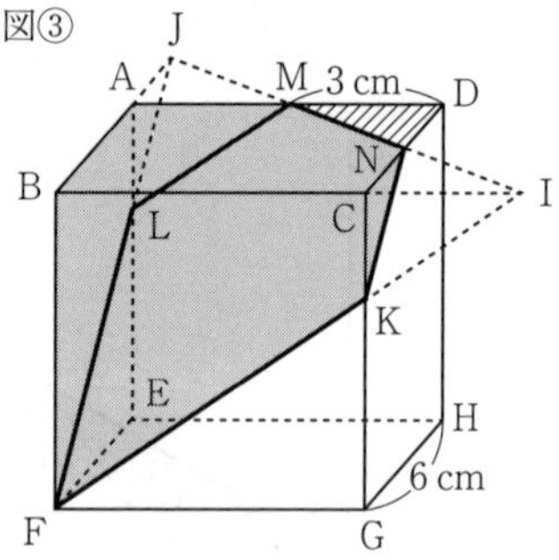

⑶　はじめに，３点Ｆ，Ｍ，Ｎを通る平面を作図する。上の図③のように，BCとMNを延長して交わる点をＩ，BAとNMを延長して交わる点をＪとする。次に，FIとCGが交わる点をＫ，FJとAEが交わる点をＬとすると，３点Ｆ，Ｍ，Ｎを通る平面は太線で囲んだ五角形になり，残った水はかげをつけた立体とわかる。図③で，三角形DMNと三角形CINは合同な直角二等辺三角形なので，CIの長さは３cmである。また，三角形CKIと三角形GKFは相似であり，相似比は，CI：GF＝

3：6＝1：2だから，$CK=6\times\frac{1}{1+2}=2$(cm)と求められる。同様に，AJ＝3cm，AL＝2cmとわかる。よって，三角すいF－BIJの体積は，$(6+3)\times(6+3)\div2\times6\div3=81$($cm^3$)，三角すいK－CINと三角すいL－AMJの体積はどちらも，$3\times3\div2\times2\div3=3$($cm^3$)なので，残った水の体積は，$81-3\times2=75$($cm^3$)である。

社　会　＜B試験＞(40分)＜満点：75点＞

解　答

問1　ウ　**問2**　ア　**問3**　イ　**問4**　オリーブ　**問5**　ウ→イ→ア→エ　**問6**　オ　**問7**　エ　**問8**　(1)　ウ　(2)　イ　(3)　ウ　**問9**　イ　**問10**　(1)　足利義政　(2)　イ　**問11**　天下の台所　**問12**　**A**　い，イギリス　**B**　う，韓国(大韓民国)　**問13**　イ　**問14**　オ→イ→エ→ウ→ア　**問15**　カ　**問16**　(1)　(例)　全国の原子力発電所の操業が停止され，火力発電に頼る割合が増えた　(2)　再生可能エネルギー　(3)　ア　**問17**　ア　**問18**　イ　**問19**　ア　**問20**　(1)　イ　(2)　ウ　**問21**　(例)　第二次世界大戦中，敵の空襲の目標となるのを避けるため灯火管制が行われた。　**問22**　(1)　**あ**　イ　**い**　イ　**う**　ア　**え**　ウ　(2)　ア　**問23**　水俣　**問24**　(1)　ウ　(2)　ウ　(3)　(例)　東京都や神奈川県は「全ての世帯の可処分所得」は高いが，「中央世帯の経済余力」は低い。これは，地価が高いため家賃や地代が高く，物価も高いので生活費も多くかかるためと考えられる。

解　説

「明かり」の歴史を題材とした総合問題

問1　1972年，日本の田中角栄首相が北京を訪れ，中華人民共和国の周恩来首相ら中国首脳と会談し，日中共同声明に調印。これにより，日本と中華人民共和国の国交が正常化した。したがって，ウは適当でない。なお，ア，イ，エは声明の内容として正しい。第二次世界大戦後，中国では中華民国の国民党政権(国民政府)と共産党勢力の間で内戦が起こり，共産党側が勝利。1949年に毛沢東《もうたくとう》を国家主席とする中華人民共和国が成立し，国民政府は台湾に逃《のが》れた。日本は1952年に台湾の国民政府との間で「日本国と中華民国との間の平和条約」(日華平和条約)を結んで戦争状態を終結し，その後も台湾(国民政府)とは国交関係を保っていたが，1972年の日中共同声明により中華人民共和国政府を中国の唯《ゆい》一《いつ》の合法政府であると認めたため，台湾との国交は断絶することとなった。

問2　Aは小学校数は多いが，児童数はそれほど多くなく，一校あたりの児童数の平均値も少ないことから，面積の広い北海道と判断できる。A以外は大都市を抱え，人口が多い都府県が並んでいることから，Bは福岡県と判断できる。

問3　電照菊など施設園芸農業による生産がさかんな愛知県が生産量第1位で，第2位以下には温暖な九州の各県が並んでいるイがきくと判断できる。なお，茨城県や宮崎県が上位にあるアはピーマン，和歌山・愛媛・静岡の各県が入っているウはみかん，北海道と長崎県，鹿児島県などが入っているエはじゃがいもである。

問4　小《しょう》豆《ど》島(香川県)で栽培《さいばい》がさかんな農産物はオリーブである。地中海沿岸を原産地とする常緑の高木で，実から食用油が得られる。栽培には温暖な気候と十分な日照時間，水はけのよい土壌《どじょう》が必要とされる。小豆島では明治時代に栽培が試みられ，現在では島の特産物となっている。

問5　アは平安時代初期，イは奈良時代，ウは飛鳥時代，エは鎌倉時代のことなので，年代順に並び替えるとウ→イ→ア→エになる。

問6　A　衆議院が解散されると，40日以内に総選挙が行われる。　B　衆議院議員総選挙が行われると，30日以内に国会が召集される。　C　衆議院が条約の締結《ていけつ》に関する承認をした後，参議院が30日以内に議決しない場合は，衆議院の議決が国会の議決となる。　D　衆議院が内閣総理大臣を指名した後，参議院が10日以内に指名の議決を行わない場合は，衆議院の議決が国会の議決となる。

問7　空らんにあてはまる人物は西郷隆盛である。西郷らが起こした西南戦争は1877年(明治10年)1月から9月にかけてのできごとで，史料はその最中のエピソードについて述べている。西郷を説明した文としてあてはまるのはエ。アは山県有朋《やまがたありとも》，イは板垣退助，ウは勝海舟，オは東郷平八郎にあてはまる。

問8　(1)　北回帰線は北緯約23.4度であるから，ウが適当である。　(2)　北回帰線は北半球の夏至の日，太陽の南中高度が90度になる地点を結んだ線であるから，イが正しい。南半球の夏至(北半球の冬至)の日，太陽の南中高度が90度になる地点を結んだ線が南回帰線である。なお，アとウにあてはまるような線はない。エについて，「白夜」が起きるのは，北極圏(北緯66度33分以北)付近では夏至前後，南極圏(南緯66度33分以南)付近では北半球の冬至前後である。　(3)　地図中のＡはロシア，Ｂは中国，Ｃは韓国，Ｄはフィリピンで，表中のア～エのうち，液化天然ガスなど資源・原料の輸入が多いウがロシアである。なお，輸入額が最も多いアは中国，木製品やバナナが輸入品目の上位にあるエはフィリピンで，残るイが韓国になる。

問9　和歌１の作者は藤原道長であるからＦ，和歌２の作者は阿倍仲麻呂であるからＤがあてはまる。なお，Ａは白河上皇，Ｂは藤原良房《よしふさ》と息子の基経にあてはまる。Ｃにあてはまるのは菅原道真であり，道真は遣唐使の廃止《はいし》を提案した。Ｅにあてはまるのは坂上田村麻呂である。

問10　(1)　銀閣は，第８代将軍の足利義政が将軍職を子の義尚《よしひさ》に譲《ゆず》った後，京都の東山に別荘として築いた建物である。義政の死後，慈照寺《じしょうじ》となった。　(2)　京都は琵琶湖南端の西側に位置しているから，イがあてはまる。

問11　江戸時代，大坂(大阪)は商業の中心地として栄え，全国から送られてくる物資の集散地であったことから，「天下の台所」とよばれた。

問12　Ａはイギリスで，2022年９月８日，在位70年のエリザベス女王(エリザベス２世)が亡くなり，長男で皇太子であったチャールズが新たな国王(チャールズ３世)となった。Ｂは韓国(大韓民国)で，2022年３月に行われた大統領選挙で当選した尹錫悦《ユンソンニョル》が，５月に韓国の第20代大統領に就任した。表中の国々については，面積が日本と比べて大幅に大きい「あ」を除いた２か国のうち，訪日外客数が多い「う」が韓国で，「い」がイギリスと判断できる。なお，「あ」はロシアである。

問13　江戸時代，第８代将軍徳川吉宗のときにキリスト教に関係のない漢訳洋書の輸入が認められたことから，西洋の科学や技術が日本にもたらされるようになった。特に医学については，西洋の医学を学んだ蘭医《らんい》と呼ばれる人々が現れ，シーボルトのように日本人に直接西洋の医学を教える者もいた。また，洋書の挿絵《さしえ》などを参考にして西洋風の絵画や銅版画も描かれるようになった。さらに，それまでの太陰暦《たいいんれき》に西洋の太陽暦から得た知識を加えた太陰太陽暦がつくられるようになった。したがって，ア，ウ，エは正しい。力織機とは機械動力を使った織機のことで，日本で広まったのは明治時代以降であるから，イが適当でない。

問14　アは1894年，イは1875年，ウは1890年，エは1885年，オは1873年のできごとなので，年代順に並び替えるとオ→イ→エ→ウ→アとなる。

問15　南側に港湾があるＡは長崎である。中央付近に見られる駅は，長崎本線の終着駅であるJR長崎駅。北側が海に面しているＢは北九州である。中央付近に見られる駅は，日豊《にっぽう》本線の始発駅で鹿児島本線や山陽新幹線も乗り入れているJR小倉駅である。碁盤《ごばん》の目状の街並みが広がるＣは札幌である。中央付近に見られる駅はJR札幌駅で，駅の北西に広がる土地は北海道大学である。

問16　(1)　資料のグラフからは，2011年以降，電力用天然ガスの消費量が急増していることや，発電方式の内訳において原子力の割合が大きく減り，代わりに天然ガスの割合が増えていることがわかる。これは，2011年３月に起きた東日本大震災と福島第一原子力発電所の爆発事故をきっかけに全国の原子力発電所が操業停止となり，その分を補うために火力発電所の発電量が大きく増えたことによるものである。　　(2)　太陽光，風力，地熱，水力，バイオマスなどは，資源がなくなる心配がないことから「再生可能エネルギー」と呼ばれる。化石燃料とは異なり消費したさいに温暖化の原因となる二酸化炭素や酸性雨の原因となる二酸化硫黄《いおう》などを排出しないので，環境にかける負担が小さいことも特徴となっている。　　(3)　水力発電はダムを建設する際に自然環境を破壊する場合があり，太陽光や風力も発電所を建設できる場所が限定されることや，天候など自然条件に左右されるといった課題がある。また，太陽光発電は出力が小さいため太陽光パネルを設置するのに広い場所を確保する必要があり，風力発電は風車が景観を損《そこ》ねたり，騒音《そうおん》が問題となったりすることがある。したがって，アがあてはまる。イは原子力，エは化石燃料の説明。ウは誤り。

問17　1950年代に見られた好景気は神武景気(1954～57年)と岩戸景気(1958～61年)。いざなぎ景気は1965～70年に見られた好景気であるから，アが適当ではない。イとウは1960～70年代にあてはまることがらであり，エも正しい。

問18　国や地方公共団体が，正当な補償《ほしょう》の下，個人の財産を公共のために用いるケースであるから，日本国憲法第29条３項の規定を示したイがあてはまる。なお，アは第22条１項，ウは第19条，エは第36条，オは第13条の規定である。

問19　ア　735年から739年にかけて，九州で流行が始まった疱瘡《ほうそう》(天然痘《とう》のこと)が全国に拡大した。はっきりした記録は残っていないが，死者は100万人以上に及《およ》んだと考えられている。平城京でも大流行し，当時権力をにぎっていた藤原四兄弟(不比等の子の武智麻呂《むちまろ》，房前《ふささき》，宇合《うまかい》，麻呂)も感染しあいついで亡くなった。よって，適当である。　　イ　藤原京への遷都《せんと》は694年のことである。　　ウ　最澄が天台宗，空海が真言宗を開いたのは，いずれも９世紀初めのこと。　　エ　正倉院は，聖武天皇の死後，光明皇后《こうみょうこうごう》が東大寺に寄進した天皇ゆかりの品々を収めるために建てられたもの。また，天武天皇が皇后の病気回復を祈って建設中の藤原京に建てたのは薬師寺である。

問20　(1)　秋葉原には電気街やアニメ関連の施設・商店などが，舞浜には東京ディズニーランドなどが，原宿には明治神宮や表参道などが，新大久保には韓国をはじめとするアジア諸国の民族料理の店などが集まる地域があり，いずれも多くの人が訪れる観光スポットとなっている。　　(2)　周辺に観光スポットがある駅であるから，鶴岡八幡宮をはじめとする多くの寺社や鎌倉大仏，由比ヶ浜などがあるほか，江ノ島電鉄を利用して江ノ島方面に向かう観光客も多い鎌倉が最も適当である。

問21　第二次世界大戦中には，各地で夜間に室内の照明を消したり，電灯の周りを黒い布でおおったりする灯火管制がしばしば行われた。これは敵の空襲《くうしゅう》があった場合に，建物から明かりがもれることで街の位置が知られたり，爆撃の目標となったりすることを避けるための規制であった。ただし，大戦末期にはアメリカの爆撃機はレーダーを使用するようになっており，夜間でも地上のようすがわかったといわれる。

問22 (1) **あ，い** 少子高齢化が進むと15～64歳の「働く世代」の人口は減っていく。そうなると，所得税など国に納められる税金の額も減るから，国の財政は苦しくなる。　**う，え** 高齢化が進むと福祉や医療など社会保障にかかる費用が増大するから，国の支出は増える。その結果，政府は収入を増やすために，すべての人に一定税率の税を課すことのできる消費税の税率を引き上げようとする。(2) 消費税は税率が一定であることに加え，不景気のときでも人々が日用品などの買い物の量を大幅に減らすことは難しいから，国にとっては安定的な収入源となりやすい。

問23 2013年，熊本県で開かれた国際会合で採択《さいたく》され，2017年に発効したのは「水銀に関する水俣《みなまた》条約」である。水銀および水銀を使用した製品の製造と輸出入を規制するもので，かつて熊本県で発生した水俣病のような水銀を原因とする健康被害や環境汚染が発展途上国で広がっていることから，問題の解決をめざして調印された。

問24 (1) ア 石油化学コンビナートは危険物をあつかうことから，夜間でも点検のために照明をつけている。また，煙突なども含めて高さ60m以上の建造物には夜間でも照明をつけることが航空法で義務づけられている。　イ 自動車や歩行者の安全を確保するため，道路沿いには多くの照明が設置されている。　ウ 一般に水力発電所では照明がそれほど必要ではない。また，発電所の多くは山間部にあるから，夜間に過度の照明をつけることは環境面からも問題があると思われる。よって，適当でない。　エ イカ釣り漁船の漁火《いさりび》に代表されるように，夜間に集魚灯を照らして魚を集める漁法は世界各地で行われており，その明かりは人工衛星からも観測できる。　(2) 最低賃金とは最低賃金法にもとづいて政府が決める基準で，近年はほぼ毎年，少しずつ引き上げられている。また，少子高齢化の影響《えいきょう》で働く世代の人口が減っていることから小売業界は労働者不足の問題を抱えており，人材の確保のための人件費の増加も企業の負担となっている。したがって，ウがあてはまる。法人税率は近年は引き下げが続いているから，アは誤り。デリバリーサービスは新たな需要《じゅよう》の拡大につながっているから，イも誤り。エにあるような事実はない。　(3) 資料の図からは，東京都や神奈川県は，「全ての世帯の可処分所得」は高く上位５位に入っているが，「中央世帯の経済余力」は低く，特に東京都は最下位になっていることがわかる。そのような結果になる最大の理由は，東京都や神奈川県は地価が高いので家賃や地代に多くの費用が必要であることと，物価が高いので生活費もかかることだと考えられる。また，通勤時間が長いことがコストとして算出されることも関係し，「全ての世帯の可処分所得」が高いのは富裕層の所得が非常に高いからであり，「中央世帯」に限れば可処分所得はそれほど多くないということも考えられる。なお，富山県や福井県などの「中央世帯の経済余力」が高いのは，地価が安いこと，持ち家の割合が多いことのほかに，女性の就業率が高いことも理由の１つではないかといわれている。

理 科 ＜Ｂ試験＞（40分）＜満点：75点＞

解 答

1 (1) エ (2) 2倍 (3) エ (4) イ (5) （例） 太陽の光をレンズを通して紙の上で1点に集め，そのときのレンズと紙の距離を測る。 (6) ① ウ ② ア 2 (1) 炭素 (2) B—C—A—D (3) 右の図 (4) M (5) O，P (6) KとN (7) （例） 食塩が水に溶けると体積が測れないので，体積を測る食塩が溶けないようにするため。 3 (1) 左心室 (2) 左心房 (3) 左心房，左心室 (4) イ，エ，オ (5) ① **A** ア **B** エ **C** オ **D** イ **E** ウ ② （例） 沖合での漁業が活発になると，沖合の魚類の数が減り，それを食べていたアザラシの数も減る。すると，シャチがラッコを多く食べるようになり，ラッコの数が減って，ラッコに食べられていたウニが増える。その後，コンブが増えたウニに食べられて減少したと考えられる。 (6) 41000匹 (7) ① 80匹 ② （例） フナの生活に影響をあたえないようにする工夫。 4 (1) ① **月の形**…エ **月の位置**…a ② **月の形**…カ **月の位置**…f (2) オ (3) ① エ ② 105.3倍 (4) ① アームストロング ② アルテミス(計画) ③ **皆既日食のとき**…オ **皆既月食のとき**…イ

解 説

1 光の進み方についての問題

(1) 野尻湖《のじりこ》遺跡《いせき》から見つかった氷河期の化石はナウマンゾウである。ナウマンゾウは新生代に出現し，今から数万年前まで生きていた動物である。なお，ヤマトサウルスは中生代の生物で，淡路《あわじ》島で初めて化石が発見された。アンモナイトは中生代，サンヨウチュウは古生代をそれぞれ代表する生物である。

(2) 焦点《しょうてん》より近い位置に物体を置くと，凸《とつ》レンズの反対側には像ができないが，凸レンズを通して物体を見ると，大きな物体の像が見える。これをきょ像という。図1で，矢印の先端から出て凸レンズの軸《じく》に平行な光は反対側の焦点を通るように屈折《くっせつ》し，凸レンズの中心を通る光は直進するから，矢印のきょ像を作図すると，右の図①のようになる。よって，見える像の大きさは矢印の大きさの，8÷4＝2(倍)になる。

図①

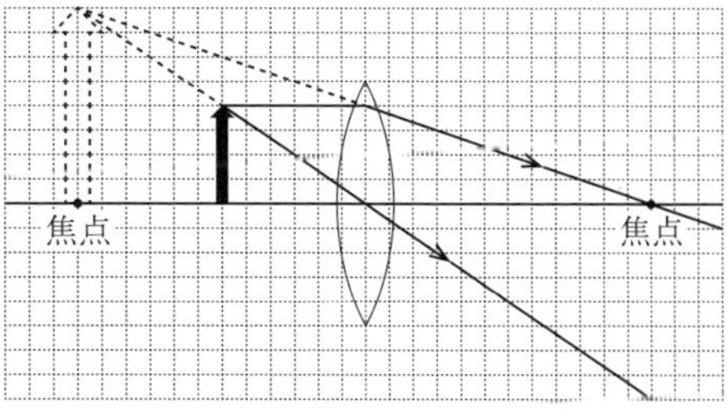

(3) 光が三角プリズム(ガラス面)に入るときには，入った面から遠ざかるように屈折し，プリズムから出るときには，出る面に近づくように屈折して進む。よって，エが正しい。

図②

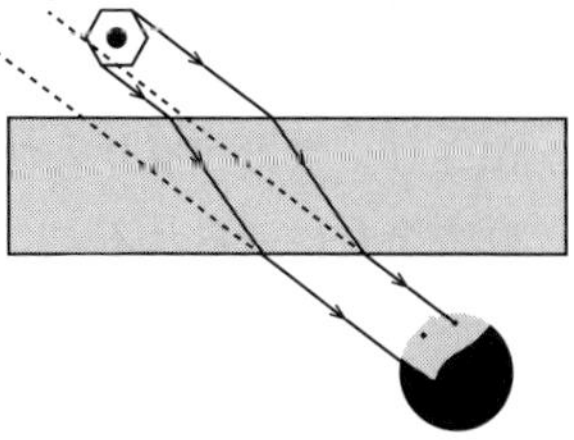

(4) (3)に述べたように，光はガラス板に入るときと出るときに屈折する。そのため，ガラス板を通して見るえんぴつ(えんぴつの下側の部分)は右の図②のように，実際よりも左側にずれているように

見える。このとき，光は平行に進むため，見える太さなどは変わらない。また，ガラス板より上側の部分から出た光はまっすぐ観察者に届くので，えんぴつはイのように見える。

(5)　太陽の光は平行光線なので，虫眼鏡《めがね》やルーペの凸レンズを通った光は焦点に集まる。よって，レンズを通った太陽光が１点に集まるところを探し，光が集まった位置と凸レンズとの距離《きょり》を測れば，焦点距離がわかる。

(6)　①　凸レンズ(対物レンズ)の焦点距離の２倍の位置より遠い位置にある物体の像は，凸レンズの反対側の焦点と焦点距離の２倍の位置の間にできる。　②　(2)で述べたように，きょ像を観察するためには，物体(図５の場合は対物レンズによる像)が，凸レンズ(接眼レンズ)の焦点よりも近い位置になければならない。

2　物質の密度と浮《う》き沈《しず》みについての問題

(1)　石灰水を白くにごらせる気体は二酸化炭素である。二酸化炭素は炭素が燃えることでできるので，プラスチックには炭素がふくまれていることがわかる。

(2)　図１より，Ａは，密度0.79 g/cm^{3}のエタノールに沈み，密度0.90 g/cm^{3}のサラダ油に浮かんでいるので，その密度は，0.79 g/cm^{3}より大きく，0.90 g/cm^{3}より小さい。同様に考えると，Ｂは，食塩の飽和水溶液《ほうわすいようえき》に沈んでいるので，密度が1.20 g/cm^{3}より大きく，Ｃは，水に沈み，食塩の飽和水溶液に浮かんでいるので，密度が1.00 g/cm^{3}より大きく，1.20 g/cm^{3}より小さい。Ｄは，エタノールに浮かんでいるので，密度が0.79 g/cm^{3}より小さい。以上のことから，密度が大きい順に，Ｂ，Ｃ，Ａ，Ｄとなる。

(3)　ＡとＤの密度は0.90 g/cm^{3}より小さいので，どちらも密度0.90 g/cm^{3}のサラダ油に浮かぶ。また，ＢとＣの密度は1.00 g/cm^{3}より大きいので，どちらも密度1.00 g/cm^{3}の水に沈む。よって，図２のビーカー③で，プラスチックＡ～Ｄは解答の図のようになる。

(4)　密度が3.6 g/cm^{3}の固体の重さは，体積が１cm^{3}のとき3.6 gで，２cm^{3}のとき，3.6×２＝7.2(g)である。よって，２cm^{3}で重さが7.2 gのＭとわかる。

(5)　物体の体積と重さは比例し，グラフに直線で表したときの傾《かたむ》きは密度が大きいほど大きくなる。よって，密度が2.0 g/cm^{3}以下の固体は，原点(体積が０cm^3，固体の重さが０gの点)と，１cm^{3}で2.0 gの点を結んだ直線より下にあるＯとＰになる。

(6)　同じ物質の固体の密度は等しいので，固体と原点を結ぶ直線上に同じ物質の固体はある。よって，図３で，原点を通る同じ直線上にあるＫとＮが同じ物質だとわかる。

(7)　食塩の結晶を水に入れると，水に溶《と》けるので，このとき増えた体積がそのまま食塩の体積とはならない。一方，食塩の飽和水溶液に食塩の結晶を入れても，食塩の結晶は溶けないので，増えた体積がそのまま食塩の結晶の体積となる。

3　ヒトの心臓，海の生物の食物連鎖《れんさ》についての問題

(1)，(2)　全身をめぐってきた，酸素が少なく，二酸化炭素を多く含《ふく》んだ血液は，大静脈を通って右心房《しんぼう》に入る。その後，血液は右心室，肺動脈と流れ，肺に送られる。肺で血液中の二酸化炭素は放出され，酸素が取り入れられたあと，血液は肺静脈を通して左心房に送られ，左心室，大動脈と流れて全身に送られる。

(3)　動脈血は酸素を多く含む血液で，肺から肺静脈を通して，左心房に流れこみ，左心房から左心室へ流れこんでいる。

⑷　静脈血は含まれる酸素が少ない血液で，血液が体の各部で酸素を受けわたしたあとに，大静脈や肺動脈を流れる。よって，ここでは肺動脈，肝《かん》静脈，肝門脈（小腸から肝臓までつながっている静脈）が当てはまる。

⑸　①　アザラシやシャチ，ラッコは海にすむほ乳類である。アザラシは魚類やイカ，タコなど，シャチは魚類やラッコ，アザラシなど，ラッコは貝類やウニなどを好んで食べる。また，ウニはコンブなどの海藻《かいそう》を食べると述べられているので，これを当てはめると，Ａはアザラシ，Ｂはシャチ，Ｃはラッコ，Ｄはウニ，Ｅはコンブとなる。　②　沖合での漁業が活発になると，魚類が捕獲《ほかく》されて減り，魚類を食べていたアザラシの数も減ることになる。そうすると，シャチはエサのアザラシが減ったために，ラッコを多く食べるようになる。ラッコの数が減ると，ラッコが食べていたウニの数が増え，逆に，ウニのエサとなるコンブは減ることになる。

⑹　①～⑩の地点で採集されたウニの数の平均は，$(16+17+24+20+28+23+15+16+22+24)\div10=20.5$（匹《ひき》）となる。これを$1\,\mathrm{m}^2$当たりのウニの数とすると，$2000\mathrm{m}^2$のウニの数は，$20.5\times2000=41000$（匹）となる。

⑺　①　二度目に捕《つか》まえたフナのうち，目印のついたフナの割合は，$3\div15=\frac{1}{5}$である。目印のついたフナは全部で16匹いるので，この地域全体に生息しているフナの数は，$16\div\frac{1}{5}=80$（匹）と推定できる。　②　フナにつける目印は，フナの生活に影響《えいきょう》をあたえないものである必要がある。また，確認しやすく，すぐに取れたりしないものであるほうがよい。たとえば，フナにつける目印としては，腹ヒレの一部を切除したり，脱落《だつらく》しにくいタグを魚の体に固定したりする方法がある。

4　月や金星の見え方についての問題

⑴　①　午前９時に南西に見える月は，午前６時ごろに南中するので，下弦《げん》の月である。よって，月の形はエのように見える。また，図２で，地球から見て太陽の方向にあるｃは新月，太陽と反対側にあるｇは満月である。よって，ｅは上弦の月，ａは下弦の月となるから，位置はａである。
②　午後９時に真南に見える月は，午後６時に真南に見える月（上弦の月）と午前０時に真南に見える月（満月）との中間の月となる。よって，このときに見える月の形はカとなり，位置はｆとなる。

⑵　地球から見て，金星が太陽の右側にあるとき，明け方の東の空に金星（明けの明星《みょうじょう》）が見え，太陽の左側にあるとき，夕方の西の空に金星（よいの明星）が見える。よって，明け方の東の空に金星が見られたことから，観測した日には地球がＺの位置にあったとわかる。また，１年（365日）後，金星は，$360\times\frac{365}{225}=584$（度）公転する。これは，$584\div360=1$余り224より，金星は図３の位置から１回公転して，さらに224度回転した位置にある。地球は１回公転してＺの位置にあるので，地球から見ると金星は太陽の左側にあることになり，金星は夕方，西の空に見えることになる。

⑶　①　日食は，太陽—月—地球がこの順に一直線に並んだときに太陽が月によって隠《かく》されることによって起こる。このとき，月が右側（西側）から太陽に重なるように見えるので，太陽は西の方から欠けていく。また，月食は，太陽—地球—月がこの順に一直線に並んだときに月が地球の影《かげ》に入ることで起こる現象で，地球の影に月が西から入るので，月は左側（東側）から欠けて見える。よって，エが選べる。　②　地球の直径を１とすると，月の直径は，$1\times0.25=0.25$となる。地球から太陽までの距離が地球から月までの距離の400倍だから，地球から見た月の大きさと太陽の大きさが同じ場合，太陽の大きさは，$0.25\times400=100$となる。しかし，金環《きんかん》日食のさいの見かけ上の月

の直径は，太陽の0.95倍だったと述べられているので，太陽の直径は，100÷0.95＝105.26…より，105.3とわかる。よって，太陽の直径は地球の直径の，105.3÷１＝105.3(倍)である。

⑷　①　この言葉を述べた人物は，ニール＝アームストロングである。1969年７月，アポロ11号が月に着陸し，アームストロング船長が人類として初めて月面に降り立ち，月面を探査して採取した月の石を地球に持ち帰った。　②　2025年以降に月面に人類を送り，月面拠点《きょてん》を建設して月での人類の持続的な活動をめざす計画をアルテミス計画という。　③　地球で皆既《かいき》日食が起きているときに月面から地球を見ると，地球の大きさよりも月の影の方が小さいので，地球の上を月の影が黒い丸として横切るようすが見える。また，皆既月食は，月がすべて地球の影に入ることによって起き，このとき月面から地球を見ると，地球が太陽を完全におおい隠すようすが見える。

国　語　＜Ｂ試験＞（50分）＜満点：100点＞

解　答

一　①～⑦　下記を参照のこと。　⑧　ぶあい　⑨　ながちょうば　⑩　そむ(く)

二　**問１**　誰も頼りに　**問２**　エ　**問３**　ウ　**問４**　ア　**問５**　相手を満足　**問６**　(例)　選択そのものが環境によって左右され，「人それぞれ」に平等に選べる状況が限られているのに，引き起こされた結果の責任を当事者の選択に帰して，格差を正当化する社会。　**問７**　エ　**問８**　ア　三　**問１**　はうでをくんでいた。　**問２**　(例)　料理する兄の手ぎわのよさに感心しつつも，自分が取り残されたようでくやしい気持ち。　**問３**　**Ｘ**　イ　**Ｙ**　イ　**問４**　ウ　**問５**　ウ　**問６**　ウ　**問７**　(例)　自分だけができるものを持ち，それに全力をつくす人。　**問８**　イ

●漢字の書き取り

一　①　本領　②　規模　③　防衛　④　更生　⑤　鉄鉱　⑥　古巣　⑦　要

解　説

一　**漢字の書き取りと読み**

①　その人が備えているすぐれた才能や力量。　②　ものごとの構造やしくみなどの大きさ。　③　ほかからの攻撃《こうげき》や危害を防ぎ，自己を守ること。　④　好ましくない生活態度を改め，生活などを立て直すこと。　⑤　鉄の成分をふくむ鉱石。　⑥　もとの環境《かんきょう》や所属先。　⑦　あるものごとの最も大切な部分。　⑧　売上高や出来《でき》高などに応じて一定の手数料や対価を支はらうしくみ。　⑨　あることがらが一段落するまでに長い時間がかかること。　⑩　音読みは「ハイ」で，「背信」などの熟語がある。

二　**出典は石田光規《いしだみつのり》の『「人それぞれ」がさみしい―「やさしく・冷たい」人間関係を考える』による。**誰《だれ》かとつき合うのもつき合わないのも自由な「人それぞれ」の社会における孤立《こりつ》とは，どのようなものであるかが説明されている。

問１　筆者は，「自ら準備して一人暮らしを満喫《まんきつ》している人」や「社会との接点を確保したうえで，一人の生活も楽しんでいる人」の「孤立」は，「誰も頼《たよ》りにするひとがおらず，社会にぽつねんと

放り込《こ》まれた状態の孤立」とは異なると指摘《してき》している。そのうえで，後者の「孤立」の問題点について考えているのである。

問２　「孤独・孤立を推奨《すいしょう》する言説を発信する方」とは，「自ら準備して一人暮らしを満喫している人」や「社会との接点を確保したうえで，一人の生活も楽しんでいる人」，あるいは「仕事の自由度が高く，また，業績という点で卓越《たくえつ》したものを達成している」人たちである。よって，エがふさわしい。

問３　「コスパで選ぶ」ということは，「コストに見合ったパフォーマンスを発揮できる人とのみ付き合う」ということであり，それは「『自らにとってよい要素をもつ人を選択《せんたく》する』という原理を徹底《てってい》」させることと考えられる。よって，ウがよい。逆に，自分に見返りをもたらさないような「相手を満足させる資源をもたない人は，あまり目を向けられない」ことになる。

問４　「合理的」は，むだがなく効率的であるようす。自分に見返りをもたらすような人々とのみ「友人関係」をつくれば，むだな人間関係を結ばなくてもよくなる。

問５　「社会的に厳しい立場にいる人が，つながりから外れている」とは，「経済力のない人」などの「いわゆる，世間的に『よい』要素をもたない人が孤立しやすい」ということで，言いかえると，「相手を満足させる資源をもたない人は，あまり目を向けられない」ことと考えられる。

問６　「このような社会」とは，筆者が問題を指摘している「人それぞれの社会」であることをおさえる。「人それぞれの社会」では，「『人それぞれ』に選択した結果」が重視されるが，そもそも「選択そのものも環境にそうとう左右さ」れるので，「『人それぞれ』に平等に選べる状況《じょうきょう》は，かなり限られている」のである。そうであるにもかかわらず，「人それぞれの社会」には，「引き起こされた結果の責任を，当事者の選択に帰することで，格差を正当化する性質」があることを筆者は指摘している。

問７　「不平等」とは，「格差」が生じていることを指している。その大きな原因は，「人それぞれの社会」では，もともと選択が「環境にそうとう左右され」ており，「平等に選べる状況は，かなり限られている」にもかかわらず，そこで生じた格差に対しては「『人それぞれ』の選択の結果ゆえ気にかける必要はない」と見なされ，「格差を正当化する」可能性があることだと述べられている。このような社会だから，筆者は「冷たい」と表現している。

問８　アは「一つ目の形式段落で問題を示し」が合わない。第一段落で筆者は，「人それぞれ」の社会では「つながりから外れていく人や，誰かとつながっていても寂《さび》しさを感じる人が一定数」いることと，日本社会では「孤立や孤独」が問題視されていることを述べている。そして次の段落からは，「孤立や孤独」には「自ら準備して一人暮らしを満喫している人」や「社会との接点を確保したうえで，一人の生活も楽しんでいる人」の「孤立」と，「誰も頼りにするひとがおらず，社会にぽつねんと放り込まれた状態」の「孤立」の二種類があることを指摘したうえで，後者の「孤立」について「では，いったい，何が問題なのでしょうか」と問題点について論をすすめている。

三　**出典は白石睦月《しらいしむつき》の『母さんは料理がへたすぎる』による。**父親を亡《な》くした後，母と兄を中心にして五人家族で暮らしている「あたし」（透《とおる》）は，母の日に山菜好きの母に山菜の女王であるシオデをプレゼントしようと思い立つ。

問１　「あたし」が「見た」のは，真夜中に「おかあさんとおにいが，テーブルで向かいあって」，「おにい」の作った山菜うどんを「おかあさん」が食べている場面である。「ぼんやり思い出しながら，おにぎりをかじってたら，また四角いフライパンを火にかけていたおにいが言ってきた。やま？」という表現に着目すると，「俺，きょう山に行ってくるから」という会話の直前までが，「あたし」が「見た」場面だとわかる。

問2　兄は手ぎわよく料理を進めているのであり，それを見て「あたし」は「おにいだけのおにいになれている」と感じ，「くやしくなる」としている。その一方で「その手の動きにうっとりしてしまう」と，兄の料理の手ぎわのよさに感心するような気持ちにもなっている。「くしゃっと丸めた」という，少し荒《あら》っぽい動作から，この二つの気持ちのうち前者を強く反映していると考えられる。

問3　**X**　「意気揚々《ようよう》」は，おおいにほこらしげであるようす。料理が上手な兄ならば「お茶がしづくり」も簡単なことで，周囲から称賛《しょうさん》されるであろうことを「あたし」は想像している。

Y　「片棒をかつぐ」は，“おもに悪事など，あるくわだてに加わってその一部の役割を受け持って協力する”という意味。ここでは，ウソをついたことに協力してもらったような気持ちになったことを表している。

問4　「おとうさん」という言葉は，もともとは口実のためのものであった。ところが「おとーさん」と実際に口にしてみると，亡くなった父親を思い出す，心にしみる言葉となった。よって，「決意として表現されている」とするウが合わない。

問5　すっかり静かになった山の中で「やまんばみたいな絵のかんばんが，うすぐらい木々のあいだで，ポッと白く光ったような気がした」のである。「あたし」は「そんなわけない」と思いながらも，気味悪く感じたために，あわてて山を下ってしまったものと考えられる。

問6　「だれもあたしがひとりでシオデを探しつづけてるとは知らないから，みごとゲットできたら，サプライズは，ほんとうに最高のサプライズになる」や「だってサプライズがどこからもれるか，わかったもんじゃないもん」などとあるように，「あたし」は何としてでもシオデを母にプレゼントしたいと思っている。蛍《ほたる》や渉《わたる》が見せてくれたお皿をプレゼントすることに，「ほんとにちょっぴりだけ，グラッときた」けれども，「迷いをたちきる」ようにして，「あたし」はそれでもシオデを探すことをあきらめていないのだから，ウがふさわしい。

問7　「あたしだけのあたし」について，「肩《かた》たたき券」「似顔絵」「色紙でつくったカーネーション」をプレゼントするのは「コセイテキ」ではなく，シオデを贈《おく》ることで「あたし」は「あたしだけのあたしになれる」と考えている。つまり個性的であることが条件で，兄ならば料理の世界で，雪乃《ゆきの》ちゃんならばソフトボールの世界で，自分の精いっぱいのことをしている，ということと考えられる。

問8　この文章では，本来，漢字で表記できるところをわざとカタカナで表記しているところがある。このうち「コセイテキ」，「ジュンカン」，「セリフ」，「ハンシャテキ」などについては，「あたし」が「やや難しい言葉」を「背伸びして使おうとしていること」を表していると考えられる。よって，イが選べる。なお，アは，「『あたし』が読者に対して語りかける形式」が合わない。「あたし」が自分に語りかけるような調子で物語は展開している。ウは，「親の愛情を得られない子どもたちの寂しさ」が合わない。父親を亡くし，残された家族たちが，おたがいに支えあって生きている姿が描《えが》かれている。エは，「家族のそれぞれの心情と『あたし』の心情が対比されて」が合わない。「あたし」の心情を中心に物語は展開している。

Dr.福井の

入試に勝つ！脳とからだのウルトラ科学

睡眠時間や休み時間も勉強!?

　みんなは寝不足になっていないかな？　もしそうなら大変だ。睡眠時間が少ないと，体にも悪いし，脳にも悪い。なぜなら，眠っている間に，脳は海馬《かいば》という部分に記憶をくっつけているんだから。つまり，自分が眠っている間も頭は勉強しているわけだ。それに，成長ホルモン（体内に出される背をのばす薬みたいなもの）も眠っている間に出されている。昔から言われている「寝る子は育つ」は，医学的にも正しいことなんだ。

　寝不足だと，勉強の成果も上がらないし，体も大きくなりにくく，いいことがない。だから，睡眠時間はちゃんと確保するように心がけよう。ただし，だからといって寝すぎるのもダメ。アメリカの学者タウブによると，10時間以上も眠ると，逆に能力や集中力がダウンしたという研究報告があるんだ。

　睡眠時間と同じくらい大切なのが，休み時間だ。適度に休憩するのが勉強をはかどらせるコツといえる。何時間もぶっ続けで勉強するよりも，50分勉強して10分休むことをくり返すようにしたほうがよい。休み時間は，散歩や体操などをして体を動かそう。かたまった体をほぐして，つかれた脳を休ませるためだ。マンガを読んだりテレビを見たりするのは，頭を休めたことにならないから要注意！

　頭の疲れに関連して，勉強の順序にもふれておこう。算数の応用問題や理科の計算問題，国語の読解問題などを勉強するときには，脳のおもに前頭葉という部分を使う。それに対して，国語の知識問題（漢字や語句など）や社会などの勉強では，おもに海馬《かいば》という部分を使う。したがって，それらを交互に勉強すると，１日中勉強しても疲れにくい。

Dr.福井（福井《ふくい》一成《かずしげ》）…医学博士。開成中・高から東大・文Ⅱに入学後，再受験して翌年東大・理Ⅲに合格。同大医学部卒。さまざまな勉強法や脳科学に関する著書多数。

Memo

2022年度　サレジオ学院中学校

〔電　話〕 (045) 591－8 2 2 2
〔所在地〕 〒224-0029　神奈川県横浜市都筑区南山田3－43－1
〔交　通〕 市営地下鉄グリーンライン－「北山田駅」より徒歩5分

【算　数】 〈**A試験**〉 (50分) 〈満点：100点〉

◎問題にかいてある図形は正確とは限りません。

1　次の□にあてはまる数を答えなさい。

(1)　$(0.71-0.019)\div(1.23-0.018)\times\left(25\frac{3}{10}-1\frac{3}{50}\right)=\square$

(2)　$\left\{19\frac{1}{13}-\left(\square+\frac{7}{13}\right)\times 0.3\right\}\div\frac{8}{65}=5$

2　次の□にあてはまる数を答えなさい。

(1)　右の図のような，A駅とB駅の間にある公園に行くのに，手前にあるA駅で電車を降りて歩いて行くより，一つ先のB駅で電車を降りて歩いて行く方が2分早く到着できます。

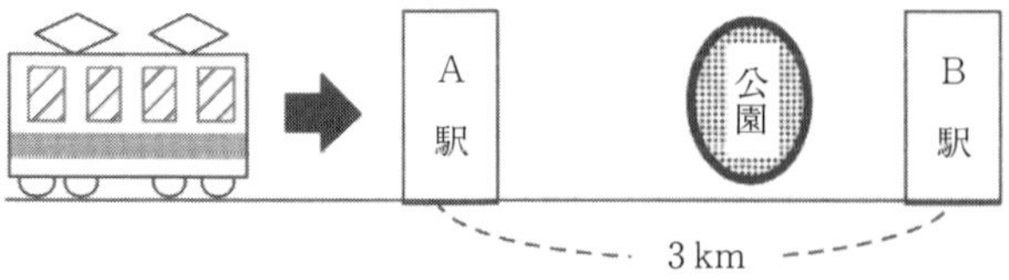

A駅とB駅の間の道のりは3kmで，電車の速さは時速45km，歩く速さは時速4.2kmでそれぞれ一定の速さとするとき，公園はB駅から□kmの所にあります。

(2)　図1のように，3辺の長さが6cm，12cm，15cmの直方体の容器に水が入っています。

この容器を図2のように，長さが12cmの辺を床につけたまま45°傾けたときにこぼれた水の量と残った水の量の比は1：8でした。

このとき，はじめに容器に入っていた水の量は□cm^3です。

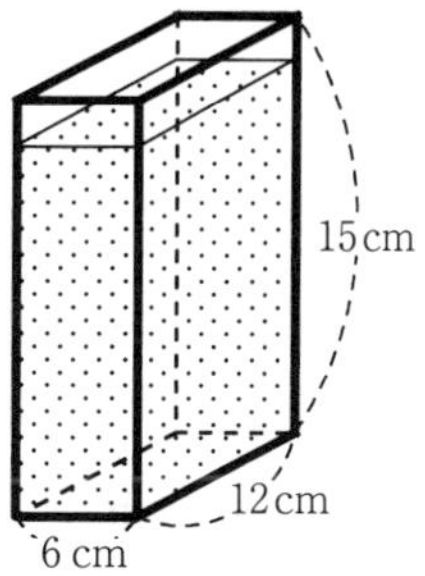

図1

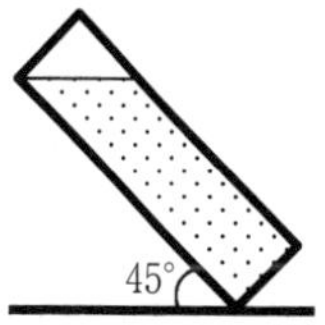

図2

(3)　3％の濃さの食塩水が100gあります。水で薄めて1％の濃さにしようとしましたが，水のかわりに間違えて2％の食塩水を加えてしまいました。

このとき，できあがった食塩水の濃さは□％です。

ただし，小数第3位を四捨五入して小数第2位までの数で答えること。

(4)　えんぴつ5本とノート3冊を買うと660円になり，えんぴつ7本とノート5冊を買うと1012円になります。このとき，えんぴつ1本は［ア］円，ノート1冊は［イ］円です。

(5)　中心角が128°のおうぎ形OABにおいて，図1のように，弧AB上にAC＝AOとなるように点Cをとります。

次に，図2のように，点Cが直線AB上にくるようにおうぎ形を折ると，折り目は直線ADとなりました。

このとき，図2のxは［ア］°で，yは［イ］°です。

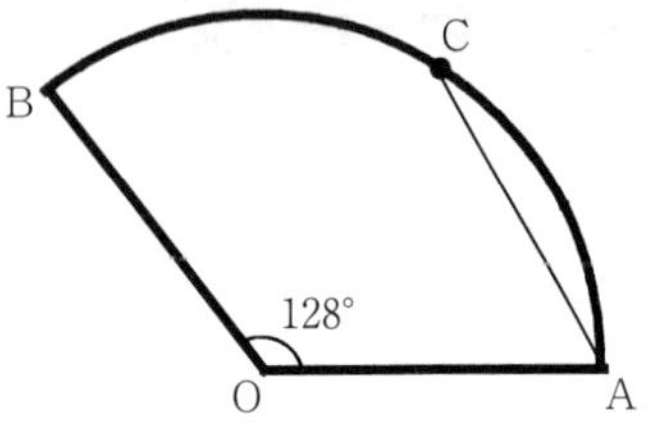

図1

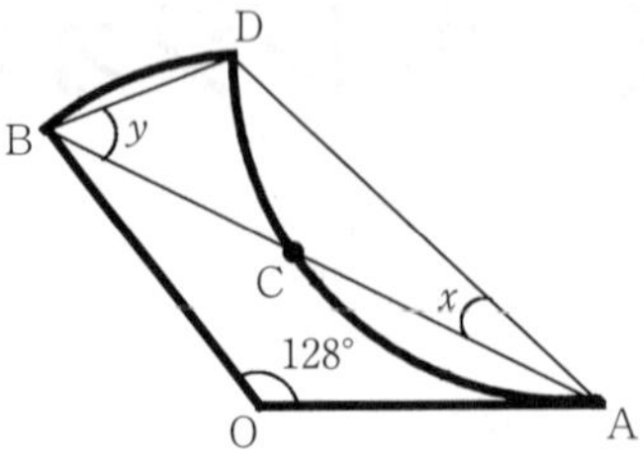

図2

3 水の入っている水そうAと水そうB，そして，水を汲《く》みだすためのポンプが何本かあります。また，水そうAに入っている水の量は水そうBに入っている水の量の2倍です。

はじめの20分は，全てのポンプを使って水そうAの水を汲みだします。

次に，ポンプの数をちょうど半分ずつに分け，半分で水そうAの水を，もう半分で水そうBの水を汲みだします。すると，ちょうど20分で水そうAのすべての水を汲みだすことができましたが，水そうBにはまだ水が残っていました。

そこで，ポンプの数を変えて水そうBの水を汲みだすと，さらに12分で水そうBのすべての水を汲みだすことができました。

このとき，次の問いに答えなさい。

ただし，すべてのポンプとも1分あたりに汲みだす水の量は一定であるとします。

(1) 「汲みだす前の水そうAの水の量」に対する「はじめの20分で汲みだした水の量」を，もっとも簡単な分数で答えなさい。

(2) 最後の12分で汲みだした水をすべてのポンプを使って汲みだそうとすると，汲みだすのに何分かかりますか。

(3) ここまでの条件では，はじめにあったポンプの総数は決まりません。
ここまでの条件をすべて満たすポンプの総数のなかで最も小さい数を答えなさい。
ただし，途中の考え方も書きなさい。

4 [1]，[2]，[3]，[4]，[5]，[6]，[7]，[8]，[9]のカードが1枚ずつあります。

まさと君とけんと君は，これらのカードとゲーム表を使い，次のような【ルール】で数当てゲームを行います。

【ルール】

① まさと君はけんと君に見えないように9枚のカードから4枚をとり，裏返しにして横一列に並べる。

② けんと君はまさと君が並べた4枚のカードの数字を予想してゲーム表に記入する。

③ まさと君は，けんと君が記入した4つの数字について，数字も位置も正しければ○，数字は正しいが位置が正しくなければ△として，○と△の個数をゲーム表のけんと君の予想の横に記入する。

④ ②，③を最大で4回までくり返す。

⑤ ○が4個になった時，あるいは，けんと君が③を4回行ったあとに，まさと君は最初

に並べた4枚のカードをけんと君に見せる。
⑥　4回目までに○が4個になっている場合，あるいは，ゲーム表に記入した○と△の個数に誤りがあった場合は，けんと君の勝ち。それ以外の場合は，まさと君の勝ちとする。

例えば，まさと君が 5 ， 9 ， 6 ， 3 のカードを裏返しにして横一列に並べたとします。

このとき，

1回目，けんと君が　3916　と記入したら，まさと君は　○1個　△2個

2回目，けんと君が　1962　と記入したら，まさと君は　○2個　△0個

と記入するので，ゲーム表は次のようになっています。

	予想	○	△
1回目	3 9 1 6	1個	2個
2回目	1 9 6 2	2個	0個
3回目		個	個
4回目		個	個

↑けんと君が記入　↑まさと君が記入

このとき，次の問いに答えなさい。

(1)　まさと君が最初に並べるカードの並べ方は全部で何通りのものがありますか。

(2)　けんと君が1回目の予想を　1234　と記入したところ，まさと君は「まずい」と言いながら，○0個　△0個　と記入しました。

まさと君はなぜ○も△も0個なのに「まずい」と思ったのでしょうか。

その理由となる次の文章の□に入る数を答えなさい。

理由　最初に並べたカードの並べ方が□通りにしぼられてしまうから。

(3)　ゲーム表に記入された内容が次のようになったとき，まさと君が最初に並べた4枚のカードの数字を左から順に答えなさい。

ただし，ここでは記入された○と△の個数に，誤りはないものとします。

	予想	○	△
1回目	3 5 7 8	2個	0個
2回目	1 5 8 9	1個	3個
3回目		個	個
4回目		個	個

(4)　ゲーム表に記入された内容が次のようになったとき，けんと君は必ず勝つことができます。その理由を説明しなさい。

	予想	○	△
1回目	1 2 3 4	0個	3個
2回目	2 3 5 1	0個	4個
3回目		個	個
4回目		個	個

5 2021年の夏休み。小学6年生のはやと君は，自宅でお父さんと次のような会話をしています。会話文を読んで以下の問いに答えなさい。

お父さん：はやと，今年はコロナの影響であまり外出しない方がいいから，インターネットを使ってサレジオ周辺の様子を見てみよう。

はやと君：わかった。

お父さん：これがGoogleマップを使って調べたサレジオ周辺の航空写真(**図1**)。

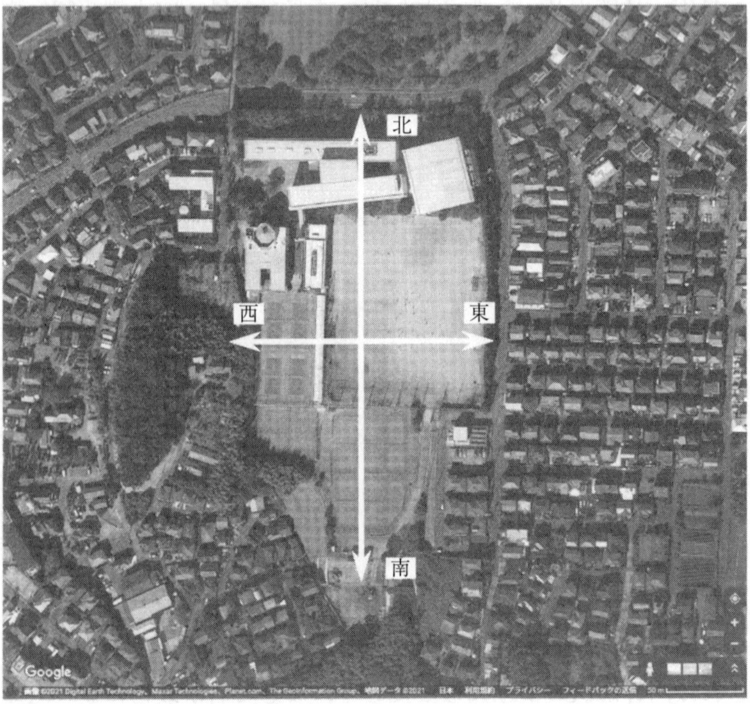

図1

はやと君：へー。サレジオの敷地《しきち》はとても広いね！　敷地の上の方には校舎らしき建物。下の方には大きなグランドやテニスコートがいくつか見える。

お父さん：そうだね。写真の上側がちょうど北側だから，敷地は南北に長い形になっている。聞いた話によると，サレジオの敷地は南北におよそ300m，東西におよそ170mの広さがあるらしい。

はやと君：へー。ということは，敷地が長方形なら，その面積はおよそ $\boxed{\text{ア}}$ m^{2}位になるよね。

お父さん：そう。形が長方形ならそうなる。けど，写真をよく見てみると，そんな単純ではないことに気づくよね。

はやと君：うん。じゃあ，サレジオの敷地はどれくらいの広さなんだろう？

お父さん：そうだね。じゃあ，まずこの写真をプリントアウトしてから一緒に考えてみよう。

はやと君：わかった。

お父さん：はやと，地図の右下の直線が見えるかい？　約1cmの直線に50mって書いてある。

はやと君：うん。つまり，この地図の縮尺はおよそ $\dfrac{1}{\boxed{\text{イ}}}$ ってことだよね。

お父さん：その通り。この地図でテニスコート1面の縦の長さがちょうど0.5cm位になっているから，ほぼ正しいと言っていいだろう。そして，グランドの縦の長さは，テニスコート1面の縦の長さのおよそ5倍。

はやと君：うん。実際だと，［ ウ ］m位ということだよね。

お父さん：そうだね。じゃあ，今度は，実際の形に近づけるために，サレジオの敷地を折れ線で囲んでみよう。

はやと君：わかった。

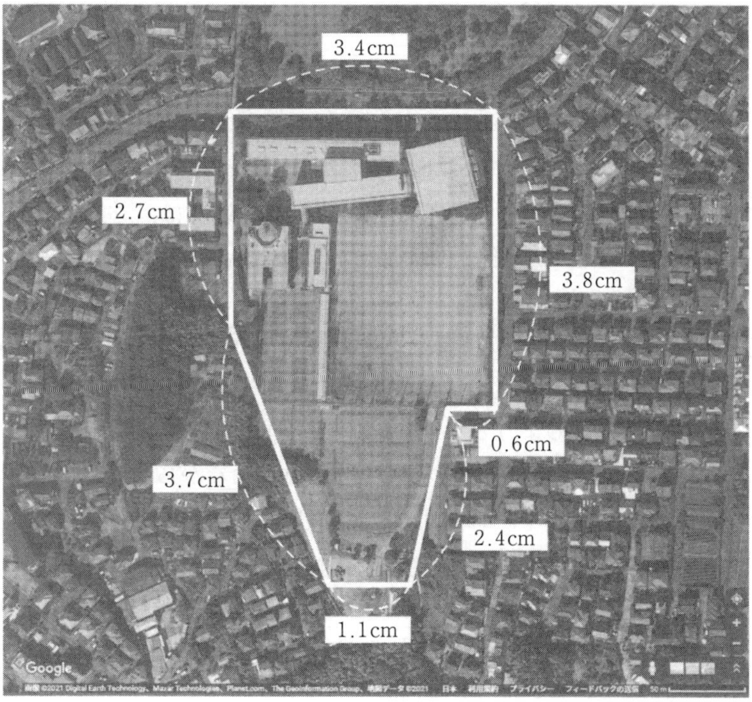

図2

はやと君：こんな感じになるのかな(**図2**)。ついでに，各辺の長さも測ってみた。

お父さん：すばらしい。よく調べたね！　形は少し複雑になったけど，サレジオの敷地に近い形と見ていいだろう。これを見ると，2.7cmの辺と3.4cmの辺，3.4cmの辺と3.8cmの辺，そして，3.8cmの辺と0.6cmの辺はそれぞれ垂直に交わっているように見える。また，3.4cmの辺と1.1cmの辺は平行で，この2辺の真ん中の点を結んだ直線は2.7cmの辺に平行になっているように見える。

はやと君：うん。この形なら何とか面積を求められるかもしれない。

お父さん：よし。じゃあがんばって計算してみようか。

(以下，省略)

(1)　文中の空らん［ ア ］～［ ウ ］にあてはまる数を答えなさい。

(2)　文中の条件をもとにすると，サレジオの実際の敷地はおよそ何 m^2 になりますか。百の位を四捨五入して千の位までの数で答えなさい。ただし，途中の求め方も書きなさい。

【社　会】〈A試験〉(40分)〈満点：75点〉

次の文章を読んで，あとの問いに答えなさい。

この入学試験が終わり，日に日にあたたかくなると，①サレジオ学院にもたくさんの桜が咲《さ》き始め，新たに63期生となる皆《みな》さんの学校生活が始まります。ところで，私たちは，１日や１年という時間の単位をもとにしたカレンダー，つまり暦《こよみ》に従った生活を当たり前のものとしています。

暦は大きくわけると，②地球の公転の周期をもとにした太陽暦《たいようれき》と，月の満ち欠けの周期をもとにした太陰暦《たいいんれき》，そして太陽と月の双方《そうほう》の動きを考慮《こうりょ》した３つの種類があります。現在，世界各国で広く普及《ふきゅう》しているのは16世紀に当時の③ローマ教皇が制定したグレゴリオ暦という太陽暦で，いわゆる西暦《せいれき》です。私たちは太陰暦には馴染《なじ》みがありませんが，太古の人々の生活において，月の満ち欠けによる明るさや月の形の変化は今よりずっと身近なもので，古代の日本でも太陰暦にもとづいた中国の暦を使っていました。

朝廷《ちょうてい》は，暦を占《うらな》いや天文を司る役所で管理し，④奈良時代以降は，季節や年中行事についても記録した暦を作成していました。そこには毎日の吉凶《きっきょう》なども示されていたようで，まるで朝のワイドショーの運勢占《うらな》いのようです。

暦の制定は，貨幣《かへい》の統一や⑤交通網の整備などと同様に，民を支配する権力の象徴《しょうちょう》でもありました。天文学が発展した⑥江戸時代には，改暦《かいれき》を通じて全国に支配力を示したい幕府によって，暦と天体運動とのずれを改めようという動きがありました。1685年，それまで中国暦を借用していた日本で，初めて独自の暦が作成され，当時の⑦元号から貞享《じょうきょう》暦とよばれました。江戸時代には，その後1755年，1798年，1844年と，合わせて４回の改暦が行われます。そして，⑧明治維新の後，明治政府は⑨西洋にならった近代化を進める中で，暦についても欧米《おうべい》との統一をはかるため，1873年から西暦を導入しました。これが，現在も用いられている新暦です。新しく太陽暦を採用することで国内は混乱しましたが，福沢諭吉などは合理的な新暦が優れているとして，その普及を進めました。

旧暦は今でも，⑩祭りなどの年中行事の日程にも，使われることがあります。旧暦８月15日は中秋といい，日本の各地で祭りが行われます。流鏑馬《やぶさめ》で知られる⑪鶴岡八幡宮の例大祭はその代表例です。また，かつて鶴岡八幡宮の荘園があった⑫長野県南部の遠山郷では，寒さで衰《すい》弱《じゃく》した神様を湯でもてなすという霜月《しもつき》祭を，冬至が含まれる旧暦の11月に行います。

季節ごとに行われるそれらの祭事の一部は，農業や庶民《しょみん》の生活との関わりにも由来しています。例えば⑬お花見は，⑭行楽の側面もありますが，本来は田の神様を迎《むか》える神事が原型だったようです。⑮夏の祭りは虫や暑さを払《はら》うため，⑯秋の月見は，平安時代の貴族社会の祭りというイメージがありますが，農業を営む人々にとっては収穫《しゅうかく》祭の意味合いが強かったといわれています。

世界の各地でも，それぞれの地域に根差した暦にもとづく風習があります。お正月は，日本では１月１日にお祝いをしますが，中国やその文化圏では，旧暦での正月が重視されていて，⑰国中が盛り上がる一大イベントとなります。イスラム教の国々では，西暦とともにイスラム暦という太陰暦を併用《へいよう》しており，宗教行事の日付は太陰暦によって決められます。イスラム暦では，今年の2022年は1443年になります。少し戸惑《とまど》いを感じますが，和暦の令和４年という表し方も，世界の人々からみると，不思議に感じるものでしょう。

今日，世界各地で西暦が当たり前に用いられていることは，グローバル化の先駆《さきが》けといえるかもしれません。しかし，宗教や国，文化が異なると，暦はそれぞれの社会や自然環境《かんきょう》に応じて独自の発展を遂《と》げてゆき，現在も日本を含む様々な場所で，「当たり前」ではない暦が一般的に使われているのです。様々な地域の歴史や文化には，自分のこれまでの価値観を広げるチャンスや，互《たが》いの価値観を尊重するためのヒントがたくさん存在しています。自分の身近な当たり前を捉《とら》えなおしてみることは，多様性を認め⑱協力し合って地球的な課題を解決する，⑲グローバル社会への第一歩といえるでしょう。

問1　下線部①について，ドン・ボスコがサレジオ会を創設してから，今年で163年が経とうとしています。サレジオ会が創設されたときに起こった出来事として，最も適当なものを，次の**ア**～**エ**から一つ選んで，記号で答えなさい。

ア　安政の大獄で吉田松陰が処刑《しょけい》されました。

イ　浦賀港にペリーが初めて来航しました。

ウ　天皇より，王政復古の大号令が発せられました。

エ　天保の大飢饉《ききん》が全国的に広まりました。

問2　下線部②について，日本では，いくつかの地域が「ユネスコ国際ジオパーク」に認定されており，地球の活動が生み出した自然や，それらと深く関わり合う文化を守るために保護されています。次の**ア**～**エ**の文章は，**図1**に●で示されている4つの地点にあるジオパークのいずれかを説明したものです。洞爺湖有珠山ジオパークの説明として，最も適当なものを，次の**ア**～**エ**から一つ選んで，記号で答えなさい。

図1

ア　日本の地質を東西に分けるフォッサマグナの一部を構成する大断層を観察できます。また，信州の山間部に運ぶ「塩の道」として古代から利用されてきた千国街道もジオパークに含《ふく》まれています。

イ　プレートの境目にあり，複数の活発な火山活動が過去に生じたようすがわかる地形がみられます。80万～20万年前の噴火《ふんか》でできた天城火山の溶岩《ようがん》は，江戸城の石垣《いしがき》にも用いられる良質な石材として利用されています。

ウ　火砕流《かさいりゅう》が発生した平成初期の噴火の被害《ひがい》のようすが，今でも残されています。過去の火山活動で形成された地形には，江戸時代のキリシタン弾圧《だんあつ》に反対した農民が起こした一《いっ》揆《き》の拠点《きょてん》となった原城が築かれました。

エ　大きなカルデラとよばれる火山地形を中心としたジオパークです。ジオパークを構成する縄文時代の貝塚は，昨年の7月，三内丸山遺跡《いせき》とともにユネスコの世界遺産に登録されることが決定しました。

問3　下線部③について，ローマ教皇は，カトリック教会の最高位聖職者の称号《しょうごう》で，カトリックの精神的指導者です。日本でもカトリックが伝来して以降，急速に信者が増加しました。次の人物のうち，カトリック信者を弾圧した人物として，**適当でないもの**を，次の**ア**～**オ**から一つ選んで，記号で答えなさい。

ア　織田信長　　**イ**　豊臣秀吉　　**ウ**　徳川家康

エ　徳川家光　　**オ**　徳川秀忠

問4　下線部④について，聖武天皇や光明皇后にゆかりのある品々は，正倉院に納められています。正倉院宝庫に納められている宝物として，**適当でないもの**を，次の**ア**～**オ**から一つ選んで，記号で答えなさい。

ア　螺鈿紫檀五弦琵琶《らでんしたんごげんびわ》：ラクダに乗った人物が描《えが》かれている琵琶

イ　臈纈屏風《きろうけちのびょうぶ》：羊や象が描かれている屏風

ウ　紅牙撥鏤尺《こうげばちるのしゃく》：象牙で作ったものさし

エ　紺瑠璃杯《こんるりはい》：ペルシア風のガラスの器

オ　赤道式真鍮渾天儀《せきどうしきしんちゅうこんてんぎ》：中国やインドが描かれている地球儀

問5　下線部⑤について，次の問い**(1)**，**(2)**に答えなさい。

(1)　次の**ア**～**エ**は，山形県，山梨県，和歌山県，福岡県のバス路線のみを示した地図です。山形県の地図として，適当なものを，次の**ア**～**エ**から一つ選んで，記号で答えなさい。なおそれぞれの地図は，方角はいずれも北が上となっていますが，縮尺は同じではありません。

ア

イ

ウ

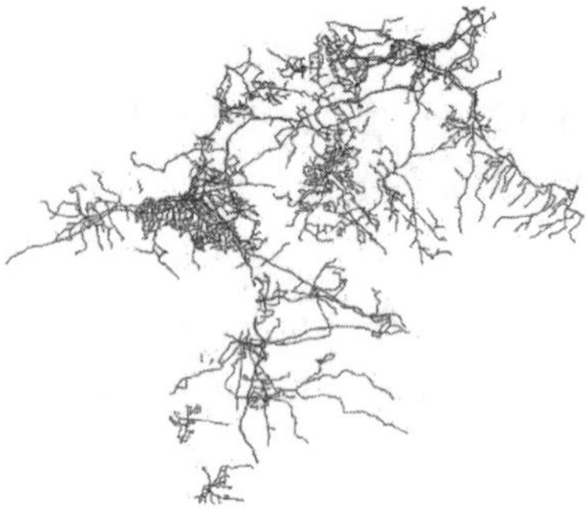

エ

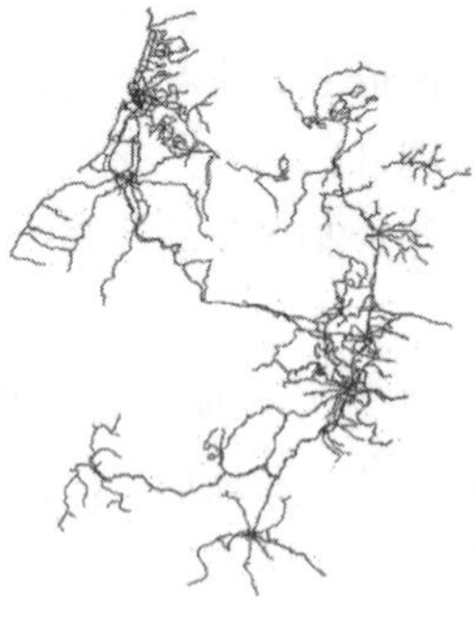

国土交通省資料より作成

(2)　次の**図2**は京都府のバス路線のみを記した地図で，**図3**は京都府境と標高200m以上の地域を表した地図です。これらの図をみると，バス路線の密度は地域によって大きな差があることが分かります。バス路線が少ないのはどのような地域ですか。図を参考にして，考えられることを**二つ**説明しなさい。

図2

図3

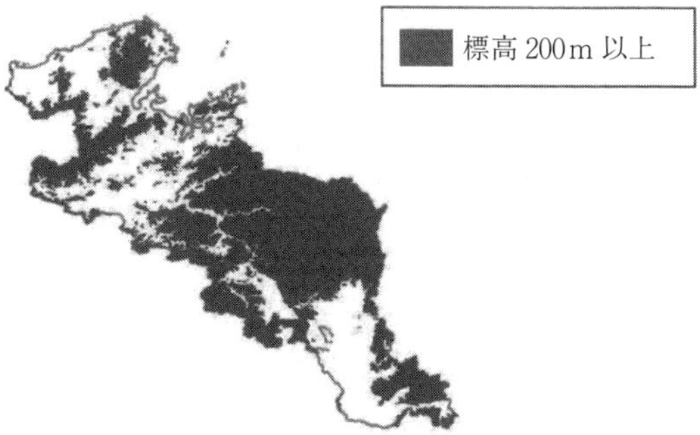

問6　下線部⑥について，江戸時代の改暦は，西洋の科学技術の影響を受けています。このような科学技術の導入について述べた文として，**適当でないもの**を，次の**ア**～**エ**から一つ選んで，記号で答えなさい。

ア　出島での貿易の際に，オランダ人によって伝えられました。

イ　長崎での貿易の際に，中国人によって伝えられました。

ウ　日本に潜入《せんにゅう》したイタリア人などの外国人宣教師によって伝えられました。

エ　漂流《ひょうりゅう》民を送り届けに来た，ロシア人によって伝えられました。

問7　下線部⑦について，次の問い**(1)**，**(2)**に答えなさい。

(1)　日本最初の元号を大化とよびます。中大兄皇子や中臣鎌足が蘇我氏を滅《ほろ》ぼし，新しい政治を行おうとして，元号を制定しました。これは天皇が人や土地だけでなく，時間を支配するという意図から導入されたものです。このとき定められた天皇を中心とする国づくりについて述べた文として，**適当でないもの**を，次の**ア**～**オ**から一つ選んで，記号で答えなさい。

ア　豪族の私有地を廃止して，公地公民制を定めました。

イ　国・郡などの地方の行政組織をととのえました。

ウ　戸籍により人民を支配し，班田収授法を定めました。

エ　年令や性別に基づいて税をかける，新しい税制度を定めました。

オ　碁盤の目状に区画整理された大規模な都がつくられました。

(2)　2019年に元号が平成から令和に変わりました。元号が変更《へんこう》されても，変わらず徴収《ちょうしゅう》されている税として消費税があります。平成に導入されて以降の消費税の変化について述べている文として，適当なものを，次の**ア**～**オ**から一つ選んで，記号で答えなさい。

ア　竹下内閣は，１％の消費税を平成元年に導入しました。

イ　中曽根内閣は，３％の消費税を平成元年に導入しました。

ウ　橋本内閣は，３％から５％への消費税増税を実施《じっし》しました。

エ　小泉内閣は，５％から８％への消費税増税を実施しました。

オ　菅内閣は，８％から10％への消費税増税を実施しました。

問8　下線部⑧について，明治期の出来事である**ア**～**オ**を，年号の古い順に並べ替えなさい。

ア　大日本帝国憲法の発布　　**イ**　西南戦争　　**ウ**　下関条約締結《ていけつ》

エ　立憲改進党結成　　**オ**　ノルマントン号事件

問9　下線部⑨について，次の問い**(1)**，**(2)**に答えなさい。

(1) 西洋化の進展には，開港と貿易のつながりはかかせません。1859年に横浜の港が開港され，本格的な貿易が始まります。横浜の開港以前に欧米諸国へ開港されていた港として，**適当でないもの**を，次の**ア**～**エ**から一つ選んで，記号で答えなさい。

ア 下田　　**イ** 長崎

ウ 函館(箱館)　　**エ** 名古屋

(2) 横浜は早くから開港されたことで，西洋化が進んでいました。次のうち，横浜が日本発《はっ》祥《しょう》のものとして，**適当でないもの**を，次の**ア**～**オ**から一つ選んで，記号で答えなさい。

ア 日刊新聞　　**イ** ガス灯　　**ウ** アイスクリーム

エ ホテル　　**オ** 郵便

問10 下線部⑩について，日本各地で行われている祭事やイベントとしての「祭り」には，さまざまな由来があります。次の**図4**，**図5**で示されている祭りや催しの由来として，最も適当なものを，次の**ア**～**エ**からそれぞれ一つずつ選んで，記号で答えなさい。

図4

秋田県　「竿灯祭り」
開催時期：例年8月3日～6日
秋田市HPより作成

図5

京都府　「五山の送り火」
開催時期：例年8月16日
京都市観光協会HPより作成

ア 祭りが開催されている場所における，豊かな自然を象徴する風物詩に由来します。

イ 日本特有の，祖先の霊をまつる夏の年中行事に由来します。

ウ 夏の疲《つか》れや眠気《ねむけ》を追い払ったり，稲の成長を願ったりする「眠り流し」などの，農村の行事に由来します。

エ 祭りの開催地に外国からもたらされた文化や，その場所に多く生活する民族の習慣を尊重したことに由来します。

問11 下線部⑪について，次の問い(**1**)，(**2**)に答えなさい。

(1) 鶴岡八幡宮のある鎌倉には，鎌倉五山とよばれる臨済宗の寺々があります。鎌倉五山の説明として，**適当でないもの**を，次の**ア**～**エ**から一つ選んで，記号で答えなさい。

ア 蘭渓道隆《らんけいどうりゅう》は，南宋の臨済僧《そう》で，13世紀の半ばに来日しました。北条時頼《ときより》の帰依《きえ》を受け，鎌倉に建長寺を開きました。

イ 無学祖元《むがくそげん》は，南宋の臨済僧で，13世紀の後半に北条時宗の招きで来日しました。13世紀後半に鎌倉に円覚寺を開きました。

ウ 一山一寧《いっさんいちねい》は，元の臨済僧で，13世紀末に来日しました。建長寺住持に迎えられ，五山文学の素地をつくりました。

エ 夢窓疎石《むそうそせき》は，後醍醐天皇や足利尊氏が帰依した臨済僧で，天龍寺の開山となりました。

(2) サレジオ学院の中学2年生は，校外学習の一環《いっかん》として，鎌倉での現地調査を行いました。

次の文章は，生徒**A**～生徒**C**の生徒たちが行った調査研究の成果をまとめたものの一部で，**図6**の地図中の●，▲，◆の記号は，いずれかの生徒たちの調査が行われた場所を示しています。生徒**A**～生徒**C**の文章と，調査地の記号の組合わせとして，適当なものを，下の**ア**～**カ**から一つ選んで，記号で答えなさい。なお，地図中の等高線は5mと，10m以上は10mごとに表示しており，生徒**A**～生徒**C**の地図の範囲外で行われた調査の場所は示していません。

生徒**A**：鎌倉には主に2つの漁業の拠点《きょてん》がある。それぞれの地区の漁業に違《ちが》いがあり，それに伴って付近の商店の水産加工食品にも違いが生じると考えた。私の仮説は，それぞれの地区の魚種別漁獲《ぎょかく》量の割合がそのまま付近の商店で売られている加工食品の種類に反映される，ということだ。

生徒**B**：名越《なごえ》切通が観光地になっていることから，切通しの道は，整備されているのではないかと考えた。切通しというと誰《だれ》もが山登りのような辛《つら》い道のりを思い浮《う》かべてしまうので，道を整備して歩きやすくしているのではないかと考えた。

生徒**C**：調査では午前10時頃と午後12時30分に分けて商店街を歩き，落ちているゴミの場所をメモし，観光客のマナーを見て回った。その結果，観光客は少し食べ歩きをしている人がいたものの，午前10時と午後12時30分のどちらもゴミはほぼなく，たばこの吸い殻《がら》も見当たらなかった。

図6

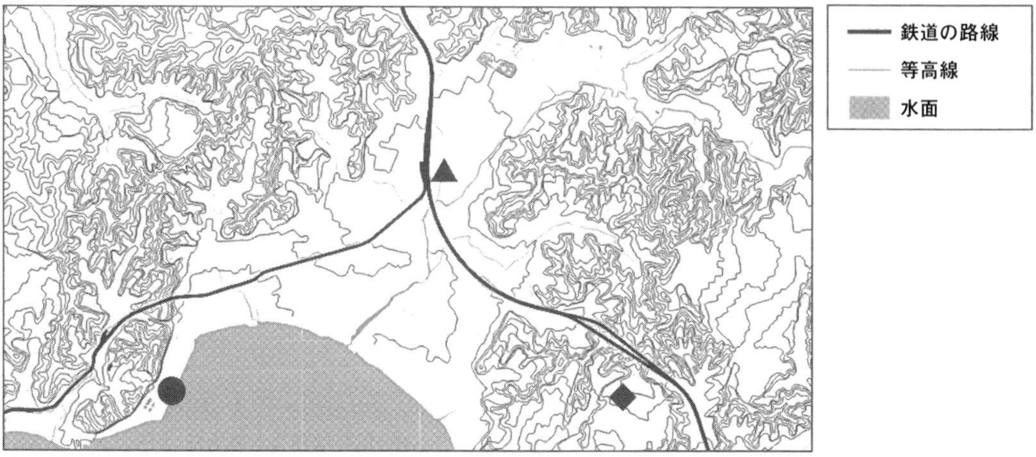

	生徒A	生徒B	生徒C
ア	●	▲	◆
イ	●	◆	▲
ウ	▲	●	◆
エ	▲	◆	●
オ	◆	●	▲
カ	◆	▲	●

問12　下線部⑫について，次の問い(**1**)～(**3**)に答えなさい。

(**1**)　長野県は，氷河時代，ナウマン象の狩猟を行った場所と考えられています。この時代に使用されていた道具として，適当なものを，次の**ア**～**オ**から一つ選んで，記号で答えなさい。

ア　弓矢　　　　**イ**　土器　　**ウ**　ナイフ形石器
エ　たてぎね　　**オ**　土偶

(2)　次の**A**～**C**の雨温図は，長野県の松本市，横浜市，高松市のものです。その組合わせとして，適当なものを，下の**ア**～**カ**から一つ選んで，記号で答えなさい。

A

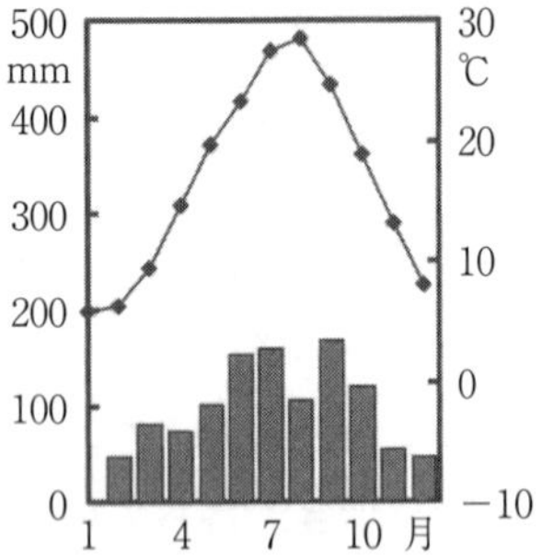

平均気温：16.7℃
年降水量：1150.1mm

B

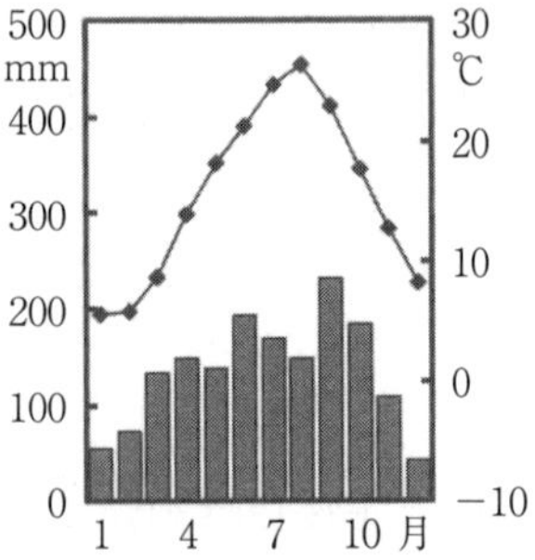

平均気温：15.5℃
年降水量：1622.5mm

C

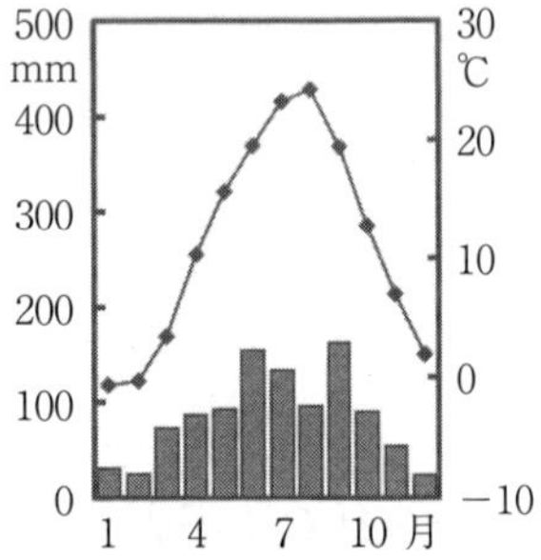

平均気温：11.5℃
年降水量：1018.5mm

ア　**A**…松本市・**B**…横浜市・**C**…高松市
イ　**A**…松本市・**B**…高松市・**C**…横浜市
ウ　**A**…横浜市・**B**…松本市・**C**…高松市
エ　**A**…横浜市・**B**…高松市・**C**…松本市
オ　**A**…高松市・**B**…横浜市・**C**…松本市
カ　**A**…高松市・**B**…松本市・**C**…横浜市

(3)　次の表**ア**～**エ**は，長野県でも生産がさかんなカーネーション，レタス，ブドウ，リンゴについて，東京都の市場における取引数量が多い上位３県の年間取引数量と，年間で取引数量が最も多い月を示しています。この表の中で，レタスにあてはまるものとして，適当なものを，**ア**～**エ**から一つ選んで，記号で答えなさい。

ア

県	年間取引数量（kgまたは本）	取引数量が最も多い月
青森	44,945,071	3月
長野	6,177,791	10月
山形	4,134,489	11月

イ

県	年間取引数量（kgまたは本）	取引数量が最も多い月
長野	11,799,720	7月
千葉	9,454,798	5月
愛知	5,710,228	5月

ウ

県	年間取引数量（kgまたは本）	取引数量が最も多い月
長野	28,336,519	8月
茨城	17,664,148	4月
静岡	8,306,219	12月

エ

県	年間取引数量（kgまたは本）	取引数量が最も多い月
山梨	5,988,246	8月
長野	3,429,020	9月
山形	1,876,303	8月

東京都中央卸売市場　統計より作成

問13　下線部⑬について，日本でサクラの花見の文化が始まったのは，今から約1200年ほど前からだそうです。当時の時代の出来事として，最も適当なものを，次の**ア**～**エ**から一つ選んで，記号で答えなさい。

ア　天武天皇が，内乱に勝利し即位《そくい》しました。

イ　桓武天皇が，現在の京都府に遷都《せんと》しました。

ウ　後鳥羽上皇は，幕府との戦いに敗れ，島に流されました。

エ　アメリカ合衆国の首都に，サクラの苗木《なえぎ》が贈《おく》られました。

問14　下線部⑭について，次の地図**ア**～**エ**は，スキー場，キャンプ場，ゴルフ場，牧場のいずれかを，地形図で表示したものです。スキー場の特徴をよくあらわしている地形図として，最も適当なものを，次の**ア**～**エ**から一つ選んで，記号で答えなさい。なお，地形図の縮尺はいずれも同じで，等高線は10mおきに引かれており，本来地図に表示されている地名などの注記は，表示されていません。

ア

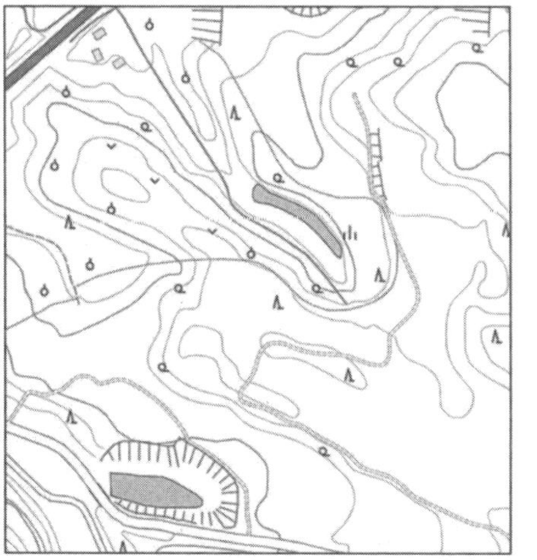

イ

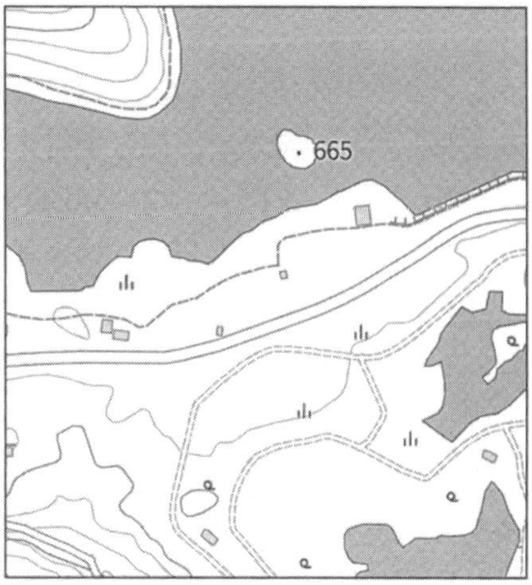

ウ

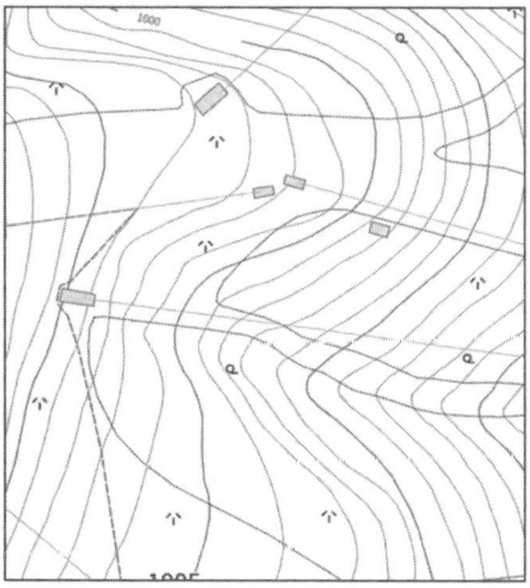

エ

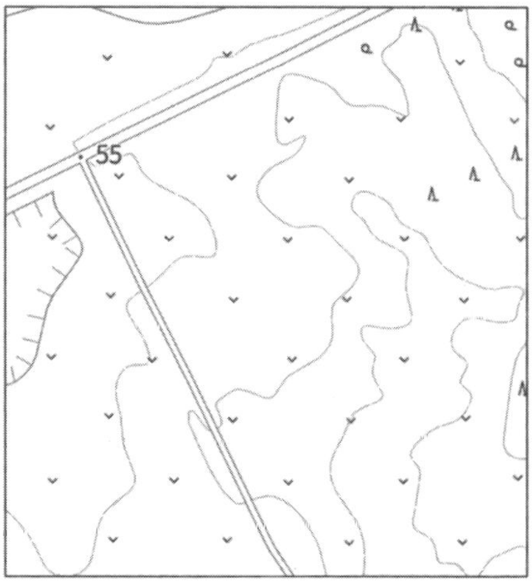

問15　下線部⑮について，次の**図7**は，ある先生が持っていた昨年８月のカレンダーの一部です。これをみて，あとの問い(**1**)～(**4**)に答えなさい。

図7

8月

SUN	MON	TUE	(**A**)	(**B**)	(**C**)	SAT
8 先勝 山の日	9 友引 振替休日	10 先負	11 仏滅	12 (**D**)	13 赤口 ← **E** 学校閉鎖日	14 先勝 （→）
15 友引 ← **F** 里帰り	16 先負 →	17 仏滅	18 (**D**)	19 赤口	20 先勝	21 友引

(**1**) カレンダー内の空らん(**A**)～(**C**)に適する語句として，適当なものを，次の**ア**～**ウ**からそれぞれ一つずつ選んで，記号で答えなさい。

ア THU　**イ** FRI　**ウ** WED

(**2**) カレンダー内の空らん(**D**)には，運勢などを占う暦注の一つである，六曜《ろくよう》のうちの一つが入ります。この曜は，最も縁起《えんぎ》が良い日とされ，現代でも，結婚《けっこん》式の日取りや家の着工などにも影響を与えています。これを**漢字で**答えなさい。

(**3**) 下線部**E**は，サレジオ学院では学校閉鎖《へいさ》日で，学校に登校したり部活動などを行うことが禁止されている期間です。その理由は，お盆《ぼん》とよばれる祖先の霊を祀る時期で，多くの企業《きぎょう》でも，年末年始，ゴールデンウィークと並ぶ連休とされているからです。お盆について述べた文として，最も**適当でないもの**を，次の**ア**～**エ**から一つ選んで，記号で答えなさい。

ア 先祖の霊を送るため，北海道の特産物として有名な野菜を，牛に見立てて供えることが多いです。

イ 先祖を供養するための独特な踊《おど》りも各地にみられ，阿波踊りもその一つです。

ウ 先祖の霊を迎えるため，宮崎県や群馬県の特産物として有名な野菜を，馬に見立てて供えることが多いです。

エ お盆は帰省や旅行に行く人も多いですが，近年では，混雑緩和《かんわ》のため時期をずらして休みを取得できる企業も見受けられます。

(**4**) 下線部**F**は，この先生が，広島県の実家に里帰りをした期間です。先生は，里帰り中，農作業の手伝いをしました。その農作業の内容として，最も適当なものを，次の**ア**～**エ**から一つ選んで，記号で答えなさい。

ア 水の管理をしながら，田んぼに生えてきた雑草を取り除きました。

イ 田んぼの土をひっくり返して，田起こしをしました。

ウ 稲から籾《もみ》をはずして脱穀《だっこく》したり，殻付きのまま籾摺《もみす》りをしました。

エ 間隔《かんかく》や深さに注意しながら，苗代《なわしろ》で成長した稲を，田んぼに植えました。

問16 下線部⑯について，次の問い(**1**)，(**2**)に答えなさい。

(1) 昨年の10月は，衆議院議員選挙が行われました。衆議院について述べた文として，**適当でないもの**を，次の**ア**～**エ**から一つ選んで，記号で答えなさい。

ア 衆議院議員の任期は６年で，選挙の度に半数が改選されます。

イ 衆議院議員選挙では，選挙区の候補者への投票とともに，比例代表の政党名を投票します。

ウ 衆議院議員選挙の際は，最高裁判所裁判官の国民審査も同時に行われます。

エ 衆議院議員選挙に投票することができる条件は，日本国民で満18歳以上であることです。

(2) 昨年10月に行われた衆議院選挙について述べた文章について，文章中の空らん(**A**)，(**B**)に当てはまる語句や人名を，**漢字で**答えなさい。なお，人物名は，フルネームで答えなさい。

昨年のこの選挙は，10月14日に衆議院が解散したことにより，行われた選挙でした。衆議院が解散し選挙が行われると，選挙後30日以内に必ず(**A**)が開催されます。(**A**)では，議院の手続きの他，内閣総理大臣を指名するための選挙が，国会議員によって行われます。昨年行われた(**A**)では，(**B**)が指名され，総理大臣になりました。

問17 下線部⑰について，次の問い(**1**)～(**3**)に答えなさい。

(1) 昨年，スポーツの一大イベントであるオリンピックが東京で開催されました。東京での開催は，1940年に予定されていましたが，日本は1938年に返上しました。返上のきっかけとなった出来事として，最も適当なものを，次の**ア**～**エ**から一つ選んで，記号で答えなさい。

ア 世界恐慌《きょうこう》 **イ** 日中戦争 **ウ** 日独伊三国同盟 **エ** 真珠湾《しんじゅわん》攻撃

(2) 次の**図８**は，いくつかのオリンピックの，金メダル獲得個数の上位３か国を表で表したものです。表中の空らん(**A**)，(**B**)に入る国の説明として，適当なものを，下の**ア**～**オ**からそれぞれ一つずつ選んで，記号で答えなさい。

図８
オリンピックの金メダル獲得個数上位国

開催年	1972	1988	2004	2021
開催地	ミュンヘン	ソウル	アテネ	日本
回	20	24	28	32
１位・個数	(**A**)(50)	(**A**)(55)	アメリカ合衆国(36)	アメリカ合衆国(39)
２位・個数	アメリカ合衆国(33)	東ドイツ(37)	(**B**)(32)	(**B**)(38)
３位・個数	東ドイツ(20)	アメリカ合衆国(36)	ロシア(27)	日本(27)

ア 第二次世界大戦後，半島が分断され形成されたこの国は，1960年代後半から高い経済成長をみせ，現在ではこの国の映画やドラマが日本の社会現象にもなることがあります。

イ 世界６位の広い国土をもっていますが，その40％近くは砂漠《さばく》で住むことができないこの国は，日本との経済的関係も深く，2015年にFTAが発効しました。

ウ 世界で最も人口が多いこの国は，国の中に少数民族による自治区があり，経済格差の問題や独立問題などを抱《かか》えています。

エ 第二次世界大戦後，分断されたことで社会主義国家として建国されたこの国は，社会主義国家の中では経済成長の度合いも高かったですが，国民の民主化要求が強まり，

1990年に再統一されました。

オ　長い期間，冷戦構造の盟主となっていた国ですが，社会主義の行き詰《づ》まりもあり，1991年に軍事クーデターが起こり，崩壊《ほうかい》しました。

(3)　次の文章は，**図8**に挙げたオリンピックでの出来事と，当時の社会的ニュースを述べたものです。**ア**～**エ**の文章を，年代の古い順に並べ替えなさい。

ア　近代夏季オリンピック第1回の開催地でもあった都市で開催されたオリンピックで，前回大会後に結婚し苗字《みょうじ》が変わった女子柔道《じゅうどう》選手の金メダル獲得や，マラソンやレスリングなど，日本は女性選手の活躍《かつやく》が目立ちました。

イ　日本に次いでアジアでの2度目の開催となったオリンピックで，陸上競技男子100mで優勝したカナダ選手のドーピング問題は，世界的に大きな衝撃《しょうげき》を与えました。

ウ　世界的な感染症が懸念《けねん》される中，開催されたオリンピックで，日本は金メダル個数，メダル総数ともに過去最高の成績でした。

エ　外国アスリート選手がテロに巻き込まれるという事件が起こったオリンピックで，日本は，男子体操や男子バレーボールで金メダルを獲得し，お家芸とよばれるようになりました。

問18　下線部⑱について，次の文章を読んで，あとの問い**(1)**，**(2)**に答えなさい。

ある牧場に5人の牧夫がいます。牧夫はみなそれぞれ10頭の羊を飼っています。羊は1頭10万円の価値があり，牧夫は羊を売って生活しています。牧夫はみな，羊を1頭売ると，1頭を新たに飼う，ということを繰《く》り返しています。なぜなら，もし，羊の数が増えると，餌《えさ》になる牧草が減ってしまい羊が痩《や》せてしまうので，1頭10万円の価値がなくなってしまうからです。例えば，もし羊の数が1頭増えるごとに，羊の価値は5000円ずつ下がってしまいます。

そこで，ある一人の牧夫が，自分の稼《かせ》ぎを増やしたいと思って，自分の飼育する羊を2頭，増やしました。すると，この牧夫の財産(羊を全て売った場合の金額)は(　**A**　)万円になります。この牧場全体の財産は，もともとは50頭の羊がいたので，500万円でしたが，牧夫が羊を増やしたことで，(　**B**　)万円になります。

(1)　文章中の空らん(**A**)，(**B**)に適する数字を参考にして，この文章の要旨《ようし》を考えた場合，最も適当なものを，次の**ア**～**エ**から一つ選んで，記号で答えなさい。

ア　自分の財産を増やそうとしたことは，結果的に成功しましたが，牧場全体の利益を損ねることになってしまいます。

イ　自分の財産を増やそうとしたことが，結果的には失敗し，牧場全体の利益も損ねることになってしまいます。

ウ　自分の財産を増やそうとしたことは，結果的には成功し，牧場全体の利益が上がることにつながりました。

エ　自分の財産を増やそうとしたことが，結果的には失敗しましたが，牧場全体の利益は上げることにつながりました。

(2)　この文章に登場する，ある牧夫の行動を表す四字熟語として，最も適当なものを，次の**ア**～**オ**から一つ選んで，記号で答えなさい。

ア　傍若無人《ぼうじゃくぶじん》　　**イ**　呉越同舟《ごえつどうしゅう》　　**ウ**　共存共栄

エ　公平無私　　**オ**　我田引水

問19　下線部⑲について，次の問い(**1**)～(**3**)に答えなさい。

(**1**)　グローバル化へ踏み出すためには，世界を知り，また日本を知る必要があります。私たちが普段身に着けている衣服にも，世界の地域では伝統的な文化が反映されているものがあります。次の衣服の中から，イスラム教徒の女性が身に着けている衣服として，最も適当なものを，次の**ア**～**エ**から一つ選んで，記号で答えなさい。

ア　　**イ**　　**ウ**　　**エ**

小峰書店　国際理解に役立つ世界の衣食住　より作成

(**2**)　日本において歴史的につくられてきた文化は，現在でもさまざまな形で社会と関わり合っています。そのことについて説明した次の文について，**適当でないもの**を，次の**ア**～**エ**から一つ選んで，記号で答えなさい。

ア　皇族の宮中の儀式《ぎしき》においては，十二単など鎌倉時代に成立した貴族の装束が，現在でも着用されることがあります。

イ　さまざまな地域の食材が時期や場所を問わず手に入る現在でも，和食では地域に根ざした食材や旬《しゅん》の食材が好んで用いられています。

ウ　聖徳太子が定めた十七条の憲法には役人や豪族《ごうぞく》の心構えが記され，和や礼を尊重することは，現代社会の人づきあいでも重要なことです。

エ　木造建築は日本の高温多湿《たしつ》な気候にも適することから，特に戸建て住宅を中心に，現在も建材として木材が利用されています。

(**3**)　国際連合は，さまざまなテーマについて国際社会の関心を高めるために，国連デーという記念日を定めています。国連デーには，**資料1**にあげられたテーマのほか，私たちの生活にとっても身近な「食」や「住居」についての記念日もあります。下の**図9**，**図10**は，その一部を表にしたものです。

資料1

国連デー

特定の日，または一年間を通じて，平和と安全，開発，人権 / 人道の問題など，ひとつの特定のテーマを設定し，国際社会の関心を喚起し，取り組みを促すため制定します。

図9

「食」にかかわる国連デー

日にち	名称
2月10日	世界豆デー
5月2日	世界まぐろデー
5月21日	国際お茶の日
6月7日	世界食の安全デー
6月18日	持続可能な食文化の日
10月16日	世界食料デー

図10

「住居」にかかわる国連デー

日にち	名称
2月13日	世界ラジオ・デー
6月3日	世界自転車デー
11月19日	世界トイレ・デー
11月21日	世界テレビ・デー

国連広報センターHPより作成

これらの記念日は，テーマの食料や品物・設備の普及《ふきゅう》にかかわることだけでなく，それぞれが私たちの生活や社会に与えている新しい価値や可能性も踏《ふ》まえて定められています。例えば，「まぐろデー」ならばまぐろの持続可能な漁獲や漁師の雇用《こよう》について，「自転車デー」ならば自転車の手軽さやクリーンで環境にやさしい交通手段であることについて，記念日制定に当たって意識されています。

これらのことと**資料1**，**図9**，**図10**を踏まえて，新しく「衣服」にかかわる国際的な記念日を定めるとしたら，どのようなものになるでしょうか。記念日の名前と，記念日に込《こ》められたあなたの考えを，それぞれ述べなさい。

【理　科】〈A試験〉（40分）〈満点：75点〉

1　電気ストーブやトースターなど熱を出す電気製品のほとんどでは，熱を発する部品として電熱線と呼ばれるものが使われています。

この電熱線の長さと断面積を変えたときにその電熱線に流れる電流がどのように変化するかを調べる実験を行いました。ただし，使用する電熱線の材質および電池はすべての実験を通して同じであるとします。

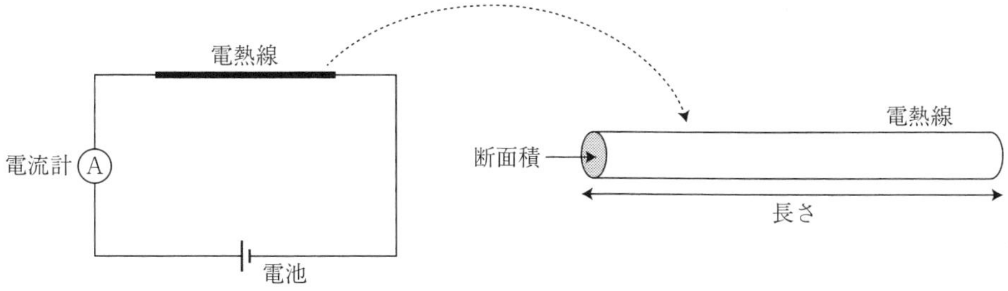

図１　電流の測定装置と電熱線の断面積，長さ

図１のように，電池と電流計を用意し，これに長さと断面積の異なるいくつかの電熱線を接続して，実験１～実験３のように電流計に流れる電流の大きさを測定しました。

実験１

断面積が0.1mm²で，長さの異なる電熱線について実験を行ったところ表１の結果を得ました。

表１

長さ(cm)	10	20	30	40	50
電流(A)	(　　)	1.5	(**ア**)	0.75	0.6

実験２

長さが100cmで，断面積の異なる電熱線について実験を行ったところ表２の結果を得ました。

表２

断面積(mm²)	0.2	0.4	0.6	0.8	1.0
電流(A)	0.6	(　　)	1.8	2.4	(**イ**)

実験３

断面積，長さの異なる３本の電熱線について同様の実験を行い，表３の結果を得ました。

表３

断面積(mm²)	0.1	(**エ**)	0.3
長さ(cm)	100	80	(**オ**)
電流(A)	(**ウ**)	1.5	0.3

あとの各問いに答えなさい。ただし，割り算が必要な場合は，分数でなく小数で答えなさい。**また，割り切れない場合のみ，小数第２位を四捨五入して小数第１位まで答えなさい。**

(1)　表１，表２の空欄(**ア**)，(**イ**)に入る適当な数値を答えなさい。

(2)　実験１，２の結果を踏まえて，表３の空欄(**ウ**)～(**オ**)に入る適当な数値を答えなさい。

実験4

図2のように，長さが100cmで，断面積の異なる2本の電熱線1，2を並列に接続し，電流計に流れる電流の大きさを測定したところ，表4の結果を得ました。

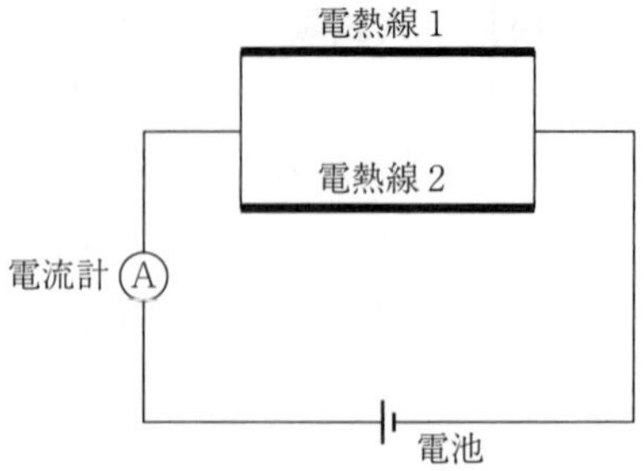

図2　2本の電熱線の並列接続

表4

電熱線1の断面積(mm^2)	0.1	0.6	0.8	0.3
電熱線2の断面積(mm^2)	0.2	0.4	0.8	0.4
電流(A)	0.9	3.0	4.8	(**カ**)

実験5

図3のように，断面積が$0.1mm^2$で，長さの異なる2本の電熱線3，4を直列に接続し，電流計に流れる電流の大きさを測定したところ，表5の結果を得ました。

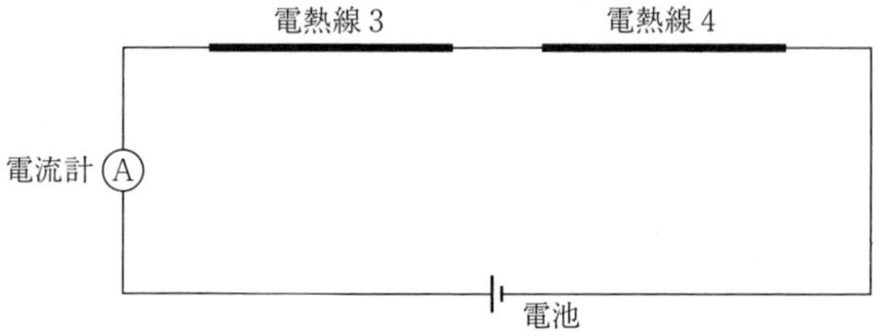

図3　2本の電熱線の直列接続

表5

電熱線3の長さ(cm)	10	50	15
電熱線4の長さ(cm)	20	50	45
電流(A)	1.0	0.3	(**キ**)

(3)　表4，表5の空欄(**カ**)，(**キ**)に入る適当な数値を答えなさい。

2　次の文を読み，あとの問いに答えなさい。**ただし，計算結果を答える際，整数で答えなさい。計算結果が割り切れない場合，小数第1位を四捨五入して整数で求めなさい。**

ボスコさんは以前，家族で旅行に行ったとき，はじめて温泉卵を食べました。温泉卵は黄身が適度に固まっていて，白身が半熟でした。その帰り道，ラーメン屋さんで食べたラーメンにはゆで卵がのっていました。そのゆで卵は白身が完全に固まっていましたが，黄身が半熟の半熟卵になっていました。とてもおいしかったのでまた食べたいと思っていましたが，今年は旅行に行けずその温泉卵や半熟卵を食べに行けませんでした。そこで，自分でつくってみようとインターネットで温泉卵と半熟卵のつくり方について調べることにしました。

【温泉卵の作り方】

①　卵を常温にもどしておく

②　なべに水を入れて火にかける

③　ふっとうしたら火を止める

④　(**あ**)お湯に水を加えて温度を調節する

⑤　卵を入れてフタをし，10～20分置いておく

⑥　水につけて冷ましたら完成

【半熟卵の作り方】

①　なべに水を入れて火にかける

②　ふっとうしたら弱火にする

③　卵をそっと入れて，7分間ゆでる

④　(い)ゆであがった卵は冷水ですぐに冷ます

※この調理方法は一例です。

(1)　文中の下線部(あ)について，温度を70℃にする必要がありましたが，ボスコさんの家には温度計がありませんでした。ふっとうしたお湯に水を何g加えればよいか調べるため，以下のような計算を行いました。ただし，1gの水を1℃上げるのに必要な熱量を1カロリーとします。

①　60℃の水50gと20℃の水30gを混ぜると何℃になりますか。

②　100℃のお湯300gに20℃の室温の水を何g加えれば70℃になりますか。

(2)　文中の下線部(い)について，冷水で冷ました後，しばらくたってゆで卵をさわってみると，冷ました直後よりも温かくなっていました。これはなぜだと考えられますか。

(3)　卵の白身は約60℃で固まり始め，約80℃で完全に固まります。また，卵の黄身は約65℃で固まり始め，約70℃で完全に固まります。このことから，半熟卵を作るときに注意しなければいけないことについて，白身と黄身の温度に着目して説明しなさい。

ボスコさんは卵について興味を持ち，他にも家でできる実験がないかさらに調べてみました。その中で，卵をお酢《す》につけて一晩置くと，カラのない透明《とうめい》な卵ができるという実験を見つけたので，早速やってみることにしました。用意した卵をお酢につけ，しばらくすると卵の周りに(う)あわが付着していました。そのまま一晩放置した後観察すると，透明な卵が出来上がっていました。

(4)　文中の下線部(う)について，ここで発生した気体と同じ気体を次の**ア**～**オ**からすべて選び，記号で答えなさい。

ア　塩酸にアルミホイルを加えると発生する気体

イ　オキシドールに大根おろしを加えると発生する気体

ウ　塩酸にチョークを加えると発生する気体

エ　水にドライアイスを加えると発生する気体

オ　虫さされの薬を加熱すると発生する刺激《しげき》のあるにおいがする気体

ボスコさんは透明な卵をもっと作りたいと考え，この実験で使ったお酢を使ってもう一度同じ実験を行ったところ，今度の卵は完全に透明になりませんでした。そこで，500gのお酢で何個の卵を透明にできるのかを知るために，100gのお酢と卵のカラの主成分である炭酸カルシウムがどれくらい反応するのかを調べました。ただし，卵のカラは，すべて炭酸カルシウムでできているものとします。

表1　100gのお酢に加えた炭酸カルシウムととけ残った炭酸カルシウムの関係

加えた炭酸カルシウム(g)	1.0	2.0	3.0	4.0	5.0	6.0	7.0	8.0
とけ残った炭酸カルシウム(g)	0	0	0	0.5	1.5	2.5	3.5	4.5

(5)　このお酢500gを使って卵を一個ずつ順に透明にしていくことを考えます。ただし，卵一個分の卵のカラは8gとします。

①　何個の卵を完全に透明にすることができますか。整数で答えなさい。

②　最後の卵ははじめと比べて何％のカラが残っていますか。もし最後の卵のカラが完全にとけきっている場合，0％と答えなさい。

(6)　もっとたくさんの卵を透明にできないかと考え，次の操作を行いました。透明にすることができる卵の数が増える場合はA，変わらない場合はB，減る場合はCと答えなさい。ただし，この操作は十分に時間をかけて行い，お酢と卵は完全に反応するものとします。

① お酢の量を増やすために水を100g加えてお酢を600gにした。

② お酢の量を増やすために同じお酢を100g加えてお酢を600gにした。

3 あとの問いに答えなさい。

(1) 昆虫のそだち方について，不完全変態のものを次の**ア**～**エ**から選びなさい。

ア オオムラサキ　**イ** ネコノミ　**ウ** ヒメカマキリ　**エ** ミノガ

(2) 昆虫の冬越しの仕方について，幼虫の形態で冬越しをするものを次の**ア**～**エ**から選びなさい。

ア ナミアゲハ　**イ** キタテハ　**ウ** オオカマキリ　**エ** オニヤンマ

ボスコさんは，地球環境に対して何か積極的に取り組むことが出来ないかと考え，夏休みの自由研究として植物を育て，光合成の研究をしたいと思いました。

光合成は葉を中心に行っているので，まず，葉の表面積を計測することにしました。

(3) 葉の形は複雑で，計算で表面積を求めることは簡単ではありません。そのため，右図のような1マス1cmの方眼紙を用意し，表面積のおおよその値を求めることにしました。

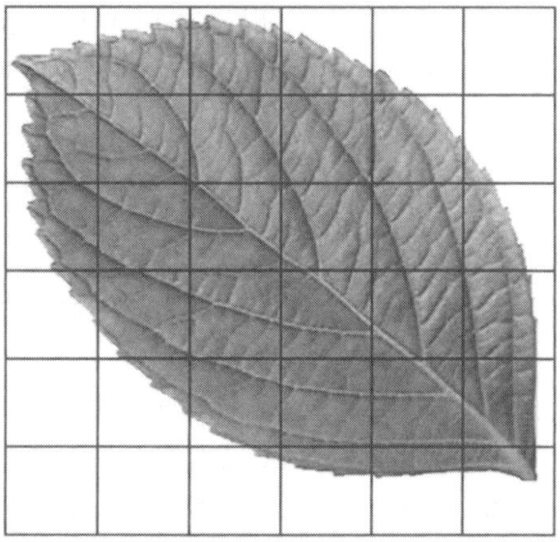

マスの一部に葉がかぶっている場合の面積を全て0.5cm^{2}として計算した時，この葉の表面積は何cm^{2}になるか計算しなさい。

続いて，葉が実際にどれくらい光合成を行っているのかを計測するために，どのような実験をすればよいかをインターネットで調べてみました。すると正確な光合成量の計測は家庭での実験では難しいということがわかり，過去の研究の歴史をもとに実験をしてみようと考えました。

(4) 葉の内部のでんぷんを見えるようにする方法としてヨウ素でんぷん反応があります。この実験に関して，あとの問いに答えなさい。

① ヨウ素でんぷん反応を用いると，でんぷんは何色に見えるかを次の**ア**～**エ**から選びなさい。

ア 赤色　**イ** 緑色　**ウ** 青紫色　**エ** 黄色

② イネ科の植物の葉にヨウ素でんぷん反応を行うと，十分に光合成を行わせても適切に葉が染まらないことが多くあります。この理由を書きなさい。

あとの問題では，1g=1000mg(ミリグラム)として計算しなさい。

(5) 1883年にドイツのザックスが考案した実験方法として，半葉法という実験方法があります。この実験方法は，1枚の葉の半分だけに十分な光を当て，もう片方には光を当てずにおいて，一定時間が経過した後の二つの部分の乾燥《かんそう》させた重さの違いを計測する方法です。この実験について，あとの問いに答えなさい。

① (3)でおおよその表面積を求めた葉を用いてこの実験を行い，2時間経過した時の光を当てた側と当てていない側の重さの差を計測したところ8.6mgでした。この値がすべて光合成によって増えたものであると考えたとき，この植物の葉は十分に光を与えたとき，1cm^{2}あたり1時間で何mg光合成によって重さが増えるでしょうか。**小数第2位を四捨五入して小**

数第１位までで答えなさい。

② この実験で得られる数値は正確ではないため，現在，光合成の研究では用いられていません。次の**ア**～**エ**の中から，正確な計測が出来ない理由として適切なものを**すべて**選びなさい。

ア 葉の光合成をしている部分がまばらであるため。

イ 道管を通って水が入り込んで重さが増えてしまうため。

ウ 気孔から水分が出て行ってしまうため。

エ 師管を通って光合成でできたものが移動していってしまうため。

(6) 1919年にドイツのワールブルグは密閉した容器の中で光合成を行わせて，検圧計という装置で発生した酸素の量を計測しました。光合成でつくられるでんぷんの量と酸素の量は正比例の関係にあるため，酸素の量を計測すればどれくらいでんぷんが増えたのかおおよその値を求めることができます。この実験に関して，あとの問いに答えなさい。ただし，呼吸による気体の量の変化は，ないものとします。

① この装置内で２時間光を十分に当てた葉がつくった酸素の量は10mLでした。酸素4.2Lに対してでんぷんは5.6g増えるとすると，この葉で１時間あたりにつくられるでんぷんの量は何mgでしょうか。**小数第２位を四捨五入して小数第１位までで答えなさい。**

② (6)の実験は長い時間実験をすることには向いていません。この理由について説明している次の文章の空らんにあてはまる語を漢字で書きなさい。

> 〔文章〕
> 密閉された容器の中での実験のため，長い時間実験を行うと，光合成の材料である______が不足してしまうため。

4 次の会話文は夏休みを目前にした，ボスコさんと先生の会話です。あとの問いに答えなさい。

先　生：ボスコさんは今年の夏休みはどのような予定がありますか？

ボスコ：感染症拡大の影響もあって，今年も旅行などは計画していません。

先　生：せっかくの夏休みなのに残念ですね。では，今年は星空の観察に挑戦してみてはどうですか？　夏にしか見えない星もありますので，それらを観察するのが良いでしょう。特に，〝夏の大三角〟とよばれる３つの明るい星がおすすめです。

ボスコ：私は星を探すのが苦手なのですが，何かコツのようなものを教えてもらえますか？

先　生：苦手意識がある人におすすめな場所は，たくさん星が見えるような暗い場所ではなく，自宅周辺のような夜でもある程度明るさがある場所です。その理由は，暗い星は見えず，明るい星しか見えないからです。

ボスコ：なるほど。では，夏の夜空で最も明るく見える星を見つけて結べば〝夏の大三角〟になりますか？

先　生：いいえ，夏の夜空には〝夏の人三角〟をつくる星と同じくらい，もしくはそれよりも明るい天体が見えることがあるので注意が必要です。

ボスコ：では，どのように〝夏の大三角〟をつくる星を探せば良いのですか？

先　生：星座早見は知っていますか？　このような道具です(図１)。２枚の板を重ねて，その中心(図１の**X**)でとめて回せるようなしくみになっています。上の板には時刻が，下の板には日付が記されていて，観察したい日時の星空をあらかじめ知ることができます。例えば8月のある日時の星空は図1のようになり，〝夏の大三角〟をつくる星(図1の**A**～**C**)はこのような位置に見えます。それと〝夏の大三角〟には天の川が通っていることもよく知られています。

ボスコ：他には，どんな星が夏には見られるのでしょうか。

先　生：夏の夜，南の空に観察できるさそり座もおすすめです。特にさそりの心臓ともいわれる赤い色をした一等星である(**あ**)が有名です。

ボスコ：ありがとうございます。もしかしたら冬休みもあまり遠出ができないかもしれません。なので，もしよかったら冬に見られる星も教えてもらえますか？

先　生：冬の夜空にも〝冬の大三角〟とよばれる3つの星が観察されます。それぞれオリオン座の(**い**)，おおいぬ座の(**う**)，こいぬ座の(**え**)がそうです。

ボスコ：ありがとうございます。それまでにしっかりと星空の観察に慣れるように頑張ってみます。

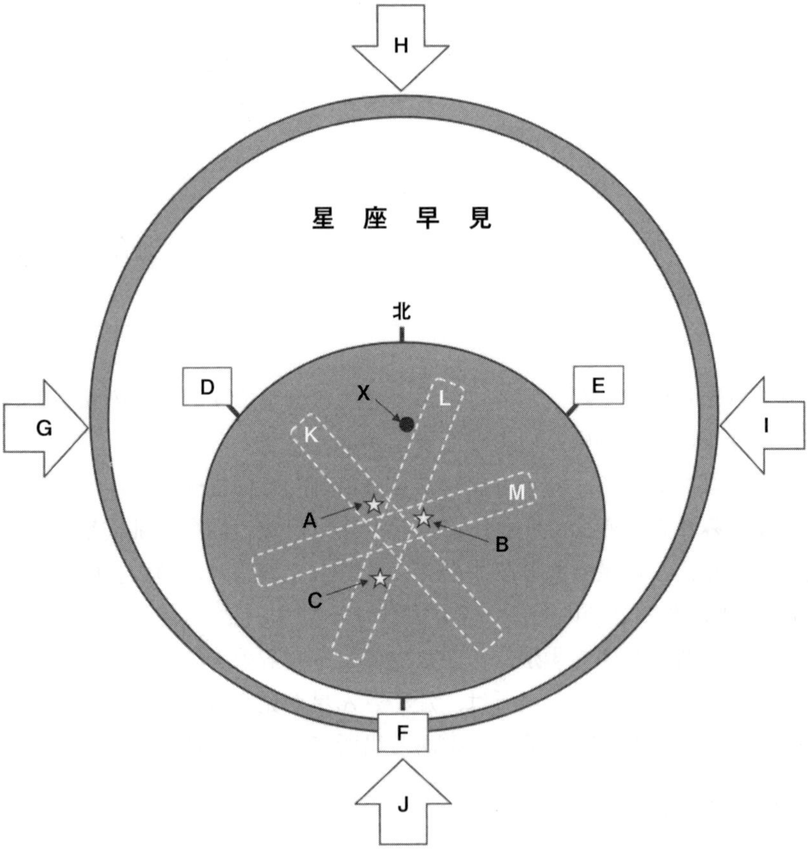

図1

(1)　会話文中の波線部にあたる天体を，月以外に1つ挙げなさい。なお，人工的な天体は除くこととします。

(2)　星座早見の中心(図1の**X**)には何という星が見られますか。漢字で記しなさい。

(3)　図1の**A**～**C**の星の名称を，それぞれカタカナで答えなさい。

(4)　図1の日時に，北の空および東の空を観察するときに，星座早見のどの位置を手元側(下側)

にしてもつ必要がありますか。図1中の**G**～**J**からそれぞれ選び，記号で答えなさい。なお図1中の**D**～**F**は東・西・南のいずれかの方角を示します。

(5) 以下の文中の(**a**)に当てはまる言葉は，文の次に記された**ア**と**イ**のどちらですか。正しいものを選び，記号で答えなさい。また(**b**)に入る数字を答えなさい。

〔文〕
図1の日時の2時間後に観察できる星空を知るためには，星座早見の下の板を(**a**)に(**b**)度回転させます。

ア 時計回り　**イ** 反時計回り

(6) 天の川が観察される位置を図1の**K**～**M**から一つ選び，記号で答えなさい。

(7) 日本では古来から〝夏の大三角〟をつくる星のうち，天の川をはさむ2つの星を織姫星と彦星とよんでいます。七夕祭りが有名で，織姫星と彦星に由来する名称をもつプロサッカーチームがある東北地方の都市はどこですか。次の**ア**～**オ**から最も適当なものを一つ選び，記号で答えなさい。

ア 盛岡市　**イ** 秋田市　**ウ** 仙台市　**エ** 福島市　**オ** 郡山市

(8) 会話文中の空らん(**あ**)～(**え**)に入る星の名前をカタカナで記しなさい。

エ　赤羽さんは、同学年の「僕」と同様、自分の落ち度を感じてすっかり落ち込んでしまっている。巌先輩は多くは語らないが、他の部員に対し寄《よ》り添《そ》う姿勢を持っている。その一方で、南条先輩は慣れない様子で精一杯「僕」をなぐさめてくれている。

部に文句を言いたいが、「僕」たちが心を込めて謝罪をしたことを受けて、すべてを許す気持ちになってくれていると、「僕」は感じている。

イ　放送部の生徒たちは謝罪したが、本当に悪いのはSNSの情報を真に受けて嫌がらせに来た人たちや近所の人たちなので、彼《かれ》らが謝罪に来ないことを苦々しく思っていると、「僕」は感じている。

ウ　店を閉めざるを得なくなった原因の一部は確実に放送部にあると思っているが、これ以上、「僕」たちを責め続けるわけにもいかないので、しぶしぶ許してくれていると、「僕」は感じている。

エ　自分よりだいぶ年下の放送部の生徒たちがきちんと謝罪をしに来てくれているのに比べて、いつまでも大人げなく怒《おこ》っている自分の姿を客観的に見て情けなく思っていると、「僕」は感じている。

問六　――線⑥「赤羽さんの顔は真っ青だ」とありますが、この時の赤羽さんの気持ちはどのようなものでしたか。その説明として、最も適切なものを一つ選び、記号で答えなさい。

ア　普段《ふだん》はまったく放送部に興味を持たないのに、こちらがミスをしたときに限って興味を示してくる生徒たちに憤りを感じている。

イ　いい加減な気持ちで放送部の仕事に参加していたことを深く反省し、これからは真面目に活動しようと気持ちを新たにしている。

ウ　森杉パン屋で行ったインタビューが深刻な事態を招いた原因は、配慮の足らなかった自分自身にもあると考え、心底驚き動揺している。

エ　今回の失敗の原因はすべて自分にあるため、他の部員や先生にまで迷惑をかけてしまったことを反省し、謝罪しようとしている。

問七　――線⑦「何よりも先に、伝えなければいけないことがある」とありますが、この箇所《かしょ》について次の問いに答えなさい。

1　「伝えなければいけないこと」の内容について、三十字以上四十字以内で説明しなさい。

2　この時の僕の気持ちを、三十字以上四十字以内で説明しなさい。

問八　――線⑧「部活が終わると、四人全員で駅へ向かった」とありますが、ここでの「僕」以外の三人の部員の状況を説明したものとして、最も適切なものを一つ選び、記号で答えなさい。

ア　「僕」と同学年の赤羽さんは、今回の一件で疲《つか》れ切ってしまっている。インタビューに関《かか》わらなかった巌先輩はやや他人事として出来事を受け止め、他の部員に対してもそっけないが、南条先輩は優しく、落ち込んでいる「僕」を精一杯《せいいっぱい》励ましてくれている。

イ　赤羽さんは、同学年の「僕」と同様、自分の行動への後悔の念を打ち消せずにいる。楽天的な巌先輩は今回の一件をあまり深く考えてはいないが、南条先輩は非常に気に病《や》んでおり、「僕」を元気づけることで同時に自分の気持ちをも立て直そうと考えている。

ウ　「僕」と同学年の赤羽さんは、すっかり疲弊《ひへい》してしまって、一人になりたがっている。巌先輩は下級生に対し気の利《き》いた言葉の一つもかけられずにおり、それを見かねた南条先輩が何とかしようと必死に「僕」に声をかけるが、空回りしてしまっている。

なくて済むと考えて、森杉パン屋を応援《おうえん》している。

ウ　インタビューを面白《おもしろ》おかしくするためにわざと話を大げさにしたと考えて、放送部の「僕」たちを批判している。

エ　放送部のせいで森杉パン屋が閉店することになったという状況《じょうきょう》をいまだに理解していない「僕」たちに呆《あき》れている。

問二　――線②「すぐには返事ができなかった」とありますが、それはなぜですか。その理由を説明したものとして、最も適切なものを一つ選び、記号で答えなさい。

ア　店が特定できる写真がネット上に上がったことで、自分たちだけでは解決できないまでに問題が発展してしまい、反省しているから。

イ　森杉パン屋という店名を、悪意を持って「盛りすぎパン屋」などと言い換えたネット上の無責任な人たちに、強い憤《いきどお》りを覚えたから。

ウ　SNSで噂になっている内容はすべて事実無根というわけではなく、心当たりのある部分もあるために、困惑《こんわく》してしまっているから。

エ　誰も聞いていないと思っていた放送部のお昼の放送が、意外な影響力《えいきょうりょく》を持っていることを知って、その責任の重さを痛感しているから。

問三　――線③「無意識に力を入れていた肩がゆっくりと下がった」とありますが、それはなぜですか。その理由を説明したものとして、最も適切なものを一つ選び、記号で答えなさい。

ア　緊張から解放された赤羽さんと南条先輩のほっとした安堵《あんど》の表情を見ることで、自分も落ち着きを取り戻《もど》すことができたから。

イ　慣れない状況に張《は》り詰《つ》めた気持ちでいたが、巌先輩のねぎらいの言葉で一段落ついたことに気づかされ、ほっとしたから。

ウ　巌先輩から厳しく叱られるだろうと思って学校に戻ったが、予想外に優《やさ》しい言葉を掛けてもらい、緊張が一気にほどけたから。

エ　パン屋の主人からひどい言葉を投げつけられると身構えていたが、思ったより冷静な対応をしてくれたことに安心したから。

問四　――線④「SNS上に『盛りすぎパン屋』なんて言葉が流れ始めると、妙な客まで店にやってくるようになったらしい」とありますが、この時点で店にやってくるようになった客の様子を説明したものとして、最も適切なものを一つ選び、記号で答えなさい。

ア　放送部のせいで、店の名前が悪意をもってSNS上で取り上げられてしまっていることを、お店の人にそれとなく伝えてあげようとしている。

イ　地元の小さなパン屋がテレビ番組の取材を受けたと勘違いをしてしまい、的外れの嫉妬《しっと》心を覚えて、お店の人に露骨《ろこつ》な嫌がらせをしている。

ウ　放送部の校内放送を聞いて、店員の話の矛盾《むじゅん》点に気がつき、店の利益のために意図的に話を盛っていると決めつけて、お店の人を責め立てている。

エ　SNSの書き込みを信じ、嘘をつくような人は何をされても仕方ないと言わんばかりに、お店の人に対して身勝手な正義感を振《ふ》りかざしている。

問五　――線⑤「言葉とは裏腹に、店長は苦いものを噛み潰したような顔をしていた」とありますが、「僕」は店長の表情から店長のどのような気持ちを読み取りましたか。その説明として、最も適切なものを一つ選び、記号で答えなさい。

ア　店の前の行列に対して苦情が来たことについても本当は放送

と、相手の言葉に違和感《いわかん》を覚えたら臆《おく》することなく事実確認を行うこと、どんな小さな疑問点も放置せず、必ず解消すべく徹底《てってい》するようみんなに再確認して、最後にこう言った。

「インタビューにしろ、ドキュメンタリーにしろ、情報を集めて、つなぎ合わせて、伝えたいことをどうやってそこに込《こ》めるか苦心することは大切だ。でもそれ以上に、その情報がどう視聴者《しちょうしゃ》に受け止められるのかも、これからはよく考えてほしい」

それから、僕らに頭を下げた。

「俺も事前にチェックをしていたのに、こんなことになってしまって申し訳ない」

僕たちは何も言えずにただ項垂《うなだ》れる。本当は全部僕たちの——僕の責任なのに。

⑧部活が終わると、四人全員で駅へ向かった。

さすがにみんな口数が少ない。すでにカーテンを閉めている森杉パン屋の前を無言で通り過ぎ、四人揃って駅の改札を抜け電車に乗る。先に上りの電車がホームに滑《すべ》り込《こ》んできた。巌先輩は「お疲れさま」といつもと変わりない言葉を残し電車に乗り込む。

間を置かずにやってきた下りの電車に三人で乗ったが、電車に揺《ゆ》られながらも後悔《こうかい》はやまない。

「……それじゃあ、私はここで」

悶々《もんもん》と考えているうちに赤羽さんが電車を降りた。電車の入り口に近い場所に立ち、おざなりに別れの挨拶《あいさつ》をしてぼんやり窓の外を見ていると、それまで黙《だま》りこくっていた南条先輩が口を開いた。

「あのさ、今回の件はあんたのせいばっかりじゃないんだから、あんまり落ち込まないでよ」

のろのろと顔を上げた僕に、南条先輩は窓の外に目を向けたまま言う。

「でも、僕が菫さんの言葉を指摘していれば……」

「まあそうだけどさ。あたしとスズは菫さんが話盛ってることに気づいてすらいなかったんだから、どっちもどっちでしょ。事前の準備が足りてなかったってことだし」

南条先輩はすっかり日の落ちた窓の外を見詰め、短く沈黙してからまた口を開いた。

「福田先生の前でちゃんと本当のこと言ったの、偉《えら》かったと思うよ。あの場で言わなければ隠《かく》し通すこともできたのに、そうしなかったんだから」

電車がゆっくりと減速する。先輩は「あたしここで降りるから」と言ってカバンを肩にかけ直した。持ち手には、相変わらずピンクと黒のお守りが揺《ゆ》れている。

電車から降りる直前、先輩がようやくこちらを見た。

「あんたのこと、見直した」

言うだけ言って電車を降り、振《ふ》り返ることもなく改札へ行ってしまった。

（青谷《あおや》真未《まみ》『水野瀬高校放送部の四つの声』〈早川書房〉による）

《注》

＊執拗に…しつこいさま。

＊虚空…大空。何もない空間。

問一 ——線①「話盛りすぎ、森杉パン屋！」とありますが、こうした発言をする生徒たちの気持ちを説明したものとして、最も適切なものを一つ選び、記号で答えなさい。

ア　客が少ないことをアピールするため、わざと大げさな話をしたパン屋に対し、ふざけた店だと小馬鹿《こばか》にしている。

イ　SNSでお店が話題になり売り上げが増えれば、閉店などし一件のリクエストもない。

それなのに、今回の件で意外なほどたくさんの人がお昼の放送に耳を傾《かたむ》けていたことがわかってしまった。反応がなくとも、僕らの声は多くの生徒に届いているのだ。

「興味がないことに対しては無反応だけど、間違いを指摘《してき》するときは素早《すばや》いってこともよくわかったよね」

そう言って、南条先輩は少し考えるように口を閉ざした。

「あたしは……インタビューするって決まったとき、単純に店のことがみんなに知れ渡《わた》ればいいと思った。今にして思うと、インタビューっていうより店の宣伝をしようとしてたんじゃないかなって思って……その点は、反省してます」

後半は巌先輩に対する報告のつもりだったのか口調が改まった。

「店のことをみんなに知ってもらいたいっていう動機自体はよかったんじゃないか。俺のクラスメイトも『あんな穴場があったなんて』って喜んでたし」

「でも、森杉パン屋さんがそれを望んでたわけじゃないんですよね。お店のキャパを考えたら、むしろお客なんて増えない方がよかったのかも」

再び沈黙が落ちる。みんなそれぞれ考えて、反省している。

僕も何か言わなくちゃ。でも、⑦何よりも先に、伝えなければいけないことがある。口の中がからからに乾《かわ》いていたが、無理やり唾《つば》を飲んで口を開いた。

「ぼ……僕、知ってました。連休中に、森杉パン屋が開いてたこと……」

言葉を発すると同時に放送室のドアが開いて、福田先生が室内に入ってきた。僕の言葉が耳に入ったのか、先生は入り口に立ったまま中に入ってこようとしない。他の三人も息を詰《つ》めて続きを待っているのがわかって、途端《とたん》に顔を上げられなくなる。目を伏《ふ》せたまま、怖気《おじけ》づきそうになる心を奮い立たせて言葉をつないだ。

「五月の連休の初日、一度だけ学校に行ったんです。教室に弁当箱を忘れて、カビが生えると困るから取ってこいって親に言われて……その時に店の前を通ったんです」

だからインタビュー中、菫さんの言葉を聞いて「あれ？」と思った。でもインタビューの最中にインタビュアーでもない自分が口を挟んでいいのかわからない。それに後に続いた菫さんの言葉は結構感動的で、できればそのまま使いたかった。

それでつい、まあいいか、と思ってしまったのだ。

連休中にパン屋が店を開けていたかどうかなんて、放送を聞いている生徒の大部分はわからない。こちらの方がインタビューとしても盛り上がるだろう。そう思ったから勝手に間違いを見逃《みのが》した。他の誰に相談することもなく。

「……あのとき、せめてインタビューが終わった後でも、菫さんに事実確認をしておけばこんなことにならなかったと思います。……すみませんでした」

先生や部員のみんなに向かって深く頭を下げ、それきり顔を上げられなくなった。みんなからどんな目で見られるのか、想像するだけで怖《こわ》くて逃《に》げ出したくなる。

じっとしていると、肩にそっと誰かの手が置かれた。恐《おそ》る恐る顔を上げると、福田先生が傍《かたわ》らに膝《ひざ》をついていた。

「わかった。ちゃんと話してくれてありがとう」

そう言って、僕の隣《となり》に腰《こし》を下ろす。

「いろいろ意見も出揃《でそろ》った頃だろうけど、顧問《こもん》として俺からもいくつか注意事項《じこう》を言っておく」

福田先生は、インタビューをする際は事前準備をしっかりと行うこ

「そうか。部長なのに一緒に行けなくて申し訳ない。それで、どうだった？　菫さんだっけ？　あのおばあちゃんと話できた？」

「いえ、応対してくれたのは菫さんの息子さんですね」

誰《だれ》が言い出すともなく部屋の中心に集まって座る。僕と赤羽さんはすっかり気が抜《ぬ》けて口を開く余力もなく、自然と南条先輩が謝罪の結果を報告する形になった。

「思ったより冷静に応対してくれました。インタビューの後、うちの生徒がお店に来てくれるようになったことは感謝してるとも言ってくれましたし」

しかし、④SNS上に『盛りすぎパン屋』なんて言葉が流れ始めると、妙《みょう》な客まで店にやってくるようになったらしい。パンを買いがてら「嘘は良くないよねぇ」なんて聞こえよがしに言ってくる者、店先で掃除《そうじ》をしている菫さんに「おたく、テレビのインタビューで嘘ついたんだって？」と凄《すご》んでくる者、夜中に店の戸に『嘘つきは泥棒《どろぼう》の始まり』なんて張り紙を張っていく者もいたそうだ。

噂が回り回って、いつの間にかテレビのインタビューに答えたのだと勘違《かんちが》いする人も現れ、ネットに写真が上がったこともあり、見ず知らずの人から＊執拗《しつよう》に攻撃《こうげき》されたらしい。

「あと、うちの生徒が店の前に並ぶのも、お店はちょっと困ってたみたいです」

店の前に列ができるなんて繁盛《はんじょう》している証拠《しょうこ》なのだからいいことのように思えたが、現実はそんなに簡単な話ではなかった。

森杉パン屋は狭いので、入りきれない生徒が外に並ぶ。だが、店の前の道もまた狭い。生徒が道をふさぐ形になって、自転車が通れないとか、お喋《しゃべ》りがうるさいとか、近所の人たちから苦情が来ていたらしい。

「店の前に並んでる生徒を通りすがりに怒鳴《どな》りつける人もいたみたいで、そういうことが続いたものだから、最近菫さんが心労で倒《たお》れてしまったらしくて……」

巌先輩が息を呑《の》む。僕らも店長からその話を聞いたときは驚《おどろ》いた。

最近、定休日以外も店を閉めていたのは菫さんが体調を崩《くず》したかららしい。けれどあまり店を閉めておくと戸口に嫌《いや》がらせじみた張り紙をする輩《やから》がいるので、たまに店長が様子を見に来ていたようだ。先日僕と会ったときは、まさに不審者《ふしんしゃ》が店の周りにいないかパトロールしている最中だったらしい。

ただただ頭を下げることしかできない僕らに、最後に店長はこう言った。

「まあ、近所からの苦情については、放送部の皆《みな》さんのせいではないんで……。もとはといえば母が大げさにものを言ったのが悪かったんですし、こうして謝罪もしていただきましたから、もう結構ですよ」

⑤言葉とは裏腹に、店長は苦いものを噛《か》み潰《つぶ》したような顔をしていた。

南条先輩の報告が終わると、放送室に沈黙《ちんもく》が落ちた。それぞれが何か考える顔で＊虚空《こくう》を見詰《みつ》める中、赤羽さんがぽつりと呟《つぶや》く。

「私、お昼の放送が学校内に流れるってこと、軽く考えてたのかもしれません」

⑥赤羽さんの顔は真っ青だ。相当疲弊《ひへい》しているらしく、両手を床《ゆか》についてなんとか上体を支えている様子だった。

「みんなそんなに真面目《まじめ》に放送を聞いてないんじゃないかって思って、事実確認を疎《おろそ》かにしました。だって、これまでは曲のリクエストを募《つの》ってもなんの反応もなかったし……」

放送部では、二学期から司書の先生にお願いして、図書室に放送部のリクエストボックスを置かせてもらっている。毎日放送の終わりに、曲のリクエストはリクエストボックスへ、と言っているのだが、未《いま》だ

「五月の連休中はうちの学校の生徒が来ないから店閉めてたって話でしょ。でも、連休中も普通《ふつう》にあの店開いてたから。俺《おれ》、部活あったから休みの間も店の前通ってんだよ」

「他の運動部にも同じようなこと言ってる奴《やつ》いたよな」

絶句する僕らの前で、二人は呆《あき》れたような顔で言う。

「いくら店の売り上げが苦しいからって、嘘《うそ》までつくのはどうよ？」

「ネットにも『盛りすぎパン屋』って上がってるし」

まさかと思いながらも慌《あわ》ててスマホを取り出す。「ＳＮＳで検索《けんさく》してみ」と伊勢に言われ、震《ふる》える指で「盛りすぎパン屋」と検索してみた。

検索結果が次々出てくる。すでに「盛りすぎパン屋」というハッシュタグが存在するらしい。「話盛りすぎ」「嘘は良くない」「おばあちゃん必死か」などの言葉が並んでいる。

中には森杉パン屋の写真まで上がっていた。道路を挟《はさ》んだ向かいの歩道から撮《と》ったのだろう。「これが噂の盛りすぎパン屋」などとコメントがついていた。店が特定できてしまうような写真までネットに上がっているなんてと目を疑う。

「これ……福田先生と先輩に言わないと」

赤羽さんが青い顔でこちらを見上げてくるが、②すぐには返事ができなかった。

話盛りすぎ。

それは、インタビュー中、僕が菫さんに対して思っていたのと全く同じことだったからだ。

放課後、放送室に集まった先輩たちと福田先生に、ＳＮＳ上に『盛りすぎパン屋』という言葉が流れていることを報告した。それから、パン屋の主人から僕が言われた言葉も。

ＳＮＳを確認した先生と先輩たちは、揃《そろ》って険しい顔だった。特に福田先生は急ぎ職員室にこの件を報告に行って、翌日にはもう臨時の全校集会が開かれた。

学校側が異例の速さで応対をしたのは、店を誹謗《ひぼう》中傷しているのがあのインタビューを聞いた者——つまりうちの生徒であることが間違《まちが》いなかったからだろう。

翌日の全校集会ではＳＮＳの利用方法についての注意喚起《かんき》と、学校周辺の特定店舗《てんぽ》をＳＮＳで誹謗中傷することがないようにと通達があった。

場合によっては名誉毀損《めいよきそん》とみなされ警察に通報される可能性もある、という言葉はインパクトがあったようで、集会が終わる頃《ころ》にはすでに森杉パン屋に関するコメントの大半が削除されていた。一番気になっていた店の写真も消えている。

放送部も、森杉パン屋へ謝罪に向かうことになった。福田先生を筆頭に、僕と赤羽さん、南条先輩の四人で店へ向かう。巌《いわお》先輩も部長として同行しようとしたが、店が狭《せま》いので五人全員は入りきらない。先輩はインタビューにも参加していないので、今回は学校で待機してもらうことになった。

店に向かう途中《とちゅう》は緊張《きんちょう》で足ががくがく震えたが、実際店に滞在《たいざい》していた時間はほんの三十分ほどだ。謝罪を済ませて学校に戻ると、放送室で巌先輩が待ってくれていた。

「お疲れさま」

僕らを出迎《でむか》えた巌先輩は何を尋《たず》ねるより先にそう言ってくれて、③無意識に力を入れていた肩《かた》がゆっくりと下がった。多分、赤羽さんや南条先輩も同じだったと思う。

「福田先生は？」

「職員室に報告に行きました。後でこっちにも来ると思います……」

記号で答えなさい。

ア　世界の人々に日本語のすばらしさや美しさをアピールしていくべきだ

イ　社会の公的な場面で英語を使用することを制限していくべきではないか

ウ　平安時代の人々にならって漢文を正式な言葉として扱っていこう

エ　世界中の人がはじめから英語だけを覚えて使えばいいじゃないか

問六　――線⑥「たとえみんなで英語だけを使うようにしても、世界中が全く同じ英語を使うようにはならないのではないかな、と思います」とありますが、筆者がそのように考えるのはなぜですか。その理由を四十字以上六十字以内で答えなさい。

問七　本文全体につける小見出しとして最も適切なものを次の中から一つ選び、記号で答えなさい。

ア　母国語の重要性

イ　方言の欠点を見直す

ウ　英語公用語化に向けて

エ　消滅の危機にある言語

四

次の文章を読んで後の問いに答えなさい。

高校一年の「僕《ぼく》」が所属する放送部では、学校の近所にある「森杉パン屋」の菫《すみれ》さんへのインタビューを行った。その録音をお昼の放送で流してからしばらくして、そのパン屋が店を閉めることになったとの噂《うわさ》が流れた。噂を聞いた「僕」が一人で確認《かくにん》に向かうと、近々店は閉まっていて菫さんはおらず、その息子《むすこ》である店主から、閉店することは事実であると告げられる。さらに「インタビューなんて、受けなければよかった」とまで言われ、「僕」は理由も分からず、混乱したまま帰宅する。以下は、その翌週の登校日での出来事である。

月曜日、重い足取りで教室に入るとすぐ赤羽《あかば》さんが僕の席までやってきた。

おはよう、と声をかけられても、すぐに返事ができなかった。金曜日に赤羽さんや南条先輩《なんじょうせんぱい》から「本当にパン屋に行ったの？」という旨《むね》のメッセージが届いていたが、それにも返信していない。そんな僕に、赤羽さんは気遣《きづか》わしげに言う。

「よかったら今日、放課後に一緒《いっしょ》に森杉パン屋さん行ってみない？　私もあの噂が本当なのか気になるし……」

「……そのことなんだけど」

迷いつつもパン屋の主人からかけられた言葉を伝えようとすると、後ろの席の伊勢《いせ》が僕らの会話に割って入ってきた。

「森杉パン屋って、あのパン屋？」

「あ、伊勢も知ってる？　学校の近くの……」

「知ってる知ってる。①話盛りすぎ、森杉パン屋！」

伊勢の笑い声が教室中に飛び散って、近くの席に座《すわ》っていた生徒もちらりとこちらを見る。僕と赤羽さんは何がおかしいのかわからず顔を見合わせた。

「……何？　話盛りすぎって」

「お昼の放送でインタビューに答えてたおばちゃんが随分《ずいぶん》話盛ってたから。みんな言ってるけど。だよな？」

伊勢が後ろの席の男子に声をかける。相手も「盛りすぎパン屋ね」と薄《うす》く笑った。

（仲島ひとみ 他『国語をめぐる冒険』〈岩波書店〉による。
なお作問の都合上一部改めた。）

《注》

＊コミュニティ…一定の地域に居住する人々の集団。

＊バリエーション…変種。

＊宗主国…植民地・属国に対して本国のこと。

＊威信…権威と信用。

＊プライベート…個人的・私的。

問一 ――線①「『母国語』つまり『母国の国語』と『母語』は似て非なる概念です」とありますが、これはどういうことですか。その説明として最も適当なものを次の中から一つ選び、記号で答えなさい。

ア　自分が国籍を持っている国の言葉である「母国語」と、幼少期より用いて最も得意な言語である「母語」は、どちらもとてもよく似た意味を持つということ。

イ　自分が国籍を持っている国の言葉である「母国語」と、幼少期より用いて最も得意な言語である「母語」は、一見似ているが実際は違う意味を持つということ。

ウ　自分が現在住んでいる国の言葉である「母国語」と、自分が会話で用いている言語である「母語」は、どちらもとてもよく似た意味を持つということ。

エ　自分が現在住んでいる国の言葉である「母国語」と、自分が会話で用いている言語である「母語」は、一見似ているが実際は違う意味を持つということ。

問二 ――線②「話者みずからがその言語を話さないことを選ぶことによって滅んでいく」とありますが、これはどういうことですか。その説明として最も適切なものを次の中から一つ選び、記号で答えなさい。

ア　母国語を使いこなすことがその国民としてふさわしいことなので、母語は使わなくなり、やがて失われるということ。

イ　母語を話すことが恥ずかしいことだと親が思い、子供たちも母語を継承しなくなることで、地域の言語も失われていくということ。

ウ　母国語を使いこなすことこそが国民の務めであり、生まれ育った場所の方言を積極的に使わないことが重要だということ。

エ　人々が生まれ育った国の言葉を大事にせず、恥ずかしいものだと思い込むことによって、文化を積極的に継承しているということ。

問三 ――線③「社会的により高い地位を持つ言語を話せた方がその人の成功につながりやすいのは確かです」とありますが、例えばどのような状況が考えられますか。その説明として最も適切なものを次の中から一つ選び、記号で答えなさい。

ア　自国よりも技術力や経済力がある国の言葉を習得して、その国で技術を学んだ方が自分の将来に期待ができるということ。

イ　日本の閉鎖社会で生きるよりも、技術力の高いアメリカに渡って研究生活を送る方が、ノーベル賞を取りやすいということ。

ウ　自国より進んだ文化を持つ国に一定期間生活してから、ふたたび自国に帰ってくれば英雄として迎えられるということ。

エ　競争力のある国の言葉も習得し、言語を自在に操ることで、活躍の場が二倍に広がり、先取りの人生が送れるということ。

問四 ――線④「しかし、英語との関係で見れば、全く安泰というわけでもありません」とありますが、それはなぜですか。その理由を三十字以内で説明しなさい。

問五 【⑤】にあてはまるものを文意を踏まえて次の中から一つ選び、

八丈《はちじょう》語、奄美語、国頭《くにがみ》語、沖縄語、宮古《みやこ》語です。とりわけ深刻な危機に面しているのがアイヌ語で、すでに話者は数名しか残っていないと言われています。

言語が消滅《しょうめつ》の危機にさらされる事情は様々です。極端な場合、戦争などで話者が殺されて滅《ほろ》んでしまうという場合もあるでしょう。あるいは、植民地として＊宗主国の言語を強制され、自分たちの言語を禁じられて継承できなくなるということもあります。しかしそのように外からの力が加わった場合だけでなく、②話者みずからがその言語を話さないことを選ぶことによって滅んでいく場合もあります。

日本でも明治以来、方言は標準語よりも低い地位に置かれ、恥《は》ずかしいものであるという意識をうえつけられてきました。特にアイヌや沖縄の人々は就職などでも厳しい差別に直面しましたので、自分の言葉を隠し標準語を話そうとする圧力がはたらいたことでしょう。

③社会的により高い地位を持つ言語を話せた方がその人の成功につながりやすいのは確かです。そのため、特に若い世代がより＊威信《いしん》の高い言語に乗り換《か》えたり、親が子どもに自分の言語を継承させなかったりすることがあります。このようにして、地方の言語が衰退《すいたい》していくことになります。

国家の言葉になっていれば、国民がみなそれを学びます。日本語は日本の国語ですし、一億人の話者を数える、世界で十指に入ろうという大言語ですから、すぐに消滅する心配はないでしょう。④しかし、英語との関係で見れば、全く安泰《あんたい》というわけでもありません。

現在、事実上の世界共通語は英語です。ビジネスでも政治でも学問でも、英語が使えなければ世界の人とわたりあっていけない。だから英語を勉強しなければだめだ、と大人にも言われるし、みなさんもそう思うでしょう。なかには、英語圏に生まれた人は何の苦労もなく身につけた言葉をそのまま使えるのに、自分は一生懸命勉強しなくてはいけないなんて不公平だ、と思う人もいるかもしれませんね。しかし現実は現実です。実際、社内の公用語を英語にする企業が出てきたり、一部の大学の講義が英語で行われたりしています。そのぶん日本語が使われる機会は減っているわけです。この流れがどんどん加速していったら、ちょうど平安時代の漢文のように、公的なことにはすべて英語が使われて、日本語は＊プライベートなおしゃべりにしか使われないという日が来るかもしれません。

ならばいっそのこと、【　⑤　】、という意見もあります。それも一理あるような気がしますね。日本でも小学校から英語を勉強するようになりました。もっと小さい頃から、国語を全部やめて英語をやるようにすれば、もっと楽に上手に話せるようになるかもしれません。でも、⑥たとえみんなで英語だけを使うようにしても、世界中が全く同じ英語を使うようにはならないのではないかな、と思います。

今も、同じ英語圏であってもイギリス英語とアメリカ英語とオーストラリア英語は発音や語彙《ごい》が異なりますし、インドやシンガポールもそれぞれに特徴的な英語が使われます。英語はもはや一つの言語と言い切れないほどのバリエーションがあります。世界に広がれば広がるほど、純粋な形を保つことは難しくなります。

でもこれは無理のないことなんですよね。自然環境が違い、社会のしくみが違い、文化や慣習が違う人たちは、違う言語を必要とするのです。それに、自分の考えや感覚にぴったりくる言葉を探し、それを親しい人と分かち合おうとする時、むしろほかの人にはわからない言葉で通じ合おうとするものです。みなさんも仲のいい友だちと、グループの中でしか通じない言い方をしたりしませんか。若者言葉を一生懸命マネしようとする大人はちょっと鬱陶《うっとう》しいと思ったりするでしょう。言語というものは、バリエーションが生まれていくことが自然なのです。

二〇二二年度 サレジオ学院中学校

【国語】〈A試験〉(五〇分)〈満点：一〇〇点〉

◎問題で字数指定のあるものは、句読点・記号も一字に数えます。

一 次の――線を引いたカタカナを漢字で書きなさい。

1 一族をシタガえて西国から移住する。
2 父のきげんをソコなう。
3 夜空にマンテンの星がかがやく。
4 彼はコウコウ息子だ。
5 彼のはげましがイップクの薬となる。
6 雨がホンブりになってきた。
7 お客さんをセッタイする。
8 彼女とはキュウチの仲だ。
9 定年前にユウタイする。
10 宇宙飛行士をシガンする。

二 次の――線を引いた漢字の読み方をひらがなで書きなさい。

1 大山鳴動
2 縦笛の練習をする。
3 初々しい新人が入社する。
4 毎日のことで食傷気味だ。
5 白々しいウソをつく。

三 次の文章を読み、後の問いに答えなさい。

さて、国家の言葉(国語)と個人の言葉(母語)は違うということはすでに見ました。

「母語」と似た言葉で、「母国語」というのを聞いたことがありますか。「母語」と同じような意味で使われることが多いのですが、ちょっと注意してほしい言葉です。①「母国語」つまり「母国の国語」と「母語」は似て非なる概念《がいねん》です。日本では母語も母国語も日本語だという人が多数派なので疑問を持たない人も多いかもしれませんが、ここはきちんと区別しておきましょう。

日本にも母語と母国語が一致しない人はたくさんいます。たとえば、小さい頃から外国に住んでいて日本語よりも現地の言葉の方が得意な人。日本で育って日本語が一番得意だけど国籍《こくせき》は外国籍という人。国籍も住んでいるのも日本だけど、日本語ではなく日本手話が第一言語であるろう者(聞こえない人)もそうです。日本のろう者が使う日本手話は、日本語とは全く異なる文法構造を持つ自然言語です。

それでは、日本国内では日本語のほかにどんな言語が話されているのでしょうか。今あげた日本手話もそうです。中国語、韓国・朝鮮語、スペイン語、ポルトガル語、ヒンディー語やタミル語、ベトナム語などを話す人たちの＊コミュニティもありますね。それから、北海道の先住民族アイヌの言葉であるアイヌ語。そして全国各地の方言。どこまでを方言(同じ言語の中の＊バリエーション)として、どこからを異なる言語とするか、その線引きには難しいところがありますが、少なくとも奄美《あまみ》や沖縄《おきなわ》の言葉などは、ほかの地域の人が聞くとほとんど全くわからない、別の言語と言ってよいものです。

ユネスコは二〇〇九年、現在六千から七千ほどある世界の言語のうち、約二五〇〇の言語が消滅の危機にあると発表しました。そのうちの八つが日本で話されている言語で、アイヌ語、八重山《やえやま》語、与那国《よなぐに》語、

2022年度

サレジオ学院中学校 ▶解説と解答

算　数　＜A試験＞（50分）＜満点：100点＞

解　答

1 (1)　13.82　(2)　61　**2** (1)　1.29km　(2)　972cm^3　(3)　2.33％　(4)　ア　66円　イ　110円　(5)　ア　17度　イ　47度　**3** (1)　$\frac{2}{3}$　(2)　5分　(3)　12本　**4** (1)　3024通り　(2)　120通り　(3)　9518　(4)　(例)　解説を参照のこと。　**5** (1)　ア　51000m^2　イ　5000　ウ　125m　(2)　およそ41000m^2

解　説

1 **四則計算，逆算**

(1)　$(0.71-0.019)\div(1.23-0.018)\times\left(25\frac{3}{10}-1\frac{3}{50}\right)=0.691\div1.212\times(25.3-1.06)=0.691\div1.212\times24.24=0.691\div\frac{1212}{1000}\times\frac{2424}{100}=0.691\times\frac{1000}{1212}\times\frac{2424}{100}=0.691\times20=13.82$

(2)　$\left\{19\frac{1}{13}-\left(\square+\frac{7}{13}\right)\times0.3\right\}\div\frac{8}{65}=5$ より，$19\frac{1}{13}-\left(\square+\frac{7}{13}\right)\times0.3=5\times\frac{8}{65}=\frac{8}{13}$，$\left(\square+\frac{7}{13}\right)\times0.3=19\frac{1}{13}-\frac{8}{13}=\frac{248}{13}-\frac{8}{13}=\frac{240}{13}$，$\square+\frac{7}{13}=\frac{240}{13}\div0.3=\frac{240}{13}\div\frac{3}{10}=\frac{240}{13}\times\frac{10}{3}=\frac{800}{13}$　よって，$\square=\frac{800}{13}-\frac{7}{13}=\frac{793}{13}=61$

2 **速さ，和差算，水の深さと体積，濃度《のうど》，消去算，角度**

(1)　電車でA駅からB駅まで行くのにかかる時間は，$3\div45=\frac{1}{15}$(時間)，つまり，$60\times\frac{1}{15}=4$(分)であり，B駅から歩いて行く方が2分早く到着《とうちゃく》できるので，右の図①のアはイよりも，$4+2=6$(分)長い。よって，A駅から公園までの道のりは，B駅から公園までの道のりよりも，$4.2\times\frac{6}{60}=0.42$(km)長いので，右の図②のように表すことができる。したがって，B駅から公園までの道のりは，$(3-0.42)\div2=1.29$(km)と求められる。

図①

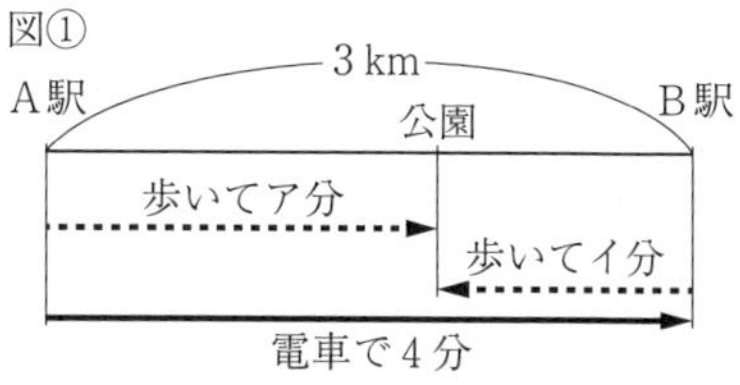

図②

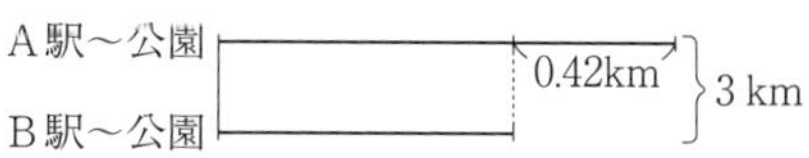

(2)　右の図③で，水が入っていない部分は直角二等辺三角形だから，アは6cm，イは，$15-6=9$(cm)である。よって，この容器をはじめの状態にもどすと，水面の高さは，$(15+9)\div2=12$(cm)になる。そして，こぼれた水の量と残った水の量の比は1：8なので，はじめの水面の高さは，$12\times\frac{8+1}{8}=13.5$(cm)とわかる。したがって，はじめに容器に入っていた水の量は，$12\times6\times13.5=972$(cm^3)と求められる。

図③

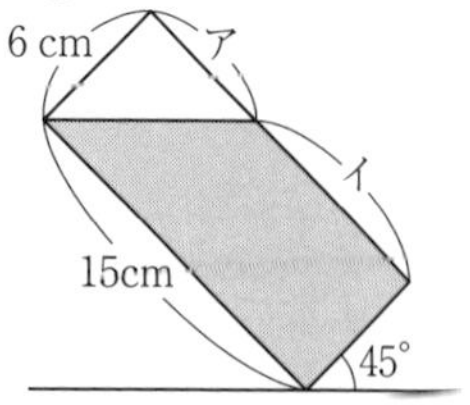

(3)　(食塩の重さ)＝(食塩水の重さ)×(濃《こ》さ)より，3％の食塩水100gに含《ふく》まれている食塩の重さは，$100\times0.03=3$(g)とわかる。また，水を加えても食塩の重さは変わらないので，水を加えて濃さが1％になった食塩水にも3gの食塩が含まれている。よって，水を加えた後の食塩水の重さ

を△ｇとすると，△×0.01＝３（ｇ）と表すことができるから，△＝３÷0.01＝300（ｇ）と求められる。つまり，加える予定だった水の重さは，300－100＝200（ｇ）なので，実際には，３％の食塩水100ｇに２％の食塩水200ｇを加えたことになる。したがって，食塩の重さは，３＋200×0.02＝７（ｇ），食塩水の重さは300ｇだから，濃さは，７÷300×100＝2.333…（％）と求められる。これは，小数第３位を四捨五入すると2.33％になる。

⑷　条件を式に表すと，右の図④のア，イのようになる。アの式の等号の両側を５倍，イの式の等号の両側を３倍してノートの数をそろえ，次に２つの式の差を求めると，えんぴつ，25－21＝４（本）の代金が，3300－3036＝264（円）とわかる。よって，えんぴつ１本の値段は，264÷４＝66（円）となり，これをアの式にあてはめると，ノート１冊の値段は，(660－66×５)÷３＝110（円）と求められる。

図④

(えんぴつ)×５＋(ノート)×３＝ 660(円)…ア
(えんぴつ)×７＋(ノート)×５＝1012(円)…イ

⬇

(えんぴつ)×25＋(ノート)×15＝3300(円)…ア×５
(えんぴつ)×21＋(ノート)×15＝3036(円)…イ×３

⑸　右の図⑤で，三角形OABは二等辺三角形だから，角OAB＝(180－128)÷２＝26（度）である。また，ＯとＣを結ぶと三角形OACは正三角形になるので，角BAC＝60－26＝34（度）とわかる。さらに，直線ADで折るから，○印をつけた角の大きさは等しくなる。よって，角x＝34÷２＝17（度）と求められる。次に，右の図⑥のようにＯとＤを結ぶと，三角形OADと三角形ODBは二等辺三角形になる。ここで，角OAD＝26＋17＝43（度）だから，角AOD＝180－43×２＝94（度）となり，角BOD＝128－94＝34（度）とわかる。したがって，角OBD＝(180－34)÷２＝73（度）なので，角y＝73－26＝47（度）と求められる。

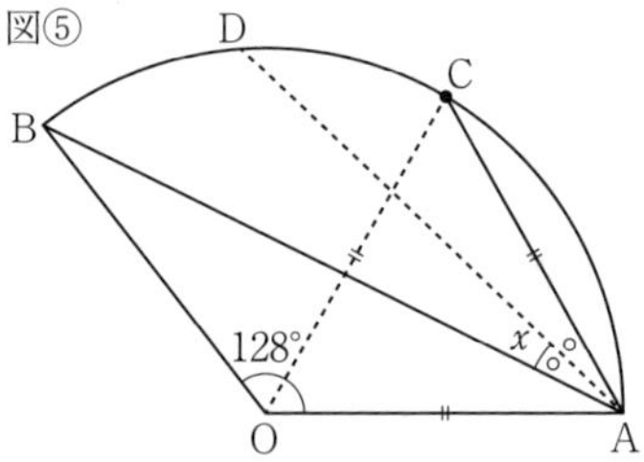

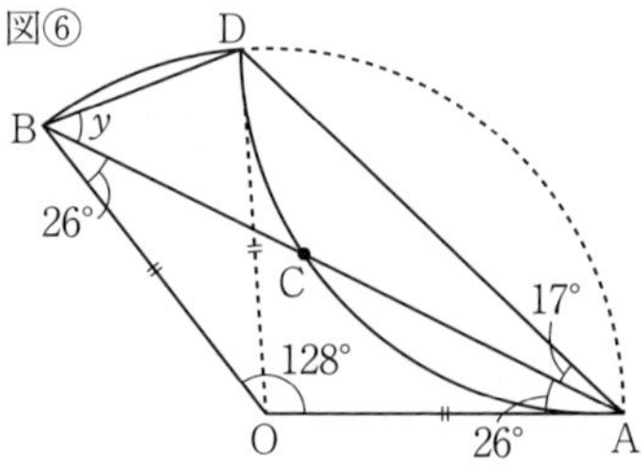

3　正比例と反比例

⑴　汲《く》みだした時間と，それぞれの水そうに残っている水の量の関係をグラフに表すと，右の図１のようになる。最初の20分と次の20分で，Ａから汲みだしたポンプの数の比は２：１なので，このとき汲みだした水の量の比も２：１である。つまり，ア：イ＝２：１である。求めるのは，「ア＋イ」に対する「ア」の割合だから，$\frac{2}{2+1}=\frac{2}{3}$となる。

図１（水量）

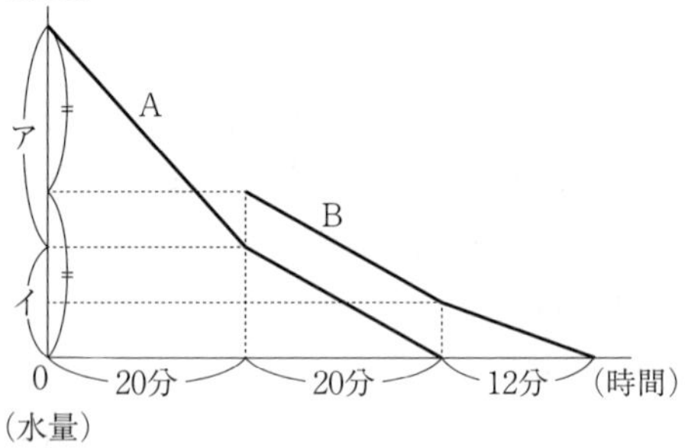

⑵　すべてのポンプを使ったときに１分間で汲みだす水の量を１とすると，ア＝１×20＝20，イ＝$\frac{1}{2}$×20＝10となる。すると，汲みだす前のＡの水の量は，20＋10＝30なので，汲みだす前のＢの水の量は，30÷２＝15とわかる。また，Ｂから20分で汲みだした水の量はイと等しく10なので，Ｂか

図２（水量）

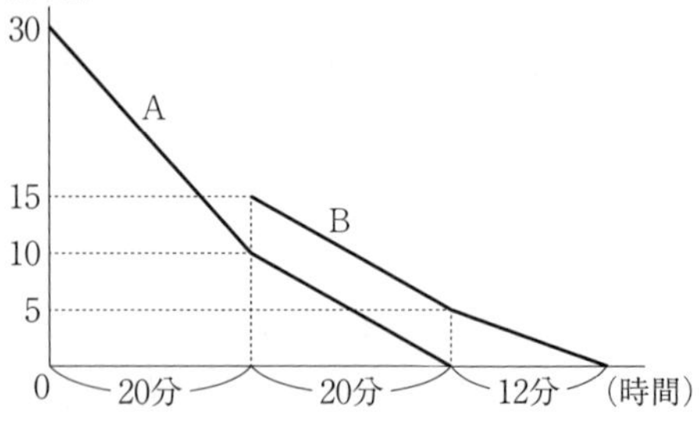

ら12分で汲みだした水の量は，15－10＝５となり，上の図２のようになる。よって，Ｂから12分で汲みだした水をすべてのポンプを使って汲みだすと，５÷１＝５(分)かかる。

(3)　(2)より，Ｂから12分で汲みだしたときに使ったポンプの数は，全体のポンプの数の，５÷12＝$\frac{5}{12}$にあたることがわかる。これが整数になるためには，全体のポンプの数は12の倍数でなければならない。よって，考えられる最も少ない本数は12本である。

4　場合の数，条件の整理

(1)　左から順に，９通り→８通り→７通り→６通りの並べ方があるから，全部で，９×８×７×６＝3024(通り)となる。

(2)　○０個，△０個だから，{1，2，3，4}のどれもが使われていないことになる。すると，使われている数字は{5，6，7，8，9}の５通りなので，考えられる並べ方は，５×４×３×２＝120(通り)にしぼられる。

(3)　２回目の結果から，並べた４枚のカードは{1，5，8，9}であることがわかる。そのうち，１回目の予想に書かれている数字は{5，8}であり，これは位置も正しいので，考えられる並べ方は，1598，9518のどちらかとなる。もし，1598だとすると，２回目の予想について○２個，△２個となり，「誤りはない」ことと合わない。一方，9518だとすると，２回目の予想について○１個，△３個となり，「誤りはない」ことと合う。よって，まさと君が最初に並べた４枚のカードは9518である。

(4)　２回目の結果から，並べた４枚のカードは{1，2，3，5}であることがわかる。また，１回目と２回目の○の数はどちらも０個なので，１の位置は左から１番目でも４番目でもないことになる。同様に考えると右の図のようになるので，考えられる並べ方は{3125，3512，5123}の３通りだけである。

1	×			×
2	×	×		
3		×	×	
5			×	

そこで，けんと君が３回目に「3125」と予想すると，正解が3125であれば○４個，△０個となり，けんと君の勝ちになる。また，正解が3512であれば○１個，△３個，正解が5123であれば○２個，△２個となるから，それに合わせて４回目の数を予想することにより，けんと君は必ず勝つことができる。同様に，けんと君が３回目に「3512」「5123」と予想した場合も，３回目か４回目で必ず勝つことができる。

5　平面図形―面積，相似

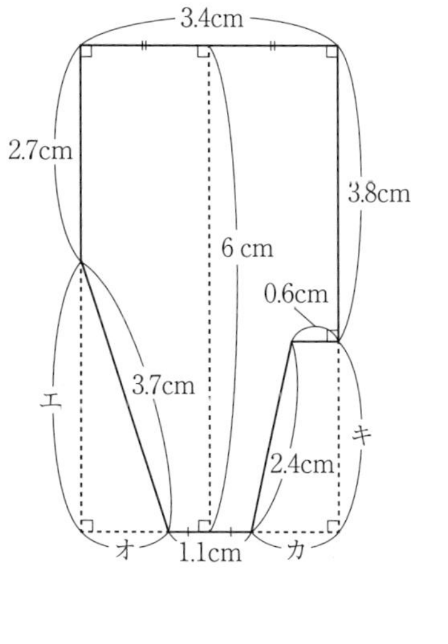

(1)　敷地《しきち》を縦300m，横170mの長方形と考えたときのおよその面積は，300×170＝51000(m^2)(…ア)になる。また，この地図は，50×100＝5000(cm)を約１cmに縮めているから，縮尺はおよそ$\frac{1}{5000}$(…イ)である。さらに，グランドの縦の長さは，地図上ではおよそ，0.5×５＝2.5(cm)なので，実際にはおよそ，2.5×5000÷100＝125(m)(…ウ)と求められる。

(2)　南北の実際の長さを300mと考えると，南北の地図上の長さは，300×100÷5000＝６(cm)になるから，右の図のエの長さは，６－2.7＝3.3(cm)，キの長さは，６－3.8＝2.2(cm)とわかる。また，オとカの長さはどちらも，3.4÷２－1.1÷２＝1.15(cm)である。よって，左下の三角形の面積は，1.15×3.3÷２＝1.8975(cm^2)，右下の台形の面積は，$(0.6+1.15)\times2.2\div2=1.925(\mathrm{cm}^2)$なので，地図上の敷地の面積は，$6\times3.4-(1.8975+1.925)=16.5775(\mathrm{cm}^2)$と求められる。したがって，実際の面積は，$\frac{16.5775\times5000\times5000}{100\times100}=41443.75(\mathrm{m}^2)$だから，百の位を四捨五入すると，およその面積は$41000\mathrm{m}^2$となる。

社　会　＜Ａ試験＞（40分）＜満点：75点＞

解　答

問１　ア　**問２**　エ　**問３**　ア　**問４**　オ　**問５**　(1)　エ　(2)　（例）　集落が少ないと考えられる標高の高い地域。／人口が少ないと考えられる大都市から遠い地域。　**問６**　エ　**問７**　(1)　オ　(2)　ウ　**問８**　イ→エ→オ→ア→ウ　**問９**　(1)　エ　(2)　オ　**問10**　**図４**…ウ　**図５**…イ　**問11**　(1)　エ　(2)　イ　**問12**　(1)　ウ　(2)　オ　(3)　ウ　**問13**　イ　**問14**　ウ　**問15**　(1)　**Ａ**　ウ　**Ｂ**　ア　**Ｃ**　イ　(2)　大安　(3)　ア　(4)　ア　**問16**　(1)　ア　(2)　**Ａ**　特別国会(特別会)　**Ｂ**　岸田文雄　**問17**　(1)　イ　(2)　**Ａ**　オ　**Ｂ**　ウ　(3)　エ→イ→ア→ウ　**問18**　(1)　ア　(2)　オ　**問19**　(1)　イ　(2)　ア　(3)　**記念日名**…（例）　民族衣装の日　**考え**…（例）　民族衣装の価値を見直すことで，伝統や文化に根ざした暮らし方を考える機会にする。

解　説

暦《こよみ》を題材とした総合問題

問１　2022年の163年前は1859年なので，アがあてはまる。なお，イは1853年，ウは1867年，エは1833～36年のできごと。

問２　ジオパークは科学的に貴重な地層や地形，火山などをふくむ自然公園のことで，ジオは「大地，地球」，パークは「公園」の意味の英語である。ユネスコ（国連教育科学文化機関）の「ユネスコ世界ジオパーク」には日本の９か所が認定されており，そのうち，アは糸魚川《いといがわ》ジオパーク（新潟県），イは伊豆半島ジオパーク（静岡県），ウは島原半島ジオパーク（長崎県），エは洞爺《とうや》湖有珠《うす》山ジオパーク（北海道）について，それぞれ述べたものである。

問３　織田信長は，宣教師たちがもたらす西洋の文物や知識に興味を持ったことや，仏教勢力に対抗《たいこう》させる意味もあったことから，キリスト教を保護する方針をとり，宣教師たちが布教活動を行うことを認めた。そのため，京都や安土（滋賀県）などに教会や学校が建てられた。豊臣秀吉も当初は信長の政策を受け継《つ》ぎ，キリスト教には寛容であったが，九州征討《せいとう》のさい，長崎が教会領としてイエズス会に寄進されていることを知ったことなどから，キリスト教を警戒《けいかい》するようになり，1587年にバテレン追放令を出して宣教師を国外に追放した。しかし，貿易は奨励《しょうれい》したため，禁教政策は徹底《てってい》されなかった。徳川家康も貿易を奨励する立場から，キリスト教は黙認《もくにん》していたが，オランダが幕府に，ポルトガルとスペインには領土的野心があり，宣教師たちもそれに協力していると宣伝したことなどから方針を変え，1612年，幕府の直轄《ちょっかつ》領に禁教令を出し，翌13年には全国にこれを広げた。以降，江戸幕府の歴代の将軍もキリスト教を弾圧した。

問４　東大寺（奈良県）の正倉院の宝物の多くは，奈良時代に遣唐使が唐（中国）から持ち帰った品々で，ア～エはその例としてふさわしい。地球儀《ぎ》は戦国時代に宣教師らが初めて日本に持ちこんだとされているので，オが誤っている。なお，「渾天《こんてん》儀」は天球儀(天球上の天体・星座の位置などを示す機器)のことで，地球儀とは異なる。

問５　(1)　バスの路線は，人口の多い都市部に集中していることが多い。山形県はエで，沿岸部の庄内平野と内陸部の山形盆地に路線が集中している。なお，アは山梨県で，中央部の甲府盆地と南東部の富士吉田市付近に多くの路線が集中している。イは和歌山県で，和歌山市と高野山方面を結ぶ県北部に多くの路線が集中し，沿岸部にも路線が延びている。ウは福岡県で，福岡市と北九州市がある県北部に路線が集中している。　(2)　図２と図３からは，バスの路線が多いのは平地が広がる京都盆地・亀岡盆地・福知山盆地で，特に大都市の京都市がある南東部に多くの路線が集中していること，標高200ｍ以上の地域では路線が少ないこと，人口が少ない北西部も路線はそれほど多くないことなどがわかる。

問６　ア，イ　鎖国の期間中，江戸幕府は長崎でオランダ人および中国人と貿易を行った。輸入品には西洋の書籍などもあり，それらを通して西洋の科学技術が日本へ伝わることもあった。　ウ　18世紀初め，カトリックのイタリア人宣教師シドッチは日本での布教をめざして屋久島(鹿児島県)に潜《せん》入《にゅう》したが，捕らえられて江戸に送られた。新井白石は，シドッチへの尋問《じんもん》をもとに『西洋紀聞』などを著した。　エ　18世紀末，ロシア使節ラクスマンが漂流民の大黒屋光太夫《だいこくやこうだゆう》らを送り届けるという名目で蝦夷《えぞ》地(北海道)の根室《ねむろ》にやってきて通商を要求したが，江戸幕府は長崎に来るよう返事をしてこれを帰した。

問７　(1)　ア～エは，645年に始まった大化の改新とよばれる一連の政治改革のさいに進められた政策にあてはまる。碁盤《ごばん》の目状に区画整理された大規模な都が建設されるようになったのは，694年に藤原京(奈良県)に遷都《せんと》(都を遷《うつ》すこと)されてからのことなので，オがふさわしくない。　(2)　消費税は竹下内閣により1989年(平成元年)に税率３％で導入された。税率はその後，1997年に橋本内閣により５％に，2014年に安倍内閣により８％に引き上げられ，さらに2019年(令和元年)にやはり安倍内閣により10％(軽減税率により食料品などは８％のまま)に引き上げられた。したがって，ウが正しい。

問８　アは1889年，イは1877年，ウは1895年，エは1882年，オは1886年のできごとである。

問９　(1)　下田(静岡県)と函館(箱館，北海道)は，日米和親条約(1854年)により開港された。長崎は鎖国の期間中もオランダ，清(中国)に対しては開かれ，日米修好通商条約(1858年)をはじめとする「安政の五か国条約」によりアメリカなどにも開かれた。名古屋港(愛知県)が開港したのは明治時代末期のことである。　(2)　ア　日本で最初の日刊新聞は，1870年に創刊された「横浜毎日新聞」である。　イ　街灯用のガス灯は1872年に横浜に初めて設置され，1874年に東京の銀座通りに設置された。　ウ　日本初のアイスクリームは，1869年に横浜で「あいすくりん」の名称で売り出された。エ　日本で最初の西洋式ホテルは，1860年にオランダ人が横浜の外国人居留地につくった「ヨコハマ・ホテル」とされている。　オ　日本の郵便制度は1871年，東京～京都～大阪間で開業し，その後，全国に展開された。

問10　図４の竿灯《かんとう》祭り(秋田市)は，青森ねぶた祭(青森市)，仙台七夕まつり(宮城県仙台市)とともに東北三大祭りに数えられる。これらの祭りはいずれも「眠り流し」などの農村の伝統行事に由来するので，ウがあてはまる。図５の「五山の送り火」(京都市)は，先祖供養《くよう》のための年中行事である「お盆」の最後に行われる「送り火」の一種なので，イが選べる。

問11　(1)　「鎌倉五山」は鎌倉幕府の保護を受けた寺院だが，後醍醐《ごだいご》天皇や足利尊氏《たかうじ》は鎌倉幕府をほろぼした人物なので，エがふさわしくない。なお，夢窓疎石《むそうそせき》は後醍醐天皇や室町幕府の保護を受けた僧で，天龍寺《てんりゅうじ》は京都市にある。　(2)　生徒Ａ…「漁業」について調査しているので，沿岸部に位置する●と判断できる。なお，「２つの漁業の拠点《きょてん》」は鎌倉市の鎌倉地域と腰越《こしごえ》地域に位置しており，図６の●は鎌倉地域の拠点を示している。　生徒Ｂ…「山登りのような辛《つら》い道のり」とあるので，丘陵《きゅうりょう》地帯に位置する◆と判断できる。なお，「切通し」とは山や丘陵を切り開いてつくられた道のことで，道の両側は崖《がけ》になっている。三方を山で囲まれた鎌倉には「鎌倉七口」とよばれる７つの切通しが残されており，防衛上の理由からいずれもきわめて幅《はば》のせまい道となっている。図６の◆はそのうちの「名越《なごえ》切通」である。　生徒Ｃ…「商店街」で調査を行っていることから，鎌倉市の中心部に位置する▲と判断できる。なお，JR鎌倉駅の駅前にあたるこの地域には，鶴岡八幡宮《つるがおかはちまんぐう》に向かう参道にあたる若宮大路《おおじ》などがあり，多くの観光客が訪れる。

問12　(1)　ナウマン象，オオツノジカなどの大型動物を狩猟《しゅりょう》の対象にしていたのは，日本列島が大陸と陸続きであった旧石器(先土器)時代のことである。長野県北部に位置する野尻《のじり》湖の周辺は旧石器時代の遺跡群として知られ，これらの動物の化石とともに，ナイフ型石器が発見されている。なお，氷河時代とは今から約１万年前まで続いた時代でほぼ旧石器時代にあたり，氷河期と間氷期が繰《く》り返された。アの弓矢は，縄文時代以降の狩猟で使われた。イの土器は縄文土器がつくられるようになった縄文時代以降の素焼きの容器，エのたてぎねは弥生時代以降に脱穀《だっこく》や餅《もち》つきに用いられた道具，オの土偶《どぐう》は縄文時代にまじないなどに用いられた土製の人形である。　(2)　横浜市は太平洋側の気候に属するので，夏の降水量が多い。また，松本市(長野県)は中央高地(内陸性)の気候，高松市(香川県)は瀬戸内の気候に属するので，どちらも年間降水量が少ない。よって，夏の降水量が多いＢは横浜市となり，残ったＡとＣのうち平均気温の高いＡが高松市，低いＣが松本市となる。　(3)　上位３県の県名から，アはリンゴ，エはブドウと判断できる。残る２つのうち，取引数量が最も多い月が県によって大きく異なるウがレタスで，抑制《よくせい》栽培(高冷地農業)が行われる長野県では８月が最も多くなり，平地で露地栽培が行われる他県のうち，温暖な静岡県では12月が，近郊農業がさかんで東京方面への出荷が多い茨城県では４月が，それぞれ最も多くなっている。イはカーネーションで，取引数量は，千葉県や愛知県では母の日がある５月が最も多く，夏でも涼しい長野県では７月が最も多くなっている。

問13　「今から約1200年ほど前」は，西暦822年ごろにあたる。アの天武天皇の即位《そくい》は壬申《じんしん》の乱の翌年にあたる673年，イの平安京(京都府)への遷都は794年，ウの後鳥羽《ごとば》上皇の配流は承久《じょうきゅう》の乱のあった1221年のできごとで，エのワシントンにサクラが贈られたのは1910～12年のことなので，イがあてはまる。

問14　広い尾根と谷があり，適度な斜面《しゃめん》が広がるウがスキー場で，リフトと考えられる記号があることからも判断できる。なお，アはゴルフ場で，大雨のさいに下流の河川に水が一気に流れこむのを防ぐための調整池が見られる。イはキャンプ場で，水面に浮かぶ島の標高が665ｍと高く，水辺に荒地《あれち》(ぃı)があることから，山中の湖のほとりでキャンプができるようになっていると考えられる。エは牧場で，畑(∨)は牧草を，直線的な道路は農道を表している。

問15　(1)　英語で曜日は日曜から順にSunday，Monday，Tuesday，Wednesday，Thursday，Friday，Saturdayとなり，カレンダーなどでは最初の３文字だけを記すことも多い。　(2)　六曜は暦注(暦に記載《きさい》される吉凶《きっきょう》や運勢)の一種で，６つの曜のうちで「大安」が最も縁起《えんぎ》がよいとされる。なお，六曜は中国が起源とされ，現在，日本では「結婚式は大安吉日《きちじつ》に行うのがよい」「葬式《そうしき》は友引の日に行わない」といったように用いられている。　⑶　「お盆」は，仏教の行事である盂蘭《うら》盆会《ぼんえ》と，日本古来の先祖崇拝《すうはい》の思想が結びついて定着した年中行事で，旧暦の７月(現在の暦では８月)15日前後に行われる。企業などは８月15日前後の数日を「お盆休み」とする場合が多いが，近年は時期をずらして実施する企業も増えている。お盆には，地域で盆踊りが行われることもあるほか，迎え火や送り火をたいたり，先祖の霊《れい》を迎えたり送ったりするための乗り物として，馬に見立てたきゅうりや牛に見立てたなすを供えることも多い。したがって，イ～エは正しいが，アは「北海道の特産物として有名な野菜」がふさわしくない。　⑷　８月に行う農作業なので，アが選べる。なお，イの「田起こし」は３月ごろ，ウの「脱穀」や「籾摺《もみす》り」は９～10月ごろ，エの「田植え」は５～６月ごろに行われることが多い。

問16　⑴　アは，衆議院議員ではなく参議院議員について述べた文である。衆議院議員の任期は４年で，任期途中での解散がある。　⑵　**Ａ**　衆議院が解散されると，解散の日から40日以内に総選挙が行われ，選挙の日から30日以内に特別国会(特別会)が召集《しょうしゅう》される。　**Ｂ**　2021年に行われた特別国会では，岸田文雄が指名され，内閣総理大臣となった。

問17　⑴　1940年の夏季オリンピック大会は東京で開催される予定であったが，1937年に始まった日中戦争が長期化して開催が困難になったため，日本は開催権を返上した。なお，アの世界恐慌《きょうこう》が始まったのは1929年，ウの日独伊三国(軍事)同盟が結ばれたのは1940年，エの真珠《しんじゅ》湾攻撃(アジア太平洋戦争の始まり)は1941年のできごと。　⑵　Ａはソ連(ソビエト連邦)で，オがあてはまる。ソ連は東西冷戦の終結(1989年)後の1991年に崩壊《ほうかい》し，ロシアなどの15の共和国に分かれた。Ｂは中国で，ウがあてはまる。世界の人口は約78億人で，上位５か国は中国(中華人民共和国，約14.4億人)，インド(約13.8億人)，アメリカ合衆国(約3.3億人)，インドネシア(約2.7億人)，パキスタン(約2.2億人)の順となっている。中国には少数民族による自治区(新疆《しんきょう》ウイグル自治区やチベット自治区など)があり，チベットや香港《ホンコン》などでは独立問題が発生している。なお，アは大韓民国(韓国)，イはオーストラリア，エは旧東ドイツにあてはまる。統計資料は『日本国勢図会』2021／22年版による。　⑶　ア　「近代夏季オリンピック第１回の開催地」はアテネ(ギリシャ，1896年)なので，アテネ大会(2004年)と判断できる。　イ　アジアでは，1964年に東京(夏季)，1972年に札幌(冬季)，1988年にソウル(韓国，夏季)，1998年に長野(冬季)，2008年に北京《ペキン》(中国，夏季)，2018年に平昌《ピョンチャン》(韓国，冬季)，2020年(実施は2021年)に東京(夏季)が開催地となっている。したがって，ここではソウル大会(1988年)となる。　ウ　「世界的な感染症《しょう》」は新型コロナウイルス感染症を指していると考えられるので，東京大会(2021年)とわかる。本来は2020年に開催されるはずだったが１年延期され，原則として無観客で実施された。　エ　ミュンヘン大会(旧西ドイツ，1972年)では，開催中にパレスチナのゲリラがイスラエルの選手村宿舎を襲撃《しゅうげき》し，人質となったイスラエルの選手や役員など11名が死亡する事件が発生した。

問18　⑴　この牧場の羊の価値は，もともとは１頭あたり10万円だったが，２頭増えたことで１頭あたり，10万－5000×２＝９(万円)になった。そのため，羊を増やした牧夫の財産は，10万×10＝100(万円)から，９万×(10＋２)＝108(万円)に増えたが，この牧場全体の財産は，10万×50＝500(万円)から，９万×(50＋２)＝468(万円)に減った。よって，アがあてはまる。　⑵　羊を増やした牧夫は自分の利益だけを考えて行動しているので，「自分に都合のいいような言動をすること」という意味を表す「我《が》田《でん》引水」が選べる。なお，アの「傍《ぼう》若《じゃく》無《ぶ》人《じん》」は，人の迷惑《めいわく》など無視して，勝手気ままにふるまうこと。イの「呉《ご》越《えつ》同《どう》舟《しゅう》」は，仲の悪い者同士がいっしょにいること。ウの「共存共栄」は，２つ以上のものが，争うことなくともに生存し，ともに栄えること。エの「公平無私」は，えこひいきをせず，個人的な感情や利益をまじえないこと。

問19 (1) イスラム教徒の女性が身に着ける衣装をチャードル(チャドル)といい，宗教上の理由から，人前で肌《はだ》を露出しないようなデザインとなっている。イはチャードルの一種でチャルシャフといい，イランで多くみられる。なお，アは中国にいるモンゴル族のデールで，遊牧の生活に適している。ウはポーランドの女性のベスト・スカート・エプロン。エはスリランカ・インド・バングラデシュなどの女性が着用するサリーとよばれる民族衣装である。　(2) アは「鎌倉時代」ではなく「平安時代」が正しい。　(3) 「私たちの生活や社会に与《あた》えている新しい価値や可能性も踏《ふ》まえて」とあることに注意しながら述べるようにする。

理　科　＜A試験＞(40分)＜満点：75点＞

解　答

1 (1) **ア** 1.0　**イ** 3.0　(2) **ウ** 0.3　**エ** 0.4　**オ** 300　(3) **カ** 2.1　**キ** 0.5

2 (1) ① 45℃　② 180g　(2) (例) 冷ました直後，ゆで卵の内部はまだ温かく，その熱が外に伝わるから。　(3) (例) ふっとうした水で卵を温めるときに，内部の黄身の温度が65℃～70℃のうちに取り出して冷ますこと。　(4) ウ，エ　(5) ① 2個　② 81%　(6) ① B　② B　**3** (1) ウ　(2) エ　(3) $22cm^2$　(4) ① ウ　② (例) 光合成でつくった養分を，でんぷんではなく糖でたくわえているから。　(5) ① 0.4mg　② エ　(6) ① 6.7mg　② 二酸化炭素　**4** (1) (例) 木星　(2) 北極星　(3) **A** デネブ　**B** ベガ　**C** アルタイル　(4) **北** H　**東** G　(5) **a** イ　**b** 30　(6) K　(7) ウ　(8) **あ** アンタレス　**い** ベテルギウス　**う** シリウス　**え** プロキオン

解　説

1 電熱線の長さや断面積と電流についての問題

(1) **ア** 表1で，20×1.5＝30，40×0.75＝30，50×0.6＝30より，(長さ)×(電流)＝30となる(つまり，電熱線の断面積が一定のとき，電流の大きさは長さに反比例する)。したがって，電流計は，30÷30＝1.0(A)を示す。　**イ** 表2で，0.6÷0.2＝3，1.8÷0.6＝3，2.4÷0.8＝3より，(電流)÷(断面積)＝3となる(つまり，電熱線の長さが一定のとき，電流の大きさは断面積に比例する)。よって，電流計は，3÷1.0＝3.0(A)を示す。

(2) **ウ** 表1より，断面積が$0.1mm^2$，長さが20cmのとき，電流計は1.5Aを示す。したがって，断面積が$0.1mm^2$，長さが100cmのとき，電流計は，$1.5\div\frac{100}{20}=0.3$(A)を示す。　**エ** 表1より，断面積が$0.1mm^2$，長さが20cmのとき，電流計は1.5Aを示す。よって，この電熱線の長さを，80÷20＝4(倍)にして，断面積も4倍の，0.1×4＝0.4(mm^2)にすれば，同様に電流計は1.5Aを示す。
オ ウより，断面積が$0.1mm^2$，長さが100cmのとき，電流計は0.3Aを示す。したがって，この電

熱線の断面積を，0.3÷0.1＝3（倍）にして，長さも3倍の，100×3＝300(cm)にすれば，同様に電流計は0.3Aを示す。

⑶　**カ**　長さが等しい電熱線1と電熱線2が並列につながれているので，電流計が示す値は電熱線1と電熱線2の断面積の和に比例する。表4では，断面積が，0.1＋0.2＝0.3(mm^2)のときに電流計は0.9Aを示すので，断面積が，0.3＋0.4＝0.7(mm^2)のときに電流計は，$0.9\times\frac{0.7}{0.3}=2.1$(A)を示す。
キ　断面積の等しい電熱線1と電熱線2が直列につながれているので，電流計が示す値は電熱線1と電熱線2の長さの和に反比例する。表5では，長さが，10＋20＝30(cm)のときに電流計は1.0Aを示すので，長さが，15＋45＝60(cm)のときに電流計は，$1.0\div\frac{60}{30}=0.5$(A)を示す。

2　熱と温度，温泉卵や半熟卵についての問題

⑴　①　温度の異なる水を混ぜるとき，温度変化の大きさと水の重さは反比例する。60℃の水50gと20℃の水30gを混ぜるとき，それぞれの温度変化の比は，$\frac{1}{50}:\frac{1}{30}=3:5$となるので，混ぜたときの温度は，$20+(60-20)\times\frac{5}{3+5}=45$(℃)と求められる。　②　100℃の湯の温度は，100－70＝30(℃)変化し，20℃の水の温度は，70－20＝50(℃)変化するので，それぞれの体積の比は，$\frac{1}{30}:\frac{1}{50}=5:3$となる。湯の重さは300gなので，水の重さは，$300\times\frac{3}{5}=180$(g)とわかる。

⑵　ゆで卵の内部は表面ほど温度が下がっていないために，内部の熱が表面に伝わって温かくなったと考えられる。

⑶　半熟卵は，黄身は半熟(あまり固まっていない状態)で，白身は完全に固まっていると説明されている。よって，半熟卵をつくるときには，80℃以上の水で卵を温めて白身を固めたあと，内部の黄身の温度が65℃～70℃のうちに取り出し，白身の熱が伝わる前に冷水に入れて冷ます必要がある。

⑷　卵のカラのおもな成分である炭酸カルシウムは，酸性の水溶液《すいようえき》にとけて二酸化炭素を発生する。したがって，下線部(う)の気体は二酸化炭素である。チョークは卵のカラと同様に，炭酸カルシウムがおもな成分であるため，塩酸に入れると二酸化炭素を発生する。また，ドライアイスは固体の状態の二酸化炭素で，水にドライアイスを加えると，ドライアイスが水によって温められて気体の二酸化炭素が発生し，水蒸気が冷やされてできた細かい氷の粒《つぶ》や水滴《すいてき》が白い煙《けむり》のように見える。なお，アは水素，イは酸素，オはアンモニアがそれぞれ発生する。

⑸　①　表1で，炭酸カルシウムを4.0g加えたとき，0.5gがとけ残っているので，100gのお酢《す》がとかすことのできる炭酸カルシウム(卵のカラ)の重さは，4.0－0.5＝3.5(g)である。よって，500gのお酢がとかすことのできる卵のカラは，$3.5\times\frac{500}{100}=17.5$(g)になる。卵1個分のカラの重さは8gなので，17.5÷8＝2余り1.5より，2個の卵を完全に透明《とうめい》にすることができる。　②　卵2個を完全に透明にしたあとのお酢は，あと，17.5－8×2＝1.5(g)の卵のカラをとかすことができる。よって，最後(3個目)の卵のカラは1.5gだけとけて，8－1.5＝6.5(g)がとけ残っているので，6.5÷8×100＝81.25より，残ったカラははじめの81％と求められる。

⑹　①　卵を透明にするはたらきは，お酢にふくまれる物質(酢酸《さくさん》という)の量が多いほど強い。水を加えても酢酸の量は変わらないので，透明にすることができる卵の数も変わらない。　②　お酢を100g加えると，とかすことのできる3個目の卵のカラの重さは，1.5＋3.5＝5.0(g)となるが，これは卵1個のカラの重さ(8g)より少ないので，透明にすることができる卵の数は2個のままで変わらない。

3　光合成に関する実験についての問題

(1)　昆虫《こんちゅう》について，成長の過程にさなぎの時期がある育ち方を完全変態といい，さなぎの時期がない育ち方を不完全変態という。チョウ(オオムラサキなど)，ノミ(ネコノミなど)，ガ(ミノガなど)，カ，カブトムシ，ハエ，アリなどは完全変態，カマキリ(ヒメカマキリなど)，セミ，コオロギ，トンボ，ゴキブリ，バッタなどは不完全変態の昆虫である。

(2)　トンボ(オニヤンマなど)，セミなどは幼虫で，カマキリ(オオカマキリなど)やバッタ，コオロギなどは卵で冬越《ふゆご》しをする。また，チョウのうち，アゲハチョウ(ナミアゲハなど)はさなぎ，タテハチョウの多く(キタテハなど)は成虫で冬越しをする。

(3)　図のマスのうち，マス全体に葉がかぶっているものは12マスあり，一部に葉がかぶっているものは20マスあるので，葉の表面積は，$1\times12+0.5\times20=22(cm^2)$と求められる。

(4)　①　ヨウ素液はもともと薄《うす》い褐色《かっしょく》(こげ茶色)であるが，でんぷんがあると青紫《あおむらさき》色に変化する。この反応はヨウ素でんぷん反応とよばれている。　②　イネ科などの単子葉類の植物の多くは，光合成でつくった養分を，でんぷんではなく糖で葉にたくわえている。また，糖はヨウ素でんぷん反応を示さない。そのため，十分に光合成を行わせても，適切に葉が染まらないことが多くある。

(5)　①　光が当たった部分は光合成を行い，光が当たっていない部分は光合成を行わないので，重さの差は葉が光合成によってつくったでんぷんの重さにあたる。(3)より，光が当たって光合成を行った葉の面積は，$22\div2=11(cm^2)$であり，1時間あたりに増えた重さは，$8.6\div2=4.3$(mg)なので，$4.3\div11=0.39\cdots$より，1 cm^2あたり1時間で0.4mgだけ，光合成によって重さが増える。

②　ア　光合成をしているのは，細胞《さいぼう》にふくまれる葉緑体という粒である。半葉法では，葉緑体をふくむ細胞の数は，光を当てている部分と当てていない部分でほぼ同数と考えてよい(つまり，まばらではない)。　イ，ウ　光を当てている部分と当てていない部分の重さは，どちらも乾燥《かんそう》させてから計測する。したがって，水の重さの影響《えいきょう》は考えなくてよい。　エ　光合成でつくられたでんぷんは，糖に変えられて，師管を通って体のほかの部分に移動する。そのため，半葉法では光合成の量を正確に計測できない。

(6)　①　この葉で1時間あたりにつくられる酸素の量は，$10\div2=5$(mL)である。よって，$5.6\times1000\times\frac{5}{4.2\times1000}=6.66\cdots$より，このときつくられるでんぷんの量は6.7mgとなる。　②　光合成の材料は二酸化炭素と水である。密閉した容器の中では，実験を続けるとやがて二酸化炭素が不足した状態になり，光合成が続けられなくなるので，(6)の実験を長い時間行うのは適切でない。

4　季節と星座，星座早見の使い方についての問題

(1)　夏の大三角は，こと座のベガ，はくちょう座のデネブ，わし座のアルタイルの3つの星を結んだ三角形である。見かけの明るさはベガが0.03等，デネブが1.25等，アルタイルが0.76等なので，夏の夜空に見える恒星《こうせい》ではうしかい座のアルクトゥールス(－0.05等)などのほうが明るい。また，太陽系の外惑星《わくせい》では火星(－3～1.6等)や木星(－2.94～－1.6等)などのほうが明るい。なお，金星(－4.9～－3.8等)や水星(－2.6～5.7等)も明るい星だが，内惑星であり夜空に見ることはできないので，ここではふさわしくない。

(2)　星座早見は，星座がえがかれている星座盤《ばん》(下盤)と窓のついた地平盤(上盤)を重ね合わせたつくりになっていて，星座盤と地平盤は中心でとめられている。この中心の位置には北極星がある。

⑶　Ａはデネブ，Ｂはベガ，Ｃはアルタイルである。夏の大三角は細長い形をしており，デネブとベガを結んでできる辺が最も短い。

⑷　図１の星座早見で，「北」と向かい合っているＦは南である。また，星座早見の東西は地図とは逆になっていて，Ｄが東，Ｅが西である。星座早見を使うときには，観測したい方位を下にして持ち，そのまま空にかざして実際の星空と合わせ観察する。よって，北の空を観察するときには，北の方位が下になるようにＨを下側にして手に持ち，東の空を観察するときには，東の方位が下になるようにＧを下側にして手に持つ。

⑸　**a**　２時間後に観察できる星空を知るためには，時間が経過するにしたがって東(Ｄ)の地平線から新しく星が現れるように，下の板(星座盤)を反時計回りに，または，上の板(地平盤)を時計回りに回転させる。　**b**　地球が24時間でほぼ360度自転するため，星は１時間に，360÷24＝15(度)ずつ移動する。よって，２時間後の星空を見るときには，星座早見を，15×２＝30(度)回転させる。

⑹　天の川は，はくちょう座をその内部にふくみ，ベガとアルタイルの間を通る方向にのびているので，Ｋがあてはまる。なお，七夕伝説では１年に１度，７月７日の夜に，織姫《おりひめ》星(ベガ)と彦《ひこ》星(アルタイル)が天の川を渡《わた》って会うことになっている。

⑺　毎年８月上旬《じゅん》に宮城県仙台市で行われる仙台七夕まつりは，青森市の青森ねぶた祭，秋田市の秋田竿灯《かんとう》まつりとともに東北三大祭りに数えられる。また，日本プロサッカーリーグ(Ｊリーグ)に加盟している「ベガルタ仙台」は，仙台市を中心とする宮城県をホームタウンとしている。チーム名の「ベガルタ」は，仙台七夕まつりにちなんで，織姫星(ベガ)と彦星(アルタイル)からつくられた。

⑻　**あ**　さそり座は夏の代表的な星座で，南の地平線近くの低い空に見える。さそりの心臓部に位置するアンタレスが主星(中心となる１等星など)である。　**い～え**　冬の大三角は，こいぬ座のプロキオン，おおいぬ座のシリウス，オリオン座のベテルギウスの３つの星を結んだ三角形である。なお，シリウスは，星座をつくる星の中で最も明るい。

国　語　＜Ａ試験＞（50分）＜満点：100点＞

解　答

一　下記を参照のこと。　二　**1**　たいざん　**2**　たてぶえ　**3**　ういうい(しい)　**4**　しょくしょう　**5**　しらじら(しい)　三　**問1**　イ　**問2**　イ　**問3**　ア　**問4**　(例)　英語の使用機会が増え，日本語が使われる機会が減っているから。　**問5**　エ　**問6**　(例)　自然環境，社会のしくみ，文化や慣習が違えば違う言語を必要とするので，同じ英語を使ってもバリエーションが生まれるから。　**問7**　エ　四　**問1**　ア　**問2**　ウ　**問3**　イ　**問4**　エ　**問5**　ウ　**問6**　ウ　**問7**　**1**　(例)　連休中に森杉パン屋が開いていたことを知っていたのに，勝手に間違いを見逃したこと。　**2**　(例)　みんなから責められるかもしれないが，勇気を出して真実を伝えようとする気持ち。　**問8**　エ

●漢字の書き取り

㊀ 1 従(えて)　2 損(なう)　3 満天　4 孝行　5 一服　6 本降(り)　7 接待　8 旧知　9 勇退　10 志願

解　説

㊀ 漢字の書き取り

1　音読みは「ジュウ」「ショウ」「ジュ」で，「従順」「従容」「従三《さん》位《み》」などの熟語がある。
2　音読みは「ソン」で，「損傷」などの熟語がある。　3　空一面のこと。　4　親を大切にすること。　5　粉薬の一回分。　6　すぐにはやみそうもない勢いで雨が降り出すこと。　7　客などをもてなすこと。　8　昔から知っていること。　9　後の世代の人に道をゆずるために，自分から進んで職などをやめること。　10　自分から進んで願い出ること。

㊁ 漢字の読み

1　「大山鳴動して鼠一匹《ねずみいっぴき》」という言い方で，“騒《さわ》ぎばかりが大きくて，実際の結果はきわめて小さい”というたとえを表す。　2　リコーダーや尺八《しゃくはち》など，縦に構えて吹《ふ》く笛。　3　世間慣れしていなくて，若々しいようす。　4　同じ食べ物や同じようなことのくり返しで，うんざりすること。　5　本当ではないことが，見えすいているようす。

㊂ 出典は『国語をめぐる冒険《ぼうけん》』所収の仲島《なかじま》ひとみの「言葉の地図を手にいれる―そして新たなる旅立ちへ」による。言語が消滅《しょうめつ》の危機にさらされる事情について解説している。

問１　傍線《ぼうせん》①の「母国の国語」は，最初の段落の内容から，母国の「国家の言葉」，つまり，“自分が国籍を持っている国の公用語”という意味とわかる。一方，「母語」は，「個人の言葉」であり，自分が「一番得意」な言葉，第一言語である。また，「似て非なる」は，“一見似ているが，実際は違《ちが》う”という意味である。よって，これらの点をおさえているイが選べる。

問２　続く二つの段落で，「方言」が「恥《は》ずかしいものであるという意識をうえつけられて」きたことや，「特に若い世代がより威信《いしん》の高い言語に乗り換《か》えたり，親が子どもに自分の言語を継承《けいしょう》させなかったりすること」が紹介《しょうかい》されているので，イがふさわしい。

問３　続く部分の「特に若い世代がより威信の高い言語に乗り換えたり」のような状況《じょうきょう》なので，「言葉」と「国」を乗り換えているアがよい。なお，イとウは「言語」や「言葉」にふれていないので，ふさわしくない。また，エは「乗り換え」にふれていないので，あてはまらない。

問４　「安泰《あんたい》」は，無事で安心していられること。直後の段落で，「社内の公用語を英語にする企業が出てきたり，一部の大学の講義が英語で行われたりしています。そのぶん日本語が使われる機会は減っているわけです」と述べられている。「特に若い世代がより威信の高い言語に乗り換え」るのであれば，「事実上の世界共通語の英語」の使用機会が増えていくものと考えられる。

問５　続く部分では，「日本」でも「小さい頃《ころ》」から「英語を勉強するように」なったことについて述べられている。したがって，空欄《くうらん》⑤にエを入れると，現在の日本がその意見に沿った状況になっていることを続く部分で認める流れになり，文意が通る。

問６　続く二つの段落で，「英語」は「バリエーション」が多く，それは「自然環境《かんきょう》が違い，社会のしくみが違い，文化や慣習が違う人たちは，違う言語を必要とする」からであり，そもそも「言語というものは，バリエーションが生まれていくことが自然」だと述べられているので，この内容をまとめる。

問7　本文では「言語が消滅の危機にさらされる事情」が説明されているので，エが選べる。

四　**出典は青谷真未《あおやまみ》の『水野瀬高校放送部の四つの声』による。**「僕《ぼく》」が所属する放送部が行ったインタビューがきっかけで，「森杉パン屋」が閉店に追い込《こ》まれてしまう。

問1　ここでの「盛る」は，“大げさに言う”という意味。少し後に「お昼の放送でインタビューに答えてたおばちゃんが随分《ずいぶん》話盛ってたから」とあるので，「わざと大げさな話をしたパン屋」とあるアがふさわしい。

問2　直後で，「話盛りすぎ。それは，インタビュー中，僕が菫《すみれ》さんに対して思っていたのと全く同じことだったから」と理由が述べられているので，これを「心当たりのある部分もある」とまとめているウが選べる。

問3　「店に向かう途中《とちゅう》は緊張《きんちょう》で足ががくがく震《ふる》え」ていた「僕」に対し，「『お疲《つか》れさま』僕らを出迎《でむか》えた巌先輩《いわおせんぱい》は何を尋《たず》ねるより先にそう言ってくれ」たのであるから，イがふさわしい。
ア　すぐ後に「多分，赤羽《あかば》さんや南条《なんじょう》先輩も同じだったと思う」とあるので，「僕」は「赤羽さんと南条先輩のほっとした安堵《あんど》の表情を見」ていないと考えられる。　　ウ 「巌先輩も部長として同行しようとした」とあるように，巌先輩は「森杉パン屋へ謝罪に向かうことになった」事情を知っており，「部長なのに一緒《いっしょ》に行けなくて申し訳ない」とも言っているので，「巌先輩から厳しく叱《しか》られるだろうと思って学校に戻《もど》った」は合わない。　　エ　傍線③は，「パン屋の主人」ではなく「巌先輩」の言動に対しての反応である。

問4　続く部分に「妙《みょう》な客」について具体的に描《えが》かれている。それは，「『嘘は良くないよねぇ』なんて聞こえよがしに言ってくる者」，「『おたく，テレビのインタビューで嘘ついたんだって？』と凄《すご》んでくる者」，「夜中に店の中に～張り紙を張っていく者」などである。よって，エがあてはまる。

問5　「苦いものを嚙《か》み潰《つぶ》したような顔」は，いかにも不愉快《ふゆかい》そうな表情と考えられるので，「しぶしぶ許してくれている」とあるウがよい。また，「裏腹」は，相《あい》反していること。「もとはといえば母が大げさにものを言ったのが悪かったんですし～もう結構ですよ」という言葉とは反対に，店長は「僕ら」に不快な思いをいだいているのである。

問6　前後に「私，お昼の放送が学校内に流れるってこと，軽く考えてたのかもしれません」，「相当疲弊《ひへい》しているらしく，両手を床《ゆか》についてなんとか上体を支えている様子だった」，「みんなそんなに真面目《まじめ》に放送を聞いてないんじゃないかって思って，事実確認《かくにん》を疎《おろそ》かにしました」とあるので，ウがあてはまる。赤羽さんは，森杉パン屋に謝罪に行き，今回のことをふり返って，自分の至らなかった点を深く反省していると考えられる。なお，エについては，今回の騒動《そうどう》はもともとは菫さんが「随分話盛ってた」ことが原因で起こったので，「今回の失敗の原因はすべて自分にある」が合わない。

問7　**1**　続く部分で「僕」は，「連休中に，森杉パン屋が開いてたこと」を知っていたことや，菫さんの言葉に違和《いわ》感を感じたのに「こちらの方がインタビューとしても盛り上がるだろう。そう思ったから勝手に間違いを見逃《みのが》した」ことを告白している。　　**2**　「みんなからどんな目で見られるのか，想像するだけで怖《こわ》くて逃《に》げ出したくなる」，「怖気《おじけ》づきそうになる心を奮《ふる》い立たせて言葉をつないだ」などから，「僕」の気持ちをまとめる。最後の場面で，南条先輩が「あの場で言わなければ隠《かく》し通すこともできたのに」と話していることも参考になる。

問８　赤羽さんは「……それじゃあ，私はここで」と言葉少なで，「僕」は「後悔《こうかい》はやまない」と感じている。また，巌先輩が「いつもと変わりない」態度でいる一方で，南条先輩は「窓の外を見《み》詰《つ》め」ながら「僕」をなぐさめたりほめたりしている。したがって，エがふさわしい。　ア　森杉パン屋への謝罪のさいに，巌先輩は「部長なのに一緒に行けなくて申し訳ない」と言っているので，「やや他人事《ひとごと》として出来事を受け止め」は合わない。　イ　「今回の件はあんたのせいばっかりじゃないんだから，あんまり落ち込まないでよ」などの口ぶりから，「南条先輩は非常に気に病《や》んでおり」はふさわしくない。また，巌先輩が「楽天的」かどうかは，本文からはわからない。
ウ　赤羽さんが「……それじゃあ，私はここで」と言ったのは，電車がいつもの下車駅に着いたからであり，「一人になりたがっている」からではない。また，「あんたのこと，見直した」という南条先輩の言葉は，「空回り」することなく「僕」に届いたと考えられる。

2022年度　サレジオ学院中学校

〔電　話〕(045) 591－8222
〔所在地〕〒224-0029　神奈川県横浜市都筑区南山田3－43－1
〔交　通〕市営地下鉄グリーンライン－「北山田駅」より徒歩5分

【算　数】〈B試験〉(50分)〈満点：100点〉

◎問題にかいてある図形は正確とは限りません。

1　次の□にあてはまる数を答えなさい。

(1)　100.1－1.11＋10.9－99.9＝□

(2)　$\left\{7\frac{1}{3}-\left(5.16-2\frac{10}{11}\right)\right\}+\left\{\square-\left(\frac{7}{11}-\frac{5}{22}\right)\right\}=13.14$

2　次の□にあてはまる数を答えなさい。

(1)　1から201までの整数をかけ合わせた数は，一の位から0が□個並びます。

(2)　右の図のように，半径4cmの円が3個あり，どの2つの円も1点でくっついています。3個の円の中心を結んでできる三角形の面積をSとするとき，円ではさまれている斜線部分の面積はSより□cm²だけ小さくなります。

ただし，円周率は3.14とします。

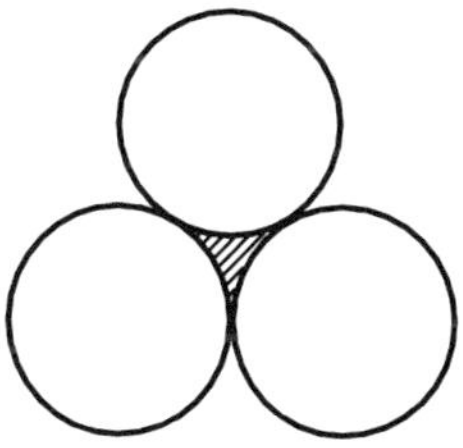

(3)　ある店でAさんが買ったりんご4個とみかん3個の値段は795円で，Bさんが買ったりんご3個とみかん6個の値段は765円でした。この店で，りんご1個とみかん1個を買うと値段は□円になります。

(4)　時針，分針，秒針の3つの針が動く時計があります。秒針は1秒ごとに1目盛りずつ，分針は60秒ごとに1目盛りずつ，時針は12分ごとに1目盛りずつ動きます。

12時1分0秒から数えて15回目に秒針が時針と分針の作る角をちょうど半分にする時刻は，12時□ア□分□イ□秒です。

例えば，1回目は12時2分1秒，2回目は12時2分31秒になります。

(5)　ある小学校で児童役員2名を選ぶ選挙を行います。立候補者はAさん，Bさん，Cさん，Dさん，Eさんの5人，投票できる児童は100人です。当選者は次のルールで決定します。

> ①　得票数の多い順に2名を当選とする。
> ②　得票数が同じ立候補者がいて当選者を決定できない場合，得票数が同じ立候補者だけで再び投票を行う。

全員が1票ずつ必ず誰かに投票するとき，Aさんが1回の投票で必ず当選するには，最低□ア□票の得票数が必要です。

また，途中まで開票したところ，

A　15票　　B　35票　　C　13票　　D　8票　　E　14票

でした。

このとき，Aさんが1回の投票で必ず当選するためには，最低あと□イ□票の得票数が必要です。

3　0から9までの数を1個ずつ使い，10個の数を円形に並べます。
それぞれの数において，その数ととなりの2個の数を合わせた3個の数の和を，その数を○で囲んだ記号で表します。
例えば，右の図の場合，0のとなりの数は9と3で，0+9+3=12なので，⓪で表される数は12となります。
また，⓪～⑨で表される数の中で最も大きな数をMとします。
このとき，次の問いに答えなさい。

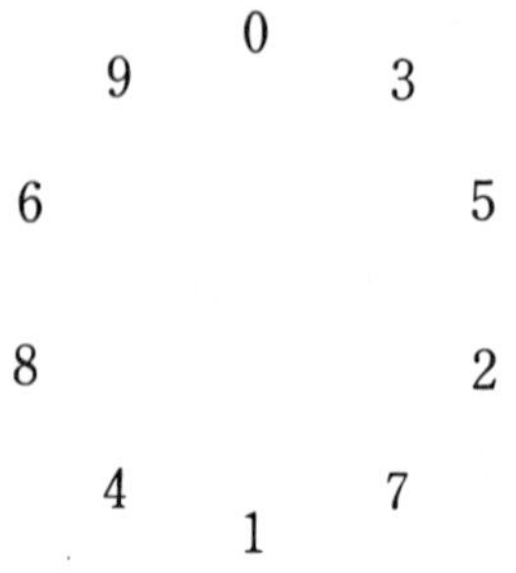

(1)　右上の図の場合，Mとなる記号を⓪～⑨から選びなさい。
(2)　右上の図の場合，⓪～⑨で表されるすべての数の和を答えなさい。
(3)　0から9までの数を1個ずつ使い，10個の数を円形に並べるとき，考えられるMの中で，最も小さな数を答えなさい。
ただし，途中の考え方も答えなさい。

4　先生と児童4人で，消費者庁発行の「令和2年度消費者の意識に関する調査結果報告書」を見ながら次のような会話をしています。
会話文を読んで以下の問いに答えなさい。

先　生：次のグラフは「食品ロス問題の年代別認知度」について，全国の18歳以上の男女から特別の意図を働かせずに選んで調査した結果です。グラフ中のNはこの調査に回答した各項目の人数を表し，割合(%)は小数第2位を四捨五入した数です。

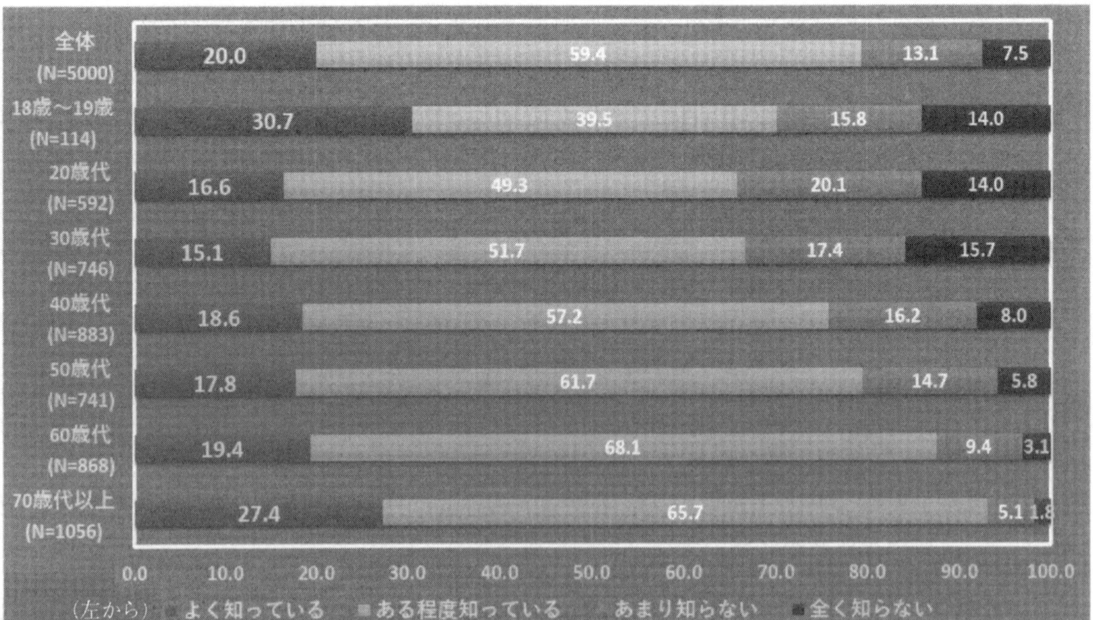

先　生：気が付いたことがあれば，何でも発言してみてください。
Aさん：全体で「よく知っている」と回答した人は20.0%となっています。日本の全人口を

1.265億人として，食品ロスについてよく知っている人の割合が20%だとしたら，日本の全人口でよく知っている人の数は［ア］万人になります。

Bさん：けど，割合は小数第２位を四捨五入した数なので，ちょうど20.0%の人が「よく知っている」と回答したとは必ずしも言えないはずです。だから，回答した5000人の中で「よく知っている」と回答した人は，［イ］人以上［ウ］人以下になると思います。

先　生：なるほど。２人とも素晴らしい。Ｂさんのように数を正確に考えていく考え方も，Ａさんのようにおおよその数で考えていく考え方もどちらも大切ですね。他にどうですか？

Cさん：各年代の中で「よく知っている」と回答した割合が一番高いのが18～19歳で，次は70歳代以上の年代。だから，食品ロスについて一番知っている年代は18～19歳と言っていいと思います。

Dさん：18～19歳と70歳代以上で「よく知っている」と回答した人の数は，回答した5000人の中で「よく知っている」と回答した人の，それぞれ［エ］%と［オ］%になりました。

先　生：そうですね。さらに，考えていきましょう。

（以下，省略）

⑴　空らん［ア］にあてはまる整数を答えなさい。

⑵　空らん［イ］，［ウ］にあてはまる整数を答えなさい。
ただし，途中の考え方も答えなさい。

⑶　空らん［エ］，［オ］には，Ｄさんがおおよその数で計算した結果が入ります。
空らん［エ］，［オ］にあてはまる数を，小数第２位を四捨五入し，小数第１位までの数で答えなさい。

5　図１のように，正方形ABCDの紙を半分に折り，その折り目をEFとします。また，点Aが辺EF上にくるように点Bを押さえながら折り，その折り目と辺ADの交点をG，点Aが辺EFと重なった点をHとします。

次に，図２のように，図１において辺ABの真ん中の点をＩとし，点Bが点Ｉと重なるように折り，その折り目を辺JKとします。また，点Bが辺JK上，点Ｉが辺BG上にくるように折り，点Bが辺JKと重なった点をL，点Ｉが辺BGと重なった点をM，そして，そのときのその折り目と辺JKの交点をNとします。

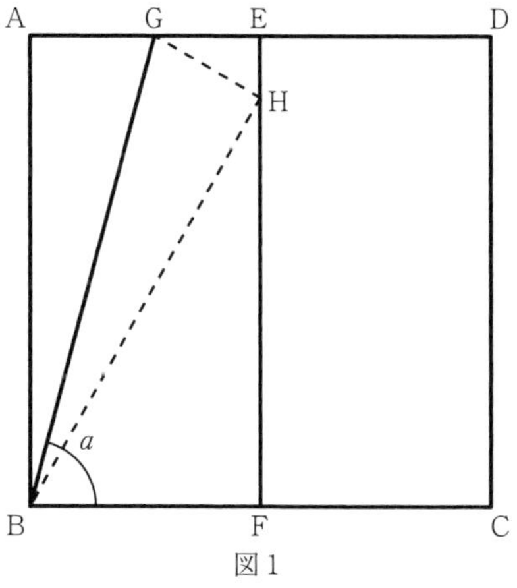

図１

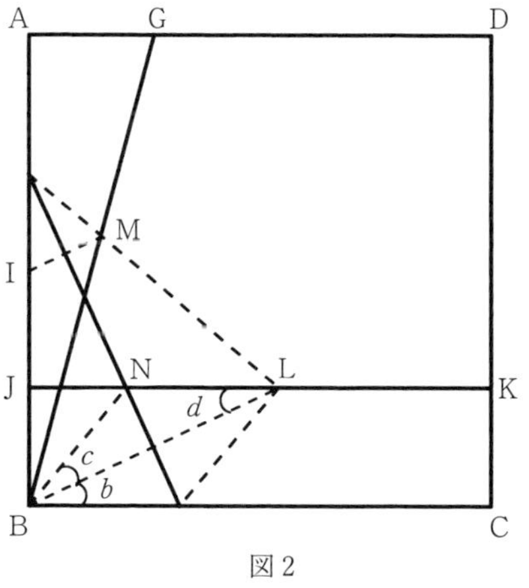

図２

このとき，次の問いに答えなさい。

(1) BHの長さとBFの長さの比を最も簡単な整数の比で答えなさい。

(2) 角度aの大きさを求めなさい。

(3) 角度bの大きさを求めなさい。

ただし，途中の考え方を角度cや角度dの大きさにもふれながら説明しなさい。

【社　会】〈B試験〉（40分）〈満点：75点〉

次の文章を読んで，あとの問いに答えなさい。

私たちは，朝起きたあとで顔を洗ったり，トイレに行ったり，食事やその後の洗い物をしたりと，①生活のあらゆるところで水を使っています。②手を洗うために蛇口《じゃぐち》をひねれば水が出てくることは当たり前だと思って生活をしています。こうした私たちの③生活を支える水について，少し考えてみましょう。

近年では，この水を，化石燃料などのように限りある資源ととらえて，水資源ともいいます。④日本は海に囲まれた島国です。しかし，海だけでは水資源が豊かになるとは限りません。川や海，そしてそれを育む豊かな森林，それらを形成する⑤山々などがあることで成り立っているのです。日本に暮らす人々は，こうした⑥自然環境に育まれた水の恵《めぐ》みを受け，生活を営んできました。そして，水が手に入りやすい川や海の近くに⑦定住するようになり，同じく水によって生命を維持《いじ》している植物や魚などをとって，⑧食料を得ていました。その後，⑨農耕を始めるようになりますが，日本人の食を支える米も，豊かな水があるからこそ作れるようになった農作物です。あわせて川や海を利用した人やものの移動も盛んにおこなわれてきました。弥生時代以降は，広大な海を隔《へだ》てた大陸にも思いをはせ，⑩朝鮮半島や中国などとの交流を積極的に行ってきました。

こうしたことから，川や海のある場所には多くの人が集まり，まちとなり，やがて⑪大きな都市となっていきました。例えば，⑫横浜の周辺は海に面していたことから港が開かれ，⑬外国との交易が積極的に行われて発展しました。開港によって⑭外国人も多くやってくるようになった横浜は，多くの人々が快適に，衛生的に生活を営めるよう，⑮明治時代に日本で初めて本格的な水道が整備された町でもあります。また，参勤交代などで，大名から庶民《しょみん》まで，多くの人々が出入りし，暮らすようになった⑯江戸のまちは，この江戸時代にいくつもの上水が引かれ，⑰政治の中心としての大都市を支えてきました。高度経済成長期は東京に人口が集中するようになったため，⑱ダムなどを建設することで渇水《かっすい》対策が行われるとともに，⑲日本中のほぼすべての地域に，いつでも使える上下水道が整備されました。

⑳世界の国々にも，大きな川や海の近くにあることで人々の交流や交易が行われ，発達した都市が数多くあります。㉑鉄道や自動車などの新たな㉒輸送形態の発達の影響《えいきょう》も受けましたが，今もなお，船を使った輸送は貴重な運搬の手段です。

一方，世界には十分な水を得ることができず，苦しい生活を送っている人たちも少なくありません。特に第二次世界大戦後に独立したアジアやアフリカの国々では，水をくみに行くために日中の多くの時間を使うため，学校に行くことができない㉓子どもたちがいます。また，安全に利用できる水が不足していることで衛生状態が悪化し，病気になってしまう人たちも大勢います。国際社会もこれを重大な問題だととらえており，㉔SDGsの6番には「安全な水とトイレを世界中に」という目標が掲《かか》げられています。

川や海があることで，豊かな水の恩恵《おんけい》にあずかっている日本も，安心してはいけません。工場などからの排水《はいすい》で川や海を汚《よご》して，自然環境や近隣《きんりん》の地域の住民の健康に大きな影響を与えた公害が起きました。そして，時には㉕大きな災害をもたらすこともあります。近年では，毎年のように起こっている，豪雨《ごうう》による河川のはんらんや土砂災害が，想像を超《こ》える威力《いりょく》で，私たちの生活を脅《おびや》かすこともあります。こうした環境に生きている私たちは，自然がもたらす力をあなどらず，共存していくことが求められます。「自然をおそれ敬う心」も日本人が歴史の中で培《つちか》ってきました。

㉖日本は世界の国と比べても，水が豊かな国と言われています。水は，長い時間をかけて育まれ，人間の社会を支えてきた資源で，持続可能な形で使っていくことが重要です。今日もそうした恵《めぐ》みに感謝しながら，水とともに暮らしていきましょう。

問1　下線部①について，日本には水にちなんだ慣用句がたくさんあります。過去のいざこざをけがれや邪悪《じゃあく》に見立て，みそぎを行うことに関係の深い慣用句として，最も適当なものを，次の**ア**～**エ**から一つ選んで，記号で答えなさい。

ア　水に流す　　**イ**　水が合わない　　**ウ**　水をさす　　**エ**　水をうつ

問2　下線部②について，ここ数年，感染症《かんせんしょう》対策として，手を洗うことの重要性がより強まってきています。右の**図1**は，近年の感染症のまん延が，さまざまな商品の売れ行きにどのように影響しているのかを調べてまとめたものです。グラフは，自転車(電動アシスト車)，電気冷蔵庫，口紅，手洗い用液体せっけんの4品目について，2017年から2020年まで販売《はんばい》金額の合計の推移を，2017年の値を100として計算し，表したものです。自転車(電動アシスト車)を表しているものとして，適当なものを，グラフ中の**ア**～**エ**から一つ選んで，記号で答えなさい。

図1

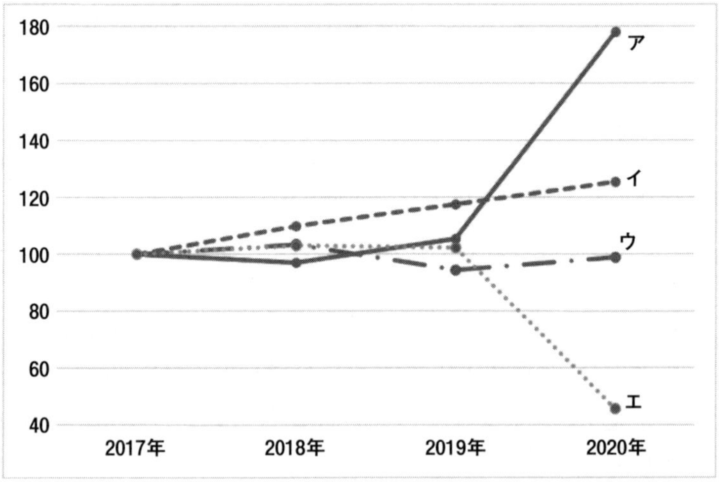

経済産業省生産動態統計をもとに作成

問3　下線部③について，静岡県三島市では，昔から豊富な湧水《わきみず》が人々の生活を支えてきました。三島市にある，豊臣秀吉の大軍を迎《むか》え撃《う》つ目的でつくられた山中城を築造した戦国大名として，適当なものを，次の**ア**～**オ**から一つ選んで，記号で答えなさい。

ア　上杉氏　　**イ**　武田氏　　**ウ**　今川氏　　**エ**　伊達氏　　**オ**　北条氏

問4　下線部④について，次の問い(**1**)，(**2**)に答えなさい。

(**1**)　日本の最南端《さいなんたん》の島を答えなさい。

(**2**)　ある生徒が，海での戦いについて調べるため，その戦いにかかわる次の**A**～**D**の史料をそろえて調査を行いました。この生徒が調べた海での戦いとして，最も適当なものを，下の**ア**～**オ**から一つ選んで，記号で答えなさい。

＜史料＞

A：中国と朝鮮の歴代王朝の名前と時期

B：日本国内支配者の勢力範囲《はんい》の地図

C：戦いに用いられた双方《そうほう》の船の装備

D：対馬の支配者とその外交交渉の歴史

ア　白村江《はくすきのえ》の戦い　**イ**　壇ノ浦《だんのうら》の戦い　**ウ**　秀吉朝鮮出兵
エ　日本海海戦　**オ**　沖縄戦

問5　下線部⑤について，次の**Ⅰ**，**Ⅱ**の文章は，日本の火山について説明したものです。**Ⅰ**，**Ⅱ**の火山の位置を，地図中の**A**～**E**から選び，その火山の名前と組合わせたものとして，適当なものを，下の**ア**～**ク**から一つ選んで，記号で答えなさい。

Ⅰ　県境にある3057mの火山です。この火山は，2014年に噴火《ふんか》しました。登山者が多い紅葉シーズンの噴火で，多くの犠牲《ぎせい》者がでました。

Ⅱ　世界最大級のカルデラと外輪山で構成される火山です。カルデラ内には3つの市町村があり，約5万人が生活しています。

ア　**Ⅰ**…**B**・蔵王山　**Ⅱ**…**A**・大雪山　**イ**　**Ⅰ**…**B**・蔵王山　**Ⅱ**…**C**・御嶽山
ウ　**Ⅰ**…**B**・蔵王山　**Ⅱ**…**D**・阿蘇山　**エ**　**Ⅰ**…**C**・御嶽山　**Ⅱ**…**A**・大雪山
オ　**Ⅰ**…**C**・御嶽山　**Ⅱ**…**D**・阿蘇山　**カ**　**Ⅰ**…**C**・御嶽山　**Ⅱ**…**E**・桜島(御岳)
キ　**Ⅰ**…**D**・阿蘇山　**Ⅱ**…**C**・御嶽山　**ク**　**Ⅰ**…**D**・阿蘇山　**Ⅱ**…**E**・桜島(御岳)

問6　下線部⑥について，昨年7月，奄美大島，徳之島，沖縄島北部，西表島が世界自然遺産に登録されました。日本にはこの他に4つの世界自然遺産があります。それらの世界自然遺産と，それが所在する都道府県の組合せとして，**適当でないもの**を，次の**ア**～**エ**から一つ選んで，記号で答えなさい。

ア　小笠原諸島－東京都　**イ**　知床－北海道
ウ　白神山地－秋田県・岩手県　**エ**　屋久島－鹿児島県

問7　下線部⑦について，どこに定住するかの自由は，日本国憲法では，経済活動の自由の一つとして，国民に認められています。これを定めた日本国憲法第22条について，空らんに当てはまる語句を，**漢字で**答えなさい。

第22条　何人も，公共の福祉に反しない限り，居住，移転及び［　　　］の自由を有する。

問8　下線部⑧について，日本の省庁の中で，食料の供給やそれを支える第一次産業の管理を担っている省庁はどこですか。**漢字で**答えなさい。

問9　下線部⑨について，農耕が始まったことで人々の生活には変化が訪れました。弥生時代の説明として，**適当でないもの**を，次の**ア**～**エ**から一つ選んで，記号で答えなさい。

ア　米作りは九州地方から始まり，しだいに東北地方まで広がりましたが，北海道には伝わりませんでした。

イ　米作りの伝来と同時期に，金属器が日本に伝わり，青銅器のくわやすきなどの農具を使用したことで生産性が高まりました。

ウ　このころの代表的な遺跡である吉野ケ里遺跡からは，死者を納めたかめ棺《かん》が並ぶ墓地やものみやぐら，村全体を囲う巨大《きょだい》な堀《ほり》や柵《さく》が発見されました。

エ　この時代に邪馬台国が出現し，卑弥呼とよばれる女王がまじないによる政治を行い，魏《ぎ》の国に使いを送り金印や銅鏡を与《あた》えられました。

問10　下線部⑩について，次の**ア**～**オ**の出来事を，年代の古い順に並べ替えなさい。

ア　将軍が明の皇帝の臣下となることで，日明貿易が開始されました。

イ　厩戸王は，隋との国交を開くために，小野妹子を派遣《はけん》しました。

ウ　倭の五王は，東アジアでの地位を優位にするために，中国の南朝に使いを送りました。

エ　長崎が貿易港として，清との間での貿易に使われていました。

オ　大輪田泊が修築され，日宋貿易が行われました。

問11　下線部⑪について，次の問い**(1)**，**(2)**に答えなさい。

(1)　次の都市の中で，戦国大名が城郭《じょうかく》を中心に計画的に建設した都市として，**適当でないもの**を，次の**ア**～**オ**から一つ選んで，記号で答えなさい。

ア　長野　　**イ**　小田原　　**ウ**　岐阜

エ　熊本　　**オ**　鹿児島

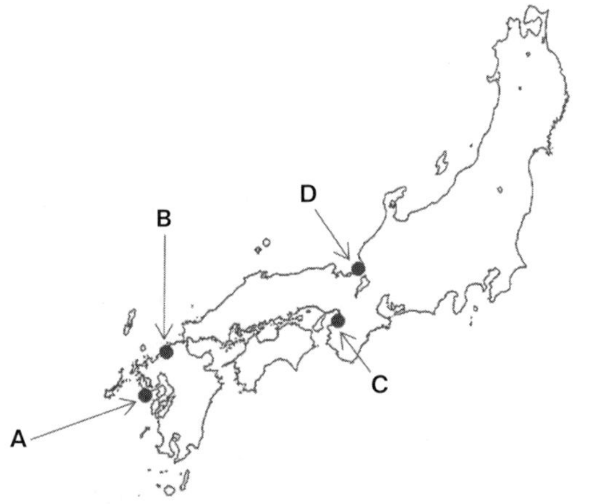

(2)　次の**Ⅰ**，**Ⅱ**は港町について述べた文です。それぞれの港町の位置を，地図中の**A**～**D**から選び，その港町の名前と組合わせたものとして，適当なものを，下の**ア**～**ク**から一つ選んで，記号で答えなさい。

Ⅰ　古代より中国・朝鮮から使節が来航する窓口となっていた港で，中世も自治的な町として栄えました。

Ⅱ　古代から日本海側の物資を陸揚《りくあ》げして，都まで運び込む窓口となった港で，渤海《ぼっかい》という国の使節が来航したとされています。

ア　Ⅰ…**A**・博多港　Ⅱ…**C**・堺港　　**イ**　Ⅰ…**B**・博多港　Ⅱ…**C**・堺港

ウ　Ⅰ…**A**・堺港　Ⅱ…**C**・敦賀港　　**エ**　Ⅰ…**B**・堺港　Ⅱ…**C**・敦賀港

オ　Ⅰ…**A**・博多港　Ⅱ…**D**・敦賀港　　**カ**　Ⅰ…**B**・博多港　Ⅱ…**D**・敦賀港

キ　Ⅰ…**A**・長崎港　Ⅱ…**D**・堺港　　**ク**　Ⅰ…**B**・長崎港　Ⅱ…**D**・敦賀港

問12　下線部⑫について，次の問い**(1)**～**(3)**に答えなさい。

(1)　横浜市の人口は，2020年に実施された国勢調査によると，377.8万人で，全国では，東京23区を除くと，最大の人口をほこる市です。横浜市の次に人口の多い市として，適当なものを，次の**ア**～**オ**から一つ選んで，記号で答えなさい。

ア　札幌市　　**イ**　仙台市　　**ウ**　大阪市　　**エ**　広島市　　**オ**　福岡市

(2)　横浜市は政令指定都市になっており，神奈川県には横浜市を含め，３つの政令指定都市があります。同じように複数の政令指定都市をもつ都道府県として，適当なものを，次の**ア**～**オ**から一つ選んで，記号で答えなさい。なお，図の縮尺は，それぞれ異なっています。

ア

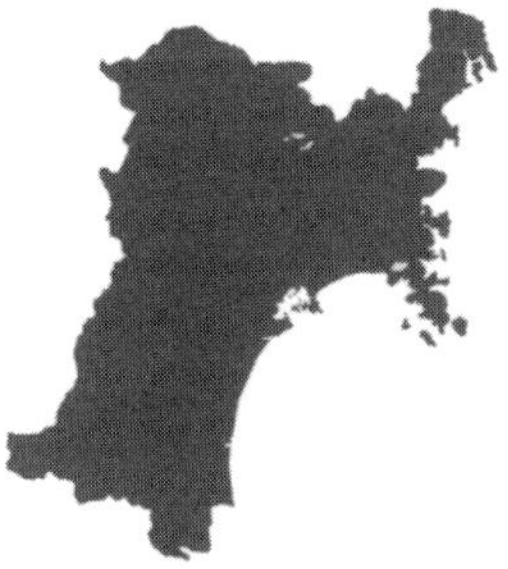

イ

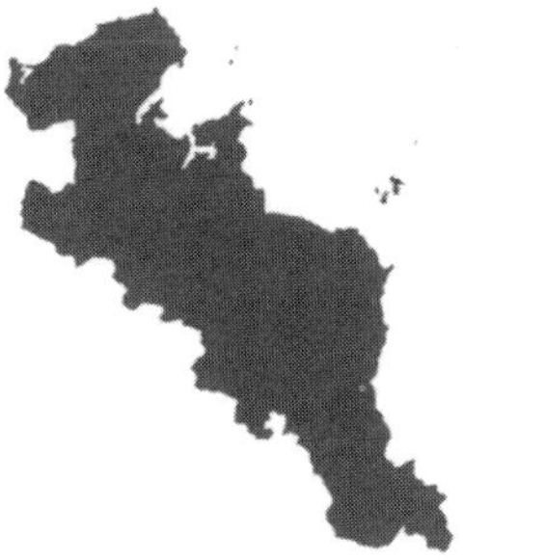

ウ

エ

オ

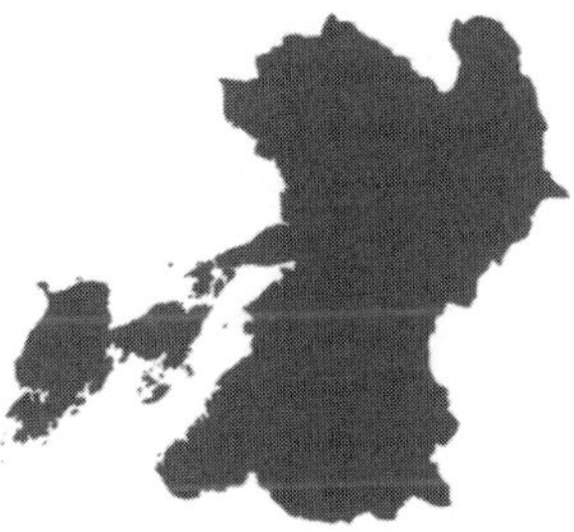

(3) 横浜の名産品の一つにシュウマイがあります。次の表は，シュウマイの原材料のうち，豚の頭数(2019年)，タマネギの生産量(2018年)，ホタテの漁獲量(2020年)，小麦の生産量(2018年)について，それぞれ上位５位の都道府県とその割合を示しています。このうち，ホタテにあたるものとして，適当なものを，次の**ア**～**エ**から一つ選んで，記号で答えなさい。

	１位	２位	３位	４位	５位
ア	北海道　65.4%	福岡県 6.6%	佐賀県 4.5%	愛知県 3.0%	三重県 2.2%
イ	北海道　62.1%	佐賀県 9.8%	兵庫県 8.3%	長崎県 2.5%	愛知県 2.4%
ウ	鹿児島県 13.9%	宮崎県 9.1%	北海道 7.6%	群馬県 6.9%	千葉県 6.6%
エ	北海道　99.8%	青森県 0.2%			

問13　下線部⑬について，日本の歴史を振り返ると，外国からの圧力によって国の仕組みや政治が大きく変化したことがうかがえます。歴史上の出来事とこれに対する変化の組合わせとして，**適当でないもの**を，次の**ア**～**エ**から一つ選んで，記号で答えなさい。

ア　ペリーの来航－明治維新　　**イ**　第一次石油危機－バブル景気崩壊《ほうかい》

ウ　漢帝国《ていこく》の衰退《すいたい》－邪馬台国の成立　　**エ**　ポルトガル船の来航－キリスト教の布教

問14　下線部⑭について，明治時代には，維新政府は，殖産興業政策を推進するために，外国人を雇《やと》い入れて，高い技術と知識を効率的に日本に取り入れようとしました。このような外国人をお雇い外国人といいます。富岡製糸場に携《たずさ》わったお雇い外国人について述べた文として，適当なものを，次の**ア**～**エ**から一つ選んで，記号で答えなさい。

ア　クラークはアメリカ人の昆虫《こんちゅう》学者で，富岡の地において，蚕《かいこ》の品種改良に努め，製糸場で生産される生糸の品質向上に貢献《こうけん》しました。

イ　ベルツは1869年に来日したドイツ人医師で，製糸場で働く女工たちの診療《しんりょう》に携わり，結核《けっかく》等の治療《ちりょう》にあたりました。

ウ　ブリューナはフランス人の製糸技術者で，模範《もはん》製糸工場建設について政府と契約《けいやく》し，立地を富岡に決め，工場建設，機械設備の購入《こうにゅう》を指揮《しき》し，官営製糸場を完成させました。

エ　モースはアメリカ人の動物学者で，地質調査を富岡で進め，この地に製糸場を誘致《ゆうち》しました。

問15　下線部⑮について，明治時代に作られた，大日本帝国憲法に規定された院外機関(議会の外の機関)や組織についての説明として，適当なものを，次の**ア**～**エ**から一つ選んで，記号で答えなさい。

ア　元老は内閣とともに天皇を補佐《ほさ》する憲法上の最高機関です。

イ　枢密院《すうみついん》は天皇が意見を求める機関で，重要な国事について審議《しんぎ》します。

ウ　陸軍は，内閣総理大臣の指揮の下に，天皇の最高指揮権を補佐する機関です。

エ　政党は，内閣が意見を求める機関で，法律勅令《ちょくれい》を起案します。

問16　下線部⑯について，江戸幕府滅亡《めつぼう》に際して，官軍側と幕府側の代表者２人が会談して江戸城の明け渡《わた》しに関する取り決めを行いました。この２人の人物は，それぞれ誰ですか。**漢字で**答えなさい。

問17　下線部⑰について，次の問い(**1**)～(**3**)に答えなさい。

(**1**)　次に示すのは，昨年の衆議院議員総選挙が行われた後の，国会における政党別の議員数を示したものです。憲法改正の発議を行うために必要な議員数に関する説明として，適当なものを，下の**ア**～**エ**から一つ選んで，記号で答えなさい。

＜衆議院＞

会派名	自由民主党	立憲民主党	公明党	日本共産党	日本維新の会	国民民主党	無所属その他	合計
議員数	261	96	32	10	41	11	14	465

NHKのサイトより(2021年11月18日時点)

＜参議院＞

会派名	自由民主党	立憲民主党	公明党	日本共産党	日本維新の会	国民民主党	無所属その他	合計
議員数	113	32	28	13	16	21	22	245

NHKのサイトより(2019年７月22日時点)

ア　現在の与党《よとう》である２つの政党の議員がすべて賛成すれば，両議院において国会での発議のために必要な人数に達します。

イ　現在の与党である２つの政党の議員がすべて賛成すれば，衆議院では発議が可能な人数に達しますが，参議院では達しません。

ウ　与党第一党と野党第一党の両政党の議員がすべて賛成すれば，両議院において国会での発議のために必要な人数に達します。

エ　国会での発議のために必要な人数を確保するためには，衆議院よりも参議院の方がより多くの政党を巻き込んで賛成を得なければなりません。

(**2**)　憲法に書かれている**A**～**C**の決まりのうち，これまで一度も行われたことがないものはどれでしょうか。その組合せとして，適当なものを，次のページの**ア**～**キ**から一つ選んで，記号で答えなさい。

A　衆議院が任期の途中《とちゅう》で解散されずに，4年間を全うしたこと。

B　衆議院の解散中に参議院の緊急集会が開かれたこと。

C　国民審査によって最高裁判所の裁判官が辞めさせられたこと。

ア　**A**　　**イ**　**B**　　**ウ**　**C**　　**エ**　**AとB**

オ　**AとC**　　**カ**　**BとC**　　**キ**　**AとBとC**

(3)　裁判官は，その責任から，立場がきちんと認められなければなりませんが，三権分立の決まりに基づいて辞めさせられることがあります。そのはたらきとして，適当なものを，右の**図2**中の**ア**～**カ**から一つ選んで，記号で答えなさい。また，そのはたらきのことを何とよびますか。**漢字で**答えなさい。

図2

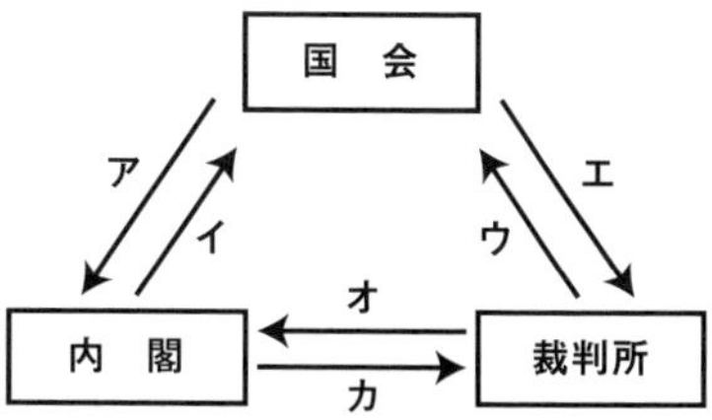

問18　下線部⑱について，次の問い**(1)**～**(3)**に答えなさい。

(1)　ダムは貯水のほかに発電の役割もあります。現在の日本の発電に関する説明として，最も適当なものを，次の**ア**～**エ**から一つ選んで，記号で答えなさい。

ア　水力発電は，環境に優しいエネルギー源として再び注目を集めており，日本国内における発電量の割合は，火力発電に匹敵《ひってき》するほどになっています。

イ　原子力発電は，東日本大震災《しんさい》の際の事故以降，少しずつ停止され，現在日本の中で稼《か》働《どう》している発電所はありません。

ウ　火力発電は，石油や石炭，天然ガスなどをエネルギーとして発電を行う仕組みですが，この発電の割合が増えると，地球温暖化の原因となる温室効果ガスをより発生させるといわれています。

エ　再生可能エネルギーは，自然界にあるものを利用したエネルギーですが，日本は再生可能エネルギーに適した環境に恵まれておらず，この発電方法に向いていないといわれています。

(2)　右の**図3**は，日本の都道府県を※包蔵水力の値の大きさごとに，3段階に分けたものです。段階**A**～**C**は，包蔵水力の値の大きさが5000GWh以上，5000GWh～1000GWh，1000GWh未満のいずれかの範囲となっています。段階**A**～**C**と，値の大きさの範囲との組合せとして，適当なものを，次の**ア**～**カ**から一つ選んで，記号で答えなさい。

図3

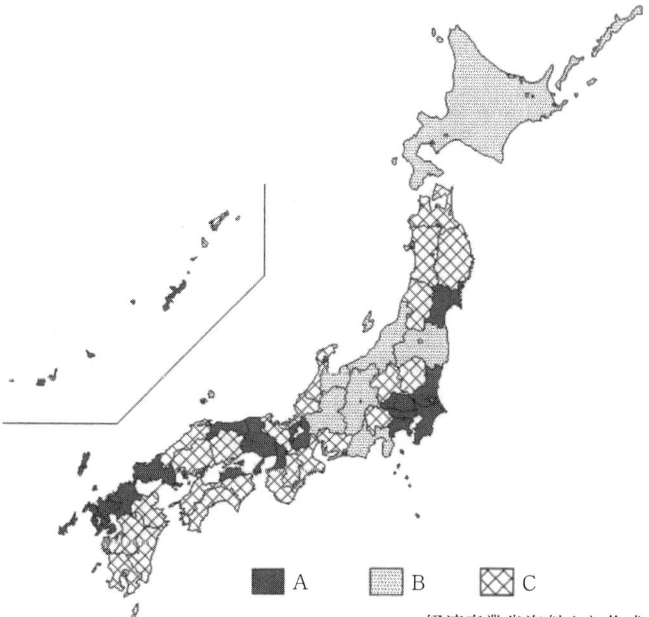

経済産業省資料より作成

※それぞれの河川の流量の平均値に落差の数値を掛けて求められ，その河川で水力発電に利用

できる力の大きさをあらわしています。GWh は，１時間当たりの発電量の単位です。

	包蔵水力の値		
	5000GWh 以上	5000GWh〜1000GWh	1000GWh 未満
ア	A	B	C
イ	A	C	B
ウ	B	A	C
エ	B	C	A
オ	C	A	B
カ	C	B	A

(3)　次の地図は，中国・四国地方の一部の地域について，500m ごとの等高線と，※規模ごとに分類したダムの分布を表しています。このうち，総貯水量が1000万 m³ より小さいダムが多く分布している場所はどこですか。場所の説明と，小さいダムが多く分布している理由とを，この地域の気候に関連させて簡潔に説明しなさい。

※総貯水量が1000万 m³ より大きなダムは★，1000万 m³ より小さなダムは●で示しています。

国土交通省資料より作成

問19　下線部⑲について，政治は，日本のすべての地域に暮らす人々の意見を取り入れることが望ましいと考えられます。これについての**A**さんと**B**さんの会話文と**表１**を参考にすると，会話文の下線部の考え方は，**表２**のどこに位置付けられますか。最も適当なものを，**表２**中の**ア**〜**エ**から一つ選んで，記号で答えなさい。

A：衆議院小選挙区の区割り案が議論されているね。

B：６月に公表された2020年の国勢調査の速報値で計算した結果，次々回以降の衆議院選挙から定数を小選挙区で「10増10減」，比例区で「３増３減」することが必要になったんだ。

A：なぜ定数の見直しが必要なの？

B：人口が東京など大都市圏《けん》で増える一方，地方は減り，当選に必要な票数に格差が生じている。最高裁は，最大格差が２倍を超《こ》えた2009，2012，2014年の各衆議院選挙を「違憲《いけん》」

の一歩手前を意味する「違憲状態」と判断し，見直しを求めていたのだよ。

A：定数の増減数はどうやって決まったの？

B：国勢調査に基づき，人口比で定数を増減させる「アダムズ方式」で配分したんだ。

A：それならスムーズに運びそうだね。

B：いや，そうでもないよ。この方式の問題点を懸念《けねん》する声もあるよ。

2021年８月26日　朝日新聞「いちからわかる！」より作成

一部，文章を編集しています

表１

定数	定数増減の対象となる都道府県
５増	東京都
２増	神奈川県
１増	埼玉県・千葉県・愛知県
１減	宮城県・福島県・新潟県・滋賀県・和歌山県・岡山県・広島県・山口県・愛媛県・長崎県

表２

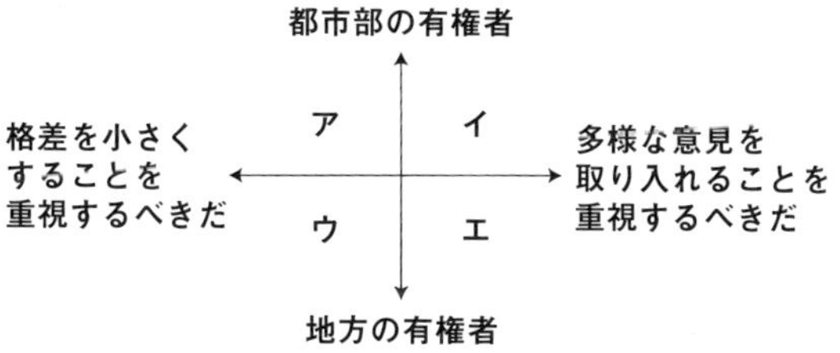

問20　下線部⑳について，次の文章Ⅰ～Ⅲはそれぞれ，世界のある国の政治の仕組みを説明したものです。それぞれの国は日本とは貿易面での関わりが深く，表**ア～ウ**では，日本との輸出入額や，日本と最も多く取引された品目を示しています。**Ⅰ～Ⅲ**の**いずれか**を一つ選び，その国の名前を答え，当てはまる表を**ア～ウ**から一つ選んで，記号で答えなさい。

Ⅰ　2019年に建国から70年を迎《むか》えました。一つの政党が政治・経済を集中的に握《にぎ》っています。世界で初めて，冬と夏のオリンピックを同じ都市で開催《かいさい》する国です。

Ⅱ　一つの大陸が一つの国になっています。この国の王は，歴史的にほかの国の王が務めるという歴史があり，そのことは国旗を見てもわかります。2032年の夏のオリンピックを，この国の都市で開くことが決まりました。

Ⅲ　大統領がいますが，実質的な政治は首相が務めています。昨年，十数年ぶりに首相が交代しました。2024年の夏のオリンピックは，この国の隣《となり》の国で行われます。

ア

輸出		輸入
2.31兆円	金額	2.87兆円
乗用車	品目	乗用車

イ

輸出		輸入
1.89兆円	金額	5.05兆円
乗用車	品目	石炭

ウ

輸出		輸入
15.90兆円	金額	19.19兆円
半導体等電子部品	品目	通信機

財務省貿易統計より作成

問21　下線部㉑について，次の５つの駅，横浜，日吉，戸塚，新横浜，長津田は，横浜市内の駅の乗客数上位５駅を表しています。これらの駅に共通していることの説明として，最も適当なものを，次の**ア**～**エ**から一つ選んで，記号で答えなさい。

ア　複数の鉄道路線が乗り入れています。

イ　市内18区の区役所の最寄り駅です。

ウ　駅周辺に大きな工場があります。

エ　駅近くにデパート(百貨店)があります。

問22　下線部㉒について，次の**記事Ａ**，**記事Ｂ**は，ある会社のホームページに掲載《けいさい》された記事です。これを読んで，あとの問い**(1)**，**(2)**に答えなさい。

記事Ａ

> 北海道の「鮮魚」や「オリジナル弁当」を北海道新幹線で東京駅に運び，販売します
>
> 当社とＴ社は，これまで各地の特産品を新幹線で東京駅に運び，販売するイベントを実施しております。今回は，初めて北海道新幹線で新鮮な魚介類やオリジナル弁当を運び，イベントで販売します。

2020年２月13日に東日本旅客鉄道株式会社などが発表した記事をもとに作成

記事Ｂ

> 高速バスを活用した「アユ」の輸送・販売を開始します
>
> 当社では，飛騨地域の名物である天然鮎を朝出荷し，当日中に東京へ輸送・販売する取り組みを開始します。早朝に氷締めしたアユを，その日のうちに高速バスで東京まで輸送し，店頭販売します。

2021年７月27日に京王グループが発表した記事をもとに作成

(1)　両記事のような取り組みは，旅客輸送だけを行っていた鉄道やバスの車両に貨物を載《の》せることから，「貨客混載《こんさい》」といわれ，広がってきています。こうした輸送を行うことによる利点を，次のようにまとめました。空らん「　」は，SDGsの達成にもつながり，社会全体にとっても良いことだととらえられます。あてはまる内容を答えなさい。

> ・車両でお客さんの乗っていないスペースを有効に活用することができる。
> ・「　　　　　」。
> ・都市部のお客さんに素早く，新鮮な食品を届けることができる。
> ・鉄道会社などが持っている商業施設を使って販売することができる。

(2)　他のエリアでの実施を考えた際，その内容として，適当なものを，次の**ア**～**エ**から一つ選んで，記号で答えなさい。

ア　東海道新幹線で岐阜県産のサンマを運び，東京駅の中にある店舗《てんぽ》で販売します。

イ　北陸新幹線で青森県産のリンゴを運び，大宮駅の中にある店舗で販売します。

ウ　東北新幹線で宮城県産の牡蠣《かき》を運び，東京駅の中にある飲食店で提供します。

エ　高速バスで東名高速道路を使って千葉県産の牛乳を運び，羽田空港の中にある店舗で販売します。

問23　下線部㉓について，日本の合計特殊《とくしゅ》出生率(2018年)として，適当なものを，次の**ア**～**エ**から一つ選んで，記号で答えなさい。

ア　1.25　　**イ**　1.42　　**ウ**　1.85　　**エ**　2.11

問24　下線部㉔について，多様性を表すシンボルカラーがあるといわれています。その色として，適当なものを，次の**ア**～**エ**から一つ選んで，記号で答えなさい。

ア　虹《にじ》をイメージした７色　　**イ**　地球を意味する白色と青色

ウ　何色にも染まらない黒色　　**エ**　生命の源である太陽を示すオレンジ色

問25　下線部㉕について，次の問い(**1**)～(**3**)に答えなさい。

(**1**)　災害などが発生した際に，効果的に通信できるよう，世界の多くの国々で，緊急用通報番号というものがあります。日本の緊急用通報番号で，消防機関への通報として利用する番号を，**数字で**答えなさい。

(**2**)　災害に対する備えについて述べた次の文の空らん［A］～［C］にあてはまる語句の組合せとして，適当なものを，下の**ア**～**カ**から一つ選んで，記号で答えなさい。

自宅にて，家具が倒《たお》れないように転倒《てんとう》防止の器具を取り付けたり，防災用品を準備したりすることを［　A　］といい，防災や減災に向けた活動の基本となります。避難所《ひなんじょ》を設置したり，救援《きゅうえん》物資を届けたりする国や都道府県・市町村などの取り組みのことを［　B　］といいます。また，同じ地域に住む人や避難所で一緒《いっしょ》になった人同士が助け合うことを［　C　］といいます。

ア　［A］…公助・［B］…共助・［C］…自助

イ　［A］…公助・［B］…自助・［C］…共助

ウ　［A］…共助・［B］…自助・［C］…公助

エ　［A］…共助・［B］…公助・［C］…自助

オ　［A］…自助・［B］…公助・［C］…共助

カ　［A］…自助・［B］…共助・［C］…公助

(**3**)　次の写真**A**・**B**は，災害を防いだり，災害から避難《ひなん》したりするための施設《しせつ》の写真です。それぞれの使用目的の説明として，最も適当なものを，下の**ア**～**カ**からそれぞれ一つずつ選んで，記号で答えなさい。なお，写真は出題の都合上，一部加工しています。

A

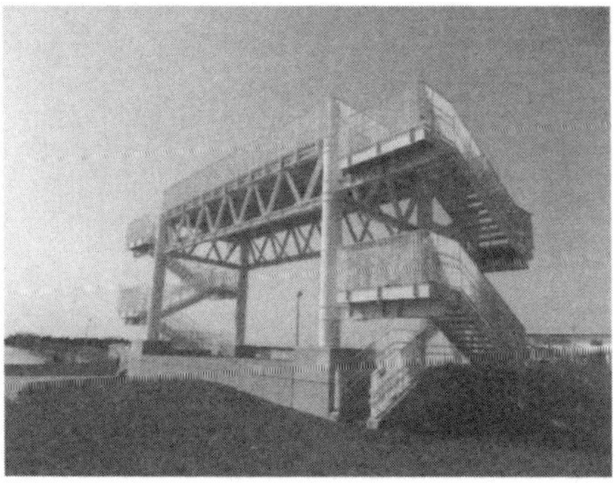

B

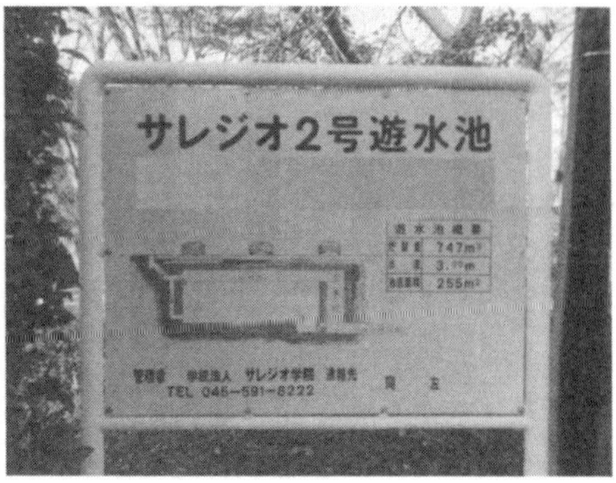

ア　液状化現象を防ぐための施設

イ　土砂くずれが起こらないようにするための施設

ウ　大雪の際に避難するための施設

エ　火山の噴火から避難するための施設

オ　津波から避難するための施設

カ　河川がはんらんしないようにするための施設

問26　下線部㉖について，次の**図5**，**図6**は，日本と諸外国の水資源に関わる図です。仮に，日本の食料自給率が大幅に上昇した場合，日本の水資源にはどのような影響があるでしょうか。それぞれの図に生じる変化を踏まえ，答えなさい。

図5

主な国からの日本の仮想水(バーチャルウォーター)輸入量

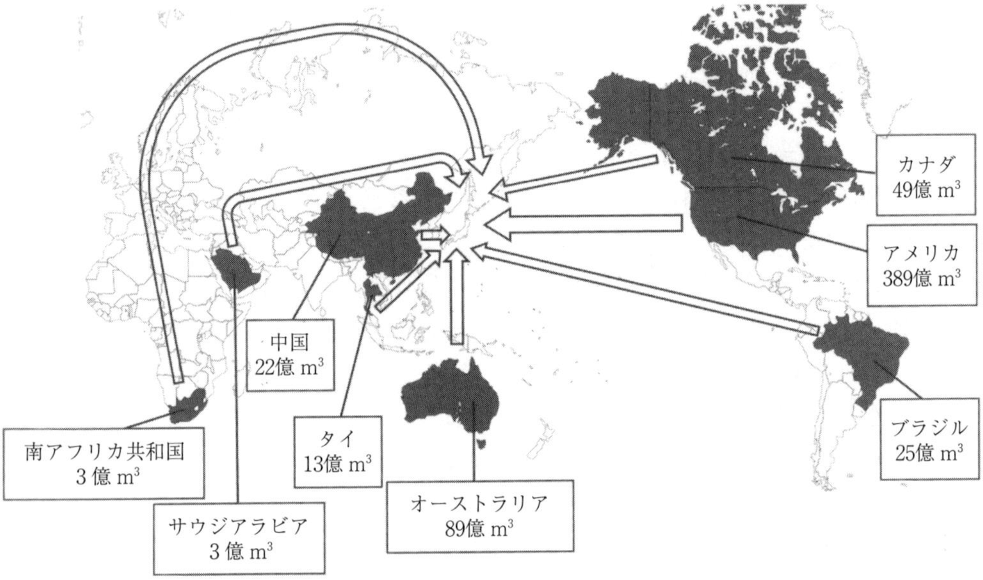

仮想水(バーチャルウォーター)とは，食料を輸入している国において，もしその輸入食料を生産するとしたら，どの程度の水が必要かを推定した数値のことです。

東京大学生産技術研究所　沖大幹教授の公開データをもとに作成

図6

消費されている水資源のうち，生活用水が占める割合

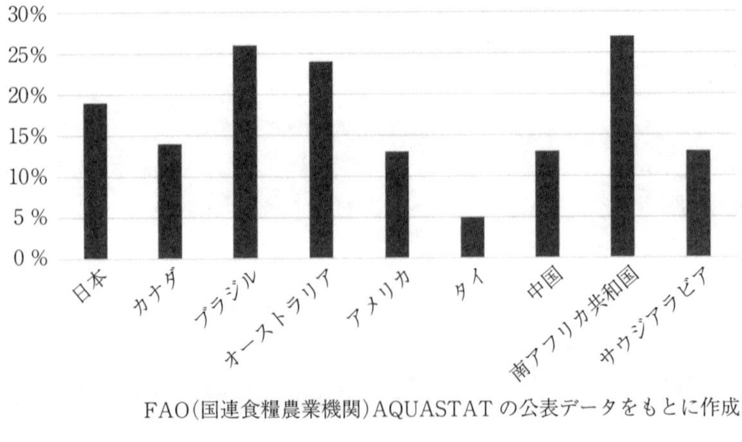

FAO(国連食糧農業機関)AQUASTATの公表データをもとに作成

【理　科】〈**B試験**〉（40分）〈満点：75点〉

1　ふりこの運動について以下の文章を読んで，あとの問いに答えなさい。

図1のように軽い糸に，ある重さのおもりをつけ，端《はし》を固定してふりこの実験を行います。ふれはば(初めにおもりを持ち上げる角度)，ふりこの長さ(支点からおもりの中心までの長さ)，おもりの数などの条件を変えながら，ふりこが十往復する時間(以下の表では「時間」とします)をストップウォッチで何度かはかってその平均をとりました。

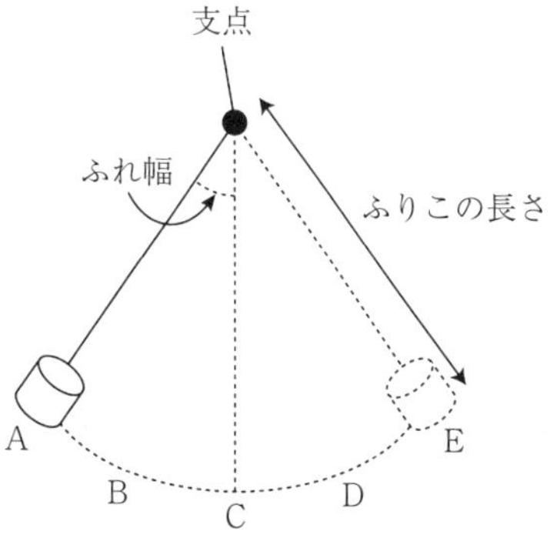

図1

実験1　おもり1個，ふりこの長さ50cmでふれはばを変える。

ふれはば(°)	10°	20°	30°
時間(秒)	14.2	14.2	14.2

実験2　ふりこの長さ40cm，ふれはば20°でおもりの個数を変える。

個数	1	2	3
時間(秒)	12.6	12.6	12.6

実験3　おもり1個，ふれはば20°でふりこの長さを変える。

ふりこの長さ(cm)	10	15	20	25	30	40	50	60	70	75	80
時間(秒)	6.3	7.8	9.0	10.0	11.0	12.6	14.2	(　　)	16.8	17.4	18.0

(1)　実験1および2からわかるように，おもりの往復時間がふれはばやおもりの重さによらないことを「ふり子の等時性」といいます。ふり子の等時性はふれはばがあまり大きくなければ成り立つことが知られています。ふり子の等時性の発見者とされている人はだれですか。以下の**ア**～**エ**から正しいものを選びなさい。

ア　ニュートン　　**イ**　ガリレイ　　**ウ**　ケプラー　　**エ**　エジソン

(2)　実験3の表でふりこの長さが60cmのときの十往復の時間は何秒になると考えられますか。**小数第2位を四捨五入し，小数第1位まで答えなさい**。

(3)　図1のA～Eの位置でおもりが一番速くなる点とおそくなる点はどこですか。それぞれについてあてはまるものをすべて答えなさい。

(4)　実験2でおもりを3個にするとき，最も良いつけ方はどれですか。以下の**ア**～**エ**から正しいものを選び，そのつけ方以外が良くない理由を書きなさい。(色のついているおもりは新たにつけ加えたおもりです。)

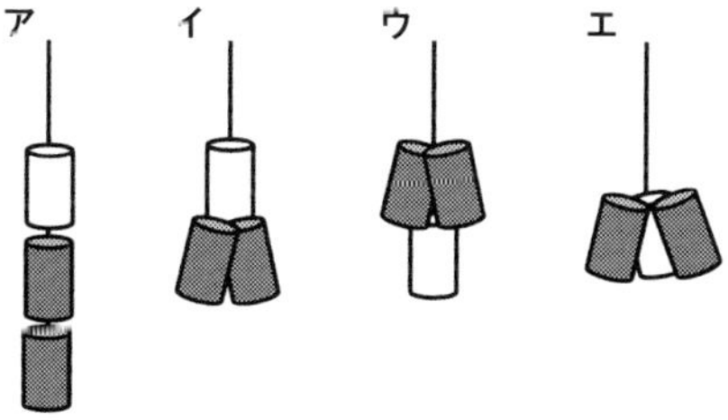

(5)　実験3について縦じくに「一往復の時間」，横じくに「ふりこの長さ」をとったグラフはどのような形になりますか。以下の**ア**～**エ**から正しいものを選びなさい。(必要なら下のグラフ

用紙を用いてよい。)

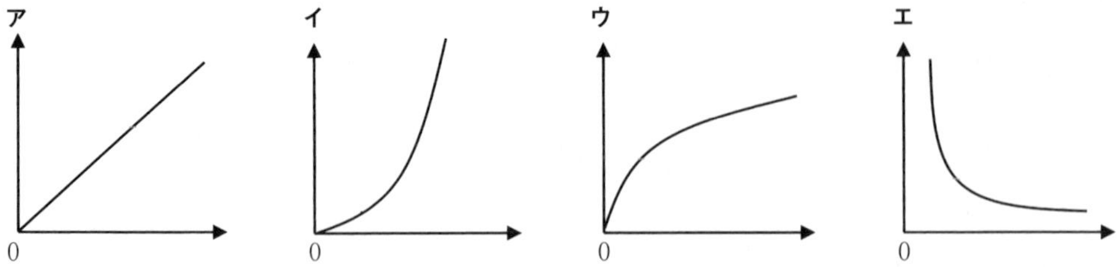

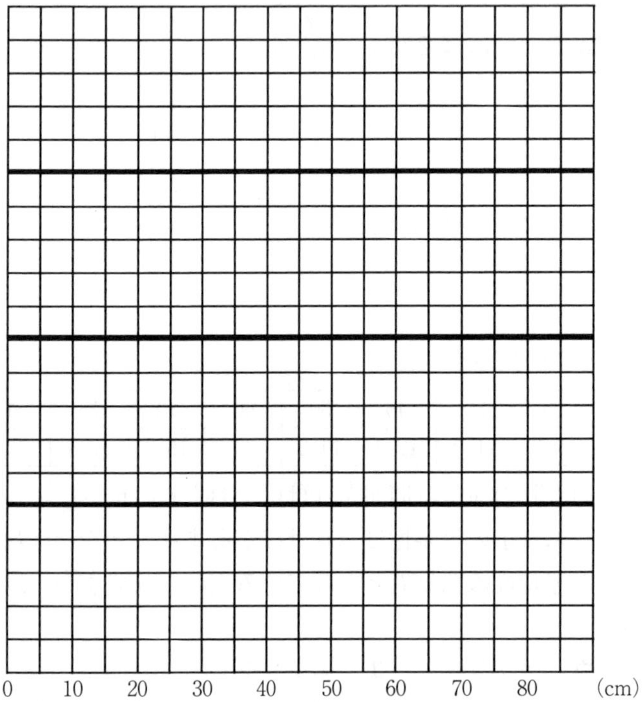

(6)　図2のようにふりこの長さを100cmとしておもりを1個とりつけ，支点の真下のある位置にくぎをうった状態でふりはば20°の高さからおもりを静かにはなしました。くぎの左右でふりこの往復時間が変わるため，十往復の時間は16.3秒になりました。くぎの位置は支点の下何cmにあると考えられますか，整数で答えなさい。(図2のくぎの位置は正確ではありません。)

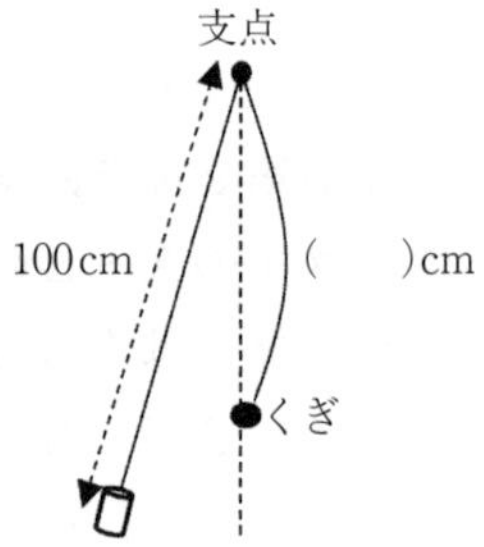

図2

2　水と食塩を混ぜて食塩水を作るとき，食塩水のこさ(単位は%)がどのように変化するのかを考えるために，同じ温度において次のような実験をして，それぞれ表1と表2のような結果を得ました。

実験あ

50gの水に，1分間あたり5gの食塩を少しずつ加えてとかしていく。

1分ごとに食塩水のこさを計算する。

実験い

食塩15gに，1分間あたり25gの水を少しずつ加えていく。

1分ごとに食塩水のこさを計算する。
※沈でんしている食塩は「とけている食塩の重さ」にはふくめません。

表1　実験あ　結果

時間	水(g)	食塩(g)	こさ(%)	沈でん(g)
1分	50	5	9%	なし
2分	50	10	17%	なし
3分	50	15	23%	なし
4分	50	20	(ア)	2
5分	50	25	(イ)	7

表2　実験い　結果

時間	水(g)	食塩(g)	こさ(%)	沈でん(g)
1分	25	15	(ウ)	(カ)
2分	50	15	(エ)	(キ)
3分	75	15	(オ)	(ク)
4分	100	15	13%	なし
5分	125	15	11%	なし

それぞれの実験の時間と，食塩水のこさの関係を，図1と図2のグラフに示そうと考えました。あとの問いに答えなさい。

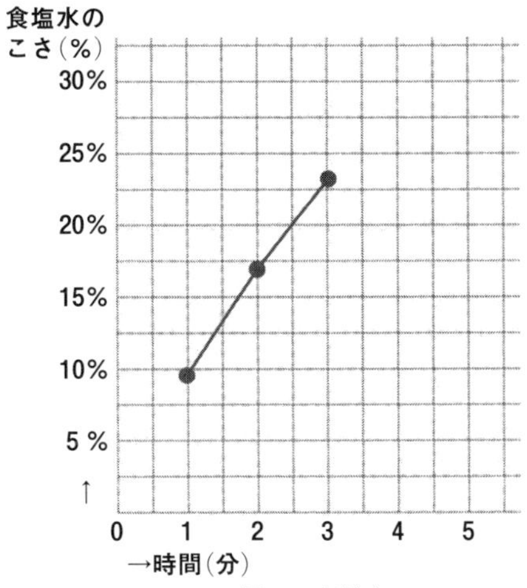

図1　実験あ

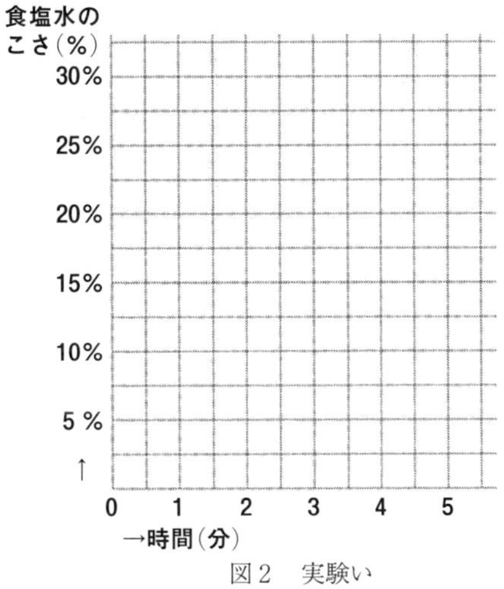

図2　実験い

(1)　沈でんした食塩の重さを調べるためには，どのようにして，測ればよいですか。20字以内で説明しなさい。

(2)　ほう和した食塩水のこさは，何%ですか。**小数第1位を四捨五入して整数で答えなさい。**

(3)　表2中の(ウ)に入る食塩水のこさは，何%ですか。**小数第1位を四捨五入して整数で答えなさい。**

(4)　表2中の沈でん(カ)は何g生じますか。**小数第1位を四捨五入して整数で答えなさい。生じない場合は「なし」と書きなさい。**

(5)　「実験あ」と「実験い」を同時に進めていくとき，それぞれの結果を示した図1と図2のグラフについて，解答らんのグラフに「実験あ」の4分と5分の点を書き込み，更に3分～5分の点を線で結び，同様に「実験い」の結果についても，同じグラフ上に1分～5分の点を書き込んで，それらの点を線で結んで示しなさい。

(6)「実験あ」と「実験い」を同時に進めていくとき，食塩水のこさが同じになるのは，何分から何分の間ですか。次の**ア**～**エ**から選び，記号で答えなさい。

ア　1分～2分　　**イ**　2分～3分　　**ウ**　3分～4分　　**エ**　4分～5分

3　あとの問いに答えなさい。

(1) 次の①～④の生物について，光合成をするがあまり動かない生物を**A**，光合成はできないが活発に動く生物を**B**，光合成をして活発に動く生物を**C**と答えなさい。ただし，同じ記号を何度選んで答えてもよいものとします。

①　ゾウリムシ　　②　ミドリムシ

③　クンショウモ　④　ツボワムシ

(2) 図1は，ヒトの体の横断面の様子を書いたものです。あとの問い①～④に答えなさい。

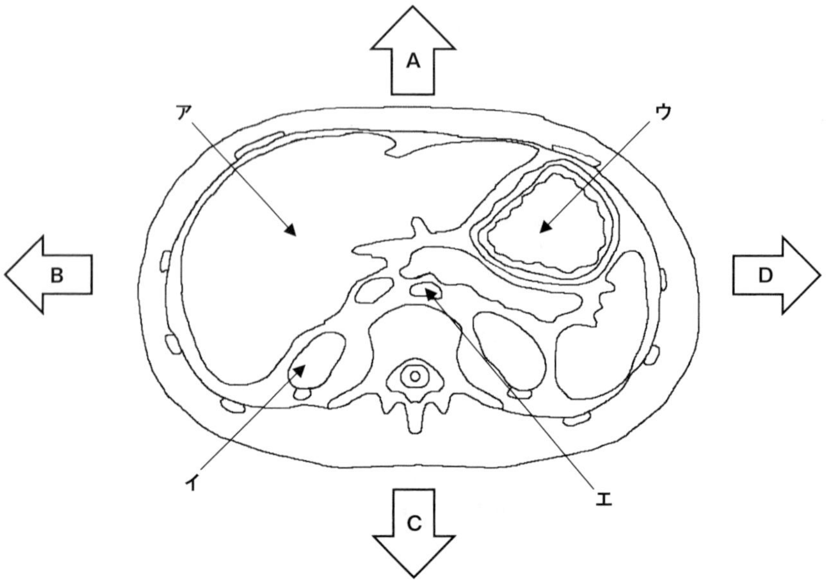

図1

①　図1で，この体の左側は矢印**A**～**D**のうち，どれですか。一つ選び記号で答えなさい。

②　図1の**ア**～**ウ**の臓器の名前と，**エ**の血管の名前を答えなさい。**ただし，漢字で答えても，ひらがなで答えてもよいものとします。また，エの内部を流れる血液は，紙面の裏から表の方向に流れるものとします。**

③　図1の**ア**の臓器を出た血液の特徴《ちょう》として最も適当なものを，次の**A**～**F**のうちから一つ選び記号で答えなさい。

A　酸素が最も多い。

B　二酸化炭素が最も少ない。

C　血圧が最も高い。

D　尿《にょう》素などの不要物が最も少ない。

E　空腹時は栄養分が最も多い。

F　食後は栄養分が最も多い。

④　図２は，ヒトの体の一部を前面から見たときの，骨格だけを書いたものです。図１は，図２のどの部分の横断面を見たものですか。点線**A**～**E**のうち，最も近い横断面と考えられるものを選び記号で答えなさい。

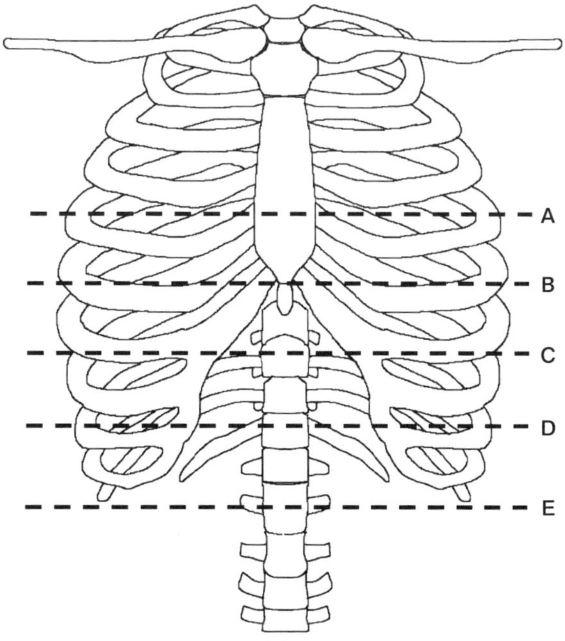

図２

(3)　ヒトは，体重１kgあたり52mg《ミリグラム》の窒《ちっ》素が，主に尿として１日に失われています。あとの問い①～②に答えなさい。**なお，１g＝1000mgとして計算しなさい。**

①　体重60kgのヒトは，１年間で何gの窒素を失うか，計算しなさい。**ただし，小数第１位を四捨五入し，整数で答えるものとします。**

②　失われた窒素を，全てダイズを食べることで補うとすると，１年間に何kgのダイズが必要ですか。**ただし，小数第２位を四捨五入し，小数第１位まで答えなさい。また，ダイズ100gにはタンパク質が33gだけふくまれ，タンパク質には窒素がその重さの16%だけふくまれているものとします。**

4　次の文を読み(1)～(5)の問いに答えなさい。

図１のように，高さ０m，気温25℃の地表に，温度(気温)25℃の空気のかたまり**A**があります。空気のかたまり**A**は，まわりの空気と混ざりあったり，熱を伝えあったりしないものとします。このあと，空気のかたまり**A**に力が加わり，**A**は上昇を始め，**A**の温度は100m上昇するごとに１℃ずつ下がっていきました。

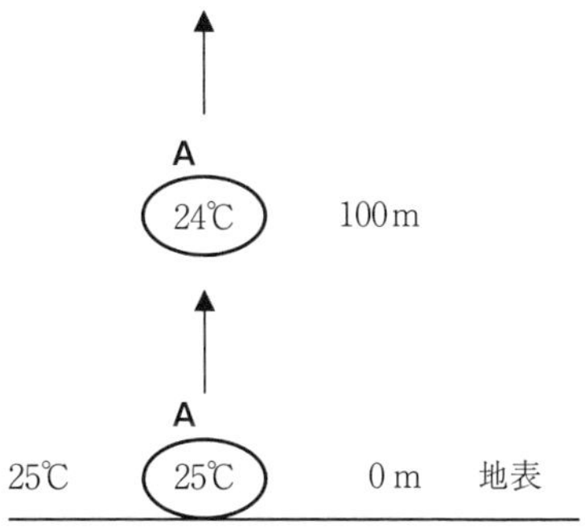

図１

(1)　空気のかたまり**A**の温度は，高さ800mでは何℃になりますか。

図２のグラフは，上昇している空気のかたまり**A**のまわりの空気のようす(高さと気温の関係)を表しています。

(2)　**A**のまわりの空気は，100m上昇するごとに何℃ずつ下がっていますか。**小数第２位までの小数で答えなさい。**

(3)　空気のかたまり**A**の高さが，1000mをこえると**A**の中で雲ができ始め，**A**の温度は100m上昇するごとに0.5℃ずつ下がるようになります。高さ3000mまでこの状態が続くものとして，空気のかたまり**A**の高さと温度の関係を図２のグラフにかき加えなさい。

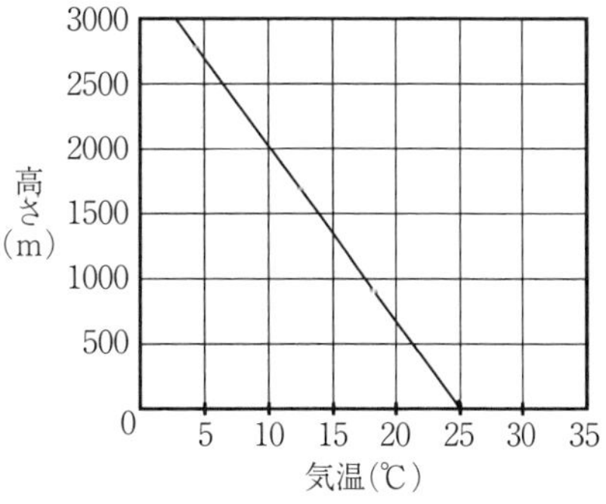

図２

(4)　空気のかたまり**A**が高さ1000mに達したところで，**A**に加わっていた力がなくなったと仮《か》定《てい》した場合，**A**はこのあとどのようになるでしょうか。次の**ア**～**エ**より選び記号で答えなさい。

ア　上昇を続ける　　**イ**　静止したままになる

ウ　下降を始める　　**エ**　上昇と下降をくり返す

(5)　空気のかたまり**A**が，はじめの状態よりも湿っていたとします。温度ははじめと同じ25℃です。**A**の中で雲ができ始める高さと，力が加わっていなくても**A**が自然に上昇を始める高さは，それぞれどのように変化しますか。次の**ア**～**エ**より選び記号で答えなさい。

	雲ができ始める高さ	自然に上昇を始める高さ
ア	高くなる	高くなる
イ	高くなる	低くなる
ウ	低くなる	高くなる
エ	低くなる	低くなる

イ　俊介が自らの夢に向けてがんばっていることで、夢を諦めてまで高校を中退して就職した当時の自分の決断が正しかったと気付かされ、これからより一層、俊介の夢の実現のためにがんばろうと思ったこと。

ウ　俊介が自らの夢に向けてがんばっていることで、今まで家から出ることなく家事だけをしていた自分が家事以外の仕事も出来ることが分かり、これからどんな仕事をしてみようか楽しみにしているということ。

エ　俊介が自らの夢に向けてがんばっていることが、結果的に子どもたちの成長へとつながっていることを実感させて、自分も母親として今まで以上に成長しなければいけないと考えているということ。

問七　――線⑥「大切なものを手の中に握りしめながらヨーイドン、私はまた走り出した」とありますが、この時の菜月の気持ちとして最も適切なものを次の中から一つ選び、記号で答えなさい。

ア　子どもたちが夢を追いかける姿から母親としての夢を見付けることが出来たことで、これからの人生の全てを賭《か》けて、俊介の目標達成に向かって出来ることは何でもやろうと考えている。

イ　何もかも諦めさせられて生きてきた自分には、子どもの存在だけがたったひとつの残された望みであり、これからの人生はその子どもたちと明るく楽しく暮らしてゆこうと考えている。

ウ　子どもたちのために初めて義母に反抗《はんこう》した自分を思い出すと晴れやかな気分になり、これからも周囲の否定的な意見からこの子どもたちを守ってやれるのは自分しかいないと考えている。

エ　これまでの自分の境遇《きょうぐう》を悔《く》やんでいたが、むしろそのおかげで子どもたちと共にいられていることに気付き、今度はその子どもたちと一緒《いっしょ》に今の自分の夢を追いかけようと考えている。

俊介と美音が、身を捩《よじ》って嬉しそうに笑っている。

⑥大切なものを手の中に握りしめながらヨーイドン、私はまた走り出した。

（藤岡陽子『金の角持つ子どもたち』〈集英社〉による）

《注》
＊美音…俊介の妹。生まれつき耳が聞こえない。
＊聾学校…耳の聞こえない人たちを教育する学校。
＊昼間の出来事…保育園で手伝いをしている菜月が、「京ちゃん」という耳が聞こえない子を泣《な》き止《や》ませ、保育士の高矢に「保育士に向いている」とほめられた経験のこと。

問一　――線①「だが光枝はそんな話にはまるで興味がないのか『ふうん』と呟《つぶや》き」とありますが、この時の光枝の気持ちとして最も適切なものを次の中から一つ選び、記号で答えなさい。

ア　夫の手術代を工面するのが今は一番大事で、その焦《あせ》りから菜月の考えを聞いてあげる気持ちの余裕がない。
イ　自分の考えや都合がなにより優先で、菜月の考えや俊介自身の意志を気に留めるつもりがほとんど最初からない。
ウ　俊介のために塾に行かせたくない気持ちが強く、菜月の考えをなんとか変えなければいけないと必死になっている。
エ　子育てに対する自分の考えに自信があるので、何を言われても余裕がある姿勢で、菜月のことを馬鹿にしたいと思っている。

問二　――線②「菜月の頭の中でなにかが弾《はじ》け切れるような音がした」とありますが、菜月がこのような気持ちになったのはなぜですか。五十字以内で説明しなさい。

問三　――線③「その姿は、義母が口にする『可哀そう』なものでは、決してない」とありますが、義母（光枝）が言う「『可哀そう』なもの」とはどのような子どもを指しますか。――線③の前から十一字で抜き出しなさい。

問四　空欄《くうらん》【A】に当てはまる言葉として最も適切なものを次の中から一つ選び、記号で答えなさい。

ア　やっちゃった　　イ　よく言った
ウ　ごめんなさい　　エ　義母が正しい

問五　――線④「二人で目を合わせて笑っているうちに、理由もなくまた涙が出てきて、でも心は晴れてすっきりしている」とありますが、この時の菜月の気持ちとして最も適切なものを次の中から一つ選び、記号で答えなさい。

ア　俊介が自分の祖母の考えを否定したことが何となくおかしく、光枝と口論した辛さはまだ消えないが、少し楽しくなっている。
イ　俊介の軽い態度を見ていると、光枝と口論した自分の苦労が馬鹿馬鹿しく思えて、このことはもう忘れてしまおうと思っている。
ウ　俊介の笑顔を見ていると、塾に行かせて苦労させるのがまた悲しくなって涙が出るが、今は我慢させる決心がついている。
エ　自分がしたことを俊介が肯定《こうてい》してくれたことで、今度は嬉し涙が出てきて、もともとの自分の考えに対する迷いも消えている。

問六　――線⑤「俊介が開けた中学受験という新しい扉《とびら》は、菜月が想像もしなかった別の場所へと続いていた」とありますが、これはどのようなことですか。最も適切なものを次の中から一つ選び、記号で答えなさい。

ア　俊介が自らの夢に向けてがんばっていることが、かつて夢を諦《あきら》めたと思っていた菜月にまだ自分には夢を実現する可能性があることを思わせて、これからの生き方を変えてゆくきっかけを作ったということ。

がした。振り返れば不機嫌《ふきげん》な顔をした美音がドアのそばに立っている。

（ママっ、お腹《なか》すいたっ）

唇を尖《とが》らせる美音に「ごめんごめん、すぐ準備するね」と笑いかけると、美音が菜月の手をつかんでぎゅっと強く握ってきた。その手のひらの感触《かんしょく》が＊昼間の出来事を思い出させる。泣きじゃくる京ちゃんの、柔《やわ》らかくて小さな手の温かさが蘇《よみがえ》ってきた。煎餅《せんべい》のようにパリパリに乾《かわ》いた子どもたちのパンツ。風にはためく小さな青いTシャツ。日に焼けた高矢先生の横顔。空を仰《あお》いで悲しげに泣く京ちゃんの姿。

晴れた青空の下で目にした眩《まばゆ》い光が、まぶたの裏に浮《う》かんできた。

私の新しい世界――。

急に口をつぐんだ菜月を見上げ、

（ママどうしたの）

と美音が聞いてきた。俊介も眉を下げてこっちを見ている。その不安げな子どもたちの顔に、菜月は笑顔を返す。

入学式からの数日間、美音は髪《かみ》をまっすぐに下ろして登校していた。耳に付けた補聴器《ほちょうき》をクラスメイトに見られないよう隠《かく》すためだ。でもいまは髪を束ねることも三つ編みにすることも怖《おそ》れずに学校に通っている。俊介の部屋からは毎朝五時になるときまって目覚まし時計のベルがなる。遅れを取り戻すため、俊介だけに特別に出された宿題をこなすためだ。早起きが大の苦手だった息子が、自分の力で起きている。

春を迎えてから一か月間、頑張る子どもたちを見ていると、自分もまだやれることがあるんじゃないかと思えてきた。自分の可能性を語れるのは自分しかいない。そんな当たり前のことを子どもたちが教えてくれる。

⑤俊介が開けた中学受験という新しい扉《とびら》は、菜月が想像もしなかった別の場所へと続いていた。

「あのね俊介、美音。お母さん、いまからお勉強して、保育園の先生になろうかな。お母さんが高校生の時にね、とてもいい先生に出会ったの。お母さんが高校をやめなくちゃいけなくなった時、その先生が最後まで応援してくれて……。お母さん、その時に、先生ってすごいなって思ったんだ。先生っていいな、って……」

突然《とつぜん》なにを言い出すのだという顔で子どもたちは菜月を見ていたが、すぐに兄妹《きょうだい》で顔を見合わせ、にやりと笑い合う。菜月は自分が口にした言葉に胸が高鳴り、しばらく呆然《ぼうぜん》としてしまった。そんな菜月の顔を見上げ、

「ママ、保育園の先生！　いいねっ！」

美音が口を大きく開き、はっきりと言葉を出す。発声を恥ずかしがって訓練以外の場所では喋《しゃべ》ってくれない美音の可愛《かわい》らしい声が大きく響く。

「うん、いいと思う。お母さんが先生って、なんかぴったりな気がする」

俊介に言われると、また泣きたくなった。

自分を見つめる子どもたちの目を見返しながら、ふと思う。十七歳の時になにもかも諦めた気になっていたけれど、本当にそうだったのだろうか、と。あれから自分はなにも手にしてこなかったわけではない。家族を懸命《けんめい》に守ってきた。かつて未来を手放したこの手に、いまは大切なものがたくさん入っている。そんなことを、いまこの年齢《ねんれい》になってようやく気づいた。

「ママも、お兄ちゃんも、ヨーイドン！」

となぜか美音がかけっこの合図を口にする。腹の底から出ている美音の声に心が震《ふる》える。

「ヨーイドン！」

菜月も美音を真似《まね》て、大きな声で口にした。

盾《たて》になるために必要だったのかもしれない。

手の甲《こう》で涙を拭《ぬぐ》っていると、美音が菜月の腰《こし》にしがみついてきた。母と祖母のやりとりを、息を殺して見ていたのだろう。声は聴《き》こえなくても、二人が烈《はげ》しくやり合っていたことはわかったはずだから。

玄関のドアが閉まる音が聞こえてから、菜月は美音をぎゅっと抱《だ》きしめた。「大丈夫《だいじょうぶ》よ。びっくりさせてごめんね」とその目を見つめて伝えると、美音と手を繋《つな》いでリビングを出た。足音を忍《しの》ばせて廊下《ろうか》を歩き、俊介の部屋のドアをそっと開ける。目の前には俊介の丸まった背中があり、机上を照らすライトに潜《もぐ》り込《こ》むような姿勢で一心不乱に問題を解いていた。

光枝に切った啖呵《たんか》が聞こえていたら恥《は》ずかしいなと思っていたので、菜月はほっとする。勉強に集中している時の俊介は、菜月が呼ぶ声にも反応しないことがある。リビングで言い合う声は届いていなかったのだろう。

結果がどうであれ、俊介も私もこの戦いを最後まで諦《あきら》めずにやり遂《と》げる。

そう心に決めて、リビングに戻《もど》ろうとしたその時だった。

「お母さん」

俊介が椅子ごとくるりと振り返り、呼び止めてくる。

「なに？」

平静を装《よそお》い、首を傾《かし》げる。

「おばあちゃん帰った？」

「うん、いまさっきね」

「なんかいろいろ言われてたね」

「……聞こえてたの」

「あたりまえじゃん。お母さんの声、大きすぎだし」

その言い方に、思わずふっと笑ってしまった。菜月が光枝にあんな口を利《き》くのは初めてで、俊介もさぞ驚いたことだろう。

「おばあちゃん、怒《おこ》らせちゃった」

菜月が投げやりに言うと、

「いいじゃん。お母さんはまちがってなかったし」

と今度は俊介が小さく笑った。④二人で目を合わせて笑っているうちに、理由もなくまた涙が出てきて、でも心は晴れてすっきりしている。

「お母さんはさぁ」

「うん？」

目尻《めじり》の涙を小指で拭う菜月の顔を、俊介がじっと見てきた。笑顔《えがお》は消えている。

「十七歳から働いてたんだね。おれ知らなかった」

「……うん。……言ってなかったしね」

「あのさお母さん、いまからでも遅《おそ》くないんじゃない？」

「なにが」

意味がわからず聞き返すと、俊介の口元がきゅっと引《ひ》き締《し》まる。

「お母さんさぁ、いまから夢を持てばいいじゃん。お母さんのやりたいこと、なんかないの？」

「お母さんの……やりたいこと？」

私のやりたいこと……。

夢……？

次の誕生日で三十八歳になる自分が夢を持つなんてことができるのだろうかと、俊介の顔をぼんやりと見つめる。

もしチャンスがあるならどんな仕事をしたいか――。

そういえば二十代の頃《ころ》まではそんなことを考えたような気もする。でももう昔のことすぎて忘れてしまった。忘れたことが少し悲しい。

俊介と目を合わせたまま無言でいると、パンッと手のひらを打つ音

可哀そう……。テレビも観ず、ゲームもせず、外で遊んだりもせずに一日五時間も六時間も勉強する俊介は可哀そうなのかもしれない。

可哀そう……。友達との会話もままならない美音を、放課後まで学童保育所に預けるのは可哀そうなのかもしれない。

でも本当に可哀そうなのは、夢を持てない大人になることじゃないだろうか。

自分に自信が持てないことじゃないだろうか。

菜月は、俊介が「塾で勉強したい。中学受験がしたい」と言い出した時、驚《おどろ》いたけれど嬉しかった。戸惑《とまど》いもしたが、でも息子《むすこ》が目標を持って、それに向かって頑張《がんば》ろうとしていることが誇《ほこ》らしかった。その頑張りを全力で応援《おうえん》してやりたいと思ったのだ。

「お義母《かあ》さん、俊介は将来やりたいことがあるらしいんです。それで、自分の夢を叶《かな》えるために行きたい中学があるって。私と浩一《こういち》さんは、それを応援しようと決めたんです」

「そんな、子どもの言うことをうのみにしちゃって。夢なんてね、叶えられる人なんてごくごくわずか、ひと握《にぎ》りなのよ」

「おっしゃる通りだと思います。私も夢なんて、持ったこともありませんでした。十七歳《さい》の時から必死でただ働くばかりで……」

高校を中退して就職したリサイクル工場では、荷台に山積みにされてくるパソコンやOA機器などの産業廃棄物《はいきぶつ》や家電などの機械製品を、ドライバーを手に分解した。分解したものはアルミや鉄、プラスチックなどに分別して破砕機《はさいき》にかけるのだが、そこまでが自分の仕事だった。職場の上司や先輩《せんぱい》は親切な人ばかりだったし、働くことは嫌《きら》いではなかった。けれど十七歳から十年間続けたその仕事は、自分が望んで選んだものではない。

「でも、私はダメだったけれど、俊介には夢があって、もしかしたらその夢を叶えるかもしれません。まだ十一歳なんです。自分がやりたいと願うことを、好きなことを、職業にできるかもしれないんです」

俊介はなにも百万円のおもちゃを買ってくれとねだっているわけではない。勉強がしたい。中学受験に挑戦《ちょうせん》して、日本で一番難しいといわれている中学校に進学したい。そう言っているだけなのだ。正直なところ、進学塾がこれほど大変だとは思ってもみなかった。十一歳の子どもをここまで残酷《ざんこく》に順位づけするのかと呆《あき》れることもある。春期講習の最終日のテストで、俊介は全クラス合わせて最下位だった。塾の授業中に行われる小テストでも思うようには点が取れず、ほとんど毎回補講を受けている。でも俊介は入塾してからこの一か月間、一度も弱音を吐《は》くことはなかった。なんとか這《は》い上《あ》がろう、遅《おく》れを取《と》り戻《もど》そうと、食事をとる時間も惜《お》しんで机に向かっている。③その姿は、義母が口にする「可哀そう」なものでは、決してない。

「お義母さん、俊介はいま毎日必死で勉強しています。その姿を見ていて私は胸が締《し》めつけられるくらいに感動しています。すごいと思ってるんです。誇らしく思ってるんです。俊介は私の息子です。私が育てているんです。あの子の人生は私が責任を持ちます。だからお願いです、俊介には受験や塾に対して否定的なことを言わないでください。応援してくれとは言いません。でも全力で頑張る俊介に、沿道から石を投げるようなことはしないでください」

途中《とちゅう》から気持ちを抑《おさ》えることができなくなり、涙《なみだ》が滲《にじ》んできた。光枝に歯向かうのは、浩一と結婚《けっこん》して以来、これが初めてだった。

光枝は唇《くちびる》を固く結び、なにも言葉を発さず黙《だま》っていたが、やがて椅《い》子《す》から立ち上がりそのまま玄関《げんかん》に向かっていく。従順だった嫁《よめ》の反《はん》抗的《こうてき》な態度に呆れ、怒《いか》り、許せないのだろうとその背中を見て思った。

【　A　】、と菜月は心の中で呟く。自分の思いを、本心をきちんと伝えることができた。わが子を守るために強くなったと自分を褒《ほ》める。高校を中退した時の悲しさや口惜《くや》しさは、いまこうしてわが子の自分も夫も俊介の塾通いには反対だと、光枝がはっきりと言ってくる。

「でも、俊介が中学受験をしたいって言い出したんです。塾も楽しいみたいで、難しい問題が解けるようになるのが嬉《うれ》しいって言ってるんですよ」

俊介は塾から帰るとすぐに、その日習った学習内容を菜月の前で話してくれる。教わった算数の技法を使って、複雑な計算問題の答えをわずか数秒で出してくることもある。「お母さん、おれ、勉強がこんなにおもしろいって知らなかった」と興奮気味に話す姿はサッカーで活躍《かつやく》していた時とまるで同じで、この子は打《う》ち込《こ》めるものをまた見つけたのだ。菜月は義母に向かってそう説明した。俊介が積極的に塾に通っていることをなんとかわかってもらおうと、これまでの経緯《けいい》を一つ一つ丁寧《ていねい》に話していく。①だが光枝はそんな話にはまるで興味がないのか「ふぅん」と呟《つぶや》き、

「塾代って一年でどれくらいかかるもんなの？」

と眉《まゆ》をひそめたまま聞いてくる。

「受験生の六年生で……百万くらいかと」

もっとかかるかもしれないが、少なめに告げておいた。

「百万？　おおこわー。塾にそんなお金かけてどうするの」

うちは子ども二人とも、一度だって塾になど行かせたことがない。子どもは遊ぶのが仕事なのだから塾なんて可哀《かわい》そうだ。小さい時に我《が》慢《まん》を強《し》いられた子どもは性格が歪《ゆが》み、ろくな大人にならない。菜月が言葉を挟《はさ》む間もなく、光枝が批判的な言葉を重ねてくる。

「そういえば菜月さん、パートに出てるんですって」

「はい」

「働きに出ている間、美音はどうしてるの。さっき俊介に聞いたら、学童がどうとかって言ってたけど……。あの子の帰宅時間に間に合うようには、帰って来てるの」

「いえ……俊介の言う通り、美音は学童保育に通っていて、私が仕事を終えてから迎《むか》えに行ってるんです」

光枝は菜月の言葉に目を剝《む》くと、「可哀そう」と首を横に振《ふ》った。まさかこんな時間まで学童保育に預けているなんて思ってもみなかった、と苦々しい表情で菜月を見つめる。

「美音をほったらかしにしてまでパートに出なきゃいけないの？　私はね、そもそも美音が普通《ふつう》の小学校に通うことも反対だったの。送《おく》り迎《むか》えやらが大変かもしれないでしょうけど、私は小学校もそのまま＊聾《ろう》学校に進んだほうが美音のためなんじゃないかって思ってたのよ。正直なところ、俊介の塾にお金がかかるんでしょう？　だったら中学受験なんてしなきゃいいのよ。地元の中学で十分よ。美音にも俊介にも負担をかけて、そんな子育てをしていたら、あなた絶対に後悔《こうかい》するわよ」

子どもたちは楽しくやっている、と繰《く》り返《かえ》し伝えても、光枝は聞く耳を持たなかった。小学生が塾に通うことなんて、いまは珍《めずら》しくもないのに。

「私はてっきり菜月さんは母性愛の強い人だと思ってたわ。俊介が生まれてからはちゃんと仕事も辞《や》めたし、家にいて家庭を守ってくれてたのに……子どもたちが可哀そう」

何度も「可哀そう」と責められているうちに、②菜月の頭の中でなにかが弾《はじ》け切れるような音がした。自分にしても、美音を学童保育に通わせることにはためらいがあった。でもあの子は日々成長しているし、新しい環境《かんきょう》を楽しもうとしている。美音ももちろん大切だ。でも俊介も大切で、お金も必要で、自分が働かなくてはいけなくて……。ようやく折り合いをつけた気持ちを揺《ゆ》さぶられ、どくんどくんと心臓が脈打つ。

とがあった」とありますが、筆者はどうして「驚愕した」のですか。次の中からその理由として最も適切なものを一つ選び、記号で答えなさい。

ア　中国の少年と意気投合しながらも、バスが出発するとすぐに彼のことを忘れてしまい、薄情《はくじょう》な自分を発見して怖《こわ》くなったから。

イ　中国の少年と映画さながらの別れを経験しながら、すぐに日常の自分にもどってしまい、人間の理不尽《りふじん》さを感じたから。

ウ　中国の少年と涙《なみだ》を流しながら別れたものの、数分後にはくだらないことを想像し、自分の価値観がゆらいでいることに驚《おどろ》いたから。

エ　中国の少年と感動的な別れをしたが、数分後にはもう排泄《はいせつ》のことを心配している自分に気づき、旅慣れの恐ろしさを感じたから。

問六　右の文章には次の一文が抜けています。この一文が入るところを【1】～【5】の中から選び、番号で答えなさい。

しかしそれを鵜呑《うの》みにする必要はない。

問七　空欄[V]に入る語を、漢字一字で答えなさい。

問八　――線④「最近、あまり旅をしていない」とありますが、その理由として最も適切なものを次の中から一つ選び、記号で答えなさい。

ア　大人の視点で物事を見ることが人間として信用できなくなったから。

イ　素早《すばや》く感情を切《き》り換《か》えながら旅を続ける若さを失ってしまったから。

ウ　未知の世界や新しい人々との出会いに対する興味をなくしてしまったから。

エ　行った場所で感情移入もせずに旅をする人間など信用できないと思ったから。

四

次の文章を読んで後の問いに答えなさい。

小学六年生の俊介《しゅんすけ》は、難関中学の科学部に入りたいという目標をかなえるため、塾《じゅく》に通い始めた。俊介の母である菜月は、塾の費用を作るために、保育園にアルバイトとして働きに行っている。以下の問題文は、俊介の祖母であり、菜月の義母である光枝が訪ねてきた場面である。光枝は、自身の犬の手術の費用などがかかるため、金銭的に余裕《よゆう》がない。

「あのね菜月さん、実はもうひとつ話があるのよ」

急須《きゅうす》に湯を注ぐ手を止め振《ふ》り返《かえ》ると、光枝がリビングのローテーブルで勉強をしていた俊介のほうをちらりと見た。俊介には聞かれたくない話なのだろう。

「俊介、勉強なんだけど、自分の部屋でやってくれないかな？」

「えー、なんで」

「ここでやっても集中できないでしょ。それに、おばあちゃんとお母さんで大事なお話があるのよ」

菜月がそう言うと、俊介は復習プリントを手の中に集め、「わかった」と素直《すなお》に立ち上がった。俊介がいなくなると、ゴロゴロしていた＊美音はテレビを点《つ》けて、好きなアニメにチャンネルを合わせる。

「実はね、菜月さん。塾のことなんだけど」

ふうっと大きく息を吐《は》き、光枝が菜月の顔をじっと見てくる。

「俊ちゃん、まだ小学六年生でしょう。こんなに早々と塾に行かせなきゃいけないの？」

草むらで V をたすしかないな。

そこではたと我に返った。少年と映画さながらの別れをした数分後には、もう排泄《はいせつ》のことで頭がいっぱいだったのである。【3】

感情の切《き》り換《か》えが早すぎる。これが上手になることが旅に不可欠なのだとしたら、旅に慣れるとは恐《おそ》ろしいことだ、とその時に思った。

旅人は国に帰ると、目撃者《もくげきしゃ》がいないのをよいことに、自分の＊冒険《ぼうけん》譚《たん》を自慢《じまん》したがるものだ。【4】時には人生について考えたかもしれないが、旅の間じゅう頭を占《し》めているのは食住と排泄、そして身の安全ばかり。私がそのよい例だ。

私は最近、感情の切り換えが下手になった。行った場所に感情移入しすぎ、別れを引きずりすぎてしまう。すると旅はいきおい重いものになり、その余韻《よいん》から解放されるのに、さらに時間を必要とする。

④最近、あまり旅をしていない、と冒頭に書いた。日常生活においてでさえ、感情の切り換えが下手になった昨今。感情を次々に切り換え、好奇心剝《む》きだしで前に進むことが若さだとしたら、私は確実に若さを失った。【5】それは甘《あま》んじて受け止めよう。

しかし一方ではこうも思う。商店街の端にさえ行けなかった仔猫のような子どもと、もっと遠くへ、見知らぬ場所へ行きたがった旅人。いまの私には、臆病《おくびょう》だった自分のほうが、生き物として信用できるような気がするのだ。

（星野博美『戸越銀座でつかまえて』〈朝日新聞出版〉による）

《注》

＊様相を呈した…ある様子や状態となること。

＊不遜…へりくだる気持ちがないこと。思いあがっていること。

＊戸越銀座…東京都品川区にある戸越銀座商店街周辺の地域。

＊福建省…中国南東部にある省。

＊冒険譚…冒険談。

問一 空欄 I に入る語として、最も適切なものを次の中から一つ選び、記号で答えなさい。

ア 安全　イ 欲望　ウ 生存　エ 保身

問二 ――線①「仔猫《こねこ》のような心境だったのだろう」とありますが、当時の筆者はどのような心境だったのでしょうか。本文の内容を踏《ふ》まえて、四十字以上六十字以内（句読点も含む）で答えなさい。ただし、《仔猫》という言葉を必ず使用すること。

問三 空欄 II ～ IV に入る接続詞として、最も適切なものを次の中から一つ選び、記号で答えなさい。

ア　II だから　III つまり　IV しかし

イ　II そして　III だから　IV むしろ

ウ　II だから　III むしろ　IV だから

エ　II しかし　III だから　IV つまり

問四 ――線②「旅先ではそうはいかない」とありますが、「そうはいかない」とはどういうことですか。次の中から最も適切なものを一つ選び、記号で答えなさい。

ア 日常の生活ではいつも同じ人たちと顔を合わせるが、旅先では知らない人とも顔を合わせることになってしまうということ。

イ 日常では出会いや別れには感傷的にはならないが、旅では出会いと別れに感情の起伏《きふく》が抑《おさ》えられないということ。

ウ 日常生活をする上では将来の予想などせずに暮らすことができるが、旅では不測の事態を考えつつ行動せずにはいられないということ。

エ 何も考えないことこそが日常生活を平穏《へいおん》に送る上での秘訣《ひけつ》だが、旅先では慌《あわ》ただしく喜怒哀楽《きどあいらく》の切《き》り換《か》えをしなくてはならないということ。

問五 ――線③「ある時、旅先の中国でそれを認識して驚愕《きょうがく》したこ人間は、贅沢《ぜいたく》を越《こ》え、＊不遜《ふそん》ですらある。

私が家から一キロあまり先の商店街の端へ到達《とうたつ》したのは、＊戸越銀座《とごしぎんざ》に戻ってほどない頃のことだ。その晩、日記にこう書いた。

「幼い頃、怖くてどうしても行けなかった商店街の端へとうとう行ってみた。終点は車の往来が少ないT字路で、左へ行けば大崎、右へ行けば大井町につながっている。そこは世界の果てでも何でもなかった。子どもの頃、何をそれほど怖がっていたのか？」

いまはあの頃の気持ちがわかる。①仔猫のような心境だったのだろう。

あまりに臆病な子どもだった反動からか、自力で旅行ができるようになると、たがが外れたように旅行をした。無茶な旅行をするのは簡単だ。資金が足りなければ、旅はいきおい無茶で刺激的《しげきてき》なものになる。補助車輪のない自転車に乗れるようになった子どもが、特に必要のないところでジグザグ運転をしたり立ちこぎをしたりして、自分の能力をひけらかしたいのと同じ。見て見て、こんなところへも行けるようになったよ、こんなものも見たよ、と大声で言いたくてたまらなかった。

旅とは何だろう。一言で言えば、片《かた》っ端《ぱし》から出会い、片っ端から別れること、だと私は思っている。出会いと別れがひっきりなしに訪れるから、喜怒哀楽《きどあいらく》の起伏《きふく》は日常の比ではなく、思春期真《ま》っ最中《さいちゅう》の人のように、泣いたり笑ったり怒《おこ》ったりを繰《く》り返《かえ》す。

人間は誰《だれ》もがいつ死ぬかわからず、いま目の前にいる家族や友人と会うのはこれが最後になるかもしれない。［Ⅱ］毎日そんなことを考え、会社へ行く夫を見送るたびに涙《なみだ》を流して別れを惜《お》しみ、友人と会うたびに遺言《ゆいごん》を伝えていたら身がもたない。［Ⅲ］死については体《てい》よく忘れ、この日常が永遠に続くと思いこむこと。［Ⅳ］何も考えないことが日常を穏便《おんびん》に送る秘訣《ひけつ》だ。

②旅先ではそうはいかない。出会った人のほとんどは実際、再会する機会はない。だから感情の起伏が激《はげ》しくなる。もちろんそれでは心がもたない。だから感情の切《き》り換《か》えを習得する。旅慣れするとは、この切り換えが上手になることなのである。

③ある時、旅先の中国でそれを認識して驚愕《きょうがく》したことがあった。海外へ密航する人が多いことで知られる＊福建省の長楽《ちょうらく》という町で、私は十七歳《さい》の少年と出会った。あひるの大群に囲まれてつっつかれて逃《に》げまどっていたところを、その少年が助けてくれたのだ。

彼《かれ》のお兄さんはアルゼンチンに密航しており、必死に働いて中国に残る家族に送金を続けた。そのお金がようやく貯《た》まり、自分もうじき密航するつもりだと少年は言った。【1】アルゼンチンはいつか行きたい場所の一つだったので、密航が成功したあかつきには、いつかかの地で再会しよう、と私たちは約束した。

ごはんを食べながら何時間か共に過ごしたが、次の町へ移動するバスの出発時間は刻一刻と迫っていた。少年は町はずれのバスターミナルで私を見送ってくれた。バスに乗りこんで窓から顔を出すと、彼はすでに泣きじゃくっていた。【2】私ももらい泣きをした。少年は手を振《ふ》りながら、しばらくバスのあとを追いかけてきた。映画の一シーンのような別れだった。

少年の姿が見えなくなり、涙を拭《ぬぐ》って前を向いた。

いい子だった。アルゼンチンはワインがおいしいだろうな。中国に来てからワインを一滴《いってき》も飲んでいない。ワインといえば、アパートの冷蔵庫に開栓《かいせん》したワインを入れっぱなしにして中国に来てしまった。洗濯《せんたく》もしないで来てしまった。日本に帰ったらワインはおしっこみたいな味になり、洗濯物は腐《くさ》っているんじゃないだろうか。おしっこといえば、少年の話に夢中になって、バスに乗る前にトイレに行くのを忘れた。どこかで渋滞《じゅうたい》してバスが停《と》まった時、どさくさにまぎれて

二〇二二年度 サレジオ学院中学校

【国語】〈B試験〉（五〇分）〈満点：一〇〇点〉

◎問題で字数指定のあるものは、句読点・記号も一字に数えます。

一　次の――線を引いたカタカナを漢字で書きなさい。

1　クラスのシキを高める。
2　改革をテイショウする。
3　両親にコウヨウをつくす。
4　日本有数のコクソウ地帯。
5　計算をアヤマる。
6　旅客機をソウジュウする。
7　人の意見にキョウチョウする。
8　イタダキに立つ。
9　難民に物資をキョウキュウする。
10　野鳥の声をサイロクする。

二　次の――線を引いた漢字の読み方をひらがなで書きなさい。

1　姉と小豆をゆでた。
2　朝から悪寒がする。
3　身を粉にして働く。
4　法要を営む。
5　麦秋は夏の季語だ。

三　次の文章を読んで、後の問いに答えなさい。

最近、あまり旅をしていない。

私はたまたま写真や文章の仕事を始めるきっかけになったのが旅行記で、その後も旅にまつわる仕事が割と多かったので、旅行の好きな人間だと思われている。

なんだか人をだましているようで申し訳なくなる。本当はあまり旅行が好きではないのだ。

小さい頃《ころ》から、無類のおうち好きで臆病者《おくびょうもの》。いまでもよく覚えているのは、商店街の端《はし》まで今日こそ行ってみよう、と決心して家を出るのだが、途中《とちゅう》で見知らぬ風景に突入《とつにゅう》すると足がすくんでしまい、怖《こわ》くなって逃《に》げ帰《かえ》ったことだ。その恐怖《きょうふ》といったら馬鹿馬鹿《ばかばか》しいほどで、「二度とおうちに帰れなくなるかもしれない」という真剣《しんけん》さなのだった。

迷子になる心配などない。どこまで行っても一直線の商店街だから、帰りは来た道をひたすら戻《もど》れば済む話だ。しかしそれは大人の視野を手に入れた現在の自分の感覚であり、当時の自分はそんなこととは露《つゆ》知らず。何度トライしても、怖くて先へは進めなかった。

私は一時期仔猫《こねこ》をたくさん飼っていて（というより、複数の母猫《ははねこ》たちが勝手に仔猫を連れてきてしまったのだが）、六畳《じょう》一間のアパートが仔猫幼稚園《ようちえん》のような＊様相を呈《てい》したことがあるので、仔猫の生態には比較的詳《ひかくてきくわ》しいほうだ。仔猫は外の世界や目新しいものに興味津々《きょうみしんしん》で、動くものは何でも追いかける。しかしテリトリーの外に出たら安全は保障されないから、テリトリーの境界線まで行くとぴたりと足が止まる。好奇心《こうきしん》の強い仔猫から順にテリトリーの外へと姿を消していった。

動物の場合、旅をするのは［Ⅰ］に関する必要に迫《せま》られた場合だ。水や食物を得るため、安全な産卵・育児場所を求めて、あるいはテリトリーを追われた時。［Ⅰ］の必要性以外の理由で旅をする

2022年度

サレジオ学院中学校　▶解説と解答

算　数　＜Ｂ試験＞（50分）＜満点：100点＞

解　答

1 (1)　9.99　(2)　$8\frac{7}{15}$　**2** (1)　49個　(2)　25.12cm^2　(3)　210円　(4)　**ア**　17分　**イ**　9秒　(5)　**ア**　34票　**イ**　8票　**3** (1)　⑥　(2)　135　(3)　15　**4** (1)　2530万人　(2)　998人以上1002人以下　(3)　**エ**　3.5%　**オ**　28.9%　**5** (1)　2：1　(2)　75度　(3)　25度

解　説

1　計算のくふう，逆算

(1)　$100.1-1.11+10.9-99.9=(100.1+10.9)-(1.11+99.9)=111-101.01=9.99$

(2)　$7\frac{1}{3}-\left(5.16-2\frac{10}{11}\right)=7\frac{1}{3}-5.16+2\frac{10}{11}$，$□-\left(\frac{7}{11}-\frac{5}{22}\right)=□-\frac{7}{11}+\frac{5}{22}$より，$\underline{7\frac{1}{3}-5.16+2\frac{10}{11}+□-\frac{7}{11}+\frac{5}{22}}=13.14$となる。さらに，＿の式について，$2\frac{10}{11}-\frac{7}{11}+\frac{5}{22}=2\frac{3}{11}+\frac{5}{22}=2\frac{6}{22}+\frac{5}{22}=2\frac{11}{22}=2\frac{1}{2}$より，$7\frac{1}{3}-5.16+2\frac{1}{2}+□=13.14$，$7\frac{2}{6}+2\frac{3}{6}+□=13.14+5.16$，$9\frac{5}{6}+□=18.3$　よって，$□=18.3-9\frac{5}{6}=18\frac{3}{10}-9\frac{5}{6}=18\frac{9}{30}-9\frac{25}{30}=17\frac{39}{30}-9\frac{25}{30}=8\frac{14}{30}=8\frac{7}{15}$

2　素数の性質，面積，消去算，時計算，条件の整理

(1)　1×2×…×201を素数の積で表したとき，2と5の組み合わせが1組できるごとに，一の位から続けて0が1個増える。また，201÷5＝40余り1，201÷(5×5)＝201÷25＝8余り1，201÷(5×5×5)＝201÷125＝1余り76より，1から201までに5の倍数は40個，25の倍数は8個，125の倍数は1個あり，素数で表したときの5は，5の倍数には40個，25の倍数には5の倍数で数えたもの以外にもう8個，125の倍数には5の倍数と25の倍数で数えたもの以外にもう1個ふくまれるので，全部で，40＋8＋1＝49(個)ある。そして，201÷2＝100余り1より，素数で表したときの2は100個以上ある(つまり，5の個数よりも多い)。よって，0は一の位から続けて49個並ぶ。

図1

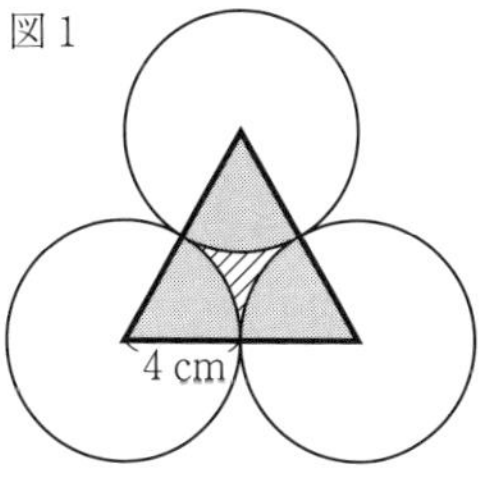

(2)　右の図1で，太線で囲んだ正三角形の面積がSであり，かげをつけた部分の面積の和は，$4\times4\times3.14\times\frac{60}{360}\times3=8\times3.14=25.12(\text{cm}^2)$だから，斜線《しゃせん》部分の面積は$S$より25.12cm^{2}だけ小さくなる。

(3)　条件を式に表すと，右の図2のア，イのようになる。イの式の等号の両側を3でわって，アの式とたすと，りんご，4＋1＝5(個)と，みかん，3＋2＝5(個)の代金が，795＋255＝1050(円)とわかる。よって，りんご1個とみかん1個を買うと，1050÷5＝210(円)になる。

図2

｛(りんご)×4＋(みかん)×3＝795(円)…ア
　(りんご)×3＋(みかん)×6＝765(円)…イ

⬇

｛(りんご)×4＋(みかん)×3＝795(円)…ア
　(りんご)×1＋(みかん)×2＝255(円)…イ÷3

(4)　この時計では，12時2分台の時針と分針は右の図3のようになり，秒針が1秒または，1＋30＝31(秒)を指すと，条件に合う時刻になる。次に，12時3分台は，時針と分針の間が3目盛りだから，条件に合う秒針の位置はない(つまり，条件に合う時刻はない)。以降，条件に合う時刻は，12時4分台，12時6分台，12時8分台，12時10分台に2回ずつあり，12時12分までに，条件に合う時刻は，2×5＝10(回)ある。次に，12時12分台の時針と分針は右の図4のようになり，時針と分針の間は，12－1＝11(目盛り)なので，条件に合う秒針の位置はない。12時13分台では，秒針が，(1＋13)÷2＝7(秒)または，7＋30＝37(秒)を指すと，条件に合う時刻になる。以降，条件に合う時刻は，12時15分台，12時17分台に2回ずつある。したがって，条件に合う時刻の15回目は，12時17分台の1回目であり，そのとき秒針は，(1＋17)÷2＝9(秒)を指すから，12時17分9秒となる。

図3

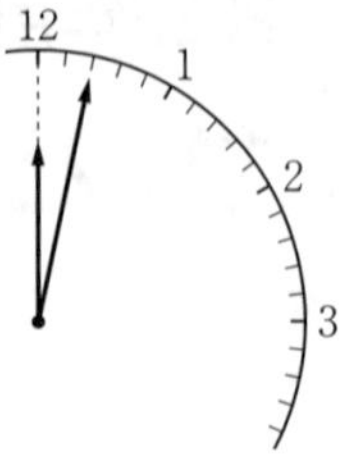

図4

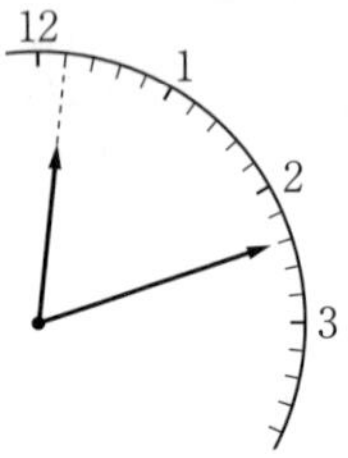

(5)　この選挙で必ず当選するには，2＋1＝3(人)で票を分け合ったときに，その中で3位にならないようにすればよい。よって，100÷3＝33.3…より，Aさんが最低34票(…ア)とると，1回の投票で必ず当選できる。次に，右の図5で，残りの票数は，100－(15＋35＋13＋8＋14)＝15(票)である。また，Bさんはすでに当選が決まっているから，現在2位のAさんと現在3位のEさんの2人だけが残りの15票をとる場合を考える。すると，Aさん，Eさんのこれまでの得票数と残りの票数の合計は，15＋14＋15＝44(票)なので，44÷2＝22(票)，22＋1＝23(票)より，Aさんは合計で23票とれば，1回の投票で必ず当選できる。そのためには，最低あと，23－15＝8(票)(…イ)の得票数が必要である。

図5

A	B	C	D	E
15票	35票	13票	8票	14票

3　条件の整理

(1)　問題文中の図について，並んでいる10個の数をそれぞれ○で囲み，その数ととなりの2個の数の和を外側に書くと，下の図1のようになる。この中で最も大きい和は23だから，Mとなる記号は⑥である。

(2)　図1について，⓪～⑨で表されるすべての数の和は，12＋8＋10＋14＋10＋12＋13＋18＋23＋15＝135とわかる。なお，⓪～⑨で表されるすべての数の和を求めるときには，○で囲んだどの数も3回ずつたすので，0＋1＋2＋…＋9＝(0＋9)×10÷2＝45より，45×3＝135と求めることもできる。

図1

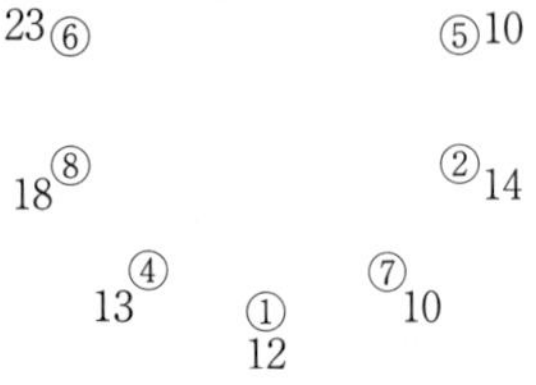

図2

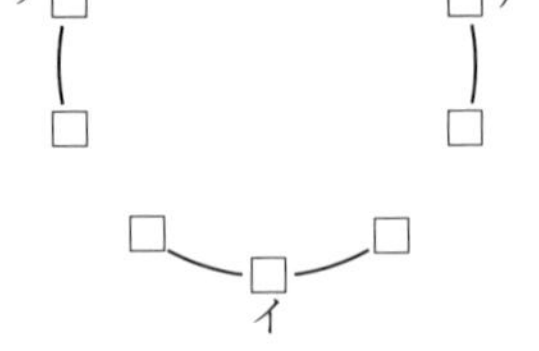

図3

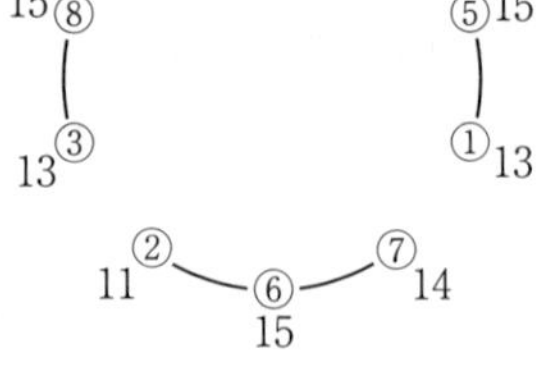

(3)　0を除いた9個の数の和は45だから，上の図2のように，0を除いた9個の数を3個ずつに分けると，ア＋イ＋ウ＝45になる。また，ア，イ，ウの中の少なくとも1つは必ず，45÷3＝15以上

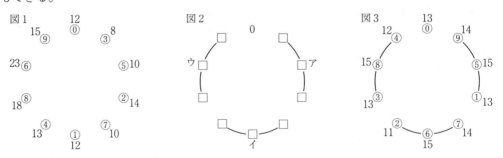

になるので，Mが14以下になることはない。そこで，ア＝イ＝ウ＝15の場合を考えると，たとえば上の図３のように，ア，イ，ウ以外の数をすべて15以下にすることができる。よって，考えられるMの中で最も小さな数は15である。

4 グラフ

⑴　１億は１万の１万倍だから，1.265億人は，1.265×10000＝12650(万人)と表すことができる。この20％を求めると，12650×0.2＝2530(万人)となる。

⑵　小数第２位を四捨五入した割合が20.0％なので，四捨五入する前の割合は19.95％以上20.05％未満とわかる。よって，「よく知っている」と回答した人数は，5000×0.1995＝997.5(人)以上，5000×0.2005＝1002.5(人)未満の整数だから，イは998，ウは1002である。

⑶　18～19歳《さい》で回答した人数は114人であり，そのうち「よく知っている」と回答した人の割合は30.7％だから，114×0.307＝34.998より，18～19歳で「よく知っている」と回答した人数はおよそ35人と考えられる。また，回答した5000人の中で「よく知っている」と回答した人の割合は20.0％なので，5000×0.2＝1000より，回答した5000人の中で「よく知っている」と回答した人数はおよそ1000人と考えられる。よって，35÷1000×100＝3.5(％)より，エにあてはまる数は3.5とわかる。同様に，70歳代以上で回答した人数は1056人であり，そのうち「よく知っている」と回答した人の割合は27.4％だから，1056×0.274＝289.344より，70歳代以上で「よく知っている」と回答した人数はおよそ289人と考えられる。したがって，289÷1000×100＝28.9(％)より，オにあてはまる数は28.9と求められる。

5 平面図形―構成，角度

⑴　下の図①で，三角形ABGと三角形HBG，三角形HBFと三角形HCFはそれぞれ合同だから，HBとBCとCHの長さはいずれも正方形ABCDの１辺の長さと等しい。よって，三角形HBCは正三角形であり，三角形HBFは正三角形を半分にした形の直角三角形なので，BHの長さとBFの長さの比は２：１である。

⑵　角HBCの大きさは60度だから，角ABHの大きさは，90－60＝30(度)である。また，角ABGと角HBGの大きさは等しいので，角HBGの大きさは，30÷２＝15(度)となる。よって，角aの大きさは，60＋15＝75(度)とわかる。

⑶　下の図②のように，最後に折った折り目をPQとし，PQとBGの交点をＲとする。はじめに，JKとBCは平行なので，角dと角bの大きさは等しくなる。また，四角形PBQLは直線PQを軸《じく》とす

図①

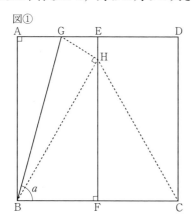

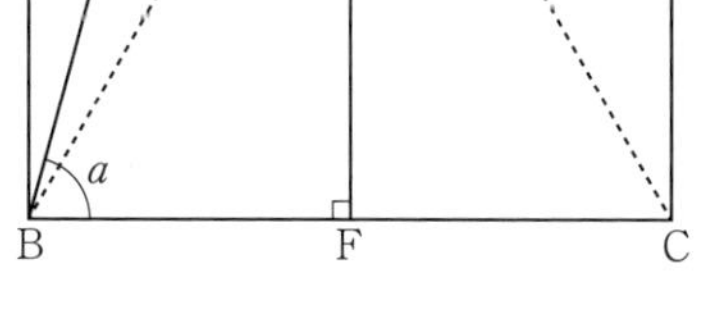

図②

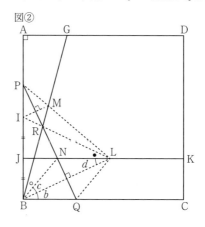

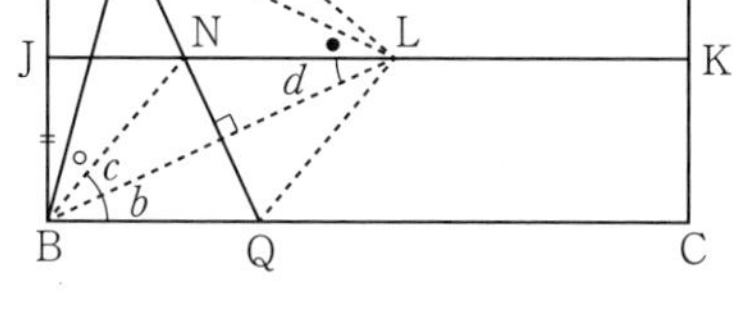

る線対称《せんたいしょう》な図形だから，角 c と角 d の大きさ，○印と●印をつけた角の大きさはそれぞれ等しくなり，ＩとＬを結ぶ直線は点Ｒを通る。このとき，三角形LIJと三角形LBJは合同なので，●印をつけた角の大きさと角 d の大きさも等しい。よって，角 b と角 c と○印をつけた角の大きさはすべて等しく，この和が75度だから，角 b の大きさは，75÷３＝25(度)である。

社　会　＜Ｂ試験＞（40分）＜満点：75点＞

解　答

問１　ア　**問２**　イ　**問３**　オ　**問４**　⑴　沖ノ鳥島　⑵　ウ　**問５**　オ　**問６**　ウ　**問７**　職業選択　**問８**　農林水産(省)　**問９**　イ　**問10**　ウ→イ→オ→ア→エ　**問11**　⑴　ア　⑵　カ　**問12**　⑴　ウ　⑵　ウ　⑶　エ　**問13**　イ　**問14**　ウ　**問15**　イ　**問16**　**官軍**…西郷隆盛　**幕府**…勝海舟　**問17**　⑴　エ　⑵　ウ　⑶　エ，弾劾裁判　**問18**　⑴　ウ　⑵　エ　⑶　（例）　瀬戸内地方の平野部と島で，これらの場所は，年間降水量が少なく，大きな川もないからである。　**問19**　エ　**問20**　Ⅰ，中国，ウ（Ⅱ，オーストラリア，イ／Ⅲ，ドイツ，ア）　**問21**　ア　**問22**　⑴　（例）　温室効果ガスの排出量を減らすことができる　⑵　ウ　**問23**　イ　**問24**　ア　**問25**　⑴　119　⑵　オ　⑶　**A**　オ　**B**　カ　**問26**　（例）　農業用水の使用量が増え，そのぶん，「消費されている水資源のうち，生活用水が占める割合」は低下する。

解　説

水を題材とした総合問題

問１　「みそぎ」とは，罪やけがれをはらうために川などで身を清めることで，そこから，過去にあったいざこざなどを，なかったことにして和解するようなことを，「水に流す」というようになった。なお，イの「水が合わない」は，「その土地の環境になじめない」「新しく入った組織にうまく適応できない」といった場合などに用いる。ウの「水をさす(差す)」は，「うまくいっているものごとに介《かい》入《にゅう》して不調にさせる」という意味の慣用句。エの「水をうつ(打つ)」は「水をうったよう」の形で使い，その場所に集まった大勢の人々が静まりかえっているようすを表す。

問２　2020年は，新型コロナウイルス感染症《しょう》が広がり始めた年にあたる。この年に売れ行きが大きく伸びているアは「手洗い用液体せっけん」，大きく減っているエは，人々が外出するさいにマスクをするようになったことで需要《じゅよう》が落ちこんだ「口紅」と判断できる。2018年以降，ゆるやかに上昇しているイが「自転車(電動アシスト車)」で，人々の健康志向の高まりを背景に売れ行きが伸びていたが，新型コロナウイルス感染症の広がりによって人々が電車の利用を避《さ》けることが多くなったことも，その流れを強くしたと考えられる。残るウは「電気冷蔵庫」である。

問３　「静岡県三島市」「豊臣秀吉の大軍」とあるので，この戦いは「小田原攻《ぜ》め」と判断できる。よって，オの北条氏が選べる。秀吉は1590年，小田原(神奈川県)を本拠《ほんきょ》地としていた北条氏(後北条氏，小田原北条氏)を倒《たお》して全国統一をなしとげた。山中城は小田原城の支城(本城を守るための城)の１つで，小田原の西側を防衛するため箱根山中に築かれた。なお，アの上杉氏は越後(新潟県)，イの武田氏は甲斐《かい》(山梨県)，エの伊達《だて》氏は東北地方をおもな本拠地としていた。ウの今川氏は駿河《するが》(静岡県東部)の戦国大名で，桶狭間《おけはざま》の戦い(1560年)で織田信長に敗れたことで衰退《すいたい》した。

問4　⑴　日本の東端は南鳥島(東京都)，西端は与那国《よなぐに》島(沖縄県)，南端は沖ノ鳥島(東京都)，北端は択捉《えとろふ》島(北海道)である。　⑵　Ｄに「対馬《つしま》」とあることから，ウが選べる。秀吉が文禄《ぶんろく》の役(1592～93年)と慶長《けいちょう》の役(1597～98年)の２度にわたって朝鮮出兵を行ったさいには，対馬(長崎県)の支配者で朝鮮との関係も深かった宗《そう》氏が仲立ちとなった。なお，アの白村江《はくすきのえ》の戦い(663年)は，百済《くだら》の支援のために朝鮮半島に送られた日本軍が唐(中国)と新羅《しらぎ》の連合軍に大敗したできごと。イの壇ノ浦《だんのうら》の戦い(山口県，1185年)は，源平合戦の最後の戦い。エの日本海海戦は，日露戦争(1904～05年)での日本の勝利を決定づけた海戦。オの沖縄戦は，アジア太平洋戦争(1941～45年)の末期，日本国内で唯一《ゆいいつ》行われた地上戦である。

問5　ⅠはＣの御嶽《おんたけ》山で，長野県・岐阜県境に位置する。2014年の噴火《ふんか》は，土曜日の正午ころ，多くの登山客らがいる中でのできごとであったため，58名の死者が出る大災害となった。ⅡはＤの阿蘇《あそ》山で，熊本県東部に位置する。南北約25km，東西約18kmにおよぶ世界最大級のカルデラがあり，世界ジオパークにも認定されている。なお，Ａは大雪山《だいせつざん》(北海道)，Ｂは蔵王《ざおう》山(山形県・宮城県境)，Ｅは桜島(御岳《おんたけ》，鹿児島県)。

問6　白神山地は青森県と秋田県の県境に位置しているから，ウが誤っている。

問7　日本国憲法第22条は，居住・移転・職業選択《せんたく》の自由を保障している。

問8　第一次産業の管理を行う国の行政機関は農林水産省で，食料の安定供給，農林水産業の発展，森林保全，水産資源の管理などを担当している。

問9　弥生時代には，大陸から金属器が伝えられた。そのうち，銅鐸《どうたく》などの青銅器はおもに祭器として使用され，鉄器は武器・農具などの実用的なものに使用されたので，イが誤っている。なお，弥生時代前期のすきやくわは刃先《はさき》まで木製だったが，中期以降，先端に鉄の刃先をつけるものが出現した。

問10　アは室町時代の1404年，イは飛鳥時代の607年，ウは古墳時代，エは江戸時代，オは平安時代中期～鎌倉時代中期のできごとなので，年代の古い順にウ→イ→オ→ア→エとなる。

問11　⑴　長野は，善光寺の門前町として発展した。なお，イの小田原は北条氏，オの鹿児島は島津氏の城下町であった。ウの岐阜は織田信長が治めた城を中心として栄えた城下町で，江戸時代には尾《お》張《わり》藩(愛知県西部)の領地であった。エの熊本は加藤清正が築いた城を中心に，江戸時代には細川氏の城下町として発展した。問３の解説も参照のこと。　⑵　地図中のＡは長崎港，Ｂは博多港(福岡県)，Ｃは堺港(大阪府)，Ｄは敦賀《つるが》港(福井県)である。　Ⅰ　博多は大宰府《だざいふ》の港町から発展した。大宰府は北九州に置かれた律令国家の出先機関で，九州一帯の支配と外国使節の接待などを行った。また，室町時代後半，博多のほか京都や堺などでは，商人らが都市の自治を行うようになった。
Ⅱ　「日本海側の物資を陸揚《りくあ》げして，都まで運び込《こ》む窓口」なので，多くの都が置かれた奈良や京都に近い敦賀港と判断できる。なお，渤海《ぼっかい》は7～10世紀に現在の中国東北部からシベリアの沿海州にかけての地域にあった国で，日本にしばしば使節(渤海使)を送った。

政令指定都市

北海道	札幌市
宮城県	仙台市
埼玉県	さいたま市
千葉県	千葉市
神奈川県	横浜市，川崎市，相模原市
新潟県	新潟市
静岡県	静岡市，浜松市
愛知県	名古屋市
京都府	京都市
大阪府	大阪市，堺市
兵庫県	神戸市
岡山県	岡山市
広島県	広島市
福岡県	福岡市，北九州市
熊本県	熊本市

問12　(1)　横浜市(神奈川県)の377.8万人についで人口が多いのは，大阪市の275.5万人である。なお，札幌市(北海道)は197.5万人，仙台市(宮城県)は109.7万人，広島市は120.1万人，福岡市は161.2万人(いずれも2020年の国勢調査)である。　(2)　政令指定都市は2021年末現在，上の表のように全国に20市あり，アは宮城県，イは京都府，ウは静岡県，エは広島県，オは熊本県なので，ウがあてはまる。(3)　ホタテは北海道が生産量のほとんどを占《し》めているから，エと判断できる。なお，アは小麦の生産量，イはタマネギの生産量，ウは豚の頭数。

問13　ア　1853年のペリー来航は，開国から国内の混乱，倒幕運動の高まりを経て，明治維新につながった。　イ　1973年に起きた第一次石油危機(オイルショック)をきっかけに日本経済は混乱し，1950年代後半から始まった高度経済成長は終わりを迎えた。バブル景気の崩壊《ほうかい》は1990年代初めのできごとである。　ウ　中国では220年に漢(後漢)がほろんだあと，魏《ぎ》・呉《ご》・蜀《しょく》による三国時代となった。魏(中国)の皇帝は邪馬台国《やまたいこく》の女王卑弥呼《ひみこ》の朝貢《ちょうこう》(貢《みつ》ぎ物を差し出して臣下の礼をとること)に対して返礼の使節を派遣するとともに，卑弥呼を「親魏倭王《わおう》」に任じ金印をさずけた。　エ　16世紀後半，ポルトガル船やスペイン船が西日本各地に来航し，南蛮《なんばん》貿易とよばれる交易を行った。そうした中でキリスト教の宣教師も多数来日し，布教活動を活発に行った。

問14　ア　クラークはアメリカ人の科学者・教育者で，札幌農学校(北海道大学の前身)で教え，帰国のさい「少年よ，大志をいだけ！」という有名な言葉を残した。　イ　ベルツはドイツ人の医師で，東京医学校や東京大学で医学を教えた。　ウ　ブリューナおよび富岡製糸場(群馬県)の説明として正しい。　エ　モースはアメリカ人の動物学者で，縄文時代の遺跡である大森貝塚(東京都)を発見した。

問15　ア　元老は，天皇の最高顧問《こもん》ではあったが，大日本帝国憲法には規定のない非公式の存在であった。　イ　枢密院《すうみついん》は，明治政府が大日本帝国憲法の草案の審議のために設けた機関で，憲法発布後も天皇の最高諮問《しもん》機関として大きな力を持った。　ウ　大日本帝国憲法では，陸海軍の統帥《とうすい》権(軍隊を指揮《しき》する権限)は天皇が持っていた。なお，日本国憲法では，文民統制(シビリアン＝コントロール)の原則にもとづき，自衛隊の指揮・統制権を持つのは内閣総理大臣となっている。　エ　政党は政府からは独立した組織であり，特に明治時代には政府と対立することが多かった。

問16　戊辰《ぼしん》戦争(1868～69年)のさなか，官軍(新政府軍)による江戸城総攻撃を前に，官軍参謀《さんぼう》の西郷《さいごう》隆盛《たかもり》と幕府代表の勝海舟《かつかいしゅう》が会見し，江戸城を無血開城することなどが決められた。

問17　(1)　日本国憲法の改正には，衆参両議院でそれぞれ総議員の３分の２以上，つまり，衆議院では，$465\times\frac{2}{3}=310$(名)以上，参議院では，$245\times\frac{2}{3}=163.3\cdots$より164名以上の賛成が必要である。

ア，イ　与党である自由民主党と公明党の議員数の合計は，衆議院では，261＋32＝293(名)，参議院では，113＋28＝141(名)なので，両議院とも発議できない。　ウ　与党第一党(自由民主党)と野党第一党(立憲民主党)の議員数の合計は，衆議院では，261＋96＝357(名)，参議院では，113＋32＝145(名)なので，衆議院では発議できるが参議院では発議できない。　エ　たとえば，自由民主党，日本維新の会，国民民主党の３党が中心となる場合，これらの党の議員数の合計は，衆議院では，261＋41＋11＝313(名)，参議院では，113＋16＋21＝150(名)なので，衆議院では発議できるが参議院では発議できない。したがって，衆議院よりも参議院のほうが，より多くの政党を巻きこまないと発議できないといえる。　(2)　A　1976年に行われた衆議院議員総選挙は，任期満了にともなうものであった。　B　参議院の緊急《きんきゅう》集会は，これまでに２回(1952年と1953年)開かれている。　C

国民審査によって不適任とする票が過半数に達し，最高裁判所裁判官を辞めさせられた者は，これまで１人もいない。　(3)　裁判官としてふさわしくない行為《こうい》があったと判断された裁判官については，国会に設けられる弾劾《だんがい》裁判所で行われる弾劾裁判で，辞めさせるかどうかが判断される。また，これは国会の裁判所に対するはたらきなので，図２ではエがあてはまる。

問18　(1)　ア　近年，日本の総発電量の８割近くを火力発電が占めており，水力発電の割合は５～10％前後で推移している。　イ　2011年の東日本大震災のさいに発生した福島第一原子力発電所の事故を受け，全国のすべての原子力発電所はいったん操業が停止された。その後，原子力規制委員会から認可が下り，地元自治体の同意が得られたところから再稼働《かどう》が進められており，これまでに川内《せんだい》(鹿児島県)，伊方(愛媛県)，大飯《おおい》(福井県)などの原子力発電所が再稼働している。　ウ　火力発電は化石燃料を燃焼させて発電を行うしくみなので，二酸化炭素などの温室効果ガスを発生させる。　エ　日本には太陽光発電や風力発電に適した場所は多数存在している。また，火山が多いことから，地熱発電が可能な地域も多いとされている。　(2)　設問にある語注(※)から，流域面積の大きい川があり，都道府県内での標高差が大きいほど，包蔵水力の値は大きくなると考えられる。また，面積の大きい北海道や山がちな長野県などはＢ，面積の小さい香川県や標高差の小さい関東平野に位置する都県はＡとなっている。よって，包蔵水力の値は，Ｂが最大，Ａが最小と判断できる。　(3)　地図中で小さなダムが多く分布しているのは，瀬戸内地方に属している香川県と岡山県，それに淡路《あわじ》島(兵庫県)などである。これらの場所は，瀬戸内の気候に属していて年間降水量が少なく，大きな川もないためだと考えられる。

問19　新しい区割り案は，都市部の議員定数を増やそうとするもので，いわゆる「一票の格差」を小さくするためのものなので，表２のアにあたる。一方，この区割り案を地方の有権者の立場から見た場合，議員定数が減ると自分たちの意見が政治に反映されにくくなるので，下線部の考え方はエにあてはまる。

問20　Ⅰ　中国(中華人民共和国)は1949年に建国されて以来，中国共産党による一党支配が続いている。また，首都の北京《ペキン》では，オリンピックの夏季大会(2008年)と冬季大会(2022年)が開かれた。中国は日本にとって最大の貿易相手国なので，輸出と輸入の金額が大きいウと判断できる。　Ⅱ　オーストラリアは，南半球に位置するオーストラリア大陸とタスマニア島を中心に構成される国である。イギリス連邦に属するため，現在はエリザベス２世が王を務めており，国旗の左上部分に「ユニオンジャック」とよばれるイギリスの旗のデザインが配置されている。また，2032年のオリンピック夏季大会は，同国東部に位置するブリスベンで開催される予定である。オーストラリアは日本にとって石炭や鉄鉱石などの最大の輸入先なので，イがあてはまる。　Ⅲ　2021年，ドイツでは16年にわたり首相を務めたメルケル氏が引退し，ショルツ氏が新首相となった。また，2024年のオリンピック夏季大会は，同国の南西に隣接《りんせつ》するフランスの首都パリで開催される予定である。ドイツは日本にとって自動車の最大の輸入先なので，アがあてはまる。

問21　横浜駅にはJRの東海道本線と根岸線，東急電鉄，京浜急行電鉄など，日吉駅には東急電鉄と横浜市営地下鉄，戸塚《とつか》駅にはJR東海道本線と横浜市営地下鉄など，新横浜駅にはJRの東海道新幹線と横浜線，横浜市営地下鉄，長津田《ながつた》駅にはJR横浜線と東急電鉄がそれぞれ乗り入れているから，アが正しい。

問22　(1)　特に鉄道による貨物輸送を増やすことは，トラックによる輸送量を減らすことになるので，二酸化炭素などの温室効果ガスの排出量を削減することにつながる。　(2)　ア　岐阜県は内陸県なので，海水魚であるサンマは漁獲《ぎょかく》できない。なお，サンマは東北地方や関東地方の太平洋側の漁港で多く水揚《みずあ》げされる。　イ　「北陸新幹線」ではなく「東北新幹線」が正しい。　ウ　宮城県の産物は，東北新幹線を利用して東京駅まで運ぶことができる。　エ　東名高速道路が通っているのは東京都，神奈川県，静岡県，愛知県で，千葉県は通らない。なお，千葉県から高速バスで羽田空港(東京都)に向かう場合には，京葉道路や東関東自動車道，首都高速道路などを利用する。

問23　近年の日本の合計特殊《とくしゅ》出生率は，1.4前後を推移している。

問24　SDGsの17の目標には，それぞれ独自の色(シンボルカラー)があてられており，特にそれらの色を円形に並べたものは「丸い虹《にじ》」あるいは「レインボー・カラー」などとよばれることがある。したがって，ここではアがあてはまる。

問25　(1)　日本で緊急用通報番号とされるのは，警察への事故や事件の通報に用いる110番，海上での事故や事件の通報に用いる118番，火事・救助・救急車の通報に用いる119番などである。　(2)「自助，共助，公助」は，防災上あるいは災害時の対応として必要なものとして，阪神・淡路大震災(1995年)以降，唱えられるようになった考え方である。「自助」はまず自分の手で自身や家族の安全を守ること，「共助」は地域の住民とともに助け合うこと，「公助」は行政や公的機関が支援することである。　(3)　Ａは津波避難《ひなん》タワーとよばれる。津波が発生した場合に避難するための施設で，海沿いの地域に設けられる。Ｂは遊水池で，本校の敷地《しきち》内の地下に設けられている。雨水を一時的にためて少しずつ放水することで，河川がはんらんしないようにしている。

問26　図５を見ると，日本は現在，多くの仮想水(バーチャルウォーター)を輸入していることがわかる。したがって，日本の食料自給率が大幅《おおはば》に上昇した場合には，国内で農業用水の使用量が増え，そのぶん，図６の「消費されている水資源のうち，生活用水が占める割合」は低下すると考えられる。

理　科　＜Ｂ試験＞（40分）＜満点：75点＞

解　答

1　(1)　イ　(2)　15.6秒　(3)　**速い点**…Ｃ　**おそい点**…Ａ，Ｅ　(4)　エ／**理由**…(例)　おもりの中心の位置が変わると，ふりこの長さが変わるから。　(5)　ウ　(6)　支点の下60 cm　**2**　(1)　(例)　ろ過して，ろ紙に残った食塩の重さを測る。　(2)　26％　(3)　26％　(4)　6ｇ　(5)　下の図Ａ　(6)　イ　**3**　(1)　①　Ｂ　②　Ｃ　③　Ａ　④

図Ａ

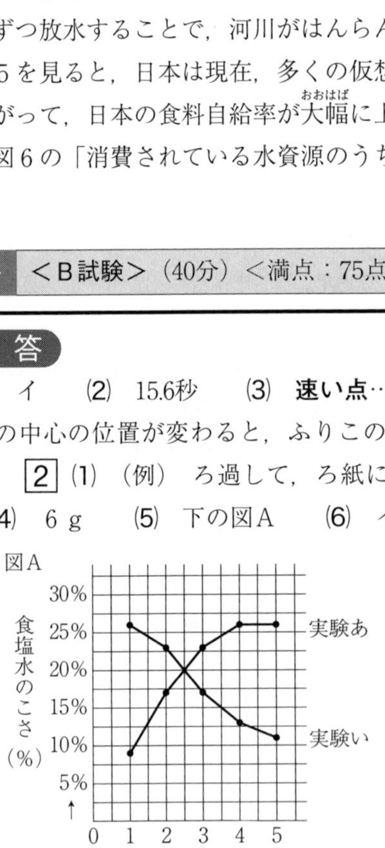

図Ｂ

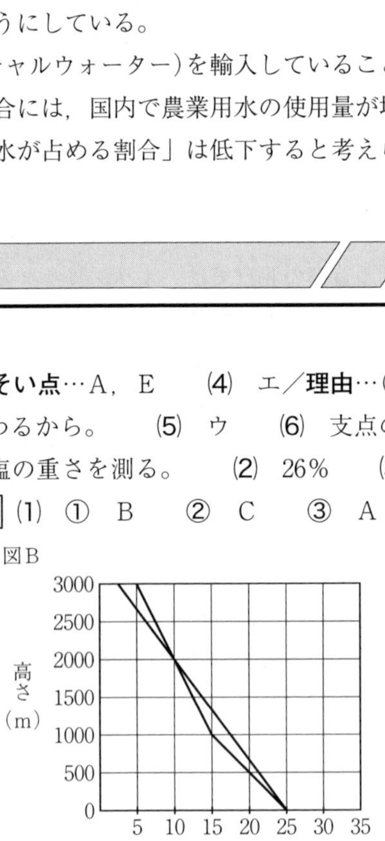

Ｂ　(2)　①　Ｄ　②　**ア**　かん臓　**イ**　じん臓　**ウ**　胃　**エ**　大動脈　③　Ｅ
④　Ｄ　(3)　①　1139ｇ　②　21.6kg　**4**　(1)　17℃　(2)　0.75℃　(3)　上の図Ｂ
(4)　ウ　(5)　エ

解説

1　ふりこの運動についての問題

(1)　ふりこの等時性を発見したのは，イタリアの物理学者・天文学者であったガリレオ＝ガリレイである。ガリレイは，教会のシャンデリアがゆれるのを見て，自分の脈はくを利用してその周期をはかり，この規則を発見したといわれる。なお，アのニュートンはイギリスの物理学者で，万有引力の法則や光のさまざまな法則を発見した。ウのケプラーはドイツの天文学者で，太陽系の惑星《わくせい》の運動についての法則を発見した。エのエジソンはアメリカの発明家で，電球などを発明した。

(2)　実験３の表で，ふりこの長さが，40÷10＝４(倍)になると，時間が，12.6÷6.3＝２(倍)になるので，ふりこの長さが４倍になると，時間は２倍になる。よって，ふりこの長さが60cmのときの時間は，ふりこの長さが，60÷４＝15(cm)のときの時間をもとにして，7.8×２＝15.6(秒)と求められる。

(3)　ふれ始めたふりこは，速さがしだいに速くなって最下点で最も速くなり，その後はしだいにおそくなり，最高点(ふれ始めと同じ高さ)で一瞬《いっしゅん》止まってから，ふれ始めの位置にもどって一瞬止まるという動きをくり返す。したがって，おもりが一番速くなる点はＣ，一番おそくなる点はＡ，Ｅとなる。

(4)　ふりこの長さは，支点からおもりの中心までの長さなので，おもりの中心の位置が実験１と同じになっているエがふさわしい。なお，ア，イは実験１よりもふりこの長さが長くなり，ウは短くなる。

(5)　実験３の表で，ふりこの長さが10cm長くなるときの時間の差を求めると，9.0－6.3＝2.7(秒)，11.0－9.0＝２(秒)，12.6－11.0＝1.6(秒)，…のように，時間の増え方がしだいに小さくなっていく。よって，ウが選べる。

(6)　図２のふりこが10往復するときには，くぎの左側でふりこの長さが100cmのふりことして５往復ぶんふれ，くぎの右側でふりこの長さが100cmより短いふりことして５往復ぶんふれる。また，ふりこの長さが100cmのふりこが10往復する時間は，ふりこの長さが，100÷４＝25(cm)のふりこが10往復する時間をもとにして，10.0×２＝20(秒)と求められる。よって，図２のふりこは，くぎの左側で，$20\times\frac{5}{10}=10$(秒)ふれ，くぎの右側で，16.3－10＝6.3(秒)ふれるので，くぎの右側で10往復する時間は，$6.3\times\frac{10}{5}=12.6$(秒)となる。したがって，くぎの右側でふれるときのふりこの長さは，実験３の表より40cmとわかるので，くぎの位置は支点の，100－40＝60(cm)下となる。

2　食塩のとける量と食塩水のこさについての問題

(1)　食塩水をろ過すると，沈《ちん》でんした食塩はろ紙の上に残るので，これを取り出して重さを測ればよい。

(2)　表１で，４分のときには食塩が，20－2＝18(ｇ)，５分のときには食塩が，25－７＝18(ｇ)とけている。よって，ほう和した食塩水のこさは，18÷(50＋18)×100＝26.4…より，26％と求められる。

⑶　水の温度が等しいときは，ほう和している食塩水のこさは水の重さに関係なく等しいので，⑵より，26％となる。

⑷　50ｇの水に食塩は18ｇまでとけるので，25ｇの水に食塩は，$18\times\frac{25}{50}=9$（ｇ）までとける。したがって，カは，15－９＝６（ｇ）とわかる。

⑸　⑵，⑶より，ア～ウはいずれも26％となる。また，表２の２分のときの水と食塩の重さは，表１の３分のときと同じなので，エは23％である。さらに，表２の３分のときの水と食塩の重さの比は，75：15＝５：１で，表１の２分のときの水と食塩の重さの比の，50：10＝５：１と同じなので，オは17％とわかる。よって，グラフは解答の図Ａのようになる。

⑹　２つの実験を同時に進めていくとき，食塩水のこさが同じになるのは，⑸で示したグラフより，２分～３分の間とわかる。

3　ヒトの体のつくりについての問題

⑴　ゾウリムシとツボワムシは動物プランクトンで，光合成はできないが，活発に動く。ミドリムシは植物と動物の両方の特徴《とくちょう》を持つプランクトンで，体内の葉緑体で光合成を行い，活発に動くことができる。クンショウモは植物プランクトンで，体内の葉緑体で光合成を行うが，あまり動かない。

⑵　①　図１で，Ｃ側に背骨があるので，Ｃは背中側，Ａは腹側となる。また，かん臓はヒトの臓器の中で最も大きいので，アはかん臓とわかる。かん臓は体の右寄りの位置にあるので，Ｂは体の右側，Ｄは体の左側となる。　②　**ア**　かん臓は，糖をグリコーゲンに変えてたくわえる，たんじゅうをつくる，人体に有毒なアンモニアを尿素《にょうそ》に変えるなどのはたらきを行っている。　**イ**　背中側にあるので，じん臓とわかる。じん臓は，血液から不要物をこし取って尿をつくる器官で，左右に１対２個備わっている。そら豆のような形をしており，成人の場合，大きさはヒトのにぎりこぶしより少し大きい。　**ウ**　かん臓のすぐ左側にあるので，胃とわかる。胃は筋肉でできた袋《ふくろ》状の器官で，食物を消化液と混ぜ合わせている。　**エ**　Ａ～Ｄの位置関係から，図１はヒトを足側から見た断面図と判断できる。血管の内部を血液が「紙面の裏から表の方向」，つまり，体の上の方から下の方に向かって流れるので，この血管は心臓から体全体に血液を送る大動脈となる。　③　空腹時は血液中の糖が減るので，かん臓にたくわえられたグリコーゲンが糖となって血液中に放出される。したがって，Ｅが選べる。なお，ＡとＢは肺，Ｃは心臓の左心室，Ｄはじん臓，Ｆは小腸を出た血液の特徴である。　④　図１では，Ａ側に肋骨《ろっこつ》が２本あり，その間隔《かんかく》は体の横幅《よこはば》の半分ほどになっている。このようすは，図２のＤの位置の横断面にあてはまる。

⑶　①　体重60kgのヒトは，１日で窒素《ちっそ》を，52×60÷1000＝3.12（ｇ）失うので，１年間で，3.12×365＝1138.8より，1139ｇ失う。　②　ダイズ１kgには窒素が，$33\times0.16\times\frac{1000}{100}=52.8$（ｇ）ふくまれているので，①で求めた重さの窒素をすべてダイズを食べることで補うとすると，１年間に，$1\times\frac{1139}{52.8}=21.57\cdots$より，21.6kgのダイズが必要となる。

4　空気の温度と高さについての問題

⑴　空気のかたまりＡの温度は，地表で25℃で，100ｍ上昇《じょうしょう》するごとに１℃ずつ下がるので，高さ800ｍでは，$25-1\times\frac{800}{100}=17$（℃）になる。

⑵　図２より，Ａのまわりの空気の温度は，2000ｍ上昇すると，25－10＝15（℃）下がる。よって，100ｍ上昇するごとに，$15\times\frac{100}{2000}=0.75$（℃）ずつ下がる。

(3)　空気のかたまりAの温度は，地表で25℃で，高さ1000mでは，$25-1\times\frac{1000}{100}=15$(℃)になり，高さ3000mでは，$15-0.5\times\frac{3000-1000}{100}=5$(℃)になる。したがって，グラフは解答の図Bのようになる。

(4)　空気のかたまりAの高さ1000mでの温度は15℃で，この高さでのまわりの空気の温度は図2より17.5℃である。また，温度が高いほど空気の体積が大きくなるので，空気の密度《みつど》(1 m^3あたりの重さ)は小さくなる。よって，空気のかたまりAが高さ1000mに達したところで加わっていた力がなくなったとすると，空気のかたまりAはまわりの空気より密度が大きいので，下降を始める。

(5)　空気のかたまりの温度が下がっていくと，空気にふくまれている水蒸気の量がその温度でのほう和水蒸気量と等しくなったときに，雲ができ始める。空気のかたまりAがはじめの状態より湿《しめ》っている(ふくんでいる水蒸気の量が多い)場合，空気のかたまりの温度が下がっていくときに，はじめの状態よりも高い温度でほう和するので，雲ができ始める高さは低くなる。また，力が加わっていなくても空気のかたまりAが自然に上昇を始めるのは，空気のかたまりAの温度がまわりの空気の温度より高くなったときである。空気のかたまりAで雲ができ始める高さが，はじめの状態より低いと，その高さから100m上昇するごとに温度が0.5℃下がるので，空気のかたまりAの温度がまわりの空気の温度より高くなる地表からの高さは低くなる。つまり，自然に上昇を始める高さは低くなる。

国　語　＜B試験＞（50分）＜満点：100点＞

解　答

一　下記を参照のこと。　二　1　あずき　2　おかん　3　こ　4　いとな(む)　5　ばくしゅう　三　問1　ウ　問2　(例)　安全が保障されないテリトリーの外に仔猫が出ないのと同じように，見知らぬ風景に突入すると足がすくむような恐怖を感じていた。　問3　エ　問4　イ　問5　エ　問6　4　問7　用　問8　イ　四　問1　イ　問2　(例)　子どもたちが可哀そうだという光枝の主張があまりにも一方的なことに腹が立ち，反論したいと思ったから。　問3　我慢を強いられた子ども　問4　イ　問5　エ　問6　ア　問7　エ

●漢字の書き取り

一　1　士気　2　提唱　3　孝養　4　穀倉　5　誤(る)　6　操縦　7　協調　8　頂　9　供給　10　採録

解　説

一　**漢字の書き取り**

1　人々が団結して何かを行おうとするときの意気ごみ。　2　意見や主張などを唱えること。　3　子が親を大切に養うこと。親孝行。　4　「穀倉地帯」は，穀物の生産量が非常に多い地域。　5　音読みは「ゴ」で，「誤解」などの熟語がある。　6　乗り物や機械を自分の思うとおりに動かすこと。　7　他人の意見や主張などに賛同して，支持すること。　8　物のいちばん高

いところ。てっぺん。音読みは「チョウ」で，「頂上」などの熟語がある。訓読みにはほかに「いただ(く)」がある。　**9**　必要に応じて，物資を提供すること。　**10**　取り上げて録音したり録画したりすること。

二　漢字の読み

1　豆のなかまの一つ。赤紫《あかむらさき》色をしていて，あんこや赤飯の材料となる。　**2**　発熱時などに起こる，全身がぞくぞくするような寒け。　**3**　「身を粉にする」は，“苦労を嫌《いや》がらずに働く”という意味。　**4**　音読みは「エイ」で，「営業」などの熟語がある。　**5**　麦が実り，収穫期をむかえた初夏のころの季節。

三　出典は星野博美《ほしのひろみ》の『戸越《とごし》銀座でつかまえて』による。旅に対する筆者の思いが語られている。

問1　「水や食物を得るため，安全な産卵・育児場所を求めて，あるいはテリトリーを追われた時」に共通することがらが入ると考えられる。いずれも命にかかわることなので，「生存」が選べる。

問2　傍線《ぼうせん》①の「心境」は，すぐ前の一文の「あの頃《ころ》の気持ち」，つまり，「幼い頃」の心境である。仔猫《こねこ》については少し前で，「テリトリーの外に出たら安全は保障されないから，テリトリーの境界線まで行くとぴたりと足が止まる」と語られている。また，本文の最初のほうで，「小さい頃」の筆者が商店街を探険し，「見知らぬ風景に突入《とつにゅう》すると足がすくんでしまい，怖《こわ》くなって逃《に》げ帰ったこと」が語られている。筆者は，「幼い頃」の自分を「仔猫」に重ね合わせているのである。

問3　Ⅱ　「いま目の前にいる家族や友人と会うのはこれが最後になるかもしれない」が，毎日そのことに真剣《しんけん》に向き合っていたら「身がもたない」というつながりである。よって，前後で逆の内容が置かれるときに使う「しかし」がよい。　Ⅲ　「身がもたない」から「死については体《てい》よく忘れ」るというつながりである。したがって，続く部分の理由が前にあることを示す「だから」が入る。　Ⅳ　すぐ前の「死については体よく忘れ，この日常が永遠に続くと思いこむこと」を「何も考えないこと」と言い換《か》えているので，まとめて言い換えるはたらきの「つまり」がふさわしい。

問4　傍線②の「そう」は，すぐ前の段落で述べられているような，日常では出会いや別れについて「何も考えないこと」を指す。傍線②に続く部分では，別れが当然である旅先では「感情」の起《き》伏《ふく》が激しくなることが述べられているので，イがあてはまる。

問5　傍線③の二文前に「感情の切り換えを習得する」とあり，傍線③の「それ」は，すぐ前の「旅慣れするとは，この切り換えが上手になること」を指している。傍線③に続く部分では，中国で出会った少年との別れのさいの最後の部分に，「感情の切り換えが早すぎる。これが上手になることが旅に不可欠なのだとしたら，旅に慣れるとは恐《おそ》ろしいことだ，とその時に思った」とまとめられているので，「旅慣れ」にふれているエが選べる。

問6　戻《もど》す一文に「それを鵜呑《うの》みにする」とあり，「鵜呑み」は他人の考えなどを疑いもせず受け入れることを表すので，すぐ前では誰《だれ》かが自分につごうのよいことを語るようすが描《えが》かれていると推測できる。よって，空欄《くうらん》4に入れると，帰国した旅人の自慢《じまん》話をまるごと信じなくてもよいと述べる流れになり，文意が通る。

問7　前後に「トイレに行くのを忘れた」，「排泄《はいせつ》のことで頭がいっぱいだった」とあるので，“トイレに行く”という意味を表す「用をたす」とするのが合う。

問8　二文後に「感情を次々に切り換え，好奇《こうき》心剥《む》きだしで前に進むことが若さだとしたら，私は確実に若さを失った」とあるので，イがよい。なお，ア，エについては，最後の一文に「いまの私には，臆病《おくびょう》だった自分のほうが，生き物として信用できるような気がするのだ」とあるように，「信用できる」は，幼い頃の自分や旅をしなくなった現在の自分を肯定《こうてい》する言葉であり，旅をしなくなった理由を表す言葉ではないので合わない。また，ウについて，筆者は「行った場所に感情移入しすぎ，別れを引きずりすぎてしまう」ために旅ができなくなったのであり，旅に対する「興味をなくしてしまった」わけではない。

四 **出典は藤岡陽子《ふじおかようこ》の『金の角《つの》持つ子どもたち』による。**難関中学への進学を目指す俊介《しゅんすけ》は，みずからの意志で塾《じゅく》に通い猛《もう》勉強を始める。そんな俊介の夢の実現のために，母親の菜月は全力で応《おう》援《えん》しようとするが，菜月の義母である光枝《みつえ》からは，子どものうちから塾に通わせるなんて可哀《かわい》そうだと非難されてしまう。

問1　傍線①に「そんな話にはまるで興味がないのか」とあり，少し後にも「子どもたちは楽しくやっている，と繰《く》り返し伝えても，光枝は聞く耳を持たなかった」とあるので，「菜月の考えや俊介自身の意志を気に留めるつもりがほとんど最初からない」とあるイが選べる。

問2　傍線②が，すぐ前の光枝の「子どもたちが可哀そう」という発言がきっかけであることと，空欄《くうらん》Aの二つ前の段落に「光枝に歯向かうのは，浩一《こういち》と結婚《けっこん》して以来，これが初めてだった」とあることをふまえる。菜月は，子どもたちの気持ちを尊重し将来を考えて今のようにしているのに，一方的に「子どもたちが可哀そう」と言われたので，腹が立って反論したのである。

問3　光枝は，俊介を塾に通わせることや美音を学童保育に預けることは「可哀そう」だと主張している。その根底にある考え方は，「子どもは遊ぶのが仕事なのだから塾なんて可哀そうだ。小さい時に我慢《がまん》を強《し》いられた子どもは性格が歪《ゆが》み，ろくな大人にならない」というものである。よって，「我慢を強いられた子ども」がぬき出せる。

問4　続く部分に「自分の思いを，本心をきちんと伝えることができた。わが子を守るために強くなったと自分を褒《ほ》める」とあるので，「よく言った」と自分自身を肯定したと考えられる。

問5　「おばあちゃん，怒《おこ》らせちゃった」と言った菜月に対して，俊介は「いいじゃん。お母さんはまちがってなかったし」と言葉をかけているので，「自分がしたことを俊介が肯定してくれた」とあるエがふさわしい。菜月は，俊介の言葉がうれしく，また，光枝に反論したことで，心の迷いも消えたと考えられる。なお，アは「俊介が自分の祖母の考えを否定したことが何となくおかしく」が合わない。俊介は「なんかいろいろ言われてたね」とは言っているが，祖母を非難するようなことは言っていないうえに，菜月も俊介の発言におかしさを感じているわけではない。イは「光枝と口論した自分の苦労が馬鹿《ばか》馬鹿しく思えて」があてはまらない。菜月は俊介の勉強する姿を見て，「私は胸が締めつけられるくらいに感動しています。すごいと思ってるんです。誇らしく思ってるんです」と言っている。ウは「塾に行かせて苦労させるのがまた悲しくなって」，「我慢させる」が合わない。菜月は「結果がどうであれ，俊介も私もこの戦いを最後まで諦《あきら》めずにやり遂《と》げる」と決意しており，俊介の勉強も自発的なものである。

問6　すぐ前の段落に，「頑張《がんば》る子どもたちを見ていると，自分もまだやれることがあるんじゃないかと思えてきた。自分の可能性を語れるのは自分しかいない」とある。また，続く部分で菜月は，「保育園の先生」になって，これからの生き方を変えていこうと決意している。よって，これらの点をとらえているアがふさわしい。なお，イは「夢を諦めてまで高校を中退して就職した」，「俊介の夢の実現のためにがんばろうと思った」が合わない。菜月は光枝に「私も夢なんて，持ったこともありませんでした」と話している。また，保育園の先生になろうという菜月の夢もとらえられていない。ウは「これからどんな仕事をしてみようか」があてはまらない。菜月は明確に保育園の先生になることを思い描いている。エは「自分も母親として」が合わない。菜月は母親としてではなく，一人の人間として夢に向かおうとしている。

問7　傍線⑥の「大切なものを手の中に握《にぎ》りしめながら」は，俊介や美音と今後も一緒《いっしょ》に歩んでいこうという菜月の決意を表している。また，「私はまた走り出した」は，保育園の先生になる夢を追いかける自分の状況をたとえた表現である。よって，エが選べる。なお，アは「母親としての夢」，「俊介の目標達成に向かって出来ることは何でもやろう」が，イは「子どもの存在だけがたったひとつの残された望み」が，ウは「この子どもたちを守ってやれるのは自分しかいない」が合わない。菜月は俊介や美音のことを思いながらも，同時に自分も保育園の先生になる夢を追いかけようと思い始めている。

Dr.福井の 入試に勝つ！脳とからだのウルトラ科学

寝る直前の30分が勝負！

　みんなは，寝る前の30分間をどうやって過ごしているかな？　おそらく，その日の勉強が終わって，くつろいでいることだろう。たとえばテレビを見たりゲームをしたり――。ところが，脳の働きから見ると，それは効率的な勉強方法ではないんだ！

　実は，キミたちが眠っている間に，脳は強力な接着剤を使って海馬《かいば》(脳の，知識をためる倉庫みたいな部分)に知識をくっつけているんだ。忘れないようにするためにね。もちろん，昼間に覚えたことも少しくっつけるが，やはり夜――それも“寝る前”に覚えたことを海馬にたくさんくっつける。寝ている間は外からの情報が入ってこないので，それだけ覚えたことが定着しやすい。

　もうわかるね。寝る前の30分間は，とにかく勉強しまくること！　そうすれば，効率よく覚えられて，知識量がグーンと増えるってわけ。

　では，その30分間に何を勉強すべきか？　気をつけたいのは，初めて取り組む問題はダメだし，予習もダメ。そんなことをしても，たった30分間ではたいした量は覚えられない。

　寝る前の30分間は，とにかく「復習」だ。ベストなのは，少し忘れかかったところを復習すること。たとえば，前日の勉強でなかなか解けなかった問題や，1週間前に勉強したところとかね。一度勉強したところだから，短い時間で多くのことをスムーズに覚えられる。そして，30分間の勉強が終わったら，さっさとふとんに入ろう！

　ちなみに，寝る前に覚えると忘れにくいことを初めて発表したのは，アメリカのジェンキンスとダレンバッハという2人の学者だ。

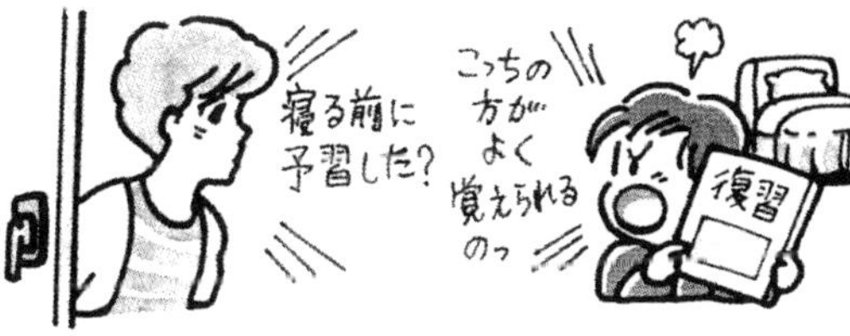

Dr.福井(福《ふく》井《い》一成《かずしげ》)…医学博士。開成中・高から東大・文Ⅱに入学後，再受験して翌年東大・理Ⅲに合格。同大医学部卒。さまざまな勉強法や脳科学に関する著書多数。

Memo

2021年度　サレジオ学院中学校

〔電　話〕(045) 591―8222
〔所在地〕〒224-0029　神奈川県横浜市都筑区南山田3―43―1
〔交　通〕市営地下鉄グリーンライン―「北山田駅」より徒歩5分

【算　数】〈A試験〉(50分)〈満点：100点〉

◎問題にかいてある図形は正確とは限りません。

1　次の□にあてはまる数を答えなさい。

(1) $\left(62\frac{63}{100}\div2+63\frac{16}{25}\div2\right)-64\frac{13}{20}\div2+65\frac{2}{25}\div2=\square$

(2) $\left(3.72-1\frac{11}{50}\right)\times1.25=\left\{(\square-1.2)\times\frac{1}{7}-7.2\right\}+0.125$

2　次の□にあてはまる数を答えなさい。

(1) 400個の分数 $\frac{1}{6}$, $\frac{2}{6}$, $\frac{3}{6}$, ……, $\frac{399}{6}$, $\frac{400}{6}$ の中で，約分できないものは□個あります。

(2) 50円玉と100円玉が合わせて234枚あり，50円玉の合計金額と100円玉の合計金額の比は4：5です。

このとき，50円玉は□枚あります。

(3) 2つの物体A，Bは，右のグラフのように移動していきます。

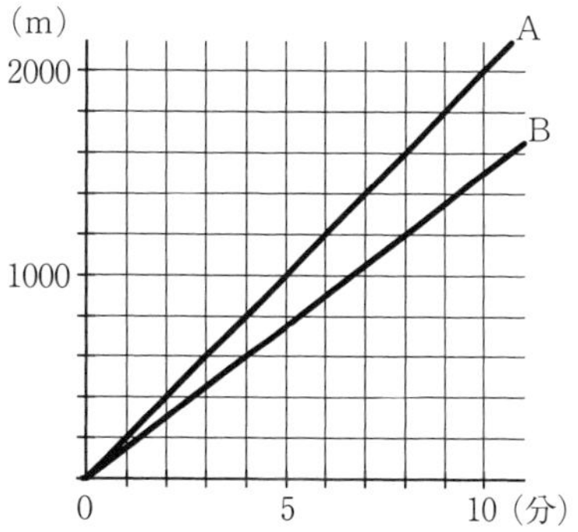

2つの物体が［ア］mの地点を通過したときの時間の差は9分であり，また，2つの物体の距離の差が1000mになるのは，2つの物体が移動を開始してから［イ］分後になります。

(4) 6人で川を渡るのに2そうのボートを使います。2そうのボートには区別がなく，1そうにつき最大で4人まで乗ることができます。2そうとも1回だけ使って6人全員が川を渡るとき，ボートの乗り方は□通りあります。

(5) 右の図のような三角形OCRがあります。

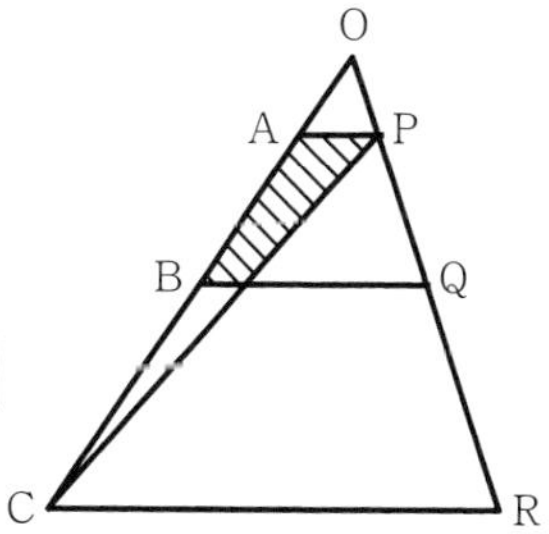

2点A，Bは，辺OCをOA：AB：BC＝1：2：3に分ける点，また，2点P，Qは，辺ORをOP：PQ：QR＝1：2：3に分ける点です。

このとき，図の　　部分の面積は三角形OCRの面積の□倍です。

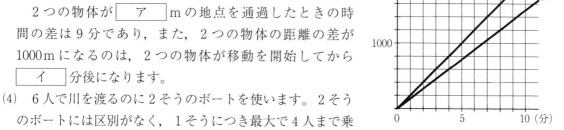

3 20人の児童がいるクラスAにおいて，２週間，タブレット端末の活用時間について調査しました。下の表は，その調査の結果になります。

クラスAの１週目

活用時間(時間)	0	1	2	3	4	5	6	7	8	9
人数(人)	0	1	2	3	5	4	1	2	2	0

クラスAの２週目

活用時間(時間)	0	1	2	3	4	5	6	7	8	9
人数(人)	0	2	2	3	2	4	1	3	3	0

このとき，次の問いに答えなさい。

(1) １週目と２週目の活用時間の平均値はそれぞれ何時間何分ですか。

(2) 調査の結果に関する内容として，次の①～④の中で最も適切なものを１つ選び，記号で答えなさい。

① １週目の活用時間が一番長い児童は，２週間で合計16時間活用した。

② どちらの週も半分の児童は，活用時間が５時間以上だった。

③ １週目の活用時間と比べて，２週目の活用時間は半分以上の児童で増加した。

④ ２週目の中央値は，２週目の平均値よりも大きい。

(3) 下の表は，20人の児童がいるクラスBにおいて，同様の調査をした１週目の結果になります。このとき，クラスAとクラスBの１週目の結果を比べて，気づいたことを述べなさい。

クラスBの１週目

活用時間(時間)	0	1	2	3	4	5	6	7	8	9
人数(人)	0	4	2	2	3	2	0	2	5	0

4 **Aさん**と**Bさん**と**先生**が「整数」についての次のような会話をしています。会話文を読んで，次の問いに答えなさい。

先　生　多くの整数は連続する２つ以上の整数の和で表すことができます。例えば，９の場合 $9=4+5$，$9=2+3+4$ のように２通りの表し方があります。では，18の場合はどうでしょう？

Aさん　はい，見つけました。私は，連続する３つの整数の和で 18＝[ア]＋[イ]＋[ウ] と表すことができました。

Bさん　まだあります。私は，18＝[エ]＋[オ]＋[カ]＋[キ] のように18を連続する４つの整数の和で表すことができました。

先　生　なるほど。二人ともよく見つけることができましたね。では逆に，連続する２つ以上の整数の和で表すことができない整数を見つけることはできるでしょうか？　とりあえず100以下の範囲で考えてみて。

Aさん　奇数ならば必ず連続する２つの整数の和で表すことができると思います。例えば，99の場合，$99=49+50$ のように真ん中あたりの連続する２つの整数の和で表せばいいからです。

先　生　なるほど。では，偶数の場合はどうでしょう？

Bさん　私は，最も大きい100から調べていきました。すると，例えば100の場合，100を 20×5 のように(偶数)×(奇数)の形で表して，(偶数)を真ん中に，(奇数)を連続する整数の個数にすると，$100=18+19+20+21+22$ と表すことができました。ですが，

94の場合は，2×47 としか表すことができなくてうまくいきませんでした。

Aさん　あっ！　47を 23＋24 と考えたらどうかな。94は47が 2 つあるから94＝22＋23＋24＋25 と表すことができるよ。

先　生　2人ともなかなかいいですね。この調子で話し合いを続けましょう。

(1)　空らん ア ～ ウ にあてはまる整数を答えなさい。

(2)　空らん エ ～ キ にあてはまる整数を答えなさい。

(3)　100以下の範囲で，連続する 2 つ以上の整数の和で表すことができない最も大きい整数を答えなさい。また，その理由も答えなさい。

5　3 つの角が 30°，60°，90° の三角形を三角形(あ)とします。

このとき，次の問いに答えなさい。

(1)　三角形(あ)は，60° の角をはさむ辺の長さの比が必ず 2：1 になっています。その理由を説明しなさい。

(2)　図 1 のような二等辺三角形の面積を求めなさい。

(3)　60° の角をはさむ辺の長さが 8 cm， 4 cm の三角形(あ)を 2 つ使って，図 2 のような二等辺三角形 ABC を作ります。

また，辺 BC 上に CD＝ 3 cm となるように点Dをとり，辺 AC 上に角㋐と角㋑が等しくなるような点Eをとります。

このとき，三角形 BDE の面積を求めなさい。

ただし，途中の考え方も書きなさい。

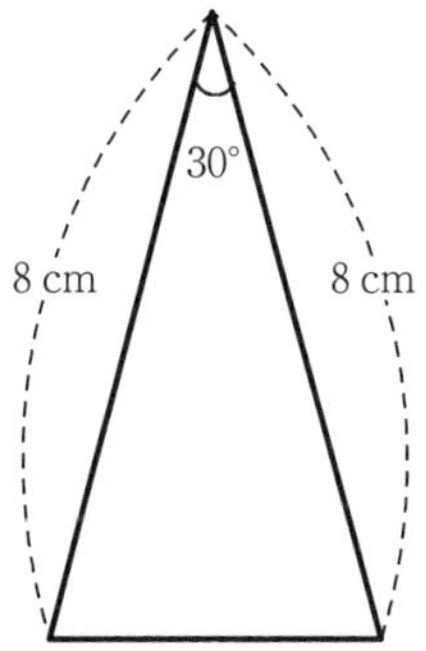

図 1

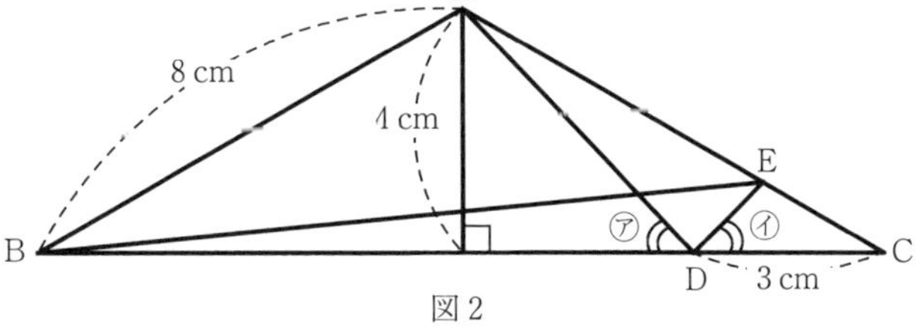

図 2

【社　会】〈**A試験**〉(40分)〈満点：75点〉

次の文章を読んで，あとの問いに答えなさい。

小学校低学年の頃《ころ》，ちょっとした仲違《なかたが》いをした隣《となり》の席の子に，「(机の間にカバンなどを並べ)バリアー！　自分の敷地《しきち》に入ってこないで」なんてことを言ったことはありませんか？ところで，「自分の敷地」って，どのように決めるのでしょうか。国際的には，1648年にある①条約が締結《ていけつ》されたことで，国家と国家の境に②国境線がある，という認識がつくられたとされています。

古代の社会では，現在のような国境線はなく，日本という国もありませんでした。その頃の日本では，大和政権の支配が徐々《じょじょ》に広がっていました。政権は7世紀の中ごろに，現在の③新潟県に城柵《じょうさく》を築き，④大宝律令が施行《しこう》されたのち，奈良時代には大隅国を設置しました。さらに平安時代に入ると，現在の⑤東北地方に遠征《えんせい》に行った坂上田村麻呂が，⑥胆沢城・志波城を築いて，支配域を拡大します。

⑦鎌倉時代から室町時代には，中山，南山，北山と三つの国にわかれていた⑧沖縄が，琉球王国という国に統一され，日本との⑨貿易が盛んになります。南シナ海や朝鮮半島では国の枠《わく》を超《こ》えて，九州や中国沿岸を拠点《きょてん》とした⑩武装した商人集団の活動も活発でした。

江戸時代になると，⑪北海道にも藩が置かれ，⑫アイヌとの⑬交流が盛んになります。また，⑭ロシアの南下がすすみ，これに対抗《たいこう》するため，幕府は⑮地図の作成を考えました。また⑯最上徳内や近藤重蔵らを蝦夷地探検に派遣《はけん》し，択捉島が日本の領地であることを示しました。現在では⑰世界遺産となっている⑱小笠原諸島には，⑲捕鯨《ほげい》を行っていた⑳アメリカ船がしばしば来航し，捕鯨船の補給地を求めたペリーが1853年に島を占領《せんりょう》していますが，1876年には日本領であることを認めました。

近代社会では各国の領域は条約によって決められています。たとえば，1854年にロシアと結ばれた条約では，樺太は日露雑居の地，択捉島以南が日本領と定められました。その後，㉑明治時代になると，ロシアとは1875年に樺太・千島交換条約を結び，樺太がロシア領，千島列島が日本の領土となりました。そのため最北端・最東端の島がかわり，占守島《しゅむしゅとう》という島の周辺になりました。1894年には，日本と㉒中国は戦争になり，翌年㉓講話条約を結び，日本の領土が拡がり，日本の領土の最西端は澎湖諸島《ほうこしょとう》という島になりました。

それ以降も，戦争の影響《えいきょう》で領土の範囲《はんい》は変化しています。第一次世界大戦後にはミクロネシアなどの南洋諸島まで領土がありました。しかし，太平洋戦争後の日本は，アメリカの占領下に置かれ，国家としての主権をも失います。日本は，1951年に㉔サンフランシスコ平和条約に調印，国際的主権を回復し，㉕1972年に現在の㉖領域となりました。

昨年から，今までにも増して，デジタルの結びつきが強い社会になりました。それにより，「自分の敷地」に関しては，大人でも境目が分かりづらくなっています。自己の縄張《なわば》り意識の行き過ぎが，戦争，紛争《ふんそう》につながることは，過去の歴史が教えてくれています。他者を思いやる意識は，グローバル化，デジタル化が進むほど，必要になるものではないでしょうか。

問1　下線部①について，次の**ア**～**エ**の文章は，いろいろな条約の一部です。それぞれの条約が締結された年代順に並べ替《か》えなさい。

ア　第1条　日本は国内へのアメリカ軍駐留の権利を与える。駐留アメリカ軍は，極東アジアの安全に寄与するほか，直接の武力侵攻や外国からの教唆などによる日本国内の内乱などに対しても援助を与えることができる。

イ　第23条　締約国は，この章の規定に従い，かつ，刑事問題についての国際協力に関する関連の国際文書，統一的又は相互主義的な法令を基礎として合意された取極及び国内法の適用を通じ，コンピュータ・システム及びコンピュータ・データに関連する犯罪に関する捜査もしくは刑事訴訟のため又は犯罪に関する電子的形態の証拠の収集のために，できる限り広範に相互に協力する。

ウ　第2条　この条約及び締結国会議が採択する法的文書には，この条約の関連規定に従い，気候系に対して危険な人為的干渉を及ぼすこととならない水準において大気中の温室効果ガスの濃度を安定化させることを究極的な目的とする。

エ　第6条　日本人に対し犯罪を犯したアメリカ人は，領事裁判所にてアメリカの国内法に従って裁かれる。アメリカ人に対して犯罪を犯した日本人は，日本の法律によって裁かれる。

問2　下線部②について，日本国内にも国境線がありました。ただし，「くにざかい」と読み，江戸時代まで使われていた各国の境界です。次の図中の太い破線(**－－－**)は，横浜市内にある国境を示しています。この国境で面している**二つの**旧国名を答えなさい。

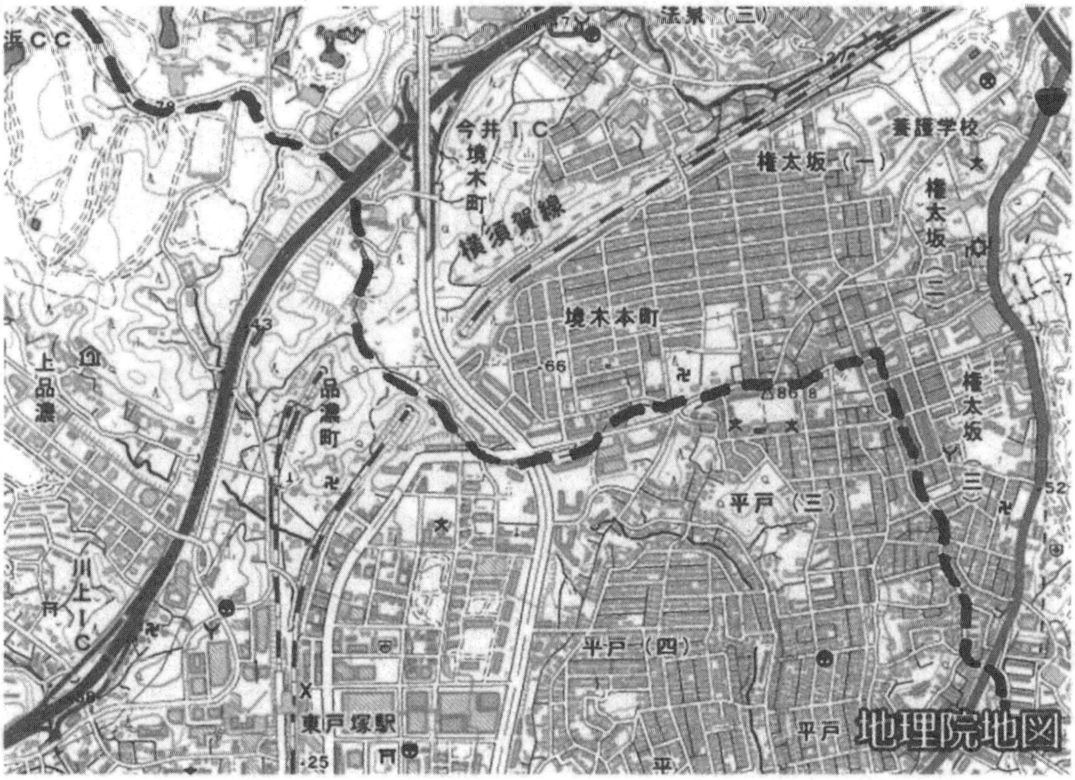

問3　下線部③について，次の(1)，(2)に答えなさい。

(1)　北陸地方の工業都市について，次の都市と特産品の組み合わせのうち，新潟県のものとして，適当なものを，次の**ア**～**ケ**から一つ選んで，記号で答えなさい。

ア　鯖江－金属食器　　**イ**　鯖江－銅器　　**ウ**　鯖江－眼鏡枠

エ　燕－金属食器　　**オ**　燕－銅器　　**カ**　燕－眼鏡枠

キ　高岡－金属食器　　**ク**　高岡－銅器　　**ケ**　高岡－眼鏡枠

(2)　次の**A**～**C**の雨温図は，文中に登場した新潟県の上越市，北海道の札幌市と横浜市の雨温図です。その正しい組み合わせとして，適当なものを，あとの**ア**～**カ**から一つ選んで，記号で答えなさい。

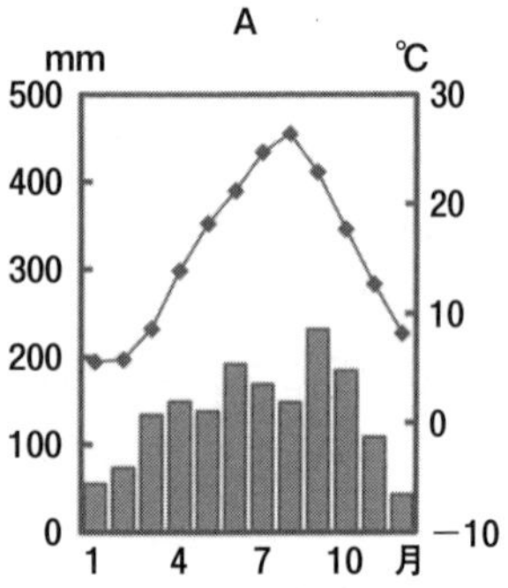

平均気温：15.5℃
年降水量：1,622 mm

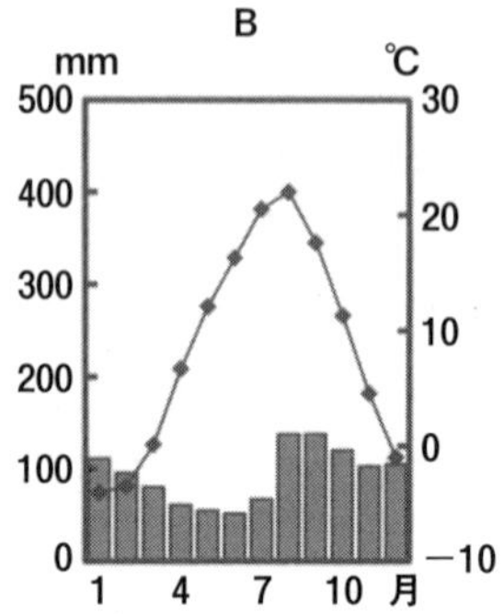

平均気温：8.5℃
年降水量：1,127 mm

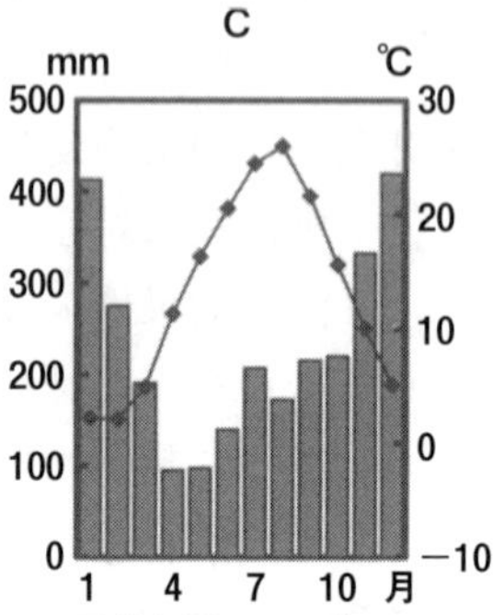

平均気温：13.3℃
年降水量：2,779 mm

	A	B	C
ア	上越市	札幌市	横浜市
イ	上越市	横浜市	札幌市
ウ	札幌市	横浜市	上越市
エ	札幌市	上越市	横浜市
オ	横浜市	上越市	札幌市
カ	横浜市	札幌市	上越市

問4　下線部④について，唐の律令を手本にした大宝律令が制定された翌年，遣唐使が派遣されました。遣唐使について述べた文として，適当なものを，次の**ア**～**エ**から一つ選んで，記号で答えなさい。

ア　大宝律令制定後，初めて派遣された遣唐使は，初めて対外的に「日本」という国号を使用しました。

イ　遣唐使として唐に渡って皇帝《こうてい》に仕えていた阿倍仲麻呂は，その後帰国して官僚《かんりょう》として仕えました。

ウ　奈良時代末に派遣された遣唐使には最澄や空海がいました。

エ　遣唐使は，菅原道真の進言により一時派遣が中止されましたが，その後再開されました。

問5　下線部⑤について，右の**A**～**C**の統計は，東北地方各県が上位5位に入る米の収穫量，電子部品・デバイス・電子回路の出荷額，かきの養《よう》殖《しょく》収穫量を示したものです。統計の正しい組み合わせとして，適当なものを，次の**ア**～**カ**から一つ選んで，記号で答えなさい。

A

都道府県	%
三　重	11.1
長　野	5.0
広　島	4.6
愛　知	4.1
宮　城	3.8

B

都道府県	%
広　島	59.5
宮　城	14.0
岡　山	7.8
兵　庫	5.1
岩　手	3.7

C

都道府県	%
新　潟	8.1
北海道	6.6
秋　田	6.3
山　形	4.8
宮　城	4.8

『データブック オブ・ザ・ワールド 2020』より作成
統計年次は2017年

	A	B	C
ア	かき	電子部品	米
イ	かき	米	電子部品
ウ	電子部品	かき	米
エ	電子部品	米	かき
オ	米	かき	電子部品
カ	米	電子部品	かき

問6　下線部⑥について，胆沢城のあった場所はどこですか。現在の都道府県名を，**漢字で**答えなさい。

問7　下線部⑦について，鎌倉時代から室町時代の外国との関係についての文として，**適当でないもの**を，次の**ア**～**エ**から一つ選んで，記号で答えなさい。

ア　元は南宋を滅《ほろ》ぼして，中国全土を統一し，この前後に日本やベトナムに侵攻《しんこう》を試みましたが，うまくいきませんでした。

イ　蒙古襲来《しゅうらい》後も，日本と元との交流は続けられました。この事を示す例として，1323年，中国から博多に向かう途中《とちゅう》に難破し沈没《ちんぼつ》した貿易船が1976年に朝鮮半島南西の新安《しんあん》沖で発見されています。

ウ　足利義満は1401年に博多商人らを明に派遣しました。義満は，その後中国の皇帝から日本国王に任じられました。

エ　15世紀前半に建国された琉球王国は，東アジア諸国間の中継《ちゅうけい》貿易で繁栄《はんえい》しましたが，15世紀後半に薩摩の島津氏に侵略《しんりゃく》されて支配下におかれました。

問8　下線部⑧について，次の会話文は，中学生の一郎さんと，お父さんの会話です。会話文を読んで，あとの**(1)**～**(3)**の問いに答えなさい。

一郎さん「学校の社会の授業で，テーマを決めて調べる宿題が出たんだ。パソコンでスライドにまとめて一人ずつ発表することになったんだよ。」

お父さん「ふうん，何について調べることにしたんだい？」

一郎さん「沖縄の普天間基地の移設のことを調べて，発表しようかなと。」

お父さん「それは重要なテーマを選んだね。もうまとめているの？」

一郎さん「うん，こんな形にしようかと思ってる。スライドを見て。」

ア

普天間基地の移設問題について

イ

移設問題について

・普天間基地のもつ問題を解消するため、
県内の辺野古の沿岸へ移す計画が進められている。

・沖縄県内ではこの計画に反対する意見も多い。

・2019年に沖縄県で行われた住民投票では、
投票した人の約72%が、基地建設のために
辺野古の海を埋め立てることに反対する票を入れた。

ウ

なぜ辺野古への移設に反対するのか

- [A]
- 自然環境の破壊が起こる
- 多額の費用がかかる

エ

普天間基地について

- 沖縄県の中にあるアメリカ軍の基地（飛行場）
- 広さは約4.8平方キロメートル
- 市街地の中にあるので、
騒音や安全性の面から問題視されている

お父さん「うん，よく調べてまとめているじゃないか。あとは地図を入れたり，[B]についての説明があると，もっといいものになると思うよ。」

一郎さん「そうか，じゃあもっと調べてみるよ。」

お父さん「みんなに『なるほど』と思ってもらえるような，いい発表ができるといいね。」

(1) 会話文中の**ア**～**エ**のスライドは，一郎さんが作成したものです。しかし，発表するにあたって，**イ**以降のスライドは順番通りに並んでいません。テーマの発表にあたって，**イ**～**エ**のスライドを，適当な順番に並び替えなさい。

(2) **ウ**のスライドの[A]にあてはまる理由を答えなさい。

(3) 会話文中の空らん[B]にあてはまる内容を答えなさい。

問9 下線部⑨について，次の図は，1950年から2019年までの日本の輸出額の推移を示したものです。この図について，一郎さんとお父さんが会話を始めました。二人の会話の下線部**ア**～**カ**のうちから，内容が**適当でないもの**を，**二つ**選んで，記号で答えなさい。

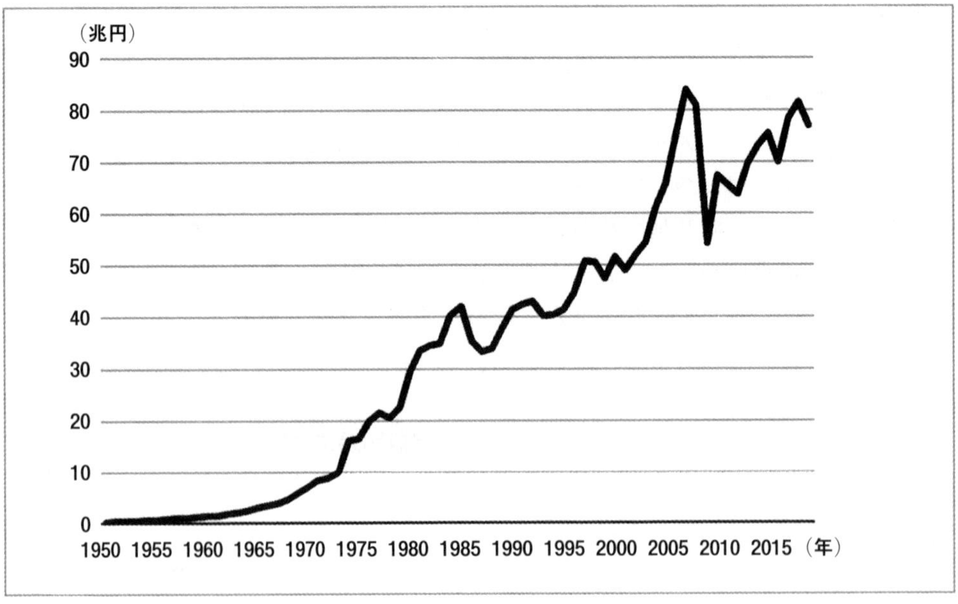

財務省資料より

一郎さん「今度は，日本の貿易について調べようと思うんだ。」

お父さん「日本の貿易は，図を見ると分かるように，全体的には右上がりで増加してるよね。1950年代の朝鮮戦争をきっかけに輸出額は増えて，1970年代に入ると，ア<u>第一次石</u>

油危機によって国内経済の成長が止まって，原油価格も高騰するんだけど，小型自動車を中心にした日本の自動車産業が頑張ったんだよ。」

一郎さん「日本の自動車は，世界に誇るものなんだね。」

お父さん「そうだね。その後も1980年代にかけて，日本の主力輸出品は自動車だからね。でも，たくさん輸出されることで，イアメリカと日本との間で，貿易摩擦が起こってしまうんだ。」

一郎さん「1980年代の中ごろに，輸出額が右下がりになったのはその影響なの？」

お父さん「そうだね。当時は，先進各国が協調して，ウ円安の状況を作り出したことが，海外で自動車などが売れにくくなったことの要因だろうね。」

一郎さん「日本の輸出は，世界の経済の動きとも大きく関係しているってこと？」

お父さん「そうだね。他にも，2000年代初頭に，輸出額が大きく伸びたのは，エ近隣のアジア諸国の経済成長の影響が大きいだろう。2005年辺りの輸出額の減少は，オイギリスのEU離脱後の低迷とか，2010年代にはカ日本国内の災害なんかも，輸出額に大きく影響を与えているね。」

一郎さん「日本だけの問題ではなくて，いろんな国と関係するんだ。」

問10　下線部⑩について，この武装した集団を何とよびますか。答えなさい。

問11　下線部⑪について，次の(**1**)，(**2**)に答えなさい。

(1)　次のカレンダーは，根室市で水揚《あ》げされる魚介《ぎょかい》類の時期を示したものです。**A**～**C**は，さんま，ほたて，たらのいずれかが入ります。**A**～**C**にあてはまる魚介類の組み合わせとして，適当なものを，あとの**ア**～**カ**から一つ選んで，記号で答えなさい。

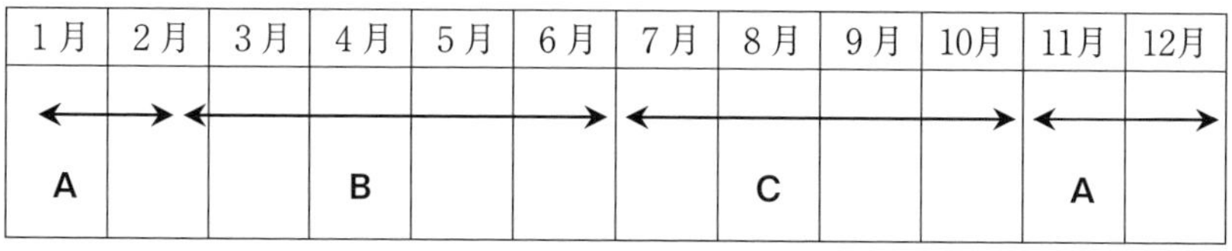

	A	B	C
ア	さんま	ほたて	たら
イ	さんま	たら	ほたて
ウ	ほたて	さんま	たら
エ	ほたて	たら	さんま
オ	たら	さんま	ほたて
カ	たら	ほたて	さんま

(2)　新型コロナウイルスへの対応では，北海道が独自の緊急《きんきゅう》事態宣言を出すなど，地方自治体の判断が注目されました。地方自治体の住民から選ばれ，その自治体の政治を取り仕切る役割を担っている知事や市町村長のことをまとめて何とよびますか。**漢字で**答えなさい。

問12　下線部⑫について，あとの(**1**)，(**2**)に答えなさい。

2019年にアイヌの人々の誇《ほこ》りが尊重される社会を実現することを目指した法律が成立しました。この背景には，アイヌの人々が，歴史的に長らく差別的な扱《あつか》いを受けてきたことがあります。こうした差別に対して，憲法第14条では，「すべて国民は，[A]に平等であって，[B]，社会的身分又は門地により，政治的，経済的又は社会的関係において，差別されない。」と定めています。

(1) 空らん[A]にあてはまる語を答えなさい。

(2) 空らん[B]の部分には，これを理由とした差別がおこってはいけないと考えられている要素が3つ挙げられています。この部分にあてはまるものとして，**適当でないもの**を，次の**ア**～**エ**から一つ選んで，記号で答えなさい。

ア 年齢《ねんれい》　**イ** 性別　**ウ** 信条　**エ** 人種

問13 下線部⑬について，アイヌとの取引で和人が購入《こうにゅう》したものとして，適当なものを，次の**ア**～**オ**から**二つ**選んで，記号で答えなさい。

ア 米　**イ** 鉄製品　**ウ** 鮭　**エ** 酒　**オ** 昆布

問14 下線部⑭について，現在のロシアには，国を取りまとめる役割を担う大統領という役職がありますが，世界には大統領がいる国と，日本のように大統領という役職を設けていない国があります。このうち，後者にあたる国として，適当なものを，次の**ア**～**エ**から一つ選んで，記号で答えなさい。

ア フランス

イ 韓国

ウ イギリス

エ イタリア

問15 下線部⑮について，右の地図は，1785年に描《か》かれた古地図です。この地図から読み取れることを説明したものとして，内容が**適当でないもの**を，次の**ア**～**エ**から一つ選んで，記号で答えなさい。

ア 三陸海岸の入り組んだ海岸線のようすが描かれています。

イ 北海道は探検が十分でないために，島の形が不正確です。

ウ 琉球王国と大陸との間には，航路が描かれています。

エ 伊豆諸島と小笠原諸島に相当する地域には，島は記載《きさい》されていません。

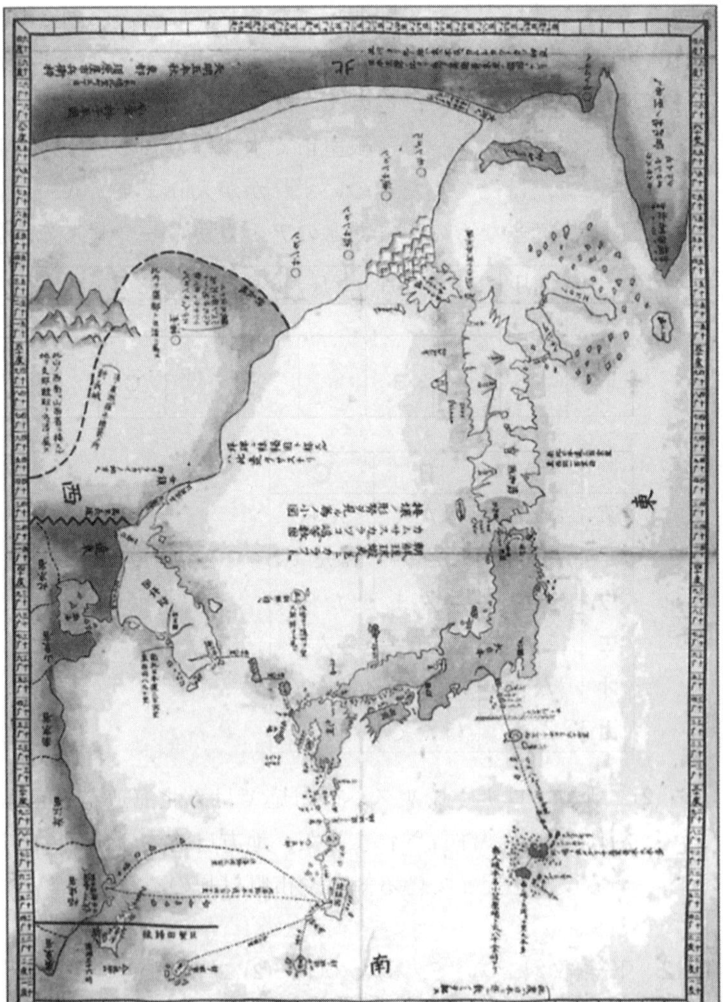

『三国通覧図説』　1785年　林子平

問16　下線部⑯について，この時期，幕府では三大改革とよばれる改革の一つが行われていました。この改革についての文として，適当なものを，次の**ア**～**エ**から一つ選んで，記号で答えなさい。

ア　武家諸法度の中に初めて参勤交代の制度を定め，大名を統制しました。

イ　倹約令を出し，出稼《でかせ》ぎのため江戸に入ってきた百姓《ひゃくしょう》の帰農《きのう》をすすめました。

ウ　俵物の輸出に取り組み，株仲間を奨励《しょうれい》してそこから税を取りました。

エ　フランス公使の支援《しえん》の下で，西洋式の軍隊の整備に取り組みました。

問17　下線部⑰について，ある場所が世界遺産として登録されるには，ユネスコが定めている10の登録基準のうち，少なくとも1つを満たす必要があります。次の**ア**～**エ**は，世界遺産の登録基準を簡単に表したものです。広島県にある世界遺産の登録基準にあたるものとして，最も適当なものを，次の**ア**～**エ**から一つ選んで，記号で答えなさい。

ア　その場所の生態系が，動植物の進化や発達を観察したり研究したりするための見本です。

イ　人類と環境とのふれあいをはっきりと示す見本で，特に年月の変化によってその存続が危ぶまれているものです。

ウ　生き物の進化や地形の形成など，地球の歴史を解き明かすために重要な地質や地形がみられる場所です。

エ　歴史上重要なできごとや，伝統，思想や宗教的な信仰《しんこう》，または芸術作品などに深くかかわるものです。

問18　下線部⑱について，次の(**1**)，(**2**)に答えなさい。

(**1**)　次の地形図は，小笠原諸島の父島のものです。この地図について述べた文として，**適当でないもの**を，次の**ア**～**エ**から一つ選んで，記号で答えなさい。

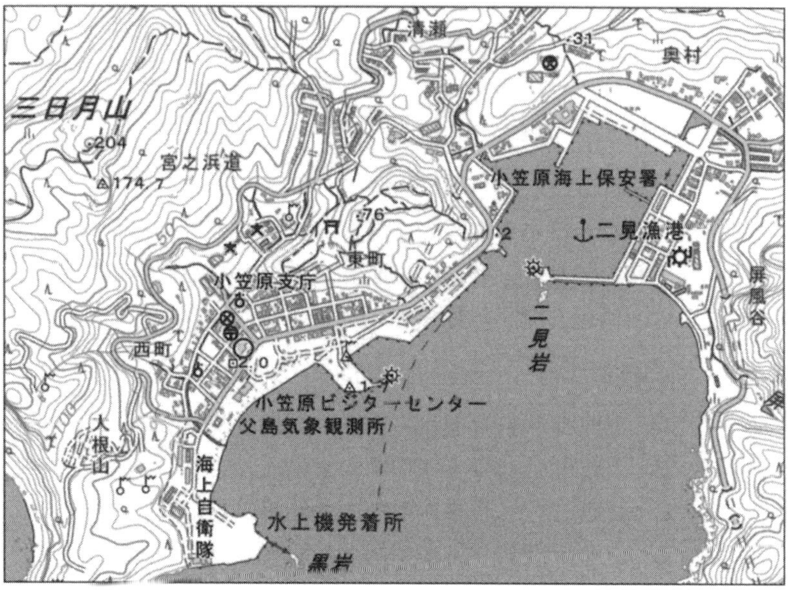

ア　標高差が200m以上あります。

イ　東町には，小中学校が隣接《りんせつ》しています。

ウ　広葉樹林だけでなく，針葉樹林も見られます。

エ　二見漁港には，工場があります。

(2) 戦後，小笠原諸島がアメリカから日本に返還《へんかん》されますが，返還以前の出来事として，適当なものを，次の**ア**～**カ**から**二つ**選んで，記号で答えなさい。

ア 青函トンネル開通

イ 日米安全保障条約調印

ウ テレビ放送開始

エ 東西ドイツ統一

オ 日中共同宣言調印

カ 日本万国博覧会開催

問19 下線部⑲について，アメリカが捕鯨を行った理由は，鯨の脂《あぶら》を使ってランプをともすためでした。日本では当時，夜の明かり用の油として主に何を使用していましたか。答えなさい。

問20 下線部⑳について，現在(2021年１月31日時点)のアメリカ大統領の名前と，属する政党名をそれぞれ答えなさい。

問21 下線部㉑について，次の**図**は，大日本帝国憲法に規定された国家機構を示したものです。特徴《とくちょう》として，諸国家機関は天皇の下でのみ統合されているといった点が見られます。一方で，天皇以外の諸機関相互《そうご》の関係にも特徴と問題点があります。その特徴と問題点をそれぞれ説明しなさい。

図

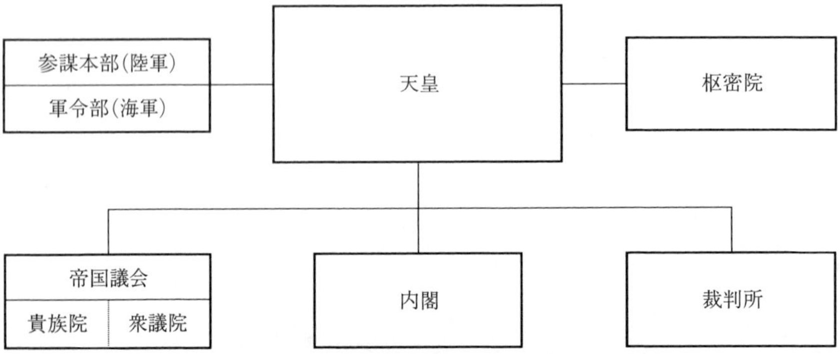

問22 下線部㉒について，次の表は，日本と中国の間で取り扱《あつか》われてきた主な製品と，その説明を示したものです。それぞれの製品と，取引の説明を組み合わせたものとして，最も適当なものを，あとの**ア**～**ク**から一つ選んで，記号で答えなさい。

＜製品＞

Ⅰ	衣類
Ⅱ	パソコン
Ⅲ	石油
Ⅳ	鉄鋼

＜説明＞

A	1980年代に日本から中国へ輸出されたもの
B	1980年代に日本が中国から輸入したもの
C	2000年代に日本から中国へ輸出されたもの
D	2000年代に日本が中国から輸入したもの

ア Ⅰ－A　**イ** Ⅰ－C　**ウ** Ⅱ－B　**エ** Ⅱ－D

オ Ⅲ－A　**カ** Ⅲ－C　**キ** Ⅳ－B　**ク** Ⅳ－D

問23 下線部㉓について，この講和条約の名称を答えなさい。

問24 下線部㉔について，日本は，1951年にアメリカで開かれた講和会議に参加し，48カ国と講和条約を結びました。この会議については，会議に招待されなかった国，会議に招待されたが会議に参加しなかった国，会議に参加したが調印しなかった国がありました。それぞれに該当する国の組み合わせとして，適当なものを，次の**ア**～**エ**から一つ選んで，記号で答えなさい。

	会議に招待されなかった国	会議に招待されたが参加しなかった国	会議に参加したが条約に調印しなかった国
ア	中華人民共和国	チェコスロバキア	イギリス
イ	中華民国	ビルマ	ポーランド
ウ	シンガポール	インド	フランス
エ	マレーシア	ユーゴスラビア	ソ連

問25　下線部㉕について，1972年の出来事として，適当なものを，次の**ア**～**エ**から一つ選んで，記号で答えなさい。

ア　ノーベル文学賞を受賞した三島由紀夫が死去しました。

イ　戦後初めて，アメリカ大統領のレーガンが，中国を訪問しました。

ウ　佐藤栄作首相のはたらきにより，アメリカの統治下であった沖縄が日本に返還されました。

エ　ソ連(現ロシア)のモスクワで開催《かいさい》されたオリンピックで，バレーボールなどで日本選手が活躍《かつやく》しました。

問26　下線部㉖について，日本のような海に面する国では，海岸から200海里までの範囲《はんい》に，経済水域とよばれる水域をもっています。この経済水域という仕組みは，1982年に当時の国際社会が抱《かか》えていたさまざまな問題を解決するために定められたものです。経済水域をめぐる社会背景を説明した文として，最も**適当でないもの**を，次の**ア**～**エ**から一つ選び，記号で答えなさい。

ア　第二次世界大戦後に新しく独立する国が増えたので，それらの国々に近い海域を適切に利用できるようにします。

イ　東西冷戦が終わり，大国によって管理されてきた海域で海賊行為《かいぞくこうい》が増えたので，沿岸国が自国以外の船を通れないようにして，海の安全を守ります。

ウ　技術が進歩し，海底に多くの鉱物資源が埋蔵《まいぞう》されていることが分かったので，資源を開発できる権利をめぐって争いが起きるのを未然に防ぎます。

エ　一部の国で経済成長が進み，食生活が多様化したことから水産物の漁獲《ぎょかく》量が増えたので，沿岸国のみが漁業ができるようにして，海の生態系を守ります。

問27　次の緯度と経度は，現在の日本の東西南北の端に位置する島々と，本文中にある占守島，澎湖諸島，ミクロネシア諸島の，それぞれのものです。**ア**～**キ**の緯度経度が，どの島の地点であるかと，地図中のどの辺りに位置するかを考え，**(1)**～**(4)**に答えなさい。

ア　北緯51度・東経156度　　**イ**　北緯20度・東経136度

ウ　北緯１度・東経154度　　**エ**　北緯24度・東経154度

オ　北緯45度・東経148度　　**カ**　北緯23度・東経119度

キ　北緯24度・東経123度

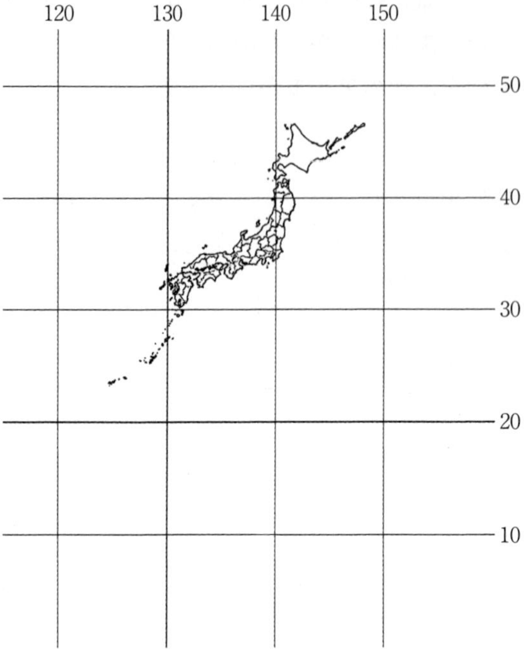

(1) 現在の日本の最南端の地点の緯度経度として，適当なものを，上の**ア**～**キ**から一つ選び，記号で答えなさい。

(2) 現在の日本の最東端の島の名前を答えなさい。

(3) 現在の日本の領域に位置する東西南北の島を，解答用紙の地図中にそれぞれ「・」で示しなさい。また，「・」を直線で結んだものを日本の領域と仮定するとき，日本の領域を斜線《しゃせん》で示しなさい。

(4) 解答用紙の地図の緯度経度を，１度＝２mm としたとき，**(3)**で仮定した日本の領域の面積を計算しなさい。

【理　科】〈A試験〉（40分）〈満点：75点〉

1　右の図1のように，底面積20cm^{2}の円柱形《えんちゅうけい》の物体Aが液体Bに浮いています。物体Aには重力と液体による浮力《ふりょく》がはたらいていますが，液体による浮力の大きさは，次に示すアルキメデスの原理を用いて求めることができます。

アルキメデスの原理

「液体中にある物体は，その物体が押しのけた液体の重さに等しい大きさの浮力を受ける」

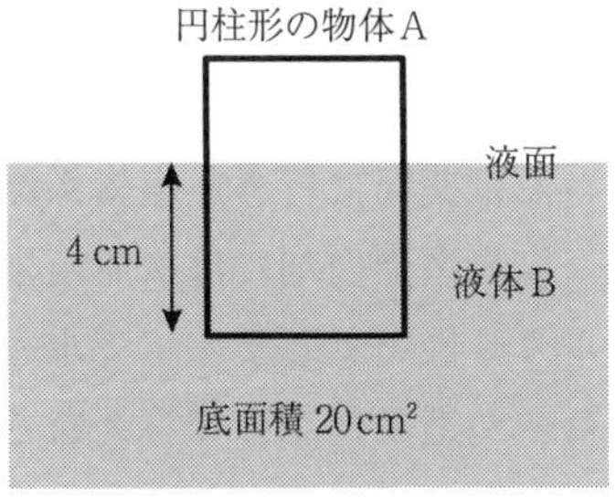

図1　円柱形の物体Aを真横から見た断面図

液体Bは1cm^{3}あたり1.5gであり，物体Aの底面はつねに液面に平行であるとします。あとの(1)～(5)の問いに答えなさい。**ただし，計算結果を答える際，割り算が必要な場合は，分数ではなく小数で答えなさい。**

はじめは，図1のように物体Aは底面が深さ4cmになる位置で静止《せいし》しました。

(1)　物体Aが押しのけた液体Bの体積は何cm^{3}ですか。

(2)　物体Aが押しのけた液体Bの重さは何gですか。

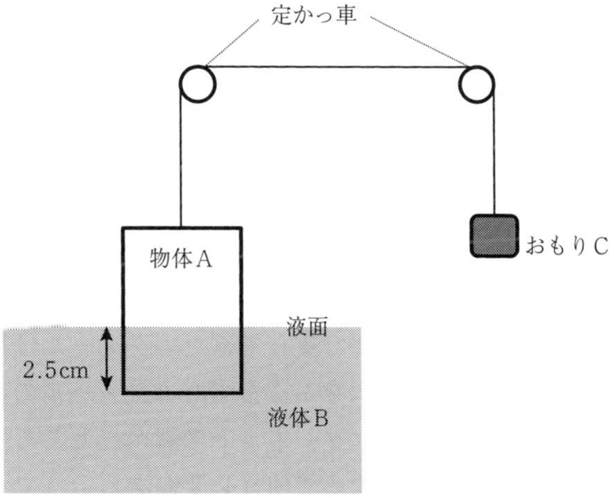

図2

(3)　物体Aの重さは何gですか。

次に，図1と同じ物体Aに糸をつけ，上の図2のように糸を定かっ車に通して糸の端《はし》におもりCをつるすと，物体Aは，底面が深さ2.5cmになる位置で静止しました。ここで，糸の重さや糸とかっ車の間のまさつは考えないものとします。

(4)　おもりCの重さは何gですか。

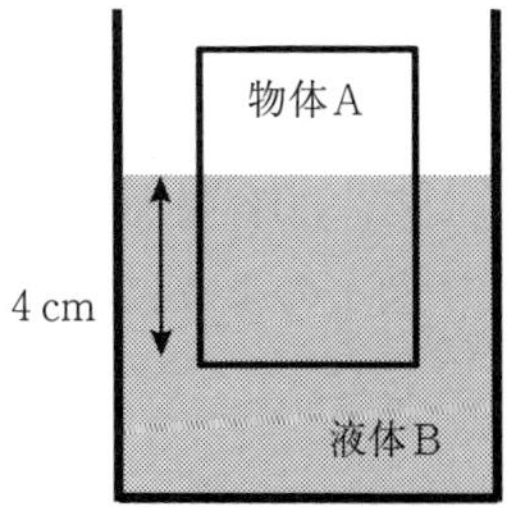

図3　円筒形の容器
（底面積40cm^2）

こんどは，右の図3のように容器内側の底面積が40cm^{2}の円筒形《えんとうけい》の容器に液体Bを入れ，物体Aを液体Bの中に入れると，図1と同じように，物体Aは底面が深さ4cmになる位置で静止しました。続いて，物体Aを手で止めて図2と同じように，物体Aに糸をつけて，定かっ車に通して糸の端に90gのおもりDをつるします。

最後に，物体Aから手をはなすと，はじめ物体Aと液面は上下に動きますが，やがて右の図4のように物体Aと液面は静止します。

(5)　物体Aが静止した位置は手をはなした位置よりも何cm高いですか。

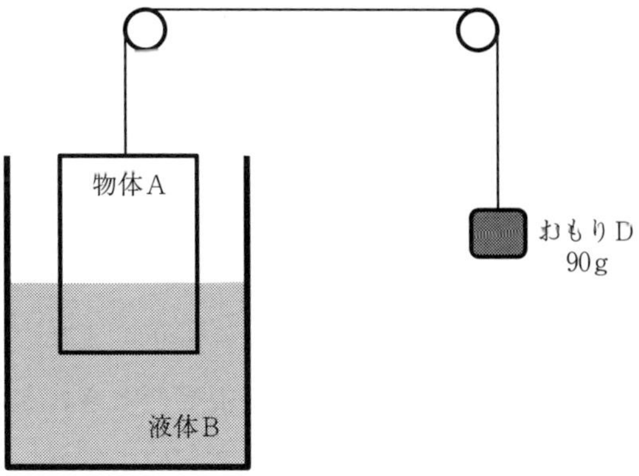

図4　円筒形の容器

2　次の文を読み，あとの問いに答えなさい。**ただし，計算結果を答える際，整数で答えなさい。計算結果が割り切れない場合，小数第１位を四捨五入して整数で求めなさい。**

ある飲食店で店長さんが感染予防のために大量の消毒液を必要としていました。そこで店長さんは薬局に行き，塩素系漂白剤《ひょうはくざい》とエタノールを買ってきました。

(1)　塩素系漂白剤には次亜塩素酸《じあえんそさん》ナトリウムという成分がふくまれています。この水よう液はアルカリ性を示します。アルカリ性の水よう液が示す性質として誤っているものを次のア～オから一つ選び，記号で答えなさい。

ア　タンパク質をとかす作用があるので目に入ると失明の危険性がある。

イ　金属をとかすアルカリ性の水よう液がある。

ウ　卵のカラをとかして気体が発生する。

エ　二酸化炭素を加えると白くにごるアルカリ性の水よう液がある。

オ　胃液を中和するために分ぴつされるすい液はアルカリ性である。

(2)　塩素系漂白剤を消毒液として使うためには，0.1％のこさまでうすめて使う必要があります。店長さんが買ってきた塩素系漂白剤には次亜塩素酸ナトリウムという成分が６％ふくまれています。この塩素系漂白剤50gを用いて，0.1％の消毒液をつくるとき，水を何g加えればよいですか。

店長さんが薬局で買ってきたエタノールは無水エタノールという種類のものでした。この無水エタノールは水をふくまず，エタノールのみをふくむものです。

店長さんがインターネットで調べたところ，エタノールの消毒作用を最も活かすためには，80容量％までうすめて使う必要があるそうです。店長さんは容量％が分からなかったので，容量％もインターネットで調べてみると「よう液100 cm^3 にエタノールが何 cm^3 ふくまれているかを表す」ということが分かりました。

そこで店長さんは無水エタノール80 cm^3 に水20 cm^3 を加えれば水よう液が100 cm^3 になって，80容量％になるだろうと考え，無水エタノール80 cm^3 と水20 cm^3 を混ぜました。しかし，図１のように水よう液は100 cm^3 にならず，80容量％のエタノール水よう液にはなりませんでした。

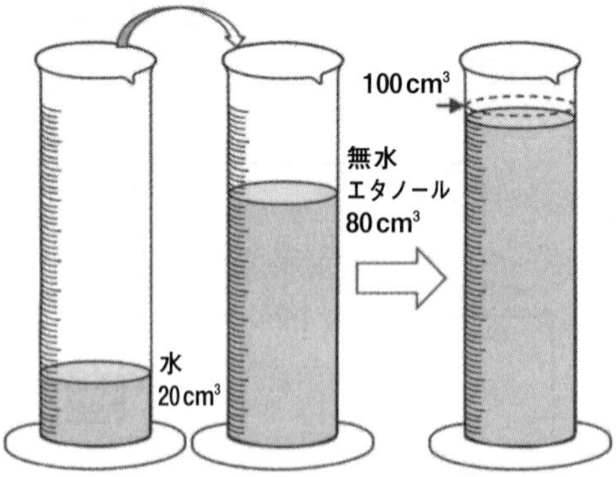

図１　80 cm^3 の無水エタノールに水20 cm^3 を加えた

(3)　水と無水エタノールを混ぜたときにどれくらい体積が減少するのか調べました。

以下の文を読み，(あ)～(う)，(お)に当てはまる数値をそれぞれ整数で，(え)に当てはまる数値を表１中の密度から選んで答えなさい。

表1は10℃でのエタノール水よう液のこさ[%]に対する密度[g/cm^3]の関係です。ただし，密度とは1 cm^3 あたりの重さ[g]を表しています。

表1　エタノールのこさと密度の関係

こさ[%]	0	10	20	30	40	50	60	70	80	90	100
密度[g/cm^3]	1	0.98	0.97	0.96	0.94	0.92	0.90	0.88	0.85	0.83	0.80

水 35 cm^3，無水エタノール 65 cm^3 を混ぜる場合を考えます。水は０%のエタノール水よう液と考えられ，表1より密度は1 g/cm^3 なので 35 cm^3 の水は 35g だと分かります。無水エタノールは100%のエタノール水よう液と考えられ，その密度は 0.8 g/cm^3 なので，65 cm^3 の無水エタノールは(あ)gだと分かります。このエタノール水よう液全体で(い)gになるため，そのこさは(う)%になります。表1より，このエタノール水よう液の密度は(え) g/cm^3 なので，体積は(お) cm^3 となり，混ぜる前の水とエタノールの体積の合計である 100 cm^3 より小さくなっていることが分かります。

(4) このように，無水エタノールと水を混ぜると体積が減少してしまいます。80容量%のエタノール水よう液を用意するためには，どのようにエタノール水よう液をつくる必要がありますか。簡単に説明しなさい。

3 次の問いに答えなさい。

(1) 次の①～③の植物について，秋から冬にかけてすべての葉をいっせいに落とす木はA，一年中，緑色の葉をつけている木はBと答えなさい。ただし，同じ記号を何度選んで答えてもよいものとします。

① カエデ
② カシ
③ スギ

(2) 次の④～⑥の節足動物について，こん虫類はA，多足類はB，クモ類はC，甲《こう》かく類はDと答えなさい。ただし，同じ記号を何度選んで答えてもよいものとします。

④ ミジンコ
⑤ サソリ
⑥ セミ

(3) 図1は，セイヨウミツバチの体と眼を真上から見て書いたものです。解答らんに，のばした<u>あし</u>と，横に広げた<u>はね</u>を，それぞれ全て書き加えなさい。

図1

(4) ミツバチの視覚についてくわしく調べるため，２つの実験を行いました。

実験1　野外でえさをとっているミツバチをつかまえて，赤色，黄色，青色，緑色の厚紙や，うすさのちがう灰色の厚紙を同時に見せました。はじめ，ミツバチは厚紙に対して何も反応しませんでした。そこで，黄色の厚紙だけに，みつを置いて行動を観察すると，黄色の厚紙だけにミツバチが集まりました。その後，みつを取りさってから同じように行動を観察すると，ミツバチは黄色と緑色の厚紙だけに集まりました。

実験2　野外でえさをとっているミツバチをつかまえて，外から光が入らないよう暗やみにした箱の中に入れました。そして，ミツバチに色や明るさのちがう光を見せて，どのような光に反応して行動するかを調べました。その結果，ミツバチは色に関係なく，より強い光が照らされるほど，より活発に行動することが分かりました。

実験1と実験2の結果からいえることとして，正しいと考えられるものは**ア**，誤っていると考えられるものは**イ**，正しいか誤っているか判断できないものは**ウ**，と答えなさい。ただし，同じ記号を何度選んで答えてもよいものとします。

① ミツバチは，灰色のうすさを区別して感じることができる。

② ミツバチは，緑色と青色を区別して感じることができる。

③ ミツバチは，光の強さを区別して感じることができる。

④ ミツバチは，厚紙の色は見分けられるが，花の色は見分けられない。

⑤ ミツバチは，暗やみにした箱の中につかまえられているときは，色に反応して行動する。

(5) ミツバチの視覚についてくわしく調べるため，次のような目的をもち，仮説を考えました。

目　的：ミツバチがえさ場から巣にもどるとき，何にもとづいて行動するかを調べる。

仮説1：ミツバチは，えさ場から巣にもどる方向と太陽との位置関係を覚えていて，それを見ながら巣にもどる。

仮説2：ミツバチは，巣からえさ場に行く間にある目印を覚えていて，巣にもどるときはそれを逆にたどる。

仮説3：ミツバチは，その行動域内にある目印の位置関係を覚えていて，それをたどりながら巣にもどる。

これらのうち，どれが正しいかを調べるため，実験3を行いました。

実験3　一定のえさ場Bでえさをとるよう訓練したミツバチを，えさ場Bから巣Aにもどる途中でつかまえ，目かくしをしてから地点Cまですみやかに運び，そこで目かくしを外してから放しました。ただし，巣A，えさ場B，地点Cの位置関係は次の図2のようになっていて，ミツバチの行動域は，だ円の内部であるものとします。また，実験中に，太陽の位置は変わらないものとします。

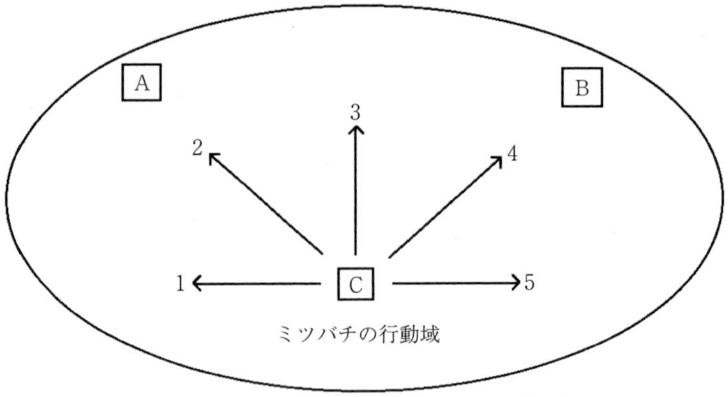

図2

実験3において仮説1から仮説3がそれぞれ正しいと仮定すると，ミツバチはどのような飛行をすると予測できますか。最もふさわしいものを，あとの**ア**～**カ**のうちからそれぞれ選んで答えなさい。ただし，同じ記号を何度選んで答えてもよいものとします。

① 仮説1　　② 仮説2　　③ 仮説3

ア　図２の１の方向へまっすぐ飛ぶ。
イ　図２の２の方向へまっすぐ飛ぶ。
ウ　図２の３の方向へまっすぐ飛ぶ。
エ　図２の４の方向へまっすぐ飛ぶ。
オ　図２の５の方向へまっすぐ飛ぶ。
カ　図２の地点[C]の周りを飛び回る。

4　次の会話文は，横浜市内の小学６年生のボスコくんと担任の先生が2020年の年末に１年間を振り返ったものです。あとに続く問いに答えなさい。

先　生：ボスコくんは，太陽系という言葉を聞いたことがありますか？
ボスコ：はい，あります。太陽とその周りを公転している①惑星《わくせい》の集まりですよね。
先　生：よく知っていますね。その他にも月に代表される，惑星の周りを公転している（ ② ）や，惑星ほどは大きくないけれど太陽の周りを公転している小惑星とよばれる天体も含まれるのですよ。
ボスコ：小惑星といえば今年，はやぶさ２が話題になりましたよね。
先　生：はやぶさ２は最初の目的地である小惑星（ ③ ）のサンプルを地球に持ち帰りましたね。太陽系のはじまりや進化，さらには生物の原材料になる物質がないか，調べたりするようです。
ボスコ：これからどのような研究結果が発表されるのか，楽しみですね。
先　生：今年はその他にも，７月末に火星探査機をのせたロケットがわずか10日ほどの間に，世界各地から３回も打ち上げられたことがニュースになりました。次の表を見てみましょう。

打ち上げ日（日本時間）	火星探査機の名称	打ち上げられた国
７月20日	アラブ首長国連邦《れんぽう》の「HOPE《ホープ》」	日本
７月23日	中華《ちゅうか》人民共和国の「天問《てんもん》１号」	中華人民共和国
７月30日	アメリカ合衆国の「Perseverance《パーサビアランス》」	アメリカ合衆国

ボスコ：「HOPE」はアラブ首長国連邦の火星探査機なのに，日本から打ち上げられたのですね。
先　生：日本の技術力が認められた，ということでしょう。打ち上げられたのは，④宇宙航空研究開発機構が鹿児島《かごしま》県に設置している（ ⑤ ）島宇宙センターです。
ボスコ：でもどうしてそんなにも短い間に，火星探査機が相次いで打ち上げられたのですか？
先　生：いい質問ですね。地球も火星もどちらも惑星です。ただ，太陽の周りを１周するのにかかる時間，これを公転周期といいますが，地球と火星ではこの公転周期が異なります。なので，地球と火星の距離は常に変化しています。では，火星に探査機を送り込むには地球と火星の位置関係がどのようなタイミングが良いと思いますか？
ボスコ：それはきっと，地球と火星が最も近づく時だと思います。
先　生：その通りです。もう少しくわしくいうと，地球と火星が最も近づくのは太陽・地球・火星が直線上に並ぶ時です。このような位置関係を会合といいます。
ボスコ：つまり会合となったのが７月の下旬だったのですか？

先　生：いえ，会合となったのは10月６日です。地球から火星に到着するにはある程度の時間が必要なので，その約２ヶ月前に打ち上げが集中したのです。

ボスコ：では，次の会合はいつ頃なのですか？

先　生：地球の公転周期は365日なので，１日あたり約0.986度ずつ太陽の周りを公転します。一方，火星の公転周期は687日なので１日あたり約(　⑥　)度ずつ太陽の周りを公転します。太陽から見て直線上にあった地球と火星の位置関係は，太陽を中心にして１日あたり約(　⑦　)度ずつずれていきます。このずれが(　⑧　)度になった時，再び会合をむかえることになります。だから，次の最接近はおよそ(　⑨　)日後になります。ちなみに今回打ち上げられた火星探査機によって，実際に探査が始まるのは2021年２月頃の予定といわれています。

ボスコ：２月といえば僕はサレジオ学院を受験する予定です。きっと合格して，宇宙の秘密を解き明かすような科学者になりたいと思います。

先　生：科学者ですか。いいですね。でもまずは中学受験。最後まであきらめず頑張ってください。見直しも忘れずに。きっと楽しい中学校生活が待っていますよ。

(1)　会話文中の下線部①について。
　太陽系の惑星のうち，地球よりも太陽の近くを公転している惑星を，太陽から近い順に左から並べて，漢字で書きなさい。

(2)　会話文中の空らん(②)に入る言葉を漢字で答えなさい。

(3)　会話文中の空らん(③)に入る言葉をカタカナで答えなさい。

(4)　会話文中の下線部④について。
　宇宙航空研究開発機構は一般的に何とよばれていますか。正しいものを選び，記号で答えなさい。

ア　NASA(ナサ)　　　イ　JAXA(ジャクサ)
ウ　JAMSTEC(ジャムステック)　　　エ　JASDAQ(ジャスダック)

(5)　会話文中の空らん(⑤)に入る言葉を漢字で答えなさい。

(6)　会話文中の空らん(⑥)に入る数字を計算して求め，**小数第４位を四捨五入して，小数第３位まで答えなさい。**

(7)　会話文中の空らん(⑦)に入る数字を計算して求め，**小数第３位まで答えなさい。**なお，計算には会話文中に与えられた数値を用いること。

(8)　会話文中の空らん(⑧)に入る数字を答えなさい。

(9)　会話文中の空らん(⑨)に入る数字を計算して求め，**小数第１位を四捨五入して，整数で答えなさい。**

問六 ——線⑥「じっとぼくを見つめる視線」とありますが、この時の梅本さんの心情の説明として、最も適切なものを次の中から一つ選び、記号で答えなさい。

ア　梅本さんは、美咲《みさき》が病気で亡くなってしまったという事実をすでに知っているため、いま目の前にいる兄が真実を話す勇気をもってくれるように応援《おうえん》する気持ちになっている。

イ　梅本さんは、美咲がうちに遊びにこなくなった背景には何かよくない出来事があったのではないかという予感があったため、「ぼく」の答えを待ちながらも心配する気持ちになっている。

ウ　梅本さんは、元気に犬と遊んでいた美咲が急に病気にかかることなどまずあり得ないと考えているため、家に来なくなった原因が、何か自分たちの側にあったのではないかと心配する気持ちになっている。

エ　梅本さんは、これまでほぼ毎日遊びに来ていた美咲が急に家に来られなくなったはっきりした理由はわからないが、いま目の前にいる兄になんらかの原因があるのではないかと疑う気持ちになっている。

問七 ——線⑦「ぼく自身にも当てはまる」とありますが、これはどういうことですか。四十字以上六十字以内で説明しなさい。

それは、⑦ぼく自身にも当てはまるはずだから……。

（今井恭子《いまいきょうこ》『ギフト、ぼくの場合』〈小学館〉による）

〈注〉※三田口…「ぼく」が通う小学校のクラスメイトの男子。

問一 ——線①「思わずさけんで部屋を飛びだした」とありますが、「ぼく」のこの時の心情として最も適切なものを次の中から一つ選び、記号で答えなさい。

ア 本心では自分たち家族を心配する気持ちなどないのに、うわべだけの忠告をしてくるおじさんにいきどおりを感じる気持ち。

イ 母親が毎日疲《つか》れ果《は》てているのは自分にも原因があると指摘《してき》してきたおじさんに対する、悔《くや》しさと怒《いか》りが入り混じった気持ち。

ウ 自分と母親がお金を欲《ほ》しがっているかのようにおじさんが決めつけたことに対して、悲しさとさびしさが重なりあう気持ち。

エ かつてはいっしょに遊んでくれもした優《やさ》しいおじさんが、今ではすっかり人が変わってしまったことをなげき悲しむ気持ち。

問二 ——線②「突然、せきを切ったように涙があふれ出て」とありますが、なぜ「ぼく」は突然泣き出したのですか。その理由を、四十字以上六十字以内で説明しなさい。

問三 ——線③「勝ちほこったような口ぶりだが、同時にあきらめたような、さびしげな三田口」とありますが、この時の三田口の心情の説明として最も適切なものを次の中から一つ選び、記号で答えなさい。

ア 他人をなぐさめるためとはいえ、その場しのぎの作り話をしてしまい、どこかむなしい気持ちになっている。

イ 自分の話に対して「ぼく」が心の底から共感してくれることはたぶんないだろうと考えて残念に思っている。

ウ 妹といつも一緒《いっしょ》に楽しそうに過ごしていた「ぼく」の方が、実際は恵《めぐ》まれていたと考えて悲しくなっている。

エ 母親の死に関して吹《ふ》っ切《き》れたような姿を見せるしかない自分の境遇に対して少し切ない気持ちになっている。

問四 ——線④「そんな日」とありますが、その説明として、最も適切なものを次の中から一つ選び、記号で答えなさい。

ア 生前感じなかった妹の存在意義を思い知ることで、その死の悲しみからは一生解放されないということを実感するようになる日。

イ 三田口が母親の死を受け入れるに至った彼《かれ》の人生哲学《てつがく》を論理的に解明するなかで、妹の死を客観的に理解できるようになる日。

ウ 近親者の死の意味を三田口のように積極的に解釈《かいしゃく》し直し、妹の死を避けられないものであったと心から納得《なっとく》できるようになる日。

エ 妹の死の悲しみと妹が存在していた喜びは表裏《ひょうり》一体《いったい》になっているということを納得した上で、その死を受容できるようになる日。

問五 ——線⑤「そう思ったらほっとして」とありますが、ほっとした理由の説明として、最も適切なものを次の中から一つ選び、記号で答えなさい。

ア 妹がいったとおりの巨大《きょだい》な犬であったが、どこかおっとりしたところがあり、怖《こわ》さを感じさせなかったから。

イ 一人でいるさびしさから妹が空想上の犬と遊ぶようになってしまったという考えを、捨て去ることができたから。

ウ もし妹が間違《まちが》った手掛《てが》かりしか残してくれなかったとしたら、家探しがふりだしに戻《もど》ってしまうところだったから。

エ 妹が犬と遊んでいるといううそをついて兄をだますような、たちの悪い子供でなかったことが証明されたから。

そんなこと、今まで一度もなかった。

　しばらくしてようやく落ち着いたら、もう待つのをやめてしまったの。つぎの日も、そのつぎの日も。それからずっと。

　美咲ちゃんはもう来ないって、ジョニーはわかったのよ」

　ぼくはぼう然とジョニーを、それから梅本さんを見つめた。

「あのぅ、それって、美咲とジョニーは気持ちがすごく通じあっていたってことですか？」

「ええ、きっとね。そこまでとは、わたしも知らなかったわ。

　二年前に主人が出先で亡くなったときだって、そんなことはなかったわ。ブリーダーを訪ねて行って、ほれこんでこの子を飼ったのは主人だったのに」

　口元にちょっとしわのよったほほえみは痛々しげでさえあった。

　ぼくはあらためてジョニーの頭に手を置いた。手のひらでそっと丸い頭をつつむように。

「美咲はジョニーといっしょのとき、楽しそうでしたか？」

「ええ、とっても。いつもにこにこ笑っていましたよ。お母さんとお兄ちゃんのことを話してくれるときもですよ。

　ご家庭の事情はそれとなくわかりました。でも、美咲ちゃんはとても幸せそうで、いつも笑顔《えがお》でした。お兄ちゃんのことが、とてもごじまんでね。ギターがとても上手なんですってね。澤口《さわぐち》常一の不二見小バンドにも入っているって。

　コンサートは十一月でしたっけ？」

　言葉につまった。

　答えたくなかったからじゃない。突然《とつぜん》、涙でのどがふさがってしまったからだ。思わず両手で目をおおった。声を出さずに泣いた。

　のどがひくひくするたびに、手のひらにジョニーのにおいがした。初めてかぐのに、なつかしい犬のにおいだった。

　美咲という名前は父さんがつけたという。読んで字のごとく、美しく咲いてほしい、と願ってのことだろう。なのに、美咲はつぼみのまま、咲くこともなく散ってしまった。

　かわいそうで、かわいそうで、しかたがなかった。毎日みじめでやりきれない気分だった。でも、ジョニーに会い、期せずして飼い主の梅本さんと言葉を交《か》わしてから、ふっと気持ちが軽くなった。ほんの少しだけど、救われたような気がした。

　ぼくは父さんと暮らしたころのことをよく覚えている。思い出さないようにはしているけど。美咲は小さかったから、ほとんど覚えていないのかもしれない、と気がついた。だから、父さんのいない生活を当たり前だと思っていたのかもしれない。

　もちろん、貧しいのはわかっている。テレビだってとうにこわれて見えなくなったのに、修理もせず、買《か》い替えもせず、そのままになっている。学校で人気番組が話題になっても、友だちと話を合わすのに苦労したにちがいない。ぼくだってそうだから。ゲームはもちろん、女の子らしいかわいい洋服や文房具《ぶんぼうぐ》、はやりのちょっとしたグッズなんかもがまんしなければならなかった。学童保育にも行かず、下校してからはひとりで留守番だった。

　でも、美咲はじゅうぶん幸せだったのかもしれない。

　そう思った。

　少なくとも、ジョニーと遊んでいる間は。

　ぼくとドーナツを分けあった瞬間は。

　リクエストした曲を、ぼくがギターで弾《ひ》いてやったひと時は。

　そんな小さな時間の積み重ねが、きっといっぱい、いっぱい、あっただろう。

　そう信じることにした。

なんてお金持ちなんだろう。どんな人が、こんなすてきな家に住めるんだろう？

我を忘れて、無遠慮《ぶえんりょ》に家や庭を見回した。

そのうち、庭の奥《おく》の木かげから、こっちへかけてくるものがあった。大きな白いかたまりだ。ゆっさ、ゆっさ、はね飛んで。一歩ごとに、長い毛をひるがえしながら。

ぼくはちょっとあとずさった。こんなに巨大な犬は見たことがなかった。確かにうちのテーブルより大きい。

美咲の言ったことは、本当だったんだ。妄想《もうそう》なんかじゃなかった。

⑤そう思ったらほっとして、ぼくはさくの方へ一歩、二歩、近よった。

（中略）「ぼく」が犬の「ジョニー」をなでていると、飼い主の「梅本さん」が声をかけてきた。

「もしかしたら、美咲ちゃんのお兄さんじゃない？　そうでしょう？目元がそっくりだわ」

梅本さんが美咲の名前を知っていることにおどろいた。美咲はジョニーをなでるだけでなく、この人ともいろいろなことをおしゃべりしていたのだろうか。

ぼくはだまったまま、ひょいと頭を下げた。

「いつもジョニーをかわいがってくれるの。かわいくて、素直《すなお》ないい妹さんね。

ここのところ、しばらく顔を見ないから気になっていたのよ。元気なんでしょうね？　まさか、病気ってことは……ないわよね？」

⑥じっとぼくを見つめる視線から、つい目をそらした。

「はい、元気です」

そうごまかして、この場をとりつくろってしまいたかった。

でも、だめだ。この人はわかっている。

そう思った。

「死にました」

聞こえなかったのか、と思った。

ぼくの声が小さかったから？

まるで聞こえなかったみたいに、梅本さんは表情を変えなかった。

それから急に、うっ、とうめいて腰をかがめ、ジョニーの肩《かた》に顔をうずめた。しばらくそうしていた。犬は主人の気持ちを受けとめるように、じっと抱《だ》かれている。

やがて、何かをふり落とすように頭をふると、立ち上がって、ささやくように言った。

「ごめんなさいね。わたしみたいな、美咲ちゃんと縁《えん》の遠い者がこんなふうに。あなたやご家族がどんなにつらいか」

ぼくはなんと言ったらいいのか、どうふるまえばいいのか、わからなかった。

すると、梅本さんの口から意外な言葉がもれた。

「七月の初めでしょう？　もしかしたら、五日じゃない？」

ぼくはびっくりして、返事もできなかった。

「ジョニーはいつもガラス戸——さっきわたしが出てきたあそこね。あそこから道路の方を見て、美咲ちゃんが通るのを待っていたのよ。そのころには庭に出してやることも多かったわ。ジョニーは美咲ちゃんが学校から帰る時間を知っていたし、土日や雨の日はここを通らないのもわかっていてね。

七月の初めに、待っていても来ない日が二、三日あったわ。そして、五日のことよ。いつものようにずっと待っていたのに、そのうち急にくるったようにほえだしたの。家じゅうをかけ回りながらほえ続けて。

たんだ。勝ったな」

　こんなときに、勝った、負けたなんて、いかにも三田口らしい。ぼくは、口のはしだけで笑った。

「なぁ、どう思う?」

　三田口は、また視線を空にもどして言った。

「おまえには妹がいた。その妹が死んじゃって、悲しくて泣いてる。じゃあ、悲しくないように、泣かなくてすむように、最初から妹なんかいない方が良かった?」

「えっ?」

　意外すぎる問いかけに、息をのんだ。

　最初から? 美咲がいない?

　ぼくは言葉もなく、激しく頭をふった。

「だよな。なくして悲しいものはさ、持ってただけで恵《めぐ》まれてた。だろ?

　おふくろが死んでから、何年もかかってたどりついた、おれの人生哲学《てつがく》。まいったか」

　③勝ちほこったような口ぶりだが、同時にあきらめたような、さびしげな三田口を、ぼくはぼう然と見つめた。それから、小さくうなづいた。

「もう行こうぜ」

　三田口はごろっとうつぶせになってから、ぴょんと立ち上がった。

　ぼくも地面に手をついて、のそっと立ち上がった。手のひらに地面のほてりが残った。午後の直射日光が照りつける校庭で、三田口はがまん強くつきあってくれたのだ。

　ぼくは小声で、「ありがとう」と、言った。

　三田口の言う通りにちがいない。でも、頭ではわかっても、心でわかるまでには、気が遠くなるほどの時間がかかるだろう。

　いや、④そんな日なんて来るのだろうか。

（中略）

　ある日のこと、通学路を帰ろうとして、数メートル先を同級生が二人歩いているのに気がついた。それとなくわき道へそれたら、初めて通る道だった。たらたら歩いているとポストの前を通った。

　しばらく行ってから、はっとふり返った。

　もしかしたら?

　ぼくはポストの前へかけもどった。電柱にかくれるように立っている、目立たないポストだった。

「あたし、毎日ポストのある道を通るの。大きな犬のいる、大きなおうちがあるから」

　その瞬間まで忘れ去っていた美咲の言葉が、とつじょよみがえった。

　この道かもしれない。

　ぼくは道ぞいにある家やマンションを、一軒《いっけん》、一軒、探《さぐ》るようにしながら歩いていった。うちのアパートがある辺りとちがって、こぎれいな一軒家やマンションの並ぶ一角だった。

　ここでもない。

　ここもちがう。

　犬のいそうな家。

　大きな白い犬の……。

　ついにある家の前で足を止めた。表札には梅本とあった。レンガふうの壁《かべ》が真っ白にぬられた、りっぱな二階建てだ。道にそってめぐらされたさくも、壁とおそろいの白だ。きっとここだ、と思った。さくごしに広い芝生《しばふ》が見える。

　ため息がもれた。

ないか。

でも、原因なんてどうでもいい。美咲の死と引き換《か》えにお金がほしいなんて思わない。ただただ美咲にもどってきてほしいだけだ。けど、たった今、美咲は巨大《きょだい》なかまどで、ゴーゴー焼かれている。

身がすくむほどこわかった。

それに、いくら何かが変だと思っても、病院や医者を相手に、いったい何ができるだろう。弁護士とか、だれか専門の人をやとわなければいけないのだろう。想像もできないくらい、時間とお金がかかるにちがいない。

一日一日をやり過ごすので手いっぱいの母さんに、だれかと、何かと、闘《たたか》う余裕《よゆう》なんてかけらもない。毎日疲れ果てて、休みの日にはたまった家事に追われ、あとはひたすら眠《ねむ》るだけだ。一週間分の睡眠《すいみん》不足を取りもどすために。

おじさんは、うちの貧乏《びんぼう》生活から火の粉が飛んでくるのをおそれているだけのような気がした。葬式代《そうしきだい》はおばあちゃんが出してくれることになったが、おじさんはきっとそれだって気に入らないのだ。

悲しさやさびしさより先にぼくをおそったのは、悔《くや》しさと怒《いか》りだった。

修学旅行の余韻《よいん》が残る教室で、ぼくは異次元のカプセルにくるまれたようになって、すわり続けた。授業をする先生の声や、生徒たちのにぎやかな思い出話、そぞろ歩く足音や空気のゆらぎ。全てがぼくを避《さ》けて流れていった。

先生から聞いて、みんなは知っているのだろう。だからこそ、だれもふれてはこないのだ。放っておいてくれるのだ。

何よりの心づかいじゃないか。

ある日の下校時のことだった。うつむいてひとり歩く校庭で、つつーっと※三田口《みたぐち》が横に並んできた。ぼくはちょっと顔を横に向けたが、三田口は前を向いたままだ。二人とも、そのままだまって校門を目ざした。

「おれさ……」

校門のすぐ手前まできたころ、ようやく三田口は口を開いた。

「おまえがうらやましかった。妹がいて。いつも気にしてたじゃん。ひとりじゃないんだな、って思った。ドーナツだってさ、持って帰ったじゃん」

つぎの瞬間《しゅんかん》、わきあがった声が自分の泣き声だとは信じられなかった。

②突然《とつぜん》、せきを切ったように涙《なみだ》があふれ出て、止めようもなかった。赤ん坊《ぼう》のように、手放しで、声を上げて泣いた。

三田口はあわててぼくの腕《うで》をとると、校庭のすみへひっぱっていった。

ぼくは場所も選ばずすわりこみ、ひざに顔をうずめて泣き続けた。後にも先にも、こんなに泣いたことはなかった。

五分？　いや、十分？

ずいぶん泣き続けてから、ようやく腕で涙をぬぐってふり返ると、三田口は地面に腰《こし》をおろし足を投げだして、背中からずり上がったランドセルに頭をもたせかけていた。夏らしさの増した青空を見上げていた。

ふと三田口の目もぬれているような気がしたが、ぼくの涙のせいだろう。

三田口は地面にひじをついて、ごろりとぼくの方へ体をかたむけると、「気、すんだ？」と、聞いた。うなずくしかなかった。

「おれも泣いたことある。おふくろが死んだとき。泣いて、泣いて……。最後には引きつけ起こしてさ。病院に運ばれ

(4)「わからない」ということを体験できるのも、本の特徴である。たとえば、小さい子供は相対性理論の本を読んでもわからないはずである。

ア　(4)→(2)→(1)→(3)
イ　(4)→(3)→(2)→(1)
ウ　(4)→(1)→(2)→(3)
エ　(4)→(3)→(1)→(2)

問七　――線⑥「これからＡＩが一般的になり、人類の頭脳に近いものが育ってくると思うけれど、人間が感じる「凄さ」を機械が理解できるまでにどれほど時間がかかるのか、と想像してしまう」とありますが、ここに込められている筆者の思いを言い表したものとして最も適切なものを次の中から一つ選び、記号で答えなさい。

ア　単に知識を入れたり出したりするだけなら、今後人間はＡＩに勝てないが、自分のわからない事柄に驚きをもって関心を向ける能力は人間に独特のものなので大切にすべきである。
イ　これまでは読書をすることで人間は新しい物事に対処する力を身につけてきたが、いずれＡＩの発達によって読書体験と同等の驚きが機械から与えられるはずである。
ウ　人間は自分がわからない事柄に直面しても理解できたかのようなとらえ方をするものだが、ＡＩにはそうしたあいまいさがないので、機械と人間の共存は想像しづらいものである。
エ　人間は様々な事柄に驚きを感じ多くの情報をインプットできるが、ＡＩにはそうした好奇心がないので人間の頭脳にＡＩの頭脳が追いつくことはできないはずである。

四　次の文章を読んで、後の問いに答えなさい。

お骨《こつ》が焼き上がるまで、ぼくたちは火葬場《かそうば》の待合室でだまりこくったまままうつむいていた。ただひとり、おじさんだけがたけだけしかった。

「どうしてこんなことになるんだ？　今の時代、盲腸《もうちょう》で死ぬなんて、ありか？　何かほかの病気じゃないのか？　医療《いりょう》事故じゃないのか？　一度も目が覚めなかったんだろ。麻酔《ますい》が強すぎたとか、手術ミスとか。なんか、なんかあったんだ」

以前は田舎《いなか》に行くと、おばあちゃんの近くに住んでいるおじさんの家にもよく遊びに行ったものだ。従兄《いとこ》が二人いたし、おじさんにもよく遊んでもらった。楽しかった。こんなことになるなんて、想像もしなかったころは……。

今ではおじさんが憎《にく》かった。ぼくたちがおばあちゃんのうちに出入りすることさえ迷惑《めいわく》がったじゃないか。

「医者はなんと言ったんだ？　このままじゃ、美咲《みさき》ちゃんがかわいそうだ」

おじさんは母さんに向かって言いつのった。まるで母さんに落ち度があるみたいに。

「医療ミスなら、うったえることだってできるんだぞ。賠償金《ばいしょうきん》を請《せい》求《きゅう》できるんだぞ。役所かどこかで相談してみろ。何もかも、おまえが頼《たよ》りないからだ。こんなふうじゃ、このさき優太くんだって」

「ぼくならだいじょうぶです」

①思わずさけんで部屋を飛びだした。

なんにもわかっちゃいない。

だれにも、なんにもわかっちゃいない。

母さんだって、ぼくだって、おかしいと思っている。もちろんじゃ

ア　頭の中の色々な情報をまとめて整理することが上手で、多くの人から尊敬されている人。

イ　本などから様々な知識を手に入れていて、その知識をすぐに人に示すことができる人。

ウ　日ごろから多くの辞書類を持っており、いつでも必要な知識を調べることができる人。

エ　読書に親しみ、多くの知識を持っていながら、それを十分に活用できないでいる人。

問二　――線②「これに近い方針で生きている」とありますが、それはどのようなことですか。その説明として最も適切なものを次の中から一つ選び、記号で答えなさい。

ア　多くの情報を頭の中にストックしておき、必要な時にはいつでも取り出せるようにしておこうと心がけていること。

イ　辞書を買いそろえておけば知識をたくわえておかなくても問題ないと考えて、本を読まずにすごしていること。

ウ　情報が必要な時にはそのつどネットで検索すればすむと考えて、知識をたくわえることを重要視しないでいること。

エ　ネット環境があれば多くの情報が簡単に手に入ると考えて、辞書を所有することの必要性を感じないでいること。

問三　――線③「頭の中に入った知識は、重要な人間の能力の一つとなる」とありますが、そのように言えるのはどうしてですか。理由を四十字以内で説明しなさい。

問四　――線④「夢を思い出せないみたいに、たしかに一度は自分の頭に浮かび上がったのに、煙のように消えてしまうのだ」とありますが、これはどういうことですか。その説明として最も適切なものを次の中から一つ選び、記号で答えなさい。

ア　夢を見たとしてもそれがすぐに終わってしまうものであるように、なにかを連想することがあっても、自然とその考えは消え去ってしまうということ。

イ　夢を見たことはわかってもどんな夢だったかわからないことがあるように、なにかを連想しても、それがなにと結びついたかわからず終わることがあるということ。

ウ　夢を見たとしてもやがてその内容を忘れてしまうように、新しいアイデアを思いついても、時間がたつとどうしても思い出せないものになってしまうということ。

エ　夢を見たとしても夢は自分の思い通りにならないように、なにかを連想したとしても、アイデアとして役立てる前に終わってしまうということ。

問五　――線⑤「しかし、誰にでも共通して効果があるのは、やはり読書だと思う」とありますが、ここで筆者は読書をどのような点で優れていると考えているのですか。六十字以内で説明しなさい。

問六　本文中の空欄の箇所には、以下の(1)〜(4)の文章がありました。意味が通るように文章を並べかえた時の順序を示したものとして最も適切なものをあとの中から一つ選び、記号で答えなさい。

(1)　もしこれがなければ、勉強しようとも思わないだろう。なんとかわかりたい、近づきたいと感じるとすれば、貴重な動機を得られたといえる。

(2)　しかし、落胆《らくたん》することはない。「わからない」ということがわかったのだ。それだけでも読んだ価値がある。自分にはわからないことがこの世界にある、と知ることができた。知っていてもわからないことがある、ということを理解したのである。

(3)　アインシュタインに普通の子供は会えない。もちろん、彼はもういない。もしいたとしても、わざわざ遠いところへ訪ねてきて、子供と会って話をしたりはしないだろう。

もしれない。実際、そういったものに敏感か鈍感かで、連想が起動するか、そのまま見逃すかが決まっているようにも考えられる。

　日頃、人間はそんなに多くを経験するわけではない。自分の生活や仕事の範囲であれば、毎日はさほど変化はない。ときどき、旅行をすると刺激的なインプットがあるように感じるのは、それらが日常のものとは違っているから、いわば自分から遠く離れた情報だからである。距離的に遠く離れるという意味ではない。知識的、興味的に遠いということである。

　現代は、旅行にいかなくても、TVやネットを通して、世界中の情報にアクセスできるので、日常から離れた刺激は、選《よ》り取《ど》りみどりである。ところが、たとえば、TVであれば、毎日、毎週、同じ番組を見て、ぼんやりと時間を過ごすようになって、結局はそれが日常になってしまう。日常になれば、刺激は薄くなる。薄くなったと、おそらく自覚できるだろう。「ああ、なんか面白いことがないかな」とあくびをしたくなる気持ちこそが、誰にでも備わっている人間の好奇心の発動といえるだろう。

　連想のきっかけとなる刺激は、日常から離れたインプットの量と質に依存している。そして、その種のインプットとして最も効率が良いのが、おそらく読書だ、と僕は考えているのだ。

　読書以外にももちろんある。僕の場合は、自然の観察や、手を使った工作なども、ほとんど同じくらい刺激がある。これは個人差があるだろう。電車に乗って、車窓の流れる風景を眺めているときも、いろいろ思いつくが、目で見ている数々のもの、街や村、看板、人々、構造物、地形なども刺激になるようだ。

　⑤しかし、誰にでも共通して効果があるのは、やはり読書だと思う。それは、そこにあるものが、人間の個人の頭から出てきた言葉であり、その集合は、人間の英知の結晶だからである。本には、日常から距離を取る機能がある。本を開き、活字を読み始めるだけで、一瞬にして遠くまで行ける感覚がある。時間をさかのぼることも容易だし、自分以外の人物の視点でものを見ることもできる。経験したことのない感情も知ることができるし、人の思考の流れをたどることだってできる。

　難しい本を読むと、意味がわからないことがある。文章としては読めるし、一つ一つの単語は知っているものなのに、その論理展開についていけない。何を言っているのか、と文章を読み直すことがあるだろう。

空《くう》欄《らん》

　それが、本であれば、誰でも彼の書いたものを読めるのである。ここが、本の最も凄《すご》いところだ。なんというのか、奇跡に近いような機会だと思う。

　わからないけれど凄そう、という感想を抱くことはないだろうか。わからないのに、凄いことがわかるのである。こういった人間の感覚は実に素晴らしい。⑥これからAIが一般的になり、人類の頭脳に近いものが育ってくると思うけれど、人間が感じる「凄さ」を機械が理解できるまでにどれほど時間がかかるのか、と想像してしまう。

（森　博嗣『読書の価値』〈NHK出版新書〉による）

〈注〉※スペル…ここでは英語の文字の配列のこと。
※編纂…いろいろな材料を集めて整理し、一つの書物にまとめること。
※リンク…関連した事柄のこと。
※デジャヴ…一度も経験したことがないのに、いつかどこかで経験したことがあるように感じること。

問一　――線①「『歩く辞書』的な人」とありますが、それはどのような人のことですか。その説明として最も適切なものを次の中から一つ選び、記号で答えなさい。

しかし、そうではない。知識を頭の中に入れる意味は、その知識を出し入れするというだけではないのだ。頭の中で考えるときに、この知識が用いられる。じっくりと時間をかけて考えるならば、使えるデータがないかと外部のものを参照できるし、人にきいたり議論をすることもできるが、一人で頭を使う場合には、そういった外部に頼れない。では、どんなときに一人で頭を使うだろうか？

それは、「思いつく」ときである。

ものごとを発想するときは、自分の頭の中からなにかが湧《わ》いてくる。これは、少なくともインプットではない。ただ、言葉としてすぐに外に出せるわけでもなく、アウトプットの手前のようなものだ。面白いアイデアが思い浮かんだり、問題を解決する糸口のようなものを思いついたりする。このとき、まったくゼロの状態から信号が発生する、とは考えられない。そうではなく、現在か過去にインプットしたものが、頭の中にあって、そこから、どれかとどれかが結びついて、ふと新しいものが生まれるのである。

一般に、アイデアが豊かな人というのは、なにごとにも興味を示す、好奇心旺盛《おうせい》な人であることが多い。これは、日頃からインプットに積極的だということだ。ただ、だからといって、本を沢山《たくさん》読んでいれば新しい発想が湧いてくるのか、というとどうもそれほど簡単ではない。おそらく、それくらいのことは、ある程度長く人生を歩んできた人ならご存じだろう。

いずれにしても、いつでも検索できるのだからと頭の中に入れずにいる人は、このような発想をしない。やはり、自分の知識、あるいはその知識から自身が構築した理屈、といったものがあって、初めて生まれてくるものだ。そういう意味では、頭の中に入れてやることは意味がある。テストに出るからとか、知識を人に語れるからとか、そういった理由以上に、③頭の中に入った知識は、重要な人間の能力の一つとなるのである。

また、発想というのは、連想から生まれることが多い。これは、直接的な関連ではなく、なんとなく似ているものなどから引き出される。現在受けた刺激に対して、「なにか似たようなものがあったな」といった具合に※リンクが引き出される。人間の頭脳には、これがかなり頻繁《ひんぱん》にあるのではないか、と僕は感じている。

「これと同じことがどこかであったな」と思いつく、いわゆる※デジャヴも同じである。思いついたときには、言葉になっていない。なっていないから、「なんとなく……」と思いつく。思いついたとわかるのに、何を思いついたのか、なかなか引き出せない。それは、視覚的な情景だったり、もっと別の感覚（たとえば嗅覚《きゅうかく》）であったりする。ただ似ているというだけで、「そうそう、あのときと同じ」で終わってしまうこともある。むしろその方が多い。あるいは、考えても考えても、どうしても思い出せないこと、つまり、思いつきを逃してしまうこともある。④夢を思い出せないみたいに、たしかに一度は自分の頭に浮かび上がったのに、煙のように消えてしまうのだ。

しかし、ときには「もしかしたら、あれが使えるのではないか」となったり、「これは、あれとなにか関係があるのでは」となったりして、そこから考えていった結果、新しいアイデアにたどり着けることがある。思いついただけでは、ただのアイデアであり、使いものになるかどうかは、実際に試してみたり、もう少し調べてみたり、あるいは正しいかどうか計算してみたりしないとわからない。それらの確認が、自分ではできないこともある。使えるかどうかも、やはり知識がないと判断できない。でも、この段階では、他者に協力を求めることも、コンピュータを利用することもできる。

さて、このような連想のきっかけになる刺激とは、どんなものだろうか。それはさまざまで、そもそも刺激だと感じないささいなものか

二〇二一年度 サレジオ学院中学校

【国語】〈A試験〉(五〇分)〈満点：一〇〇点〉

◎問題で字数指定のあるものは、句読点・記号も一字に数えます。

一 次の――線を引いたカタカナの部分を漢字で書きなさい。

1 いつも損得ばかり考えるダサン的な人。
2 引退する現社長のコウニンをさがす。
3 国際経済の影響《えいきょう》で、二国間にフワが生じた。
4 久々にタイメンでの授業が行われた。
5 先祖代々受けついだカホウを蔵《くら》にしまう。
6 学級会で皆がイク同音に反対した。
7 ハオリ袴《はかま》を友人から借りる。
8 面接でザユウの銘《めい》は何かときかれた。
9 十年ぶりのカイキョをなしとげた。
10 宿題が全員にカせられた。

二 次の――線を引いた漢字の部分の読み方をひらがなで書きなさい。

1 曲者ぞろいの集団を上手くまとめるリーダー。
2 古い民家の土間を見学する。
3 本職以外に、余技としてピアノも演奏する。
4 核兵器《かくへいき》廃絶《はいぜつ》の旗印をかかげる。
5 品物の不足に便乗して値上げする。

三 次の文章を読んで、後の問いに答えなさい。

日頃、本を読むことで、いろいろなものが頭の中にインプットされる。多くは「知識」というデータである。これを頭の倉庫に沢山《たくさん》ストックしている人が、いわゆる「知識人」とか「博学」などと呼ばれているようだ。

なんでも知っている人を、「歩く辞書」などと形容するように、覚えた知識をすぐに披露《ひろう》できれば、周囲から尊敬される。少なくとも、これまではそうだった。そういう人が「先生」と呼ばれ、教えを乞《こ》う人々が集まったのである。

しかし、その辞書は、つまり本である。辞書は歩かない。生きていない。だから、辞書を使う人が、言葉から調べなければならない。発音の順番で並んでいるので、少なくとも読み方を知っていれば、その意味を調べることができる。国語辞典や百科事典や央和辞典などがこれである(英語では、読み方ではなく、※スペルを知っている必要がある)。

昔は、辞書というものが今ほど一般的ではなかっただろう。※編纂《へんさん》することも難しいし、印刷して安く配布する技術もなかった。だから、①「歩く辞書」的な人が重宝された。

そもそも、頭の中に知識をインプットするのはなぜだろう？　どうして頭の中に入れなければならないのか。それは、とっさのときに辞書など引いていられなかったり、人にきくことができない環境であれば、頭にストックしている価値がある。今は、みんながスマホを持っていて、なんでも手軽に検索できるのだから、この価値は下がっているだろう。

であれば、苦労して覚えなくても、ただ辞書を買って持っていれば良いではないか、という話になる。ネットに依存《いぞん》している現代人の多くが、②これに近い方針で生きているようにも見えてしまう。

2021年度

サレジオ学院中学校　▶解説と解答

算　数　＜Ａ試験＞（50分）＜満点：100点＞

解　答

1 (1) $63\frac{7}{20}$　(2) 72.6　2 (1) 133個　(2) 144枚　(3) **ア**…5400m，**イ**…20分後
(4) 25通り　(5) $\frac{4}{45}$倍　3 (1) **1週目**…4時間30分，**2週目**…4時間42分　(2) ④
(3) （例） 解説を参照のこと。　4 (1) **ア** 5　**イ** 6　**ウ** 7　(2) **エ** 3
オ 4　**カ** 5　**キ** 6　(3) 64／**理由**…（例） 解説を参照のこと。　5 (1) （例）
解説を参照のこと。　(2) 16cm^2　(3) 6 cm^2

解　説

1 四則計算，計算のくふう，逆算

(1) $A\div C+B\div C=(A+B)\div C$となることを利用すると，$\left(62\frac{63}{100}\div 2+63\frac{16}{25}\div 2\right)-64\frac{13}{20}\div 2+65\frac{2}{25}\div 2=\left(62\frac{63}{100}+63\frac{16}{25}-64\frac{13}{20}+65\frac{2}{25}\right)\div 2=\left(62\frac{63}{100}+63\frac{64}{100}-64\frac{65}{100}+65\frac{8}{100}\right)\div 2=126\frac{70}{100}\div 2=126\frac{7}{10}\div 2=\frac{1267}{10}\times\frac{1}{2}=\frac{1267}{20}=63\frac{7}{20}$

(2) $\left(3.72-1\frac{11}{50}\right)\times 1.25=\left(3\frac{18}{25}-1\frac{11}{50}\right)\times 1\frac{1}{4}=\left(\frac{93}{25}-\frac{61}{50}\right)\times\frac{5}{4}=\left(\frac{186}{50}-\frac{61}{50}\right)\times\frac{5}{4}=\frac{125}{50}\times\frac{5}{4}=\frac{25}{8}$より，$\frac{25}{8}=\left\{(\square-1.2)\times\frac{1}{7}-7.2\right\}+0.125$，$(\square-1.2)\times\frac{1}{7}-7.2=\frac{25}{8}-0.125=\frac{25}{8}-\frac{1}{8}=\frac{24}{8}=3$，$(\square-1.2)\times\frac{1}{7}=3+7.2=10.2$，$\square-1.2=10.2\div\frac{1}{7}=10.2\times 7=71.4$　よって，$\square=71.4+1.2=72.6$

2 整数の性質，比の性質，速さと比，場合の数，相似

(1) $6=2\times 3$だから，約分できる分数の分子は2または3の倍数である。よって，右の図1のように6個を周期と考えると，1つの周期の中に約分できない分数は2個あることがわかる。さらに，$400\div 6=66$余り4より，1から400までには66個の周期と4個の数があり，余りの4個の中にも約分できない分数が1個あるので，全部で，$2\times 66+1=133$(個)と求められる。

図1

1，	~~2~~，	~~3~~，	~~4~~，	5，	~~6~~
7，	~~8~~，	~~9~~，	~~10~~，	11，	~~12~~
13，	~~14~~，	~~15~~，	~~16~~，	17，	~~18~~
⋮	⋮	⋮	⋮	⋮	⋮

(2) 50円玉と100円玉の1枚あたりの金額の比は，$50:100=1:2$だから，50円玉と100円玉の枚数の比は，$\frac{4}{1}:\frac{5}{2}=8:5$とわかる。この合計が234枚なので，50円玉の枚数は，$234\times\frac{8}{8+5}=144$(枚)と求められる。

(3) 問題文中のグラフで，ＡとＢの移動時間と距離《きょり》はそれぞれ比例している。そこで，2つの物体が600mの地点を通過したときの時間の差は1分だから，通過する時間の差が9分になるのは，$600\times\frac{9}{1}=5400$(m)(…ア)の地点を通過したときである。また，4分後に2つの物体の距離の差が200mになるので，距離の差が1000mになるのは，$4\times\frac{1000}{200}=20$(分後)(…イ)とわかる。

(4) 2人と4人に分かれて乗る場合(…㋐)と，3人と3人に分かれて乗る場合(…㋑)がある。㋐の

場合は6人から2人を選べばよいので，乗り方は，$\frac{6\times5}{2\times1}$＝15(通り)ある。また，㋑の場合，6人から3人を選ぶ方法は，$\frac{6\times5\times4}{3\times2\times1}$＝20(通り)ある。ただし，たとえば6人を{A，B，C，D，E，F}としたとき，{A，B，C}の3人を選ぶことと{D，E，F}の3人を選ぶことは同じことになる。よって，㋑の場合の乗り方は，20÷2＝10(通り)だから，全部で，15＋10＝25(通り)と求められる。

(5)　右の図2で，三角形OCPと三角形PCRの面積の比は，OPとPRの長さの比に等しく，1：(2＋3)＝1：5なので，三角形OCRの面積を1とすると，三角形OCPの面積は，$1\times\frac{1}{1+5}=\frac{1}{6}$となる。また，三角形OAPと三角形ACPの面積の比は，OAとACの長さの比に等しく1：5だから，三角形ACPの面積は，$\frac{1}{6}\times\frac{5}{1+5}=\frac{5}{36}$とわかる。次に，APとBQは平行なので，三角形ACPと三角形BCDは相似である。このとき，相似比は，AC：BC＝(2＋3)：3＝5：3だから，面積の比は，(5×5)：(3×3)＝25：9となる。よって，三角形BCDの面積は，$\frac{5}{36}\times\frac{9}{25}=\frac{1}{20}$なので，斜線《しゃせん》部分の面積は，$\frac{5}{36}-\frac{1}{20}=\frac{4}{45}$と求められる。したがって，斜線部分の面積は三角形OCRの面積の，$\frac{4}{45}\div1=\frac{4}{45}$(倍)である。

図2

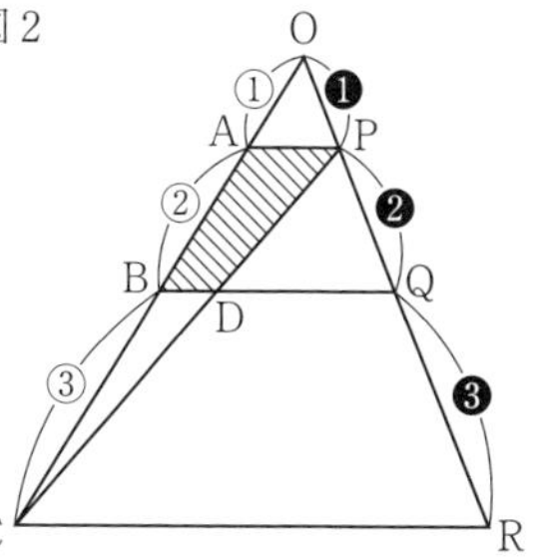

3　表―平均とのべ

(1)　1週目の活用時間の合計は，1×1＋2×2＋3×3＋4×5＋5×4＋6×1＋7×2＋8×2＝90(時間)だから，1週目の平均値は，90÷20＝4.5(時間)と求められる。これは，60×0.5＝30(分)より，4時間30分となる。同様に，2週目の活用時間の合計は，1×2＋2×2＋3×3＋4×2＋5×4＋6×1＋7×3＋8×3＝94(時間)なので，2週目の平均値は，94÷20＝4.7(時間)とわかる。これは，60×0.7＝42(分)より，4時間42分となる。

(2)　①について，1週目の活用時間が一番長いのは8時間活用した児童であるが，この児童が2週目に何時間活用したのかはわからないから，①は正しくない。次に②について，1週目の活用時間が5時間以上の人数は，4＋1＋2＋2＝9(人)であり，これは全体の半分以下なので，②も正しくない。さらに③について，①と同様に，1週目と2週目の関係を児童1人1人について知ることはできないから，③も正しくない。最後に④について，2週目の中央値(この場合は，活用時間が長い方からかぞえて10番目と11番目の値の平均値)は5時間である。これは(1)で求めた2週目の平均値(4.7時間)よりも大きいので，④は正しい。以上より，正しいのは④である。

(3)　クラスBの平均値は，(1×4＋2×2＋3×2＋4×3＋5×2＋7×2＋8×5)÷20＝90÷20＝4.5(時間)であり，クラスAと同じである。また，クラスAもクラスBも中央値は4時間である。よって，たとえば，「クラスAとクラスBを比べると，平均値と中央値は等しいが，4人以上の児童があてはまる活用時間は，クラスAでは4時間と5時間で平均値に近く，クラスBでは1時間と8時間で平均値からはなれている。」といった解答例が考えられる。

4　整数の性質

(1)　18÷3＝6だから，18＝6＋6＋6と表すことができる。この状態から，1番目の6を1減らし，3番目の6を1増やすことにより，18＝5＋6＋7とすることができる。

(2)　18÷2＝9なので，18＝9＋9と表すことができる。また，9＝4＋5だから，18＝4＋4＋

5＋5と表せる。この状態から，1番目の4を1減らし，4番目の5を1増やすことにより，18＝3＋4＋5＋6とすることができる。

(3)　AさんとBさんの発言からわかるように，奇数《きすう》は必ず連続する2つの整数の和で表すことができる。また，偶数《ぐうすう》の場合，(偶数)×(奇数)の形で表すことができれば，連続する2つ以上の整数の和で表すことができる。よって，連続する2つ以上の整数の和で表すことができないのは，(偶数)×(奇数)の形で表すことができない偶数である。これは，「1以外に奇数の約数がない数」と考えることができるので，「2だけをかけ合わせてできる数」である。よって，100以下で最も大きいのは，2×2×2×2×2×2＝64とわかる。

5　平面図形―構成，面積，相似

(1)　三角形(あ)は，下の図①のように，正三角形を合同な2つの三角形に分けたものの1つである。図①で，イの長さはアの長さの半分だから，三角形(あ)の60度の角をはさむ辺の長さの比は2：1になっている。

(2)　下の図②のように，BからACに垂直な線BDを引くと，三角形ABDは3つの角が30度，60度，90度の三角形になる。よって，AB：BD＝2：1なので，BD＝$8\times\frac{1}{2}=4$ (cm)とわかる。すると，三角形ABCは，底辺ACが8 cm，高さBDが4 cmだから，面積は，8×4÷2＝16(cm^2)となる。

図①
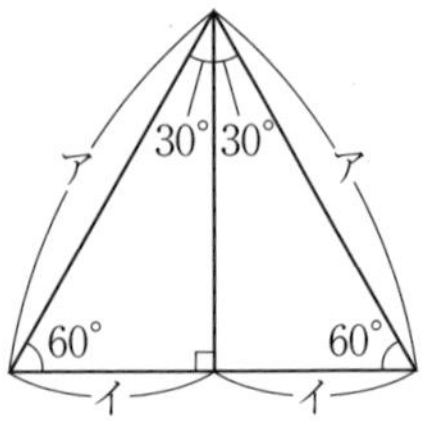

図②
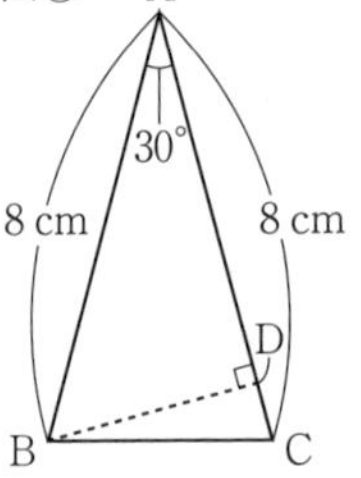

図③
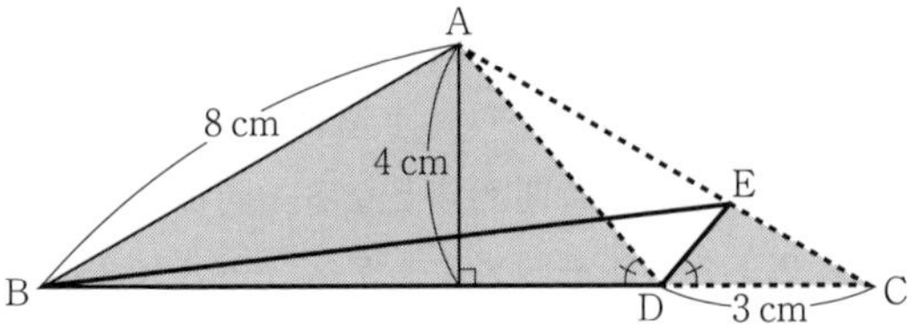

(3)　上の図③で，三角形ABDと三角形ECDは相似である。よって，対応する辺の長さの比は等しいので，<u>BD：CD＝AD：ED</u>とわかる。また，$P：Q=R：S$のとき，$P\times S=Q\times R$となるから，＿＿の式は，BD×ED＝CD×ADと表すことができる。これは，三角形BDEと三角形ADCの{(底辺)×(高さ)}の比が等しいことを表しているので，三角形BDEと三角形ADCの面積は等しくなる。よって，三角形BDEの面積は，3×4÷2＝6 (cm^2)である。

社　会　＜A試験＞(40分)＜満点：75点＞

解　答

問1　エ→ア→ウ→イ　**問2**　武蔵国，相模国　**問3**　(1)　エ　(2)　カ　**問4**　ア　**問5**　ウ　**問6**　岩手県　**問7**　エ　**問8**　(1)　(ア)→エ→イ→ウ　(2)　(例)　移転先が同じ沖縄県内だから(沖縄県民の負担は変わらないから)。　(3)　(例)　沖縄県に多くのアメリカ軍基地がある理由　**問9**　ウ，オ　**問10**　倭寇　**問11**　(1)　カ　(2)　首長　**問12**　(1)　法の下　(2)　ア　**問13**　ウ，オ　**問14**　ウ　**問15**　エ　**問16**　イ　**問17**　エ　**問18**　(1)　エ　(2)　イ，ウ　**問19**　菜種油　**問20**　**名前**…ジョー・バイデン　**政党**…民

主党　**問21**（例）軍部が天皇直属の地位に置かれていることが特徴で，軍部が議会や内閣の統治下にないため，暴走するおそれがあるという問題点がある。　**問22**　エ　**問23**　下関条約　**問24**　イ　**問25**　ウ　**問26**　イ　**問27**　(1)　イ　(2)　南鳥島　(3)　右の図　(4)　1550 mm^2

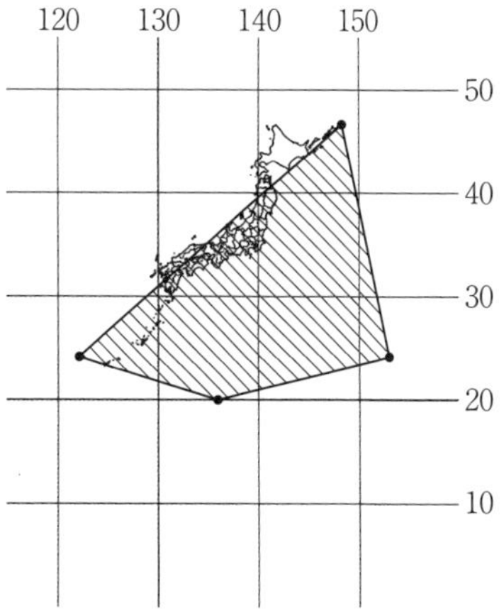

解　説

国家の領域を題材とした総合問題

問1　アは1951年に調印された日米安全保障条約，イは2001年に日本やアメリカ，ヨーロッパ諸国など30か国により採択《さいたく》された「サイバー犯罪に関する条約」，ウは1992年にブラジルのリオデジャネイロで開かれた国連環境開発会議(地球サミット)で調印された「気候変動枠組《わくぐみ》条約」，エは1858年に調印された日米修好通商条約である。このうちイは，外国から不正なアクセスや傍受《ぼうじゅ》などが行われた場合に，加盟国間で協力してコンピューター記録の保存や提出が行えるよう，各国が法律を整備することなどを目的としたもので，日本は2004年に国会で承認され，刑法の一部改定など国内法の整備を経て2012年11月から発効となった。

問2　現在の神奈川県北東部は，埼玉県や東京都の大部分とともに旧武蔵《むさし》国に属し，中・西部は旧相模《さがみ》国に属していた。この２つの国境は，地図中の太い破線で示されているように，現在の神奈川県横浜市の保土ケ谷区と戸塚区の境などを通っていた。

問3　(1)　新潟県にあてはまるのは，フォークやスプーンなどの金属洋食器の生産で知られる燕《つばめ》市である。なお，鯖江《さばえ》市は眼鏡枠の生産がさかんな福井県の都市，高岡市は仏具などの銅器の生産がさかんな富山県の都市である。　(2)　年間降水量が少なく，12～２月の平均気温が０℃以下となっているＢが札幌市，冬の降水量が非常に多いＣが上越市で，残るＡは横浜市の雨温図である。

問4　ア　701年に大宝律令が制定され，律令制度が整備された。翌年に遣唐使が派遣されたさい，唐(中国)に対して国号をそれまでの「倭《わ》」から「日本」に変更することを申し出たとされる。　イ　阿倍仲麻呂は８世紀に留学生として遣唐使船で唐に渡り，役人として玄宗《げんそう》皇帝に仕えた。その後，帰国する船が難破したため日本には帰れず，唐で一生を終えた。　ウ　最澄と空海は平安時代初めに留学僧として遣唐使船で唐に渡った人物で，「遣唐使」そのものではない。　エ　894年，数十年ぶりに遣唐使が派遣されることになり，菅原道真は遣唐大使に任命されたが，道真は唐の国内が乱れていることや，航海が危険であることなどを理由として派遣の停止を朝廷に進言し，受け入れられた。その後，907年に唐が滅《ほろ》んだため，そのまま遣唐使は廃止となった。

問5　広島県が約60％を占《し》めるＢはかき，新潟県が第１位，北海道が第２位で，東北地方の各県が上位を占めるＣは米である。電子部品・デバイス・電子回路などの生産は三重県の東部や長野県の諏訪《すわ》盆地などでさかんで，この２県が出荷額の第１位，第２位を占めるので，Ａにあてはまる。なお，デバイスとは，コンピューターを構成する電子機器や周辺機器(ディスプレイやプリンターなど)のこと。

問６　胆沢《いさわ》城は，９世紀初めに坂上田村麻呂が現在の岩手県奥州市水沢に築き，多賀城(宮城県)にあった鎮守《ちんじゅ》府がここに移された。

問７　琉球《りゅうきゅう》王国が薩摩の島津氏に侵略《しんりゃく》され，その支配下に置かれたのは17世紀初めの1609年のことなので，エが適当でない。

問８　(1)　テーマを示したアが１番目で，次に普天間基地について大きくまとめたエを置く。このあと，普天間基地の移設に関する情報と，それに反対する声が多いことを紹介《しょうかい》するイ，反対する理由を示したウの順に並べる。　(2)　普天間基地は，沖縄県宜野湾《ぎのわん》市にある在日アメリカ軍海兵隊の軍用飛行場で，エのスライドにもあるように，飛行場が市街地の中にあり，騒音《そうおん》や安全面での不安などの問題があることから，名護市辺野古《へのこ》に移転することが日米両国政府間で決定された。しかし，同じ沖縄県内への移設で沖縄県の負担が軽減されないことや，サンゴやジュゴンの生息地をふくむ貴重な自然環境が破壊されるおそれがあること，移設に多額の費用がかかることなどから，沖縄県民を中心にこれに反対する運動が続けられている。　(3)　普天間基地の移設問題を取り上げるのであれば，そもそもなぜ沖縄県に多くのアメリカ軍基地があるのかという点についての説明があれば，より有意義な発表になると考えられる。そのためには，第二次世界大戦後，沖縄が長い間，アメリカ軍の占領下に置かれていたことや，日米安全保障条約にもとづいて日本国内にアメリカ軍が駐留《ちゅうりゅう》することが認められていることなどにふれる必要があるだろう。

問９　1980年代後半に輸出額が減少したのは，先進諸国によって円高ドル安の状況がつくられたためである。また，イギリスがEU(ヨーロッパ連合)を離脱したのは2020年のことで，2000年代後半に輸出額が減少したのは，リーマンショックとよばれるアメリカの金融《きんゆう》危機をきっかけとして，世界経済が不景気に陥《おちい》ったためである。

問10　鎌倉時代末期から室町時代前半にかけて，西日本の武士や漁民などの中から，武装商人団・海《かい》賊《ぞく》となって中国や朝鮮の沿岸を荒《あ》らし回る者が現れた。彼らは，倭寇《わこう》とよばれておそれられた。

問11　(1)　まだらやすけとうだらなどのたら類は，冬に多く水揚《みずあ》げされる。さんまは産卵のため親潮(千島海流)に乗って南下してくる８～10月ごろにさかんに水揚げされる。ほたては天然ものと養殖ものがあり，養殖のやり方によっても旬《しゅん》の時期が異なるが，根室港では３～６月ごろにさかんに水揚げされる。　(2)　地方自治体(地方公共団体)の行政の長である都道府県知事と市(区)町村長は，首長とよばれる。いずれも住民による直接選挙で選出され，任期は４年。被選挙権年齢は，都道府県知事が30歳以上，市(区)町村長が25歳以上である。

問12　(1)，(2)　日本国憲法第14条では，「すべて国民は法の下《もと》に平等であって，人種，信条，性別，社会的身分又《また》は門地(家がらのこと)により，政治的，経済的又は社会的関係において，差別されない」と定められている。「信条」とは，政治や社会生活，宗教などの面でその人が持っている基本的な考え方のことである。

問13　江戸時代に蝦夷《えぞ》地(北海道)南部を支配した松前藩はアイヌの人々との交易を独占し，不正な取り引きで鮭《さけ》やにしん，昆布《こんぶ》などの産物を手に入れた。それらは北前船とよばれる船で商人たちによって各地に運ばれ，高値で売りさばかれたため，松前藩は大きな利益を上げた。

問14　フランスと韓国は国民による直接選挙で選出された大統領が国家元首で，行政府の長でもある。また，いずれも大統領から任命された首相が内政などを担当している。イタリアは国会議員と州代表による選挙で選出された大統領はいるが，名誉《めいよ》職的な地位であり，実際には大統領が指名して議会で承認された首相が行政府の長として国政を担当している。イギリスには大統領という地位はなく，首相が行政府の長である。そして，国家元首である国王(女王)が，下院で過半数を獲得《かくとく》した政党の党首を首相として任命することが慣例となっている。

問15　地図には伊豆諸島と小笠原《おがさわら》諸島に相当する島々が描かれているので，エが適当でない。

問16　最上徳内と近藤重蔵が幕府の命で蝦夷地を探検し，択捉《えとろふ》島に渡ったのは1798(寛政10)年のことである。また，江戸時代の三大改革とは，徳川吉宗による享保の改革(1716～45年)，松平定信による寛政の改革(1787～93年)，水野忠邦による天保の改革(1841～43年)の三つ。イはこのうちの寛政の改革にあてはまるもので，天保の改革においても同様の政策が行われている。なお，アは徳川家光，ウは田沼意次《おきつぐ》，エは徳川慶喜《よしのぶ》の政策。

問17　広島県にある世界遺産は，ともに世界文化遺産に登録されている「厳島《いつくしま》神社」と「原爆ドーム」で，エはそのうちの「厳島神社」にあてはまる登録基準である。

問18　(1)　二見漁港にある施設は発電所・変電所(☼)で，工場(⚙)ではない。　(2)　アは1988年，イは1951年，ウは1953年，エは1990年，オは1972年，カは1970年のできごと。小笠原諸島がアメリカから日本に返還されたのは1968年のことなので，イとウが選べる。なお，カの「日本万国博覧会」は「大阪万博」とよばれることが多い。

問19　江戸時代には，明かり用の油として菜種油が広く使われていた。日本では古くから荏胡麻《えごま》油や魚油などが明かり用に使われていたが，江戸時代になると菜種の栽培がさかんになったことから，菜種油がそれらに代わって用いられるようになった。

問20　2020年11月に行われたアメリカ大統領選挙は，現職であった共和党のドナルド・トランプ候補と民主党のジョー・バイデン候補の間で争われた。選挙は接戦のすえにバイデン候補が勝利し，翌21年１月に第46代アメリカ大統領に就任した。

問21　大日本帝国憲法の下での統治機構の大きな特色の一つは，議会，内閣，裁判所はもとより，参《さん》謀《ぼう》本部と軍令部，つまり軍隊を統率する軍部と，天皇の諮問《しもん》機関である枢密《すうみつ》院がすべて天皇直属の地位に置かれていたことである。特に，軍部が議会や内閣の統率の及《およ》ばない地位にあることは，政府と軍部の意見が対立した場合にこれを調整する機能が天皇にしかないことを意味しており，この点が昭和時代に入り，軍部の暴走を許す原因の一つになったといえる。

問22　1972年の日中共同声明によって国交が正常化して以降，日本と中国の貿易はしだいに拡大していった。当初は日本が石油などの資源を多く輸入し，機械類や鉄鋼などの工業製品を多く輸出していたが，中国の工業化が急速に進んだ2000年代以降は，日本が中国からパソコンなどの機械類や衣類などをさかんに輸入するようになった。したがって，ⅠとⅡはＤ，ⅢはＢ，ⅣはＡということになる。

問23　1894年には日清戦争が起こり，勝利した日本は清(中国)との間で，翌95年に下関条約を結んだ。

問24　1951年にアメリカのサンフランシスコで第二次世界大戦の講和会議が開かれ，日本は資本主義陣営の48か国とサンフランシスコ平和条約を結び，主権を回復することになった。この会議には，中華民国(台湾)と中華人民共和国はともに招かれず，インド・ビルマ(現在のミャンマー)・ユーゴスラビアは招待されたが，条約案への不満から会議に参加しなかった。また，社会主義陣営のソ連・ポーランド・チェコスロバキアは会議に参加したが，講和条約(平和条約)には調印しなかった。したがって，イが正しい。

問25　ア　1970年11月，作家の三島由紀夫はみずから創設した「楯《たて》の会」のメンバーとともに東京都の市ヶ谷にある自衛隊駐屯《ちゅうとん》地に乱入し，割腹自殺した。なお，三島はノーベル文学賞の候補となったことはあったが，受賞はしていない。　イ　1972年，ニクソン大統領が現職のアメリカ大統領として初めて中華人民共和国を訪問し，毛沢東主席や周恩来首相らと首脳会談を行った。レーガンは1981～89年にアメリカ大統領を務めた人物である。　ウ　1960年代後半，佐藤栄作内閣とアメリカのニクソン政権の間で沖縄の日本返還をめぐる交渉《こうしょう》が進められ，1971年６月，両国政府が返還協定に調印した。翌72年５月にこの協定が発効したことで，沖縄の日本復帰が実現した。　エ　ソ連(ロシア)の首都モスクワでは1980年に夏季オリンピックが開催されたが，この大会では，前年にソ連が行ったアフガニスタン侵攻《しんこう》などを批判して，アメリカや日本など西側諸国の多くが参加をボイコットした。

問26　経済水域(排他的経済水域)は，外国船の航行は自由だが，水域内の水産資源や鉱産資源については沿岸国に優先権を認めるというもので，ア，ウ，エはその内容として正しい。自国以外の船が沿岸国の許可なく航行することが禁じられているのは，通常，沿岸から12海里以内とされる領海の場合である。

問27　(1)　アは千島列島の北東端である占守《しゅむしゅ》島，イは沖ノ鳥島，ウはミクロネシア諸島，エは南鳥島，オは択捉島，カは台湾の西に位置する澎湖《ほうこ》諸島，キは与那国《よなぐに》島に，それぞれあてはまる。　(2)，(3)　日本の最北端は択捉島，最東端は南鳥島，最南端は沖ノ鳥島，最西端は与那国島。それらの位置を直線で結んだものは，あくまでも「日本の領域と仮定」されたものである。　(4)　右の図の，㋐＋㋑＋㋒＋㋓が日本の領域で，㋐＝(あ)，㋑＝(い)，㋒＝(う)，㋓＝(え)なので日本の領域は，㋐～㋓と(あ)～(え)の合計(つまり大きな長方形)の半分ということになる。したがって，長方形のたての長さは，$(45-20)\times 2=50$(mm)，横の長さは，$(154-123)\times 2=62$(mm)なので，長方形の面積は，$50\times 62=3100$(mm^2)，日本の領域は，$3100\times\frac{1}{2}=1550$($mm^2$)となる。

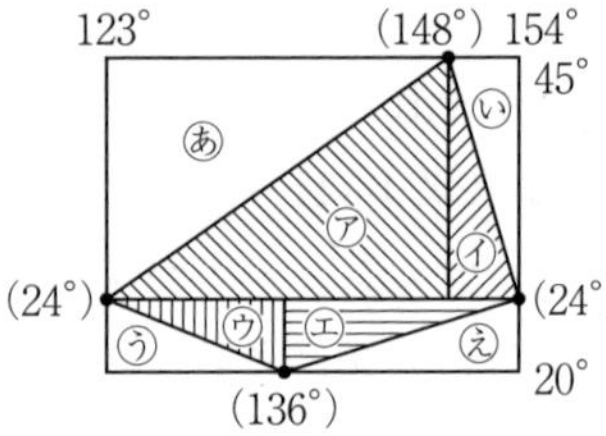

理　科　＜A試験＞(40分)＜満点：75点＞

解　答

1　(1)　$80cm^3$　(2)　120 g　(3)　120 g　(4)　45 g　(5)　1.5cm　**2**　(1)　ウ　(2)　2950 g　(3)　**あ**　52　**い**　87　**う**　60　**え**　0.90　**お**　97　(4)　(例)　メスシリンダーに無水エタノールを$80cm^3$入れ，水を加えて$100cm^3$にする。　**3**　(1)　①　A　②　B　③　B　(2)　④　D　⑤　C　⑥　A　(3)　右の図　(4)　①　ウ　②　ア　③　ア　④　ウ　⑤　イ　(5)　①　ア　②　カ　③　イ　**4**　(1)　水星，金星　(2)　衛星　(3)　リュウグウ　(4)　イ　(5)　種子　(6)　0.524　(7)　0.462　(8)　360　(9)　779

解　説

1　**浮力《ふりょく》と力のつり合いについての問題**

(1)　底面積20cm^{2}の物体Ａは底面の深さが４cmになるようにしずんでいるため，物体Ａが押《お》しのけた液体Ｂの体積は，20×４＝80(cm^3)である。

(2)　液体Ｂは１cm^{3}あたり1.5ｇなので，物体Ａが押しのけた液体Ｂ80cm^{3}の重さは，1.5×80＝120(ｇ)と求められる。

(3)　図１では，物体Ａにはたらく重力(物体Ａの重さ)と，物体Ａが液体Ｂから受ける浮力が等しくなり，物体Ａが静止している。物体Ａが受ける浮力の大きさは，物体Ａが押しのけた液体Ｂの重さと等しく120ｇであることから，物体Ａの重さは120ｇとわかる。

(4)　物体Ａの底面が深さ2.5cmになる位置にあるとき，物体Ａが押しのけている液体Ｂの体積は，20×2.5＝50(cm^3)なので，物体Ａにはたらく浮力の大きさは，1.5×50＝75(ｇ)である。図２において，物体Ａにはたらく力のつり合いは，(物体Ａにはたらく重力)＝(物体Ａにはたらく浮力)＋(糸が物体Ａを上向きに引く力)となる。糸が物体Ａを上向きに引く力とおもりＣの重さは等しいため，おもりＣの重さは，120－75＝45(ｇ)と求められる。

(5)　図４で物体Ａにはたらく浮力の大きさは，120－90＝30(ｇ)である。よって，物体Ａが液面よりも下にしずんでいる部分の体積は，30÷1.5＝20(cm^3)とわかり，液面から物体Ａの底面までの深さは，20÷20＝１(cm)になる。ここで，図３と図４について，液面から物体Ａの底面がある深さまでについて，物体Ａの周りにある液体Ｂの体積を求めると，図３では底面が深さ４cmの位置なので，40×４－20×４＝80(cm^3)，図４では底面が深さ１cmの位置なので，40×１－20×１＝20(cm^3)である。このことから，図３で物体Ａの周りにあった液体Ｂの体積のうち，80－20＝60(cm^3)が，図４では物体Ａの下にくることになる。その高さは，60÷40＝1.5(cm)となる。よって，図４で物体Ａが静止した位置は手をはなした位置(図３の物体Ａの位置)よりも1.5cm高くなる。

2　水よう液の性質とこさについての問題

(1)　ア　アルカリ性の水よう液はタンパク質をとかす作用がある。　イ　アルカリ性の水酸化ナトリウム水よう液はアルミニウムをとかし，水素を発生させる。　ウ　酢酸《さくさん》や塩酸などの酸性の水よう液に卵のカラを入れると，卵のカラがとけて気体が発生する。　エ　アルカリ性の石灰水に，二酸化炭素を通すと白くにごる。　オ　胃液は酸性である。胃で食べ物が消化されたものは十二指腸に送られ，ここでアルカリ性のすい液とたん汁《じゅう》により中和される。

(2)　６％の塩素系漂白剤《ひょうはくざい》50ｇにふくまれている次亜塩素酸ナトリウムの重さは，50×0.06＝３(ｇ)である。３ｇの次亜塩素酸ナトリウムをふくむ0.1％の消毒液の重さは，３÷0.001＝3000(ｇ)なので，この消毒液をつくるには６％の塩素系漂白剤50ｇに水を，3000－50＝2950(ｇ)加えればよい。

(3)　**あ**　無水エタノールの密度は0.8g/cm^{3}であることから，65cm^{3}の無水エタノールの重さは，0.8×65＝52(ｇ)と求められる。　**い，う**　水35ｇと無水エタノール52ｇを混ぜてできるエタノール水よう液全体の重さは，35＋52＝87(ｇ)で，このエタノール水よう液のこさは，52÷87×100＝59.7…より，60％と求められる。　**え**　60％のエタノール水よう液の密度は表１より，0.90g/cm^{3}である。　**お**　全体の重さが87ｇ，密度が0.90g/cm^{3}なので，エタノール水よう液の体積は，87÷0.90＝96.6…より，97cm^{3}となる。

(4)　80容量％のエタノール水よう液には，エタノール水よう液100cm^{3}にエタノールが80cm^{3}ふくまれている。このエタノール水よう液をつくるためには，100cm^{3}を測れるメスシリンダーを用意して，まず無水エタノール80cm^{3}を入れ，次に水を入れて，全体の体積が100cm^{3}になるようにすればよい。

3 樹木や節足動物についての問題

⑴　カエデは，冬に葉を落とす落葉樹で，秋の終わりごろに葉が赤くなって紅葉し，その後葉が落ちる。一方，カシやスギは，１年中緑の葉をつけている常緑樹である。

⑵　④　ミジンコは，体長約２mmの動物プランクトンで，甲かく類に属する。　⑤　サソリはクモ類で，クモのようにあしが４対あり，１対のしょくしがある。　⑥　セミはこん虫類で，卵→幼虫→成虫と成長する。

⑶　こん虫類は，体が頭部，胸部，腹部の３つに分かれていて，胸部にあしが６本ある。セイヨウミツバチのように４枚のはねを持つものは，胸部に４枚のはねもついている。

⑷　①　実験１で，うすさのちがう灰色の厚紙を用いているが，はじめどの色の厚紙にもミツバチは反応していない。また，みつを取りさった後も，黄色と緑色の厚紙にはミツバチが集まったが，うすさのちがう灰色の厚紙にはどれもミツバチは集まっていない。そのため，この実験からは，灰色のうすさを区別して感じるかどうかについてはわからない。　②　実験１で，みつを取りさった後，ミツバチは黄色と緑色の厚紙だけに集まっていて，赤色や青色などの厚紙には集まっていないので，ミツバチは緑色と青色を区別して感じていると考えられる。　③　実験２で，ミツバチはより強い光が照らされるほど，より活発に行動したため，ミツバチは光の強さを区別して感じることができるといえる。　④　実験１で厚紙の色を見分けられるかどうかの実験を行っているが，花の色を見分けられるかどうかの実験はしていない。そのため，ミツバチが，花の色を見分けられるか見分けられないかはわからない。　⑤　実験２で，暗やみにした箱の中ではミツバチは色に関係なく，より強い光が照らされるほど，より活発に行動したので，暗やみにした箱の中では色に反応して行動するとはいえない。

⑸　①　ミツバチがえさ場から巣にもどる方向と太陽との位置関係を覚えているとすると，地点Cの位置とえさ場Bの位置で見える太陽の方向はほぼ同じなので，地点Cから放されたミツバチはえさ場Bから巣Aにもどる向きと同じように，１の方向へまっすぐ飛ぶ。　②　ミツバチが巣からえさ場に行く間にある目印を覚えていて，巣にもどるときはそれを逆にたどるとすると，地点Cで放されたミツバチは，まず，えさ場Bの近くの目印を探し，そこから逆にたどるはずである。そのため，ミツバチはえさ場Bの近くの目印を探して，地点Cの周りを飛び回ると考えられる。　③　ミツバチがその行動域内にある目印の位置関係を覚えていて，それをたどりながら巣にもどるとすると，地点Cは行動域内にあるので，ミツバチは地点Cから見える目印の位置関係をもとに巣Aにもどることができる。よって，ミツバチは巣Aのある２の方向へ飛ぶ。

4 太陽系の惑星《わくせい》と火星探査についての問題

⑴　太陽系には，太陽の近くを公転しているものから順に，水星，金星，地球，火星，木星，土星，天王《てんのう》星，海王星の８個の惑星がある。

⑵　惑星の周りを公転している天体を衛星という。月は地球の衛星である。

⑶　「はやぶさ２」は2014年12月に打ち上げられ，2018年６月に小惑星リュウグウに到着《とうちゃく》した。そして，2019年に２回のタッチダウン(着陸)によってリュウグウのサンプル(試料)を採取して，それを2020年12月に地球に届けた。

⑷　宇宙航空研究開発機構はJAXAとよばれて，宇宙航空分野の研究や開発，利用を行っている。

⑸　火星探査機「HOPE」は鹿児島県にある種子島宇宙センターから打ち上げられた。種子島宇宙

センターは，日本最大のロケット発射場で，ロケットの組み立てや整備，点検，打ち上げなどが行われ，日本の宇宙開発において人工衛星打ち上げの中心的な役割を果たしている。

(6)　火星は687日で360度公転するので，１日あたり，360÷687＝0.5240…より，0.524度ずつ太陽の周りを公転している。

(7)　１日あたり地球は約0.986度ずつ，火星は約0.524度ずつ太陽の周りを公転するため，地球と火星は太陽を中心にして１日あたり約，0.986－0.524＝0.462(度)ずつずれていくことになる。

(8)　太陽から見て，地球と火星が直線上にあった位置関係が，再び地球と火星が直線上に並ぶ位置関係になるのは，(7)で述べたずれが360度になったときである。

(9)　１日あたり0.462度ずつずれて360度ずれるまでの日数は，360÷0.462＝779.2…より，779日となる。

国　語　＜A試験＞（50分）＜満点：100点＞

解　答

一　下記を参照のこと。　二　1　くせもの　2　どま　3　よぎ　4　はたじるし　5　びんじょう　三　問1　イ　問2　ウ　問3　（例）頭の中に入った知識は，ものを考えたり面白い発想を生んだりするときに使われるから。　問4　イ　問5　（例）読書は時空を超えて人間の英知にふれ，他者の目でものを見る体験で，そういう日常から離れる機能が連想の刺激として効果的な点。　問6　ア　問7　ア　四　問1　ア　問2　（例）三田口が生前の美咲の話をしてくれたことで，放心状態だった「ぼく」がやっとその死を現実のものとして悲しむことができたから。　問3　エ　問4　エ　問5　イ　問6　イ　問7　（例）貧しい生活の中でも日々小さな幸せを感じていただろう美咲と同じように，自分も美咲と暮らした日々は幸せだったということ。

●漢字の書き取り

一　1　打算　2　後任　3　不和　4　対面　5　家宝　6　異口　7　羽織　8　座右　9　快挙　10　課

解　説

一　漢字の書き取り

1　損か得か考えること。　2　前の人に代わって任務に就く人。　3　仲が悪くなること。　4　顔を合わせること。直接会うこと。　5　家の宝。その家に代々伝わる宝物。　6　「異口同音」は，多くの人がみな口をそろえて同じ意見を言うこと。　7　和装で，帯や袴《はかま》をつけた衣類の上にはおる防寒や装飾《そうしょく》のための服。　8　「座右の銘《めい》」は，常に自分が座《すわ》る場所の近くに書き記しておいて，いましめやはげましとする言葉。「座右」は，かたわら。「銘」は，心に刻みこんだ言葉。　9　胸がすっとするような鮮《あざ》やかな行い。　10　「課す」は，仕事，責任，税など負担になることを割りあてること。

二　漢字の読み

1　ひとくせある，したたか者。　2　建物内で床《ゆか》を張らず，三和土《たたき》や煉瓦《れんが》張りなどにしたところ。　**3**　専門以外で身につけた技芸。　**4**　はっきりとかかげた行動の目標。　**5**　たくみに機会をとらえて都合よく利用すること。

三　**出典は森博嗣《もりひろし》の『読書の価値』による。**スマホで検索《けんさく》できる現代では，知識のインプットは価値が下がっているが，読書は非日常の刺激《しげき》を人に与《あた》えてくれる素晴《すば》らしいものだということが述べられている。

問1　二つ目の段落で，他人に対して「知識をすぐに披露《ひろう》でき」るような「なんでも知っている人」のことを，「歩く辞書」というと述べられている。よって，イが合う。なお，似た意味の言葉には「博識」「生き字引」などがある。

問2　「これ」とは，「苦労して覚えなくても，ただ辞書を買って持っていれば良い」という考え方のことだが，「ネットに依存《いぞん》している現代人」も同じように，「知識」は「スマホ」で「手軽に検索」すれば良く，「頭の中」に入れる必要はないという方針で生きているというのだから，ウがふさわしい。

問3　前の部分で，「頭の中に入った知識」の働きが説明されている。頭の中にインプットされた知識は「考えるとき」に使われ，知識と知識が結びついて「新しい発想」が生まれるというのである。これをもとに，「インプットした知識はものを考えたり新しいものを生んだりするときに働いているから」のようにまとめる。

問4　人間の頭脳では「直接的な関連ではなく，なんとなく似ているもの」を結びつけているということが「かなり頻繁《ひんぱん》にあるのではないか」と述べられている。それゆえに，「ただ似ているというだけで，『そうそう，あのときと同じ』で終わってしまう」，つまり「なに」と「なに」が結びついたのかがわからず，「発想」にまで至らないときもあるというのである。それが「夢を思い出せない」ことと似ているのだから，イが選べる。

問5　二つ前の段落で，「連想のきっかけとなる刺激は，日常から離《はな》れたインプットの量と質に依存している」と述べられている。また同じ段落で筆者は，読書には「日常から距離《きょり》を取る機能がある」と指摘《してき》している。つまり，読書は時空を超《こ》えて人間の英知にふれ，他者の「視点」でものが見られるという体験であり，その点で連想の刺激として効果的なのである。

問6　空欄《くうらん》の前では，難しい本を読んだとき意味が「わからない」なら，読み返すだろうと述べられている。これを受け「わからない」体験も本の特徴《とくちょう》だと説明した(4)が最初にくる。次に「わからない」という体験を，「落胆《らくたん》することはない」としたうえで，「自分にはわからないことがこの世界にある」と知ったことに価値があると述べた(2)が続く。三番目は，「自分にはわからないことがこの世界にある」と知ることを「これ」で受け，自分にはわからないことがあるというのを知らなければ，「勉強しようとも思わない」ので，このことは「わかりたい，近づきたい」と感じるための「貴重な動機」だと肯定《こうてい》的に受け止めた(1)がよい。そして最後に(3)を入れると，「アインシュタインに普通《ふつう》の子供は会え」ないが，「本であれば，誰《だれ》でも彼《かれ》の書いたものを読める」というつながりになり，文意が通る。

問7　具体的に筆者がAIをどう見ているか整理する。スマホなどで「手軽に検索できる」状況《じょうきょう》について筆者は，「知識を出し入れする」だけで新しい発想を生まないとして，批判的である。他方，人間には「わからないけれど凄《すご》そう」「なんとかわかりたい」という感覚があり，それを筆者は素晴《すば》らしいと述べている。つまり，「知識を出し入れする」AIの機能は今後も進展するが，わからないことに対し，凄い，わかりたいと思う感覚はやがて「発想」につながる人間の素晴らしい特性だというのだから，アが合う。

四 **出典は今井恭子《いまいきょうこ》の『ギフト，ぼくの場合』による。**妹の美咲《みさき》の死を受け入れがたい「ぼく」が，母親を亡《な》くしている三田口《みたぐち》や，美咲が毎日会いに行っていた犬の飼い主である梅本さんの言葉になぐさめられる場面である。

問１　美咲の死は「医療《いりょう》事故」の可能性があるので，何も行動を起こさず「頼《たよ》りない」ままでは美咲があまりにも不憫《ふびん》だし，将来的に「ぼく」だってかわいそうだと，おじさんは母を責め立てている。しかし，実のところ「うちの貧乏《びんぼう》生活から火の粉《こ》が飛んでくるのをおそれているだけの」ように感じた「ぼく」は，おじさんに対し憎《にく》しみを抱《いだ》いたのだから，アがふさわしい。

問２　クラスのみんなが美咲の死にふれてこない態度を「何よりの心づかい」と思いながらも，「ぼく」は妹の死に大きなショックを受け，あらゆることに対し現実感を失っている。そんななか，三田口から「おまえがうらやましかった。妹がいて～ドーナツだってさ，持って帰ったじゃん」と言われ，声をあげて泣いたのは，美咲の死以来，何もかも自分と関わりなく流れていくようだった「ぼく」のうつろな心が，やっと悲しさやさびしさを感じることができたからである。以上のことを整理し，生きていたころの美咲の話を三田口が話してくれたことをきっかけに，それまで涙も出なくなっていた「ぼく」が，妹の死を悲しむことができたからという趣旨《しゅし》でまとめればよい。

問３　三田口は母親を亡《な》くした時，「引きつけ」を起こすほど泣いたが，今は「なくして悲しいものはさ，持ってただけで恵《めぐ》まれてた」と考えている。これは，母親の死後「何年もかかってたどりついた」三田口の「人生哲学《てつがく》」である。それを，妹を亡くしたばかりの「ぼく」に教え，「まいったか」と強がってはいるが，母親がいない「さびし」さは消えたわけではなく，受け入れるしかない現実に「あきらめ」を感じているのだから，エがよい。

問４　三田口に教わった「なくして悲しいものはさ，持ってただけで恵まれてた」という人生哲学について，「ぼく」は「頭ではわかっても，心でわかるまでには，気が遠くなるほどの時間がかかるだろう」と思っている。「そんな日」とは，三田口から教わった「人生哲学」を充分《じゅうぶん》に納得《なっとく》し，美咲の死を受け入れられるようになる日を指すので，エが合う。

問５　「ぼく」は大きな家と犬を目の前にして，「あたし，毎日ポストのある道を通るの。大きな犬のいる，大きなおうちがあるから」という美咲の言葉が「妄想《もうそう》なんかじゃなかった」とわかり，安心したのだからイがよい。なお，アとウは，「妄想」かもしれないと思っていたことが反映されていないので正しくない。また，「ぼく」は美咲を「うそ」つきの「たちの悪い子供」とは考えていないので，エもふさわしくない。

問６　梅本さんは，美咲が「しばらく顔を見」せないことを気にかけ，「ぼく」に「病気ってことは……ないわよね？」と，たずねている。美咲の身によくないことが起きたのではないかと心配した梅本さんは，どんな答えが返ってくるのかと「じっとぼくを見つめ」たのだから，イが合う。

問７　貧しい生活のなかで死んだ美咲に対し「かわいそうで，かわいそうで～やりきれない気分」を抱いていた「ぼく」が，梅本さんから「ご家庭の事情はそれとなくわかりました。でも，美咲ちゃんはとても幸せそうで，いつも笑顔《えがお》でした。お兄ちゃんのことが，とてもごじまんでね」と聞かされ，美咲は「幸せだった」と信じることにした場面である。具体的には「ジョニーと遊んでいる間」や自分と「ドーナツを分け合った瞬間《しゅんかん》」，ギターを「弾《ひ》いてやったひと時」など，小さな幸せの積み重ねが美咲にはたくさんあったのだろうと「ぼく」が思ったことにあたる。その幸せは，「ぼく」も同様に感じていたのだから，これを整理してまとめる。

2021年度　サレジオ学院中学校

〔電　話〕(045) 591－8222
〔所在地〕〒224-0029　神奈川県横浜市都筑区南山田3－43－1
〔交　通〕市営地下鉄グリーンライン－「北山田駅」より徒歩5分

【算　数】〈B試験〉(50分)〈満点：100点〉

◎問題にかいてある図形は正確とは限りません。

1　次の[　　]にあてはまる数を答えなさい。

(1)　$\{2\div(3\div4)-2\div3\div4\}\div5=$[　　　]

(2)　$(82.15-8.37)\times11\frac{3}{7}-4\times($[　　　]$-5)=3.2$

2　次の[　　]にあてはまる数を答えなさい。

(1)　327，437，655をある整数で割ると，それぞれ余りが3，5，7となりました。
このような整数は全部で[　　　]個あります。

(2)　2g，3g，5gの3種類の球が合わせて2021個あります。
2gの球と3gの球のすべての平均の重さは2.3gで，3gの球と5gの球のすべての平均の重さは3.4gでした。このとき，3gの球は[　　　]個あります。

(3)　ある品物を仕入れたA店は12%の利益を見込んで定価をつけました。
一方，B店は同じ品物をA店より10%安く仕入れることができたので，20%の利益を見込んで定価をつけたところ，その定価はA店より360円安くなりました。
このとき，A店の仕入れた金額は[　　　]円です。

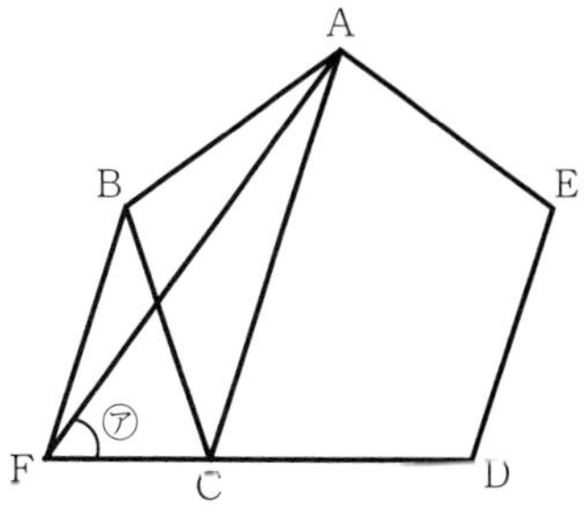

(4)　右の図のような，正五角形ABCDEがあります。辺CDをCの方にまっすぐ伸ばしたところに，点Fを辺ACと辺BFが平行になるようにとります。
このとき，角㋐は[　　　]度です。

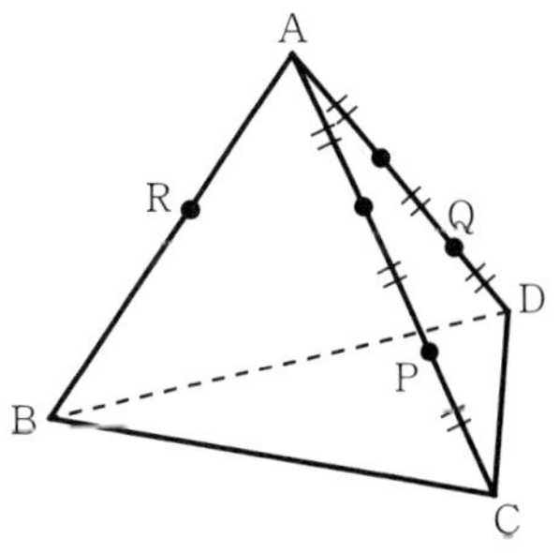

(5)　すべての辺の長さが等しい三角すいABCDがあります。辺AC，ADをそれぞれ3等分する点のうち，頂点C，Dに近い方の点をそれぞれ点P，Qとし，点Rは辺AB上の点とします。
この立体を点P，Q，Rを通る平面で切ったとき，頂点Aを含む方の立体の体積は三角すいABCDの体積の$\frac{1}{3}$になりました。
このとき，AR：RBを最も簡単な整数の比で表すとAR：RB＝[　ア　]：[　イ　]となります。

3　1辺の長さが1cmの正三角形のタイルをつなぎ合わせて1辺の長さが20cmの正三角形を作ります。

また，この正三角形に図のような順番で番号を付けます。

このとき，次の問いに答えなさい。

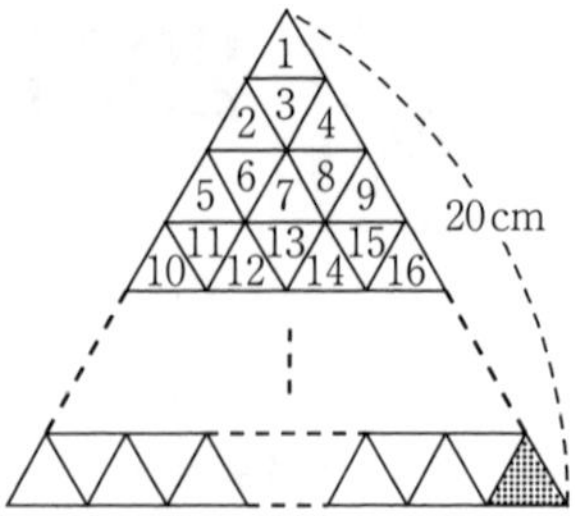

(1)　図の 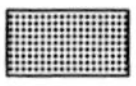 に付けられた番号を答えなさい。

次に，上段に1個，中段に3個，下段に5個，計9個の正三角形のタイルからできる正三角形を考えます。

例えば，右の図では，上段の番号が2の場合の9個の正三角形のタイルからできる正三角形を太線で表しています。

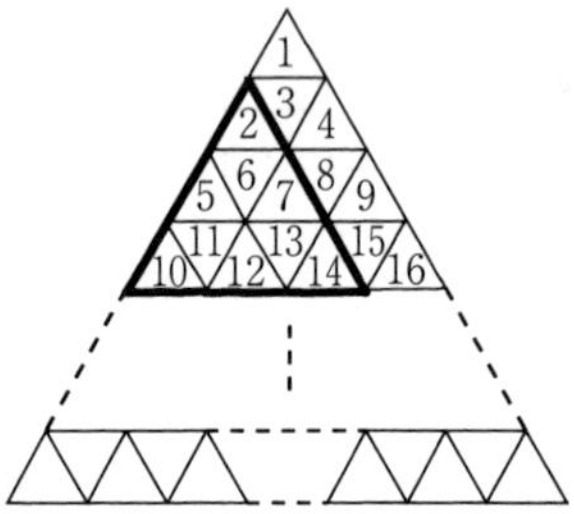

(2)　9個のタイルからできる正三角形の上段の番号が144であるとき，9個のタイルの番号の和を求めなさい。

(3)　9個のタイルの番号の和が初めて2021より大きくなるときの，上段の番号を求めなさい。

ただし，途中の考え方も書きなさい。

4　縦5cm，横8cmの長方形の周または内部に，次のような【ルール】に従って，できるだけたくさんの点を置く方法を考えます。

【ルール】　どの2つの点の距離も1cm以上となる。

このとき，次の問いに答えなさい。ただし，点の大きさは考えないものとします。

(1)　太郎さんは次のようにすると，点を最も多く置くことができると考えました。

太郎「図1のように，長方形の縦方向にも横方向にも1cmの間かくでマス目をつけ，マス目が交わる点に点を置く。」

このように点を置くと，何個の点を置くことになりますか。

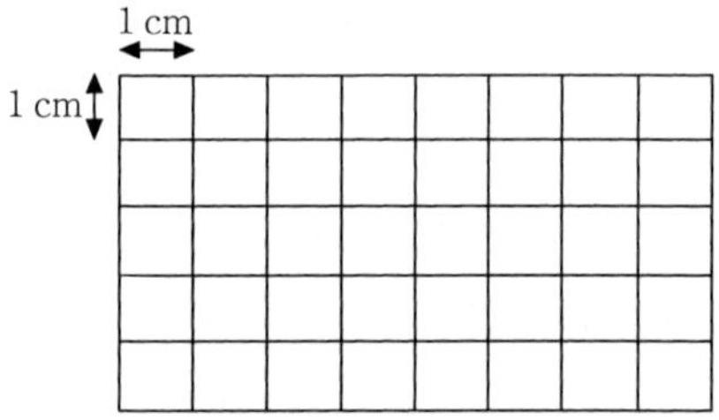

図1

(2)　図2のように，1辺の長さが1cmの正方形の頂点の上に2つの点を置いたとき，【ルール】に従えば，もう1つの点を正方形の周または内部に置くことができます。

その範囲を，解答らんの図(図3)の点線を利用して，塗りつぶしなさい。

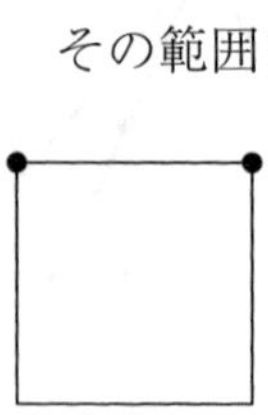

図2

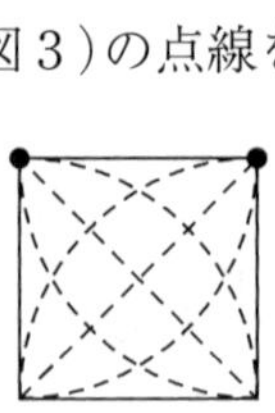

図3

(3)　【ルール】に従って点を置くとき，太郎さんの点の置き方よりもさらに多くの点を置く方法があります。その点の置き方を解答らんの図を利用して説明しなさい。

なお，図には参考のために，太郎さんの点の置き方で使ったマス目が入っています。また，必要であれば，「1辺の長さが1cmの正三角形の1辺を底辺としたとき，その高さは0.87cmよりは小さくなること」を利用してもかまいません。

5 りくさん，うみさん，そらさんの３人が住む町には，右の図のような４つの駅を結ぶモノレールがあります。このモノレールのとなり合う２つの駅の間の距離はいずれも 2.5km で，各列車は次のような規則で運行されています。

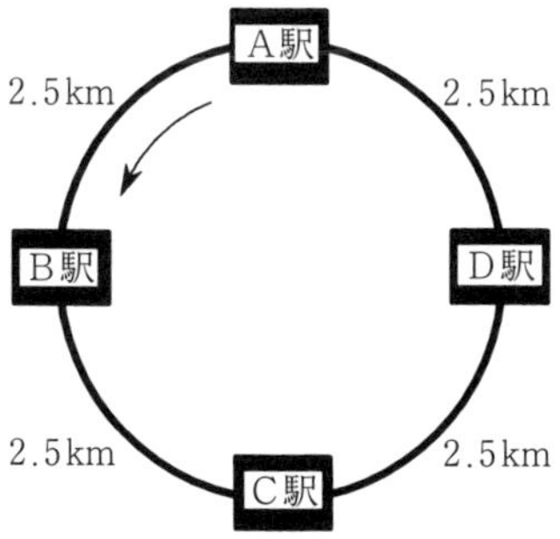

【運行の規則】
・列車は，反時計周りに
　A駅→B駅→C駅→D駅→A駅→……
　と順番に進み，逆方向には進まない
・駅の間を時速 30km で進み，各駅で必ず１分間停車する
・事故防止のため，前を進む列車との距離が 500m になったときに，前の列車が動き始めるまでその場で停車する

このとき，次の問いに答えなさい。
ただし，駅や列車の長さは考えないものとします。

(1) このモノレール上を運行している列車の台数が１台だけの場合，A駅を発車した列車が１周回って再びA駅を発車するまでの時間は何分ですか。

次に，このモノレール上で複数の列車が同じ時間を空けてA駅を発車する場合を考えます。

(2) ４分ごとに列車がA駅を発車している場合，同時に何台の列車が運行されていますか。

(3) A駅から発車する列車の本数は，最大で１時間あたり何本にすることができますか。

(4) りくさん，うみさん，そらさんの３人は，このモノレールについて，１時間あたりにA駅から発車する列車の本数を(3)よりも増やす方法がないか，考えています。

以下の３人の考え方の中で，適切でないものが１つあります。それは誰の考え方か答えなさい。また，適切でない理由も答えなさい。

ただし，３人とも，自分が言っている条件以外は(3)のときと変えないものとします。

りく「駅での停車時間を１分より短くしてみてはどうだろう？」
うみ「同時に運行されている列車の台数をもっと増やせばいいでしょ？」
そら「列車の速さを時速 30km より速くすればいいんじゃない？」

【社　会】〈B試験〉（40分）〈満点：75点〉

次の文章を読んで，問いに答えなさい。

人々の①生活に大切なことの一つが，②衣食住の確保といわれています。現在，日本の食である和食は，2013年に③ユネスコ無形文化遺産に登録され，世界に大きく注目されています。では，和食はどのような経緯で日本に生まれたのでしょうか。

④縄文時代は，森林や⑤河川での狩猟・採集が生活の中心でした。文化の進展に伴《ともな》い，縄文式の土器がつくられたことによって，「煮《に》る」という調理方法が可能となりました。縄文時代は貝塚が有名ですが，もしかすると当時から，⑥貝で⑦出汁を取るスープが楽しまれていたかもしれません。弥生時代になると⑧稲作が伝来し，農耕が開始されました。人々の生活スタイルは大きく変化し，社会制度にも大きく影響《えいきょう》を与えました。

675年に⑨天皇により，仏教用語でいう「五畜」（牛・馬・犬・猿・鶏といわれている）の肉食が禁じられました。後の⑩聖武天皇も猪《いのしし》や鹿《しか》の殺生を禁止しました。国家としての⑪肉食禁止の決定は，1871年に解禁されるまで，肉食を避《さ》けていくという風潮は続き，日本の食生活の基《き》礎《そ》をつくりました。肉食で得られていたタンパク質は，米や魚，大豆などで代替《だいたい》され，⑫平安時代には「蘇」が⑬貴族たちに食されていました。鎌倉時代になると，肉食の禁止を強く守ろうとした⑭禅宗の僧侶《そうりょ》たちの手により，豆《とう》腐《ふ》やコンニャク，ひじきなどが使用され，現在の精進料理に近づいていきました。

鎌倉時代後期から室町時代になると，⑮昆《こん》布《ぶ》や鰹《かつお》を使用して出汁を取るようになります。その後，⑯戦国時代になると，⑰戦いや争いに疲《つか》れた武士たちが重んじた茶の湯の文化から茶道が好まれ，懐石《かいせき》料理が生まれました。懐石料理の⑱旬《しゅん》を重んじる精神には，一期一会の精神が反映されていると考えられています。⑲江戸時代に入ると，庶民《しょみん》の間にも日に三回の食事をとる習慣が根付き，⑳天ぷらやうなぎ，握りずしといった，当時のファストフードが生まれました。近年，㉑裁判で廃《はい》棄《き》物《ぶつ》であるとの判決が下されたこともあるおからも，この時代に生まれたとされています。

和食としてのイメージが強いのは，この辺りの時代までに形成された食文化を基にしているといえます。しかし㉒文明開化以降，㉓牛肉や，インドを植民地としていた㉔(　　　)からカレーがもたらされました。近年では，食中毒予防のための㉕法律が制定されるなど，食の「安全」への関心も高まっています。制度とともに社会生活もどんどん変化していき，現在では，牛肉もカレーも，㉖高度経済成長期に普及《ふきゅう》し始めたインスタント食品なども含《ふく》めて，もはや日本食といえるかもしれません。

和食は，栄養バランスや旬，さらには年中行事との密接な関係性があります。さらには「いただきます」や「もったいない」といった，日本人の自然に対する尊敬の精神を表しているともされています。昨今，世界的に求められる㉗SDGs（持続可能な開発目標）の一端《いったん》を充分《じゅうぶん》に担えるのが，和食なのではないでしょうか。

問1　下線部①について，次の文章を読み，(1)，(2)に答えなさい。

日本で暮らしていく上では，納税は欠かせません。日本の所得に対する税金は，所得税といい，累進《るいしん》課税制度という制度を採用しています。これは，所得が上がるほど税率が高くなる制度です。

仮に日本の税率表があとの通りとします。

区分	課税所得	税率
1	0＜所得≦200万円	5％
2	200万円＜所得≦330万円	10％
3	330万円＜所得≦700万円	20％
4	700万円＜所得≦900万円	23％
5	900万円＜所得≦1800万円	33％
6	1800万円＜所得	40％

Aさんの所得が150万円だったとすると，所得税額は7万5000円になります。しかし，Bさんの所得が300万円のときは，税額は30万円，にはなりません。日本では超過《ちょうか》累進課税率という方式を採っており，300万円の所得に対しては，200万円までは5％で課税され，それを超《こ》えた100万円に対して10％の課税がされ，合計すると，20万円の所得税額になります。式で示すと，次のようになります。

Aさん：150万円×5％＝7万5000円

Bさん：200万円×5％＋(300万円－200万円)×10％＝20万円

(1) Cさんの所得は1000万円であったとします。所得税額はいくらになりますか。求めなさい。

(2) Dさんは，昨年より所得が100万円増加したことで，税額が22万1000円増加しました。今年の所得はいくらになりますか。途中の考え方も書き，答えを求めなさい。

問2 下線部②について，日頃《ひごろ》，みなさんが着ている服には，洗濯《せんたく》する際に必要な情報を示す記号がついていることを知っているでしょうか。この記号は数年前に変更《へんこう》されています。次の図を参考に，変更の理由を説明したあとの文章の空らんに当てはまる内容を，具体的に答えなさい。

記号の意味	「液温は40℃を限度とし，洗濯機による洗濯ができる。」	「つり干しがよい。」
古い記号	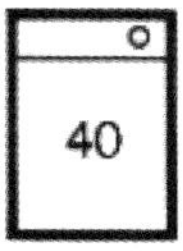	
新しい記号		

消費者庁のホームページより作成

新JIS(日本工業規格)では，記号の種類が22種類から41種類に増え，繊維《せんい》製品の取扱《とりあつか》いに関するよりきめ細かい情報が提供されるようになります。また，国内外で洗濯表示が統一されることで，［　　　　　］ようになります。このように，新しい洗濯表示に変わることによって，一般《いっぱん》消費者に多くの利点が期待できます。

問3 下線部③について，次の(1)～(3)に答えなさい。

(1) 日本がユネスコに提案するまでの流れを表した，次の文章の空らん［A］，［B］に当てはまる語句を，**漢字で**答えなさい。

2010年に無形文化遺産に登録されたフランス美食術や地中海料理に触発《しょくはつ》された日本は，

2011年に日本食を提案しようと，[　A　]省の検討会が組織され検討を重ね，[　B　]庁での審議《しんぎ》の結果，2012年にユネスコに提案書が提出されました。

(2) ユネスコは国際連合の機関の一つです。このように国際的な活動をしている機関はいくつもありますが，その狙《ねら》いは何でしょうか。最も適当なものを，次の**ア**～**エ**から一つ選んで，記号で答えなさい。

ア　国際的な考え方や文化を統一し，価値観の違《ちが》いによる争いが起こらないようにするため。

イ　国同士が助け合い，生まれた国によって受けられる教育や健康に著しい違いが出ないよう，国際的な水準を守るため。

ウ　支援《しえん》という形を通じて，国際組織を動かす大国が，その意志に即《そく》した国際的な統治ができるようにするため。

エ　資金を与えることで，それぞれの国の人々の生活を直接援助《えんじょ》することができるようにするため。

(3) 日本では，和食を含めて多くの世界無形文化遺産が登録されています。次の**ア**～**エ**は，4つの無形文化遺産の内容と，それぞれの遺産に関係する場所を説明したものです。それぞれの無形文化遺産と場所との組み合わせとして，**適当でないもの**を，次の**ア**～**エ**から一つ選んで，記号で答えなさい。

ア　「ナマハゲ」は，秋田県の年中行事です。

イ　「小千谷縮」は，新潟県の技術です。

ウ　「美濃和紙」は，高知県の技術です。

エ　「唐津くんち」は，佐賀県の祭礼です。

問4　下線部④について，縄文時代に関係する遺物として，適当なものを，次の**ア**～**オ**から一つ選んで，記号で答えなさい。

ア　銅鐸《どうたく》　　**イ**　土偶《どぐう》

ウ　埴輪《はにわ》　　**エ**　かまど

オ　石庖丁《いしぼうちょう》

問5　下線部⑤について，次の表は，荒川(東京都，埼玉県)，釧路川，神通川，筑後川について，流域面積と，流域における人口密度，田の面積，畑の面積を示したものです。筑後川に当てはまるものとして，適当なものを，次の表中の**ア**～**エ**から一つ選び，記号で答えなさい。

	全流域面積 (km^2)	人口密度 (人/km^2)	田の面積 (ha)	畑の面積 (ha)
ア	2940	3467	12420	22920
イ	2860	386	41476	12073
ウ	2720	139	12296	1695
エ	2510	65	0	43606

国土交通省資料より作成

問6　下線部⑥について，潮干狩りは，干潮時には干上がり満潮時には海面下に水没《すいぼつ》する，砂や泥《どろ》でできた水深の浅い海岸で多く行われます。そのような場所を何といいますか。**漢字で**答えなさい。

問７　下線部⑦について，この下線部の読み仮名を，**ひらがな**で答えなさい。

問８　下線部⑧について，次の**Ａ～Ｃ**はそれぞれ，米の収穫量(ｔ)，10ａあたりの収量(ｔ)，※水田率(％)の上位５位までの都道府県を示したものです。その正しい組み合わせとして，適当なものを，あとの表中の**ア～カ**から一つ選んで，記号で答えなさい。

※水田率とは，耕地面積に占める田の割合のことをいいます。

Ａ

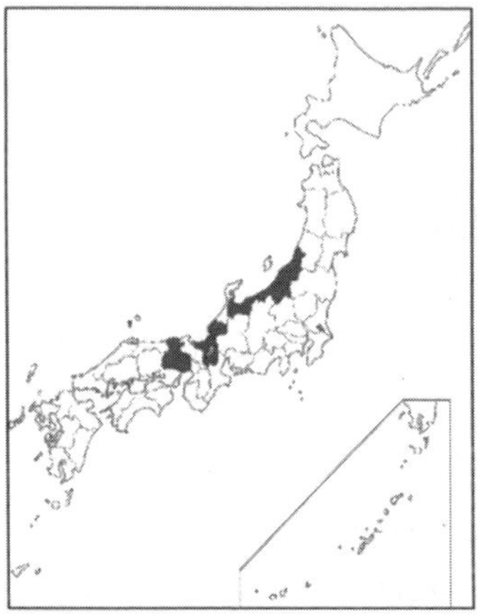

Ｂ

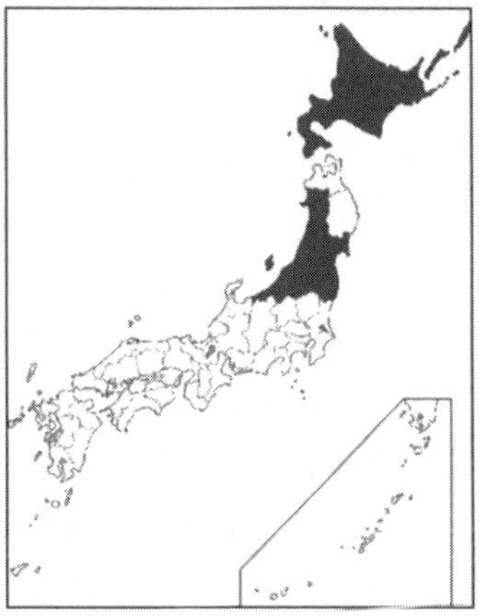

Ｃ

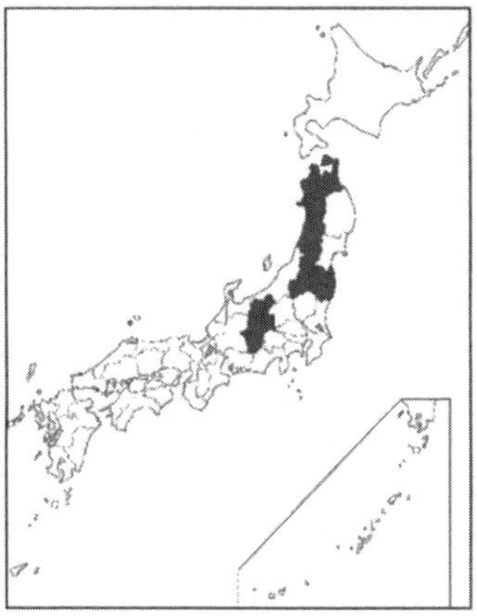

農林水産省の統計より作成　統計年次は2018年

	Ａ	**Ｂ**	**Ｃ**
ア	米の収穫量	10ａあたりの米の収量	水田率
イ	米の収穫量	水田率	10ａあたりの米の収量
ウ	10ａあたりの米の収量	米の収穫量	水田率
エ	10ａあたりの米の収量	水田率	米の収穫量
オ	水田率	10ａあたりの米の収量	米の収穫量
カ	水田率	米の収穫量	10ａあたりの米の収量

問９　下線部⑨について，次の(**1**)，(**2**)に答えなさい。

(**1**)　2019年には30年ぶりの皇位継承《けいしょう》が行われ，大嘗祭《だいじょうさい》という儀式も実施されました。大嘗祭は，新天皇が五穀豊穣《ほうじょう》を祈《いの》る儀式で，明治時代より全国の都道府県からの特産物と米が提供されています。次の**ア～エ**は，山形県，神奈川県，長野県，鹿児島県のいずれかの県から，提供された特産物を示したものです。神奈川県に当てはまるものとして，適当なものを，次の**ア**～**エ**から一つ選んで，記号で答えなさい。

ア　ぜんまい　するめ　シャインマスカット　ラ・フランス　柿

イ　寒天　ながいも　乾《ほし》しいたけ　りんご　わさび

ウ　早掘《ぼ》りたけのこ　茶　さつまいも　ピーマン　※本枯《ほんか》れ節

エ　茶　だいこん　落花生　キャベツ　のり

※かつお節の一種

(2)　日本の歴史の中における天皇の即位《そくい》に関する説明として，最も適当なものを，次の**ア**～**エ**から一つ選び，答えなさい。

ア　歴史上は一度その座を譲《ゆず》った天皇が，再び天皇に即位することがありましたが，明治以降はこうしたことは行われていません。

イ　天皇に即位することができるのは男性のみであるという伝統的な考え方があり，歴史上，女性が天皇になったという記録は残っていません。

ウ　天皇がその座を譲り，退位することは，天皇自らの意志で決定することができる，と日本国憲法に書かれており，今回もそれに基づいて行われました。

エ　今回，親から子へと皇位が受け継《つ》がれましたが，これは日本の伝統に基づくもので，歴史上，兄から弟への皇位の継承《けいしょう》は行われたことはありません。

問10　下線部⑩について，聖武天皇の命令により行われたこととして，適当なものを，次の**ア**～**エ**から一つ選んで，記号で答えなさい。

ア　古事記を編纂《へんさん》しました。

イ　長岡京に遷都《せんと》しました。

ウ　土地の私有を認めました。

エ　和同開珎を鋳造《ちゅうぞう》しました。

問11　下線部⑪について，肉食禁止は仏教だけでなく，日本に固有の宗教の影響もあります。この日本で昔からある固有の宗教は何ですか。**漢字で**答えなさい。

問12　下線部⑫について，次の**ア**～**エ**の平安時代の出来事を，年代順に並べ替えなさい。

ア　保元の乱

イ　藤原道長の摂政就任

ウ　高野山金剛峰寺の建立

エ　古今和歌集の編纂

問13　下線部⑬について，当時の貴族の生活について，**適当でないもの**を，次の**ア**～**エ**から一つ選んで，記号で答えなさい。

ア　男性の正装は束帯とよばれ頭に冠をかぶり，手に尺を持ちます。女性の正装は十二単とよばれ，さまざまな色の着物を重ねて着ました。

イ　広い敷地《しきち》の中に，書院とよばれる建物を中心として，庭や池がある邸宅《ていたく》に暮らしました。

ウ　仏教への信仰《しんこう》が厚く，阿弥陀如来像という仏像と，その仏像を収めた阿弥陀堂をつくりました。

エ　女性たちの間で，和歌や物語を書くことが行われ，その華《はな》やかな暮らしぶりを描《えが》いた長編小説もつくられました。

問14　下線部⑭について，鎌倉時代に新しい仏教の宗派が形成されました。その中で，禅宗(座禅を組んで修行をする宗派)を開いた人物として，適当なものを，次の**ア**～**オ**から一人選んで，記号で答えなさい。

ア　道元　　**イ**　親鸞　　**ウ**　日蓮

エ　鑑真　　**オ**　行基

問15　下線部⑮について，次の表**ア**～**エ**は，昆布，※鰹，たこ，しじみ貝について，※※一世帯あたりの品目別年間支出額が多い５つの都市および金額と，※※※全国平均の金額を示したものです。表中の都市は，都道府県庁所在地と政令指定都市から選ばれています。昆布に当てはまるものとして，適当なものを，次の**ア**～**エ**から一つ選んで，記号で答えなさい。

※統計で加算されているのは鮮魚のみ。削り節などは除く。

※※２人以上の世帯。

※※※金額は，2017年～2019年の平均。

ア

1位	高知市	7873円
2位	仙台市	3180円
3位	福島市	2896円
4位	水戸市	2721円
5位	浜松市	2579円
全国平均		1415円

イ

1位	堺市	1779円
2位	大阪市	1689円
3位	奈良市	1678円
4位	高松市	1670円
5位	京都市	1585円
全国平均		1299円

ウ

1位	富山市	2002円
2位	京都市	1581円
3位	福井市	1467円
4位	金沢市	1400円
5位	山形市	1356円
全国平均		916円

エ

1位	松江市	2224円
2位	水戸市	1142円
3位	青森市	959円
4位	秋田市	882円
5位	鳥取市	812円
全国平均		397円

総務省資料より作成

問16　下線部⑯について，次の**ア**～**オ**の戦国時代の出来事を，年代順に並べ替えなさい。

ア　室町幕府の滅亡《めつぼう》

イ　本能寺の変

ウ　安土城の完成

エ　九州平定

オ　キリスト教の伝来

問17　下線部⑰について，日本の戦いや争いについて述べた文**Ⅰ**～**Ⅲ**と，その舞台となった場所**A**～**C**を組み合わせたものとして，適当なものを，あとの**ア**～**カ**から一つ選んで，記号で答えなさい。

Ⅰ：戦国時代の終わりとなる天下分け目の戦いが行われ，東軍が勝利しました。

Ⅱ：戊辰戦争の最後の戦いが行われ，旧幕府勢力の敗退が決定的なものとなりました。

Ⅲ：将軍の後継《こうけい》者問題から始まった争いは11年間続き，室町幕府が置かれた都市は焼け野原となりました。

A

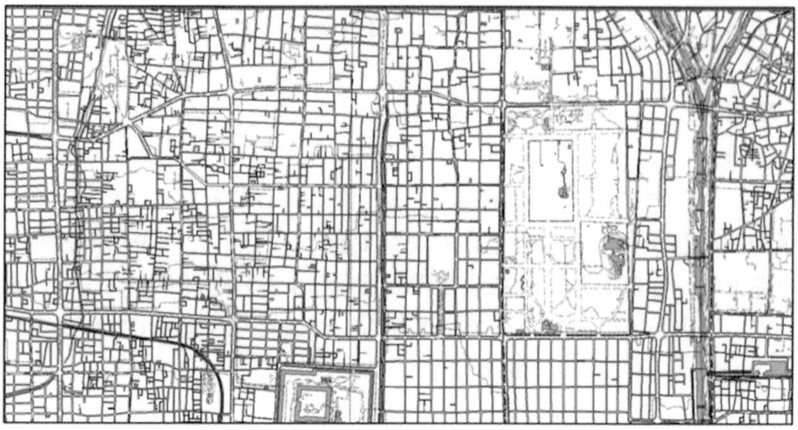

B

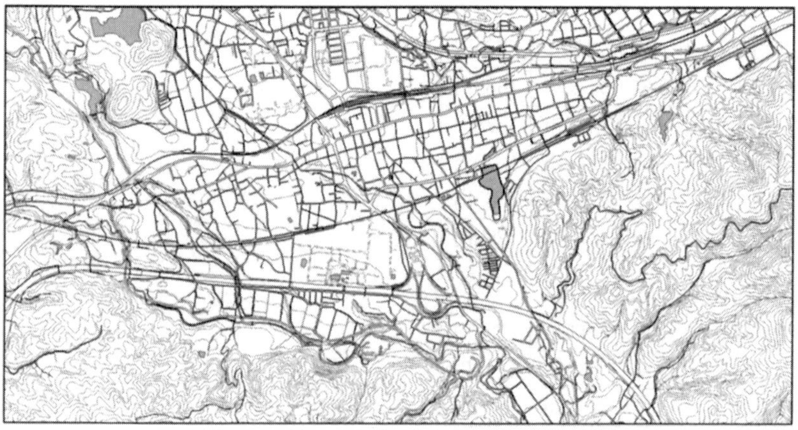

C

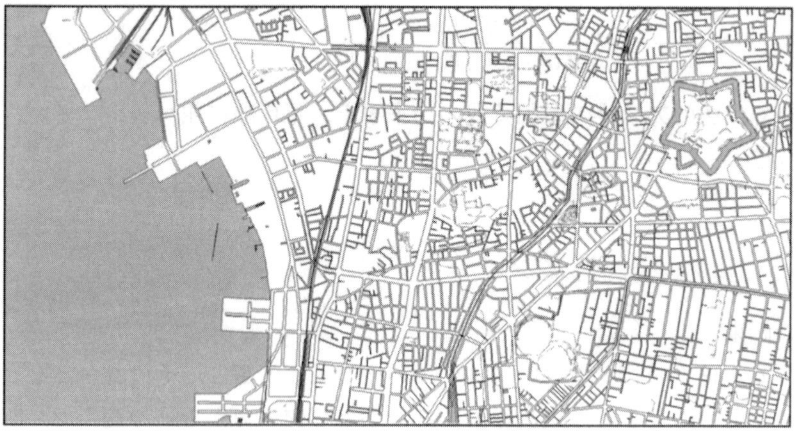

ア　Ⅰ－A・Ⅱ－B・Ⅲ－C　　イ　Ⅰ－A・Ⅱ－C・Ⅲ－B

ウ　Ⅰ－B・Ⅱ－A・Ⅲ－C　　エ　Ⅰ－B・Ⅱ－C・Ⅲ－A

オ　Ⅰ－C・Ⅱ－A・Ⅲ－B　　カ　Ⅰ－C・Ⅱ－B・Ⅲ－A

問18　下線部⑱について，旬を重んじる一方で，現在スーパーでは，季節に関係なくさまざまな国産野菜が並んでいます。なぜ，このようなことが可能となるのでしょうか。それを説明した次の文章の空らん[A]～[C]に当てはまる語句として，適当なものを，あとの**ア～ク**からそれぞれ一つずつ選んで，記号で答えなさい。

例えば高知平野では，[A]の影響で暖かな気候であることに加え，ビニルハウスを利用した[B]農業を行って，本来は夏の野菜であるナスを冬から春にかけて栽培《さいばい》しています。このような栽培方法は[C]栽培とよばれています。

ア 抑制《よくせい》　**イ** 近郊《きんこう》　**ウ** 黒潮　**エ** 露地《ろじ》
オ 親潮　**カ** 施設《しせつ》園芸　**キ** 促成《そくせい》　**ク** 対馬海流

問19 下線部⑲について，江戸時代に肉食を禁止することに加え，すべての生き物を殺傷することを禁じることを定めた法令が出されました。その法令の名称《めいしょう》と，それを出した将軍の名前をそれぞれ答えなさい。

問20 下線部⑳について，「天ぷら」という言葉はポルトガル語が語源となっていますが，ポルトガル語を語源とした日本語として，**適当でないもの**を，次の**ア～オ**から一つ選んで，記号で答えなさい。

ア たばこ　**イ** ボタン　**ウ** 金平糖　**エ** バナナ　**オ** カステラ

問21 下線部㉑について，現在の日本の司法では，国民の参加が幅《はば》広く求められるようになりました。日本の裁判において，抽選《ちゅうせん》によって選ばれる職務として，適当なものを，次の**ア～オ**から一つ選んで，記号で答えなさい。

ア 裁判員　**イ** 検察官　**ウ** 弁護士　**エ** 警察官　**オ** 陪審《ばいしん》員

問22 下線部㉒について，食文化以外で，この時期に欧米《おうべい》の影響を受けてもたらされた生活面での変化について述べた文として，最も**適当でないもの**を，次の**ア～オ**から一つ選んで，記号で答えなさい。

ア 移動する際に駕籠《かご》に代わり，人力車や乗合馬車が利用されるようになりました。
イ 木造建築物だけでなく，レンガを利用した建物がつくられたり，レンガ舗装《ほそう》が行われました。
ウ かわら版に代わり，ラジオによる全国放送で人々に情報がいきわたるようになりました。
エ 行燈《あんどん》・提灯で灯りをとっていましたが，都市ではガス灯の街灯が設置されました。
オ 着物に代わり洋服を着て，から傘《かさ》に代わり洋傘(こうもり傘)を使用する人も現れました。

問23 下線部㉓について，次の(**1**)，(**2**)に答えなさい。

(1) 次の牛肉について述べた文のうち，**適当でないもの**を，次の**ア～エ**から一つ選んで，記号で答えなさい。

ア 国内で飼育されている牛には個体識別番号がふられ，その牛がいつ・どこで生まれ，育てられ，食肉加工されたかなどを，消費者が追跡《ついせき》できるトレーサビリティ制度が導入されています。
イ 肉用牛の生産は，広大な牧場・牧草地が広がる北海道や，火山灰地が広がる鹿児島宮崎，牛の飼料となる野菜の栽培が多い愛知・神奈川などで多くなっています。
ウ 海外で牛の病気が発生し，牛肉の輸入が制限され，外食チェーン店などで牛丼《ぎゅうどん》などのメニューが提供できなくなった時期があります。
エ ビーフジャーキーやバーベキュー，ハンバーガーなどさまざまな牛肉料理があるアメリカ合衆国のような国がある一方で，宗教上の理由から牛肉を一切食べない人たちが多くいるインドのような国もあります。

(2) 日本と外国との間では，これまでいくつかの品目をめぐり何度かの貿易摩擦《まさつ》が起こってきました。特にアメリカとの関係の中で，その主な要因を考えると，品目によって分類することができます。品目**A**・**B**の主な要因を，次の＜理由＞**ア**～**エ**からそれぞれ一つずつ選んで，記号で答えなさい。また，品目**A**・**B**と同じ要因で貿易摩擦が引き起こされたものとして，適当なものを，あとの＜品目＞**オ**～**ク**からそれぞれ一つずつ選んで，記号で答えなさい。

A：牛肉　　**B**：自動車

＜理由＞

ア　日本からアメリカへの輸出量が多かったため。

イ　日本がアメリカから輸入する量が少なかったため。

ウ　日本からアメリカへの輸出量が少なかったため。

エ　日本がアメリカから輸入する量が多かったため。

＜品目＞

オ　豚肉　　**カ**　半導体　　**キ**　オレンジ　　**ク**　しいたけ

問24　下線部㉔について，空らんに当てはまる国について，次の(**1**)，(**2**)に答えなさい。

(1) その国と日本が同盟を結んでいた時期の出来事として，適当なものを，次の**ア**～**オ**から一つ選んで，記号で答えなさい。

ア　満州事変　　**イ**　日清戦争　　**ウ**　第一次世界大戦

エ　西南戦争　　**オ**　朝鮮戦争

(2) その国について説明した文として，適当なものを，次の**ア**～**エ**から一つ選んで，記号で答えなさい。

ア　北半球に位置し，国内の実質的な元首は首相の国で，国土が北極圏《けん》にもまたがるため，人が居住できる面積は比較《ひかく》的小さいです。

イ　首都は北海道の稚内よりも北に位置し，三色旗を採用する国で，日本とはおよそ7時間の時差があります。

ウ　G20に参加する島国で，国土の一部が2002年に分離，独立しました。

エ　G20に参加する島国で，現在の元首は女王ですが，実質的には首相が担っています。

問25　下線部㉕について，法律の制定について述べた文として，適当なものを，次の**ア**～**エ**から一つ選んで，記号で答えなさい。

ア　法律案の審議《しんぎ》は，予算案と同じように，必ず衆議院が先に行わなければなりません。

イ　衆議院で可決し，参議院で否決された法律案は，衆議院の議決が優先されるため，自動的に成立します。

ウ　法律案は，本会議の審議を補うために，原則として事前に少人数の議員で構成される委員会で審議されます。

エ　衆議院が参議院より優越する権限を与えられている理由は，任期が参議院より長く，解散もあるため国民の意思が反映しやすいと考えられるからです。

問26　下線部㉖について，次の(**1**)，(**2**)に答えなさい。

(1) 次の**ア**～**エ**の，この時期の出来事を，年代順に並べ替えなさい。

ア　第一次石油危機　　　　**イ**　新幹線の東京・新大阪間の開通

ウ　日本万国博覧会開催　　**エ**　沖縄の日本復帰

(2)　次のグラフは，日本の経済状況《じょうきょう》を示した，「日本の貿易輸出額」，「日経平均株価」，「円ドル為替《かわせ》レート」の３つの指標が，高度経済成長が終了した後の1980年から2019年までにどのように推移したかを示すものです。**A**～**C**の指標はそれぞれ何を示していますか。その組み合わせとして，適当なものを，あとの**ア**～**カ**から一つ選んで，記号で答えなさい。

A

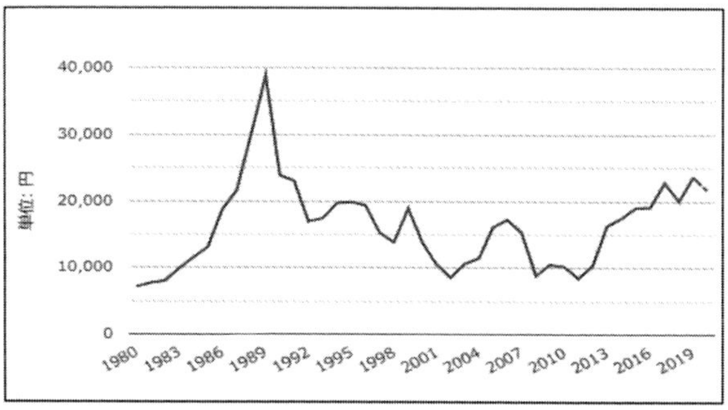

B

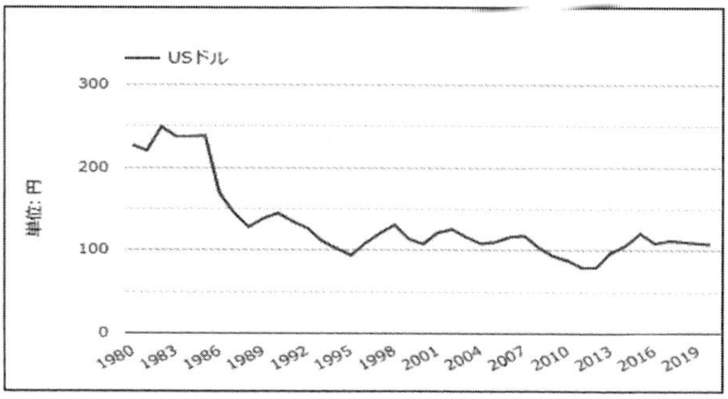

C

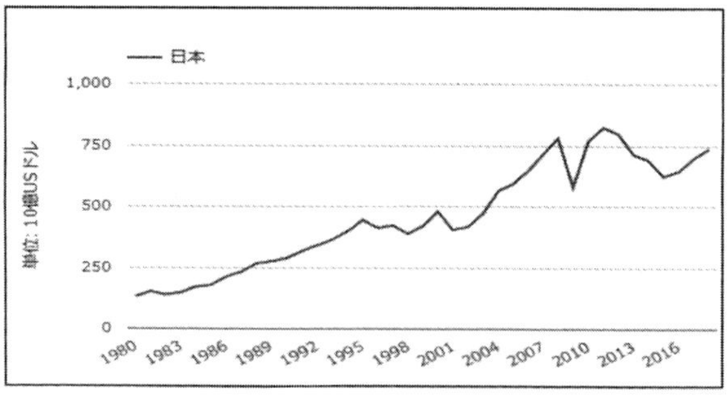

ア　**A**－貿易輸出額　　**B**－日経平均株価　　**C**－円ドル為替レート

イ　**A**－貿易輸出額　　**B**－円ドル為替レート　**C**－日経平均株価

ウ　**A**－日経平均株価　**B**－貿易輸出額　　**C**－円ドル為替レート

エ　**A**－日経平均株価　**B**－円ドル為替レート　**C**－貿易輸出額

オ　**A**－円ドル為替レート　**B**－貿易輸出額　　**C**－日経平均株価

カ　**A**－円ドル為替レート　**B**－日経平均株価　**C**－貿易輸出額

問27　下線部㉗について，SDGs(持続可能な開発目標)には「17の達成目標」が掲げられています。私たちは消費者の立場を通じて，それらの目標達成に貢献《こうけん》することもできます。「その場所で生産された食材を選んで食べる」ことは，次の図の目標７と目標13の両方を達成することに貢献します。その理由を説明しなさい。

【理　科】〈B試験〉(40分)〈満点：75点〉

1　次の文章を読んで，あとの問いに答えなさい。**ただし，計算結果を答える際，割り算が必要な場合は，分数ではなく小数で答えなさい。**

長さ35cmで太さが一定の白い棒と黒い棒があります。これらの棒の中心に糸を結んだところ，棒は水平につりあいました。白い棒の重さは40gであることがわかっています。いま白い棒を図1のように二本つなげて，その左はしを台の支柱にのせ，右はしにばねばかりをつけて棒全体を水平にしました。

(1)　ばねばかりは何gを示しますか。

次に白い棒と黒い棒をつなげて図2のように左はしを台の支柱にのせ，右はしにばねばかりをつけて全体を水平にしたところ，ばねばかりは55gを示しました。

(2)　黒い棒の重さは何gですか。

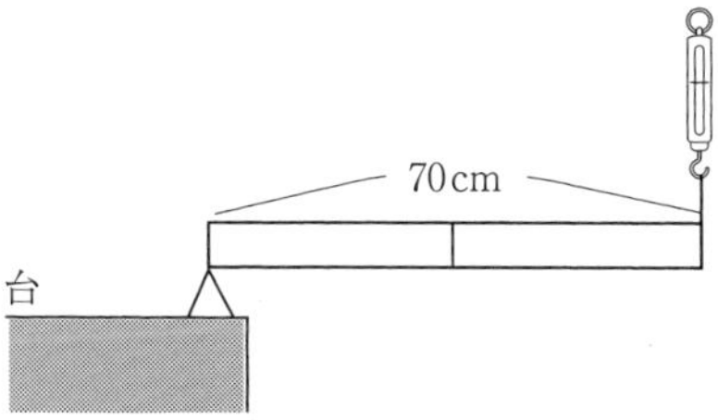

図1

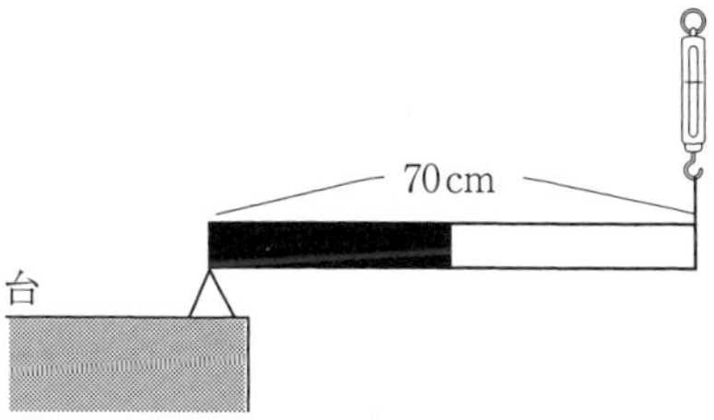

図2

図2のように棒自体の重さを考える場合は，(図3のように)重さを考えなくてよい白い棒の中心に40gのおもりがつるされていて，重さを考えなくてよい黒い棒の中心に(2)で求めた重さのおもりがつるされているという見方(見方A)をすることができます。

この組み合わせ棒は，図4のように中心に糸をむすびつけても棒を水平に保つことはできません。棒を水平に保つには，棒全体の重さが一つの点にかかっているとみなせる点を見つける必要があります。図5のように，その点に棒全体の重さがかかっているという見方(見方B)ができる点を，その物体全体の「重心」といいます。

(3)　図5のように棒全体の重さがかかっているとみなせる点は棒全体の左はしから何cmのところですか。

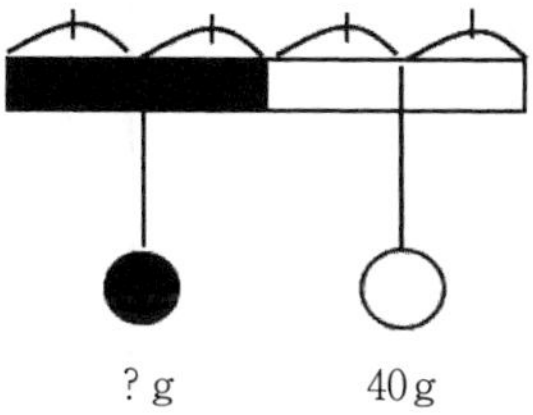

図3　見方A

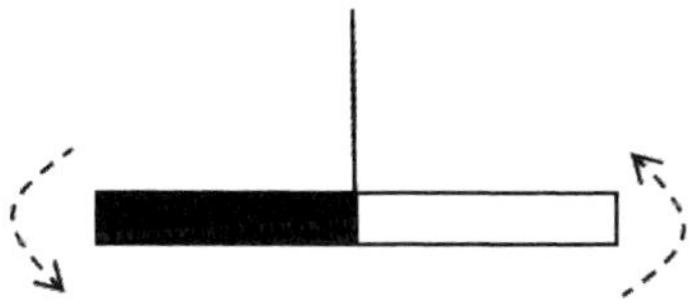

図4

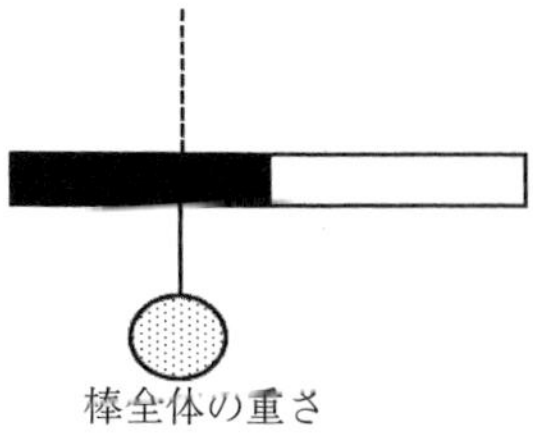

図5　見方B

次に図6のような辺の長さが18cm，重さが100gで材質と厚さがどこも同じ正方形の板を三枚組み合わせたものの重心を考えてみましょう。さきほどの見方Aを用いると，厚さが同じ板というのは，重さを考えなくてよい板の中心に100gのおもりがつるされているものと考えられます。

この板全体の重心を求めるために，まず板を南側から見てみましょう。こうすると図7のように，左側の二つのおもりをまとめて200gのおもりが板の左はしAから9cmのところにかかっており，右はしGから9cmのところには100gのおもりがかかっているとみることができます。

同じように，板を西側から見てみると(図8)先ほどと同じく左はしCから9cmのところに100gのおもりが，右はしAから9cmのところに200gのおもりがかかっているものと考えられます。

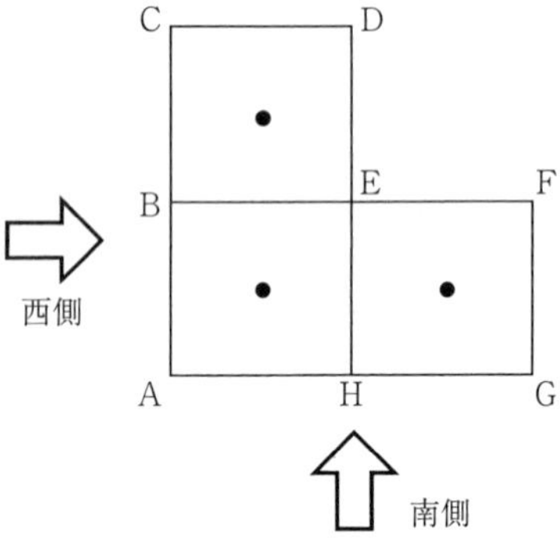

図6

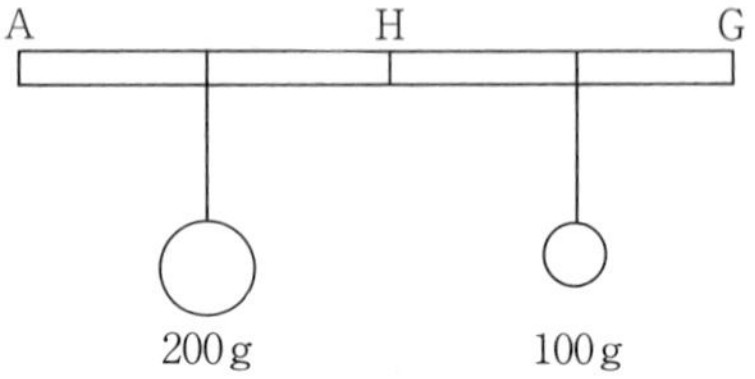

図7　南側から見た場合

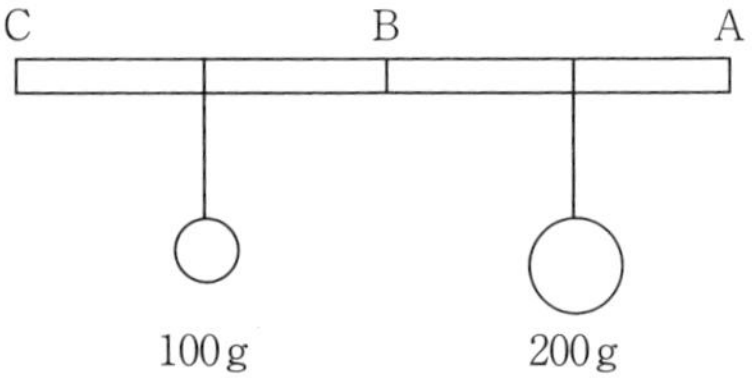

図8　西側から見た場合

(4)　板を図7のように南側から見た場合，重心は点Aから右に何cmの位置になると考えられますか。

(5)　板を図8のように西側から見た場合も(4)と同じように考えることができます。この結果をもとに，上から見た組み合わせ板全体の重心の位置を「●印」で解答らんの図の中に書きこみなさい。

2　次のⅠ，Ⅱの問いに答えなさい。

Ⅰ　理科の実験では，さまざまな器具や薬品を使います。次の2つの器具について，あとの問いに答えなさい。

(1)　図1のビュレットという器具は，中に液体を入れ，下から流し出し，流し出した分の体積をはかるものです。図1はビーカーに塩酸を，ビュレットに水酸化ナトリウム水よう液を入れて，反応させる実験を示しています。図2は，水酸化ナトリウム水よう液を塩酸に加える前のビュレットの液面の様子です。

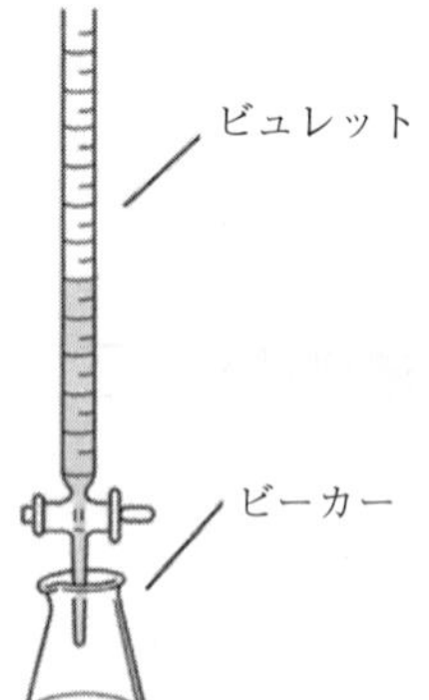

図1

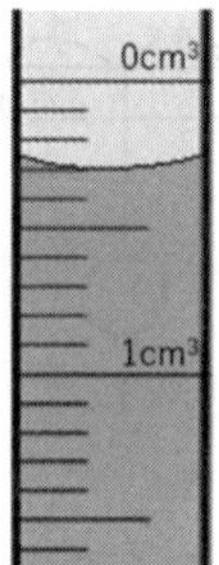

図2　加える前

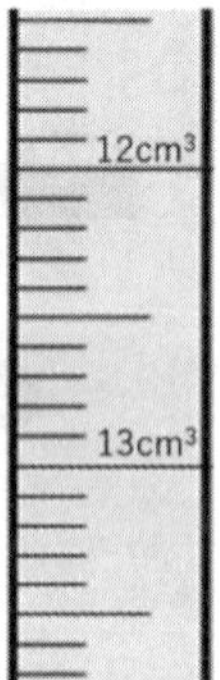

(下書き用)

水酸化ナトリウム水よう液を12.8cm³加えたとすると，水酸化ナトリウム水よう液を加えたあとの液面の様子はどのようになっているか，解答らんに書きなさい。

(2)　図3の上皿てんびんと，100g，50g，20g，10g，5g，2g，1gの分銅をそれぞれ2つずつ用意して，ある物質の重さをはかると，83gでした。上皿てんびんに4番目と7番目にのせた分銅は何gのものか，それぞれ答えなさい。

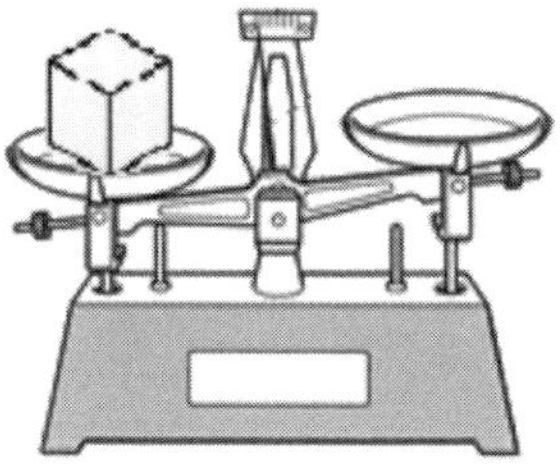

図3

Ⅱ　次の実験について，(3)〜(6)の問いに答えなさい。**ただし，答えが割り切れない場合は小数第2位を四捨五入して，小数第1位まで答えなさい**。

実験

5個の三角フラスコA，B，C，D，Eを用意し，それぞれの三角フラスコに石灰石の粉末をはかり取りました。はかり取った石灰石の粉末の重さは三角フラスコによって異なり，A：2.0g，B：4.0g，C：6.0g，D：8.0g，E：10.0gです。これらの三角フラスコに同じこさの塩酸20cm³を入れて，塩酸と十分に反応させました。

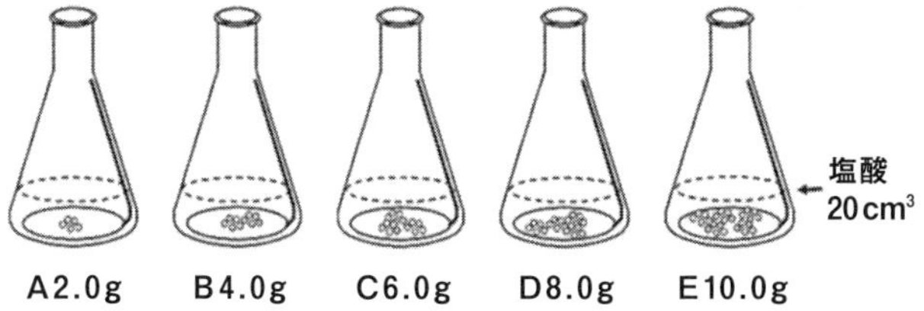

図4

それぞれの三角フラスコ全体の重さは，反応前より反応後のほうが減っていました。図5は，はかり取った石灰石の重さと減った重さとの関係を表しています。

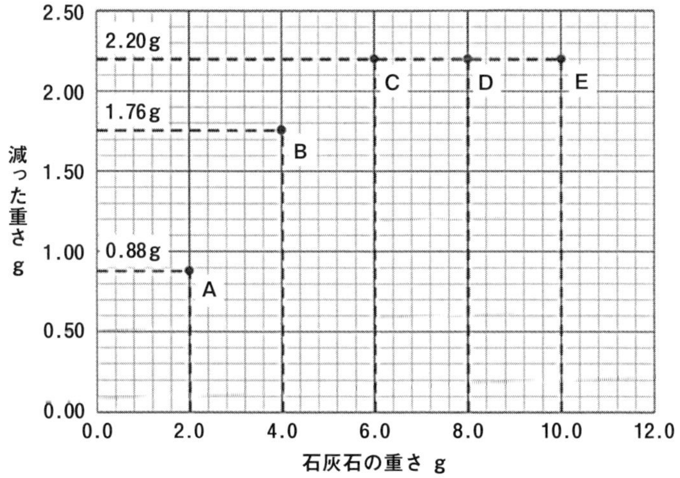

図5　石灰石の重さと減った重さとの関係

(3)　全体の重さはなぜ減ったのか，簡単に説明しなさい。

(4)　この塩酸20cm³とちょうど反応する石灰石は何gになりますか。

(5)　この塩酸 50 cm^3 に石灰石 15 g を加えると，全体の重さは何 g 減りますか。

(6)　(5)の操作のあと，三角フラスコも含めて全体の重さは何 g になりますか。ただし，三角フラスコの重さは 200 g で，塩酸 1 cm^3 は 1 g とします。

3　次の各問いに答えなさい。

(1)　トノサマガエルとヒキガエルについて観察しました。次の図１は卵とオタマジャクシの観察される時期，図２は卵の特ちょうを示したものです。ヒキガエルの観察時期と卵の特ちょうについて最も適するものを**ア**～**エ**から１つ選び，記号で答えなさい。

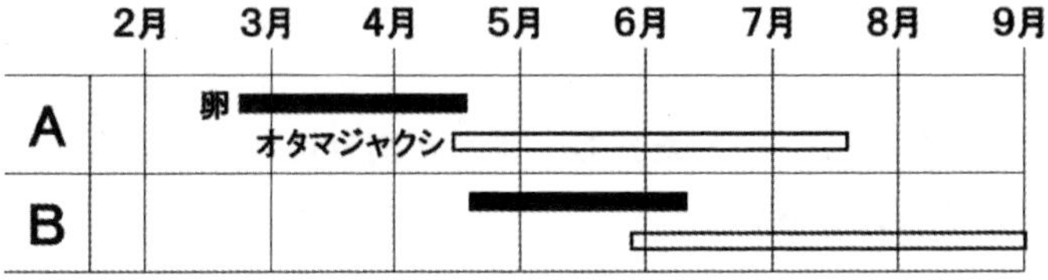

図１

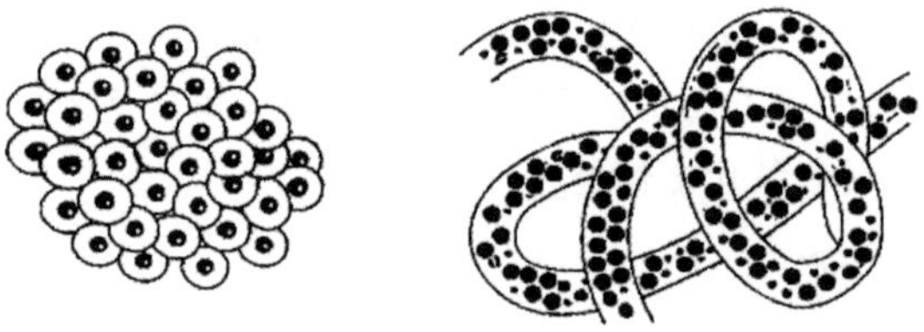

C　　D

図２

ア　ヒキガエルの観察時期はＡ，卵の特ちょうはＣ

イ　ヒキガエルの観察時期はＢ，卵の特ちょうはＤ

ウ　ヒキガエルの観察時期はＡ，卵の特ちょうはＤ

エ　ヒキガエルの観察時期はＢ，卵の特ちょうはＣ

(2)　カエルの神経と筋肉に信号が伝わるようすを調べるため，図３のようにカエルの足のふくらはぎの筋肉とこれにつながる神経を取り出して実験を行いました。なお，１ミリ秒は1000分の１秒です。また，同じ神経を信号が伝わる速さは一定です。

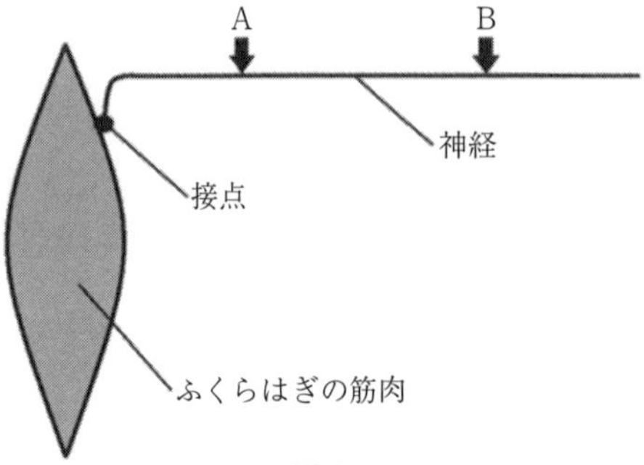

図３

実験

筋肉と神経の接点から 20 mm はなれたＡ点を刺激すると23ミリ秒後に筋肉が最も収縮しました。また，接点から 60 mm はなれたＢ点を刺激すると25ミリ秒後に筋肉が最も収縮しました。図4は刺激したときを0ミリ秒として，A点を刺激したときのようすを実線(――――)で，また，B点を刺激したときのようすを点線(-----)でグラフにしたものです。

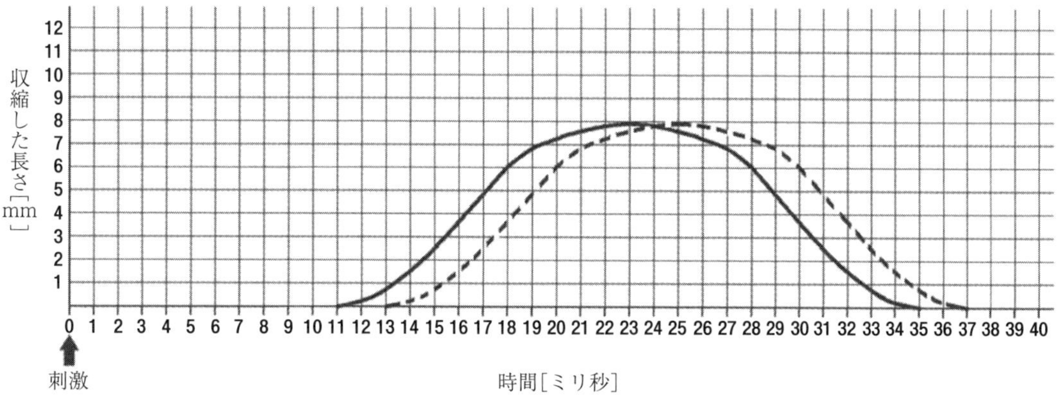

図4

この実験について，下の①～③の問いに答えなさい。

① A点を刺激したとき筋肉が収縮しはじめるまで何ミリ秒かかりますか。

② この実験から，カエルの神経を信号が伝わる速さはどのくらいですか。**ただし，単位はm/秒で答えなさい**。

③ ①と②から，刺激の信号が神経と筋肉の接点に伝わった後，筋肉が収縮しはじめるまでに時間がかかることが分かります。その時間は何ミリ秒と考えられますか。

(3) 植物の種のつくりについて，次の①～④において，有はいにゅう種子どうしの組み合わせとして正しいものは**ア**，無はいにゅう種子どうしの組み合わせとして正しいものは**イ**，有はいにゅう種子と無はいにゅう種子の組み合わせとなっているものは**ウ**，と答えなさい。ただし，同じ記号を何度使ってもよいものとします。

① アブラナ，エンドウ　　② トウモロコシ，カキ

③ イネ，ダイズ　　④ アサガオ，クリ

(4) いろいろな植物について葉のつき方を調べたところ，下の図5のA～Dのような規則性があることが分かりました。なお，図中の0，1，2，3，…の数字は葉のついている節(ふし)の位置の順番を茎の下から上に示したものです。

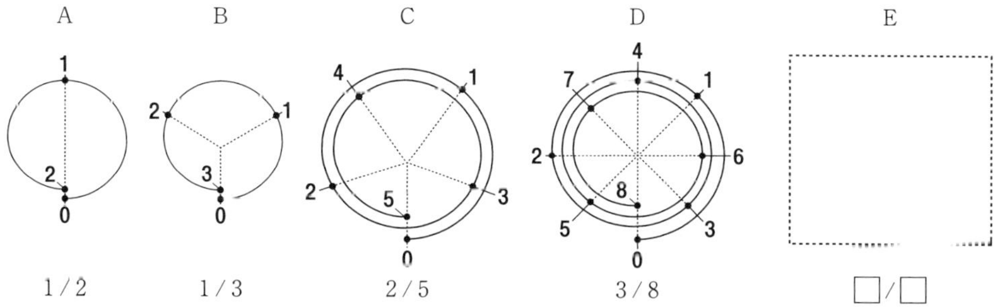

図5

Aは，茎のまわりを1周するまでに2枚の葉をつける(1/2)，Bは，茎のまわりを1周するまでに3枚の葉をつける(1/3)，Cは，茎のまわりを2周するまでに5枚の葉をつける(2/5)，Dは，茎のまわりを3周するまでに8枚の葉をつける(3/8)。

以上のように葉のつき方には規則性が見られます。また，この規則性は，ヒマワリの花の種子の並び方や松ぼっくりのカサの形など，生物のさまざまなもので観察されることが知られています。もし，この規則性の順に考えたとき，Eはどのような葉のつき方になると考えられますか。図にならって□/□という形で答えなさい。

(5) 右の図6は，ヒマワリの葉のつき方を上から見たようすをスケッチしたものです。このような葉のつき方には，植物が生きていく上で役に立つどのような特ちょうがありますか。1行ほどで簡単にまとめ，答えなさい。

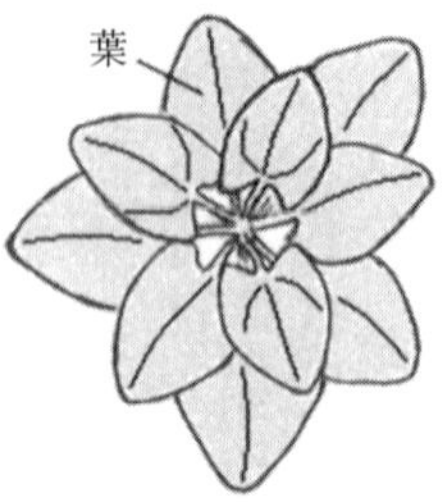

図6

4 次は，先生とボスコくんの対話文です。文章を読み，あとの問いに答えなさい。

先　生：ボスコくん。今年度の夏休みはどうでしたか？

ボスコ：今年度の夏休みはとても暑かったです。やっぱり(あ)地球温暖化の影響《えいきょう》ですか？

先　生：たしかにその影響も一部あるかもしれません。ですが，(い)高気圧の発達や，ボスコくんの住んでいる横浜市のような都心部では(う)ヒートアイランド現象などほかの要因もあって気温が高くなっていると考えられているようです。ただ，図1のデータが示すように，地球温暖化の原因の1つと考えられている二酸化炭素は増加傾向にあるようですね。

ボスコ：なるほど。今年はほかにも雨がとても多く降って，(え)河川がはんらんすることもありました。これも高い気温と関係があったのですか？

先　生：気温が高くなると空気中に水蒸気が多く存在することができるようになるので，水分をたくさん含んだ雲がつくられるのが1つの要因です。今年度の雨とそれに伴う災害は令和2年7月豪雨と呼ばれていて，観測史上最長の期間の雨だったようですね。

ボスコ：なるほど。天候はさまざまな要因が組み合わさることで決まっているのですね。

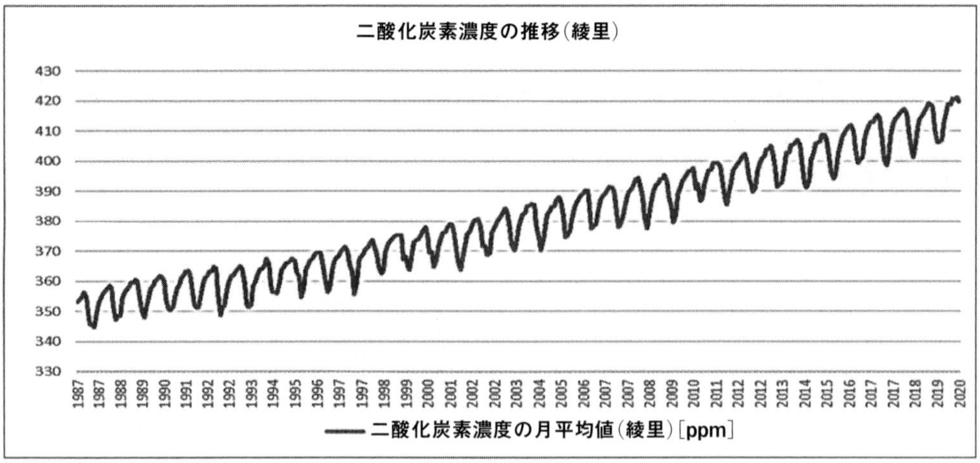

図1

気象庁「二酸化炭素濃度の観測結果(綾里)」を加工して作成

(1) 下線部(あ)と図1について，以下の問いに答えなさい。

① 温暖化の原因と考えられている気体をまとめて何と呼ぶか答えなさい。

② 図1のグラフは岩手県大船渡市の綾里での二酸化炭素の濃度の変化を示したグラフです。

このグラフから二酸化炭素は全体的に増加していますが，１年間の中では増減をしていることが分かります。このような変化を示す理由は以下のように説明できます。文中の空欄を埋めるものとして適切な言葉を入れなさい。

説明：夏は気温が高く，光が強いため（ **ア** ）が盛んに行われる。そのため，二酸化炭素の濃度は減少する。それに対して，冬は気温が低いため，葉を落とす木が多くあり，（ **ア** ）よりも（ **イ** ）が盛んなため二酸化炭素の濃度は増加する。

③　①の気体の１つとして，二酸化炭素が挙げられます。しかし，二酸化炭素がすべてなくなってしまうと，生物にとって生きていくうえで問題が生じてしまいます。どのような問題が生じてしまうかその内容と理由を30字から40字で答えなさい。

(2)　下線部(い)について，以下の問いに答えなさい。

①　あとの図２は今年度のある日の日本付近の天気図です。この天気図の日付として最も適当なものを次の**ア**～**エ**から記号で答えなさい。

ア　１月１日

イ　４月７日

ウ　７月11日

エ　12月10日

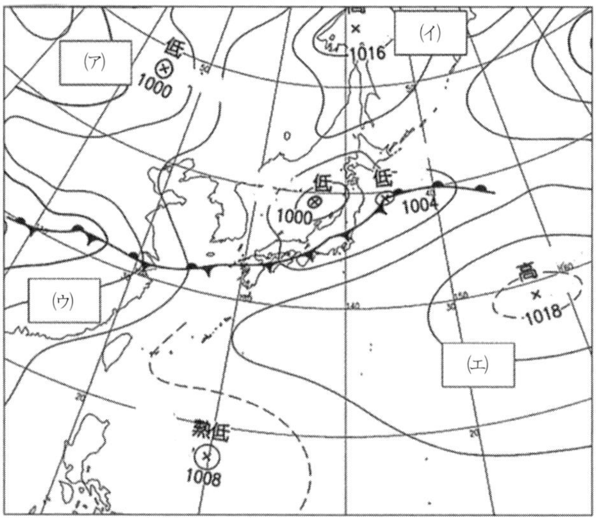

図２　気象庁「過去の天気図（１日表示）」を加工して作成

②　図中の(ア)～(エ)は気団の位置関係を表しています。(イ)の位置にある気団の名前を答えなさい。

(3)　下線部(う)のヒートアイランド現象による気温の変化に関連して，誤っているものを次の**ア**～**エ**から記号で答えなさい。

ア　エアコンから排《はい》出される熱が周囲の気温を上げている。

イ　アスファルトは熱を吸収しやすいため，土よりも気温が上がりにくい。

ウ　車からの排気ガスなどは熱も排出しているため，気温を上昇《しょう》させる。

エ　森林が多い場所は水分が多いため，気温の上昇が抑《おさ》えられる。

(4)　下線部(え)に関して，雨量の増加と河川のはんらんについて，以下の問いに答えなさい。

①　流水のはたらきに関して，図３のような川では内側と外側のどちらの流れの速さが速いか，また，川の外側での流水の作用として正しいものを次の**ア**～**エ**から選びなさい。

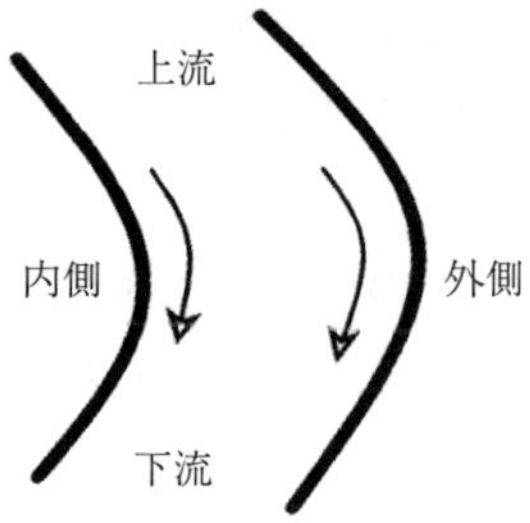

図3

	流れが速い方	川の外側の作用
ア	内側	侵《しん》食作用
イ	外側	侵食作用
ウ	内側	堆《たい》積作用
エ	外側	堆積作用

② 川が雨によって増水すると，蛇《だ》行している川の流れる場所が変化することがあります。これによってつくられた水がせき止められてたまった地形を何と呼ぶか答えなさい。

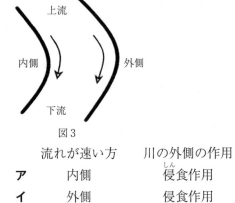

オ　「みゆき先生の首が、メトロノームのように規則的に左右に動く」などのいん喩《ゆ》（暗喩）表現がところどころに使われることによってテンポのよい場面展開がなされている。

カ　子供の時の「スカート事件」以来、わたしはかわいいという言葉や女の子っぽい服装には嫌《けん》悪《お》感《かん》があり、ウェディングドレスは絶対に着たくないと思っている。

イ　雨が降っている中、ほかの友達は家の人が車で迎えに来てくれるのに、私は一人で帰らなければならないために母を恨《うら》んでいる。

ウ　おなかが痛いのに自分一人で帰らなければならない心細さを事務のお姉さんにわかってもらいたくて同情してくれるように演技している。

エ　おなかが痛いのに母は夜勤で迎えに来てもらえないことに加えて雨まで降っており、これから一人で帰らなければならない自分の不運を嘆《なげ》いている。

問二　――線②「やさしいなあ、松岡さんは。生徒が心配なんやね」とありますが、この時のみゆき先生の気持ちとして**適切でないもの**を次の中から一つ選び、記号で答えよ。

ア　皮肉　　イ　いじわる　　ウ　感心　　エ　いやみ

問三　――線③「熱のこもらない返事」とありますが、それはどのような返事ですか。その説明として最も適切なものを次の中から一つ選び、記号で答えなさい。

ア　弟が本当にドレスを作れるのかという疑問が表れたもの。

イ　弟がドレスを作れはしないだろうというあきらめが表れたもの。

ウ　実力のない弟には作れるはずがないという思いが表れたもの。

エ　弟のスケッチに特に何も期待していない気持ちが表れたもの。

問四　――線④「こんなん、割烹着や！」とありますが、この時の清澄の気持ちとして最も適切なものを一つ選び、記号で答えなさい。

ア　姉のデザインには姉の優しさがあるが、お嫁さんが結婚式で着る服としてはみっともないもので受け入れられない。

イ　姉のデザインは学校給食の当番を想像させるもので、自分を侮辱するものだから受け入れられない。

ウ　姉のデザインは日常的すぎるもので、おめでたい日に着るドレスとはほど遠く、受け入れられない。

エ　姉のデザインは、おめでたい結婚式では新郎新婦が不釣り合いなものとなるから受け入れられない。

問五　――線⑤「スカート切られとる」とありますが、わたしは祖母のある言葉に救われました。その言葉の最初の五字を地の文から抜き出しなさい。

問六　――線⑥「わたしがもう変わってしまったこと」とありますが、どのように変わったのですか。「以前は～、今は～」という形で、三十字以上四十字以内で説明しなさい。

問七　文中で私が回想している場面があります。回想が始まる箇所を――線④より後の段落から探して、その最初の五字を抜き出しなさい。

問八　本文について説明したものとして適切なものを次の中から二つ選び、記号で答えなさい。

ア　祖母の申し出に対して、学校の先生が「怪我がなくってよかった」と答えたのは生徒の無事を思ったものではなく、学校の体面を保つためだったといえる。

イ　父のプレゼントをわたしが叩きつけたのは、そのプレゼントが女の子らしいかわいいデザインであり、「スカート事件」を思い出させたからである。

ウ　弟が姉のウェディングドレス作りに夢中になっているのは、父と母が離婚したことで不幸せになっている姉を喜ばそうと思っていたからである。

エ　みゆき先生が帰宅する生徒にテキパキと対応している姿を見るとわたしはどうしても反論したくなるが、あいにく言い返せるだけの言葉を持たずにいる。

た父が玄関先でひどく居心地悪そうにマフラーに鼻先を埋《うず》めていたことを覚えている。

「これ、プレゼント」

包装紙もリボンもなく、茶色い紙袋に、それでもきちんと折《お》り畳《たた》まれて水色のワンピースが入っていた。タグもなにもついていないワンピース。父が自分で縫《ぬ》ったのだ、とすぐにわかった。

傍《かたわ》らでは清澄が同じような紙袋を受けとっていた。なかみも覚えている。青色の手提げだ。※帆布《はんぷ》のような布地で、なんの飾りもついていない。おそらくあれも父のお手製だったのだろう。通園バッグに、とでも思ったのかもしれないが、受けとった清澄は浮かない顔をしていた。無理もない。そんなものを受けとって喜ぶ五歳の子どもはいない。

「な、どうかな、水青《みお》」

水玉模様かと思ったその柄《がら》は、よく見ると雫《しずく》のかたちをしていた。生地をたっぷり使ったスカートの部分が、持ち上げると空気をはらんでぷわんとふくらんだ。

「いらん」

え、と呟《つぶや》いてその場に突っ立ったままの父を見ていると、大声で喚《わめ》いてやりたくなった。すこし前なら、きっと喜んだ。喜ぶことができた。かわいい服、お父さんありがとう、と笑えた。でも今は違う。この服を喜べなくなった理由を、この人は知らない。だって家にいないから。わたしたちのそばにいないから。⑥わたしがもう変わってしまったことを、父は知らない。

「ぜったい、着たくない」

ワンピースを床に叩《たた》きつけて、そのまま自分の部屋に閉じこもった。ばたばたと廊下を駆けてくる足音と、母が「とりあえず、帰って」と言うのが聞こえた。

なあ、お父さんまた来る？　次いつ来る？　清澄が訊《たず》ねているのも聞こえてきた。頭から布団をかぶって耳をふさいだから、それに対する父の返事は知らない。

かわいい、と誰かに言われると、今でもすこし耳の奥がざわざわとする。その言葉に濁《にご》ったものが含《ふく》まれてはいないか、疑ってしまう。たとえば子どものスカートを切りつけたいというような欲望。仄暗《ほのぐら》いもの。悪意。ざわめきの中で必死に耳を澄まして聞き取ろうとする。かわいいってどういう意味？　どういう意味で言ってるの？

フジエさんは、ぶじに帰れただろうか。せめて傘を貸せばよかった。寝返りを打って、暗闇《くらやみ》に目を凝《こ》らす。見慣れた家具の輪郭《りんかく》だけが、そこにある。

（寺地はるな『水を縫《ぬ》う』〈集英社〉による）

〈注〉
※おもねる…気に入られようとする。
※頓狂な…場にそぐわない調子外れな。
※一瞥…ちらりと見る。
※鬱々と…心が晴れ晴れしないようす。
※反芻…繰り返すこと。
※ギャザー…細かなひだ。
※オーガンジー…薄手の軽くて透明な絹（綿）織物。
※父…服飾《ふくしょく》関係の仕事をしていた。母とは離婚している。
※帆布…帆《ほ》に使う丈夫な布。麻または木綿《もめん》で作る。

問一　――線①「今日お母さん迎えに来てないし、最悪」とありますが、この時のフジエさんの気持ちを表したものとして最も適切なものを次の中から一つ選び、記号で答えなさい。

ア　おなかが痛いのを我慢して一人で帰らなければならないが、せめて事務のお姉さんが大丈夫なのと声をかけてくれないかと期待している。

の「わからない」という気持ちをぶつけられて、やっぱりひとことも返すことができなかった。

男だから、理解できない。どうしても、そう思ってしまう。口を開く前に、言葉を尽くす前に、あきらめてしまう。

「男だから」ではないかもしれない。他人だから。

布団にもぐりこむと、しっかり乾《かわ》かしたはずの髪《かみ》が、まだすこしだけ湿《しめ》っているように感じられた。このまま寝るとたぶん寝ぐせがついてしまうけど、また洗面所に戻《もど》る気力がない。

どうしてこんなに疲れているのかわからない。今がいちばん幸せな時でしょう、といろんな人に言われるのに。言われるからこそなのかもしれない。今がいちばんだったら、これからはそうではなくなるのかと勘《かん》ぐってしまう。

なにがそんなに嫌なん。清澄の声がまたよみがえってくる。

小学六年生だった。ちょうどフジエさんと同じ年の頃。

塾の帰りで、あたりはもう暗かった。夏の夕方はいつまでも明るかったのにあっというまに夜になるんだな、とびっくりしたことを覚えているから、あれは秋のできごとだ。

その男が道路の向こう側から歩いてきた時、最初は父かと思った。背格好がよく似ていたから。違うと気づいた時にはもう、目の前に迫《せま》ってきていた。

反射的に踵《きびす》を返して駆《か》け出した。ちょっと待って、ちょっと待って。男の声は笑っているようだった。笑いながら、追いかけてきた。子どもの足に追いつくことなど造作もないと言いたげに、余裕たっぷりにへらへらと笑っていた。

叫びたかったけれども、声が出なかった。ひいひいという息が漏《も》れただけだ。しゃっという音が聞こえて、男はそのままわたしを追い越して走っていった。去り際に「かわいいね」と言い残して。

かわいいね。べっとりとはりつくような声が、不快感とともに長く耳に残った。

走って家に帰ったわたしを出迎えたのは祖母だった。

⑤「スカート切られとる」

祖母に言われてはじめて気づいた。あの時聞こえた「しゃっ」という音は、カッターかなにかでスカートを切りつけられた音だった。※ギャザーをたっぷりと寄せたスカートに※オーガンジーをかぶせたボリュームのあるデザインで、だから肌《はだ》には届かなかったらしく、怪《け》我《が》はせずに済んだ。あの頃のわたしは、そういう服ばかり着ていた。

しんどいかもしれんけど、ちゃんと話してや。祖母にそう説得されて、その日のうちに警察に行った。

翌日、学校に報告に来たのも祖母だった。担任は男の先生だった。同席した教頭も。切られたスカートを見るなり、ふたりは「ひらひらしとるなあ」「オンナノコオンナノコした服やから、目立ってたんちゃうか」と言い合った。ひらひらしているから狙《ねら》われたのだというふうに聞こえた。

「松岡さん、べつに身体に触《さわ》られたりはしてへんのやろ。まだよかったやないか」

「よくありません」

祖母の声が震えていた。そんなんでなぐさめたつもりにならんといてください、他人の傷を軽視してるだけです、と祖母がきっぱり言ってくれなければ、わたしはもっと長いあいだ、苦しみ続けただろう。

卒業までずっと、その担任の顔を見るのが嫌だった。もうスカートははきたくなかった。スカートが気になると、他のものも気になってきた。たとえばブラウスについているレース、靴下の色、髪の長さ。かわいい、のは嫌だ。「オンナノコオンナノコした」かっこうは。

その年のクリスマス近くに、※父が家に来た。「養育費」を持参ししの姿は、大人に叱《しか》られている子どものように見える。

台所のテーブルで、清澄はスケッチブックに覆《おお》いかぶさるようにして絵を描《か》いていた。ずいぶん集中しているらしく「ただいま」と声をかけても反応がない。

居間の電気は消されていた。祖母も母ももう寝たのだろう。正面の椅子《いす》に腰かけて、鉛筆を走らせる清澄をしばらく観察した。顔が紙に近過ぎて、絵を描いているというよりはスケッチブックの匂いを嗅《か》いでいるように見える。

ふしぎな子だ。あらためてそう思わずにいられない。だって、父にも母にも似ていない。意志の強そうな直線的な眉《まゆ》と、色素の薄い茶色の瞳《ひとみ》。話していると時々、きまり悪くなる。あまりにもまっすぐにこっちを見るから。

（中略）

流しに手をついた清澄が、そわそわとこちらを窺《うかが》っていた。

「なに？」

「スケッチブック。はやく見て」

「ああ」と「うん」の中間のような、③熱のこもらない返事をしてしまった。

四隅《よすみ》がくったりと白く折れた表紙を開くと、マーメイドラインのドレスが描かれていた。身体にぴったりと沿うシルエット。肩《かた》ひもはなく、胸のあたりに矢印つきで「リボン刺繍《ししゅう》を入れる」と注意書きがしてある。

肌《はだ》の露出が多過ぎる。こめかみを押さえつつ、頁《ページ》をめくる。次のドレスはスカート部分がぼわんと大きく膨《ふく》らんでいた。この子は「シンプル」というわたしの要望を聞いていなかったのだろうか？

「どう？」

「ディズニーのプリンセスみたい」

「そう？　どのプリンセス？」

プリンセスはプリンセスだ。どの、と言われても困る。

「……この、ウエストのとこについてるでっかいリボンはなに？」

「リボンはリボンやろ。飾《かざ》りや」

「シンプルなやつにしてって言うたやん」

「シンプルやんか、ウェディングドレスとしては」

胸元が開き過ぎてる。ドレスってこんなもんやろ。わたしこんなん着たないわ。問答のすえに、清澄がおおげさなため息をつきながらスケッチブックを押しやった。鉛筆を転がしてから、頬《ほお》をふくらませる。

「ほんなら、どんなんやったらええんか、ちょっと描いてみてよ」

絵は得意ではない。どんなにがんばっても、音楽と美術の成績は「3」だった。しかしこのままでは、本意ではないドレスを着せられてしまう。

「長袖《ながそで》で、あんまり身体の線が出なくて、それで丈《たけ》は、長すぎても短すぎても嫌《いや》……」

「ドレスちゃうやん！」

わたしがスケッチブックの端に描いた絵を※一瞥《いちべつ》して、清澄が叫んだ。

④「こんなん、割烹着《かっぽうぎ》や！」

もういっそ、ほんとうに割烹着でいいのかもしれない。色も白だし。そんなことを※鬱々《うつうつ》と考えながら、顎《あご》まで湯につかった。浴室の壁のタイルのひび割れを見つめながら、清澄の言葉を※反芻《はんすう》する。

「ドレス着ることの、なにがそんなに嫌なん。ぜんぜんわからへんわ」

責めるつもりで言っているのではないようだった。まじりっけなしがまた降りはじめたらしく、行き交う車のライトが滲《にじ》んで見えた。

　イワシやアジの群れを思わせる一群が去った後に、足をひきずるようにしてフジエさんが廊下《ろうか》を歩いてくる。彼女もまた、テストの結果についてなぜか毎回わたしに報告してくる生徒だった。

　今日はめずらしく無言のまま、伏し目がちにカウンターの前を通り過ぎる。おつかれさま、と声をかけると、のろのろと顔を上げた。

「お腹痛くて」

　フジエさんは脇腹のあたりをさすっている。

「それはしんどいな」

　重々しく頷《うなず》くフジエさんの顔には、生活に疲《つか》れた中年女性のような翳《かげ》りがある。他の子に「フジエさん、フジエさん」と呼ばれていたので、古風な名前だな、と思っていたら後から名字だとわかった。

①「今日お母さん迎えに来てないし、最悪」

　さ、い、あ、く。一音ずつ区切られた言葉が、ぼとぼとと床《ゆか》に落ちた。

「ちょっとちょっと、ちょっと待って」

　呼び止める声がみっともなく裏返った。

「どうすんの？　まさかひとりで帰るの？」

「そらそうやん。お母さん、今日は夜勤やねんて。しょうがない」

「あぶないから、誰かお友だちと一緒に帰ったら？」

「もうみんな先に帰った」

　フジエさんはガラス戸を押す。その手を摑《つか》んで、あかん、あかんって、と繰り返す。ひとりで帰すわけにはいかない。

「ひとりはあぶないから、ほんとに」

　ちょっとー、なんのさわぎー？　背後でみゆき先生の声がする。コツコツという靴音《くつおと》が近づいてきた。

「フジエさんがお迎えなしで、ひとりで帰るって言うから」

　みゆき先生は、わたしとフジエさんを交互《こうご》に眺《なが》める。時間にしてほんの三、四秒程度だったかもしれないが、もっと長く感じた。檻《おり》から放たれた虎《とら》に鼻先を近づけられているような気分だ。

「あ、そう」

　で？　それのなにが問題なん？　で？　なにが？　で？　なにが？

　みゆき先生の首が、メトロノームのように規則的に左右に動く。

「だって、あぶないから……」

「あぶないかもしれんけど、もう小六やんな、フジエさん」

「はい」

「車に気をつけて帰ってね。さようなら」

　これでこの話はおしまい、とばかりに、みゆき先生は音高く手を打ち鳴らす。反論の言葉をさがしているうちに、フジエさんはさっさと外に出ていってしまった。

②「やさしいなあ、松岡さんは。生徒が心配なんやね」

　ヤッサシイナア！　というような、※頓狂《とんきょう》な言いかただった。

「でもどうするつもりやったん？　家まで送っていくとか？　それかタクシー呼んであげるとか？　なあ、あんたひとりで帰る子見つけるたびにああやって騒《さわ》いでんの、いつも」

「いえ、そういうわけでは……」

　なあ、松岡さん。声を落として、みゆき先生が腕を組む。塾に通う子ならば、ひとりで帰るという状況に慣れておく必要がある、と説くみゆき先生の言っていることは、まちがっている。でもどこがどうまちがっているか、指摘するための言葉が出てこない。頭の中で文章を組み立てられない。わたしはもしかして頭の回転が遅《おそ》いのだろうか。

「無責任に親切ふりまくほうが、不親切な結果になることもあるのよ？」

　そんなんやなくて、と言い返す声が掠《かす》れた。ガラス戸にうつるわた号で答えなさい。
ア　山は神聖な空間であり、世間一般《いっぱん》の人々が生活する場所とは対極的な存在だから。
イ　山は多くの人々が生活する空間とは異なり、日常から離脱《りだつ》した特殊《とくしゅ》な世界だから。
ウ　山は反社会や無頼《ぶらい》を気取ったような、独特な雰囲気《ふんいき》を持つ人が訪れる空間だから。
エ　山は世間の延長線上にはあるが、足を踏《ふ》み入《い》れるためには専門知識が必要だから。

問五　――線②「弾丸登山」とありますが、ここでいう「弾丸登山」とはどのような行動ですか。十五字以上二十字以内でわかりやすく説明しなさい。

問六　――線③「登山において重要になってくるのは～その瞬間における個人の判断である」とありますが、それはなぜですか。次の中から最も適切なものを一つ選び、記号で答えなさい。
ア　登山は社会の管理から離脱して、山のルールに従って登るレクリエーションやスポーツと同じ運動行為そのものだから。
イ　自然が主導権を握《にぎ》る登山では人間社会のルールは役に立たないため、状況《じょうきょう》に応じて臨機応変に対処する必要があるから。
ウ　山に登る行為《こうい》は社会から離《はな》れて自由を楽しむことができる反面、危険な行動に対して責任を取らなければならないから。
エ　登山という不安定な状況の中では、文明社会が作り上げたルールや知識ではすべてに対処することなどはできないから。

問七　――線④「きわめて苦しくてシビアなものなのである」とありますが、筆者はなぜそのように考えるのですか。次の中から最も適切なものを一つ選び、記号で答えなさい。
ア　登山では社会に束縛《そくばく》されるようなことはないものの、自分の命や行動に対して一人で責任を負わなければならないから。
イ　社会の管理が及《およ》ばない登山では自由気ままに行動することはできず、また判断を誤っても誰《だれ》も責任を取ってはくれないから。
ウ　厳しい自然環境《かんきょう》の中で行動する登山では、たとえ自分の命に危険が迫《せま》ったとしても登頂することをあきらめる自由がないから。
エ　自然環境に応じて行動する登山では、未知なる世界を経験できる自由の代わりに居心地の良さを犠牲《ぎせい》にする必要があるから。

問八　――線⑤「人間社会の枠組みの内側にある単なる地形上のでっぱりに変質してしまった」とありますが、それはどういうことですか。「現在の富士山は」という語句に続けて、四十字以上五十字以内でわかりやすく説明しなさい。ただし、〈自由〉・〈日常〉という二つの語を必ず使用すること。

四

次の文章では、弟の清澄《きよずみ》は、まもなく結婚する「わたし」（水《み》青《お》）のためにウェディングドレスを作るといいますが、「わたし」はドレスを着たいとはあまり思ってはいません。以下を読み、後の問いに答えなさい。

授業を終えた小学生たちは、一様に疲れた顔をしている。講師ではないわたしが彼《かれ》らと直接かかわる機会はあまりない。それでもたまに、やたらと事務室のスタッフに話しかけてくる生徒がいる。カウンターに寄りかかり、※おもねるような上目づかいでテストの結果が悪かったとか今日の夕飯はとんかつだとか、報告してくるのだ。

（中略）

教室の扉が開いて、中学受験コースの生徒が一斉《いっせい》に出てきた。この時間、塾《じゅく》の前の通りには迎えの車がずらりと並ぶ。いったん止んだ雨で欠かせないキーワードである。自由をまったく感じることのできない登山は、たとえ山に登っていても登山とは呼べない。私はさきほど山というのは世間と対極的な関係にあると書いたが、それは登山が社会の枠組みの外側で、自らの責任において展開される自由な行為であるという意味である。登山とは厳密にいうと〈自由＝自力＝自己責任〉の原則が適用されている行為のことであり、単に歩いて山頂に立てばいいというものではない。

ところが、弾丸登山の自粛呼びかけや入山料の徴収が本格的に行われている現在の富士山では、こうした自由や自力、自己責任といった登山の原則からは大きくかけ離れた状況が現出している。弾丸登山というのは夜を徹《てっ》して富士山に登ることのようであるが、それがたとえどのような登り方であれ、人によって体力がある人もいればない人もいるのだから登る速度や登り方が変わるのは当たり前だし、それ以前にどのような登り方をしようとそれは当人の自由なわけで、そんなことを他人からとやかく言われる筋合いは本来はないはずだ。

だが、現実として今の富士山はこうした不自由な規則を運用しなければならない状況になっている。それは富士山という山がもはや人間界の外側の荒々しい自然に※屹立《きつりつ》する未知なる存在ではなく、⑤人間社会の枠組みの内側にある単なる地形上のでっぱりに変質してしまったからである。だから夏の富士山に登っても、それは厳密な意味での登山ではなく、管理された世界の内側で行われる、山を舞台《ぶたい》にした単なる運動行為にすぎないということになる。

（角幡唯介《かくはたゆうすけ》『旅人の表現術』〈集英社文庫〉による）

〈注〉※ワンゲル部…ワンダーフォーゲル部の略称《りゃくしょう》。野外活動をするクラブ。
※山ヤ…登山愛好家。
※範疇…同じ種類のものの範囲《はんい》。カテゴリー。
※無頼…職業に就《つ》かず、無法な行いをする人。
※混沌…すべてが入り混じって区別がつかないさま。カオス。
※マニュアル…手引き。取《と》り扱《あつか》い説明書。
※ダイレクト…直接。
※シビア…非常にきびしいさま。
※屹立する…山などが高くそびえ立つこと。

問一 ＝線「ような」と意味・用法が同じものを次の中から一つ選び、記号で答えなさい。
ア 受験の季節になり、風邪《かぜ》が流行《はや》っているようだ。
イ 秋葉原のような電気街は、世界でもめずらしい。
ウ 合格した彼《かれ》は、鬼《おに》の首を取ったように自慢《じまん》した。
エ 明け方起きるように目覚まし時計をセットした。

問二 空欄 X にあてはまる語句として最も適切なものを次の中から一つ選び、記号で答えなさい。
ア 夏の混雑した富士山
イ 安全で快適な富士山
ウ バス旅の手軽な富士山
エ 厳冬期の孤独《こどく》な富士山

問三 各空欄 Ⅰ ～ Ⅲ に入る接続詞として、最も適切な組み合わせを次の中から一つ選び、記号で答えなさい。
ア Ⅰ ところが Ⅱ しかし Ⅲ むしろ
イ Ⅰ だから Ⅱ 要するに Ⅲ ところが
ウ Ⅰ だから Ⅱ しかし Ⅲ 要するに
エ Ⅰ ところが Ⅱ 要するに Ⅲ むしろ

問四 ――線①「山と世間を分けて捉える彼らの見方には、たしかに一理あったのかもしれない」とありますが、筆者がそのように考えたのはなぜですか。次の中から最も適切なものを一つ選び、記

[Ⅱ]、現在の富士山には世間があるのである。これまで私は山というのは特殊《とくしゅ》な世界だと思っていた。山と世間はいろいろな意味で対極的な関係にある。昔の登山者のなかには山の下の人間社会のことを〈下界〉と呼ぶ人が多く、その下界という言い方が、私にはなんだか山を特別視するようなニュアンスが感じられて嫌《きら》いだったのだが、しかし、今考えると①山と世間を分けて捉《とら》える彼《かれ》らの見方には、たしかに一理あったのかもしれない。

本来の登山には、世間や日常から非日常に足を踏み入れるという、単なるスポーツの※範疇《はんちゅう》をこえた意味がある。山に登ることは、日常から一時的に離脱《りだつ》することだ。昔の登山者が反社会や※無頼《ぶらい》を気取ったような雰囲気を身にまとっていたのは、そのためである。ところが夏の富士山にはそうした日常からの離脱といった空気は一切流れていない。[Ⅲ]、そこにあるのは日常の延長そのものである。

いったいこれは何を意味しているのだろう。

②富士山が世界文化遺産に登録されたことに伴《ともな》って、二〇一四年六月、弾丸《だんがん》登山を自粛《じしゅく》する呼びかけや入山料の本格的な徴収《ちょうしゅう》が始まったとのニュースを新聞で読んだが、こうした一連の努力は、その善し悪《あ》しはともかく、登山の本来の姿からはかけ離《はな》れた、きわめて〝非登山的〟な試みであるという点で興味深かった。

もともと山とは、人間にとっては荒々《あらあら》しい自然の象徴《しょうちょう》である。自然とは人間が生活する社会や文明の外側にのびる広大な領域のことであり、そこには人間の制御《せいぎょ》やコントロールがきかない恐ろしい世界がひろがっている。文明社会とは人間が決めた規則や人間白身に管理された内側の世界のことをさすので、文明にとどまりさえすれば人間は人間自身で主導権を握《にぎ》って暮らすことができるのだが、しかしひとたび文明社会から離れて自然のなかに足を踏み入れると、そこでは人間は生きる主導権を完全に自然に握られるので、いつなんどき死が訪れるかわからない不安定な状況下《じょうきょうか》で生きのびなければならない。山というのはそうした自然の※混沌《こんとん》を最も劇的に体験できる現場であり、その山に登る登山という行為《こうい》は、人間が主導権を握って生きることのできる枠組《わくぐ》み（＝人間界）の外側に飛びだして、未知の世界を経験するために敢《あ》えて実践《じっせん》される特殊な作法のことだと理解してよい。

したがって登山とは本来、社会で適用されている規則やルールとは無縁《むえん》のものだった。山というものが人間の管理の外側に存在する以上、山でルールを決めるのは人間の側ではなく自然の側である。登山者は荒々しい自然にわが身を委《ゆだ》ね、そして自然の掟《おきて》にしたがってなんとか山に登るよりほかない。未知なる自然に一歩踏みだした以上、③登山において重要になってくるのは、あらかじめ定められた規則や※マニュアルや指南の類《たぐい》ではなく、現場での試行錯誤《しこうさくご》や経験にもとづいた想像力による対応といった、その時、その瞬間《しゅんかん》における個人の判断である。

また、山は人間界の外の、社会の管理の及《およ》ばない場所にあるのだから、そこを目指す登山もまた、社会の束縛《そくばく》の及ばない自由な行為であるはずだ。もちろん社会の管理から自主的に離脱する以上、登山者は原則的に他人の力は一切あてにできず、必ず自分の力で登って戻《もど》ってこなければならない。山に登る以上は完全に自分の責任のもとに判断を下し、その判断にもとづいて行動を組み立て、結果的にその判断が誤りだったときは※ダイレクトに自分の命に跳《は》ね返《かえ》ってくる。つまり、他者と切り離されているので束縛はないのだが、その分、自分の裁量で命を管理しなければならないのが、登山における自由なのだ。登山の自由とは、普段《ふだん》われわれが自由と聞いてイメージするような〈好き勝手ができて居心地《いごこち》がいい状態〉とは正反対の位置にある、④きわめて苦しくて※シビアなものなのである。

しかし、それがどれだけ苦しくても、自由と自力は登山を語るうえ

二〇二一年度
サレジオ学院中学校

【国　語】〈B試験〉（五〇分）〈満点：一〇〇点〉

◎問題で字数指定のあるものは、句読点・記号も一字に数えます。

一　次の――線を引いたカタカナの部分を漢字で書きなさい。

1　完成はシナンのわざだ。
2　勉強はイギ深い行動だ。
3　特別なクンレンを受ける。
4　ボウゴ服を着て出動する。
5　雨続きで野菜の値がハる。
6　新人賞のコウホに挙がる。
7　学校でショメイを集める。
8　ライオンの群れのジョレツ。
9　仕事のノウリツが向上する。
10　チョウレイ暮改の発言を正す。

二　次の――線を引いた漢字の部分の読み方をひらがなで書きなさい。

1　理路整然とした弁舌。
2　研究活動に精進する。
3　最後の場面は圧巻だ。
4　校長先生に談判した。
5　最後まで気力を奮う。

三　次の文章を読んで、後の問いに答えなさい。

登山として心に残っているのはもちろん三度目の冬富士で、日帰りであれだけどっしりとした手応《てごた》えを感じられる山はなかなかないので、時間が許せば今季も初冬の時期に登りに行きたいと思っている。だが、対象に関する興味という点では［ X ］にはかなわない。このときに私が登頂したのは、バスの時間の関係で、最も混雑する日の出の時間ではなく午後の早い時間帯だったが、それでも頂上付近では三十分ほどのプチ渋滞《じゅうたい》が発生していたし、頂上に出ると数えきれないほどの群集が手を振《ふ》ってはしゃいだり、大声で盛り上がったりしていて、そこにはどこか秋の日の運動会か、休日の郊外《こうがい》のショッピングモールのような、のんびりとした平和な雰囲気《ふんいき》が感じられた。

そして、これは私の思いこみのせいからかもしれないが、富士山の頂上で見かけた登山者は、通常のほかの山ですれちがう登山者とくらべて、たしかに登山者というよりもショッピングモールにいる買い物客に近いような雰囲気があった。以前は登山者というと中高年のグループか、若いのがいたとしても、それは大学の山岳部《さんがくぶ》や※ワンゲル部のような集団か、もしくはどこか世間となじめない空気を身にまとった、うす汚《ぎたな》くて口数の少なそうな、ちょっと暗い感じの人と相場が決まっていた。そして、それはなにも沢や岩や冬山といった、どっぷりと山の世界に肩《かた》まで浸《つ》かったいわゆる〈※山ヤ〉だけが足を踏《ふ》み入《い》れるディープな山に限った話ではなく、いわゆる夏山の一般登山道のような普通の登山者が足を踏み入れる山でもそういう感じはあったわけだ。［ I ］、夏の富士山はそれとは全然ちがった。富士山の頂上にいたのは学生っぽい仲の良さそうな若い友達のグループだったり、小さい子供のいる家族連れだったり、若い女の子の二人連れだったり、そういうこれまでの私の常識を覆《くつがえ》す登山者層が半数以上を占《し》めていたのである。

2021年度

サレジオ学院中学校 ▶解説と解答

算　数　＜B試験＞（50分）＜満点：100点＞

解　答

1 (1) $\frac{1}{2}$　(2) 215　2 (1) 7個　(2) 564個　(3) 9000円　(4) 54度　(5) **ア** 3　**イ** 1　3 (1) 400　(2) 1618　(3) 184　4 (1) 54個　(2) 解説の図②を参照のこと。　(3) (例) 解説を参照のこと。　5 (1) 24分　(2) 6台　(3) 30本　(4) うみさん／**理由**…(例) 解説を参照のこと。

解　説

1 四則計算，逆算

(1) $\{2\div(3\div4)-2\div3\div4\}\div5=\left(2\div\frac{3}{4}-2\times\frac{1}{3}\times\frac{1}{4}\right)\div5=\left(2\times\frac{4}{3}-\frac{1}{6}\right)\div5=\left(\frac{8}{3}-\frac{1}{6}\right)\div5=\left(\frac{16}{6}-\frac{1}{6}\right)\div5=\frac{15}{6}\times\frac{1}{5}=\frac{1}{2}$

(2) $(82.15-8.37)\times11\frac{3}{7}=73.78\times11\frac{3}{7}=\frac{7378}{100}\times\frac{80}{7}=\frac{4216}{5}=843.2$より，$843.2-4\times(\square-5)=3.2$，$4\times(\square-5)=843.2-3.2=840$，$\square-5=840\div4=210$　よって，$\square=210+5=215$

2 整数の性質，濃度《のうど》，売買損益，相当算，角度，体積

(1) 327を割ると余りが3となる整数は，327－3＝324の約数のうち，余りの3よりも大きい数である。同様に，437を割ると余りが5となる整数は，437－5＝432の約数のうち，余りの5よりも大きい数であり，655を割ると余りが7となる整数は，655－7＝648の約数のうち，余りの7よりも大きい数となる。よって，3つに共通する数は，324と432と648の公約数のうち，7よりも大きい数とわかる。下の図1の計算から，324と432と648の最大公約数は，2×2×3×3×3＝108と求められ，108の約数は{1，2，3，4，6，9，12，18，27，36，54，108}の12個になる。このうち，7よりも大きい数は7個ある。

図1

2)	324	432	648
2)	162	216	324
3)	81	108	162
3)	27	36	54
3)	9	12	18
	3	4	6

図2

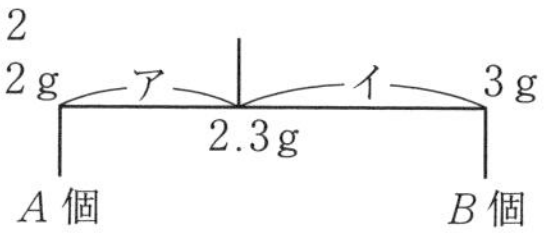

図3

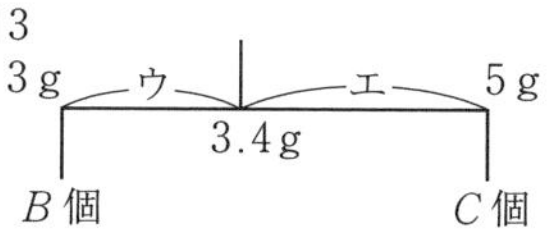

図4

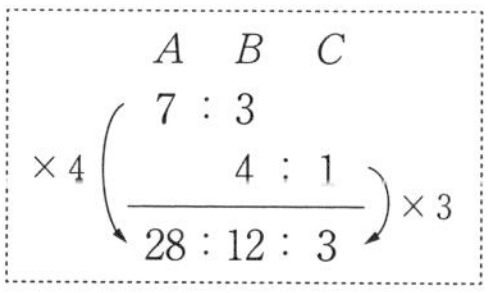

(2) 2gの球の個数をA個，3gの球の個数をB個，5gの球の個数をC個として図に表すと，上の図2，図3のようになる。図2で，ア：イ＝(2.3－2)：(3－2.3)＝3：7だから，$A:B=\frac{1}{3}:\frac{1}{7}=7:3$とわかる。同様に，図3で，ウ：エ＝(3.4－3)：(5－3.4)＝1：4なので，$B:C=\frac{1}{1}:\frac{1}{4}=4:1$と求められる。よって，これらの比をそろえると上の図4のようになるから，

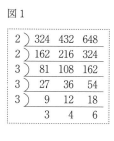

$A:B:C=28:12:3$とわかる。また，A，B，Cの合計が2021個なので，3 gの球の個数は，$B=2021\times\frac{12}{28+12+3}=564$(個)と求められる。

(3)　A店の仕入れ値を1とすると，A店の定価は，$1\times(1+0.12)=1.12$となる。また，B店の仕入れ値は，$1\times(1-0.1)=0.9$だから，B店の定価は，$0.9\times(1+0.2)=1.08$とわかる。よって，A店の定価とB店の定価の差は，$1.12-1.08=0.04$であり，これが360円にあたるので，(A店の仕入れ値)$\times0.04=360$(円)と表すことができる。したがって，A店の仕入れ値は，$360\div0.04=9000$(円)と求められる。

(4)　多角形の外角の和は360度だから，正五角形の1つの外角は，$360\div5=72$(度)，1つの内角は，$180-72=108$(度)となり，右の図5のように表すことができる。図5で，三角形BCAは二等辺三角形なので，角BCAの大きさは，$(180-108)\div2=36$(度)となる。また，BFとACは平行だから，角CBFの大きさも36度とわかる。すると，角BFCの大きさは，$180-(72+36)=72$(度)なので，三角形BFCは二等辺三角形になる。よって，BFとBCの長さは等しいから，BFとBAの長さも等しくなり，三角形BFAも二等辺三角形とわかる。したがって，角BFAの大きさは，$(180-108-36)\div2=18$(度)なので，角㋐の大きさは，$72-18=54$(度)と求められる。

図5

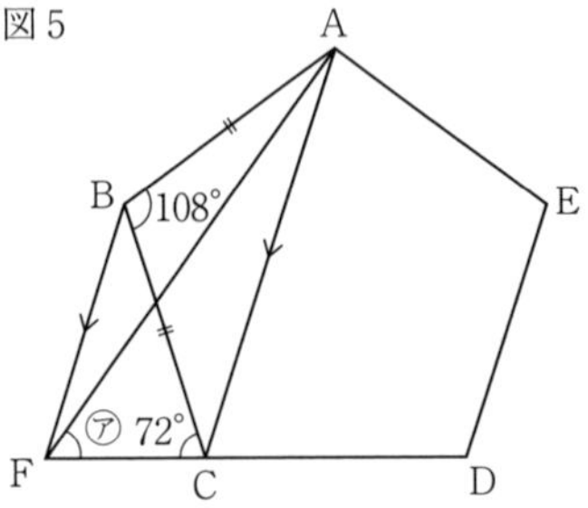

図6

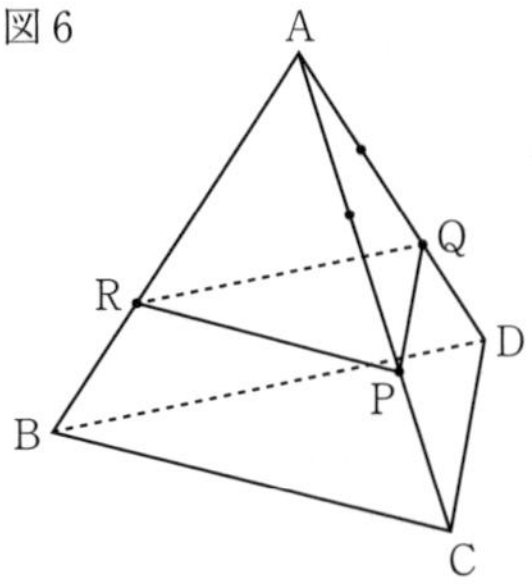

(5)　右上の図6で，三角すいABCDの体積をもとにしたときの三角すいARPQの体積の割合は，$\frac{AR}{AB}\times\frac{AP}{AC}\times\frac{AQ}{AD}$で求めることができる。よって，$\frac{AR}{AB}\times\frac{2}{3}\times\frac{2}{3}=\frac{1}{3}$と表すことができるから，$\frac{AR}{AB}=\frac{1}{3}\div\frac{2}{3}\div\frac{2}{3}=\frac{3}{4}$と求められる。したがって，$AR:AB=3:4$なので，$AR:RB=3:(4-3)=3:1$とわかる。

3　数列

(1)　右の図1で，上からN段目の右端《みぎはし》の数(かげをつけた数)は，$N\times N$と表すことができる。よって，上から20段目の右端の数(ア)は，$20\times20=400$である。

(2)　$144=12\times12$より，144は12段目の右端の数とわかる。また，13段目の右端の数は，$13\times13=169$，14段目の右端の数は，$14\times14=196$だから，図1の太線で囲んだ9個の番号の和を求めればよい。ここで，13段目の和は真ん中の番号である168の3倍であり，14段目の和は真ん中の番号である194の5倍なので，9個の番号の和は，$144+168\times3+194\times5=1618$と求められる。

図1

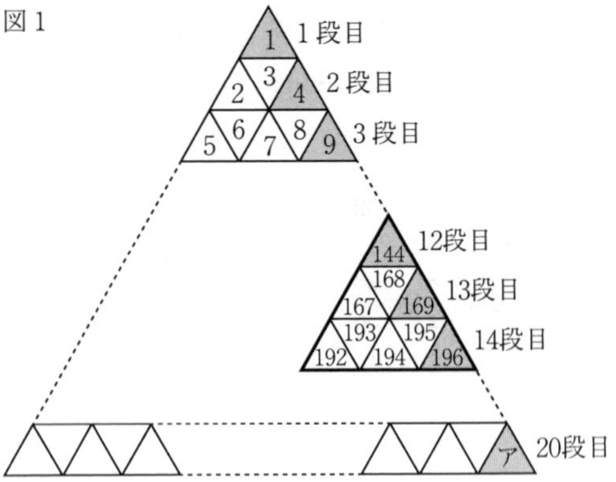

(3)　(2)と同様に考えると，上段の番号が169の場合は下の図2のようになるから，9個の番号の和は，$169+195\times3+223\times5=1869$である。また，上段の番号が196の場合は下の図3のようになる

ので，９個の番号の和は，196＋224×３＋254×５＝2138と求められる。次に，図３の状態から１つ左へ移動すると，下の図４のようになる。このとき，９個の番号がそれぞれ２ずつ小さくなり，全体では，２×９＝18小さくなる。よって，(2138－2021)÷18＝６余り９より，図３の状態から６つ左へ移動したときに初めて和が2021より大きくなることがわかるから，このときの上段の番号は，196－２×６＝184である。

図２
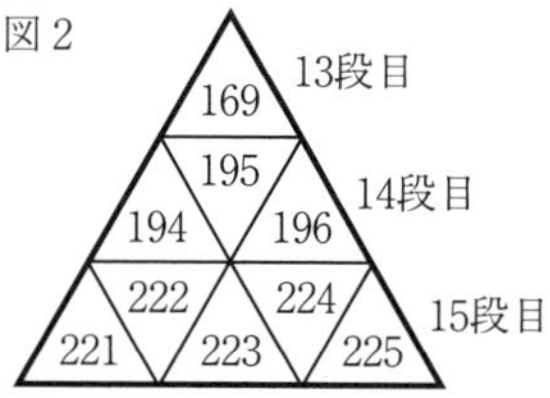

図３
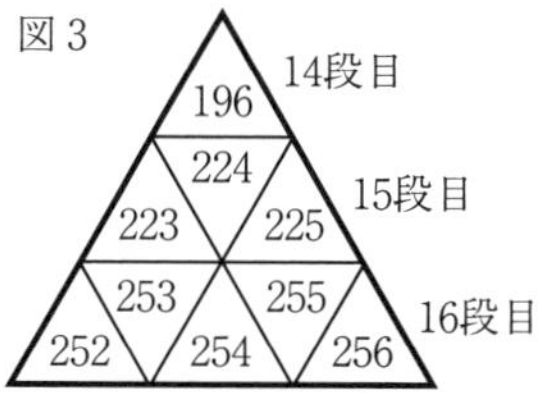

図４
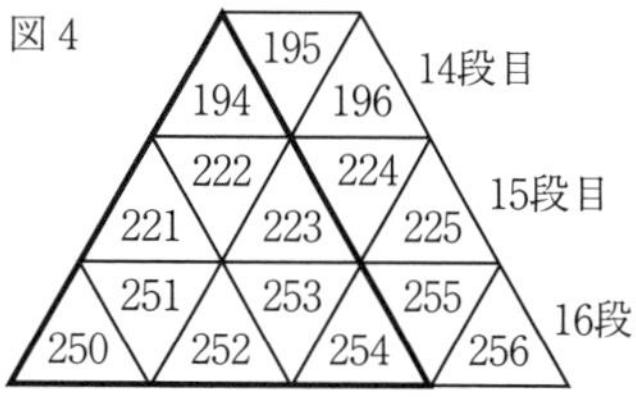

4 平面図形―構成

⑴　縦方向に，５÷１＋１＝６（個）ずつ，横方向に，８÷１＋１＝９（個）ずつ点を置くことができるから，全部で，６×９＝54（個）となる。

⑵　下の図①で，点Ａからの距離《きょり》が１cm以上になるのは斜線《しゃせん》部分であり，点Ｂからの距離が１cm以上になるのは太線で囲んだ部分である。条件に合うのはこれらに共通する部分なので，下の図②のかげをつけた部分である。

図①
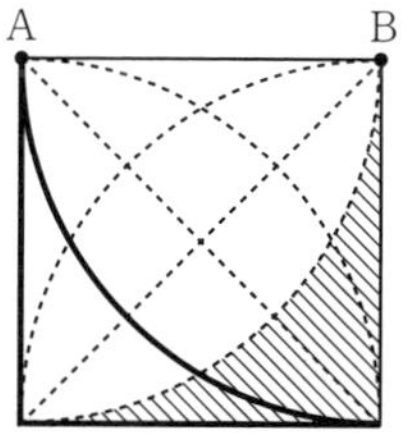

図②
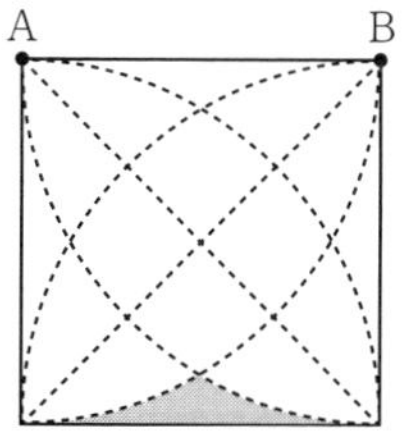

図③
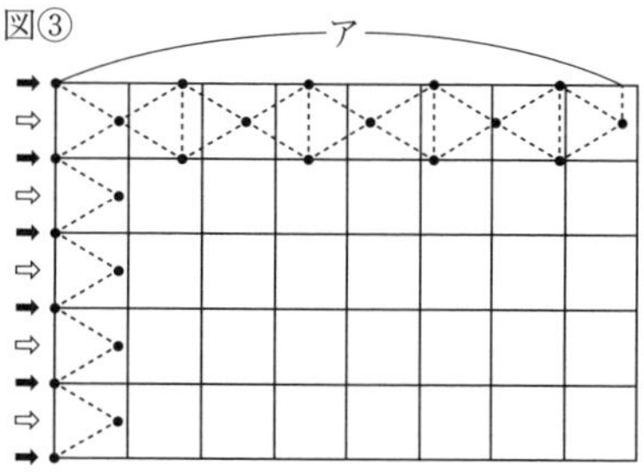

⑶　上の図③のように，１辺の長さが１cmの正三角形の頂点の位置に点を置けばよい。図③で，１辺の長さが１cmの正三角形の１辺を底辺としたとき，その高さは0.87cmよりは小さいから，アの長さは，0.87×９＝7.83(cm)よりは小さくなる。よって，図③のように，➡の方向と⇨の方向にそれぞれ５個ずつ点を置くことができる。また，➡は６列，⇨は５列あるので，このときの個数は全部で，５×(６＋５)＝55(個)となり，太郎さんの置き方よりも多くなる。

5 速さ，条件の整理

⑴　この列車の速さは分速，30×1000÷60＝500(m)だから，駅と駅の間を走るのにかかる時間は，2.5×1000÷500＝５(分)である。また，各駅で１分ずつ停車するので，１周して再び出発するまでの時間は，(５＋１)×４＝24(分)とわかる。

⑵　１台目の列車が再びＡ駅を発車するのは24分後だから，４分ごとにＡ駅を発車するとき，24÷４＝６(台)の列車が運行していることがわかる。なお，このときのようすをグラフに表すと右の図１のようになり，途中《とちゅう》で前の列車との距離が500mになるこ

図１
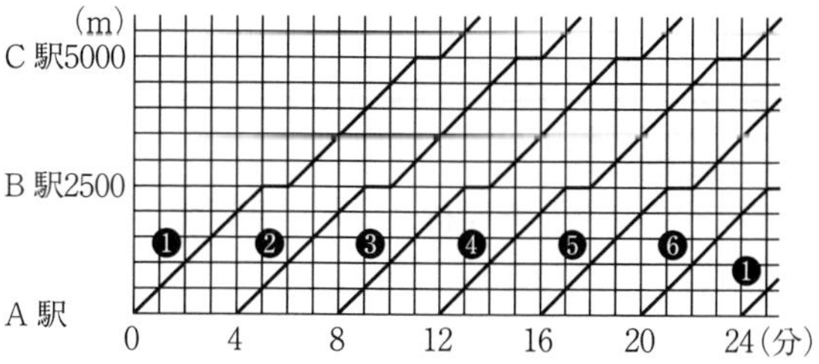

とはないことがわかる。

(3) 図1のように，途中で前の列車との距離が500mにならないような間隔《かんかく》で運行すればよい。そのためには，下の図2のように，ある列車がある駅を発車するときに，その次の列車がその駅の500m手前にくるようにすればよい。このとき，2分間隔で同じ駅を発車することになるので，1時間あたりの最大の本数は，60÷2＝30(本)と求められる。

図2

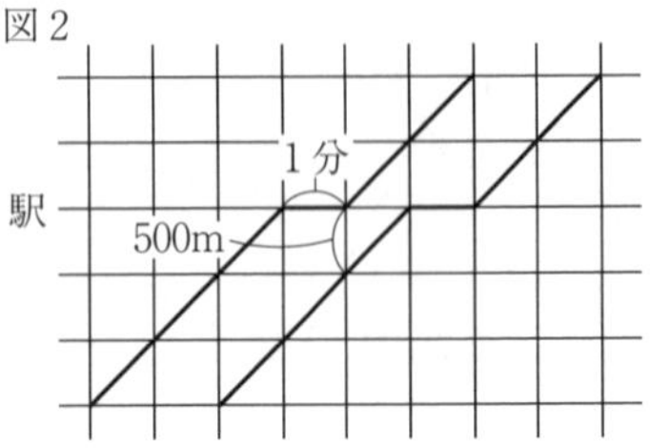

図3

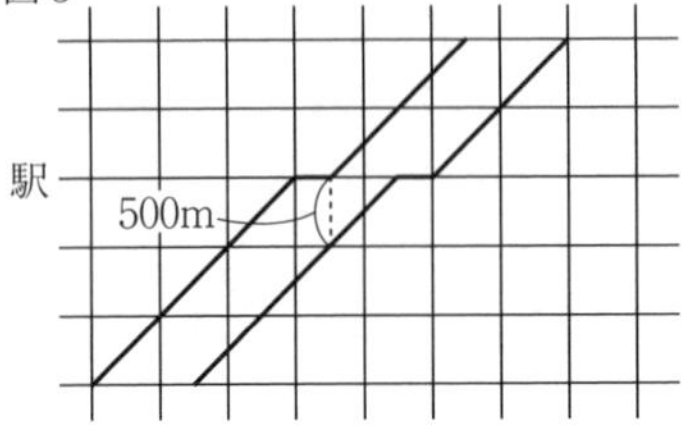

図4

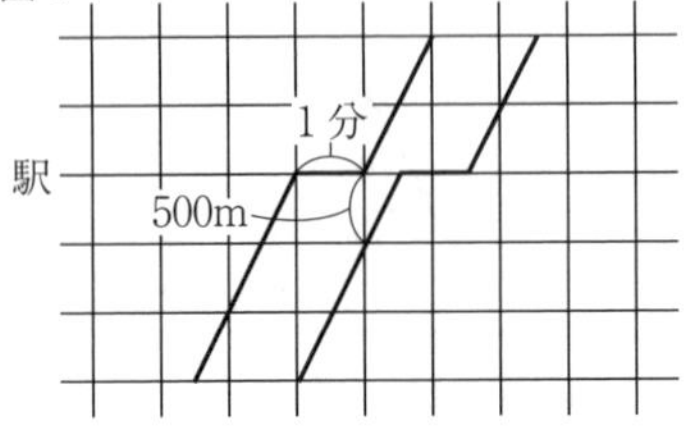

(4) 図2で，駅での停車時間を1分よりも短くすると，たとえば上の図3のようになる。すると，列車の間隔を2分よりも短くすることができ，1時間あたりの本数を増やすことができるから，りくさんの方法は適切である。また，列車の速さを分速500mよりも速くすると，たとえば上の図4のようになる。この場合も列車の間隔を2分よりも短くすることができ，1時間あたりの本数を増やすことができるので，そらさんの方法も適切である。ところが，うみさんの方法では，同時に運行されている列車の台数を増やすことにより，列車の間隔が短くなり，途中で前の列車との距離が500mになってしまう。すると，途中で停車しなければならないから，列車の間隔が変わってしまう。よって，うみさんの方法は適切ではない。

社 会 ＜B試験＞（40分）＜満点：75点＞

解 答

問1 (1) 176(万円) (2) 770(万円) **問2** (例) 外国製品を購入した場合でも理解しやすい **問3** (1) **A** 農林水産 **B** 文化 (2) イ (3) ウ **問4** イ **問5** イ **問6** 干潟 **問7** だし **問8** カ **問9** (1) エ (2) ア **問10** ウ **問11** 神道 **問12** ウ→エ→イ→ア **問13** イ **問14** ア **問15** ウ **問16** オ→ア→ウ→イ→エ **問17** エ **問18** **A** ウ **B** カ **C** キ **問19** **法令**…生類憐みの令 **将軍**…徳川綱吉 **問20** エ **問21** ア **問22** ウ **問23** (1) イ (2) **理由**…**A** イ **B** ア **品目**…**A** キ **B** カ **問24** (1) ウ (2) エ **問25** ウ **問26** (1) イ→ウ→エ→ア (2) エ **問27** (例) 輸送にエネルギーをあまり使わなくてすむので，資源やエネルギーの消費をおさえられるから。また，地球温暖化の原因となる二酸化炭素の排出もおさえられるから。

解 説

各時代の「食」を題材とした総合問題

問1 (1) 所得の1000万円のうち，区分1に200万円，区分2に130万円，区分3に370万円，区分4に200万円，区分5に100万円が，それぞれあてはまる。したがって，200×0.05＋130×0.1＋370×

0.2＋200×0.23＋100×0.33＝10＋13＋74＋46＋33＝176より，所得税額は176万円になる。　**(2)** 22.1(万)÷100(万)＝0.221より，増加額の税率の平均は22.1％なので，増加した100万円の所得は区分3（税率20％）と区分4（税率23％）にまたがることがわかる。区分4の額を□万円とすると，区分3の額は，100－□(万円)となり，□×0.23＋(100－□)×0.2＝20＋□×0.03＝22.1(万円)より，□＝(22.1－20)÷0.03＝70(万円)と求められる。よって，今年の所得は，700＋70＝770万円である。

問2　国内外で洗濯表示記号が統一されることで，外国製の衣類を購入《こうにゅう》した場合でも記号の意味が理解しやすくなる。また，外国人が日本製の衣服を購入した場合にも，同様の効果が期待できる。

問3　(1)　無形文化遺産の保護に関する条約は，2003年にユネスコ総会で採択《さいたく》された。日本ではこれまでに「能楽」「人形浄瑠璃《じょうるり》文楽《ぶんらく》」「歌舞伎《かぶき》」「和食」などが無形文化遺産として登録されている。「和食」については，農林水産省の検討会が登録に向けた検討を行い，文部科学省の外局である文化庁で審議が行われた。　**(2)**　国際連合の専門機関や関連機関には，教育・科学・文化の面での国際協力を目的としたユネスコや，おもに発展途上国の子どものために支援を行うユニセフ，世界の人々の健康を守ることを目的としたWHO(世界保健機関)などの活動が例としてあげられるので，イが選べる。　**(3)**　美濃《みの》和紙は岐阜県で生産される伝統工芸品なので，ウが適当でない。なお，アの「ナマハゲ」は秋田県の男鹿《おが》半島周辺で年末などに行われる年中行事，イの「小千谷縮《おぢやちぢみ》」は新潟県小千谷市周辺で生産される麻織物，エの「唐津《からつ》くんち」は佐賀県唐津市で毎年11月に行われる祭礼。

問4　縄文時代に関係するのは土偶《どぐう》とよばれる土製の人形で，獲物《えもの》が豊かであることや安産を願うまじないなどに使われたと考えられている。なお，銅鐸《どうたく》と石庖丁《いしぼうちょう》は弥生時代，埴輪《はにわ》は古墳時代に関係する。かまどが使われ始めたのは古墳時代以降で，庶民《しょみん》の住居で広く使われるようになったのは奈良時代ごろと考えられている。

問5　人口密度が高いアは荒川，田の面積が広いイは筑後《ちくご》川，人口密度が低く，田の面積がゼロのエは釧路《くしろ》川，残るウが神通《じんづう》川と判断できる。

問6　干潮時には干上がり，満潮時には海面下に水没《すいぼつ》するような，砂や泥《どろ》でできた浅い海岸は，干潟とよばれる。陸地を広げるため干拓されることが多かったが，多くの生物が生息し，海水を浄化《じょうか》するはたらきもあることから，近年はこれを保護する動きが広がっている。

問7　出汁は「だし」と読む。現在，「だしじる」と読ませる場合は，一般的に「出し汁」と表記する。食材を煮出《にだ》してつくった「煮出し汁」のことで，鰹節《かつおぶし》，昆布《こんぶ》，煮干し，しいたけなど，さまざまな食材が用いられる。料理に「うまみ」を出すもので，「だし」が巧《たく》みに使われることが日本料理の特色の一つとなっている。

問8　日本海側の県が上位を占《し》めるAは「水田率」，北海道・秋田県・新潟県が上位に入っているBは「米の収穫量」と判断できるので，カが選べる。

問9　(1)　ぶどうの品種名であるシャインマスカットや，西洋なしの品種名であるラ・フランスなどがあるアは山形県，てんぐさからつくる寒天，りんご，わさびなどがあるイは長野県，茶やさつまいも，本枯《ほんが》れ節などがあるウは鹿児島県と判断できる。残るエが神奈川県である。　**(2)**　ア　一度譲位《じょうい》した天皇がのちに再び即位することを，重祚《ちょうそ》という。歴史上，重祚したのは7世紀の皇極《こうぎょく》天皇(斉明《さいめい》天皇)と8世紀の孝謙《こうけん》天皇(称徳天皇)の2人だけである。　イ　初めての女性の天皇は6世紀末に即位した推古天皇で，以後，7世紀の皇極(斉明)，持統，8世紀の元明，元正，孝謙(称徳)，17世紀の明正，18世紀の後桜町の計8人(10代)の女性の天皇が誕生している。　ウ　日本国憲法には，天皇の退位に関する規定はない。　　エ　兄から弟への皇位の継承《けいしょう》は何度も行われてきた。

問10　聖武天皇が在位中の743年，墾田《こんでん》永年私財法が出され，新たに開墾した土地の永久私有が認められたので，ウが正しい。アは712年，エは708年のことで，ともに元明天皇の時代にあてはまる。イは桓武天皇の時代の784年のことで，794年には平安京に遷都《せんと》した。

問11　日本に昔からある固有の宗教は神道で，経典や具体的な教えはなく，自然や自然現象，祖霊《それい》などを崇拝《すうはい》することや，多くの神々を信仰することなどを特色とする。それらの神々を祀《まつ》り，祭祀《さいし》を行う場所が神社である。

問12　アは1156年，イは1016年，ウは816年，エは905年(諸説ある)のできごとである。

問13　平安時代の大貴族は，寝殿《しんでん》とよばれる建物を中心とした邸宅《ていたく》で暮らしていたので，イが適当でない。書院は禅宗の僧の住居をもとにした建物で，日本では室町時代以降に広まった。

問14　13世紀前半，宋《そう》(中国)で学んだ道元は，帰国後，禅宗の一派である曹洞《そうとう》宗を開いた。イは浄《じょう》土《ど》真宗，ウは日蓮《にちれん》宗(法華《ほっけ》宗)の開祖。エは８世紀に唐(中国)から苦労のすえに来日し，律宗を伝えるなど日本の仏教の発展に力をつくした僧，オは８世紀に各地を回って庶民に仏の教えを説くとともに橋やため池をつくるなど社会事業を行い，東大寺の大仏づくりにも協力した僧である。

問15　昆布は江戸時代，蝦夷《えぞ》地(北海道)でとられたものが北前船で日本海沿岸各地や京都，大阪などに多くもたらされた。その伝統から，現在もそれらの地域では昆布が多く消費されている。したがって，ウがあてはまる。高知県がほかを大きく離して第１位となっているアは鰹《かつお》，しじみ漁のさかんな宍道《しんじ》湖(島根県)に隣接《りんせつ》する松江市と，涸沼《ひぬま》(茨城県)に近い水戸市が第１位，第２位を占めるエはしじみ貝で，残るイはたこである。

問16　アは1573年，イは1582年，ウは1579年，エは1587年，オは1549年のできごとである。

問17　Ⅰは関ヶ原(岐阜県)で，地図はＢがあてはまる。Ⅱは函館(北海道)で，地図はＣ右上に，戊辰《ぼしん》戦争最後の戦いである箱館戦争(五稜郭《ごりょうかく》の戦い)の舞台《ぶたい》となった五稜郭があるのがわかる。Ⅲは応仁の乱の舞台となった京都で，地図はＡ右側の碁盤《ごばん》目状の区画の中に京都御所などの施設が見える。

問18　沖合を暖流の黒潮(日本海流)が流れる高知平野は一年を通して温暖な気候で，こうした気候の特色を生かして，ビニルハウスや温室を利用した施設園芸農業が行われている。特に夏野菜であるナス，きゅうり，ピーマンなどを栽培し，ほかの産地のものが少ない冬から春にかけて出荷する促成栽培がさかんである。

問19　17世紀末，江戸幕府の第５代将軍徳川綱吉は生類憐《しょうるいあわれ》みの令という極端な動物愛護令をたびたび出し，人々を困らせた。

問20　戦国時代，ポルトガル船が西日本各地に来航して貿易を行ったことでさまざまな物が日本にもたらされ，それにともない，ポルトガル語由来の言葉が日本語として定着していった。そうした例にあてはまるものがア，イ，ウ，オである。バナナは，明治時代末期に台湾から日本へ本格的に輸入されるようになった。バナナの語源は諸説あるが，英語圏《けん》をはじめ多くの国々では「バナナ」で通じる。

問21　裁判員裁判は，重大な刑事事件の第一審に一般市民が裁判員として参加する制度である。裁判員は，20歳以上の有権者の中から抽選《ちゅうせん》で６名が選ばれ，裁判官３名とともに審理を行う。審理では，有罪か無罪かを決めるだけでなく，有罪の場合は刑の重さも決める。なお，検察官と弁護士は国家試験の一種である司法試験に合格した者が，警察官は国家公務員試験か都道府県単位で行われる採用試験に合格した者がなることができる。また，陪審員《ばいしんいん》の制度は現在の日本にはない。

問22　ラジオ放送が始まったのは大正時代末期の1925年のことなので，ウが適当でない。

問23　(1)　人口の多い都市が複数ある神奈川県では畜産はそれほどさかんに行われていないので，イが適当ではない。　(2)　牛肉は，1980年代まで国内の畜産農家を保護するという名目で輸入が制限されていたため，輸入の拡大を求めるアメリカとの間で貿易摩擦《まさつ》が起きた。オレンジについても同様の問題が発生したが，日米両国政府間の交渉《こうしょう》の結果，1991年に牛肉とオレンジの輸入が自由化された。自動車については，1980年代に日本からアメリカへの輸出が急増し，アメリカ国内の自動車業界に打撃を与えたことから，貿易摩擦が起きた。1990年代には半導体で同様の問題が発生している。

問24　(1)　イギリスは1858年から1947年まで，インドを植民地として支配した。また，日本とイギリスの間で日英同盟が結ばれていたのは，1902年から1923年までのこと。アは1931～33年，イは1894～95年，ウは1914～18年，エは1877年，オは1950～53年のことなので，ウがあてはまる。第一次世界大戦が起こると，日本は日英同盟を理由として連合国側で参戦した。　(2)　イギリスは立憲君主制をとる国で，現在の国家元首はエリザベス女王だが，議院内閣制を採用しているため，首相が行政の最高責任者となっている。なお，アはカナダ，イはフランスやドイツなど，ウはインドネシアについて説明した文。

問25　ア　法律案の審議は，衆参どちらの議院が先でもよい。　イ　衆議院で可決した法律案を参議院が否決した場合，衆議院が出席議員の３分の２以上の賛成で再可決すれば成立する。　ウ　法律案はまず委員会で審議・採決されたのち，本会議で審議される。　エ　衆議院議員の任期は４年で，参議院議員の６年より短い。

問26　(1)　アは1973年，イは1964年，ウは1970年（一般には「大阪万博」とよばれる），エは1972年のできごとである。　(2)　グラフの縦軸《たてじく》の数値から，Ａが「日経平均株価」，Ｂが「円ドル為替《かわせ》レート」，Ｃが「日本の貿易輸出額」と判断できる。Ａの日経平均株価は1980年代末期のバブル景気の時期に急上昇し，その後急落していること，Ｂの円ドル為替レートは1980年代後半に円高が進んでいること，Ｃの貿易輸出額は2008年のリーマンショックのころに大きく減少していることなども手がかりとなる。

問27　「その場所で生産された食材を選んで食べる」ことは，一般に「地産地消」とよばれる。地産地消を進めれば輸送に余分なエネルギーを使わなくてもよいので，資源やエネルギーの節約になる。また，特に石油や石炭などの化石燃料の消費量を減らせるので，地球温暖化の原因となる二酸化炭素の排出量も減らすこともできる。

理　科　＜Ｂ試験＞（40分）＜満点：75点＞

解　答

1　(1)　40ｇ　(2)　100ｇ　(3)　27.5cm　(4)　15cm　(5)　下の図①　2　(1)　下の図②　(2)　**４番目**…20ｇ　**７番目**…２ｇ　(3)　（例）　発生した二酸化炭素が空気中に出たから。　(4)　5.0ｇ　(5)　5.5ｇ　(6)　259.5ｇ　3　(1)　ウ　(2)　①　11ミリ秒　②　20m/秒　③　10ミリ秒　(3)　①　イ　②　ア　③　ウ　④　イ　(4)　5/13　(5)　（例）　どの葉にも日光があたるので，光合成をしやすくなっている。　4　(1)　①　温

室効果ガス　②　**ア**　光合成　**イ**　呼吸　③　(例)　植物が光合成をすることができず，生きるために必要な酸素を作り出せないから。　(2)　①　ウ　②　オホーツク海気団　(3)　イ　(4)　①　イ　②　三日月湖

図①

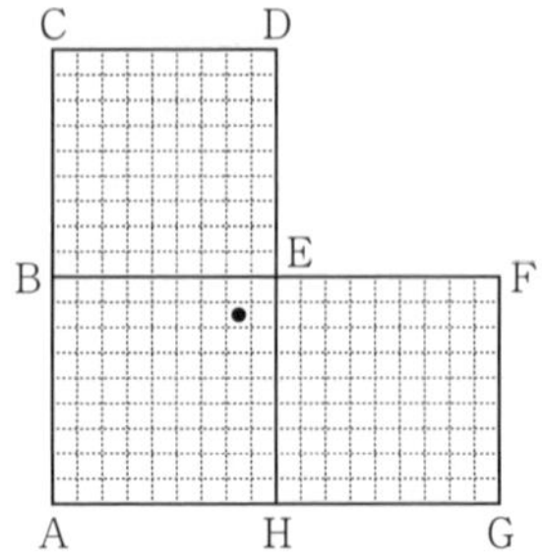

図②

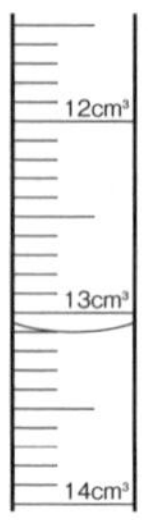

解　説

1　物体の重心についての問題

(1)　太さが一定の棒の重さは棒の中心にかかっていると考えてよいから，左側の棒の重さがかかる位置(重心)は，左はしの支点から，35÷２＝17.5(cm)で，右側の棒の重心は，左はしの支点から，35＋17.5＝52.5(cm)である。てこのつり合いは，(加わる力の大きさ)×(支点からの距離《きょり》)で求められるモーメントで考えることができ，左まわりと右まわりのモーメントが等しいときにてこはつり合う。よって，ばねばかりが示す重さを□ｇとすると，□×70＝40×17.5＋40×52.5が成り立ち，□＝(40×17.5＋40×52.5)÷70＝40(ｇ)とわかる。

(2)　それぞれの棒の重心は(1)と同様にして考えることができるから，黒い棒の重さを□ｇとすると，55×70＝□×17.5＋40×52.5が成り立ち，□＝(55×70－40×52.5)÷17.5＝100(ｇ)である。

(3)　見方Ａと見方Ｂより，右の図のように考えると，左側の黒いおもりと右側の白いおもりの重さの比は，100：40＝５：２だから，それぞれのおもりから棒全体の重心までの長さの比(ａ：ｂ)は，$\frac{1}{5}$：$\frac{1}{2}$＝２：５となる。このとき，２つのおもりの間の長さは，17.5＋17.5＝35(cm)だから，ａの長さは，35×$\frac{2}{2+5}$＝10(cm)となり，棒全体の重心は，棒の左はしから，17.5＋10＝27.5(cm)のところとわかる。

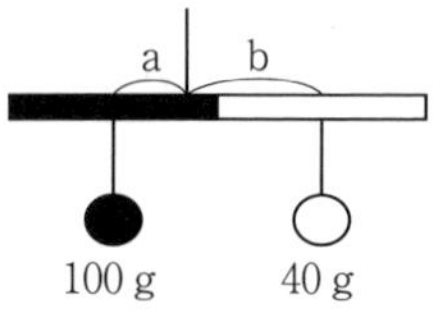

(4)　図７の２つのおもりの重さの比は，200：100＝２：１だから，それぞれのおもりから重心までの長さの比は，$\frac{1}{2}$：$\frac{1}{1}$＝１：２となる。２つのおもりは，18×２－９×２＝18(cm)離《はな》れているので，重心の場所は左側(西側)の200ｇのおもりから，18×$\frac{1}{1+2}$＝６(cm)のところにある。これは点Ａから，９＋６＝15(cm)の位置になる。

(5)　(4)と同様に考えると，図８のように西側から見た場合，重心は点Ａから，９＋18×$\frac{1}{1+2}$＝15(cm)の位置になると考えられる。したがって，組み合わせ板全体の重心は，点Ａから，東側(右側)に15cm，北側(上側)に15cmの位置にある。

2　実験器具の使い方，石灰石と塩酸の反応についての問題

(1)　ビュレットの目盛りは液面中央の低くなったところを真横から読む。そのとき，目盛りの$\frac{1}{10}$まで読みとるようにする。図２では，水酸化ナトリウム水よう液を塩酸に加える前の体積は0.30cm^3と読みとれるから，塩酸に加えたあとの液面の様子は，0.3＋12.8＝13.1(cm^3)の目盛りに液面中央の低くなる部分がくる。

(2)　上皿てんびんでものの重さをはかるときは，分銅を重いものから順にのせ，重すぎたときはそ

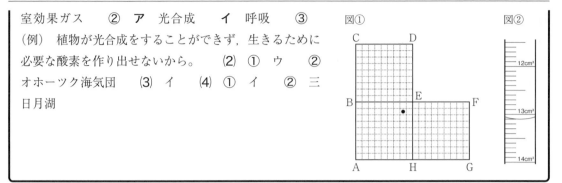

の分銅をおろし，その次に軽い分銅をのせるという作業をくり返す。はかった物質の重さが83ｇだったときの分銅の動かし方は，100ｇの分銅をのせる→100ｇの分銅をおろす→50ｇの分銅をのせる→20ｇの分銅をのせる→20ｇの分銅をのせる→20ｇの分銅をおろす→10ｇの分銅をのせる→５ｇの分銅をのせる→５ｇの分銅をおろす→２ｇの分銅をのせる→２ｇの分銅をのせる→２ｇの分銅をおろす→１ｇの分銅をのせるという順になる。下線をひいたところが分銅をのせたところなので，４番目にのせた分銅は20ｇの分銅，７番目にのせた分銅は２ｇの分銅になる。

⑶　石灰石に塩酸を加えると，石灰石の主な成分である炭酸カルシウムが塩酸に反応して二酸化炭素が発生する。発生した二酸化炭素は少し水にとけるが，気体となって空気中に出ていくので全体の重さは減少する。

⑷　図５で，ＡとＢでは，石灰石の重さと減った重さが比例していることから，石灰石がすべてとけ，塩酸が余っていることがわかる。一方，Ｃ～Ｅでは，加えた石灰石の重さが重くなっても減った重さは2.20ｇで一定であるから，塩酸がすべて反応し，石灰石が余っていることがわかる。したがって，20cm^{3}の塩酸とちょうど反応する石灰石の重さは，$2.0\times\frac{2.20}{0.88}=5.0$(ｇ)である。

⑸　50cm^{3}の塩酸と過不足なく反応する石灰石の重さは，$5.0\times\frac{50}{20}=12.5$(ｇ)である。したがって，塩酸50cm^{3}に石灰石15ｇを加えると塩酸がすべて反応し，石灰石が余る。よって，このときに減る重さは，$2.2\times\frac{50}{20}=5.5$(ｇ)と求められる。

⑹　塩酸50cm^{3}の重さは，50×１＝50(ｇ)である。⑸の操作では，塩酸50ｇと石灰石15ｇを入れた200ｇの三角フラスコから，5.5ｇの二酸化炭素が空気中に放出されるので，全体の重さは，200＋50＋15－5.5＝259.5(ｇ)となる。

３　カエルの神経，植物の種子と葉についての問題

⑴　ヒキガエルは春の初めごろ冬眠から目覚め，池などにひものようにつながったゼリー状のものにつつまれた卵をうむ。

⑵　①　図４から，Ａ点を刺激《しげき》したとき，筋肉は11ミリ秒から収縮しはじめていることがわかる。
②　図４から，Ｂ点を刺激したとき，筋肉は13ミリ秒から収縮しはじめている。この，13－11＝２(ミリ秒)の時間差は，刺激の信号がＡ点とＢ点の間を伝わる時間だと考えられる。Ａ点からＢ点まで，60－20＝40(mm)離れているから，カエルの神経を信号が伝わる速さは，(40÷1000)÷(２÷1000)＝20(m/秒)と求められる。　③　Ａ点から筋肉の接点まで刺激の信号が伝わる時間は，$2\times\frac{20}{40}=1$(ミリ秒)だから，求める時間は，11－１＝10(ミリ秒)となる。

⑶　トウモロコシ，カキ，イネは有はいにゅう種子で，アブラナ，エンドウ，ダイズ，アサガオ，クリは無はいにゅう種子である。

⑷　葉のつき方を表す分数について，Ａ～Ｅのそれぞれの分子の数をA～Eとすると，分子の数は，$C=A+B=1+1=2$，$D=B+C=1+2=3$という関係になっていることがわかる。よって，Ｅの分子の数は，$E=C+D=2+3=5$となる。また，分母の数についてＡ～Ｅの分数の分母の数をそれぞれa～eとすると，$c=a+b=2+3=5$，$d=b+c=3+5=8$という関係になっているので，Ｅの分母の数は，$e=c+d=5+8=13$とわかる。

⑸　ひまわりの葉は，下側の葉が上側の葉よりも大きく成長し，上から見たときに葉が重なりにくくなるように葉をつけている。これは，どの葉にも日光をあたりやすくし，効率よく光合成をおこ

なうためである。

4 環境《かんきょう》問題，日本付近の気象についての問題

⑴ ① 二酸化炭素には，太陽の光は素通りさせるが，地面から宇宙へ放出される熱の一部を吸収してたくわえる性質がある。このような性質をもつ気体を温室効果ガスと呼んでいる。 ② 南半球に比べて陸地の多い北半球では，夏に植物に葉が多くしげり，光も強いため，植物の光合成のはたらきによる大気中の二酸化炭素の吸収量が多くなる。そのため，二酸化炭素濃度《のうど》が減少する。一方，冬には，葉を落とす植物が多く，光も夏に比べて弱いため，光合成のはたらきが弱くなり，光合成による二酸化炭素の吸収量よりも，呼吸などによる二酸化炭素の排出《はいしゅつ》量の方が多くなる。そのため，二酸化炭素濃度は上昇《じょうしょう》することになると考えられる。 ③ 植物にとって二酸化炭素は光合成のはたらきに欠かせないものである。もし，二酸化炭素がすべてなくなると植物が光合成できず，生物が生きていくために必要な酸素を作り出すことができなくなるため，生物は生きていくことができなくなってしまう。

⑵ ① 日本列島付近を見ると，東西にのびる停滞《ていたい》前線があるので，6～7月の梅雨の時期か9月の秋雨の時期にあたると考えられる。よって，ウの7月11日が選べる。 ② 梅雨の時期には，日本の北東（図2ではイ）にある冷たくしめったオホーツク海気団と南東にある（図2ではエ）あたたかくしめった小笠原《おがさわら》気団の間に停滞前線（梅雨前線）ができるといわれている。

⑶ 森林が多い場所では，植物の蒸散や地面からの水の蒸発などにより夏でも気温が高くなりにくい。しかし，都市部では，コンクリートの建物やアスファルトで舗装《ほそう》された道路が多く，森林に比べて太陽光の熱を吸収しやすくなっている。また，エアコンや自動車の排気ガスなどからも熱を発しているため，周辺の地域より気温が高くなっていることが多い。このとき，気温の等しいところを線で結ぶと，温度の高いところが都市部を中心に島の形のように見えるために，この現象はヒートアイランド現象と呼ばれる。

⑷ ① 川が曲がって流れているところでは，曲がりの外側の方が内側より流れが速く，川岸や川底をけずるはたらき（侵食《しんしょく》作用）やけずった土砂を運び出すはたらき（運ぱん作用）が大きい。そのため，曲がりの外側では岸がけずられてがけになり，川底は深く，つぶの大きな石がたい積している。反対に，曲がりの内側では流れがゆるやかで，小石や砂などを積もらせるはたらき（たい積作用）が大きくなるので，川原ができやすい。 ② 川の曲がり方が大きくなったところに大雨などで大量の水が流れると，川の水は大きく曲がった川にそって流れることができず，まっすぐな新しい流れを作ることがある。このとき取り残された曲がりの部分をその形から三日月湖と呼んでいる。

国　語 ＜Ｂ試験＞（50分）＜満点：100点＞

解　答

一 下記を参照のこと。　二 **1** べんぜつ　**2** しょうじん　**3** あっかん　**4** だんぱん　**5** ふる（う）　三 **問1** ウ　**問2** ア　**問3** エ　**問4** イ　**問5**（例） 夜を徹し富士山に登るという非日常の行為。　**問6** イ　**問7** ア　**問8**（例）

(現在の富士山は)日常の外に出て荒々しい自然を体験する山ではなく，自由を束縛する世間の延長になってしまったということ。　**四** **問1**　エ　**問2**　ウ　**問3**　エ　**問4**　ウ　**問5**　そんなんで　**問6**　(例)　以前はかわいい服を喜べたが，今はスカートを切られた事件のせいで喜べなくなった。　**問7**　小学六年生　**問8**　イ，エ

●漢字の書き取り

一　1　至難　2　意義　3　訓練　4　防護　5　張(る)　6　候補　7　署名　8　序列　9　能率　10　朝令

解　説

一 漢字の書き取り

1　非常にむずかしいこと。　**2**　ものごとの価値や重要性。　**3**　体得するまで練習させること。　**4**　防いで守ること。　**5**　「値が張る」は，ふつうより高額なこと。　**6**　選択《せんたく》の対象である人や物。　**7**　自分の名前を書類などに手書きで記すこと。　**8**　官位，成績，年功など一定の規準にしたがって決まった順序。　**9**　一定時間にできる仕事の割合。　**10**　「朝令暮改」は，朝に出した命令を夕方には改めること。命令や方針がひんぱんに変わってあてにならないこと。

二 漢字の読み

1　話し方。　**2**　一事に集中してはげむこと。　**3**　全体の中で最もすぐれた部分。　**4**　ものごとの始末や取り決めのために，相手と論じ合って交渉《こうしょう》すること。　**5**　音読みは「フン」で，「興奮」などの熟語がある。

三 出典は角幡唯介《かくはたゆうすけ》の『旅人の表現術』による。家族や友達同士が買い物に来たというような，夏の富士登山のようすを見た筆者が，自己責任で自然に踏《ふ》み入る登山との違《ちが》いについて語っている。

問1　「夏の富士山」の頂上でのようすが，「秋の日の運動会か，休日の郊外《こうがい》のショッピングモール」の「のんびりとした平和な雰囲気《ふんいき》」にたとえられているので，ウが同じ。なお，アは，不確かな断定を意味する。イは，例示。エは，目的を表す。

問2　「登山として心に残っている」のは「冬富士」だが，「対象に関する興味という点」では異なると述べられていることをおさえる。続く部分で筆者は，「夏の富士山」に「これまで」の自身の「常識を覆《くつがえ》す」光景を見たと述べているので，アがあてはまる。

問3　Ⅰ　登山者といえば，「中高年のグループ」か「大学の山岳《さんがく》部やワンゲル部のような集団」，あるいは「世間となじめない空気を身にまとった～暗い感じの人」だったが，「夏の富士山」は若い友達のグループや家族連れなどが多かったというのだから，前のことがらを受けて，それに反する内容を述べるときに用いる「ところが」が入る。ここで，イとウが外れる。　Ⅱ　「夏の富士山」には若い友達のグループや家族連れなど，筆者が持っていた登山者のイメージを覆す人が多いと述べた後，「現在の富士山には世間がある」とまとめているので，結論を導く「要するに」が入る。ここでエに決まる。　Ⅲ　「夏の富士山」には「日常からの離脱《りだつ》といった空気」が「一切《いっさい》流れていない」というよりは，「日常の延長そのもの」があると言ったほうがよいという文脈である。よって，前で述べられたことがらよりも後の内容を選ぶ気持ちを表す「むしろ」が合う。

問4　次の段落で，「本来の登山」は「世間や日常から非日常に足を踏み入れ」て「日常から一時

的に離脱する」意味があったと述べられている。だから，昔の登山者は人間社会を「下界」と呼び，「山と世間」を分けていたのである。イが，この内容を最もよくまとめている。

問5　「夜を徹《てっ》して富士山に登ること」を意味する「弾丸登山」自粛《じしゅく》の呼びかけは「きわめて“非登山的”な試み」だと述べられている。なぜなら，「本来の登山」とは文明の外で「未知の世界を経験する」ものであり，自己裁量で「非日常」に足を踏み入れる行為《こうい》だからである。これをもとに，「夜に富士を登り続け，未知を体験する行動」，「夜通し富士山に登り，文明から離れる体験」のようにまとめる。

問6　「非日常」，かつ「荒々《あらあら》しい自然の象徴《しょうちょう》」である山に足を踏み入れれば，社会における「規則やルール」などは通用せず，判断を誤れば「命に跳《は》ね返ってくる」ので，人はその時々に適切な判断を「自分の責任」で下さなくてはならないのである。イが，この内容に合う。

問7　同じ段落で，「自分の責任」で下した判断が「誤り」だった場合，「自分の命に跳ね返ってくる」と述べられている。これが，山における自由の「シビア」さにあたるので，アがよい。

問8　登山とは「荒々しい自然」に踏み入る行為であり，社会のルールや束縛《そくばく》が及《およ》ばないなか，自分だけの責任で判断して行動する「非日常」の体験だと述べられている。判断を誤れば「命」にかかわるシビアさが「登山の自由」である一方，今の「夏の富士山」には家族連れや友達のグループで買い物に来たようなのんびりした雰囲気，いわば「世間がある」と筆者は指摘《してき》している。また，問５で検討したように，「弾丸登山」自粛の呼びかけは，「非日常」を体験できるはずの「登山の自由」からかけ離《はな》れた管理にあたる。つまり，「単なる地形上のでっぱりに変質」したとは，「世間」の外にある「荒々しい自然」であったはずの富士山が，人に管理され，日常の延長にすぎないものになってしまったことを表す。これを整理して，「(現在の富士山は)日常のルールを離れて自己責任で体験する自然ではなくなり，自由を束縛する世間の延長になったということ」のようにまとめる。

四　**出典は寺地《てらち》はるなの『水を縫《ぬ》う』による。**「わたし」(水青《みお》)のウェディングドレスをつくろうとしている弟の清澄《きよすみ》が，極端《きょくたん》に装飾《そうしょく》をいやがる「わたし」に困るようすや「わたし」がそうなった原因が描《えが》かれている。

問1　フジエさんの「最悪」な状況《じょうきょう》とは，「お腹」が痛むのに「お母さん」が夜勤で迎《むか》えに来られず，「雨」の中を一人で帰らなくてはならないことを指す。よって，エがふさわしい。

問2　体調が悪いにもかかわらず，一人雨の中を帰らなければならないフジエさんが心配で「お友だちと一緒《いっしょ》に帰ったら？」と声をかけた「わたし」に対し，みゆき先生は「やさしいなあ」と言った後，「あんたひとりで帰る子見つけるたびにああやって騒《さわ》いでんの」とたずね，「無責任に親切ふりまくほうが，不親切な結果になることもある」と続けている。「ヤッサシイナア」というわざとらしい「頓狂《とんきょう》な言いかた」からも，意地悪く「わたし」を非難するみゆき先生の気持ちが読み取れるので，ウがあてはまらない。

問3　華《はな》やかではなく，「シンプル」なものを望む「わたし」のドレスを弟の清澄がデザインし，自分に見せようとしている場面である。「長袖《ながそで》で，あんまり身体の線が出なくて，それで丈《たけ》は，長すぎても短すぎても嫌《いや》」だというせりふからもわかるとおり，「わたし」は「ドレス」自体を好まないのだから，清澄のデザインを積極的に見たいと思っていないことがわかる。よって，エが合う。なお，「わたし」は清澄がドレスをつくれるかどうか疑っているわけではないので，ア～ウはふさわしくない。

問4　自分のデザインしたドレスをことごとくしりぞけられた清澄は，「どんなんやったらええんか，ちょっと描いてみてよ」と「わたし」に求めている。描かれた絵を見た清澄は，結婚《けっこん》式に着るものとは到底《とうてい》思えないその味気なさに思わず「ドレスちゃうやん！」「こんなん，割烹《かっぽう》着や！」と叫《さけ》んだのだから，ウがよい。なお，「割烹着」は，炊事《すいじ》などの家事をするときに着用する袖のついたタイプのエプロン。

問5　スカートを切られた件について，祖母が学校へ報告に行くと，担任や教頭は「ひらひら」の「オンナノコオンナノコ」した服を来ていたから目立ち，狙《ねら》われたのだろうと言ったうえに，「身体に触《さわ》られたりはして」ないのだからよかったじゃないかとも話している。自分のせいではないかとも聞こえるその発言に「わたし」は苦しんだが，「そんなんでなぐさめたつもりにならんといてください，他人の傷を軽視してるだけです」という祖母の言葉に救われたのである。

問6　父親が「スカートの部分が～ぷわんと」ふくらむ「かわいい」ワンピースをつくってくれたにもかかわらず，「わたし」は「ぜったい，着たくない」と床《ゆか》に叩《たた》きつけている。すこし前ならきっと喜び，笑顔とともに感謝を伝えられていたはずなのに，男から「スカート」を切られたできごとがきっかけで，「わたし」は「かわいい」服を「喜べなくなった」のである。

問7　三つ目の大段落で，「わたし」はスカートを切られた「小学六年生」のころを回想している。

問8　ア　先生は「怪我《けが》がなくってよかった」とは言っていないので，合わない。　　ウ　清澄に，「わたし」を「不幸せ」だと思うようすは見られないので，正しくない。　　オ「メトロノームのように」には，「ような(だ)」「みたいな(だ)」を用いてあるものをほかのものにたとえる表現技法である，直喩《ちょくゆ》が使われている。　　カ「わたし」はウェディングドレスをぜったいに「着たくない」わけではなく，「シンプル」なものにしたいと考えているので，ふさわしくない。

Memo

2025年度用
中学スーパー過去問

■編集人 声の教育社・編集部
■発行所 株式会社 声の教育社
〒162-0814 東京都新宿区新小川町8-15
☎03-5261-5061(代) FAX03-5261-5062
https://www.koenokyoikusha.co.jp

※本書の内容についての一切の責任は当社にあります。内容・解説・解答・その他は当社ホームページよりお問い合わせ下さい。

ストリーミング配信による入試問題の解説動画

2025年度用web過去問　ラインナップ

■ 男子・女子・共学(全動画) 見放題
36,080円(税込)

■ 男子・共学 見放題
29,480円(税込)

■ 女子・共学 見放題
28,490円(税込)

● 中学受験「声教web過去問(過去問プラス・過去問ライブ)」(算数・社会・理科・国語)

3〜5年間 **24校**

過去問プラス

麻布中学校　桜蔭中学校　開成中学校　慶應義塾中等部　渋谷教育学園渋谷中学校
女子学院中学校　筑波大学附属駒場中学校　豊島岡女子学園中学校　広尾学園中学校　三田国際学園中学校
早稲田中学校　浅野中学校　慶應義塾普通部　聖光学院中学校　市川中学校
渋谷教育学園幕張中学校　栄東中学校

過去問ライブ

栄光学園中学校　サレジオ学院中学校　中央大学附属横浜中学校　桐蔭学園中等教育学校　東京都市大学付属中学校
フェリス女学院中学校　法政大学第二中学校

● 中学受験「オンライン過去問塾」(算数・社会・理科)

3〜5年間 **50校以上**

東京	青山学院中等部	東京	国学院大学久我山中学校	東京	明治大学付属明治中学校	千葉	芝浦工業大学柏中学校	埼玉	栄東中学校
	麻布中学校		渋谷教育学園渋谷中学校		早稲田中学校		渋谷教育学園幕張中学校		淑徳与野中学校
	跡見学園中学校		城北中学校		都立中高一貫校 共同作成問題		昭和学院秀英中学校		西武学園文理中学校
	江戸川女子中学校		女子学院中学校		都立大泉高校附属中学校		専修大学松戸中学校		獨協埼玉中学校
	桜蔭中学校		巣鴨中学校		都立白鷗高校附属中学校		東邦大学付属東邦中学校		立教新座中学校
	鷗友学園女子中学校		桐朋中学校		都立両国高校附属中学校		千葉日本大学第一中学校	茨城	江戸川学園取手中学校
	大妻中学校		豊島岡女子学園中学校	神奈川	神奈川大学附属中学校		東海大学付属浦安中等部		土浦日本大学中等教育学校
	海城中学校		日本大学第三中学校		桐光学園中学校		麗澤中学校		茗渓学園中学校
	開成中学校		雙葉中学校		県立相模原・平塚中等教育学校		県立千葉・東葛飾中学校		
	開智日本橋中学校		本郷中学校		市立南高校附属中学校		市立稲毛国際中等教育学校		
	吉祥女子中学校		三輪田学園中学校	千葉	市川中学校	埼玉	浦和明の星女子中学校		
	共立女子中学校		武蔵中学校		国府台女子学院中学部		開智中学校		

web過去問 Q&A

過去問が動画化！
声の教育社の編集者や中高受験のプロ講師など、
過去問を知りつくしたスタッフが動画で解説します。

Q **どこで購入できますか？**
A 声の教育社のHPでお買い求めいただけます。

Q **受講にあたり、テキストは必要ですか？**
A 基本的には過去問題集がお手元にあることを前提としたコンテンツとなっております。

Q **全問解説ですか？**
A 「オンライン過去問塾」シリーズは基本的に全問解説ですが、国語の解説はございません。「声教web過去問」シリーズは合格のカギとなる問題をピックアップして解説するもので、全問解説ではございません。なお、「声教web過去問」と「オンライン過去問塾」のいずれでも取り上げられている学校がありますが、授業は別の講師によるもので、同一のコンテンツではございません。

Q **動画はいつまで視聴できますか？**
A ご購入年度２月末までご視聴いただけます。
複数年視聴するためには年度が変わるたびに購入が必要となります。

よくある解答用紙のご質問

01

実物のサイズにできない

拡大率にしたがってコピーすると，「解答欄」が実物大になります。配点などを含むため，用紙は実物よりも大きくなることがあります。

02

A3用紙に収まらない

拡大率164％以上の解答用紙は実物のサイズ（「出題傾向＆対策」をご覧ください）が大きいために，Ａ３に収まらない場合があります。

03

拡大率が書かれていない

複数ページにわたる解答用紙は，いずれかのページに拡大率を記載しています。どこにも表記がない場合は，正確な拡大率が不明です。

04

１ページに２つある

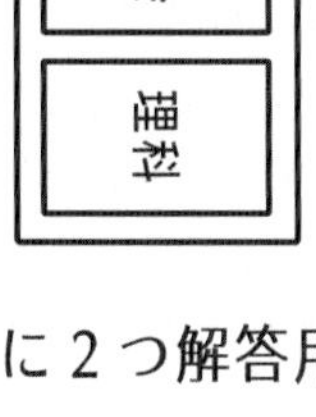

１ページに２つ解答用紙が掲載されている場合は，正確な拡大率が不明です。ほかの試験回の同じ教科をご参考になさってください。

サレジオ学院中学校

【別冊】入試問題解答用紙編

解答用紙は本体からていねいに抜きとり、別冊としてご使用ください。

※　実際の解答欄の大きさで練習するには、指定の倍率で拡大コピーしてください。なお、ページの上下に小社作成の見出しや配点を記載しているため、コピー後の用紙サイズが実物の解答用紙と異なる場合があります。

●入試結果表

年　度	回	項　目	国　語	算　数	社　会	理　科	4科合計	合格者
2024	A試験	配点(満点)	100	100	75	75	350	最高点
		合格者平均点	70.3	68.7	51.0	60.2	250.2	295
		受験者平均点	63.3	60.1	46.5	54.5	224.4	最低点
		キミの得点						229
	B試験	配点(満点)	100	100	75	75	350	最高点
		合格者平均点	68.8	69.7	47.9	57.6	244.0	280
		受験者平均点	61.3	60.1	42.5	50.7	214.6	最低点
		キミの得点						229
2023	A試験	配点(満点)	100	100	75	75	350	最高点
		合格者平均点	68.5	81.0	55.4	54.9	259.8	320
		受験者平均点	62.1	68.7	50.3	49.6	230.7	最低点
		キミの得点						237
	B試験	配点(満点)	100	100	75	75	350	最高点
		合格者平均点	60.4	75.4	54.3	46.0	236.1	277
		受験者平均点	50.5	61.7	49.3	38.4	199.9	最低点
		キミの得点						220
2022	A試験	配点(満点)	100	100	75	75	350	最高点
		合格者平均点	69.4	69.4	53.2	54.7	246.7	301
		受験者平均点	63.4	59.8	48.2	49.2	220.6	最低点
		キミの得点						226
	B試験	配点(満点)	100	100	75	75	350	最高点
		合格者平均点	77.4	65.3	53.9	52.2	248.8	284
		受験者平均点	70.6	56.6	47.9	43.6	218.7	最低点
		キミの得点						230
2021	A試験	配点(満点)	100	100	75	75	350	最高点
		合格者平均点	73.1	77.1	48.6	57.7	256.5	304
		受験者平均点	65.6	68.4	43.9	51.7	229.6	最低点
		キミの得点						240
	B試験	配点(満点)	100	100	75	75	350	最高点
		合格者平均点	77.5	67.2	51.0	54.0	249.7	284
		受験者平均点	69.7	53.4	43.0	43.4	209.5	最低点
		キミの得点						233

※　表中のデータは学校公表のものです。ただし、4科合計は各教科の平均点を合計したものなので、目安としてご覧ください。

声の教育社

2０２４年度　　　サレジオ学院中学校

算数解答用紙　Ａ試験

番号		氏名		評点	／100

1	(1)		(2)	
2	(1)	分	(2)	度
	(3)	①　　②　番目	(4)	①　cm^3　　②　cm
	(5)	①　種目　　②　点		③　点　　④　点
3	(1)		(2)	枚
	(3)	答え		
4	(1)		(2)	
	(3)	答え　　通り		
5	(1)	cm	(2)	倍
	(3)	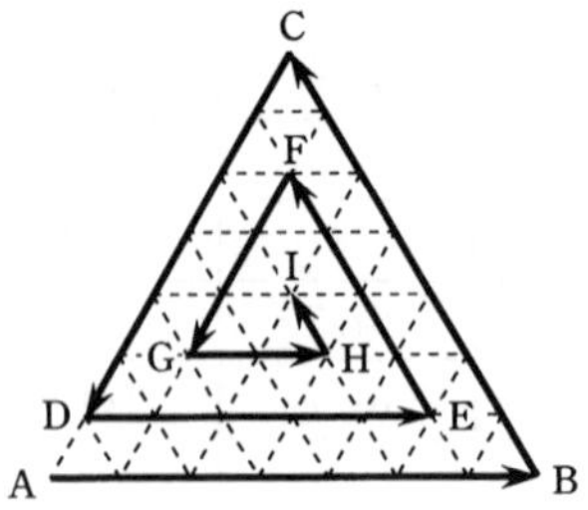 答え		

(注) この解答用紙は実物を縮小してあります。182％拡大コピーをすると、ほぼ実物大の解答欄になります。

〔算　数〕100点(推定配点)

1　各４点×2　2　(1)～(4)　各４点×6　(5)　①　４点　②～④　４点　3　(1)，(2)　各５点×2　(3)　途中の考え方…５点，答え…５点＜完答＞　4　(1)，(2)　各５点×2＜(2)は完答＞　(3)　途中の考え方…５点，答え…５点　5　(1)，(2)　各５点×2　(3)　途中の考え方…５点，答え…５点＜完答＞

２０２４年度　　サレジオ学院中学校

社会解答用紙　Ａ試験

番号		氏名	

評点	／75

問1	A		B		C		D		問2		問3			
問4	(1)	A		B		(2)		(3)						
問5	(1)		(2)		問6		問7		問8					
問9	A		B		問10	名称		記号						
問11	(1)				(2)		問12		問13	(1)		(2)		
問14	(1)		(2)											
問15	(1)		(2)	市	(3)		問16							
問17		問18		問19	(1)		(2)							
問20	→ → →	問21	A		B									
問22	A	語句		記号		B	語句		記号					
問23														
問24		問25	(1)											
問25	(2)													

〔社　会〕75点(推定配点)

（注）この解答用紙は実物を縮小してあります。B5→A3（163%）に拡大コピーすると、ほぼ実物大の解答欄になります。

問 1～問 10　各 1 点×19　問 11～問 13　各 2 点×5＜問 11 の(1)は完答＞　問 14　(1)　2 点　(2)　3 点　問 15～問 22　各 2 点×15＜問 16，問 20 は完答＞　問 23　3 点　問 24，問 25　各 2 点×4＜問 25 の(2)は各 2 点×2＞

２０２４年度　サレジオ学院中学校

理科解答用紙　Ａ試験

番号		氏名		評点	／75

1

(1)				
(2)	a		b	
	c		d	
(3)	cm			
(4)	g			

(5)

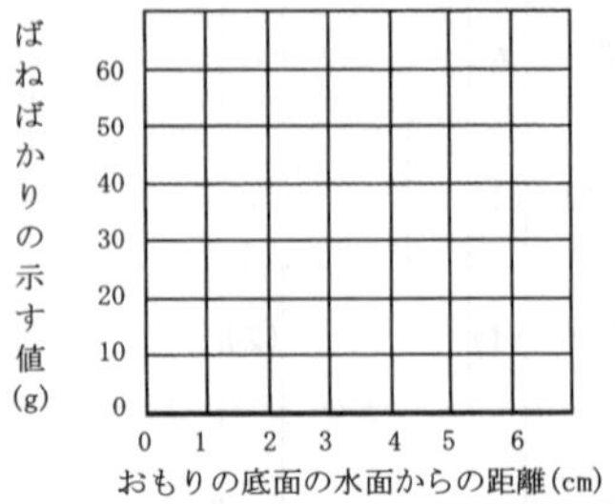

2

(1)				
(2)				
(3)	a			
	b			
(5)	A		B	
	C		D	

(4)

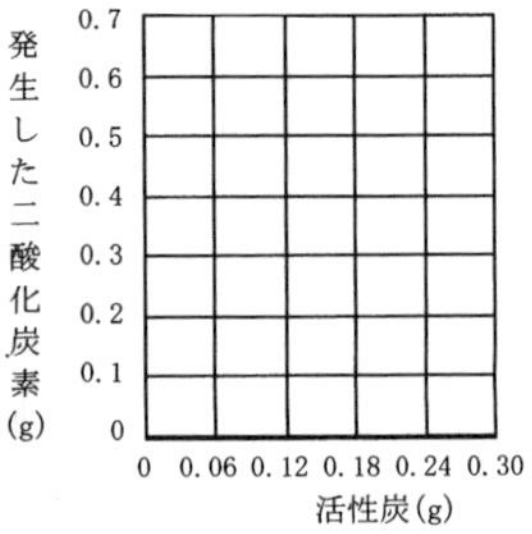

3

(1)

	調査地点	b				c				d			
①	水質階級	Ⅰ	Ⅱ	Ⅲ	Ⅳ	Ⅰ	Ⅱ	Ⅲ	Ⅳ	Ⅰ	Ⅱ	Ⅲ	Ⅳ
	合計した点数												
②	水質の判定												

(2)	記号	理由

(3)		(4)		(5)	
(6)					

4

(1)	a		b		c		
(2)		(3)					
(4)							
(5)	km	(6)		(7)		(8) 名称	発電
(8)	利点						

（注）この解答用紙は実物を縮小してあります。Ｂ５→Ａ３（163％）に拡大コピーすると、ほぼ実物大の解答欄になります。

〔理　科〕75点(推定配点)

1 (1), (2) 各２点×５　(3)〜(5) 各３点×３　2 各３点×６＜(5)は完答＞　3 各２点×８＜(1)は各々完答, (4), (6)は完答＞　4 各２点×11

２０２４年度　サレジオ学院中学校

国語解答用紙　A試験

番号		氏名		評点	/100

一

①	②	③	④	⑤
⑥	⑦	⑧　がる	⑨	⑩

二

問一		問二		→		→	
問三		問四		問五			

問六（10・20・30・40・50・60・70）

問七（10・20・30・40・50）

三

問一		問二		問三		問四		問五	
問六									
問七		問八							

（注）この解答用紙は実物を縮小してあります。172％拡大コピーすると、ほぼ実物大の解答欄になります。

〔国　語〕100点(推定配点)

一　各１点×10　二　問１～問５　各５点×５<問２は完答>　問６　12点　問７　８点　三　問１～問５　各５点×５　問６　10点　問７，問８　各５点×２

2０2４年度　　サレジオ学院中学校

算数解答用紙　B試験

番号		氏名		評点	／100

1	(1)		(2)	
2	(1) 分間		(2) ① 回	② 回
	(3) ① 度	② 度	(4) 個	
	(5) ① cm^3	② cm^3		
3	(1) タンクA 分間	タンクB 分間	(2) 分後	
	(3)	答え 90L以下 分間, 50L以下 分間		
4	(1) 点	(2) 最も大きい得点 点	最も小さい得点 点	
	(3)	答え 通り		
5	(1) cm^2	(2) cm^2		
	(3) 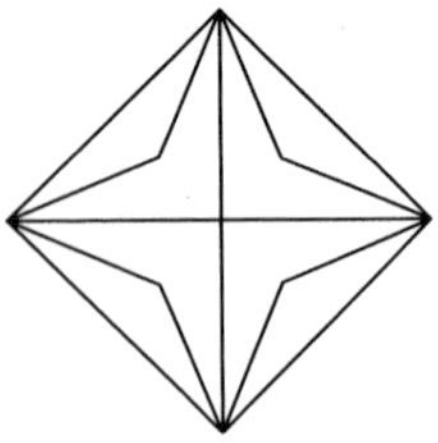	答え cm^2		

(注) この解答用紙は実物を縮小してあります。182%拡大コピーをすると、ほぼ実物大の解答欄になります。

〔算　数〕100点(推定配点)

1, 2　各４点×10　3　(1), (2)　各４点×3　(3)　途中の考え方…4点, 答え…4点＜完答＞　4　(1), (2)　各４点×3　(3)　途中の考え方…4点, 答え…4点　5　(1), (2)　各５点×2　(3)　途中の考え方…5点, 答え…5点

２０２４年度　サレジオ学院中学校

社会解答用紙　B試験

番号		氏名		評点	／75

問１　｜　問２　(1)　｜　(2)

問２　(3)　第1回　｜　第46回

問３　(1)

問３　(2)

問４　｜　問５　｜　問６　｜　問７　(1)　｜　(2)

問８　図　｜　地図　｜　問９　(1)

問９　(2)

問10　｜　問11　｜　問12　｜　問13

問14　→　→　→　｜　問15　｜　問16　｜　問17

問18　｜　問19　｜　問20　→　→　→　→

問21　(1)　｜　(2)

問21　(3)　名称　｜　記号

問22　(1)　→　→　→　→　｜　(2)

問23　→　→　→

問24　(1)　｜　(2)　％　｜　(3)

問25　記号　｜　語句

問26

（注）この解答用紙は実物を縮小してあります。Ｂ５→Ａ３（163%）に拡大コピーすると、ほぼ実物大の解答欄になります。

〔社　会〕75点（推定配点）

問１，問２　各１点×５　問３　(1)　１点　(2)　２点　問４～問８　各２点×７<問４は完答>　問９　(1)　２点　(2)　３点　問10～問26　各２点×24<問14，問20，問22の(1)，問23は完答>

２０２４年度　サレジオ学院中学校

理科解答用紙　Ｂ試験

番号		氏名		評点	／75

1

(1)	a		b		c		d	
(2)		(3)		(4)				
(5)	j		k					

2

(1)	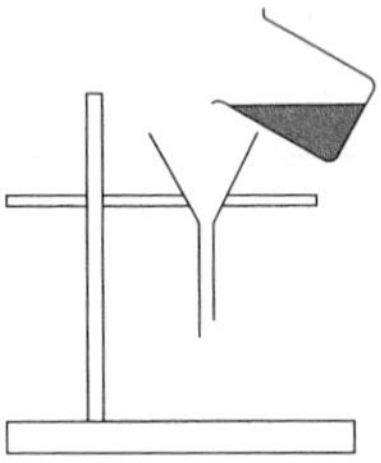	(2)					
		(3)					
		(4)	A		C		E
		(5)	①	g			
			②	cm³			
(6)							

3

(1)		(2)		(3)		(4)	記号		
(4)	理由								
(5)	b		c		d		(6)		(7) (i)
(7)	(ii)								
(8)									

4

(1)		(2)		(3)		
(4)	①		②		(5)	km
(6)	①	２月６日・８月31日	②	倍		

（注）この解答用紙は実物を縮小してあります。Ｂ５→Ａ３（163%）に拡大コピーすると、ほぼ実物大の解答欄になります。

〔理　科〕75点(推定配点)

1　各２点×9　2　(1)～(5)　各２点×8＜(1)～(3)はそれぞれ完答＞　(6)　３点　3　各２点×10＜(2)，(5)，(6)は完答＞　4　(1)～(4)　各２点×5　(5)　３点　(6)　①　２点　②　３点

2024年度　サレジオ学院中学校

国語解答用紙　B試験

番号		氏名		評点	/100

一

①	②	③	④	⑤
⑥	⑦	⑧	⑨	⑩

二

問一	山村は　　　　空間である。
問二	
問三	
問四	（50字）
問五	⑤　　⑦
問六	
問七	

三

問一	
問二	（50字）
問三	
問四	夜空と海の「あお」は、（40字）
問五	
問六	
問七	
問八	

（注）この解答用紙は実物を縮小してあります。172%拡大コピーすると、ほぼ実物大の解答欄になります。

〔国　語〕100点(推定配点)

一　各1点×10　二　問1〜問3　各5点×3　問4　10点　問5〜問7　各5点×4　三　問1　4点　問2　10点　問3　4点　問4　7点　問5〜問8　各4点×5

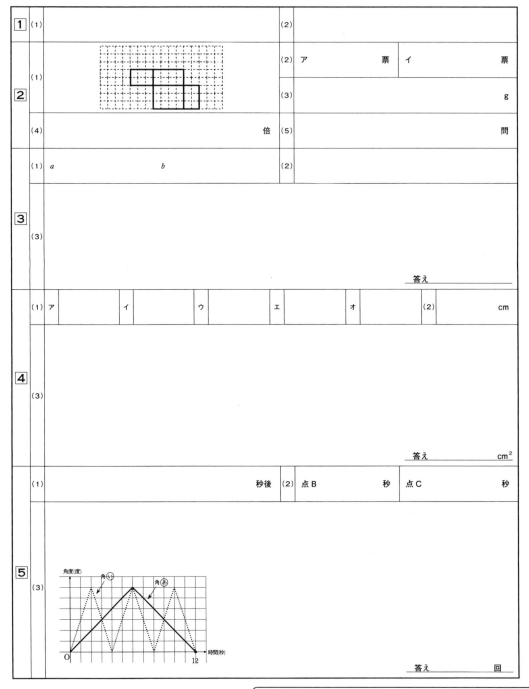

２０２３年度　サレジオ学院中学校

算数解答用紙　Ａ試験

番号		氏名		評点	／100

1	(1)		(2)	
2	(1)	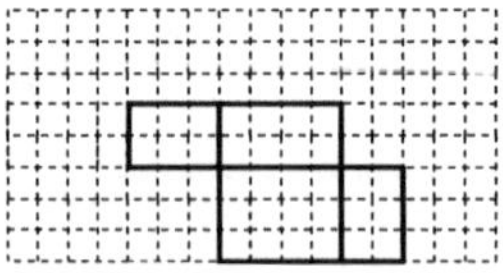	(2)	ア　　票　イ　　票
			(3)	g
	(4)	倍	(5)	問
3	(1)	*a*　　*b*	(2)	
	(3)	答え		
4	(1)	ア　イ　ウ　エ　オ	(2)	cm
	(3)	答え　cm^2		
5	(1)	秒後	(2)	点Ｂ　　秒　点Ｃ　　秒
	(3)	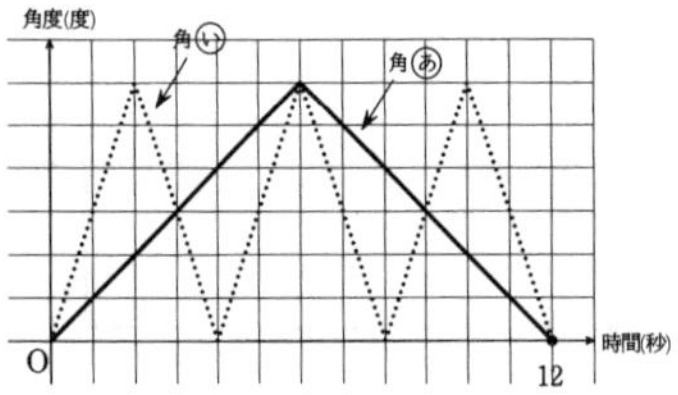 答え　　回		

（注）この解答用紙は実物を縮小してあります。182％拡大コピーをすると、ほぼ実物大の解答欄になります。

〔算　数〕100点(推定配点)

1，2　各５点×７＜2の(2)は完答＞　3　(1)，(2)　各５点×２　(3)　途中の考え方…５点，答え…５点　4　(1)　各２点×５＜エ，オは完答＞　(2)　５点　(3)　途中の考え方…５点，答え…５点　5　(1)，(2)　各５点×２＜(2)は完答＞　(3)　途中の考え方…５点，答え…５点

２０２３年度　　サレジオ学院中学校

社会解答用紙　Ａ試験

番号		氏名	

評点	／75

問１	(1)		(2)		問２		問３	

問４	(1)		(2)		(3)	

問５	(1)		(2)		問６		問７	

問８		問９		問10	(1)	→ → →	(2)	

問11		問12	(1)	

問12	(2)	A	位置		説明		B	位置		説明		C	位置		説明	

問13		問14	(1)		(2)		(3)		(4)	

問15	(1)			(2)					

問16	(1)		(2)		問17	(1)							

問17	(2)		問18	(1)		(2)		問19	

問20	

問21	(1)		(2)	

問22	この時期、日本国内では、

(注)　この解答用紙は実物を縮小してあります。Ｂ５→Ａ３(163%)に拡大コピーすると、ほぼ実物大の解答欄になります。

〔社　会〕75点(推定配点)

問１，問２　各１点×３　問３～問19　各２点×31＜問10の(1)は完答，問12の(2)は各々完答＞　問20　３点　問21　各２点×２　問22　３点

２０２３年度　サレジオ学院中学校

理科解答用紙　A試験

番号		氏名	

評点	／75

1

(1)	(2)
cm	秒

(3)						(4)	(5)			
ア		イ		ウ			あ		い	

2

(1)	(2)
g	

(3)										(4)	(5)
①		②		③		④		⑤			

3

(1)	(2)	(3)
(4)	(5)	(6)

(7)

(8)	(9)							
	⑦		⑧		⑨		⑩	

4

(1)	(2)	(3)			
		①		②	

(4)			
①	→ 　→	②	→ 　→

③
にごりの原因となる小さな粒は,

（注）この解答用紙は実物を縮小してあります。Ｂ５→Ａ３(163%)に拡大コピーすると、ほぼ実物大の解答欄になります。

〔理　科〕75点(推定配点)

1　(1)～(4)　各２点×６　(5)　３点＜完答＞　2　(1)，(2)　各３点×２　(3)　各１点×５　(4)，(5)　各２点×２　3　(1)　３点　(2)　２点　(3)　３点＜完答＞　(4)，(5)　各２点×２　(6)～(9)　各３点×４＜(8)，(9)は完答＞　4　各３点×７＜(4)の①，②は完答＞

二〇二三年度　サレジオ学院中学校

国語解答用紙　A試験

番号		氏名		評点	/100

一

①	②	③	④	⑤
⑥　めない	⑦　め	⑧	⑨	⑩　け

二

問一		問二		問三		問四		問五	

問六（10・20・30・40・50・60）

問七		問八	

三

問一		問二	1	2	

問三（10・20・30・40・50）

問四	

問五（10・20・30・40・50）

問六		問七		

（注）この解答用紙は実物を縮小してあります。172%拡大コピーするとほぼ実物大の解答欄になります。

〔国　語〕100点(推定配点)

一　各1点×10　二　問1　4点　問2～問5　各5点×4　問6　10点　問7, 問8　各5点×2　三　問1, 問2　各4点×3　問3　8点　問4　5点　問5　8点　問6　5点　問7　各4点×2

2023年度　　サレジオ学院中学校

算数解答用紙　B試験

番号		氏名		評点	／100

1	(1)			(2)	
2	(1)	ア	イ	(2)	
	(3)	ア　イ　ウ		(4)	度
	(5)	ア　cm²	イ　cm²		
3	(1)	ア　イ　ウ		(2)	エ　オ
	(3)	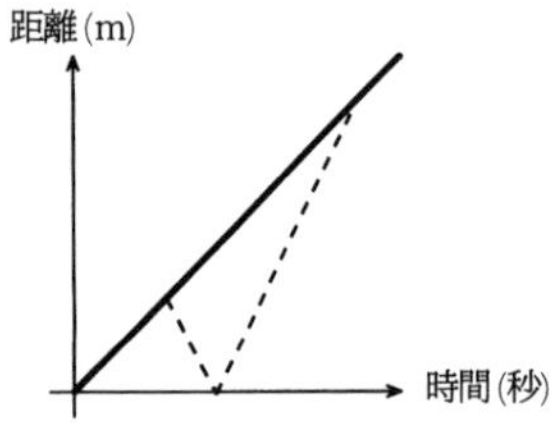			
	(4)				
4	(1)			(2)	
	(3)				
5	(1)	cm³		(2)	cm³
	(3)	答え　cm³			

（注）この解答用紙は実物を縮小してあります。172%拡大コピーをすると、ほぼ実物大の解答欄になります。

〔算　数〕100点(推定配点)

1, 2　各5点×8<2の(1), (3)は完答>　3　(1), (2)　各5点×2<各々完答>　(3)　7点　(4)　5点　4　(1), (2)　各5点×2　(3)　8点　5　(1), (2)　各5点×2　(3)　途中の考え方…5点, 答え…5点

２０２３年度　　サレジオ学院中学校

社会解答用紙　Ｂ試験

番号		氏名		評点	／75

問１		問２		問３		問４			
問５	→ → →	問６		問７		問８	(１)		
問８	(２)		(３)		問９		問10	(１)	
問10	(２)		問11						
問12	A	記号		国名		B	記号		国名
問13		問14	→ → → →	問15					
問16	(１)	30	(２)						
問16	(３)		問17		問18		問19		
問20	(１)		(２)						
問21									
問22	(１)	あ		い		う		え	(２)
問23		問24	(１)		(２)				
問24	(３)								

（注）この解答用紙は実物を縮小してあります。Ｂ５→Ａ３（163%）に拡大コピーすると，ほぼ実物大の解答欄になります。

〔社　会〕75点(推定配点)

問１～問15　各２点×19＜問５，問14は完答，問12は各々完答＞　問16　(1)　３点　(2)，(3)　各２点×２　問17～問24　各２点×15

２０２３年度　サレジオ学院中学校

理科解答用紙　B試験

番号		氏名		評点	／75

1

(1)		(2)	倍	(3)		(4)	
(5)							
(6)	①		②				

2

(1)		(2)	－　－　－
(3)	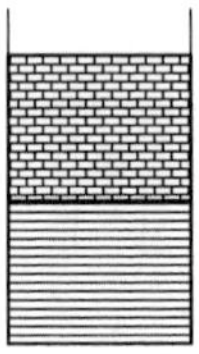	(4)	
		(5)	
		(6)	と
(7)			

3

(1)		(2)									
(3)		(4)									
(5)	①	A		B		C		D		E	
	②										
(6)	匹										
(7)	①	匹									
	②										

4

(1)	①	月の形	月の位置	②	月の形	月の位置
(2)		(3)	①		②	倍
(4)	①		②	計画		
	③	皆既日食のとき	皆既月食のとき			

（注）この解答用紙は実物を縮小してあります。172％拡大コピーをすると、ほぼ実物大の解答欄になります。

〔理　科〕75点(推定配点)

1　各２点×7　2　(1)，(2)　各２点×2＜(2)は完答＞　(3)　３点　(4)～(6)　各２点×3＜(5)は完答＞　(7)　３点　3　(1)～(4)　各２点×4＜(3)，(4)は完答＞　(5)　①　各１点×5　②　３点　(6)，(7)　各３点×3　4　(1)，(2)　各２点×3＜(1)は各々完答＞　(3)　各３点×2　(4)　各２点×4

二〇二三年度　サレジオ学院中学校

国語解答用紙　B試験

番号		氏名		評点	/100

一

①	②	③	④	⑤
⑥	⑦	⑧	⑨	⑩

二

問一	
問二	
問三	
問四	
問五	
問六	10 20 30 40 50 60 70 80
問七	
問八	

三

問一	
問二	10 20 30 40
問三	X　Y
問四	
問五	
問六	
問七	10 20 30
問八	

（注）この解答用紙は実物を縮小してあります。172％拡大コピーすると、ほぼ実物大の解答欄になります。

〔国　語〕100点(推定配点)

一　各1点×10　二　問1～問5　各5点×5　問6　9点　問7，問8　各5点×2　三　問1　5点　問2　8点　問3　各3点×2　問4～問6　各5点×3　問7　7点　問8　5点

２０２２年度　サレジオ学院中学校

算数解答用紙　Ａ試験

番号		氏名		評点	／100

1	(1)		(2)				
2	(1)	km	(2)	cm^3			
	(3)	%	(4)	ア　円	イ　円		
	(5)	ア　°	イ　°				
3	(1)		(2)	分			
	(3)	答え　本					
4	(1)	通り	(2)	通り	(3)		
	(4)	理由					
5	(1)	ア　m^2	イ	ウ　m			
	(2)	答え　およそ　m^2					

（注）この解答用紙は実物を縮小してあります。175％拡大コピーをすると、ほぼ実物大の解答欄になります。

〔算　数〕100点(推定配点)

1，2　各５点×７＜2の(4)，(5)は完答＞　3　(1)，(2)　各５点×２　(3)　途中の考え方…５点，答え…５点　4　各５点×４　5　(1)　各５点×３　(2)　途中の求め方…５点，答え…５点

２０２２年度　　サレジオ学院中学校

社会解答用紙　Ａ試験

番号		氏名		評点	／75

問1		問2		問3		問4	
問5	(1)						
(2)							
問6		問7	(1)		(2)		
問8	→ → → →	問9	(1)		(2)		
問10	図4		図5	問11	(1)		(2)
問12	(1)		(2)		(3)		問13
問14		問15	(1) A	B	C	(2)	
(3)		(4)		問16	(1)		(2) A
	B	問17	(1)		(2) A		B
(3)	→ → →	問18	(1)		(2)		
問19	(1)		(2)				
(3)	記念日名		考え				

（注）この解答用紙は実物を縮小してあります。Ｂ５→Ａ３（163％）に拡大コピーすると、ほぼ実物大の解答欄になります。

〔社　会〕75点（推定配点）

問１～問９　各２点×13＜問５の(2)は各２点×2，問８は完答＞　問10　各１点×2　問11～問18　各２点×20＜問15の(1)，問17の(3)は完答＞　問19　(1)，(2)　各２点×2　(3)　３点

２０２２年度　サレジオ学院中学校

理科解答用紙　Ａ試験

番号		氏名		評点	／75

1

(1)				(2)					
ア		イ		ウ		エ		オ	
(3)									
カ		キ							

2

(1)			
①	℃	②	g
(2)			
(3)			
(4)	(5)		
	① 個	②	%
(6)			
①		②	

3

(1)	(2)	(3)	
		cm^2	
(4)			
①		②	
(5)		(6)	
① mg	②	① mg	②

4

(1)	(2)	(3)					
		A		B		C	
(4)		(5)				(6)	(7)
北	東	a		b			
(8)							
あ		い		う		え	

（注）この解答用紙は実物を縮小してあります。Ｂ５→Ａ３（163%）に拡大コピーすると、ほぼ実物大の解答欄になります。

〔理　科〕75点(推定配点)

1　各２点×７　2　(1)　各２点×２　(2)～(6)　各３点×７＜(4)は完答＞　3　(1)～(4)　各２点×５　(5)，(6)　各３点×４＜(5)の②は完答＞　4　各１点×14＜(5)は完答＞

二〇二三年度　サレジオ学院中学校

国語解答用紙　A試験

番号		氏名		評点	/100

一

1　えて	2　なう	3	4	5
6　り	7	8	9	10

二

1	2	3　しい	4	5　しい

三

問一		問二		問三	

問四	10　20　30
問五	
問六	10　20　30　40　50　60
問七	

四

問一		問二		問三	
問四		問五		問六	

問七 1	10　20　30　40
問七 2	10　20　30　40
問八	

（注）この解答用紙は実物を縮小してあります。172%拡大コピーすると、ほぼ実物大の解答欄になります。

〔国　語〕100点(推定配点)

一，二　各1点×15　三　問1～問3　各5点×3　問4　7点　問5　5点　問6　9点　問7　5点　四　問1～問6　各4点×6　問7　各8点×2　問8　4点

２０２２年度　　サレジオ学院中学校

算数解答用紙　B試験

番号		氏名		評点	／100

1	(1)		(2)	
2	(1)	個	(2)	cm²
	(3)	円	(4)	ア　分　イ　秒
	(5)	ア　票　イ　票		
3	(1)		(2)	
	(3)	答え		
4	(1)	ア　万人		
	(2)	答え　イ　人以上　ウ　人以下		
	(3)	エ　%		オ　%
5	(1)	：	(2)	度
	(3)	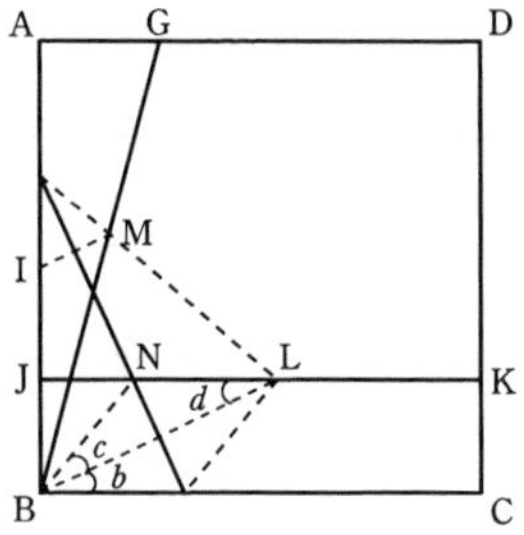 答え　度		

（注）この解答用紙は実物を縮小してあります。182％拡大コピーをすると、ほぼ実物大の解答欄になります。

〔算　数〕100点（推定配点）

1　各５点×２　2　(1)～(4)　各５点×４　(5)　ア　２点　イ　３点　3　(1)，(2)　各５点×２　(3)　途中の考え方…５点，答え…５点　4　(1)　５点　(2)　途中の考え方…５点，答え…５点　(3)　各５点×２　5　(1)，(2)　各５点×２　(3)　途中の考え方…５点，答え…５点

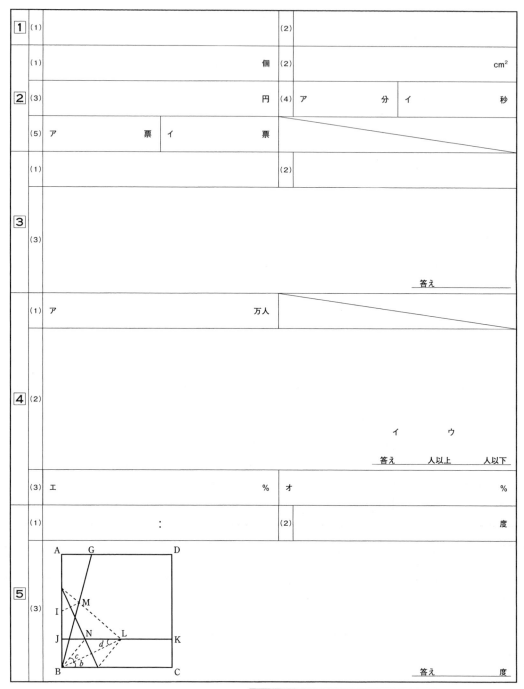

2022年度　サレジオ学院中学校

社会解答用紙　B試験

番号		氏名		評点	／75

問1		問2		問3		問4	（1）				
（2）		問5		問6		問7					
問8	省	問9		問10	→ → → →						
問11	（1）		（2）		問12	（1）		（2）			
（3）		問13		問14		問15					
問16	官軍		幕府								
問17	（1）		（2）		（3）	記号		はたらき			
問18	（1）		（2）								
（3）											
問19		問20	番号		国名		記号				
問21		問22	（1）								
（2）		問23		問24		問25	（1）				
（2）		（3）	A		B						
問26											

（注）この解答用紙は実物を縮小してあります。B５→A３（163％）に拡大コピーすると、ほぼ実物大の解答欄になります。

〔社　会〕75点（推定配点）

問1～問15　各2点×19<問10は完答>　問16　各1点×2　問17　各2点×3<(3)は完答>　問18　(1)，(2)　各1点×2　(3)　各2点×2　問19～問24　各2点×7<問20は完答>　問25　(1)，(2)　各2点×2　(3)　各1点×2　問26　3点

2022年度　サレジオ学院中学校

理科解答用紙　B試験

番号		氏名		評点	／75

1

(1)	(2)	(3)			
	秒	速い点		おそい点	

(4)			
記号		理由	

(5)	(6)
	支点の下　cm

2

(1)

(2)	(3)	(4)	(5)	(6)
%	%	g	左下のグラフに書き込んでください。	

3

(1)				(2)
①	②	③	④	①

(2)								
②								③
ア		イ		ウ		エ		

(2)	(3)	
④	①	②
	g	kg

4

(1)	(2)	(3)	(4)	(5)
℃	℃	右下のグラフに書き込んでください。		

2

(5)

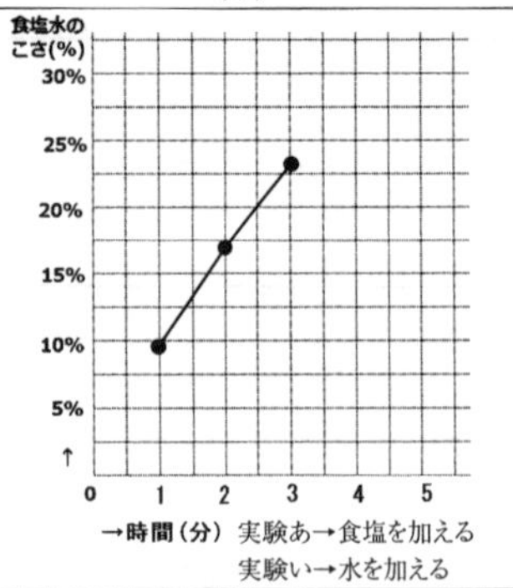

4

(3)

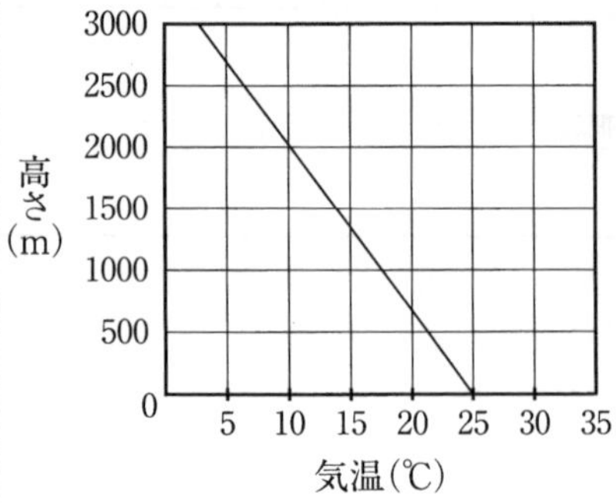

（注）この解答用紙は実物を縮小してあります。167%拡大コピーをすると、ほぼ実物大の解答欄になります。

〔理　科〕75点(推定配点)

1　(1)，(2)　各３点×２　(3)，(4)　各２点×４＜(3)は各々完答＞　(5)，(6)　各３点×２　2　各３点×６　3　(1)　各１点×４　(2)，(3)　各２点×９　4　各３点×５

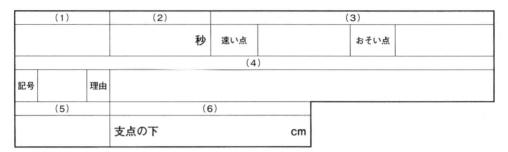

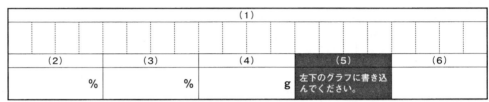

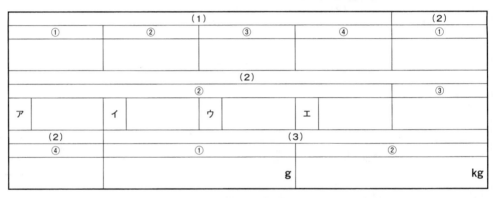

二〇二三年度　サレジオ学院中学校

国語解答用紙　B試験

番号		氏名		評点	/100

一

1	2	3	4	5 る
6	7	8	9	10

二

1	2	3	4 む	5

三

問一

問二　10　20　30　40　50　60

問三		問四		問五	
問六		問七		問八	

四

問一

問二　10　20　30　40　50

問三　10

問四		問五	
問六		問七	

（注）この解答用紙は実物を縮小してあります。172%拡大コピーすると、ほぼ実物大の解答欄になります。

〔国　語〕100点(推定配点)

一, 二　各1点×15　三　問1　5点　問2　10点　問3～問8　各5点×6　四　問1　5点　問2　9点　問3　6点　問4～問7　各5点×4

2021年度　　サレジオ学院中学校

算数解答用紙　A試験

番号		氏名		評点	／100

1	(1)		(2)		
2	(1)	個	(2)	枚	
	(3)	ア　m	イ　分後	(4)	通り
	(5)	倍			
3	(1)	1週目　時間　分	2週目　時間　分		
	(2)				
	(3)				
4	(1)	ア	イ	ウ	
	(2)	エ	オ	カ	キ
	(3)	答え			
5	(1)	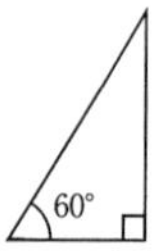			
	(2)	cm^2			
	(3)	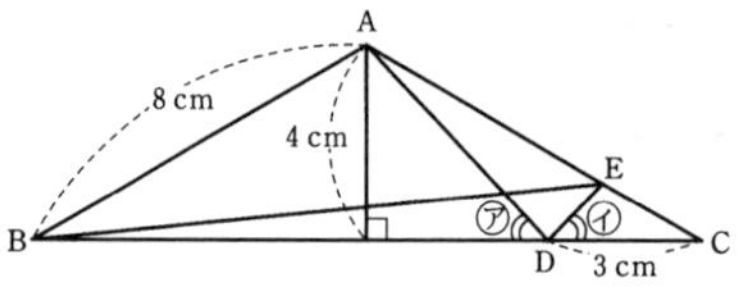 答え　cm^2			

（注）この解答用紙は実物を縮小してあります。175％拡大コピーをすると、ほぼ実物大の解答欄になります。

〔算　数〕100点(推定配点)

1～3　各5点×12　4　(1)，(2)　各5点×2　(3)　理由…5点，答え…5点　5　(1)，(2)　各5点×2　(3)　途中の考え方…5点，答え…5点

２０２１年度　　サレジオ学院中学校

社会解答用紙　Ａ試験

番号		氏名		評点	／75

問１	→　→　→	問２						
問３	（１）		（２）		問４		問５	
問６		問７		問８	（１）	ア→　→　→		
（２）		（３）						
問９	・	問10		問11	（１）			
（２）		問12	（１）		（２）			
問13	・	問14		問15		問16		
問17		問18	（１）		（２）	・	問19	
問20	名前		政党					
問21								
問22		問23		問24		問25		
問26		問27	（１）		（２）			
（３）	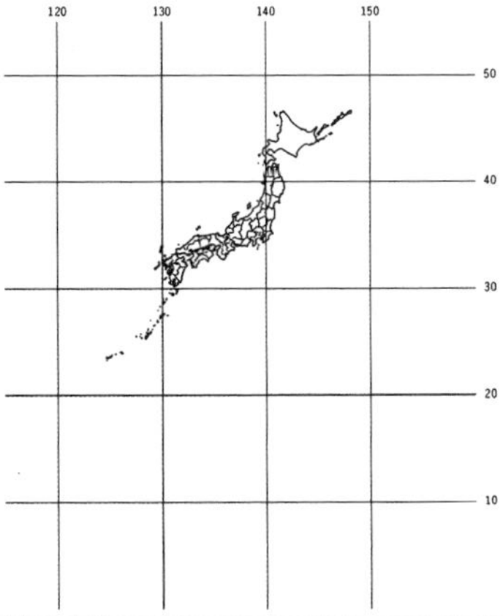	（４）	（解き方） 答え　　　mm^2					

（注）この解答用紙は実物を縮小してあります。167％拡大コピーをすると、ほぼ実物大の解答欄になります。

〔社　会〕75点(推定配点)

問１～問20　各２点×27＜問１，問２，問８の(1)，問９，問13，問18の(2)は完答＞　問21　３点＜完答＞　問22～問27　各２点×９＜問27の(3)は完答＞

２０２１年度　サレジオ学院中学校

理科解答用紙　Ａ試験

番号		氏名		評点	／75

1

(1)	(2)	(3)	(4)	(5)
cm^3	g	g	g	cm

2

(1)	(2)
	g

(3)				
あ	い	う	え	お

(4)

3

(1)		
①	②	③

(2)		
④	⑤	⑥

(3)

(4)				
①	②	③	④	⑤

(5)		
①	②	③

4

(1)	(2)	(3)

(4)	(5)	(6)
	島	

(7)	(8)	(9)

（注）この解答用紙は実物を縮小してあります。Ｂ５→Ａ３(163%)に拡大コピーすると、ほぼ実物大の解答欄になります。

〔理　科〕75点(推定配点)

1, 2　各３点×13　3　(1)～(4)　各１点×12＜(3)は完答＞　(5)　各２点×３　4　各２点×９＜(1)は完答＞

二〇二二年度　　サレジオ学院中学校

国語解答用紙　A試験

番号		氏名		評点	/100

一

1	2	3	4	5
6	7	8	9	10

二

1	2	3	4	5

三

問一
問二
問三
問四
問五
問六
問七

四

問一
問二
問三
問四
問五
問六
問七

（注）この解答用紙は実物を縮小してあります。Ｂ５→Ａ３（163%）に拡大コピーすると、ほぼ実物大の解答欄になります。

〔国　語〕100点（推定配点）

一，二　各１点×15　三　問１，問２　各５点×２　問３　８点　問４　５点　問５　９点　問６，問７　各５点×２　四　問１　５点　問２　９点　問３〜問６　各５点×４　問７　９点

２０２１年度　サレジオ学院中学校

算数解答用紙　B試験

番号		氏名		評点	／100

1	(1)		(2)	
2	(1)	個	(2)	個
	(3)	円	(4)	度
	(5)	ア　　イ		
3	(1)		(2)	
	(3)	答え		
4	(1)	個	(3)	
	(2)			

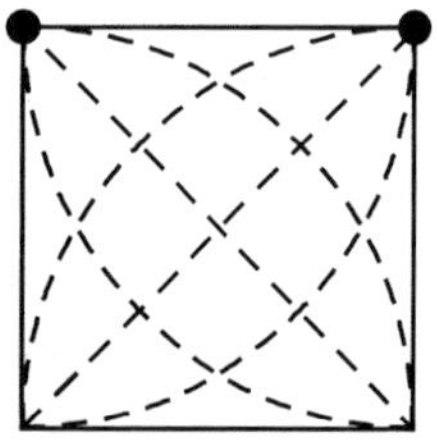

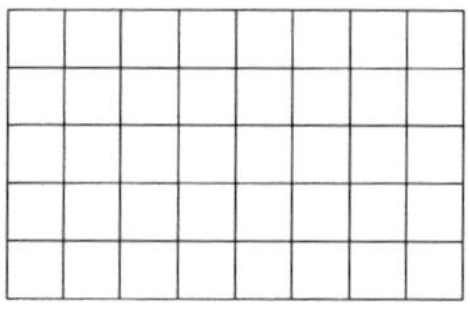

5	(1)	分	(2)	台	(3)	本
	(4)	理由　　答え　　さん				

（注）この解答用紙は実物を縮小してあります。172％拡大コピーをすると、ほぼ実物大の解答欄になります。

〔算　数〕100点(推定配点)

1，2　各５点×７　3　(1)，(2)　各５点×２　(3)　途中の考え方…５点，答え…６点　4　(1)，(2)　各５点×２　(3)　８点　5　(1)～(3)　各５点×３　(4)　理由…５点，答え…６点

２０２１年度　　サレジオ学院中学校

社会解答用紙　B試験

番号		氏名		評点	／75

問1	(1)	万円											
(2)	(考え方・計算) 答え　万円												
問2													
問3	(1)	A		B		(2)							
(3)		問4		問5		問6							
問7		問8		問9	(1)		(2)						
問10		問11		問12	→ → →								
問13		問14		問15		問16	→ → → →						
問17		問18	A		B		C						
問19	法令		将軍										
問20		問21		問22		問23	(1)						
(2)	理由	A		B		品目	A		B				
問24	(1)		(2)		問25								
問26	(1)	→ → →	(2)										
問27													

〔社　会〕75点(推定配点)

問1　(1)　2点　(2)　考え方・計算…2点，答え…1点　問2～問17　各2点×20＜問12，問16は完答＞　問18，問19　各1点×5　問20～問22　各2点×3　問23　(1)　2点　(2)　各1点×4　問24～問26　各2点×5＜問26の(1)は完答＞　問27　3点

２０２１年度　　サレジオ学院中学校

理科解答用紙　B試験

番号		氏名		評点	／75

1

(1)	(2)	(5
g	g	
(3)	(4)	
cm	cm	

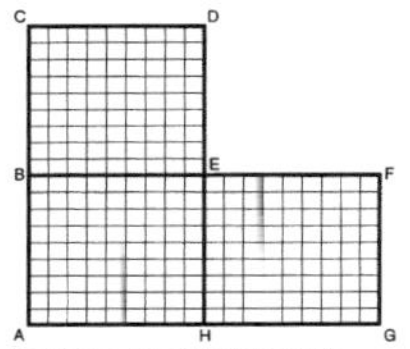

１マスは 2cm × 2cm をあらわしています。

2

(1)	(2)				
	4番目	g	7番目	g	
	(3)				
	(4)		(5)		(6)
	g		g		g

3

(1)	(2)					
	①	ミリ秒	②	m/秒	㊂	ミリ秒
(3)						(4)
①		②		③	④	／
(5)						

4

(1)				
①	②			
	ア		イ	
③				
(2)		(3)	4)	
①	②		①	②

〔理　科〕75点(推定配点)

1，2　各3点×11＜2の(2)は完答＞　3　(1)～(3)　各2点×8　(4)，㊄　各3点×2　4　(1)　①，②　各2点×3　③　3点　(2)　各2点×2　(3)　3点　(4)　各2点×2

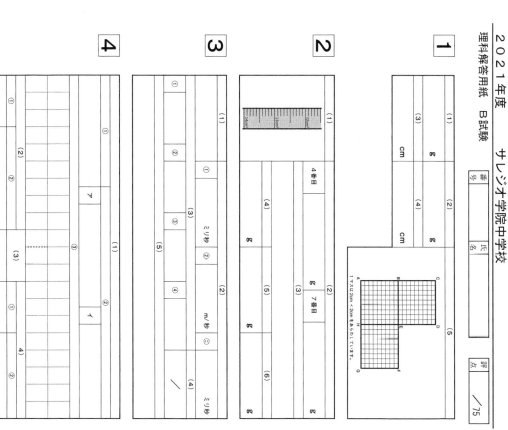

二〇二二年度　サレジオ学院中学校

国語解答用紙　B試験

番号　　氏名　　評点　／100

一

1	2	3	4	5 る
6	7	8	9	10

二

1	2	3	4	5 う

三

問一

問二

問三

問四

問五

問六

問七

問八　現在の富士山は

四

問一

問二

問三

問四

問五

問六

問七

問八

（注）この解答用紙は実物を縮小してあります。B５→A３（163％）に拡大コピーすると、ほぼ実物大の解答欄になります。

〔国　語〕100点（推定配点）

一，二　各１点×15　三　問１～問４　各５点×４　問５　６点　問６，問７　各５点×２　問８　８点　四　問１～問５　各５点×５　問６　７点　問７　５点　問８　各２点×２

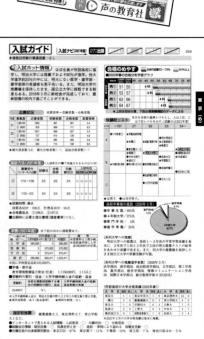

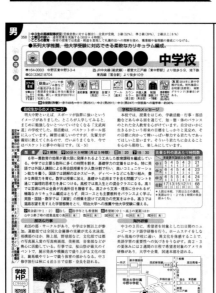